于漪全集

（修订版）

于漪全集

第十二卷

教育人生

上海教育出版社

小学六年级时

中学时代

20 世纪 50 年代刚工作时

20 世纪 60 年代

20 世纪 70 年代

母亲和她的五个儿女，
前排右一为女婿，后排左一为大儿媳

查阅资料，不放过丝毫差错

第三代带来了无穷的快乐

20 世纪 80 年代，休假日讨论问题是全家人的乐事

2006 年，与孙女拜谒茅盾故居

刻苦攻读，是责任，也是乐趣

2023 年，在《基础教育教师学》编写启动会上

出版说明

《于漪全集》是基础教育领域首部特级教师的全集，也是上海教育出版社为特级教师出版的第一部全集。自 2018 年 8 月第一版出版以来，在传承、弘扬和建设新时代社会主义文化、以教育自信创建自信的教育等方面发挥了重要作用，深受广大读者特别是第一线教育工作者的好评。

《于漪全集》收录了于漪在不同时期出版的专著以及发表于全国各类报刊的论文、讲话、序跋等作品。编辑过程中，虽尽力搜集，仍难免挂一漏万。部分文章的写作时间和出处未予注明，留待日后修订逐步完善。在此，也对原发报刊编辑部、图书出版单位一并致谢。

《于漪全集》第一版由上海市教师学研究会组织有关教师、专家编辑。于漪的教育思想植根于教学实践，是理论与实践有机融合的生动阐述。有时一材多用，是为了从不同角度阐释相关问题，为读者呈现丰富的不同历史阶段的思考成果。

《于漪全集》第一版以“一辈子学做教师”为线索，根据文章内容，分为二十一卷，从基础教育、语文教育、课堂教学、阅读教学、写作教学、教师成长、序言书信、教育人生八个方面多维度展现于漪来自教育第一线的理论研究成果，基本体现了当代教育家的典型形象。

于漪自 2019 年 9 月被中共中央授予“人民教

育家”国家荣誉称号以来，担当新的历史使命，坚持思想创新，特别是在中国特色教育学、教师学等重大理论建设上奋力探索，笔耕不辍，不断形成新的思想成果。鉴于此，上海市教师学研究会及时组织学术力量，对《于漪全集》第一版作了全面修订：一是补充了于漪教育新论述；二是增加了于漪教育活动年表；三是在版式、装帧上作了调整，从第一版的较小开本八类二十一卷改为较大开本的八类十二卷；四是对文字和内容错漏加以改正。

我们希望，《于漪全集》修订版能够继续为广大教育工作者学习于漪教育教学思想，探索中国特色教育学、教师学，为国育才，为党育才，发挥应有的作用。

目录

我和语文教学

我和语文教学也许是结下了不解之缘。在学生时代就深深地爱上了它，有时竟达到废寝忘食甚至入了迷的地步。后来当了语文教师，与它朝夕相处，钻研它，理解它，感情就更深了。教中学生语文，成了我终身从事的高尚事业，我为此感到无上的光荣与自豪。

记得第一次拿到描红本时，我是多么的好奇、兴奋。端详着，端详着，我觉得一个个字好像是一幅幅小画，长的、方的、瘦的、胖的，有翅膀会飞的，有两只脚会站的，有四只脚会走的，有趣极了。我按照老师的要求，磨好墨，把手洗干净，用空心的长方形铜“镇纸”压住纸，然后用毛笔一笔一笔认真地描。描好以后对着阳光一照，更美了，黑字里透出一丝丝红色，有的字还镶上细细的红边。一次上语文课，一向温和的老师气愤地把一本又皱又脏涂得像大花脸似的描红本给大家看，并用戒尺打了本子的主人——一个小男孩的两只手心。小男孩没有哭，只咬着嘴唇，我们也吓得不敢吭声。课后，大家围上去安慰小男孩，把自己写的本子给他看，比画着，他点点头，笑了。

进小学不久，看到有的高年级学生手里有一本小字典翻来翻去，真是羡慕极了。在我眼里，那本小字典是字的“汪洋大海”，奥妙无穷。我多么热望有朝一日自己手里也有一本。可是，在旧社会念书，买一本小字典也不容易。一直盼到小学五年级，有一天，父亲给我买了一本学生字典，当时我那高兴劲儿，确实无法用言语形容。自此，这本小小的字典，就成了我学习中不可须臾离手的好伙伴。

本文写于 1983 年，是作者语文人生的一个小传。其中关于语文教育的理解与阐释，可或显或隐地看到作者后来有关语文教育阐释的线索。

小时候写作文，总是力求写得漂亮，一篇文章用上许多美丽的形容词，头脑里挖空了，就到字典中找。这样又养成了从头到尾翻阅字典的习惯。我为的是找美丽、欢乐的字词，结果翻来翻去，发现字典里悲哀愁苦的字词反而居多。记得那时也曾做过小统计，具体数字早忘了，统计也不可能准确，但似乎“不好”的字眼更多些。于是心里一直翻腾着一个问题：这到底是什么道理？我喜欢“研究”古人、同学的名字，当然名字中大多数字是认识的，但也有一些如“骞”“燮”“爽”“鼐”等字需要查一查，一查，发现原来都是吉庆的字。上街，我喜欢观看招牌上的字，有些念得出的如“亨”“豫”等字，也要查一下才能了解确切的意思，原来也都是“好”字眼。想了又想，我渐渐悟出道理来。人名、招牌的字反映人们良好的愿望，而字典中的一大部分字词，则是社会历史、社会现实在语言词汇上的反映。后来随着年龄和知识的增长，我又了解到我国字典中还有一些外来语，如“毛瑟枪”“来复线”“密丝”“马丹”“康伯度”等，这当然也有其社会历史原因。传说仓颉造字，弄得鬼神不安，竟至于“天雨粟，鬼夜哭”，可见文字具有极大的魔力。回想幼年与第一本字典打交道时，就开始领受到文字的“魔力”、字典的“魔力”，就觉得其中有无限的趣味。

至今我还清晰地记得几位语文老师给我们上课的情景。我永远忘不了年轻的黄老师教《故乡》一文时的眼神。他穿着长衫，戴着金丝边眼镜，文质彬彬。讲到少年闰土出现在月下瓜田美景之中时，他眼睛睁得大大的，放出异样的光彩。“深蓝的天空，金黄的圆月，碧绿的一望无际的瓜田，少年闰土奋力向猹刺去，手中的钢叉和颈上的银项圈明晃晃的，交相辉映……”他描述得那么生动，那么富于感情，我被深深地吸引住了，犹如身历其境，品尝着其中的欢乐。曾经有人说过，人生最快意的事之一是用家乡音调引吭朗诵诗词。我们的家乡话是很悦耳的，抑扬顿挫，富于音乐性，尤其是读起诗词来具有歌曲的韵味。我永远忘不了高中的赵老师在课堂上大声朗诵岳飞的《满江红》、李后主的《虞美人》等诗词的情景，朗诵时头与肩膀左右摇摆着、摇摆着，读得出神入化，音调十分感人。一室寂静无声，我们全班同学都深深感动了。他教完，我们也都能流畅地背诵了。老师处理学生世界的事也是颇有意思的。有一次上作文课，有个同学恶作剧，课前竟偷偷地把我的凳子搬走，我只好站着写。那次是自由命题，于是我就针对这件事大发议论。其实，事属鸡虫得失，没什么了不起，而那时，我竟不知哪里来的那么多意气，也不知哪里来的那么多文思，笔端汩汩滔滔，写下一篇类似“檄文”的东西。写好一看，觉得不妙，大概老师要责怪了。出乎意料的是老师竟然大为欣赏，在文后批上一大段，至今还记得这样几句：“……于生失座，成此佳什，遂使孟嘉落帽韵事不专于前矣！”我们的老师并不是那么“道貌岸然”“神圣不可侵犯”，相反，师生之间倒是相处得十分融洽。

年华似流水，而今自己已是年逾半百的老教师了。然而，每当以眷念的心情捡拾带着生活露水的朝花时，总觉得还在继续接受老师的教诲，并不断从中获得新的启示。

我是怀着满心喜悦踏上语文教学岗位的。在30多年的语文教学生涯中，耳闻目睹，增长了不少见识，勤奋实践，深味其中的甘苦。为了寻求提高教学质量的途径，使学生学有兴趣，学有所得，我探索着，努力地探索着。

胸中要有教文育人的蓝图

教语文不能无目的无计划，不能只跟着教材转，教一篇算一篇，教一课算一课。教师胸中要有教文育人的清晰蓝图，既认识学生的现有情况，更规划他们成长的前景，把握准教学的出发点，向着教育计划、语文教学大纲规定的目标有计划、有步骤地辛勤耕耘。

记得初当教师时，眼睛只盯着教科书，以为钻研了教材，教出一点名堂来，就是完成了教学任务。如今想起来，很觉可笑，因为目中只有教材，没有学生。教学，教学，“教”要在学生身上起作用。要把学生培养成为怎样的人，到中学毕业他们能达到怎样的语文水平，教师心中要有谱。我们要把学生培养成为有理想、有道德、有文化、有纪律的社会主义一代新人，这些人能为振兴中华、建设“四化”

大业艰苦奋斗，贡献聪明才智。这是我们培养的大目标，教文的任务必须与这大目标结合起来。指导学生学习祖国语言文字，培养他们听、读、说、写的能力是语文教师义不容辞的光荣职责。但是，教师的视野不能只局限在“文”，教文须服从育人的大目标，为这个大目标服务；也只有心中有活泼的一代新人的生动形象，想得远些，想得深些，才能站在高处认识培养和提高学生语文能力的重要意义，才会在培养学生掌握与运用祖国语言文字的过程中渗透时代的精神，才不至于把语文教学这样那样的活动只单纯做技术上的处理。

教文育人的蓝图由三个部分有机组成。一是如上所述的培养目标。除了总体形象之外，语文能力要考虑得具体周到，如能比较熟练地阅读政治、科技和文艺等读物，能写比较复杂的记叙、说明、议论的文章，能较为敏捷地接受语言和文字信息，能即席发言并言之有物、有序、有理、有情，能有较强的自学能力，等等。二是学生的现状。学生的现状是教学的出发点，对他们的思想、性格、学习心理、学习习惯、学习方法、语文基础、语文能力等方面进行了解与研究，摸准他们的实际，知之准，识之深，蓝图的绘制才有依据，教学才会避免盲目性，加强针对性。我了解学生常用的方法是：望、问、听、阅和材料跟踪。望：目测，课内课外与学生接触中察言观色；问：做口头和书面的询问、调查；听：谛听学生背诵、朗读、说话、讲演；阅：看阅学生各种语文作业及其他书写的有关材料。根据平日了解所得建立每个学生的学习资料，定期填写有关项目，进行材料跟踪，研究他们在语文学习上的发展变化。悉心研究一下，就可发现当代中学生与五六十年代的中学生有不同之处，有今日新的特点。简单说来，他们敏于思索，善于质疑，兴趣广泛，见识宽广，科技知识起点高，看问题尖锐和深刻的程度，往往大大超过他们的年龄。与此同时，他们身上又存在明显的不足，如该具备的爱国主义思想、集体主义观念、社会主义的道德规范、语文学科的基础知识和基本能力不全面、不扎实。认清这些特点，从他们的实际出发，教学时心中就有了底。三是实现培养目标的阶梯。从出发点到目的地有一段路程，在这段路程中要步履清晰，一个一个阶梯上，循序渐进，重点突出。教师心中须有强烈的阶段感，引导学生在一定的学习阶段完成一定的学习任务。语文教学大纲上的要求是全局，是语文教学的“面”，这个“面”是由初中、高中两个大阶段，六个年级分年要求的小阶段组成的，每个小阶段又有明确的培养目标。当然，六个小阶段又可划分为12个小小阶段。心中牢记分年要求，牢记每个年级要达到的语文方面的培养目标，就能拾级而上，摆脱教学中混沌笼统、模糊不清的状况。由于每个小阶段有语文知识和听、读、说、写等语文能力各自具体的要求，故而阶段与阶段之间知识的衔接和系统化、能力的一步步提高都要力求有合理的布局，安排好恰当的“序”。

胸中既有教文的近景，又有较长时期的规划，步步踩在实地，就提高了教语文育新人的自觉性，而不是在“暗胡同”里徘徊。

培养学生学习语文的好习惯

叶圣陶先生曾这样说：“什么是教育？简单一句话，就是要养成良好的习惯。”这话非常精辟。对于青少年学生来说，学习绝不是只在学校读书的那几年，不是只学一阵子。人工作一辈子，就要学习一辈子，终生接受教育。因此，趁学生在学校学习期间，一定要着力培养他们良好的习惯。学习语文同样如此，看书、写字、说话、作文，无一不要注意养成好习惯。清人刘蓉在《习惯说》一文中指出“君子之学，贵乎慎始”，确实是这样。初中生来自各小学，语文基础不一，学习习惯不同，因而入学后抓习惯的培养尤为重要。没有规矩，不成方圆。听、读、说、写都应有规矩，有良好习惯，而其中有几点更须注意。

要培养学生自己读书的习惯。大部分学生习惯上课听教师讲，被动承受，不习惯自学，不重视认真阅读教科书、独立钻研。要指导他们认真读书，要求课前自读，养成有准备地听课、上课，改变只带耳朵的不良习惯。课前自读须做到“三看一查一发现”，即看课文、看注释、看课文后的“思考和练习”，翻阅字典、词典，查检生字难词。学生要边阅读边动笔，在课本上根据自己的阅读情况圈、点、批、画。学源于思，思源于疑。疑是思之始、学之端。在学生课前自读预习时要求他们发现问题，培养提问题的能力。生活中青少年学生总是活泼泼的，而在课堂上学习时常常显得不灵活，提不出问题，更提不出有分量的问题，这是不恰当的教学方法抑制的缘故。发现问题有时比解决问题更重要，解决问题是运用现成的知识，而发现问题却需要思维的深入、想象力的开展。学生发现问题的能力不是天生的，也不是教师一要求，学生就具备了，而是要靠精心点拨、逐步培养的。比如学生开始只会孤立地提一些生字难词的问题，教师在肯定质疑的基础上，指导他们不能只孤立地理解一词一句的含义，要学会把文章前前后后联系起来思考，推敲全局与局部、部分与部分之间的关系，从中发现疑难，发现问题。又比如学生的问题常在课文中兜圈子，就文论文，那就指导他们和旧有的知识储存、生活经验等联系起来思考，进行比较，发现疑难。久而久之，学生就有了发现问题的能力。课前自读多半比较粗，课上更要注意认真读书，口到、眼到、心到，做学习的主人，不能只当听众。

要培养学生积极思维的习惯。有些学生习惯于接受教师讲述的现成的结论，忽视推出结论的过程，对寻求结论由来的主动性、积极性不够，如对某些词句的理解、对逻辑段落的划分、对中心思想的归纳等，希望听教师作结论，然后记结论，背结论。苏联教育家苏霍姆林斯基说："在学生的脑力劳动中，摆在第一位的并不是背书，不是记住别人的思想，而是让本人去思考。"思维是学习的基本功。"学"是接收和储存信息；"思"是分析判断，处理信息。学思结合的求知规律和死记硬背的方法迥然不同，通过"思"才能深刻理解，把所学知识变成自己的精神财富。若不注意培养学思结合的好习惯，读，有口无心；说，不得要领；写，词不达意：语文能力的提高就会受影响。在语文教学过程中自始至终要启发学生爱思、会思、多思、深思，对某项知识、某个疑难问题不仅要知其然，而且要力求知其所以然，逢事都问个"为什么""怎么样"，培养潜心思考、独立思考的好习惯。

要培养学生认真精细、锲而不舍的习惯。学生学语文常有一种误解，认为现代文一看就懂，不认真咀嚼，不体会文字运用的奥妙，往往一目十行、浮光掠影地读一读。阅读也要讲究速度，一目十行也是可以的，问题在于一知半解，不求甚解，有时连一些常用字的形、音、义都不注意辨析，因而下笔常出现错别字。笔下的漏洞一定程度地反映了阅读的粗疏和肤浅，故而要教育学生，识字、辨词、解义等均须认真精细，不可马虎。还有一种误解，认为写字无须花功夫，无须考究，只要别人看得懂、猜得出就行，因而写得潦潦草草，东倒西歪。对这些学生须严格要求，针对他们写字的不同情况，从笔画、笔顺、间架结构，以至握笔姿势、坐的姿势都要具体指导，严格地培养他们良好的书写习惯。学生对语文的工具性、对这个学科的特点、对学习这门学科的规律，缺乏足够的认识，总希望一学就会、一写就提高，不理解积累有个过程，急于求成、希望立竿见影是行不通的。因此，要反复宣传学语文的韧性，培养他们孜孜以求、锲而不舍的精神，教育他们不因一次考试、一次作文失利而气馁，也不因些微进步而骄傲，要脚踏实地，积词积句积文，一步一个脚印，在打文字功底的同时，不断开拓继续前进的道路。

语文学习良好习惯的培养不是一朝一夕之事，不可能一蹴而就，教师要精心、耐心、有恒心。比如学生字写得马虎、歪斜，我就到学生中间，观察他们怎么用笔，怎么握笔，簿本放的角度，眼睛和簿本的距离等，分析研究写得歪斜的原因，因人而异地指导，培养他们书写的好习惯。学生领悟能力有高低，习惯养成的时间有长短，有时某些学生书写格式须讲几十次，反反复复，教师要不厌其烦。教育要细水长流，育人须有巨大的耐心，要持之以恒。

明末清初的学者王船山说："养其习于童蒙。"在学生青春年少之时，在他们学习祖国语言文字的过程中，倾注心血培养他们良好的学习习惯，他们就可以终身受益。

激发学生热爱祖国语言文字的感情

作为一名语文教师，必须对祖国的语言文字满腔热情满腔爱，不一往情深，就钻不进去，就不能体会其中的奥妙，就不可能获得真知。学生学语文也是同样的道理。科学家爱因斯坦说：“只有‘热爱’才是最好的老师。”鲁迅先生也说过：“无论爱什么，——饭，异性，国，民族，人类等等，——只有纠缠如毒蛇，执着如怨鬼，二六时中，没有已时者有望。”学生对祖国的语言文字产生浓厚的感情，就能孜孜矻矻，深入其中，寻求知识宝藏，就能刻苦地进行训练，正确地使用。怎样激发他们热爱的感情呢？

抓住汉语的特殊性和内在规律性进行教学，引导学生认识它的悠久历史，懂得它的源远流长，激发自豪感。结合课文的讲读分析，结合学生听、读、说、写的训练，传授语言、文字、语法、修辞等汉语基础知识，分析祖国语言文字的优美、生动，激发学生热爱的感情。比如辨别字的形、音、义，不能只机械地、呆板地就某个字论某个字，要讲出汉字的特征。让学生理解汉字就是由横、竖、撇、点、捺、提、钩等基本笔画组合而成，不管是笔画少的，少到两画，如力、乃、又，还是笔画多的，多到二十几画，如蠢、羸、攥，都饱含线的艺术，各个部件组合得紧凑，有韵味，形体匀称，给人以图画美的感觉。汉字的一字多音、一字多义反映了这个工具表情达意的准确度和精细性，启发学生饶有兴味地进行辨别、探讨。让学生知道汉字是世界上最古老的文字之一，根据史前文物资料推测，它大约已有6 000年左右的历史。汉语字词的丰富、语言的优美、同义词近义词区别的细微，在世界上是罕见的，远非其他语言所能比。教学时可适当采用比较的方法，与英语、日语、德语等有关词语比较，比出汉语的丰富多彩，比出中华民族文化的深厚，激发学生对中华民族、对祖国语言文字的热爱。

引导学生赏析优秀文学作品，培养他们热爱祖国语言文字、热爱祖国文学的感情。在德国，杰出的诗人、文学家歌德写了《少年维特之烦恼》、诗剧《浮士德》，在统一德意志语言、使德国文学进入世界文学之林方面做出了显著的贡献，可那时已是18世纪末19世纪初。而我们伟大祖国很早就出现了《诗经》《左传》《楚辞》《史记》等伟大作品，那都是公元前的事。至于公元后的文学作品，真是多如天上的灿烂群星，李白、杜甫、曹雪芹、鲁迅、郭沫若、茅盾等伟大作家的作品更是在世界上闪射着夺目的光辉。带领学生学习古往今来运用祖国语言文字写成的佳作，犹如身入胜境，在无数瑰丽璀璨的珠宝中观赏遨游，美不胜收。让学生体会祖国语言文字的优美和表现力，哪怕是一首小诗小词，也有无穷的趣味。如张志和的《渔歌子》："西塞山前白鹭飞，桃花流水鳜鱼肥。青箬笠，绿蓑衣，斜风细雨不须归。"仅仅27字，绘出了栉风沐雨恬然垂钓的图景。人物、山水、草虫和谐地融合在一起，色彩斑斓，生意盎然，用诗词表现画的形象、画的意境的技巧令人惊叹！又如把杜甫的《春望》和《闻官军收河南河北》两首律诗放在一起教，启发学生从诗中的忧与喜来领会语言文字巨大的表现力。写国破之忧愁，笔笔忧，句句愁，花鸟草木皆添愁；写收复失地之喜，一个"狂"字，感情横溢，思绪腾飞。"即从巴峡穿巫峡，便下襄阳向洛阳"，一联诗句，四个地名，佐之以"从""向""穿""下"等介词与动词，把归程的路线、飞越的神思、急切回归的心情、喜出望外的感情等表达得淋漓尽致，有很强的感染力。语言文字的奥妙无穷，有时奔腾如滔滔江水，如鲁迅的《"友邦惊诧"论》中"好个'友邦人士'！日本帝国主义的兵队强占了辽吉，炮轰机关，他们不惊诧；阻断铁路，追炸客车，捕禁官吏，枪毙人民，他们不惊诧。中国国民党治下的连年内战，空前水灾，卖儿救穷，砍头示众，秘密杀戮，电刑逼供，他们也不惊诧。在学生的请愿中有一点纷扰，他们就惊诧了！"，就是运用语言文字倾泻感情的典范，语句短促，历数罪状，犹如短枪，犹如匕首，锋利无比，发挥了强烈的战斗作用；有时洗练如矿中出金，质美意深，如《一件小事》中"而且他对于我，渐渐的又几乎变成一种威压，甚而至于要榨出皮袍下面藏着的'小'来"的"榨"字就经过洗练之功，把车夫形象的高大、"我"内心的感动与觉醒刻画得入木三分，字虽一个，但有千钧之力。语言的奥妙远不止上述的这些，颠倒词序、增减字数、正话反说、褒词贬用、虚实搭配、含蓄豪放、绮丽雄浑等均大有琢磨推敲的天地；至于音韵的和谐、语调的铿锵、节奏的明快等，可诉之于学生的听觉，引导学生在朗读、背诵之中体会语言的优美生动，培养和激发他们对祖国语言文字真挚热爱的感情。

在教学中激发学生热爱祖国语言文字的感情，其意义绝不局限在语言文字本身，而是输送给学生多种营养，滋润他们健康成长。爱国主义、革命传统、民族的自信心和自豪感等都可渗透于语言文字的教学之中，给学生的思想情操以熏陶感染。

进行多种能力的训练

语言文字是人类社会交际的工具，学生要掌握这个工具，必须进行严格的训练。由于语言文字与思想内容紧密地联系在一起，没有思想内容就不会产生语言文字，同样，语言文字一出现，必定包含着一定的思想内容，因而，在进行能力训练时，须坚持语文形式和思想内容不可分割的原则。语言是交流思想的工具，人们在进行思考时，要借助语言，没有语言，思想无法表达。语言和思维互相依存，因而，在进行能力训练时，须坚持语言训练与思维训练相结合的原则。

语文教学要培养学生听、读、说、写的能力，而这些都离不开思维。无论是遣词造句、布局谋篇，还是记事、写人、状物、说理，都须臾离不开积极的思维。因此，在培养学生语文能力的同时，必须增进和发展他们的思考力。

阅读能力的核心是理解。阅读文章最基本的要求是通过词、句、篇、章理解文章的主要内容，进而体会作者的写作意图。培养学生理解能力可从识别、再现、探疑等方面下功夫。字不离词，词不离句，要识别某个词，只有正确理解它在具体语言环境里的含义，才能正确地理解作者所要表达的思想。如魏巍《我的老师》中有这样一段描写："她从来不打骂我们。仅仅有一次，她的教鞭好像要落下来，我用石板一迎，教鞭轻轻地敲在石板边上，大伙笑了，她也笑了。我用儿童的狡猾的眼光察觉，她爱我们，并没有存心要打的意思。孩子们是多么善于观察这一点啊。"学生要能正确理解这段细节描写的深意，就须认真识别，积极探疑，开展想象。如此处的"狡猾"究竟何意？是否就是词典上注释的含义？"诡计多端，不可信任"用在这里显然是不恰当的，句中的“狡猾”不是贬义，而是贬词褒用，形容儿童眼光的聪慧、调皮、敏锐。引导学生仔细辨别，他们就能正确理解词语在句子中的含义。单识别、探疑不够，还要启发学生展开想象。如上述的那段描写，要学生真正理解，就要调动学生感觉器官的经验，用感性材料进行合理的充实，脑中再现“打”的场景。这样，对文中刻画的老师的假愠、假愠背后对学生真挚的爱就有更具体深切的感受。

想象力是读书的重要能力。想象以客观实际为依据，但又不拘泥于客观实际，它是感觉的深化。列宁曾高度评价想象的重要作用，指出“幻想是极其可贵的品质”。在学生听、读、说、写的实践中，经常进行想象力的训练，有助于发展他们的创造性思维，锻炼他们创造的才能。如教《美猴王》一文，进行视说训练，要求学生边看课文边讲述，把从视觉获得的书面语言的信息立即转换成口头语言。采用说书的方法讲述课文内容，对一些细节加上自己的想象与补充，学生思维和语言都得到了训练，对课文进行了再创造。

概括是一种思维活动，是从直接的、具体的知识中提炼间接的、抽象的知识，它所得到的往往是规律性、本质性的东西。从语文教学的特点来说，不仅要引导学生懂得字面的意思，还要从文字背后找到文章所包含的思想感情及遣词造句、布局谋篇的特点。概括是对教材规律性的认识，是对文章字词句段之间内在联系的认识，它是思维的飞跃、思想的升华。在语文教学中要十分重视概括能力的培养，对词句、段落、中心思想、写作方法等，皆可做这方面的训练。如要求学生给《美猴王》的每一段列小标题，有的学生在阅读的基础上列出“悟空出世”“众猴入洞”“悟空为王”三个标题。显然，这些标题反映了对课文内容理解得不完全正确，故要求学生斟酌、修改，力求概括得准确。学生在阅读、思考的基础上，把第一、三段小标题改为“石猴出世”“石猴为王”，因为当时的石猴尚未赐名悟空；把第二段小标题改为“石猴探洞”，更符合文章的主题，因为文章主要写石猴，况且先要“探洞”，方能“入洞”，探洞是主要的。初步修改以后，进而启发学生概括得更精练些。学生进一步思考后，删去三个标题中的“石猴”。这样进行概括能力的训练，不仅能使学生的思维逐步周密、深刻，而且能使语言表达得更为准确、鲜明。

学生分析、综合的能力在读、写过程中要经常地、有计划地训练。要读懂一篇课文，对其思想内容、段落结构、表现手法真正有所领会，必然要下一番分析的功夫，主次详略，字面、字底，局部、全局，脉络、构思等，都须认真研究，充分认识它们在文中的地位和作用，认识词句之间、各部分内容之间的联系或关系。析得深，析得细，就摆脱了读课文的一般感受，而进入把握作品实质的境地。分析好，大有益，在分析的基础上进行综合，才能获得正确而深刻的结论。阅读是如此，写作也同样。不对生活、不对周围事物、不对写作材料进行认真仔细的分析，不将观察所得、分析所得加以综合，不去粗取精，不去伪存真，不由表及里，就难以写出有分量的习作。编写提纲、列图表是训练学生分析能力、综合能力的较好的方法。如教《求雨》，要求学生设计一张简表，表明开渠和求雨的较量、科学与迷信之争。这张表要能显示故事情节的发展，标出刻画人物活动的主要词语，勾画出频频转换的地点之间的联系，点明较量双方的代表人物和活动场所。学生阅读时很精细，考察文中各个部分，按要求逐一分析，寻找答案，然后再把各个方面综合起来，确定它们之间的关系，汇总成一张简表。分析和综合两种思维过程不可分，注意结合起来训练，能有效地促进学生读、写水平的提高。

培养学生听、说、读、写的能力是语文教师义不容辞的任务，培养时有意识地在思维力、想象力、观察力、记忆力，尤其是思维力的锻炼上下功夫，学生语文能力提高就比较明显。视野开阔，学得主动，学得灵活，自学的能力较强。反之，学生的主观能动性受到影响，学习效果就不够理想。

开阔视野，课外延伸

语文教学要有效地提高学生语文水平，单靠课内是不行的，须课内课外两手抓。学生往往得法于课内，增益于课外。课内时间有限，课外则有广阔的学习天地，学生更能施展自己的才能，发挥聪明才智。教师应有全面组织学生学习语文的能力，切不可忘记课外这一重要方面。

要积极地、热心地引导学生广泛阅读，培养他们读书的嗜好。精读、博览相辅相成。就教学而言，精读是主体，博览是补充；就效果而言，精读是准备，博览是应用。学生要嗜书，不嗜书必然知识浅薄，视野狭窄。学生嗜书的感情不是天生的，要靠引导，靠培养。培养学生阅读的嗜好，就等于帮助他们找到源远流长的知识的泉眼。他们找到了这个“泉眼”，就会广泛觅取，学而不倦。怎样培养他们读书的嗜好呢？我通常的做法是：从提高认识入手，在激发兴趣上下功夫，辅之以及时的鼓励与表扬。经常针对学生的思想实际，用古今学者劝人博览群书的名言警句启发学生，以酷爱书籍、通晓各科学问的生动事例教育学生，使他们认识到“知识是引导人生到光明与真实境界的灯烛”（李大钊语），体会到广为涉猎的必要。

创设种种条件引导学生阅读。如有计划有目的地推荐作品，启发学生阅读的兴趣。或从课内延伸到课外，选与课文有关的作品对比阅读、扩展阅读。如学老舍的《小麻雀》，就向学生推荐屠格涅夫的《麻雀》，进行对比阅读，再推荐屠格涅夫的《门槛》，作为扩展阅读的材料。或组织学生在练口活动中推荐作品，学生在训练口头表达能力的活动中介绍自己阅读的好作品，互相推荐，彼此交流。组织这样的活动，被推荐的作品一次就达四五十本，加上有些同学绘色绘声的介绍，大大激发了学生阅读的兴趣。教师经常向学生推荐名家名作，截取部分精彩段落朗读或解说，不失时机地推荐新出版的佳作更是十分重要。旺盛的求知欲、嗜书的好习惯就是依靠教师坚持不懈地引导、开拓而逐步形成的。又如利用部分早读课时间带领学生读诗，每次一二十分钟，读读背背讲讲，一日不多，十日许多，涓涓诗歌甘泉水渗入心田，学生的思想、情操、语言都受到有益的熏陶。此外，如杂志游历、举办讲座、具体指导、讨论交流等都是促进学生课外阅读的有效方法。有的学生星期日总要泡半天图书馆，以求知为乐，有些学生一学期课外阅读达四五十本，杂志不在其内，初步养成了爱读书的习惯。

安排各种课外活动，丰富课外生活，开拓学语文的天地。读万卷书，行万里路，一方面从书报杂志中获得知识，一方面从生活中吸取知识养料，是学好语文的重要途径，二者不可偏废。观察是认识世界的窗口，教师要千方百计创造条件让学生多看多听，多接触大自然，多接触社会生活，开阔视野，扩大知识面。如因时因地组织参观访问，组织游览活动，根据上海的条件，既可组织学生参观党的一大会址、鲁迅纪念馆、历史博物馆、自然博物馆、小刀会旧址、革命烈士公墓，又可组织学生参观厂矿企业，像金山石化企业、江南造船厂万吨轮、潜水艇修造等。组织学生参观、访问、游览，我的体会是要“放”，要考虑得“远”，不要一活动就写作文，学生背上要交账的包袱，看起来无兴趣，玩起来也无味道了。事实上，学生对参观的对象产生了浓厚的兴趣，自会写下见闻所得。有一次课后参观灯展，有个学生觉得参观的时间太短，自己课外再去购买票子看，仔细观察几个小时，写出了具体生动的《观灯展记》。参观访问主要锻炼学生认识事物的本领，学生在参观访问中接收各种各样的信息，在有意无意之间储存起来，对提高听、说、读、写能力都将发生较长时间的、直接或间接的影响。其他如组织演讲、写作、图书资料等兴趣小组，举办作品、诗画、音乐欣赏会等活动，也是很受学生欢迎的。总之，课堂上要学得扎实，课堂外增添兴趣，增长才能。课外阅读、课外活动看起来似乎漫无边际，但做起要有依据。这就要求教师心中有个计划，善于引导，把学生毕竟有限的课外宝贵时间用在点子上。再者，要注意到学生的身心健康，不能只注意心的一面，而忽视身的一面。

语文教学讲究思想性、科学性，还须有一定的艺术性。做一个合格的语文教师是极其不容易的。我虽已从事教学实践 30 多年，然而仍在邯郸学步，对其中的规律知之甚少。对我说来，头等重要的是孜孜不倦地学习，向语文界老前辈学，向同行学，向学生学，向书本学，向社会学。宋人张载《芭蕉》这样说：“芭蕉心尽展新枝，新卷新心暗已随。愿学新心养新德，旋随新叶起新知。”愿以此不断激励自己，增添新知，改进教学，提高质量，提高教文育人的水平。

追求，
孜孜不倦地追求

我深深热爱教育事业，我的理想是做一个合格的名副其实的人民教师。在 30 多年的教学生涯中，我孜孜不倦地追求着这个崇高理想，鼓足生命的风帆，努力实践，向着这个伟大的目标迈进。

托尔斯泰在《艺术论》中说道：艺术感染力的深浅取决于感情的独特性、感情传达的清晰和真挚的程度。教学是艺术，而语文教学可以说是高超的艺术，它在培育学生成长的神圣任务中能否发挥巨大的感染作用，关键在于教师感情的锤炼。

我在大学里读的是教育学专业，毕业后开始从事的是成人教育，后来进行历史课的教学。1959 年，正是我过了“而立之年”的时候，因工作需要，领导要我改行教语文。我二话没说，走出了历史课的课堂，去叩语文教学的大门。但是，语文教学之门对我来说是不易敲开的。功夫首先下在对学科的热爱、对祖国语言文字的热爱上。如果对祖国语言文字没有真挚的爱，不一往情深，教材就钻不进去，要领就难以掌握，其中的无限风光当然也就无从领略。“热爱是最好的老师。”“无论爱什么，……只有纠缠如毒蛇，执着如怨鬼，二六时中，没有已时者有望。”这些名人名言激励我倾注真情，发奋读书，勇过教材关。

自古以来，我们祖国的文学作品浩如烟海，语言文学宝库中有无数瑰丽璀璨的名著。我国语言的优美，词汇的丰富，同义词、近义词的细微差别，在世界上是罕见的。作为一个中学语文教师，经常地持久地学习祖国丰富、优美的语言，在文学宝库中涉猎、遨游，那真是幸福无比。有时候，我备课备到屈原的辞赋、李杜的诗、韩柳的散文，人就常会不知不觉地步入作品的境界，作品的思想、言辞拨动着我的心弦。此时此刻，我不仅能深切理解作品语言惊人的表现力，而且简直感到是美的享受，乐在其中。为了把语文教学所需的专业知识一门一门地攻下来，我以文学史为经线，以各个时代的代表作品为纬线，先后阅读了几百万字的中外古今文学作品，旁及自然科学和音乐、美术、戏剧等知识，为教材剖析的深度、广度打基础、做储备。为了具备教学真本领，我给自己立了一条规矩，不抄教学参考书，不吃别人嚼过的馍，独立钻研，力求自己先懂，再教学生，决不以其昏昏，使人昭昭。有时备一篇课文要花 10 小时、20 小时，有时为了查准一个字的读音，要翻阅许多书籍。这样，三篇，五篇，八篇，十篇，几十篇，上百篇，对文章的内容、语言、脉络、结构、精髓所在，基本上能一眼见底，初步尝到了庖丁解牛的滋味。

学生对语文教师的课堂教学语言十分注意，我自己也认为：一个语文教师的语言应该是最纯洁、最规范的语言。我既然已是语文教师，就应该下苦功学习和掌握规范的语言。原先我的口语不理想，“这个”“那个”“呶”“但是”，语病不少，再加上方言音极重，说话没有翘舌音，语言离合格标准很远。语文教师责无旁贷地要带领学生学习教材中规范的书面语言，但是，仅仅停留在这一点是显然不够的。如果教师教学语言规范，学生每堂课都接触活泼生动的口语，长期受正确语言的熏陶濡染，课堂教学效果就会大大提高。于是，我下定决心改造自己不规范的口头语言。我采用的是笨办法：每上一堂课以前，我都要认真想好在课堂上讲的内容，把所要讲述的一句句话写下来，然后推敲、修改，用比较规范的书面语言改造不规范的口头语言。我把写的内容一句句背熟，并口语化。从我家到学校，除乘车外，还要走一刻钟的路，每天上班时，我就利用这一刻钟时间，将背好的教案在头脑中放一遍“电影”。课教完之后，我再细细对照教案，寻找自己在课堂上“即兴发挥”中出现的问题，教案中有哪些语言有待改进。这样，坚持不懈地下了两三年的功夫，渐渐地，我的教学语言得到根本改造，口头表达能力有了明显提高。通过以“死”求“活”、先“死”后“活”，我基本上过了“口语关”。

胸中要有教材，目中要有学生。过了教材关、口语关，不等于就能教好学生。语文课不能只教在课堂上，还要教到学生心上。只有教到心上，才能充分发挥学生学习的积极性，使他们比较迅速有效地掌握遣词造句、谋篇布局的基础知识，发展智力，提高听、说、读、写的能力。教心必先知心。教师教学须坚持唯物主义观点，悉心了解和研究学生的情况、特点，知之准，识之深，才能教到点子上。每个学生的语文基础、语言环境、接受能力、兴趣爱好千差万别，在大量的教学实践活动中，在平日与学生的交谈接触中，我细心观察，深入了解，不仅注意他们的过去与现在，而且力求敏锐地观察他们的变化与发展。通常的情况是：冒尖的、比较差的容易在教师脑子里形成清晰的印象，轮廓比较分明，而一般的似乎难以区别。班级的教育教学应该是针对大多数而兼顾两头，只要稍加深入，就可发现在差不多的现象后面颇有差得多的特点存在。

以口头表达能力为例。有四个同学口述能力都差，说话含糊不清，断断续续，非但不能成段，连成句也困难。乍看起来，似乎都有口吃的毛病，但仔细调查辨别，症结却各有不同。第一个同学说话时舌头似乎短了一点，经过再三谛听、分析，终于找到了他口齿不清的症结所在。第二个同学是由于家庭语言环境长期的影响。因为是独子，父母十分娇惯，视已是中学生的儿子为幼儿，讲话时停顿多，规范性差，孩子接受这种语言的信息多，耳濡目染，形成习惯。第三个同学是小时候学口吃的人讲话，于是也逐渐口吃起来。想改，但一说话就紧张，脸憋得通红，越紧张越说不清。第四个同学是思维比较迟钝，对来自教师或同学的问题不能迅速地做出反应，因此说话嗯嗯啊啊，疙疙瘩瘩，含糊不清。弄清楚他们口述能力差的各自原因，才可能寻找出最佳方案帮他们纠正毛病，提高能力。对第一个同学先从生理上解决，请医生诊治决断，手术治疗，然后再进行说话的训练。纠正第二个同学说话的毛病是先与家长联系，剖析家庭语言环境的重要性，请家长注意说话的质量，再帮助同学进行单句的训练，阅读口语化的材料，从简单的说话开始。对第三个同学注意用“稳定剂”“安慰剂”，逐步消除他的紧张心理。对第四个同学则另用其他方法，即在日常的学习、生活中注意训练他思维的灵敏度，在他回答问题时指导他想清楚了再说。如果不认真地辨别这些同学的差异，就不可能出现上述四种不同的做法。

教学中掌握学生的个性固然重要，但是认真地研究学生所具有的共同特点尤为重要，比如八十年代的学生与五六十年代的学生其特点就不尽相同。应该欣喜地看到，现在的中学生有强烈的成才愿望，有振兴中华的志向。这是时代赋予他们的特征。他们敏于思索，善于质疑。他们不大轻信教师的话，对社会对人生常有自己的看法，不与别人苟同，以表示有独特的见解。他们见识比较广，接收外界信息的灵敏度比较高，有时看问题尖锐和深刻的程度大大超过他们的年龄。他们的兴趣十分广泛，对古今中外的人和事往往带着猎奇的心理去了解、询问，尤其是对现代科学技术、现代化生产和产品更是津津乐道以至神往。学生思维活跃，科技知识起点高，生活知识丰富，憧憬美好的未来，这是时代造成的必然，是教学十分有利的条件。与此同时，这些学生身上又存在着明显的不足。集体主义观念、社会主义道德规范、共产主义远大理想等在学生心中不全面、不扎实，知识与能力差距大，缺陷多。认清了当代中学生的新情况新特点，就深切领悟到，教学中既要讲究针对性、深刻性，也要讲究艺术性。要善于发扬他们身上的长处，引导他们明辨是非，克服不足。因势利导，才能塑造成才。千万不能用刻舟求剑的、形而上学的观点来认识学生。

既要见书，又要见人，尤其要对人——教育对象——进行研究，做到有的放矢地进行教学。在实践中我逐步树立了从学生实际出发的观点，养成了组织教学内容、确定教学环节、选择教学方法等均为学生着想的习惯。

要把学生培养成为“四化”建设所需的开拓型人才，教师自己就要有开拓的精神，而在开拓中用什么方法来教学生又是不可忽视的重要因素。传统的教学方法对从事语文教学多年的教师来说，无疑是驾轻就熟的，犹如进入肌肤，已成自然。传统教学方法中合理的精华不可丢，但许多做法已不适应时代的潮流，须大力进行变革。面对着科学技术的突飞猛进，面对着社会生活节奏的加快，还用四五十年代甚至更早时候的陈旧方法教，无疑要关闭学生认识现代社会的窗户，他们语文能力的锻炼、思维能力的发展都会受到严重的阻碍。如果说过去我曾把“入”传统的语文教学之门作为自己的努力方向的话，那么，在新形势下，我应该把“出”传统之门，探索什么是现代化的有中国特色的社会主义语文教学体系作为自己新的追求。教学方法上，我追求的是努力跟上时代的节拍。首先是摆正出发点，把从“教”出发的立足点转换到从“学”出发。“教”不是统治“学”、代替“学”，而是启发、点拨、开窍，做学生学习的引路人。其次是建立联系网。课堂教学中，师生联系不能停留在直线的往复，应转换为网络式的联系。也就是把教师与学生的单向型联系转换为教师与学生、学生与学生、学生与教师的辐射型联系，教与学互相作用，学与学相互作用，充分调动学生学习的积极性，能者为师，水涨船高，使课堂真正成为学生训练听、说、读、写能力与发展智力的场所。再次是课的容量。要精心设计讲和练的内容，考虑讲和练的角度与方式，努力把课上得立体化，容量丰厚。每个教学环节、每个教学活动须有很强的目的性，力避繁枝茂叶，糊成一片。课不能是淡水一杯，要有可咀嚼回味的地方、可思考而运用的知识、技能，当扩展则扩展，当深入则深入，使学生在有限的课时内，思想、能力、智力获得多方面的培养。最后是课应该有鲜明的节奏。由于科学技术的迅猛发展，社会生活的节奏明显加快，课堂教学要适应现代社会生活的节奏，不能停留在慢动作、慢镜头的水平上，要注意训练学生思维的敏捷性，提高阅读、理解的速度。文似看山不喜平，课也是如此，总不能小河淌水，在一个平面上移动，要有张有弛，有浓有淡，有粗有细，有疏有密。只有这样，学生才会思维积极，兴味盎然，充分发挥学习主动性。绝对不能忽视的一点是课必须有时代活水流淌。教材中相当数量是过去的作品，教学时不能满足于虚构世界，再现过去生活的材料，要注意和善于引发，把学生的学习和沸腾的实际生活联系起来，和社会主义现代化的建设事业联系起来。所谓联系，当然不是长篇大论，说一大套政治术语，给语文课穿靴戴帽，或外插一个大肚子，而是在服从于教学目的的前提下，根据课文的内容，有机地插入一些新信息，启发学生深思。只要联系紧密，天衣无缝，哪怕是一两句话，学生也会情绪昂扬，振奋起来。教法改革常有“山重水复疑无路”之感，但坚持探索，坚持跋涉，也常会出现满目青山的美景，辛勤之后的快意难以与外人述说。

苏联教育家苏霍姆林斯基在《给教师的建议》一书中曾这样说：“如果教师的智力就是停滞的、贫乏的，在他身上产生了一种可以称之为‘不尊重思想’的征兆，那么这一切就会明显地在教育教学工作中反映出来……教师不尊重‘思想’，学生也就不尊重教师。然而，更加危险的是，学生也像教师一样地不愿意思考。”这段话十分精彩，道出了教师智力生活的重要性。教师要学而不厌，只有自己的知识变成长流水，学生才会得到灌溉。在当今这个时代，这个问题显得尤为重要。

回顾过去的历程，自己虽读过一些书，有一点社会科学知识和自然科学知识，但在实际运用中深感有些已陈旧，由于长期不用，灰尘满布，而新鲜的、实用的又奇缺，因此，必须积极地增进知识积累，优化自己的知识结构。教课要能撒得开，纵横延伸，更能收得拢，聚意点睛。自己视野狭窄，就不可能上下古今贯通，更不可能登高望远，学生的知识覆盖面就受到影响。基于这样的认识，我注意在两个方面下功夫：一是拼命吸取，二是学会思考。

语文教师要有拼命吸取知识营养的素质与本领，犹如树木，要把根须伸展到泥土中，吸取氮、磷、钾和微量元素。只有自己知识富有，言传身教，才能不断激发学生求知的欲望。要做到知识富有是极其不容易的，有人说这是一条“光荣的荆棘路”，这条路尽管像“环绕着地球的一条灿烂的光带”，但它需要的是艰苦备尝。对我们语文教师来说，更是如此。语文教师工作量大，负担很重，要想用大块时间学习是不可能的。因此，锲而不舍的精神尤为重要。把零星的宝贵的时间有计划地用上，天长日久也是可观的。我的做法有三点。一是重要的理论反复学，力求正确理解，既能深入，又能浅出。理论上的模糊必然导致实践中的盲目，我深切体会到自己教学上出现的无效劳动，往往是理论上认识不清、理解上有偏颇所致。二是紧扣一点深入学。要弄懂一点知识，就要深入学习，认真钻研。比如诗歌，每学期都要教，围绕它读点书，可发现其中许多有趣的学问，诗中有方位、色彩、数字，在诗人笔下各有奥妙。学知识如汲深泉之水，越学越能品尝到其中的甘甜。三是开阔视野广泛学。语文教师的知识仓库里的货物不能不杂，但要杂而有章。要广泛地阅读，有选择地阅读，在生活中学习，吸取别人的长处。尤其是新知识、新信息，更要注意吸收。如文学样式，近几年出现的微型小说，它的特点是什么，与长篇、中篇、短篇小说除在篇幅长短上有区别外，它还具有哪些特色；当代流行的电视系列片是在怎样的条件下产生的，它在结构、情节、刻画人物方面有何独特的地方，与电影有何区别；电视小说、电视纪录片、电视音乐剧、电视散文等又是怎么一回事；一句话新闻是怎样诞生的，社会效益如何……凡此种种，都要开放自己的感官，去接受，去思考。至于现代科学技术，也要关心。精通于此是不大可能的，但80年代的语文教师总不能是科学盲，否则就缺掉相当重要的一只“角”，块面上缺个角总是很遗憾的。

语文教师的工作不是百米冲刺，而是万米赛跑，任重道远。思想信念是我的精神支柱，对事业的一往情深是自己不断前进的动力。教师的学习和工作是无止境的，30多年来，在前进的道路上我不断地给自己出难题、设关卡、提目标，不以为苦，反以为乐，为的是追求做一个和时代同步前进的教师，为的是履行自己的天职，把全部精力和智慧诚心诚意地奉献给可爱的学生，奉献给光辉的社会主义教育事业。

追求，是极大的幸福；热爱，是最好的老师。

嘤鸣求友 同声相求
——记香港之行

应香港中文教育学会主席余迺永先生和副主席欧阳汝颖女士的邀请，7 月中旬赴港参加由香港大学教育学院、香港中文大学教育学院和香港中文教育学院联合举办的中文科课程教材教法研讨会。该会广泛邀请研究中文教育的学者、专家、教师，就中文课程纲要设计、课程纲要与教材编写的研究、课程纲要和教学法的研究等各项问题，探讨过去，展望将来。来自美国、马来西亚和中国台湾、香港、澳门的中文科教授、督学、编辑等数十人在香港大学黄丽松讲堂和厉树雄楼就会议主题宣读论文，发表演讲，我们内地去的几位教授、教师对中文科的教材教法等问题发表了自己的见解。会议开得紧凑，研讨气氛浓厚，许多生动有趣的事在脑海里留下了难忘的印象。

似曾相识

初次参加这样的国际性研讨会，人地生疏，总以为进入了一个陌生的境地，哪知一接触有关的人和事，立刻觉得似曾相识，亲切之感涌上心头。且不说主办会议的香港同胞对我们是怎样的热情，单就研讨的课题、内容及研讨的语言而论，不少是眼熟、耳熟的。马来西亚

本文发表于《语文学习》1988 年第 11 期。

主持编辑中学中文课程教材的杨先生在阐述中文教学目标时，强调了以下四点：(1) 聆听、理解及评鉴各教材和广播节目的内容；(2) 能正确而流利地表情达意；(3) 能精读和略读各类教材；(4) 能写作并习写毛笔字。显然，教学目标在听、说、读、写方面都提出了要求。为了具体阐述这个教学目标，杨先生又使用幻灯片以简图来表示：

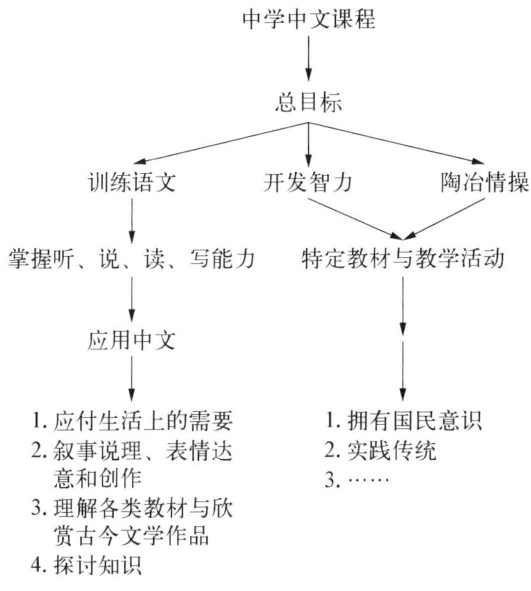

训练学生听、说、读、写的语文能力，在训练能力的同时要注意开发学生的智力，陶冶学生的情操，几乎所有与会的中文教材的编辑和研究教材教法的教师都在认真地根据本国本地区的教育情况进行探讨。教学上的研究、学术上的探讨让人犹如会插翅飞翔一般，飞越地区，超越国界，寻找知音。

倾心交谈

7 月 14 日晚，香港中国语文学会办公室里热气腾腾，参会教师就语文教学的问题展开了讨论。话头是沈先生拉开的。沈先生不从事教育，但对教育倾注心血，关心支持。他问我：“你们提出语文课既要加强基础，培养能力，又要发展智力，还要陶冶思想情操，这个课到底怎么教？我们马来西亚教师也试着做，太难了，要这样教课，简直难死人了。”接着，他侧过身子对我说：“请你解答这个问题，越具体越好。”

马来西亚朋友对语文教育事业的热忱使我感动，我欣然发言。我觉得这个问题既要从语文教学总体目标考虑，不囿于一篇课文、一次练习，又要大力进行课堂教学改革，努力做到熔加强基础、培养能力、发展智力、陶冶情操于一炉，发挥一箭数“雕”的多功能效益。为了阐明观点，我以教学《晋祠》这篇课文的起始阶段为例进行说明。课起始，我用三言两语引入课文后，就要每个学生口述一处祖国的名胜古迹，在速度与表达上有明确的要求。学生从上海小刀会起义的遗址点春堂所在的豫园讲到西藏的布达拉宫，从杭州的西子湖说到长白山的天池，思想集中，兴趣很浓。安排这个环节的目的是使学生在以下几个方面获得培养：（1）锻炼口头表达能力；（2）相互启发，开阔视野；（3）了解中华民族的浓厚文化遍布在祖国九百六十多万平方千米土地上的特点，受到爱国主义情操的熏陶感染，增强民族自豪感；（4）活跃课堂教学气氛，使学生学得愉快。花了一两分钟的时间，学生讲述了几十处名胜古迹。此时，我出示《中国名胜词典》，让同学知道自己所知不过是沧海一粟而已，接着要求同学听写《晋祠》条目的说明，并把说明中的每一句话用数字标出，与课文中相应的内容对照，辨别异同。这样做的目的：（1）激发学生求知欲；（2）训练学生听写能力；（3）检验阅读理解的速度和准确度；（4）训练思维的敏捷性；（5）训练比较思维的能力。这样一环紧扣一环，环环有明确的训练目的，每一环起多方面的作用……

马来西亚的朋友全神贯注，不时询问，话题越展越开。马来西亚独立中学每周中文是 7 节课，而公立中学每周仅 3 节课，每节课只有 35 分钟。于是，从课时安排谈到如何长文短教，从培养学生学中文的兴趣谈到对差生的教育，从每位中文教师 30 节课的课业负担谈到校长对学校的管理。会议主持人原说会议 9 点结束，可是时钟的针已指向 10 点，大家还大有欲罢不能之势，恰似将一把小石子丢入水中，水花一圈圈晕开，一圈圈晕开……

直言不讳

学术上缺少民主，或民主气氛淡薄，研究就不能深入，或难以深入；反之，各种思想撞击，爆发火花，催人思索，逼人研究，对问题探讨的深度、广度、方位、层次就大不一样。这次研讨会在这方面颇有特色，可资借鉴。

每位讲演者宣读论文以后，会议主持人总是要请听者提若干问题。听者发言积极，有疑难问题的询问，有不解之处的请教，更可贵的是坦率地对演讲者的演讲内容、学术观点乃至研究途径与方法提出异议，真可谓是直言不讳。例如中国香港的谢先生、岑先生介绍了他们近期研究的《写作思维过程教学法及其评估方法》成果后，听讲席上立即有人提出一连串的问题，如：传统的“命题作文法”不成为“法”，怎样将写作思维过程教学法与它比较？有关写作能力的测试是否能不只是提供数据，而是提供一点内涵？试验、研究、抽象，不是靠“灵感”，不同体裁的习作能否都提供例子？写作思维过程教学法中讲到语言转换，语言如何“转换”？怎样把广东话或英语“转换”为普通话？谢先生等在写作思维过程方面所做的实验是蹊径独辟的，这里不妄加评论，引述以上的问题只是想说明，听者和讲者之间敢于碰撞思想，敢于畅所欲言。提出不同意见，不是和谁过不去，不是故意为难别人，而是促使别人把课题的研究引向深入。

我自己身临其境，也碰到了类似的情况。当我讲述了中学语文教改的基本观点之后，中国香港一位语文界前辈一连向我提出了四个问题要我回答。有教育思想的，有教学方法的，乃至于学生的名字叫不叫得出来也询问了。他说：“你们一个班有六七十个学生，一个教师要教几个班级，名字都喊不出，怎么调动他们的学习积极性？”我首先说明我们班级的学生经常控制在 40 人左右，教师都能叫出学生的名字。他问我是怎么记住名字的，我回答：“记住学生的名字是教师的本能。每教一个新的班级，我总先看熟学生登记卡，记住照片上的特征。上第一节课，就能叫出全班学生的名字，学生就很佩服。”话音刚落，这位老先生突地站起来说：“看来你是本能，我是无能，我叫不出学生的名字。”他充满诙谐的话逗乐了大家，讲堂里笑声迭起。

执着追求

坐在讲台上有声有色讲述中文教学中的诵读问题的是中国台湾的老教授艾先生。他早年毕业于北京师范大学，专攻中文。此次在研讨会上遇到现任北京师范大学副校长，话题一下子就热了起来。

艾老先生认为，文章不是活的语言，而是历史的语言。他阐述：《尚书》佶屈聱牙，但符合上古语言状况；孔子时期词汇简单，故多是问答体短文，孟子时期词汇比较丰富了，故文章多有滔滔不绝之势；秦以前语言异声，文字异形，秦只有力量统一文字（小篆），无力统一语言。因此，诵读不同时代的文章要把握特点。他煞有兴味地为大家作诵读示范。

中国香港著名中文教师方先生擅长文学教学，他认为教文学作品除理性认识，还要在感情上引起共鸣。拆零件，只停留在词句教学上是教不好的。他认为教古代文学作品要不误古人，不负古人。他举李义山的《蝉》、李白的《月下独酌》和闻一多的《死水》为例，说明教学中须重视篇章，把握“整—零—整”的步骤，教出特色。他认为《蝉》写于牛李党争的年代，写物性与神韵，寄情于物，物我双写，对这样的上乘之物，如不重视诗章结构的剖析，就难以体会诗人的用意所在。读李白的《月下独酌》定要理解形象，体会情感，不能只作文字上的疏解。他对庄子的文章、韩愈的文章的教法也提出了独到的见解。方先生讲得有声有色，听者入耳入心。

马来西亚独立中学的陈小姐年纪虽轻，但对中文教学炽热的感情和执着的态度令人敬佩。且不说讲演会上的认真，就是会议的间隙，她也忙着到处打听各个国家、地区，尤其是我国语文教学的情况。她问我中国有没有朗读技巧的录音带，问我怎样才能加强朗读的训练，怎样才能使教学语言悦耳动听。她还带着几分神秘的口吻问我：“我在马来西亚读过你的教案选，你准备一篇课文要多少时间？一个月够吗？大概要几个月吧！我们课业负担重，要这样备课，难哪！”我告诉她不需要许多时间，年轻的时候在钻研教材上下了一点苦功，手熟了，写起来也就快了。她问这问那，问得那么具体，那么详细。

尽管大家在不同国家或不同地区教中文，但执着追求的态度却是相同的。我联想到香港地区的中文教师课业负担也很重，每周 30 节课，既要教语文主科，又要教历史或地理等副科。我们教改的条件就课业负担来说，应该是有利的，为了提高学生的语文能力，提高我们语文教学的水平，更应孜孜以求，奋发努力。

嘤鸣求友，同声相求。会期虽短暂，情意却深长。中国香港的两位年轻教师拿着我的教案选要我签名。马来西亚华校董事联合会总会统一课程编辑主任对我说：“听了你的讲演，深感中国中文教学立足点高，看得深。我们更要努力，扎扎实实教好。”一位年过四十的马来西亚女教师满怀感情地对我说：“退休以后，我一定到你们中国来。我参加会议，没带什么来，只有家里种的一小包咖啡，送给你留作纪念吧！”学术交流传友情，真是难得的盛会！

澳门语文教学琐记

金秋季节，我应澳门“中国语文学会”理事长胡培周先生的邀请赴澳讲学。到珠海后，胡先生和学会监事长林朗先生过拱北迎接，盛情可感。我原先多次拜读过澳门“中国语文学会”的学报《语丛》，对其中探讨澳门地区中文教育的一些文章有不少印象，此次赴澳，参观了东亚、濠江、青洲等八所大、中、小学，有幸结识了部分文章的作者。同行之间，话题甚丰，讲到教学中的甜酸苦辣，更是妙语连珠，笑声盈屋。现择其一二述说如下。

一、关注与盛赞

澳门地区中文教育的同行们对内地的中学语文教学改革动向极为关注。不管是与语文学会理事们的座谈，还是在学校和中文教师交流，谈话的中心几乎都是内地怎样进行语文学科改革，从教材到教法，从学生到教师，广为涉及，细细询问。他们特别感兴趣的是课堂上怎样调动学生学习语文的积极性。好几所学校的老师诙谐地对我说：“我们也想发动学生提问题，但学生总是动不起来。我们也不想‘满堂灌’，但不灌又不行，学生不肯举手。”有的老师说：“我很留意内地在这方面的做法，也学着做。内地许多教师把课上得既实又活，学生领会课文那么精彩，令人赞叹。”这位老师还谦逊地说：“我们远不如，我们远不如。”

本文写于 1989 年。

其实，澳门地区的同行们在提高语文教学质量方面是很努力的。特别是从 1980 年开始，内地不少语文教师赴澳任教，在提高澳门地区语文教学水平方面发挥了很大的作用。许多学校重视制定语文教学大纲，使教学有明确的方针、任务、目的和要求。不少学校在使用教科书的同时，根据学生的实际情况和升学、就业的需要，或编写补充教材，或对教材进行改革，力求提高教学质量。

澳门地区语文同行们最为苦恼的事是负担沉重，尤其是改学生作文的负担。每位语文教师要教三个班级的语文课，每班每周 7 节语文，共 21 节课。但 21 节还不满工作量，因而须兼历史课或地理课，一般任课时数是每周 25 课时左右。一学期规定学生写 8 篇作文，每个班级学生人数很多，一般是 60 人左右，有的多达 70 余人，批改量极大。当听到我介绍内地的中学控制每班学生的数量以及解放思想、进行作文教学改革，尤其是介绍重点批改、学生自改互评、加强讲评等方法时，他们赞叹不已。

二、强调基本功的训练

澳门地区中小学语文教学对学生基本功的训练十分强调，尤其是写字的训练，毛笔大楷、毛笔小楷，从小学起就注意练习。教师办公桌上几乎堆满了学生习字、作文的作业，我翻看了学生一些大字本、小字本，都写得满满正正，看来学生书写时是认真的。教师批改也认真，红笔打圈，以资鼓励。为了提高学生的书法水平，语文教师组织书法课外小组，每个周末下午为学生教授书法知识。有的学校为了使老师能更好地教学生书法，特聘请专人于每个周末下午教授老师怎样教书法。正由于如此，学生书法水平逐年提高。从澳门地区学生书法比赛情况看，开始独专柳体，而现在已百花开放，诸体兼备。语文教师平时耐心教导，学生辛勤练习，为书法水平的提高打下扎实的基础。

原来澳门地区中小学生基本讲粤语，不大懂普通话发音，不会查阅汉语字典，现在这种现象已有所改变。不少中小学为此专门增设普通话课程，讲授汉语拼音。有些学校从小学一年级开始就要求学生学说普通话，学拼音。有的教师为学生组织朗诵组，对学生进行持之以恒的训练。至于查字典这项基本功，学校都很重视。语文教师根据不同的年级和不同的程度，要求学生通过查字典，识字辨词，熟悉并掌握一定数量字的形、音、义。

阅读能力的训练比较受重视，除课堂教学训练外，还大力提倡课外阅读。培正中学一位邓老师曾对中学四年级学生做过统计，在一个学年中，有近半数的学生读了 10 本以上的古今中外名著。有些中学，如濠江中学，他们的语文科就积累了动员学生进行课外阅读的宝贵经验。

三、撒播爱好文学的种子

参观劳工子弟学校时，语文老师黄晓峰高兴地指着《澳门日报》上登载的两篇文章说："这是我们学校的学生写的。"下课时，他把作者之一找来，原来是位很清秀的小姑娘，低着头，腼腆地回答了我的问话。这所学校写作方面的尖子生不少，在报章上发表的诗文也有一定数量，用句时髦的话说，这些学生有文学细胞。原因何在？

这所学校注意因材施教，为学生组织了"草根"文艺社，指导和鼓励学生多写作，鼓励学生施展才能。上面说到的黄老师是研究诗文的研究生，对诗的创作尤有见解，教课拿着话筒滔滔不绝，十分风趣。教师文学素养好，课内课外在学生心田中撒播爱好文学的种子，学生心灵受到感应，文学幼芽得到舒展。更为难得的是，不少学生对生活有真切的感受。《雾锁濠江》是学生林玉风写的诗，诗是这样写的：

渐浓渐近
越近越浓

看清了渐近的桅杆
模糊了眼前渔民
摩托声撕不碎浓雾
波浪也从未停止鼾声
岸边驰骑的轮影
发起阵阵消化不良的肠鸣
还算雾混得不寻常
渔人被早发的春火焚得异样
载着灯光捉摸烟雾
哪怕雾海不能一网千斤
哪怕只有虾蟹一筐
也要再一撒银丝
只因
三十过后的春节
正在岸头等待
等待鱼腥手的拍动

澳门地区有些劳工家庭人口多，负担沉重，生活艰苦，孩子求学多半靠勤工俭学，对生活的认识往往超过年龄，故而笔下的诗文内容具体、实在、有血有肉的居多。

四、盼归

在参观访问学校之余，胡培周等先生还陪同我参观了普济禅院等处，向我一一述说清朝时澳门被侵略的历史，述说时言辞慷慨，爱国主义思想感情流溢，让我深受感动。普济禅院的边院中有一张石头桌子，桌子周围有石凳。就在这张桌子上，美国侵略者与清政府签订了《望厦条约》，露骨地把侵略的魔爪伸向中国，对中国人民进行奴役与压榨。这块土地原名望厦，是从福建来的老百姓用劳力和血汗开发的，他们常思念家乡，故而以“望厦”为名，而腐败的清政府与美帝国主义签订的第一个不平等条约以此为名，简直是莫大的耻辱。

澳门地区有本澳和离岛。本澳和离岛之间隔着海，有大桥相连。在本澳濒海的广场上，塑有葡萄牙侵略者亚马喇跃马扬鞭的像。陪同参观的老师气愤地告诉我：这个侵略者穷凶极恶，带着队伍到珠海抢掠农民的粮食、牲口，珠海农民奋起抵抗，领头的农民沈米把侵略者打死，给他以应有的惩罚。葡政府还为其塑像立碑！要铲除这100多年来的耻辱象征，为期已不远了。

在谈及办学条件与教师待遇时，许多老师异口同声地说到，澳门地区人口近几年增长速度很快，而学校增加甚少，办学条件参差不齐。比如华侨学校与中葡中学，显然前者拥挤，后者宽敞。我去中葡中学参观，获得的印象是建筑相当现代化，室外学生活动场地极大，各种教学设备齐全。每班只有20多名学生，教师工作量与华侨学校相比，一轻一重，大相径庭。从工资收入看，中葡中学也比华侨学校老师高50%~100%。谈到未来，大家期待着、盼望着回归祖国的心愿早日实现。

访问是短暂的，但语文同行们的深厚情意将永远植根于彼此心中。

"给"永远比"拿"愉快

我是一名超龄服役的老教师，站在领奖台上，既深感惭愧，又无比激动。惭愧的是自己实在做得太少，难以承受众多学生的信赖；激动的是党和人民对终身从事基础教育的教师如此器重，教师的事业确实是太阳底下最光辉的事业，我情不自禁地要倾诉心声，说几句心里话。

当了9年的校长，我梦寐以求的就是要把学校办成培养合格小学教师的摇篮，传播社会主义精神文明的场所，就是要争中国人的志气，以优异成绩显示在改革开放条件下社会主义学校教书育人的卓越功能与威力。师范教育在整个教育系统工程中是那么的不起眼。一是数量不多，不是一支数以千万计的浩荡队伍；二是产品极其平凡，是造就普通而平凡的小学教师，难以形成显赫与辉煌的队伍。然而，就是这些未来的小学教师，今日的师范生，时时刻刻牵动着我的心。我把对他们的培养当作至高无上的大事业来抓。因为，今日师范生的质量就是明日小学教育的质量；因为，一名师范生毕业后工作35年至40年，要教数以千计乃至万计的小学生，他自身的素质与能力影响一大片儿童，辐射面极广。今日师范生的质量关系到明日民族素质的铸造，其战略意义虽不为别人所洞悉，但作为一校之长，挑这副重担心里总是诚惶诚恐，不能有半点疏忽和懈怠。否则，就有负国家的重托，有负千千万万家长的期望，对不起学生，对不起儿童。每一个家

本文是1994年作者在上海市中小学优秀校长表彰大会上的发言。

长都希望教自己孩子的是合格教师、优秀教师。这种希望是积极的向上的，是振兴民族、提高民族素质的自发动力。我是培养师资的教师，能不为之动心动情？能不为之全力以赴，来办好学校吗？

小学需要优质的“产品”，家长需要优质的“产品”。可我们的“原料”，也就是生源，不理想，差距很大。我曾为此而苦恼，但很快就走出了困境，那是由于小平同志关于培养“四有”新人教导的指引。培养有理想、有道德、有文化、有纪律的新人，要真抓实干，基础好的青少年要培养，基础不理想的同样要培养，要更花力气。人不可能自然成才，总要靠培养。学生是有可塑性的，只要一心为学生，精心塑造，孜孜不倦，合格与优秀的日标是能实现的。当然，其中艰辛难以言表。如果说育人没有困难，那要我们当教师、当校长的干什么呢？为了挑起这极其光荣而又艰巨的任务，我们在以下方面作了努力。

一、以中华民族的正气铸全校师生的魂

社会上并不是所有的人都能做教师的，除了学科专业的教育才能外，教师要有教师的气质、教师的风骨、教师的魂。在商品经济大潮中，要维护学校教育的洁净，确保学生按德智体全面发展的要求健康成长，铸师魂就十分重要。

教育质量说到底就是教师的质量。教师的一言一行都会对学生起作用，不是正面的，就是负面的，不可能是零。学生越小，教师的影响越大，潜移默化，点点滴滴在心头。我做过多次的观察和调查，小学低年级学生心目中的老师简直是“圣人”，无所不知，无所不能，一句话比家长十句话还管用。因此，师范学校的师生特别要注意素质的培养、师魂的铸造。

我们以“一身正气，为人师表”为全校师生的座右铭。我们这个古老的民族历经内忧外患，而今自立于世界民族之林，以巨大的发

展业绩使世人刮目相看，这是由于党的领导，由于一代代志士仁人继承和发扬了爱国主义精神。爱国主义是中华民族赖以生存发展、兴旺发达的精神支柱，民族气节是我们的民族魂。在几千年的风风雨雨中，我们民族历经挫折而不屈，屡遭坎坷而不回，披荆斩棘，开辟道路，奋然前行。这种自强不息的奋斗精神和炽热的爱国精神构成了中华民族的浩然正气。教育代表未来，教师是未来的塑造者、先驱者，必须以这种精神、这种正气来塑造自己的灵魂。

为此，我们反复学习小平同志的教导，“要特别教育我们的下一代下两代，一定要树立共产主义的远大理想，一定不能让我们的青少年做资本主义腐朽思想的俘虏，那绝对不行”，以此来统一师生的认识，统一步调。我们反复讨论师范学校的培养目标，讨论社会主义的师范学校应具备怎样的形象，当代师范生追求的目标是什么。在学校弘扬社会主义道德风尚，排除社会上不良影响对师生的干扰，以改革开放的巨大成果和模范人物的先进思想、先进事迹教育师生，提供精神上的养料。师范生是明日的教师，一跨进师范学校，就要以教师的标准来严格要求自己。明日教师，今日做起，两代师表一起抓。学校有了向心力、凝聚力，良好的校风也逐渐形成。肩负着历史的使命和民族的希望，许多老师以“挖山不止”的愚公精神，刻苦钻研，勤奋教学，在学生心中撒播知识的种子，撒播做人的良种。

二、建设教师“希望工程”，满腔热忱地培养青年教师

九年前我一接校长的工作，第一件想到的事就是青年教师的培养。几十年当教师正反两方面的经验教训，使我深深懂得：一名优秀的教师能把智力一般的学生教聪明，而一名不合格的教师会把孩子教愚蠢，甚至会把人才扼杀在摇篮里。一所学校质量高不高，关键在有没有德才兼备的优秀教师，有多少名德才兼备的优秀教师。“山不在高，有仙则名；水不在深，有龙则灵。”教师质量高，社会对学校的

信任度就高，学校就能出高质量的学生。因此，教师队伍建设是学校至关重要的大事。

学校师资队伍建设的突破口是抓青年教师的培养。学校教育教学的后劲寄托在青年教师身上，他们是学校的希望所在，是教师队伍的希望所在，对他们进行培养是教师队伍建设中的希望工程，须竭尽全力抓实抓好。我自己是从青年时代走过来的，教课时的粗糙、懵懂，教育学生时的捉襟见肘，至今记忆犹新。每想到这些，对学生内疚的感情就会萦绕心头。我深切体会到学历水平不等于岗位水平，工作岗位上要磨炼，有人指点就能少走弯路，缩短成熟的路程。一流教育由许许多多一流学校组成，一流学校又由许多一流教师组成，一流教师中应该有相当数量是从青年教师中产生的。教育需要快出优秀青年教师，多出优秀青年教师，作为一校之长，挑起培养青年教师的重担义不容辞。

建设这项“希望工程”，首先要有四心，即真心、诚心、精心、耐心。青年教师是学校的宝贝，希望一颗颗教育新星从他们当中升起。不管你有没有意识到，学校的未来是他们的，学校未来的教育质量是由他们主宰的。作为年长的教师，要千方百计交好育人的接力棒。其次要明确培养青年教师的标准定位定在哪里。简单的“老带新”远不能适应现代的要求，不能以老教师的模式框青年教师的培养。老教师从思想作风、工作责任心到教育经验，有很多宝贵的财富，但由于时代的进步，又会显露出许多不足，比如我自己，创新意识不强，开拓能力差，科研能力弱，电脑不会操作，等等。青年教师往往给我很多启发。因此，青年教师的培养要定位在现代教师的标准上，应该是老教师教书育人的优良传统和现代意识，尤其是改革创新精神的最佳结合。再次是形成培养网络，充分发挥中老年教师的骨干作用，运用合力有计划、分层次地培养。最后是把思想好、业务精的青年教师推到教研组长、年级组长的岗位上摔打、锻炼。经过这些年的引导、帮助、培养，青年教师中出现了一批教育骨干和教学骨干的苗子，他们的班级风气正，讲课深受学生欢迎。近些年来，青年教师在上海市、华东六省一市以及全国教育教学比赛、教学论文比赛中获一等奖、二等奖及优秀奖的有 26 名，“希望工程”大有希望。

三、建立激励机制，优化教职工队伍，提高办学效益

师范学校没有升学率的外部压力，教育质量提高在很大程度上取决于教师自觉的内驱动力。因此，改革内部机制，建立激励机制尤为必要。

从 80 年代后期开始，学校通过教代会充分讨论，实行结构工资制，贯彻按劳分配原则，克服平均主义、论资排辈的倾向，使贡献大的、教育质量高的教师有较多的工资收入。根据教职工心理承受能力和以学校教学秩序稳定为前提，改革采取了小步走、不停步的办法，重新核定各学科工作量，抓目标管理，抓教学全过程管理，加强评估、测定，教与学双向反馈、双向评估，按工作的量和质核定结构工资额，让责任心强、教学业务能力强的教师工作量满负荷，优质优酬，多劳多得。通过结构工资，全员聘任，鼓励工作冒尖、业务冒尖，以适应五年制师范教育教学工作的需要，适应面向 21 世纪的需要。

学校人员不流动就会死水一潭，缺乏勃勃生气。求静态平衡，只能在一个平面上移动，出不了好质量。出国热及经济上的诱惑之下，有部分人员必然要转向。堵是堵不住的，只能在顺其自然中把握主动权。流水不腐，在流动中择优补充，优化队伍。在进进出出的过程中，分别不同对象采用多种方法做工作，解决了一二十年来遗留的一些老大难问题，基本卸下了历史的包袱，队伍的整体素质有所提高。

尽管师范学校课程门类多，技能技巧课程又有特定的训练要求，但通过一系列的改革，师生比提高，大大提高了办学效益。

学校管理是一门专门的学问，我自己知之甚少甚浅。由于认识水平和能力水平所限，缺点、错误屡见不鲜。然而，我毫不气馁，全身

心地投入。社会主义的信念给予我无穷的力量，将学生培养成跨世纪小学教师的中坚力量的高度历史使命感，鞭策我奋力前进，丝毫不敢懈怠。我深深懂得，作为一名真正的教师，是用生命在歌唱，用生命在实践。生命促进了常青的教育事业，促进了民族素质的培育，其价值、其意义难以用数据来衡量。我当了一辈子的教师，虽九死而不悔；假如我有第二次生命，我仍然毫不犹豫地选择教师这崇高而神圣的职业，因为“给”永远比“拿”愉快。

谆谆教导永不忘

罗老（罗竹风）离开我们已整整一年，可我总觉得他老人家还活在我们身边。他慈祥和善的面貌不时浮现在我眼前，他沉稳有力的话语常常在我耳畔萦绕，教育我直面人生，奋然前行。

在认识罗老之前，就听语文界、出版界的朋友说了许多有关罗老的故事。对罗老的为人、处世、治学、工作，说的人满怀敬意，我这个听的人高山仰止的感觉油然而生。罗老是老革命，对人民的事业忠心耿耿；为人宽厚，耿直，爱护同志，善解人意，提携后进，不遗余力。我是一名从事基础教育的中学教师，论学识，论贡献，论年龄，论名位，与罗老相距千里之遥。我只是由衷地敬重他，从未奢想去接近他老人家。

一次全国性语言界盛会使我初步消除了与名人接触的顾虑。那是80年代初在武汉召开的全国语言学会的成立大会，出席会议的全是语言学界的专家，各学派代表人物云集，学术争论十分激烈。上海有五名代表参加，罗老带队，还有语言学家李振麟、胡裕树等先生，中学语文教师仅我一人，是名不见经传刚评上特级教师的小卒。能有机会参加这样的盛会，亲耳谛听各位专家阐述自己的学术观点、学术体系，深感得益匪浅。照常理推，在这样的会议上，我这名无名小卒本无资格发言，由于罗老的厚爱，嘱我对中学语法教学谈点看法，我才斗胆讲述中学语法教学中的甜酸苦辣，供各位专家参考。在几天的接触中，我感受到罗老知无不言、言无不尽的耿直，罗老眼睛向下、平易近人的优良作风更是给我留下了深刻的印象。

本文写于1997年。

教育不是立竿见影的事，十年树木，百年树人，它是超前意识和滞后效益的结合体，不能局限于近期效果，尤其须着眼于长远效益。基础教育从事的是塑造人的基本建设的工作，犹如打地基打桩似的做地底下的工作，不可能有惊人之举，没有炫人耳目之辉煌。为此，教育的重要性、教育的战略地位常常得不到人们的深刻理解。罗老对教育情有独钟，他老人家认为没有良好的教育，人的素质提不高，社会将很难进步。为此，讲到山东省集资办教育的状况，他老人家总是激动地说："有远见，有远见，教育办好了，就出人才，有了人才，经济发展就有后劲。"讲到他于 1940 年曾担任过第一任抗日民主政府县长的故乡平度县的教育发展的情况时，他老人家更是喜形于色，津津乐道，说平度县怎样重视义务教育，怎样重视师资的培养，怎样聘请优秀教师到那儿去讲学、去培训师资等。他老人家还对我说："你太忙，以后有机会可以到那儿去看看，我陪你一起去。"一个"陪"字怎么承受得了？但从中可以感受到他老人家对平度县教育的深情。遗憾的是，后来他老人家染病在身，终未成行，每想到此，我心中总有几分悲痛。

罗老对教育的重视更多的是见诸行动。在市人大常委会工作期间以及其他许多场合中，他都一再呼吁人们提高对教育重要性的认识，对教育投入、师资队伍建设、危房改造等问题常常慷慨陈词，醒人耳目。革命前辈对教育事业的一往情深，给我们教师以极大的教育与鼓舞，激励我们把心贴在教育事业上，既敬业爱岗，倾注心血教好学生，又积极提建议，谈看法，为教育事业的发展献计献策。罗老不仅关心中小学教师，尊重中小学教师的劳动，就是中学生的事，他老人家也是竭尽心力，一丝不苟地对待。别的且不说，就说《青年报》主办的华东六省一市中学生作文竞赛，他老人家曾担任了好几届的评委会主任委员，并在百忙中拨冗主持评判工作，就评判的原则、标准发表看法，团结各省市的评委，形成统一认识，推选出优秀作文。遇到文情并茂、说理晓畅的作文，他常常情不自禁地加以赞叹，对小辈的爱护关怀、爱才惜才的感情溢于言表。我常常有这样的感觉，真正有学识、人品高尚的人绝不会摆以气势压人的空架子，对从事普通劳动的工作者绝不会小视，而是立足在和别人平等的位置上，以诚相待。由此我联想到数学家苏步青老教授。苏老名望极高，他教的一代代弟子在数学界成绩斐然。就是这样一位老教授，同样眼睛向下，极其关心中小学教育，教育引导青少年茁壮成长。他老人家曾屈驾与我一起主编一套中学语文、数学学习方法指导的书，并亲撰序言，嘱我也就语文学习写一篇序言，我哪敢攀附，只能兢兢业业写篇后记。学识渊博、人格高尚的人不仅令人敬重，而且使人深深感悟到他们就在自己身边，了解自己工作中的欢乐与疾苦，可亲可近，不断教诲自己在人生的道路上迈步向前。

罗老学识广博，听他谈古说今，论及中外史事、现状，真使人感到“胜读十年书”，有时简直是一种享受。罗老不仅主编了《汉语大词典》这样的鸿篇巨制，而且主编了《中国社会主义时期的宗教问题》《人·社会·宗教》《宗教学概论》《宗教通史简编》《宗教经籍选编》《上海杂文选》等书籍。有一次，日本宗教方面的友人来访，参观了玉佛寺、龙华古寺，明旸法师接待，我有幸聆听了罗老关于宗教政策、宗教教义等方面的宏论，他对宗教熟悉的程度令人折服。步出龙华古寺时，他对我说：“我们改革开放，宗教也是对外交流的一个方面，只要工作做得好，可以团结更多的人，促进我国建设事业的发展。”1996 年在送别罗老的追悼会上，当我看到大厅门口中央安放着玉佛寺敬献的近丈高的大花篮时，罗老的声音仿佛又在耳边回响。

罗老善于团结各界人士，这是因为他心中有革命理想，有我们社会主义伟大的事业。罗老心中始终想着别人，因而别人对他深深怀念。而今，罗老已离开我们走了，我们中学界尤其是中语界同志碰面时，总会情不自禁地讲述罗老的故事，温习罗老的谆谆教导。永远镌刻在我们心头的是罗老对我们的真诚、真情，没有半点敷衍，没有丝毫虚情，他的人格闪耀着光芒！

安息吧，生活的强者

时间过得飞快，范泉先生逝世已一年了。回想起与他初次见面的情景，虽过去 20 多年，一切仍历历在目。特别是他的目光、神情和娓娓叙述的事件常在脑际浮现，令我难忘。

一个星期日的下午，我的语文同行徐宗琏老师带了一位老先生来找我，这位老先生就是范泉。我刚工作时，学校一位语文教师孔彦英多次谈到他。孔老师是茅盾先生的妻弟，对文艺界三四十年代的事十分熟悉，听他讲许多掌故时，我们总是津津有味。他多次说到范泉先生会创作，有小说集和散文集，会翻译日本作家写的鲁迅的传记，会编文艺刊物，尤其是驰名文坛的大型文学刊物《文艺春秋》，是个才华横溢的文化人。当时，我年纪轻，在老教师面前很难有插嘴的机会，但是听，是听得十分认真的，因而，在脑子里自然而然就形成了一个印象：此人一定才思敏捷，风流倜傥，起码是像《早春二月》中肖涧秋的形象。见面时一经介绍，我傻了，想象中的范先生和真实的范先生简直判若两人，我疑惑不解。他目光虽炯炯，但一脸凄苦的神情，使人不用猜测，就可体会到他境遇的艰难与痛苦。果真，他来找我，是希望我向有关方面反映他政治上遭受不公，流放青海 20 多年的情况，要求平反、纠偏，还他一个清白。当时，我是全国总工会的执行委员，有机会见到上海市总工会主席王林鹤同志和副主席李家齐同志，于是慨然应允，积极为他奔波。我劝慰他，粉碎“四人帮”，

本文写于 2000 年。

人民获得第二次解放，文化艺术的春天也必降临，只见他脸上掠过一丝微笑。临行时，他一再说："我坚信，坚信，问题一定能公正解决，我还要写。"凄苦中露出了百般的坚毅。

党的好方针、好政策，使范泉先生获得了新生。20多年生命的压抑中蕴藏的能量如喷泉一般奔腾爆发，紧接着，捷报频传，他返回了上海，报章杂志上不断见到他撰写的文章；紧接着，挑起了皇皇两千万字巨著《中国近代文学大系》总编的重担。他精力的旺盛、文字的功力、工作效率的快速、编撰诗文的累累硕果，达到令人难以想象的程度。一件件、一桩桩的事，作用于我的耳目，使我脑海里又逐步形成了一位新的范泉先生的形象：历经坎坷、艰苦备尝、大彻大悟的生活的强者，废寝忘食，孜孜矻矻，把生命融于祖国的文学事业中，以百倍的努力把失去的时间补偿过来，了却报效国家的心愿。这是压不垮、折不断的文化人的形象，留给后人忠于事业、学习做人的不尽的思考。

仅以上述感想奉献给范泉先生的在天之灵。

为人民服务
——在上海市青年公务员“三诚”宣誓大会上的讲话

在阳光下，在人民英雄纪念碑前，看到青年公务员的胸前庄严地佩戴上“为人民服务”的徽章，我情不自禁地心头涌上了对我们开国总理周恩来同志的思念。周总理，是人民的公务员，为人民服务，鞠躬尽瘁，死而后已，把对祖国对人民的挚爱深情洒满人间。

今天，新世纪来临之际，青年公务员自觉地继承和发扬老一辈革命家创建的优秀传统，严格自律，拟定“三诚”，展示社会正气，凝聚社会正气，弘扬社会正气，使我们心中燃起了无限希望的火焰。在兴奋、喜悦之余，谈几点希望。

一是心中要时刻装着老百姓，牢固树立公众意识。公务员就是为老百姓——公众服务的人，为了老百姓的今天，也为了老百姓的明天，为了这一代，也为了下一代。心中装着老百姓，就会眼明心亮，是非分明，就会平等待人，就会与老百姓心灵沟通，鱼水情深。

二是要脚踏实地，从小事做起，一步一个脚印。心态要平静、平衡、开放。平静，就能清醒地估价自己；平衡，就能远离浮躁；开放，就能有敏锐的目光，看到别人的长处，虚怀若谷，容纳百川，积极进取。

三是要练就为人民服务的真本领，努力学习，刻苦钻研，精通业务，办事果断利索，开拓创新，不断提高工作质量。

本文发表于《青年报》2000年9月25日。

青年公务员同志，你们胸怀大志，充满青春活力，你们必定会用自己的思想、言行、气质、风度，把“为人民服务”的大文章谱写得灿烂辉煌。

脚印

我教了一辈子语文，留下了或深或浅的脚印，总体来说，遗憾多于成功，缺陷与不足经常相伴。正因为对自己的业务水平与教学能力有比较清醒的认识，所以我不断鞭策自己向书本学习、向同行学习、向自己的教育对象学习，勇于耕耘，勤于实践，兢兢业业，不敢有丝毫懈怠。

改行教语文。20 世纪 50 年代末，因工作需要，我由教历史改为教语文。改行初期，致力于熟悉语文业务，尤其是高中阶段的语文业务。当时分三条线打功底。一是业余自修语法、修辞、逻辑等高中语文所涉及的有关知识，并以中外文学史为经线，阅读各个时代的名家名篇，以弥补教语文的先天不足。二是独立钻研教学大纲与语文教材，立足于自力更生，不依赖现成的教学参考书（当然，那时现成的教学参考书也极少），查阅各种资料，力求自己搞懂，绝不以其昏昏，使人昭昭。为此，备一篇教材常花几小时，乃至几十小时。三篇，五篇，八篇，十篇，几十篇，上百篇，开始尝到庖丁解牛的滋味。拿到文章，作者的思路，构思的来龙去脉，往往一看就清楚。三是锤炼自己的语言，讲究笔下的功夫。作为一名语文教师，应该"出口成章，下笔成文"，给学生做榜样。为此，我下决心写详细教案，用比较规范的书面语言改造原本不够规范的口头语言。用以死求活的方法，力求教学语言准确、生动、流畅、有文采，能像磁石吸铁一般吸引学生。写文章强调打腹稿，训练自己的逻辑思维，力争下笔成文，不打草稿。隔行如隔山，改行教语文十分吃力。为了打功底，

本文是作者的教改小传。

可说是夜以继日地学习、工作，天天明灯伴我过午夜，这样，才勉强取得了当一名高中语文教师的资格。

跨出教改第一步。我发现在教学中程式化弊病严重，教师满堂灌，往往唱独角戏，学生被动承受，积极性难以发挥。于是，在60年代初开始，注重研究学生。“有的放矢”中“的”的情况如何，须认真研究。如果若明若暗，或闭着眼睛捉麻雀，必然是将“矢”乱放一通，效果不理想。于是，针对语文教学中的“目中无人”、烦琐哲学与形而上学的毛病，进行改革。此时，上海育才中学教学改革的成功经验公布，并广为传播。我趁此东风，信心更足，大胆探索，改革课堂教学，力求让学生学得活泼，学得主动，打破教师一言堂的局面。在上了一些公开课的基础上，又撰文，如《把语文课上得实惠一些，朴素一些》《再学育才中学改进教学方法经验的体会》等文章发表在《上海教育》杂志上。当时有代表性的课是教《民族的科学的大众的文化》，听课的同志达千人以上。经过这一段教改实践，脑子里牢固地树立了这样的观念，即教语文必须“胸中有书，目中有人”。教材要烂熟于心，如出自己之口、自己之心，学生情况要了如指掌，这样才能强主干、削枝蔓，充分调动学生学习语文的积极性，提高教学质量。

破坏与倒退。正当教学改革蓬勃发展之时，“文革”开始，教育遭到严重破坏，教改成果也遭到摧残。这十年，我主要带乱班乱年级，虽然也教语文，但无固定教材，教学改革更谈不上，这是教学与业务倒退的十年。

冲出暴风雨。粉碎“四人帮”，教育迎来了第二个春天，语文教学也获得了解放。当时虽也常上公开课，但电视直播《海燕》的教学却是我彻底告别令人心悸的“十年动乱”的转折点，我感到心情无比的舒畅。下面这篇文章是对当时情景的回忆。

冲出暴风雨

1977 年 10 月 19 日。

金色的秋天。

南京路上海医药商店 7 楼上海电视台教育演播分室第一次向全市直播中学教师向学生授语文课的实况。虽然我曾经历过几百人听课的大场面，可算是身经百战，但当时上电视镜头是极稀罕的事，与那么多观众见面，对我来说，还是破天荒第一遭，心中着实有些紧张。

这是一间很简陋的演播室，除了灯光装置，四壁几乎萧条，十几张课桌和三十来张椅子也十分破旧。布景是纸板制的墙壁，上面开了一扇窗，窗框上挂着五六条纸做的嫩绿色的柳丝，大概是增添几分生机与美感吧。通知我上课并负责演播现场的导演姓赵，看起来是个十分平实的人，话不多，一句是一句，没商量的余地，似乎开口之前都经过深思熟虑似的。一天下午，他作为不速之客来找我，谈明邀我上课的来意，并说明具体演播的时间，这一天中央台也首次开播上课实况，不能更改。我坦率地谈了自己的想法，希望能录下来再播，免得当堂出差错。他说：“那怎么成？我们没有摄像头，一个摄像头要几万元！”我哑口了。我问他用什么教材，他爽快地说：“你爱用什么教材就用什么教材，喜欢什么就教什么，随你的便！”顿时我有种获得解放的感觉，有如此的自由度，我高兴得几乎想跳起来。谁知他突然又补上一句：“明天，或者后天，我来听一听你的课，也看看同学上课的情况。”这个人可不是马大哈，心细着呢。

教什么呢？夜晚我辗转反侧，不能入睡，“十年动乱”疾风暴雨对教育的摧残，对我这个当时还属于青年教师的栽赃与侮辱，一桩桩一幕幕又活现在眼前。“什么三八红旗手？是修正主义教育路线的黑旗手！”“你为什么介绍学生读那么多杂志，那么多封、资、修的书？你为什么上那么多公开课？这是放毒，腐蚀学生！”“你为什么给某学生配眼镜？为什么给某学生护膝？为什么把面条送到学生宿舍？那是居心不良、讨好、腐蚀。”为什么，为什么，罗列了许多罪状。起初我愕然，想辩解，然而怎么能辩呢？我刚动手术不久出院，辩，非被打个半死不可。我只得默然。谁知这又成了罪状。有人说：“问题不大，态度极坏，你给我从楼上跳下去。”“不跳，除非你硬把我推下去！杀人是要偿命的。”我竟然毫无惧色地顶了一句，此人也无可奈何。当时，脑中有两点很鲜明：一是在一个文盲半文盲充斥的国家是不可能建设社会主义的，因此，教学生文化绝对没有错；二是要像海燕一样搏击暴风雨，乌云遮不住太阳，遮不住的，我坚信不疑。想到这里，决心来了，教《海燕》。

教材呢？清晨到学校图书馆去寻觅。所谓封、资、修的作品都被捆绑起来不得外借，高尔基的作品当然也逃不出同样的命运。图书馆老师非常热情，与我一起到堆书的地方——教学大楼二楼尾部一间不用的小厕所去找，翻上翻下，在一捆捆布满灰尘还来不及开禁的书堆里终于找到了它。于是，刻印，发给学生；于是，我拿着刻印的讲义，挑灯备课。

也许是心灵沟通的缘故吧，这次读教材的感

觉与往日读该作品时很不一样。过去读它，与读其他名著的心情几乎差不多，怀着敬佩的心情，惊叹艺术技巧的高超。这次钻研，刻画海燕的一个个词语、一个个句子都活起来，跳动起来，海燕就是应该这样叫喊，应该这样飞翔，应该这样飞舞。用不了多少时间，我就记得烂熟，因为它已活在我的心中。狂风、乌云、雷声、巨浪，自然界暴风雨在大海肆虐，愈演愈烈的情况与人间骤然刮起的暴风雨的情景有时竟然在脑中交织起来，难解难分，我只得理智地花气力把它们分开。课要教好，文中背景须铺垫得透，须层次分明地把握住发展的态势，怎能乱糟糟的？岂能感情用事？

学生那里也没少做工作，主要集中在两点：一是要求他们大胆，消除紧张，该读就读，该讲就讲，努力做到“旁若无人”；二是认真预习，多读几遍，有什么问题做上记号课上问，有什么体会讲义上记几个字，课上充分发表。

几天时间一眨眼过去。10 月 19 日，我和学生一同吃了早饭，乘公共汽车赴南京路演播室。学生端坐在临时布置的教室里，我拿着备课夹候在教室外，等导演的指令。灯陡然亮了，满屋通明，“开始！”我心紧缩了一下，立刻镇定下来，从容地走进教室。朗读，剖析，讨论，辅之以简明扼要的板书，学生十分投入，我也得心应手，进入忘我境地。“一会儿翅膀碰着波浪，一会儿箭一般地直冲向乌云……”“看吧，它飞舞着，像个精灵，——高傲的、黑色的暴风雨的精灵，——它在大笑，它又在号叫……它笑那些乌云，它因为欢乐而号叫！”师生一起把无声的文字变成有声的语言，展现一幅幅暴风雨来临前怒吼的大海上海燕搏击的惊心动魄的图像，齐读到“这个敏感的精灵，——它从雷声的震怒里，早就听出了困乏，它深信，乌云遮不住太阳，——是的，遮不住的！”群情振奋，语调高昂，自信、豪迈、欢乐，洋溢其间，这似乎已不是高尔基笔下的诗句，而是师生发自肺腑的心声。课在朗读全文中收煞，有学生风趣地说：“我们刚从海边归来。”导演跷起大拇指对学生说：“太好了！”

我兴冲冲地返家，那种冲出暴风雨精神上获得解放的喜悦似乎渗透到每个细胞，恨不能逢人便诉说。门是爱人开的，他是个古板正宗的读书人，对我经常公开教学，忙这忙那，很不以为然，总是泼冷水，不断降温。这次却一反常态，笑盈盈地说：“我从未看你上过课，怕你上砸了。孩子不懂事，出去看戏了，我还有点紧张呢。看你进教室笑眯眯，镇定自若，我心也定了。九英寸黑白电视虽小，但还看得清楚。你哪里是上课？你是用生命在歌唱。”这倒是一语中的。三尺讲台无限爱，我爱学生，爱未来，爱蕴含着灿烂中华文化的语文。教课不是当旁观的评论员，只有用生命编织的，从心底里流出来的歌，才动听，才感人，才会如清澈明净的泉水叮叮咚咚流入学生的心田。

随后，我收到好些封从本地、从江苏、从浙江等地寄来的信，这些收看电视的老师和我虽素昧平生，但信中表露的却是共同的心声：冲出暴风雨，课堂里春风拂面，教育的第二个春天来到了。

1978 年我被评为首批语文特级教师后，深感名实不符，于是在教学领域进一步深入探索。一方面，努力学习教育、教学理论，广泛学习与语文学科有关的知识，不断充实自己；另一方面，大胆实践，勤于改革，努力提高教学质量。从70年代末到80年代后期，上了近两千节公开课，几乎每节课都公开，听课的少则一二十人，多则数百人，压力很大。同行及专家们的指导与鞭策，迫使我刻苦钻研，面向全体学生，力求月月有进步，年年有长进。

《中学语文教学探索》一书是70年代末我的教学经验的总结。当时教学任务及社会工作极忙，腾不出手自己写，于是每周讲半天，由《上海教育》杂志徐金海、金正扬两同志录音记录，再进行整理。为总结经验，他们二人听了许多课，开了许多座谈会。正因为有他们的无私奉献，我才较早地出版了总结教学经验的专集。每想到此，心中总怀着感激之情。

为了切实让学生做学习语文的主人，我大力改进教学方法，在激发兴趣、激发求知欲及情感教育上下功夫。因为教有成效，学生对语文学习兴趣浓厚，教学效率提高。1979年发表的《兴趣·感情·求知欲》一文基本反映了我当时的语文教学思想，或者说，此时“以兴趣为先导”的思想已在脑中形成。

为了培养社会主义建设者，必须开发学生的智力，使他们思维活跃，有主见，有创见。教师的本领不在于把学生当容器，不在于让学生亦步亦趋，而应该发展他们的个性，在自己动脑筋、自学语文方面向前迈一步。教师的本领在于把学生越教越聪明。凡有成就的人，都是勤于思考、善于思考的人，而这种思考的能力、思考的习惯又应从小培养。于是，我在80年代初确立了以语言训练和思维训练为核心的做法，在训练学生语文能力的同时，培养他们爱思、多思、善思的能力与习惯。

教文要服从育人的大目标。面对21世纪的人才需要，中学必须为学生打下良好的素质基础，而在培养学生良好的思想道德素质和科学文化素质方面，语文教学肩负着特有的、其他学科不能代替的重任。因此，“文”怎么教始终是必须精心研究的问题。90年代中期发表的《弘扬人文，改革弊端——关于语文教育性质观的反思》和《语文教学要讲求综合效应》等论文，代表了我对这个问题的思考和探索，也是对自己的教学经验的一个新的总结。一是教学观念的更新，必须教在今天，想到明天，以明日建设者的要求来指导今日的教学工作。二是对语文学科的性质进行认真而深入的研究，准确地、科学地加以阐释，还其本来面貌。为了切实提高教学质量，实现教文育人的目的，根据语文学科的性质与任务，强调教学要立体化，发挥多功能的作用，讲究教学的节奏与容量，讲究千方百计提高教学效率。三是大力改进课堂结构，由单向型的直线往复式转换成为网络式、辐射型。四是重视课外阵地的作用，用相当力量抓课外阅读与社会实践活动，开阔视野，增长见识，注意积累，锻炼认识生活的能力，培养热爱生活的感情。

下面这篇小文，是我在探索中留下的足迹，从中可以看出我的所爱，我的所求。

镌刻

教室里鸦雀无声。“……啊！这最后一课，我真永远忘不了！”看起来刚才小陆满怀感情的朗读深深感染了同学。

“当、当、当……”，录音机里突然传出了敲钟声，沉重，遥远。趁同学惊诧之际，我出示一张韩麦尔先生写完“法兰西万岁”（“法兰西”“万岁”）两个大字后的彩色图片，要求学生图文对照，仔细观察，仔细阅读，要求学生在理解的基础上用饱含感情的语言描述课堂上庄严肃穆的场景，描述韩麦尔的神情、语言、动作，以及他内心的痛楚和期望，描述此时此刻小弗郎士的心情和感受，说明这个场景在“最后一课”中的地位和作用。

学生观察，阅读，情不自禁地朗读，极其认真地寻找“惊人”的语言来表述自己的看法——

“这是一个令人心碎的场景，真的，令人心碎!”

“教堂的钟声，祈祷的钟声，普鲁士兵的号声，是驱赶韩麦尔出课堂、出学校的最后信号，所以他难过到极点，脸色惨白……”

“他心里乱极了，他要和同学们作最后的告别，但痛苦使他的喉咙哽住，不能用语言表达。‘我的朋友们啊’，说明他对同学、对镇上的人爱极了，留恋极了。”

“他只向学生做了一个手势，话也不说。其实，坐在课堂上的人心里都明白，韩麦尔被迫离开学生、离开家乡，痛苦极了。我觉得这里是‘此时无声胜有声’。”

“写‘法兰西万岁’两个大字的情景激动人心。这两个大字是韩麦尔使出全身的力量写的。他把丧失故土的痛楚，把对侵略者的仇恨，对自己祖国的热爱，对恢复失地的向往和信念，都凝聚在里面了。”

“韩麦尔的神情、写的字，使小弗郎士更加震动了，他一下子长大了！他从没有这样敬仰他的老师，老师对祖国故土一往情深的热爱使他感动不已。”

“这个场景是‘最后一课’的高潮，我要是小弗郎士，这一课我真的永远忘不了。”

“我不是小弗郎士，我也忘不了。”

……

对同学们的畅所欲言，我大加赞扬，并加入他们的行列，谈一段亲身经历。那是在“七七事变”后，日本侵略者的铁蹄长驱直入，家乡危在旦夕，小学即将解散。一天下午，音乐老师教我们唱《苏武牧羊》：“苏武留胡节不辱，雪地又冰天，苦忍十九年……”尽管曲调温柔敦厚，节拍缓慢，但老师却教得那么激动，我们这些七八岁的孩子被深深感染了，心中第一次闯进了“祖国”“气节”“亡国奴”这些字眼，似乎一下子长大了许多。从此，这首歌不断在我胸中激荡，构成了生命的一部分。现在想来，在中华民族到了最危险的时候，老师用“心”在歌唱，唤起我们幼小心灵的觉醒。就像小弗郎士一样，这一课，我永远忘不了。

同学们屏息静听，心弦拨动。

课文中的最后场景是掀起高潮，在学生心中留下不可磨灭的印象，还是教成尾声，一带而过，须认真思考，正确把握。按故事情节的发展，不言而喻，应是高潮；分析学生的心态，掀起高潮不易。按照文章写法的习惯轨道，“啊！这最后一课，我真永远忘不了！”是煞尾之句，学生读到这里，容易误解为主要内容已完，末尾不过是交代几句而已。这是继续学好课文的心理障碍。再说，课文中渲染的不平常的、严肃的气氛，韩麦尔不寻常的服饰与神态，法语课上言简意深的教导，习字课上从字帖引起的想象……犹如波峰迭起，学生一直处于兴奋状态，读到“我真永远忘不了”很容易自我调节，思维的弦松弛下来。为此，须巧妙地“引”，大胆地“放”，聚意点“睛”，才能发挥这部分课文的教育功能和训练价值，落实教学目的。

引。声像并举，引入高潮。在学生朗读刚停，寂静笼罩课堂的刹那间，骤然响起“当、当……”的钟声，使学生既怔又诧，全神贯注。学生注意力刚集中，出示有关彩图，诉之于他们的视觉，激发学习兴趣。

放。以形激思，深究主题，放手让学生眼看、耳听、口述、心思，发挥学习的主动性。场景蕴含的深意是通过鲜明的形象来反映的，从形象推敲入手，可激发学生积极思考，加深对主题的探讨和领悟。初一学生因知识与能力水平所限，综合分析有一定困难，采用三个“描述”、一个“说明”展开讨论，可连点成线，连线成体。学生力所能及，思维活跃，气氛热烈，既锻炼了阅读分析能力和口头表达能力，观察力、思维力、想象力、创新力也相应获得发展。学生注意力高度集中，前半部分课文的学习又为领悟主题蓄了势，描述时常有“神来之笔”，闪烁出智慧的火花。

点睛。以情激情，在学生心田弹奏爱国主义最强音。韩麦尔向故土、亲人告别的庄严而令人心碎的场景发生在19世纪的法国，然而那种强烈的爱国主义精神是人类最美好的感情，教学中要着力“移情”，在学生心中激起强音。一以文中之情激学生之情，二以自己胸中之情点燃学生心中之爱国火焰。聚意点“睛”，站在学生之中交流真切的感受，叩击心弦，传情激情，熏陶感染。

40多年的风风雨雨过去了。如果说我在教学改革的征途上有点进步的话，那是由于时代的召唤、历史责任感和使命感的驱使，那是由于语文同行奋发向上、积极改革，给我以博采众长的机会，更是由于受对可爱的学生成长、成才、成功的渴望鞭策。学生只有一次宝贵的青春，这无价的青春交给我们教师来塑造，我们怎能不为了学生的明天而奋发向前、孜孜以求呢？语言文字是民族文化的根，引导学生从小热爱它、掌握它，他们一辈子都会受用不尽。作为语文教学的普通一兵，我永远感到责任重大，也永远感到自豪和幸福！

往事依依

年华似流水。几十年过去，不少事情已经模糊，有的搜索枯肠而不可得，但有几件事仍历历在目，至今记忆犹新。

小时候，我住的小屋里挂着一幅山水画。这只是一幅极普通的画，清晨看到，晚上看到，一天少说看到三四次，竟百看不厌。有时凝视久了，自己也仿佛进入画中，“徜徉于山水之间”，甚得其乐。入了神，自然乐在其中。家里有一部《评注图像水浒传》，一打开，就被一幅幅插图吸引住了。梁山雄伟险峻，水泊烟波浩渺，水面有无边无际的芦苇，山上有一排排大房子……这一切，在我幼小的心灵里好像就是家乡长江边焦山一带。那时读《水浒传》，会不知不觉把焦山一带风景当作梁山泊背景，我似乎目睹何涛、黄安率领的官军在茫茫荡荡的焦山下，在芦苇水港中走投无路、狼狈逃窜的情景，犹如身历其境，真是津津有味。以后年龄增长，也曾重读《水浒传》，虽然理解比小时候深入，但是形象却不如那时鲜明。后来才懂得，这就是形象思维的作用，生动的形象可以形成深刻的记忆。

学生时代的生活乐趣，很大程度来自读书。书，给我以广阔的天地，而其中编织我童年美丽的生活花环的，竟是一本让人看不上眼的石印本《千家诗》。

祖国的大地山川气象万千，家乡的山山水水也美丽非凡。一年之中，风光流转，阴晴雨晦，丽日蓝天，风云变幻，真是美不胜收。《千家诗》中很大一部分诗歌歌咏祖国风物，按春夏秋冬时序编排，打开书往下念，四季风光就活生生地展现在眼前：“万紫千红总是

本文收录于《义务教育课程标准实验教科书语文》（七年级上册）（江苏教育出版社 2001 年版），是一篇作者回忆少年时代读书生活的优美散文。

春”“春城无处不飞花”；“绿树阴浓夏日长”，“五月榴花照眼明”；“青女素娥俱耐冷，月中霜里斗婵娟”；“梅雪争春未肯降，骚人搁笔费评章”……吟诵这些诗句，春花秋月，夏云冬雪，一年四季都沉醉在诗的意境之中。诗句中丰富的颜色给生活涂上了绚丽的色彩：“红紫芳菲”“橙黄橘绿”“黄鹂鸣翠柳”“白鹭上青天”，令人眼花缭乱，心旷神怡。脑海里常常浮现五彩纷呈的世界，沉浸在美的享受中，生活情趣浓浓郁郁。

老师入情入理的讲课也在我心上雕镂下深刻的印象，培养了我课外阅读的兴趣。国文老师教古文喜欢大声朗诵。记得一次教辛弃疾的词《南乡子·登京口北固亭有怀》，老师朗诵时头与肩膀左右摇摆着，真是悲歌慷慨，我们这些做学生的，爱国情怀油然而生。此后，我每次登上满眼风光的北固楼，望着滚滚长江水，回顾千古兴亡事，总是感慨万端。不用说，这首词我至今还能背得滚瓜烂熟。我就是从那时开始爱读辛弃疾词的。也是在初中读书时，来了一位代课的国文老师，是年轻的新派人，他喜欢教白话文。有一次，教到田汉《南归》中的诗：“模糊的村庄已在面前/礼拜堂的塔尖高耸昂然/依稀是十年前的园柳/屋顶上寂寞地飘着炊烟……”老师朗诵着，进入了角色，那深深感动的神情凝注在眼睛里。这种感情传染了整个教室，一堂鸦雀无声，大家都被深深感动了。这几句诗镌刻在我心上，几十年过去，至今还能信口背出。此后，我对新文学更有兴趣，读了许多有名的中外小说，开阔了眼界，使自己的心与时代更加贴近了。如今只要稍一回忆，就仿佛看到国文老师那左右摇晃的身子和那注满情思的眼睛。

老师常对我们说：“你们光念几篇课文是远远不够的，课外要有计划地认认真真读点好书；多读书，读好书，能丰富知识，增添智慧，成为一个志趣高尚的人。”谆谆教导铭刻在心，使我一生受用不尽。

往事依依，金色的回忆唤起我的青春激情，催我不断奋进。

青春无价

有位年轻朋友郑重其事地问我："老师，青春是什么?"我毫不思索地脱口而出："青春无价!"这岂不是答非所问?大概不是，从下面几个故事中，您可能会找到两者之间互通的奥秘。

春二三月，江南草长，杂花生树，群莺乱飞。一个周日下午，三五同学约游京口北固亭。跑啊，跑啊，那股兴奋的劲儿难以言表。登上北固亭，面临滔滔滚滚的长江水，有的同学诗兴大发，高声吟诵："何处望神州?满眼风光北固楼。千古兴亡多少事?悠悠。不尽长江滚滚流。年少万兜鍪，坐断东南战未休。天下英雄谁敌手?曹刘。生子当如孙仲谋。"语文教师在课堂上声情并茂教的《南乡子·登京口北固亭有怀》，深深镌刻在学子的心上，从个人的慷慨激昂到几个人集体背诵，声音的振幅，振到山，振到水，山水有情人有情，热爱祖国的感情油然而生。不知是谁说了一句："闻一多先生的《一句话》好极了，简直是心灵的喷涌，激动人心。"有两个同学不知道，于是，你一句我一句，把它凑完整，写在纸条上。接着，大家又齐声诵读起来：

有一句话说出就是祸，
有一句话能点得着火。

本文发表于《中文自修》2001年第1期。在江苏省举行的一次语文新教材教学培训研讨会上，江苏省淮阴市涟水县的高辉老师给作者写信说："于老师，您用无比美妙的声音，充满真知灼见的妙语，娓娓地讲述着人的、爱的、美的教育艺术，我无比敬佩您。"这封短信表达了高辉老师对作者的敬爱之情，内里有着对于漪教育思想的理解，也反映了广大语文教师的心声。《中文自修》从这一期起，开设了"于漪笔记"专栏，这些文章也可以说是作者专门为青年教师所写的。

别看五千年没有说破，
你猜得透火山的缄默？
说不定是突然着了魔，
突然青天里一个霹雳
爆一声：
“咱们的中国！”

这话教我今天怎么说？
你不信铁树开花也可，
那么有一句话你听着：
等火山忍不住了缄默，
不要发抖，伸舌头，顿脚，
等到青天里一个霹雳
爆一声：
“咱们的中国！”

同学们读得热血沸腾，两颊绯红。他们读的是民族的呐喊，表露的是缄默的中国蕴藏着的惊天动地的巨大力量。

从辛弃疾的词到闻一多的诗，从小乔初嫁的周郎到羽扇纶巾的诸葛亮，从历代多少兴亡事到浪淘尽千古风流人物，谈见解，摆看法，一个个俨然是救国济世之才。争论，平息，再争论，又平息，起起伏伏，青春在胸中涌动。下北固山时，夕阳余晖相伴，反衬着生命力的无比旺盛。

半个世纪以前，即使是省立中学，住宿的条件也极差，一间寝室只有一个榻榻米，没有床，十个同学挤在上面，被褥紧挨着被褥。生活上的照顾、谦让，学习上的互帮互学屡见不鲜。水是金贵的，吊一桶井水上来，总不会忘记给晚来的同学留着。汲深井之水需力气，男同学常自觉勇挑重担；咸菜炒肉丝是节日的加菜，八人一桌站着吃（无凳子），总要留几筷给晚来的同学；点蜡烛是一种奢侈，家境略好的同学带来考前复习用，总不忘给视力差的同学点一支。

高三毕业考来临，教室里欢声笑语稀少了，代替它的是静谧、全神贯注和很少的窃窃私语。一天，上英语课，教室里突然“爆炸”起来。头发花白的老师不仅严格，而且十分固执，他的话就是“圣旨”，说了算，怎么商量他都不会更改。这天，他突然宣布，课本上所有的内容都要考，每篇文章都要背出来。同学们不约而同地叫了起来。怎么得了？平时不要求篇篇背诵，这次来个突然袭击，考的科目那么多，岂不是要逼死人？讨价还价是绝对没有效果的，吵闹更是无用，只得“认”了。开夜车，挑烛夜战，说也奇怪，一个通宵，硬是把一本书强记在心。年轻人的记忆力就那么厉害，那么神奇。第二天，同学之间相互背诵，你一句，我一句，你一篇，我一篇，相视而笑，真是先苦后甜，妙在不言中。

最快乐的莫过于一学年结束时的全校文娱晚会，精心准备的忙碌劲儿就甭说了。特别是考试结束到发成绩报告单之间，那几天，学校简直成了文艺的海洋，教室里，寝室里，操场上，饭厅里，拉胡琴的，吹笛子的，背台词的，编舞蹈的，似乎一个个都是文艺天才。最辛苦的要算编导，他们人数虽不多，但确实有才华。他们写，他们说，他们调动各种各样的角色，一个个节目几乎都出于他们的手。教师不出面，也不插手，一切由学生自主；什么道具，什么服装，一切由学生解决。各个班级的班长就是组织节目的“头”，他们是调遣每个学生发挥不同作用的大将。台在露天，是饭桌和课桌搭成的，幕布由一块块大床单缝制而成。台的四周挂了好些汽油灯，晚上，多灯齐亮，倒也巍巍乎壮哉。演员们尽量发挥各自的才能。一曲二胡伴奏的白居易的《花非花》，倾倒全场观众，那优美的诗句“花非花，雾非雾。夜半来，天明去。来如春梦几多时，去似朝云无觅处”，伴随着低回缠绵的琴音在夜空中飘荡，是梦？是真？是追思？是惋惜？留给大家不尽的遐想。瞬间，幽静被满场大笑声所代替。原来两位男同学在抬到台上的大黑板上演算数学题：一个方、两个圆、一个三角、一个横卧的长方，“啊呀！怎么来了两位数学老师！”同学们叫了起来。黑板上又出现了一个个漫画式的头像，是大家都熟知的人物，妙极！有的同学笑得捧着肚子，有的眼泪往下挂。欢乐，欢乐，心底开放的花。

青春，初味人生的年华，民族情、报国志，乡情、师情、友情，都是那么炽热，那么纯真，那么多彩。在众多美好情感的熏陶下，长身体，长本领，长智慧，长才华。青春是无价宝，就在你的脸上，就在你的心中，就在你的身边。抓住它，千百倍地珍爱它，它会给你创造一辈子享用不尽的精神财富，千万别让它从你手指缝里随着时光的推移而流失。年轻的朋友，什么是青春，您明白了吗?

当五星红旗升起的时候

当国歌奏响，五星红旗冉冉升起的时候，每个同学心里想的是什么呢？也许想到卫星发射，火箭升空；也许想到排除冰川，征服南极；也许想到奥运健儿超越自我，勇夺金牌。总之，为国增威、为国争荣的思潮翻滚。当然，也可能有人在想自己的私事，也可能面对国旗，脑子一片空白。这是为什么？这是一种怎么样的区别呢？想与不想，想什么，乍看是“思”的区别，实质是“情”的区别，是感情、热情、激情的区别。

写文章的人都知道，不精不诚，不能动人。白居易说过，情是根，言是苗。情动于中而言溢于外。写文章尚且如此，何况做人？同学们进学校求学，就是学做人的真心，学做人的真情，学做事的真本领。当五星红旗冉冉升起，在蓝天下飘扬的时候，你应该情不自禁地想到无数革命先烈在向你诉说历史，对你寄以无限的期望；你应该情不自禁地想到无数革命前辈艰辛地创建今日的成就，期盼你快快成长；你应该满怀豪情地憧憬未来，强烈地意识到国家富强，匹夫有责。你可以想得很多很多，也应该想得很多很多，做热血的中华儿女，不为世俗流行的小利、私利蒙蔽了做人的准则，冷却了纯真的心。

升旗仪式，不是一般仪式，更不是形式。升旗，对我们每个同学来说，是人生的洗礼，它不断教育我们从小要有赤子心、赤子情，为亲爱的祖国争光，为人类做贡献。

同学们，愿你们自觉地从冉冉升起的红旗里吮吸丰盛的精神养料，滋润自己茁壮成长！

求知乐无穷

往昔年少乐事多，同伴的踢毽、跳绳争优胜，野外的尽情奔跑呼叫，学习缝衣做鞋的紧张与笨拙，无不充满生机，充满乐趣。然而，最使我难忘，并终身受益的，莫过于求知了。

在我的眼前，一切事物都是新奇的。大自然的风、雨、雷、电，我想问个究竟，弄清楚它们是怎么来的；花、草、树、木，我要查一查它们的姓名和兄弟姐妹；鸟、鱼、兽、虫，同样要观察、查询，了解形状，了解习性。社会上的事接触不多，但少年世界中的友情、争执乃至恶作剧，也是够咀嚼回味的。至于反映社会生活的童话、小说、散文，对我更是有无穷的吸引力，我可以废寝忘食地阅读。记得第一次看到巴金写的《家》，我急不可待地读了一夜，为小说中的各色人物时而忧时而愤时而喜时而悲，那份投入，那份欢乐，难以用语言表达。

知识能给人以精神的养料，它能驱除愚昧，启迪智慧，助人立志，陶冶性情。青少年时代是求知的黄金时代，从小学的东西如手脚长在自己的身体上一样，运用自如，经久不忘。

求知，就要在“求”上下功夫。“求”，就要动脑筋，发挥自己的主动性、积极性。如果处于被动地位，忙于应付，不仅学习效果不理想，而且兴趣索然，味同嚼蜡。几十年前的我，学习是带着极为浓厚的兴趣的。比如学习鲁迅《故乡》，语文老师用带着感情的生动的语言描述少年闰土出现在月下瓜田的情景时，我神往了。我一边读课文，一边脑子里在画图画，天空的色彩是深蓝的，上面挂着一轮金黄

本文发表于《顺德教育》2001 年第 3 期，是“于漪基础教育论稿”之一。

的圆月，地上是一望无际的碧绿的瓜地。画着画着，画中闯入了一位十一二岁的少年，英姿勃勃，虎虎有生气，手上握着一把闪亮的钢叉，向偷瓜的敌人——猹——奋力刺去……这是一幅活动的画，有漂亮的色彩，景中有人，人在景中。作者写画，老师说画，我在脑中画画，把无声的文字变成有色彩的形象，印象深刻，一下子就理解了课文。从此，我懂得了阅读不能只局限于理解词句，要展开想象，补充自己的生活经验，使平面的文字立体化起来。当我领悟到这一点时，不仅课文学得比过去深入，心里更是乐开了花。

展开想象不仅要动脑子，而且要调动自己的感觉器官，眼看、耳听、鼻嗅，做到如见其人，如闻其声，如嗅其味。《社戏》一文中月下行舟的情景，只要展开想象，不仅可看到双喜、阿发拔篙、点开船、摇橹，看到朦胧的月色，往船尾跑的铁的兽脊似的连山，听到嚷声，说笑声，潺潺的船头激水声，婉转、悠扬的横笛声，而且闻到豆麦和水草的清香。调动自己的感觉器官与思维器官去阅读，人就身历其境，如入画中，对作者绘景写人的高超的技巧就能心领神会，乐在其中。

动脑筋最为重要的是善于发现问题，发现问题后还要寻求解决问题的途径。要解决问题，就要学会分析，无论是语文还是数学，都不可人云亦云。人云亦云，不开动脑筋，往往不是真懂，文字上稍有变化，数学题稍有变化，就会产生瞠目结舌之困。比如朱熹的《训学斋规》中写道："余尝谓，读书有三到，谓心到、眼到、口到。心不在此，则眼不看仔细，心眼既不专一，却只漫浪诵读，决不能记，记亦不能久也。三到之中，心到最急。心既到矣，眼口岂不到乎？"读了这一段，我立刻产生疑问：为什么"三到之中，心到最急"？读书当然首先是眼到，眼睛不看，心怎么到？"急"在这儿是什么意思？因为有疑问，阅读时就特别用脑筋。反复阅读、思考，弄明白这几句话的要点：强调读书最要紧的是心到，要专心致志。心不到，就会视而不见，读而难记。作者把心到、眼到、口到三者之间的关系说得十分明白。自己有疑问，读一读，想一想，查查工具书，就会有本在胡同里摸索，后突然步入大街豁然开朗的快感。

同学之间解代数题、解几何题常为角度与方法不同而争论，也是十分快乐的事。平面几何加辅助线常给人以别有洞天的感觉。有的题目看起来是“铜墙铁壁”，不知从哪里攀登才会破门而入，有时冥思苦想，不得其解，突然契机来到，连线，求证，逻辑推理，得来全不费功夫。按捺不住心情的激动，向别人津津有味地述说解题的欢乐。

做一名有科学文化素质的人必须重视积累。读书，脑子不能像漏斗，前学后忘；不能浮光掠影，飘飘然不留痕迹。有些数学定理、公式要牢记在心，解题时才能像水往下流一样，毫不费力；有些美诗佳文要熟读成诵，牢记不忘。诗文中包蕴的文化，包括做人的道理、为学的执着追求、辞章的天衣无缝、语言的精彩练达，都会伴随着记忆流入心田。熟读，背诵，切不可小和尚念经，有口无心。否则，事倍功半，时间花得很多，收效甚微。那时，我们背诵，一是弄懂，在理解的基础上记忆。整段说什么，先说什么，再说什么，最后说什么，脑子里有个纲目表，梳理得一清二楚。由段再扩充到篇，写得精彩的段落特别多读几遍，加深印象。理解得好，背诵起来很方便。二是寓背诵于游戏之中。两三个好朋友拿起一篇课文，接龙式地背，一人背几句，连续不断，谁接得疙疙瘩瘩，谁背得不熟或背不出来，就罚。接龙式地背，很紧张，你必须紧张地听别人背，又必须自己立即跟上去，思想如果开小差，就会出差错，就会受罚。至今我还记得当初接龙背的令人捧腹大笑的情景。尽管由一本正经到嘻嘻哈哈，乃至打打闹闹，但毕竟背诵了不少名句名段名篇，今日好些名句能脱口而出，很得益于当初记忆的功劳。人脑仓库里“货物”越丰富越充实，这个人就越有文化素养，越能向愚蠢告别。否则，脑中除了沙漠一无所有，那就糟了。我们要做脑仓廪富实的人，从小重视积累，并做到坚持不懈。

如今，科学技术迅猛发展，新信息层出不穷，我们有志的青少年更应如饥似渴地学习。学习是辛苦的，但苦中有乐，当你开动脑筋解开一道难题、理解一个定理、记住一段名言、写出一篇佳作时，那种快乐，那种豪情，只有亲身实践，才会深深体会其中的滋味。少年朋友，如若不信，你们可以试试，我等待你们更上一层楼的佳音。

让生命与使命结伴同行

50 年来，我一直追求的就是德才识能全面素质的提高，而最为重要的就是人格的力量。几十年来，我追求教师人格的力量，做了以下三方面工作。

自我认识

清醒地认识自己，是追求教师人格力量的前提。中国有句古话："人贵有自知之明"，因为认识自己很难，所以才可贵。我有两把尺子，一把尺子量别人的长处，一把尺子量自己的不足。我的教育教学经验说到底，都是学大家的，或者说是"偷"大家的。我每听一节课，包括听我徒弟的、听青年教师的课，都是张开我的感官，运用我的思维器官去学习，因为我信奉"博采众长"。一个人的智慧是有限的，大家的智慧是无穷的。我听报告，跟人家谈话，总是要拿这把尺子量别人的长处。比如，在"文革"前，我长期教高二、高三，粉碎"四人帮"之后，教了一届高中。因为要培养青年骨干教师，我又带初中。我第一次听高润华老师的课，发觉她的学生在课上背古诗

本文发表于《中国小学语文教学论坛》（全国小语会会刊）2002 年第 2 期，是 2001 年 9 月作者在"于漪教育思想暨从教 50 周年学术研讨会"上的发言。教师，对作者来说既是一种职业，也是一种人生理想，是一个需要以整个生命去拥抱的伟大事业。树中华教师之魂，立民族教育之根，也就成为作者毕生的不朽使命。"育人是一代师表，教改是一面旗帜"，这是原教育部总督学柳斌同志对作者的评价。

词背得那么熟，心中很震撼，心想我怎么就没想到呢。古诗词是我们中国优秀文化的精华，应该用它来哺育学生成长。因此，我常常这样问自己：我怎么没有想到呢？我怎么没有想得那么深呢？我怎么就不懂呢？又如，我觉得中国人教母语一定要与外国人教母语比较，但是我只停留在一些零零碎碎的、片段的比较上。比如中国人怎么学母语，外国人怎么学汉语，外国人怎么学他自己的母语，中国人怎么学外语，我想得很多，也作了一些零星的比较，不成系统，认识肤浅。有一次我看到洪宗礼先生主编的中外母语比较研究的洋洋大作，深感汗颜。他怎么就想得那么深、那么细，那是靠努力呀！还有把尺子，是量自己的不足。我自认为教课是认真的，课前认真备课，真有点像张志公先生讲的那样着了魔。我先拼命钻研教材、研究学生，然后把上课的每句话都背出来，再口语化。我洗衣服在考虑，拣菜在考虑，乘车也在考虑，乘过站是常有的事。我怎么讲，学生听得才舒服，学得才愉快？可每次上完课，我总是觉得这里不行、那里不行，都是不足和缺陷。于是，我再写下“教后记”，就是记下学生学习的闪光点，记下自己教学的不足。这样用两把尺子量，我就能清醒地认识自己。又如，有的应该属于常识问题，我长时间用错而不知。讲音乐，说“下里巴人”是通俗的、低级的，说“阳春白雪”是高级的、高雅的，可是有一次读宋玉的《对楚王问》，才发现我理解得多么不精确。他说“客有歌于郢中者”，唱到《下里巴人》的时候，“国中属而和者数千人”；唱到《阳春白雪》时，“属而和者”不过数十人；而“引商刻羽，杂以流徵”的时候，“属而和者”不过数人而已。因此，“阳春白雪”是次高级，我一直认为它是最高级，可见自己知识很浅薄。在教课时，我一直告诫自己不能错，因为你一错，孩子就跟着错，有时会错一辈子。因为基础教育是伴随人终身的，它教的是知识的核，你错了，有的时候学生改不过来就错一生。由于自己的认识水平有限，自己的学识浅薄，往往只知其一，不知其二，因此毛病很多。在长期的教学实践中，我深深体会到教师的字典里永远没有一个“够”字，说我已经够了、不错了，这是不可能的。教育是为未来培养人才，要跟着时代前进，怎么会够呢？正是由于这样，所以我横比竖比，量别人，量自己，越比越觉得自己有向前奔跑的动力。我觉得做老师，别人的教育是其次的，最重要的还是自己内在的动力。

自我挑战

我要追求人格的力量，就要不断自我挑战，这是形成人格力量的途径。德国教育家第斯多惠说："教育者必须在他自身和自己的使命中找到真正的教育的最强烈的刺激。"这"最强烈的刺激"就是自我教育。故应把自我教育作为终身的任务。做了一辈子教师，一辈子学做教师，我能不能做一名合格的教师，就看我一辈子怎么努力学做教师。我一辈子学做教师有两根支柱：第一根支柱是勤于学习，第二根支柱是勇于实践。两根支柱的聚集点就是不断地反思。教育事业是非常丰富又非常复杂的，现在做老师一定要有时代活水。有这样一个比喻："给学生一杯水，教师要有一桶水。"我是不大同意这个比喻的，因为你这桶水是不是陈旧了，是否有污染，恐怕很值得研究。我们学过的东西随着时代的发展有些已经束之高阁，大量新的信息、新的知识要自己掌握，因此教师学习必须如长流水，教师一定要有丰富的智力生活，不断学习。"半亩方塘一鉴开，天光云影共徘徊。问渠那得清如许？为有源头活水来"，自己不天天学习、月月学习，哪里来的源头活水？

（1）学习。首先，重要的理论要反复学。重要的理论是精神支柱和精神食粮，要学懂。每次学小平同志的"三个面向"、江总书记的"三个代表"和"四个坚持"，我总是热血沸腾。我们的教育一定要面向世界，面向世界就一定要跟人家比，跟先进的、卓越的比，比民族的志气和民族的自尊。靠谁？靠每一个有志青年、每一个有志的老师和学生。其次，要紧扣业务深入学。有时我觉得对某些问题好像是懂了，其实不然，读了一些大学者、大专家的文章，才茅塞顿开。钱锺书先生学问博大精深，哪怕讲一个诗句也会使你感到别有洞天。他说苏东坡有一个写牡丹花的诗句"一朵妖红翠欲流"。牡丹是红的，怎么是“翠欲流”呢？这位学贯中西的学问家是这样分析的：诗里用颜色的字好像用兵一样，虚虚实实、实实虚虚，红是实的、翠是虚的，虚实交映、红绿错综，就造成一种幻觉，这就是文字艺术的功力，文字艺术的巧妙比造型艺术还要强得多。我读后大为感叹。学问真是如海洋，我体会到教海无涯学为舟。作为基础教育的老师，学问不要求高深，但要求基础扎实广泛。最后，要开阔视野广泛学。我们那时学物理学的是牛顿的理论，后来爱因斯坦做了挑战，而现在霍金又做了新的挑战。我想作为老师不仅要有人文知识，而且要有自然科学知识，否则就无发言权，就没办法与学生沟通。

（2）实践。教师每天耕耘是实践，在实践中我不断反思自己的不足。我记得教66届高一时，有名学生在作文中写一个老头，他为刻意求工，想把这个人写得很形象，就用了一个比喻，说老人的胡子像牡丹花一样很美。比喻用得不当，讲评作文时我就把这件事说了，说用比喻一定要恰当。事隔几年，他已是名律师，对我说：“于老师，你这句话让我掉到冰窟里。如果当时有地洞，我一定钻进去。”我怎么也没想到我不经意的一句话就这样挫伤了学生，这就成了我终生的遗憾。教育过去就过去了，难以弥补，不是衣服破了打个补丁。开始我在教语文时也认为语文是交际工具，就是培养学生的语言文字能力。但随着时代发展，我的认识就不一样了，我觉得自己的认识很肤浅，语言文字和思想、情感同时发生，它就是文化的组成部分。仓颉造字，“天雨粟，鬼夜哭”，从此人类社会进入文明，我怎么能只把它看作技能技巧呢？我就自我否定。语言文字里有民族的情结，中华民族几千年优秀文化的精华积淀在我们的语言文字中，因此它是民族文化的根，是我们民族的命根子。我不断反思，这样一个人文的学科，千万不能把它教成技能技巧，重术轻人。所以，我教了一辈子，一辈子在反思。正如罗曼·罗兰所讲，“这累累的创伤就标志着你生命前进的一步”。我确实是累累创伤，随便打开自己的文章、教案，可以讲出很多不足和缺陷，但正是这些缺陷、不足，激励我向前奔跑。“思想升华，感情净化”，我追求这八个字，力求做到教师要有人格的力量。当然，自我挑战是一个很长的过程。

自我超越

做老师一定要与学生一起成长，这样才能成为学生的老师。因此，我要不断追求，自我超越，达到一个个新的境界。“欲穷千里目，更上一层楼”，每个阶段有每个阶段的目标。如开始做语文老师时，为了能在课堂上站下来，我追求八个字“胸中有书，目中有人”，也就是教材要如出自己之口，如出自己之心。一定要研究学生，不研究学生怎么能教他们呢？我是育人啊，教学是为育人服务的，因此我追求这个境界，书要滚瓜烂熟，上课不看教材，都在肚子里。

我领悟到自己是教语文的，要带领学生学习规范的语言文字，自己要做榜样，所以下决心锻炼自己的口头表达能力，力求出口成章，下笔成文。要学生写文章，你自己就要写。为了力争做到出口成章、下笔成文，我就用以死求活的笨办法，把上课的每句话写出来，然后修改再背出来，背出来再口语化。我每天上班要走一刻钟路才到车站，这一刻钟，每天脑子像过电影，怎么教学生能吸收，教学内容怎么开展，怎么让学生进入兴奋状态、掀起高潮，教完后再写教后记。老师的教学语言不是大白话，要有文化含量，要有相当大的词汇量，要有文化气质。学生既学规范的书面语言，又学教师规范的、生动的、流畅的语言，课堂教学效率就可能提高一倍。接着我又追求激发学生兴趣，使学生乐学爱学。我觉得学生学习太苦，一天坐七八节课，我坐在那里也要累得够呛，老师要设身处地地为学生想。数学、物理等学科到了高中，逻辑思维很强，我想语文这人文学科能否让学生有点艺术享受，于是我追求教学中春风化雨、充满艺术享受。20世纪70年代末，我就考虑如何用知识含量高、能打开心扉的导语来调动学生的学习兴趣，因为兴趣是最好的老师，学生有兴趣，入了迷，就不以为苦、不以为累，爱学乐学。我对课堂教学节奏、讲和练的角度和方式以及课结束应该怎样达到余音缭绕的效果等做了一番研究。教课是很有趣、很有味道的，如果学生两节课上下来说“呀，怎么这么快就结束了”，我就开心了。如果把它记下来，应是师生共同创造的一篇优美的散文。

学生愿学乐学只是开始，而以学生为本，我还没有真正做到。于是，在 80 年代，我拼命探索的是师生互动、综合效益。课堂里单打一对学生培养远远不够，一定要提高综合素质。我体会到语文教学是以语言文字能力的培养为核心的，有机融合了德育和美育，三育一体，课就立体化了。立体化、多功能，就是对人进行多方面培养，教学效率、教学质量能明显提高。在整个从教的过程中，我原来只考虑一身正气，师风考虑得较多，这还不够，要带领学生学习。特别是现在这个时代，新信息如潮涌，因此学尤为重要，于是我又提出八个字“师风可学，学风可师”，努力攀登。作为老师，身上要有正气，师风可学，以正压邪，同时学风也应该是学生的榜样，否则只是叫学生学，自己不学，不钻进去，就无发言权。所以，要“师风可学，学风可师”。

我就这样不断自我否定、自我超越，希望达到一个合格的教师境界。我所理解的“合格”的“格”不是用量化的指标来衡量的，而是国家的要求、人民的嘱托。国家把自己的希望交给我们，人民把自己的子女交给我们，这个“格”的要求是很高的。所以，我一辈子追求教师的人格力量，一辈子用两把尺子量，靠两个支柱支撑，聚焦在反思上，不断地自我否定、自我超越，力求做一名合格的基础教育的教师。那天到华东师大继续教育学院上课，遇到一名 1951 年教的学生，离休干部，她叫我于漪老师。她说当初你是打着小辫子给我们上课的，现在一晃 50 年了。真是不堪回首话当年。我想，一个人的生命是有限的。作为一名老师，把有限的生命融入常青的、伟大的、辉煌的教育事业中，我觉得此生有幸。

学语文的欢乐岁月

中学时代学语文简直是件非常快意的事，其中的欢乐、甘醇，难以言表。

记忆的闸门一打开，一件件趣事、一个个生动活泼的形象就奔涌到眼前。

忘不了赵老师上语文课的情景。别看他身材瘦削，教起课来，却好像是一团火，把你的心都点着了。教到精彩段落时，他摇晃着双肩，头颈有节奏地旋转，大声诵读，旁若无人，沉浸在语言文字组合的奥妙之中。说怪也真怪，有时我们做学生的会情不自禁地跟着读，进入角色，有滋有味。戛然而止时，少不得师生相视而笑，尽在不言中。冷不防有个调皮的男生扮个鬼脸，伸伸舌头，于是，哄堂大笑，满屋春意盎然。

最难忘是他教古诗词，全身心投入，或而激昂慷慨，拯救黎民于水火，唯我男儿重任在身；或而悲痛欲绝，家事、国事分崩离析，怆然涕下。教到南唐后主《浪淘沙令》：“帘外雨潺潺，春意阑珊。罗衾不耐五更寒。梦里不知身是客，一晌贪欢……”婉转凄凉，声音里蕴含绵绵不尽的思念，目光盯着远处，我们已分不清站在讲台边讲述的是赵老师，还是亡国之君李煜。我们女生都低下了头，不敢看老师，唯恐他不能自已，哭出声来。课教得如此出神入化，我们荡漾在祖国语言文字的海洋中，怎能不深受感染？

学了辛弃疾的《南乡子·登京口北固亭有怀》，假日，三五好友登上北固亭，满怀豪情，谈古论今，指点江山，望不尽滚滚东流的长

本文发表于《作文报》（高中版）2002年10月7日。

江，大声齐诵“何处望神州？满眼风光北固楼……”由此及彼，联想到辛弃疾、苏东坡的名词名句，你一言我一语，争相背诵，俨然个个都是才子，都有经天纬地的雄才大略。那种受中华灿烂文化哺育的兴奋，那种以振兴民族为己任的鸿鹄之志，使一个个年轻而稚嫩的生命闪发出旺盛的生命力。

课后，我们经常去寻找、采集语言文字酿造的蜜。菜花怒放时，遍地金黄，三五知己躲到菜花丛中嬉戏，捉迷藏，学蝴蝶“飞入菜花无处寻”，欢声笑语，花香人醉，体会大自然的恩赐，感受诗人笔端的彩色。至于睹月思乡，竹林听雨，晨曦观云，寒冬赏雪，也是常有的事。难得闲暇，就事谈诗说文，体验文人的感情、咬文嚼字的功用。时间苦短，总是在一本正经中开头，打打闹闹中结束，好不欢快！

有了好书，大家抢着读。想买本好书却缺乏财力，借到了，读个通宵，习以为常。读经典小说，简直是替古人担忧，把自己和作品中的人物不知不觉捆在了一起，或喜或悲，或爱或恨。谈到悲苦处，枕头会湿了一块；谈到激昂处，热血沸腾；读到精彩语言、精彩描写时，我深深感受到一个个字不是躺着，而是站立在纸上，一个个人物说着、笑着、走着、跪着、思想着，就在眼前。我感悟到世界那么大，社会那么纷繁，我的眼睛帮助我周游了许多国家，接触了各种各样的人，领略风光，认识人世，品味人生。在抢书阅读的过程中，我们长大了。在书中常与智者、仁者对话，受他们深邃思想、精辟语言的开导，我们逐步学会了思考，情感也丰富起来。

写，当然是必不可少的，一学期八篇作文，大多是命题作文。写前，老师指导极少，要言不烦说三五句。不外乎是审清题意，思路要开阔，想得广一些、深一点，不说自己也不懂的话。大多数同学不以写为苦，因为平时读得有兴趣，佳文美句在脑子里有点储备，下笔无太多的艰涩之苦。我最喜欢自由作文，海阔天空，任我翱翔，平时读的、看的、想的、说的，都来向我报到，任我挑选，好不开心！自由作文写得多，笔下流水，也灌溉了命题作文，命题作文也逐渐言之有物，流畅起来。老师讲评作文最吸引我们，好在哪里，不好在何处，细枝末节，头头是道。我经常有豁然开朗的舒心，从懵懂走向清晰。写得好的，老师评点、表扬，我不好意思面露得意，但脚会不自禁地点点地，在表示自我祝贺。文章不是无情物，你向它倾注了多少感情，多少功夫，它就会如数回报。

时光迅逝，一晃半个世纪。而今，想起那些学语文的欢乐岁月，仍然激情澎湃，甜涌心上。母语啊，民族文化的根，您亲密地伴随人一辈子，我怎能不倾心热爱您，探索您蕴含的无穷的奥妙?

激情燃烧的人生
——小传

1929 年，我出生于历史名城江苏镇江。长江水哺育我成长，金、焦二山秀丽的景色给我以良好的熏陶，满眼风光的北固楼在我心中播下了忧国忧民的种子。在少年时代就有了美好的憧憬：做一个对国家真正有用的人。

在中小学读书是认真的，努力的。十分幸运碰到了好老师。数学老师讲述概念之清晰，推理之严密，有效地训练了我逻辑思维的能力；语文老师声情并茂的讲解，对中外著名文学作品的着迷，给我以深深的感染。“做一名深受学生尊敬和欢迎的好老师”，在许多位优秀教师言传身教的影响下，我立下了这样的志向。

1951 年夏，我毕业于复旦大学教育系。从此，在基础教育这块园地里辛勤耕耘，至今已 52 个春秋。我曾经教过历史，中华民族艰苦奋斗的精神和深厚灿烂的文化使我激动不已。我常为自己是中华民族的一员而感到自豪和骄傲，更常常意识到重任在肩，要积极进取。

由于工作需要，我改行教了语文。困难是大的，我毕竟不是中文系科班出身。当时我有个奢望，就是能听教研组长一节课。这位老师功底厚实，书法、绘画都行，说话要言不烦，大家都有点畏惧他。50 年代，要听人家课，很不容易，不得到授课人的允许，不能贸然进别人的课堂。为了在语文教研组有立足之地，听老组长一节课，清晨我就到学校，打扫办公室的卫生，扫地、擦桌子、拖地板、倒痰盂，做

本文作于 2003 年。

一名青年教师应做的为大家服务的事。一个春秋又一个春秋，奢望不过是梦想而已，终究没有变成现实。

倒是我一教课，老组长就来听我的课，心里真有点胆怯。我清晰地记得教的是高中二年级的课文《普通劳动者》。预备铃响了，他踱方步似地走进教室，在后排一个空位置上坐下，一脸严肃。课前我不知道，少不得条件反射似的紧张起来，然后，自我控制，才慢慢放松。下课了，我如释重负，叹了一口长长的气。课后，他找我谈，说了语言、板书、条理等几个优点外，郑重其事地说了一句："语文教学的大门在哪儿你还不知道，人物形象分析是这样贴标签的吗？"如五雷轰顶，我一下子就蒙了。定了定神，我向他请教该怎么教，他金口难开，又不吭声了。自那以后，他再没有对我说过一句如何教语文的话，真怪！

语文教学的大门究竟在哪儿？即使路漫漫其修远，我也要寻觅，不仅要找到门，而且要登堂入室，深味其中的奥妙。老组长这句"金石之言"成为我在教学生涯中不懈追求的动力，我常常反躬自省："你入门了没有？'堂'在哪儿，'室'在哪儿，你清楚了多少？一名对学科教学不入门不辨堂室的教师怎能称职，怎能对得起学生？"外力在教育历程中化为内驱力，夙兴夜寐一灯明，寻寻觅觅。

较长时间里，我处在两个方面的斗争之中。一是疾病缠身，胃溃疡，肝炎，腹部动大手术，脑缺氧，血尿。对生活的热爱和乐观坦然，使我渡过一个个难关，不仅挺了过来，而且意志得到了锻炼。二是学识浅薄，教学经验欠缺，总觉得底蕴不够，功力不深，教学时常有捉襟见肘之感。于是挑灯夜读，病榻苦读，和松懈、惰性斗，力求把基础打得厚实一点，知识覆盖面宽一点。

我用仔细回忆的方法，向过去教我的老师请教。他们是怎样教的，哪些课很感人，经久不忘，历历在目。声情并茂的朗读、讲解，旁征博引的议论、评析，眼神、手势、神往的表情，一幕幕在脑海里浮现，我常顿然有所悟：这就是语文！

到传统语文教育论述中寻觅。张志公先生的专著《传统语文教育初探》，朱自清、叶圣陶、吕叔湘三位先生对语文教学的众多论述，从识字教育到工具书的使用，从阅读教学到作文训练，我认真学习，逐一推敲，从中寻觅有效的途径。

从比较中寻觅可资借鉴的做法。许多国家都有自己的母语教育，对于怎样通过母语教育哺育后代成长，必有自己丰富的经验。可惜当时封闭，能看到的资料凤毛麟角，只得从外语教学中体悟一二。选文进行比较，语法进行比较，读写训练进行比较，利弊得失，朦朦胧胧有了点自己的看法。

探究教学原则、教学方法，读教育学、心理学专著。尽管有些学术著作做大学生时也读过，但那时不懂得联系实际，自己也无多少实际可供联系，“空对空”，学得浮光掠影。带着问题学，效果大不一样。对于为什么要制订这些教学原则，为什么教学可采用这样或那样的方法等，不仅要知其然，而且要知其所以然。教材要研究，学生更要研究。

学习报章杂志上有关教学的鲜活经验。那时杂志少，文章少，只要看到，就如饥似渴地读，想。不仅语文方面的，其他学科的也同样兴味盎然。他山之石，可以攻玉，采取拿来主义态度，以弥补自己的贫乏。

改行教语文，我先从八个字上下功夫。这八个字是：“胸中有书，目中有人。”对教材努力做到烂熟于心，如出自己之口，如出自己之心。认真钻研教材，查阅有关材料，在“真懂”上下功夫。自己“昏昏”，是不可能使学生“昭昭”的。为了求得真懂，我独立钻研教材，弄清来龙去脉，从语言表达到思想内容，从思想内容到语言表达，反复咀嚼、推敲，在理解的深度、广度上探究，先做学生，后做先生。与此同时，有系统地学习一门一门学科。晚上 9 点以前工作，9 点以后学习，天天学到 12 点，明灯伴我过半夜是常事。一个学期，两个学期，两三年，我把中学语文教师该具备的语法、修辞、逻辑知识，该具备的文、史、哲知识，该了解的中外名家名著摸了一遍。没有任何诀窍、任何捷径，就是老老实实，以勤补拙，笨鸟先飞，把休息的时间也用上，才勉强在课堂上把课教下来，在学生面前，初步有了发言权。教语文，不能只见书不见人，要做一名合格的教师，必须研究学生，对学生满腔热情满腔爱。在教学实践中，自己深深体会到，“教过”不等于“教会”。“教过”还是比较容易做到的，每天总要上课下课，45 分钟时间是不会停留的。一天两天，三月五月，八年十年，就这样“教过”了。然而，要“教会”学生学习就非常难。一两个班级，要教会几个学生、一二十个学生不难，要大面积提高，教会每一个，不花一番心血是不可能的。学生的基础不一样，智力、性格、思想、兴趣爱好，以至家庭情况、语言环境都不一样，每一个学生都是生动活泼的艺术品，要了解、研究，先做朋友，再做老师，亦师亦友，教学才有针对性，才会提高实效。对祖国的语言文字，对学生，满怀炽热的感情教，我开始尝到育人的艰辛与甘甜。

社会上不是什么人都可以做教师的，谁选择了教师这个职业，谁就选择了高尚。汉朝韩婴在《韩诗外传》中说：“智如泉源，行可以为表仪者，人师也。”要做一名合格的教师，必须加强自我教育，努力做到德才兼备，往道德高尚、学识宽厚、业务精湛的方向奔驰。于是，我在德、才、识、能四个方面要求自己，力求在教育教学实践中，在理论学习联系实际中，思想升华，感情净化，长善救失，多一点真才实学。比如，为了提高课堂教学效率，在正确理解与运用语言文字方面对学生起良好作用，我就下功夫锤炼自己的语言，奋斗目标是“出口成章，下笔成文”。剖析自己教学语言的毛病，首先做到清楚明白，不含糊其词，通俗易懂，不佶屈聱牙；进而锤炼，力求优美生动，不枯燥干瘪。怎样锤炼？下死功夫。我把要教的课每句话都写下来，做详细的教案，然后认真修改，用比较规范的书面语言改造不规范的口头语言，把多余的字、词、句，不符合逻辑的地方一一删改，纠正，然后背诵出来，再口语化。教学语言不是大白话，它应该规范、生动、流畅，词汇丰富，有文化含量。这样做，坚持了两年，语言水平提高了。语言不是蜜，但可以黏东西。教学语言好，学生听起来悦耳，课的效率提高。学生在课上不仅学习课文的书面规范语言，而且受到教师口头的、活的语言的熏陶，丰富了词汇，享受到学习语言的欢乐。从此以后，我努力做到讲话、交流乃至作报告，只打腹稿，不打草稿；写文章，也着力于下笔成文。为何这样做？因为我是一名语文教师。

60年代初，我开始迈出了语文教学改革的步伐。教学实践中我深深体会到语文教学效率不高，浪费时间，浪费精力，突出的问题是教学往往从教材的实际出发，这篇课文里涉及哪些语文知识，就巨细不分一股脑儿灌输，脱离学生的学习实际，懂的、不懂的，掌握的、不掌握的，一锅煮，不必要的重复比比皆是。教学方法十分烦琐，不少做法程式化。如词语解释，除指导学生读注释外，没有注释的，大可指导学生使用工具书查检，何必一一写在黑板上，搞词义解释搬家？又如分段，是不是每篇课文都得分段，概括段落大意？有些课文段落已有相当的逻辑性，何必再去划分，岂不是多此一举？有的课文简直是大手笔、大概念，“思考与练习”内容空泛，无法答对，要不要教？该怎么教？语文学科教学究竟要实现怎样的目标？一连串的问题使我困惑不安。就在此时，“教育要革命”的春风吹拂，上海育才中学教育革命的经验给我以很大的启发。我这名年轻教师对课程、教材的改革无多少发言权，但可以从教学方法的改进入手，探索其中的规律。当时，主要的做法是努力把语文课上得实惠一些，朴素一些，让学生真正受益。在读懂教材，了解学生实际的基础上，明确教学目的要求，纠正主观设想的错误，摒弃烦琐的讲解，克服平均使用力量的弊病。课上注意启发引导，放手让学生实践，不越俎代庖，不迷信自己的讲解，独占课堂教学时间。我在目中有人，尊重学生学习权利方面迈出了新的一步。由于教学方法的改革，学生学习语文的积极性大大提高，课堂上出现了生动活泼、竞相发表意见的求知情景，课外阅读兴趣也大大浓厚了。

一次偶然的机会，我被市教育局教研室杨质彬老师知道了。那是在杨浦区红专学院召开的高中语文教师讨论教改的座谈会上，我谈了对语文教改的认识与做法。会结束时，杨老师走到我面前，对我说：“以后我常来听你的课，事前我不通知，你就像平时一样教就行。”当时我不认识她，更不知道她的身份和职务，只得点点头。有一天上课时，她真的来了，坐在教室后面，听完课，问了我不少问题，从教学目的到课文理解，到作业批改。一听就不可收，每周来听几次。不仅听，还谈；不仅谈，还翻阅学生作文，一本本看，看我怎样批怎样改的。我被这位曾是地下党员的老同志的敬业精神深深感动了。她在指导、培养我这名青年教师。她一口四川官话，话不多，但总启发我思考。于是，教育局有很多的同志来听课；于是，教育局一位位局领导来听课；于是，我在全校上公开课，在全区上公开课，面向全市十个区十个县上公开课。我投身于教育改革的洪流之中，对语文教学的价值、意义和肩负的使命感有了新的认识和体会。

正当我兴冲冲地进行改革试验的时候，“文化大革命”的灾难来临了。“什么三八红旗手？是修正主义教育路线吹鼓手，黑旗手！”“什么改革？是反动学术权威！知识越多越反动！”他们要我交代和上面的关系。我愕然了。我这个教师是被听课听出来的，确实无任何关系，无法交代。由于“态度不好”，我备受谩骂、污辱、毒打的折磨。对教育事业的责任，对学生的热爱，使我挺了过来。从劳改队出来以后，恢复教师工作，我仍积极投入，不舍昼夜。对语文教学，我仍痴心不改。学生只有一次青春，耽误不起啊！在那个黑白颠倒的时代，我冒着风险带领学生学文化，学语文，打做人的基础。

1976 年，“四人帮”被粉碎，动乱时代总算结束，教育迎来了第二次解放。拨乱反正使我们教师重新获得了做人的尊严，我内心的喜悦难以言表，令我兴奋不已的事接踵而至。

1977 年 10 月 19 日，金色的秋天。上海电视台教育演播分室第一次向全市直播中学教师向学生授语文课的实况，任务落在我的肩上。当时上电视出镜是极稀罕的事，我虽经历过成百上千人听课的大场面，但面对那么多观众，还是破天荒第一遭，心中着实有些紧张。教材是我选的，从学校图书馆被捆绑起来的所谓封、资、修的作品中，我找出了高尔基的《海燕》。也许是心灵沟通的缘故吧。钻研教材时，刻画海燕的一个个词语、一个个句子都活起来、跳动起来，海燕就是应该这样叫喊，这样飞翔，这样飞舞。用不了多少时间我就记得烂熟，因为它活在我的心中。课上得群情振奋，学生的朗读、表达，发自肺腑，而我自己呢？那种冲出暴风雨精神上获得解放的喜悦似乎渗透到每个细胞。三尺讲台无限爱，我爱学生，爱未来，爱蕴含着灿烂中华文化的语文。教课不是当旁观的评论员，只有用生命编就的、从心底流出来的歌，才动听，才感人，才会如清澈明净的泉水叮叮咚咚流入学生的心田。当时能看到电视的人几乎都看了这场直播。公共汽车上有人在谈论《海燕》。江苏、浙江等附近地区有些老师看到了电视，和我虽素昧平生，也写信给我。人们对教育的关注，对语文教学的关注，增添了我继续前进的动力。

1978 年，首批特级教师评选，我怎么也没想到自己会被评上，深感惶恐。一是我从事的是极普通极平凡的教育教学工作，只是尽心尽力，离“优秀”“卓越”甚远。二是评上的八位中学教师中，七位是市重点中学这类名校的，而我只是区重点学校的，排不上号，生源差距也很大。比一比，心理压力很大。面对差距，我只有咬紧牙关，下定决心追赶。我以特级教师标准为标尺，严格要求自己，勤奋学习，努力登攀，不断缩短差距，改变“盛名之下，其实难副”的状况，不辜负组织的厚爱、学生的期望。

我勤于学习，博采众长。重要的理论反复学，放在世界大背景下、中国建设大背景下，来认识教育的地位、价值、功能、走势。特别是邓小平同志关于教育要面向现代化、面向世界、面向未来的指示，使人眼界大开。就学科论学科，往往会陷入鸡虫得失的纠缠，跳出圈子看问题，站在时代的高度、战略的高度，视野就开阔得多，思考就深入得多。由此，我坚定不移地确立了教文育人的信念。教育说到底就是培养人，“教文”是为“育人”大目标服务的，千万不能只见“文”不见“人”；教育事业是具有理想性的事业，真正的教育是引导人的精神达到高处的真实之境，是人生境界的提升，也就是要彰明教育对象内心善美的德性，使人自新，进入最美善的道德境界。教育的本质是增强人的精神力量，知识、技能是帮助精神攀升的阶梯，千万不能做传授语文知识技能的匠人，要着力培养学生良好的综合素质，充分发挥母语哺育后代的重要作用。要紧扣教材深入学，不仅要知其然，而且力求知其所以然。我扣住教材中某一知识、某一现象作为学习的原点，纵向深入，横向拓展，对祖国语言文字的表现力、生命力有了新的领悟。语言文字绝不是单纯的符号系统，它不仅有自然代码的性质，而且有文化代码的性质。“千金之珠，必在九重之渊而骊龙颔下。”（《庄子》）我越学越觉得自己的无知与浅薄，越学越体会到语文教师字典里是没有“够”这个字的。只有清醒地认识自己的缺陷、不足，乃至错误，才会不停息地向前。也就在此时，我体会到教师“一桶水”和学生“一杯水”的比喻是多么的不恰当。教师的这桶“水”是否陈腐，是否有污染呢？知识要老化，知识结构须更新啊！教师的“教”与学生的“学”难道是“给予”的关系？学生是活泼的生命体，不是简单的“容器”啊！课堂里没有时代活水流淌，能与学生心灵碰撞，能使学生感奋吗？学习，是一条艰苦的荆棘路，为了学生的成长、语文教学的灵动，必须义无反顾地跋涉，努力做到于谦在《观书》一诗中说的：“活水源流随处满，东风花柳逐时新。”

如果说“勤于学习”是我做语文教师的一根支柱，那么，另一根支柱就是“勇于实践”。众所周知，实践出真知，认识、想法正确与否，效果怎样，要拿到实践中检验。实践中获得经验教训，再不断补充、修正自己的认识、自己的判断。所说的实践，主要是指认真上好每一堂课。课前从学生和教材实际出发，刻苦钻研，精心设计；课上充分发挥两个积极性，即教的积极性和学的积极性，师生互动；课后拓展、延伸，带领学生阅读、写作，开展一系列贴近生活实际的语文活动，把语文教活学活，培养学生对祖国语言文字、对生活热爱的感情。在实践中，压力很大。从我被评上特级教师后，几乎每节都是公开课，少则几十位，多则几百位老师听，来自全国各地。当时，社会兼职多，我担任中华全国总工会执行委员、全国中学语文教学研究会副会长、上海市人大常委会委员，经常开会，挤了搞业务的时间。还要培养青年骨干教师，要听课、评课，要举办语文系列讲座。由于工作忙，只教一个班级语文；又由于教学求其真，吸取“文化大革命”中的教训，再大规模的公开教学，也不借别的班级上课预演。担子重，压力大，在教学第一线摸爬滚打，在教学实践中修炼、完善。粗粗估量一下，上了近两千节的公开课。这些课正是由于在专家的指导下，在同行的敬业精神的感染下实施的，所以自己不断受到启迪，把“勤于学习”“勇于实践”的两根支柱聚焦在“反思”上。一步一陟一回顾，回顾自己迈的步子正不正、留的脚印深不深，是不是符合语文教学固有的规律，是不是有利于学生今日的健康成长、明日的长足发展。于是，我坚持写“教后记”，记下自己教学中的不足，记下学生学习语文过程中的闪光点。于是，针对教学实践中碰到的种种问题，思考如何一步步深入改革，全面提高学生语文素养，全面提高语文教学质量。

研究学生的兴趣、感情、求知欲。从学生具有好奇好胜的心理特点出发，千方百计培养他们学习语文的探求动机，激发他们浓厚的学习兴趣。在导语设计上下功夫，引导学生进入求知境界；改变千课一面的陋习，以课的多样化、丰富性适应学生学语文的需求；采用直观演示、开拓想象、抓点拎线、形成悬念、展现意境、讨论答辩等多种多样的教学方法，增添课的趣味性，使学生迷恋；把握一定的深度和难度，使学生体验到克服困难的喜悦。学生是学习语文的主人，学生有了旺盛的求知欲，教学就成功了一半。因为“知之者不如好之者，好之者不如乐之者”。学生喜好语文，从中获得甘甜，是我教学追求的一个目标。

研究课堂教学节奏与容量，研究课堂教学结构，适应学生心理、生理的发展，发挥语文教学的多功能作用。“文似看山不喜平”，起伏曲折，就会使读者兴趣浓厚，步入胜境，领略无限风光。课堂教学也一样，课上得平板，学生就昏昏欲睡；上得有起有伏，就能引人入胜，产生良好的教学效果。为此，要探究课程的规律性，分清主次，决定粗细详略、快慢强弱，在教学目的的统率下，有节奏地把一堂课上成和谐的整体。为此，应着力剪裁教学内容，突出重点，主次分明，详略得当；教学过程中，各个阶段应妥善安排，疏密相间，有起有伏，形成循序渐进的“坡度”；多种教学方法，如轻点、重敲、连线成体、密集训练等穿插运用，相得益彰，浑然一体。课要有新意，要充实，要有成效。如果教师的“教”和学生的“学”在一个平面上移动，学生就会觉得学不学语文、上不上语文课一个样，或基本一个样，那教学必然失败。因此，还要在教师洞悉教材底里的基础上，适当充实课堂教学的容量，从广度上开拓，扩大知识覆盖面；从深度上探讨，增强学生的理解和感悟的能力。

课堂教学是实施素质教育的主阵地，课堂教学结构是否科学，是否让学生充分发挥学习主人的作用，是我从事语文教改的又一重点。我努力从单向型的直线往复式的课堂结构转换成辐射式网络型的结构。单向型往往是教师讲，学生听，或者是学生问，教师答，是单向型的直线交流。这样，往往是一部分学生学习积极，其他就做陪客。应把所有的学生都组织到课堂学习环境之中，教师的“教”作用于所有的学生，而所有的学生的“学”都反馈到教师这方面。“教”作用于“学”，“学”反作用于“教”，学生与学生相互作用，形成学习网络。师生关系亲密、和谐，是指导与被指导的关系，也是共同探求真理、共同寻找解决方法与途径的伙伴关系。一般地说，教师总体上是超过学生的，但学生进入兴奋状态，全神贯注，就会超水平发挥，闪现出智慧的火花，给教师、给其他学生以启发。课堂上不是教师一个人发光，“能者为师”，每个学生都是发光体，把光照射到别人身上。教学相长，课堂气氛活跃。不管有多少位老师听课，也不管是否录像，学生养成了发表意见的习惯，并以自己有独特的看法与体验而自豪。

研究语文教学的多功能。语文教学确实要着力培养学生正确理解与运用祖国语言文字的能力，培养他们读、写、听、说的能力，但语言和思维、情感同时发生，因而，课堂上语言训练和思维训练应同时进行。课堂上不能只着眼于知识，着眼于现成的结论。从静态的维度看，知识是人类社会实践经验的总结；从动态的维度来看，知识更是认识的过程，是探求知识形成的过程。因此，学语文和发展智力密切相关。语言文字是表情达意的，表什么情、达什么意对学生思想情操、审美观念有不可缺少的熏陶感染作用，因而教语文又必然具有教育功能、审美功能。语文课堂教学千万不能单打一，人为地机械割裂，只教语言文字，应尊重语文的工具性、人文性、综合性特征，抓住教材的个性，熔知识传授、能力培养、智力发展、思想情操陶冶于一炉，把课上得立体化，发挥多功能作用，多方面地培养学生，求得教文育人的综合效益。

研究语文教育性质观，改革弊端，弘扬人文。80 年代后期，升学考试这根指挥棒对语文教育的“指挥”力度越来越大，影响所及，甚至到小学低年级。问题的实质在于：操纵这根指挥棒的是只无形的手，那就是语文教育观念。由于急功近利思想和实用主义做法的干扰，学校教育全面贯彻教育方针受到影响，把本作为检测手段、选拔手段的考试推向不恰当的前所未有的高度，重知识技能技巧，轻对学生总体素质的培养。语文教育的准星也发生了偏差。在片面的语文教育工具化思潮的冲击下，阅读教学“不闻读书声琅琅，但见习题如海洋”，见段不见文，见层不见段，文章被肢解得面目全非；作文教学套路一套又一套，模式翻新又翻新。名曰量化、科学，实质上语文教育内涵的人文精神因人为的缘故而丧失。躯壳在，灵魂失，教师迷茫，学生更是不知所措，兴趣大降，语文水平提高的劲头受挫。针对现实状况，我学习课内外母语教育有关文献，从自己的教学实际出发，提出语文教育的定位问题。各民族的语言都不仅是一个符号体系，而且是该民族认识世界、阐释世界的意义体系和价值体系。符号因意义而存在，离开意义，符号就不成其为符号。这就是说，语言不但有自然代码的性质，而且有文化代码的性质；不但有鲜明的工具属性，而且有鲜明的人文属性。语文教育的基本特点应是工具性和人文性的统一。没有人文，就没有语言这个工具；舍弃人文，就无法掌握语言这个工具。弘扬人文，不是照抄过去，而是在继承的基础上出新，赋予时代精神。今日的语文教育要有中国特色，就要弘扬优秀的民族文化精神，就要有面向新世纪的浓郁的时代进取精神，变语言形式教学的单一功能为知、情、意教育统一的多功能，变低效率为高效率，尊重和发展学生的个性，探索与现代教育技术结合的途径。变语文自我封闭性为开放性，开发语文教育空间，面向生活，面向社会，以促进学生发展为本，不用机械训练消磨学生的青春。对语文教育性质观的反思，目的在求得语文教育健康发展，使莘莘学子深受其益。90 年代初、中期，我在报章上，在多种场合反复阐述这一观点，在语文学界，在语文教师同行中，产生了不同的反响。

90年代末，教育部第八次课程、教材、教法改革工程启动，立足时代的高度、战略的高度，审视现有课程、教材、教法的长处与不足，借鉴国外先进理念和经验，制定了振奋人心的改革方案。读了语文学科新课程标准，我有如沐春风之乐。多少年来自己想说又表达不完整不清晰的认识、想法，新课程标准从理论和实践结合的高度，阐述得简明、深刻、周到，我深受教育与鼓舞。

我做了一辈子的教师，一辈子学做教师。在语文教学中我孜孜以求的是：语言是生命之声，语言的活动就是生命的活动。我教学生学母语就要激情燃烧，用生命来歌唱，不仅培养学生语言文字的技能技巧，更要传承民族情结、人类优秀文化，引导他们的智力、潜能获得发展，思想、情操、价值观获得良好的熏陶。对教师而言，学生是宝贝，是最宝贵的。通过学科教学，培育他们成长、成人、成才，是我义不容辞的天职。语文新课程标准摆脱以学科知识系统为中心的局限，突出了以促进学生发展为本，语文教育育人的本质功能不仅回归，而且伴随着时代的前进有了新的发展。因此，对新课程标准，我有知音、知己之感，它的许多语言都能在我的心弦上弹奏，产生共鸣。

我对语文教育之所以有如此的执着追求，与我教过各个层面的学生密切相关。我教过基础好的学生，也教过大面积的基础一般的学生，更带过好几个乱班乱年级。做过教研组长、班主任、年级组长、教务副主任、校长、名誉校长。角色的不断转换，使我有机会从不同角度审视语文学科在育人中的地位与作用，思考教育浅层次价值观的短视与教育深层次价值观的长效。于是，从学科教学，进而研究教师队伍的建设，探索现代教师应具备的基本素质和如何自我发展。我担任不少社会职务，有机会接触社会上不同职业的人，了解不同行业的情况，这对我开阔视野，从宏观大局、从中观和微观考虑问题大有帮助。特别是80年代中期参加基础教育的调查研究，起草制定上海市义务教育条例的议案，多次参加全国义务教育法执法的检查，对教育的诸多方面有了较清晰的认识，更坚定了做一名合格教师、优秀教师的自觉性，坚持自强不息，自我扬弃，自我超越。

半个世纪以来，由于课堂教学实践的交流，由于以文会友的交流，我在语文教师中有不少知心朋友，但也得罪了一些人。我从不掩饰自己的观点，从不趋风、唯上。比如，语言教学用几句口号就归纳其全部内涵，我是不能苟同的。以往，我们社会文盲半文盲充斥，故而口号特别流行，特别易成为人们口中的顺口溜。而今，时代不同，语文教育的丰富性、复杂性绝非几句简单的口号所能概括。教学的单一模式只会束缚师生的个性，影响创造力的发挥，影响语文教育园地万紫千红春色满园的形成。我不是教学方法的虚无主义者，教有法，但无定法。一种口号，一种模式，除了“卖点”之外，是不可能包打天下的。当一名语文教师，须有主心骨，这种主心骨要植根于母语教育的规律之中，植根于育人的教育沃土之中，不固执己见，不肆意包装，不追风逐浪，如果跟风飘，飘到最后，自己就没有了。做教师，追求的应是真，应是善，应是美，教育的理想境界就是真善美的统一。

教了一辈子语文，兢兢业业，诚惶诚恐，自认为是竭尽全力的。然而，回顾反思，毛病不少，遗憾悠悠，胸中经常升腾起对学生愧疚的感情。我对自己，无论是学术水平、情操品位、业务底蕴还是教学能力，都不满意。说实话，一辈子没有上过一节十全十美的课。如果说有一点是值得骄傲的，那就是我钟情于太阳底下永恒的事业——教育事业，钟情于与全民族素质提高血肉相连的母语教育，激情燃烧，为之倾注全部心血，奉献青春与生命。

思念

那是十多年前的事了，办公室里不时出现令人窒息的场景。一位年轻的班主任义愤填膺，高声数落着站在办公桌旁的一名女学生：

“班级够乱的了，你还添乱，把门框当单杠，挂在上面荡来荡去，引得哄堂大笑，你居然、居然……

“你在教室门上贴‘霍府’，有的男同学已打闹得够厉害了，这一来，更是跌打滚爬……

“你上课就是不好好听，乱涂乱画，你自以为是，狂妄自大，你看你看，把书卷成什么样子……”

年轻的男教师讲得脸上青筋直暴，而这名女学生却已在不知不觉中转过身子，背对教师，不仅充耳不闻，脸上还流露出几分鄙夷的神情。坐着批改作文的我，总要情不自禁地站起来排解，疏通，平息风波。

这个班级确实够乱的，几乎每天都有突发事件。如某某同学打闹，骨折了；某某教师气得走出了教室，课无法上；某某教师自行车轮胎的气被放了……办公室里师生磨擦的事不断发生。面对这样的班级，学校不得不采取措施。于是，调兵遣将，把一些学生调到别的班级。

一名女学生小郝调到我教的班级，这可给我出了个难题。有教师告诫我：“你得小心点，她的调皮捣蛋独树一帜，点子多，破坏性大，谁的话都不听，男同学也远不如她。”这倒是真的，我在平息风波时也领教过一二。“什么老师？讲都讲不清楚，还没我懂！”“错

本文发表于《人民教育》2003年第6期。

了，错了，去读读书吧!”那种瞧不起老师的腔调傲气得很。我不是魔术师，不可能一教学生就变样。首先要尊重她，与对其他同学一样，平等相待。

果真不出所料，她调入这个班后，与大家融洽不起来。有的同学认为她是“另类”，避而远之；而她总是绷着脸，一声不吭，还不时用冷森森的眼光刺人，甚至带有几分敌意。下课铃一响，她就飞也似的窜出教室。尽管如此，我觉得她身上仍有不少优点，如：上课铃响，她就走进教室，从不迟到；课上不与任何同学交谈，有相当的自控能力，与以往“胡闹”时的情况判若两人；上课听到新奇的知识时眼睛会发亮。我初步判断，这名学生对学习是有兴趣的。于是，我努力把课上得情趣横溢，在宽松的气氛中，激发大家旺盛的求知欲，增强融洽的黏合力。

时间是孵化器，一节节生动的语文课孵化出了感情。课上，她面部的肌肉放松了，和其他同学一样，有时情不自禁地举手质疑，乃至有板有眼地回答问题。冰雪开始消融，师生情、同窗情滋生，我心中暗自喜欢。

在课堂发言中，她从不人云亦云，总有自己独特的看法；与别人辩论，从不服输，哪怕是错了。怎么进一步接近她，才能拨动她心中隐秘的琴弦，产生共振呢？操之过急不行，空讲道理不行，要从寻觅不显眼的细节入手，拉近距离。真巧，一天下课时，她一如既往飞也似的窜出教室，我紧随其后。“啪”，她揣在裤子口袋里的书掉到地上。我赶紧跑上去，捡起来，眼睛一扫，原来是一本介绍国画的书。“比男孩子还调皮捣蛋，怎么会看这类书?”我有点愕然，但立刻控制住自己，没有表露。她看我捡起了书，有点紧张。我笑着对她说：“多好的书啊，把它卷成这个样子，太委屈它了。”我又说：“我家里有不少介绍画画的书，《芥子园画传》对初学国画的人很有帮助。还有些国画、油画、水彩画和连环画，如果你喜欢，休假日可来我家看，对它们发表意见。”我拍拍她的肩膀，她表情放松了，露出些微喜色，点点头，拿着书一溜烟地跑开了。

她胆子够大的，一般来说，女同学看到虫子就会惊吓得叫嚷起来，躲避还来不及，她却大大小小各种各样的虫子都敢抓，抓到了有时还要肢解，研究它们的结构。久而久之，她动手的能力强了。了解到这个特点，教课时我就注意发挥她的长处，让她的精力有地方使。有一天，我们学《花儿为什么这样红》。课的起始阶段，采用直观教学方法，让学生懂得花呈现各种颜色的物质基础。我请她用试管做实验，做出花的细胞液的酸碱反应。她很高兴，全神贯注，先后把不同颜色的花瓣揉碎，再做出各自的酸碱反应。她边演示边说明，关键处还多解释几句，俨然一位“小老师”。同学们在不知不觉中和她拉近了距离，课后她的旁边经常会有三三两两的女同学与她说说笑笑，一下课她就窜出教室的情况已十分少见。

她原本写作能力不强，文章有内容，但表达不清，对如何织锦成文尚未入门。我没有急于对她讲述写作的技能技巧，而是等待机会，积极引导。她的好奇心远远超过同龄的女同学，对周围事物有程度不同的兴趣，一旦兴趣浓郁，就执着追求，欲罢不能。有一次，生物课上做解剖豚鼠的实验，听说她极为认真。正好我在教几篇说明文，就要求学生写一篇科学实验的短文。她写得真不错，我印发了写得较好的几篇当堂讲评。我对她的作文评析得更为细致，表扬该文根据人认识事物的过程和事物本身的规律依次说明，有条不紊；表扬她观察精细，理解正确、深刻；剖析文章之所以具体生动，关键在实验做得十分认真仔细，观察、观察、再观察，没有好奇心驱使，没有科学的态度，不可能有如此良好的效果。文章不是无情物，写的人对它有多少情多少意，它就会忠实地表现出来。与此同时，我还就文章结构、语言表达作了指导，让大家懂得内容再好，也离不开语言表达，只有认真地推敲语言、积累语言，才能写出佳作。课上，她十分专心，脸都涨红了，有时还不自觉地点点头，嘴角咬着笔杆。此后，她不仅写作认真了，语言上下功夫了，其他方面马虎的情况也大有改进。

有个星期天，她果真来到我家，手里拿了把折扇。进门时还有点拘谨，纸折扇打开，也就打开了话题，无拘无束了。“扇面上的竹子是外祖父画的，字也是外祖父写的，写的是岳飞《池州翠微亭》。外祖父说送给老师。”我向她道了谢，并询问外祖父有多大年纪，他老人家身体情况怎样。话匣子一打开，话就滔滔滚滚往外流。她告诉我，她外祖父年纪大了，喜爱画画，她经常给老人家磨墨、展纸，看他画竹子、画石头、画山水。“刷，刷，刷，几笔，竹子就出来了，叶是叶，竿是竿，像变魔术似的，好玩。有时，我也画几笔，就是不像。外祖父如画一幅山水，就叫我欣赏，我看啊看，就走了进去。好在哪儿，我也说不出。我肯定说得不在点子上，外祖父常哈哈大笑……”没有想到看中国画技法书的谜底原来在这儿。我们从画画谈到画画人的性格，谈到要学画就得静心，就得沉静。阅读画册，评点赏析，交谈得十分愉快，并相约下次谈论的话题是“书”。

没隔多久，她又来了，而且是有备而来。她迫不及待地诉说着她读过哪些书，中国的、外国的，文学的、科技的，连政治读物也涉猎不少。不仅阅读，而且还摘抄，还写点读后感想。我看了看她的阅读笔记，称赞的语言脱口而出。一名初中学生阅读面如此广，这是我始料未及的，难怪她对教师的教学有种种挑剔，难怪她桀骜不驯，难怪她对有些事、有些问题有自己独特的看法。我赞扬她读那么多书不简单，询问她为何会养成爱读书的好习惯。她一本正经地说：“是环境造成的！爸爸妈妈在广西搞水电建设，终年忙碌，难得来上海一次。我寄居在外祖父家。外祖父、外祖母年纪大了，他们早早睡觉，我没有人说话，就跟书说话，说着说着，就成了伙伴。”原来如此，怪不得她一点点学习、领悟，逐步懂得为学之道，也品尝到其中无穷的乐趣。

而今，她在国外做博士后，已多年不见，但那齐耳短发、冷峻看人的形象常在我脑中浮现，我十分想念她。

永远的情思

年华似水，淘洗与冲淡了人生旅程中的喜怒哀乐，获得了心情的平静，然而只要一想起少年时代的求知生涯，我就不自禁地激情往上涌。是依恋？是欢快？是神往？是叹息？也许更多的是感恩吧。情思无限，绵绵不尽。

帕斯卡尔说得好，“人只不过是一根苇草，是自然界最脆弱的东西；但他是一根能思想的苇草”，“思想形成人的伟大”，“我们全部的尊严就在于思想”。每个人从事工作，不管职业如何，都必须有思想。思想的正误，思想水平的高低，直接影响工作的进程和质量。思想从何而来？不是天上掉下来的，也不是脑子里固有的，而是靠学习，靠求知，靠实践，靠体会得来的。

书是求知的珍宝，思考是探索。小时候接触到的启蒙读物《千家诗》，和爷爷一起阅读、谈论的《评注图像水浒传》，远不及现在的装帧美观、印刷考究，但给了我无穷的乐趣。薄薄一本有光纸印的《千家诗》，引发我对大自然极浓厚的兴趣。天空飞的，地上跑的，田里长的，树枝上挂的，千姿百态，色彩斑斓，美不胜收。书中的一首首诗就是一幅幅画，一个个字站立起来和我说话。我读着，想着，把平日看到的、听到的、经历过的，联想起来，不知不觉就步入诗中，步入画中，自失而不自知。只有爱它，才可能全身心地亲近它；也只有全身心地亲近，才能品味到其中的欢乐。正如辛弃疾的《贺新郎》中所说：“我见青山多妩媚，料青山见我应如是。情与貌，略相似。”

本文发表于《语文学习》2004 年第 1 期。

我和书的情缘延伸到生活中又是一番情趣。杨万里《宿新市徐公店》中有“儿童急走追黄蝶，飞入菜花无处寻”，于是春夏之交，菜花盛开的时候，二三同学在田埂上奔跑，嬉戏，学蝴蝶飞舞，学儿童追寻，笑声荡漾，乐不可支。读到韩愈《晚春》的“百般红紫斗芳菲”，我会问爷爷：“红和紫怎么‘斗’啊？”读到苏轼《赠刘景文》的“一年好景君须记，最是橙黄橘绿时”，我问爷爷：“橘子也是‘黄’的，怎么是‘绿’啊？”爷爷总是笑着说：“傻姑娘，不用脑子。”于是，我又想啊想啊，那么多问题，那么有趣；于是，朝霞暮霭，雨丝风片，花开花落，水流水止，我都要观看一番，想从中有所发现，有所领悟。小姑娘爱美，买件花布褂子是憧憬中的大事，不易办到。但诗中的色彩随处可得，花花绿绿，美景非凡。有些诗一映入眼帘的就是色彩，眼前一下子就被照亮。于是，我煞有兴趣地寻觅这样的诗句，只要找到一句，就快乐无比。如杜甫的“红入桃花嫩，青归柳叶新”，“青惜峰峦过，黄知橘柚来”，眼睛一闭，桃红柳新，青峰、黄柚向脑中奔驰而来，嗅一嗅，还有醉人的香味。读母语写成的诗，使我的童年、少年生活充满阳光，充满色彩，充满求知的欲望，我有了精神的家园。

《评注图像水浒传》同样是用有光纸印刷的，两函十二册，用线装订而成，插图也简陋，黑白的，全由线条组成。就是它，引导我开始了解社会，辨别丑恶，步入人生。打抱不平求太平，一个个英雄豪杰尽管相貌不同，性格各异，但都疾恶如仇，侠义心肠，武艺高强。我最佩服武松，读到景阳冈打虎、醉打蒋门神等精彩场景时，会拍手，跳跃，连声叫“痛快，痛快”；我最可怜林冲，怨他不抗争，受高俅陷害，受陆虞候算计，早就应拿出八十万禁军教头的威风，杀他个片甲不留，窝窝囊囊干什么？书里事情真多，让我足不出户就知天下事，让我懂得爱什么，恨什么，喜什么，悲什么。我会跟着书里的人高兴、流泪；我会为他们的遭遇，为他们的命运担忧。书的魔力真大，只要真心和它相伴相爱，它会引领你走进一个个你不熟悉但却有无限风光的世界。在不知不觉中，开阔了视野，学会思考问题，会为自己的幼稚感到可笑，会憧憬美好的事物、美好的未来。书促进了我的成长。从此，我就成了小说迷，借到一本好书，总是爱不释手，有时会看个通宵。高中毕业时，中外大家的名著，许多都阅读过。每想到从这些作品中接受的人文教育和汉语言文字魅力的熏陶，总是怀念启蒙读物，怀念线装的一再修补过的《评注图像水浒传》，它们启发我求知的恩情，我难以忘怀。

今天，我之所以能钟情于语文，站在三尺讲台和学生一起探讨美文佳作，感受语言文字的表现力、生命力，不得不感谢我的语文教师。他们以对中华文化的赤诚和对学生的热爱在我们学生心中撒播文化的种子，撒播做人的良种，使我受益终身。大学刚毕业的黄老师描述课文中场景的语言是那么的流畅、优美、灵动，像磁石吸铁一样，深深地吸引了我们，把我们领进了课文刻画的世界，咀嚼，品味，领悟，使我们耳聪目明，如临其境，欲罢不能。老师自己当然更是身历其境，时喜时悲，时褒时贬，全身心地投入。至今，他教课的手势，贮满感情的眼神还常常在我脑中萦绕。年过半百的赵老师与黄老师相比，风格迥异。他的课不是激情洋溢，而是深沉、厚实，一句句扣紧我们的心弦。讲到激昂处，他会左右摇摆着肩膀，手也微微颤抖，似乎全身都在用劲，我们常双目盯着他，被他深深地感动。“何处望神州？满眼风光北固楼……”赵老师教《南乡子·登京口北固亭有怀》时浓重的乡音、忧国忧民的感怆，像滚滚长江水撞击着我们的心灵，泛起涟漪，掀起波澜。他的忧思，他的叹息，他的悲愤，他的企盼，汇成“生子当如孙仲谋”的热爱学生、期盼学生快快成长的挚爱深情流入我们的心田，唤醒我们“思”，激励我们“想”。这一堂堂闪烁精神光芒的语文课，滋润心田，哺育成长，我永远忘不了。

一个方块字是一个天地，一篇文学作品是一束灯光。教师以天地承载的优秀文化撒播知识的种子，以一束束灯光照亮我们的心灵。我深深感受到语言文字的魅力，感受到民族文化的精魂。数十个春秋已逝，涌上心头一连串的话语是：师恩难忘，师恩难忘……

师风可学，学风可师

在庆祝第20个教师节的日子里，我想得最多的是如何不辜负党的期望、人民的嘱托，培养学生成长、成人、成才。要把学生培养成为素质良好的有用之材，做教师的就须自觉地进行自我教育，育人先育己，力求德才兼备。水管里流出的是水，血管里流出的是血，育人的大事来不得半点含糊。

当今做教师，尤其要在八个字上下功夫，那就是“师风可学，学风可师”。

师风可学。教师身上要有正气，对党、对祖国、对教育事业、对学生满腔热情满腔爱，全身心投入到教育教学工作之中。随着改革开放的深入，国外经济、科技、文化等涌入，良莠夹杂，泥沙俱下，教育面临前所未有的挑战；国内多元经济并存，多元文化碰撞，纷繁复杂的世界对教师产生前所未有的巨大诱惑。如何坚定信念，坚守岗位，排除诱惑与干扰，是每个教师必须用思想言行认真回答的问题。教育事业是倾注理想的事业，教师要追求的是高尚的“真善美”的境界。选择做教师，就选择了高尚，要脱离低俗，抵御金钱至上、利己主义思想的侵蚀，完善自己的人格，在为人、为师、为学方面堪为学生榜样。

学风可师。教师要学而不厌，努力充实自己，才能担当当今教育学生的重任。社会在向前发展，科技飞速进步，新的信息层出不穷，

本文发表于《教师报》2004年9月8日。

如潮水般涌来。教师若适应不了变化的工作，要教出成绩，必须认真学习，提高求知的自觉性和积极性。教育教学工作最忌不思进取，五年老面孔，十年一个样，无时代活水流淌。尽管基础教育传授的知识基本上是知识的“核”，是最基本的，但具有怎样的教育理念，采用怎样的教育方法，指导学生怎样学习，怎样深化教学改革，怎样提高育人质量等，从理论层面到操作层面，要思考要学习的内容不胜枚举，要致力于丰富知识，增长见识，向专业化发展。求知是一条光荣的荆棘路，心中有理想之灯，有坚韧不拔的毅力、锲而不舍的精神，必能取得丰硕的成果。教师求知欲旺盛，有丰富的智力生活，跟随着时代奋勇前进，对学生是极大的激励，是学生学习的楷模。

我一辈子追求的是“人师”的目标，要做一名学生的老师，首先要自我教育，严格要求，完善人格。因此，“师风可学，学风可师”是我的座右铭。

要有一颗红亮的心

心，生命的主宰，指挥人的思想言行，其重要性不言而喻。古往今来，凡是对事业有追求的人，无不加强自我修养，铸就一颗晶莹红亮的心。

南宋右丞相文天祥兵败被俘，关在大都囚室。元统治者百般劝降，他坚持凛然正气，富贵不能淫，威武不能屈，慷慨就义。他夫人收尸时从他衣带里找到一张纸条，上写16个字——“读圣贤书，所学何事？而今而后，庶几无愧。”这就暗示人们：读书是为了什么？为了明理，明做人之理，明报效国家之理。文天祥这个“状元宰相”，在国家危难之际，以身许国，实践了生前“人生自古谁无死，留取丹心照汗青”的大志。文天祥这颗丹心是由爱国主义、民族气节浇铸而成的。爱国主义是我们中华民族赖以生存、发展的精神支柱，民族气节是我们的民族魂。因此，文天祥这颗红亮的心彪炳千古，震撼着一代代人的心灵，激励人们以国家千秋大业为生命的支撑和奋斗的目标。

北宋范仲淹的《岳阳楼记》，同学们耳熟能详，尤其是那句“先天下之忧而忧，后天下之乐而乐”，更是脍炙人口。这种忧乐观植根于范仲淹心中。心中有天下，心中有老百姓，这种忧患意识，这种忧国忧民的思想，千古传颂，是宝贵的精神财富，哺育了一代代志士仁人，至今仍闪烁着为生民立命、为万世开太平的灿烂光芒。

近现代、当代更是有无数英雄人物继承和发扬了优秀传统，为了民族的兴盛、国家的统一、人民的幸福，舍生忘死，前仆后继，艰苦

本文发表于《阅读世界》2004年第10期。

奋斗，谱写了一曲曲可歌可泣的赤子之歌。就拿同学们熟悉的林则徐、李大钊、方志敏、鲁迅、雷锋、邓稼先、袁隆平、杨利伟等来说，哪个不是丹心照日月，热血沃中华？

青春是无价宝。青少年成长过程中不仅需物质营养滋养身体，使身体健壮，更需良好的精神养料，滋养自己的心，使心红亮起来。阅读精品佳作，跨越时空，与至圣先贤对话；参加社会实践，倾听英雄模范的诉说。只要有积极向上的渴望，你就会有吮吸“乳汁”的甘甜和愉悦，他们高尚的思想、优美的情操、博大的胸怀、非凡的智慧，就会春风化雨一般渗入你的心头，滋润你的心。

心，只有方寸之地，确实不大。但心中装什么，在不同人的身上，就会有很大的差异，乃至有天壤之别。善良与恶毒、热情与冷酷、高尚与卑劣等，都源于心中装载着不同的内容。心中只装载着自己，只看到鼻尖下的私利，必然是狭隘、自私，自我封闭，不尊重别人，瞧不起别人。遇到事情，只要与自己无切身关系，就冷若冰霜，漠然处之，置若罔闻。“门前雪”都懒得扫，哪还管别人“瓦上霜”？“人之初，性本善”，如果用自私自利的尘埃把“心”污染了，把人的善良本性涂上了黑，人的思想言行就会错位。别人很难与你交往，你就会孤独、苦闷，快乐离你而去，朋友离你而去。社会上这样的例子屡见不鲜。如果心中只装着自我，只装着私利，无休止地发展下去，就会损人利己，乃至无恶不作，最后堕入犯罪的深渊。任何人都不是生下来就坏，就是罪犯，而是自私到极点，把私利放大再放大，最终为获私利而不择手段。老百姓骂这样的人是“黑心”“没良心”“狼心狗肺”“狼子野心”等。

青少年学生有一颗纯真的心，心中要装载许多美好的东西。法国大文豪雨果曾这样说：“世界上最浩瀚的是海洋，比海洋更浩瀚的是天空，比天空还要浩瀚的是人的心灵。”海洋、天空，够浩大的，无边无际，而人的心灵比它们还更浩大。为什么？因为一颗红亮的心，绝不是只装载自己，而是装着他人，装着集体，装着国家兴衰，装着百姓安危，装着世界风云。这样，你会觉得心胸开阔起来，血热了，热情往上涌，激情满怀，要为他们做点事，为他们做大事。此时此刻，心中就升腾起理想，升腾起信念，升腾起志向；此时此刻，心有众多人的支撑，更纯真，更红亮。

心里想的，一定要付诸实践。实实在在做，想的就不会是天马行空。做，就要从身边事做起。首先要尊重别人，不能做“玻璃人”碰不得。家长说一句就蹦就跳，就不理睬；老师只能说好的，不能有善意的批评。人是平等的，要相互尊重，你尊重别人，别人就会尊重你。家长、老师为什么这么说，你换个位置想一想，心平了，气也消了，有益的话也就入耳入心了。唯我独尊就体会不到别人关怀你的欢乐。其次是时时、处处、事事想到别人，做自己力所能及的事帮助别人。同学之间，家庭之间，社区之间，学校之内，许多只是举手之劳的小事，如分析一个题目，擦一擦课桌上的污迹，扫一扫地上的垃圾，帮老人提一提东西，洗几个碗，诸如此类的小事举不胜举，不费多少时间，不用多少力气，关键在自己有没有一颗爱心，一颗同情心。学会同情，学会关爱，心地会善良，会充满阳光。当然，十分重要的还有要牢记自己是中国人，应该有一颗中国心。祖国、乡土，生我养我，经常有一种感恩的情感，就会激励自己奋发努力，树立成为祖国建设有用之材的志向，就会严格要求自己，识别和抵御不良思想、文化的侵蚀，使自己具备良好的思想道德素质。

记得意大利诗人但丁曾说过：“一个知识不全的人可以用道德去弥补，而一个道德不全的人却难以用知识去弥补。”青少年学生求学时期当然要求知，掌握知识，培养能力，为日后报效祖国打基础，与此同时，必须养成良好的道德品质、优美的思想情操，铸造一颗晶莹红亮的心。道德残缺，人的精神支柱垮了，就永远不可能成为一个真正的人。

祝愿我们青少年学生懂得做人的道理，学做一名高尚的人，拥有一颗红亮的心。

永远的良师益友

人不能自然成才，总要靠培养。我在基础教育园地耕耘半个多世纪，之所以能得到学生、家长、社会的认可，除了组织的长期教育、同行的亲切帮助、学生的积极督促外，《上海教育》杂志以其一篇篇遵循教育规律的文章指导着我，一个个生动鲜活的典型报道激励着我，催我奋进，助我成长。蓦然回首，这本杂志真是我成长中的良师益友。

学，勤于采撷

开始做教师时，我十分懵懂，只有教好学生的愿望与热情，至于怎样才能教好，应该具有怎样的教育理念，怎样才能上好课，怎样的教育教学方法才是正确的，朦朦胧胧，稀里糊涂。一次教工大会上，校长要求教师博览报刊，特别强调要认真读读《上海教育》，说那是紧密结合上海中小学教育情况的活的教育学，对提高自己很有帮助。

“活的教育学”，我一下子就听进去了。出于好奇，我每个月都到阅览室去看。越看越有兴趣，觉得好些问题自己从没想过，更别说做了。于是，自己订阅，也好在杂志上圈圈画画。

至今还清晰地记得 1964 年第 4 期上转载的《人民日报》社论《培养生动活泼的主动的学习空气》。这篇社论是因该报介绍上海市育才中学改进教学方法、减轻学生负担、提高教学质量的经验而发表的。我把这篇社论和之前发表的社论结合起来，反复学习，画直线，

本文发表于《上海教育》2006 年第 6 期，是作者应《我与〈上海教育〉50 年征文》栏目之邀而作。

画波浪线，加圈，加点，一遍遍咀嚼、体会，对教育方针、培养目标、教育思想、教育方法的认识突然大大提高了一步，教育工作中突然出现了一大片可供开垦的新天地。“按照党的方针，正确处理德育、智育、体育的关系”，“使学生在德智体诸方面生动活泼地主动地得到发展”，要培养学生成为“身体健康的、生气勃勃的、富有创新精神的”全面发展的新人；“正确的教学方法就是要充分地调动起学生学习的主动性，也就是充分地发挥学生在学习上的主观能动性”，教师主动性和学生主动性“结合起来”等。这些语言都烙在我的脑子里，引领我逐渐悟到了育人的真谛，逐渐形成正确的教育理念，终身受益。

杂志上介绍了各类学校各个层面的教育教学经验，我勤于采撷，既开阔视野，又从中吸取丰富的养料，大大增长了教育方面的见识。

思，敏于发现

学而不思则罔，思而不学则殆。学的时候不动脑筋思考，如行云流水，不留痕迹，等于白学。学习理论，学习他人的经验，一定要动脑筋琢磨。

杂志上的文章，有时是专门一个主题，如前面所述的改进教学方法的经验。整本杂志虽只有一个主题，但角度不一样，有实践改革者的体会，有社论，有评论，有校长、教师学习后的感受。不同文章，从不同角度阐述、剖析，既可提炼出规律性的认识，启我心智，又表述了实践者的探索与苦心，还表达了学习者的积极性，助我钻研。读一本杂志，其介绍的先进教学经验在脑子里来来回回走几遍，留下痕迹，择其要、择其优储存，就成了自己的教育积淀。

思，绝不是漫无边际，更不是胡思乱想。思，要善于比较，善于鉴别，多问几个为什么，敏于发现问题。通常情况下，一本杂志总有好几个主题，每个主题又由几篇文章组成。碰到这种情况，我就一组一组阅读。如保护学生视力问题，有医生文章，有中学、小学文章，有图书馆管理员文章，都谈到用眼卫生，这是好的。但当时的直觉是似乎缺了点什么，仔细一想，家长这方面弱了，只在中学一篇文章中带了几句。其实，学生做作业，晚上都在家里，而当时家庭的照明条件并不理想。如果在这一块加大宣传力度，让学生家长也现身说法，写篇文章宣传、指导，就更完美了。

思，更多的是把自己放进去对照，从中看到自己的不足、缺陷，从中获得启发，获得可资借鉴的教育教学技巧。读了班主任工作经验，对照自己的班主任工作，一下子就发现了不少问题。比如家访，我原先只认为是通报学生在校情况，其实也是接触社会，了解学生成长的家庭具体环境，家长的所思所想、所爱所恶对学生有形无形地产生着怎样的影响。一个家庭是一本书，历史的，现在的，家庭成员的，亲朋好友的，读懂不容易，交流更不容易。读不明白，又怎能对学生的生活世界、心灵世界了解得一清二楚？又怎样与学生心灵交流，因势利导呢？家庭访问有如此的差距，其他呢？是不是每个学生都能心情愉快地发展？是不是每堂课学生都学有所得，学得愉快？是不是老师和每个学生都亲密无间？一连串的问题常困扰我，我总觉得自己不称职，没有做好，思维不活跃，能力不强。有同志笑我："你太追求完美了！"其实不然，这里缺一点，那里差不少，离完美相距十万八千里。要感谢的是这本《上海教育》杂志给我提供了自照的镜子，照出了不足和问题，榜样引路，给了我前进的不懈动力。

行，勇于探索

事情是干出来的，不是说出来的。教育事业既是理想性的事业，又是实践性的事业。要实现把学生培养成人、成才的理想，追求高尚，追求真善美，就要勇于实践，勇于探索。

看到问题，发现不足，就要改进，就要弥补，杂志上登载的许多行之有效的做法正是学习的榜样。他山之石，可以攻玉。于是，我迈开了教学改革的步伐。从深入钻研教材到了解研究学生，从处理教材、驾驭教材到改革课堂教学内容、结构、方法，从课堂教学语言到课外活动组织与指导，从板书设计到作业批改、讲评等，对教学的改进、质量的提高进行了全方位的考虑，一步步前进，一步步实践。有了点粗浅的认识与体会后，我连续写了几篇短文，发表在《上海教育》杂志上。

尽管当时的认识与做法均十分肤浅，谈不上有什么经验，但《上海教育》的记者不断来听我的语文课，鼓励我探索，我很感动。特别是公开课，记者在百忙中抽空来听，和我交换看法。高中年级主要教议论文和文言文，我在教《民族的科学的大众的文化》一文时，记者章如同志不仅随堂听课，而且写了一篇较长的报道，肯定我教得活泼，学生学得主动，教师发挥了主导性，学生发挥了主动性，改进语文教学初有成效。这就更坚定了我继续探索的信心。

也许是机遇，也许是幸运，1978 年我被评为首批语文特级教师。当时被评到的八名中学特级教师所在学校中，只有我们学校是区重点，名不见经传，与其他七所学校的历史、名声无法相比。我忐忑不安，总觉得自己欠缺很多，评上纯属偶然，名实不相当。《上海教育》记者却一视同仁，到一所所学校采访。最难忘的是徐金海、金正扬两位同志，他们的采访不是蜻蜓点水、浮光掠影，而是沉到课堂里，沉到学生中，开了许多次学生与教师的座谈会，翻阅了许多作文本，最后写成了一篇报道《语文教学的艺术——记杨浦中学特级教师于漪》，发表在 1979 年第 3 期《上海教育》上。与此同时，我配了一篇《兴趣、感情、求知欲》发表，杂志还为此写了短评《语文课要上得有“味”》。这样的事发生在任何教师身上，都会产生巨大的激励作用。一是记者的敬业精神，一丝不苟，高度负责；二是杂志对教师工作的肯定与扶持。这份关爱和热情就成为我不懈努力的驱动力。

进入新世纪，《上海教育》更以崭新的面貌出现在读者面前。视野更开阔，信息量更大，精彩内容更多，图文并茂。尽管我已不在第一线工作，但几十年所思所想所做均是教育，教育已成为我生命的有机部分，须臾不能分离，因而《上海教育》仍然是我的钟爱，是我永远的良师益友。

做教师是一篇大文章

今天我参加这个会，除了非常感谢组织上对我教育工作的肯定外，还深深感到不能承受之重。开这个会，领导非常重视。其实我一再与区教育局领导讲，我是名普通的教师，没有必要这样做。我拒绝了很多次，但是区教育局领导跟我讲：这不是你个人的事情，因为我们要好的校长队伍，好的教师队伍。这样我只好应允。但是，开这样的会，我仍然感觉到不能承受之重。为什么不能承受呢？

第一，我确实是名普通的教师，没有什么特别的地方，也说不上有多大的成绩。我最深的体会是，当了一辈子的教师，一辈子在学做教师。做教师是一篇大文章，非常丰富。我从 20 世纪 50 年代初开始做教师，一直到现在，深感每一个时间段都赶不上时代，总是觉得有许许多多的不足。因此，我体会到，说做一辈子教师，还不如说是一辈子在学做教师。我除了有限的一些“井底之蛙”的经验之外，确实没有多少东西值得学习和借鉴。

第二，我毕竟年纪大了，中国人讲人生七十古来稀，我已经超过 70 岁，没有几年了。年轻时，曾不断吐血，患胃溃疡，瘦得像人干，还有很严重的肝炎。我没想到还能活这么久，总觉得我现在是赚来的。这样的身体，患这么多重病，不是新社会，不可能活到现在。所

本文是 2006 年 9 月 8 日作者在上海市普教系统名校长名师培养工程“于漪基地暨于漪教育思想研究中心”揭牌仪式上的发言。“于漪教育思想研究中心”是上海市杨浦区成立的于漪教育思想研究机构，以“让于漪成为我们共同的形象”为目标，研究于漪，学习于漪，提升杨浦教师素养，打造一支高素质的杨浦教师队伍。

以，我一直是怀着感恩的心情做工作，向我们的祖国、向我们的党感恩。想当年，我在读初中时，每天要走很多路，冬天路边常见人冻死。想想过去的日子，我们现在真是非常幸福了。我之所以有这么点知识，都是我的老师、同事不断地启发教育我的结果。任何一个人在事业上有点进展，都是许许多多人的精神的、物质的恩泽给予的。所以，我这一辈子都是怀着这份感恩的心情工作的。既然组织上委我以重任，任重而道远，我当尽心尽力。

我当了几十年的教师，在这所学校摸爬滚打，几乎每个角色都当过，对普教的情况比较了解。从实习心理学到教历史，再改行教语文，隔行如隔山，开始我连“b、p、m、f”都不认识。我们支部书记讲：“在战争中学习战争，最高指示。”谈话两分钟，我就改行了。我觉得党让我做的事情就是需要，需要就是我的志愿。我的志愿是“干一行，爱一行；干一行，专一行”，我不能辜负组织的信任。当然，其中的艰苦一言难尽。语音语法等一无知晓，只能天天开夜车，明灯伴我过半夜，不到第二天凌晨 1 点是不睡觉的。这样，两三年之内，我把中文系课程、语文教学的基本知识与能力初步掌握。

教师和医生有共同的地方，庸医伤人，马上能看见；教师合格与否，说实话一下子看不出来，10 年、20 年以后全部知晓。人接受怎样的基础教育，思想道德和科学文化素质培养得如何，多少年后会全部体现。我们基础教育做的是地底下的工作，打做人的基础，没有什么惊人之笔，但是它关系到国家的千秋万代，关系到学生的青春。一个孩子只有一次青春啊！我没有什么豪言壮志，一看见学生就觉得肩上挑着重担，一个肩膀挑着学生的现在，一个肩膀挑着国家的未来。对学生进行怎么样的教育，他就成为怎样的人，无论如何，我不能做一个误人子弟的教师，误人子弟是犯罪的行为。国家把孩子的青春、未来交给我们培养，我只有专心致志，兢兢业业，勤奋工作，三尺讲台关系着孩子的青春。

上海名师基地的工程是非常重要的，我深深体会到，学校教育的质量说到底就是教师的质量。高楼大厦、教学设备是重要的，但最根本的还是教师。西南联大的校舍那么破旧，为什么能培养出那么多的高端人才？师资好。第一，教师忧国忧民、救国救民，他们是怀着这样的心态来教育孩子的；第二，有良好的风气，始终是积极向上的。我们培养孩子一定要积极向上。获诺贝尔奖的杨振宁、李政道，邓稼先等“两弹一星”功臣，都是西南联大出来的，多少年以后就全部得到检验了。我每想到这些，总是觉得身上有用不完的劲。有人说，于漪一讲教育浑身是劲，为什么呢？我们教师、校长是干什么的？就是要把我们的教育理想转换成教育的现实。我们的教育理想就是把每一个受教育的人培养成德智体美全面发展的建设者和可靠的接班人。这样的教育理想是真善美的理想，通过谁才能把它变成现实呢？只有通过我们校长、教师辛勤的劳动，把它变成现实。

“二期课改”确实有先进的理念。我有机会参加教育部的语文教学大纲、语文课程标准的审查，过去都是以知识体系为核心，现在课改的提法与科学发展观完全一致，以人为本。从以知识为本，到以人为本，以促进学生发展为本，这是极大的进步。上海“二期课改”的整个支柱和一系列的做法也是围绕这一点的。我觉得，在所有的工作中，人是第一要素，有了人，好的方针、政策才能顺利贯彻。如果人有问题，就会遭殃，有令不行。所以，以学生发展为本是先进的理念，把先进理念变成学校教育、课堂教学的实践，靠教师和校长。校长和教师是教育理想和教育现实、教育先进理念和教育实践的转换者。我体会到，上海“二期课改”和全国教改一样，成也教师，败也教师。

在所有的工作中，最重要的就是人，而人最重要的是“魂”和“根”。爱国主义是我们的精神支柱，民族气节是我们的民族魂。三尺讲台，应撒播什么东西到学生心中？不仅是撒播知识的种子，与此同时，还要撒播做人的良种。

今日，我们是一个高度开放的社会。我买了一套美国推崇的语文教材，仔细看了一下，他们的语文教材中历数美国总统的功绩，赞颂与推崇美国文化。他们的单极思想、美国精神渗透到每课的练习当中，不可小视。我们上海的“二期课改”和“两纲”教育，就是着眼于在改革开放条件下如何培养可靠的接班人。最近中央教育督察组来检查教育，检查中央 8 号文件和 16 号文件贯彻情况。上海有“两纲”，与课改结合起来，是上海育人的根本。德育不进课堂是没有很强的生命力的，生命教育、道德教育必须随着知识传授、能力培养、智力发展，点点滴滴在学生心中扎根。

我一辈子梦寐以求的就是中华民族的伟大复兴，这是老师在我心中撒播的种子。我中学的校训，五个字“一切为民族”。这五个字渗入我的血液当中，在任何情况下，依然坚持到底，我就是要亲眼看见祖国的强盛。这是老师撒播的爱祖国的种子，老师教的时候慷慨激昂，要我们记得，这成了我一生的精神财富。所以，教课绝对不只是技术问题，是用生命在歌唱。只有你自己追求真善美，你被真善美感动，你的话才是出自肺腑，才能感人至深。

这个名师基地的建立是上海市教委对我的厚爱，教育思想研究中心的成立对我也是厚爱和鞭策，我一定尽心尽力，扎扎实实为老师的成长铺路、搭台。李骏修主任曾说过，名师不是哪一个人培养出来的，归根到底要自己要。这是最重要的，自己有这份心、这份情，搭台就能展示才华。凭我这种水平，我是培养不出名师的，但是我有很多经验教训可以告诉大家，我如何边学边改，竭尽全力。看到我们建设的知识杨浦，日益兴旺发达，我十分高兴。过去我每次到市里开会，心里都很难过，老被人说是来自“第三世界”，我一直和人争。我想，事在人为，我们杨浦区的基础教育一定要打出牌子，创造经验，站在教育的前列。讲得不对的地方，请各位领导和老师批评指正。

诚实守信岂是古板的信条

小李因事未上某专业课。课后他向同班同学小沈借笔记抄。小沈注意团结互助，慨然应允。一周过去了，笔记未归还。小沈上课要用，一次次去索取，谁知小李淡淡地说了一句："丢了，找不着了。"小沈与他争辩，他竟然说："小事一桩，有什么了不起!"

其实，诸如此类的事，在我们周围常有发生。言而无信，乃至说假话不打草稿，不脸红，脱口而出，流畅得很。有人善意指出，"对人对事应诚实守信"。当事人会振振有词："老古板！弄弄清楚，什么时代啊？脑子要搞搞了。"听起来貌似有理，实质是美丑不辨，是非不分，影响人际关系的和谐。如果大家都这样，社会风气就严重受到戕害，阻碍社会健康发展。

诚实守信是中华传统美德。"诚信者，天下之结也。"（《管子·枢言》）诚信，是治理天下的关键。"言之所以为言者，信也；言而不信，何以为言?"（《春秋穀梁传·僖公二十二年》）说的话所以能成为话，是因为其中有信誉；如果说话不讲信誉，那还算什么话呢？谁能相信呢？自古以来，朋友之间真诚相交，感人的事很多，很值得今人思考、品味。例如，《后汉书·独行列传》中有这样的记载：东汉的范式和张劭两人一起在京城的太学学习。后范式回家时对张劭说："两年后我回来，一定拜访你的双亲，看看你的孩子。"两人共同约定见面的日期。约定的日期将到，张劭把此事告诉母亲，母亲

本文发表于《成才与就业》2006年第11期。

说："两年离别，相隔千里的诺言，你怎么相信得如此认真呢？"张劭说："范式是个重信用的人，一定不会违约。"到了约定的日期，范式果然来了，拜见张劭的父母，与友人叙旧，极尽欢乐才告别。

故事还有下文，但从上述一件事来看，友人之间真是一诺千金，情意深重。今日时代向前发展，难道这些美德就过时，就无用了吗？显然不是，人类创造的精神财富、创造的美好品德是跨越时空，绵延千秋万代的。有人误以为市场经济就是以牟利为中心，满足个人私利就行，管它道德不道德。这是愚昧无知的表现。市场经济有市场经济的规则，诚实守信就是极其重要的一条。虚假广告，假话连篇，坑蒙拐骗，只可能得逞一时，最终必自食其果，搬起石头砸自己的脚。有些企业的倒闭就是从虚假广告开始，失去了顾客的信任。诚实守信的程度标志着社会文明的程度。以诚实守信为荣，以见利忘义为耻，形成大家普遍的荣辱观，并付之于行动，人们的道德提升，社会的文明程度就高；反之，言而无信，虚假横行，污浊之气丛生，人们的心灵就遭到破坏，家庭遭殃，国家遭殃。

对诚实守信的必要性、重要性，在青年学生中常有两种流行的看法：一是无关紧要，二是怕自己吃亏。我们不妨粗略地推敲一番。前面说到诚信是治理天下的关键。今日的社会与以往相比，复杂得多，丰富得多。社会是人的各种关系的总和，整个社会要稳定，要健康运转，各种关系必须和谐相处。损人利己必然损害和谐，破坏人和人之间的平等相处、友好相处。而人和人之间和谐的重要纽带是"诚"，是"信"。一片坦诚，真心相待，信守诺言，可成为朋友、挚友、知己，乃至生死与共。讲究诚信是做人的底线，真诚守信，人与人之间不仅矛盾少，而且即使有矛盾，也容易和风细雨，妥善解决。因此，崇尚美德，讲究诚实守信，于国家于个人，均有百利而无一弊。社会和谐，家庭幸福也有保障，个人学习工作均能欢畅。

关于吃亏问题。什么叫吃亏？吃谁的亏？社会上确实有人不讲诚信，有些不法分子更是钻空子，以种种骗术引人上钩，达到利己的目的。是非不明，或贪小利而屡屡上当的事时有发生。吃了骗子的亏，责任当然首先在骗子，然而受骗者难道不该反思吗？"私"字当头，就会眼不明，心不亮，上当受骗。通常人们嘴里的“不吃亏”，就是“门槛精一点”，自己的利益丝毫不能受损。其实，这里有一个向谁看齐的问题，是“见贤思齐”，向品德端正、品德高尚的人看齐，还是向打小算盘，为自己谋蝇头小利的人看齐。人要学会保护自己，不受侵害，这无可非议，但不是舍弃做人的美德，处处以个人私利为重。如果真如此，那真是亏大了，价值导向颠倒了，见利忘义，损人利己的思想就会乘虚而入，腐蚀吞噬心灵。久而久之，人就站立不起来。

人在前进道路上，许多鸡毛蒜皮的小事可以不计较，但是非问题绝不能含糊。坚持诚实守信，养成良好的思想品德、行为习惯，有利于自己的健康成长，有利于家庭的和睦相处，有利于社会良好风气的形成。青年学生应在这方面做出榜样。

青春是无价宝

各位同学：

今天是你们人生旅程中一个十分值得纪念的日子，你们的母校在区委区政府的领导下为你们专门举办了这样一个庄严、隆重的18岁成人仪式，这是你们生命成长过程中享受到的无比的幸福。你们是我们中国最年轻、最有青春活力的新一代公民。18岁，在你们心中曾经有多少的期盼和梦想，而今实现了。这18岁成人的仪式，就告诉我们，你们长大了，你们将告别往昔的天真、幼稚，以充沛的精力，以饱满的热情，充满信心、充满自尊地迈入生命的新阶段。

我在想：什么叫成人？这就标志着你们成为中华人民共和国的公民，你们享有了中华人民共和国公民的特有的权利。公民，这是个神圣的称号，因为它意味着责任，意味着奉献。刚才几位领导已经讲了，在这成人仪式上，你们牢牢记住了，要以自己的青春和智慧塑造中华人民共和国好公民的良好形象，要传承和弘扬我们中华民族的优秀传统。同学们都十分清楚，比如“天下兴亡，匹夫有责”，比如《易经·系辞》里面就讲得非常清楚，“天行健，君子以自强不息；地势坤，君子以厚德载物”，这些教导告诉我们，这一辈子要有艰苦奋斗的精神。我们这个国家积淀了那么多至圣先贤的智慧，我们成人了，就要学会以宽容的心态和其他公民和谐相处，要尽心尽力地为我们中华民族的伟大复兴贡献力量。

18岁，成人了，这就告诉我们最重要的是要树立凌云壮志。我们中国人有一句话，人无志不立，人没有脊梁骨是不能直立行走的，

本文是2007年作者在上海晋元高级中学高三学生18岁成人仪式上的发言。

人没有远大的志向就没有精神动力。18 岁，懂事了，告别了愚昧，告别了幼稚，因此我们就要把人类的前途、祖国的命运放在心中。宋代理学家张载曾经这样讲，“为天地立心，为生民立命，为往圣继绝学，为万世开太平”。这是什么意思呢？你要掌握顺应自然的规律，你要时时刻刻想到老百姓的生存和发展，你要为往圣继绝学，我们中华民族的智慧、世界太平的思想一定要传承下来，弘扬下去。我们要建设和谐社会、和谐世界，至圣先贤的这种气度、胸怀仍然是我们中华子孙学习的榜样。

公民，公民就要姓公，也就是说从个人的小我中解放出来，要心中有祖国，心中有集体，心中有他人。当一个人心中有集体、有他人、有伟大祖国的时候，这个人就会高尚起来。就像你们曾经读过的杜甫的《望岳》这首诗一样，“岱宗夫如何，齐鲁青未了”，他最后一句话是“会当凌绝顶，一览众山小”，就好像登上泰山之巅，视野开阔，胸怀广阔。我想做人就要做这样的人：当一个人把自己融入了集体，融入了社会，融入了伟大祖国的建设之中，他就会真正享受到生命的快乐，就会真正懂得生命的意义和价值，也就真正品味到了人生不虚此行。

今天这样一个成人仪式，将会镌刻在每个同学的心上，将会成为你们的记忆宝库里面金色的回忆。成人仪式的时间是短暂的，但是由于它的意义非凡，短暂会定格为永恒。因为这个仪式是凝聚了晋元高级中学老师们培养你们三年的心血，是凝聚了家长 18 年来对你们的辛苦哺育，是寄托了我们党组织，寄托了区委领导、学校全体老师对你们的无限的期望，从此以后，责任、奉献将陪伴你们终生。希望你们用自己的道德和才能为祖国做出贡献。我老了，78 岁了，是一名老教师，在这样一个激动人心的时刻，再次祝贺你们跨入了成人的行列，衷心祝愿你们珍爱自己的青春。青春是无价宝，它是非常公平的，对每个人都是一样的，只有一次，因此要激情洋溢，青春似火，要全面地发展自己的德智体美。衷心地祝福你们人生和谐，硕果累累。刚才王校长讲了期盼你们为学校争光，祖国期待着你们，我们这些老教师期待着你们。

谢谢！

教学生命的第二个春天

经历过严寒，才能真正感受到春天的温暖；经历过黑白颠倒、人性被践踏，才能真正体会到人的尊严的珍贵。

1977年，“四人帮”已被粉碎，但套在教师头上的“两个估计”枷锁还未打开。出于十年“文化大革命”高压下的恐惧，许多教师不敢说，不敢干，徘徊观望。我更是如此，曾被冠以“修正主义教育路线吹鼓手”罪名，一切语文教学活动，包括上公开课、个别指导学生，都是为这条路线“卖命”，当然只能噤声。平地一声春雷，这年9月，邓小平同志发表了《教育战线的拨乱反正问题》的讲话，充分肯定了1949年后17年教育工作的成就，以推翻“两个估计”为教育战线拨乱反正和思想解放的突破口。这年深秋，上海在文化广场召开了教育方面的千人大会。会上，我与另外三名教师发言，批判“两个估计”的错误，吐露压抑在胸中的真言。整个大会群情激愤。砸开了“两个估计”的锁链，教育的春天来到了。我和许多在“文化大革命”中受迫害的教师一样，迎来了教学生命的第二个春天。

这年深秋，南京路上海医药商店7楼上海电视台教育演播分室第一次向全市直播中学教师向学生教授语文课的实况。演播教材由我自选，选的是高尔基的《海燕》。尽管从未面对过电视镜头，心里有些紧张，但怀着冲出“文化大革命”暴风雨的欢乐，心灵放飞，就从容起来。朗读，剖析，讨论，辅之以简明扼要的板书。学生十分投

本文发表于《中学语文教学》2008年第7期。

入，我也得心应手，进入忘我境地。齐读到“它深信，乌云遮不住太阳，——是的，遮不住的!”，群情振奋，语调高昂。自信、豪迈、欢乐洋溢其间，这似乎已不是高尔基的诗句，而是师生发自肺腑的心声。课在朗读全文中收煞。有学生风趣地说：“我们刚从海边归来。”此时此刻，我顿悟到：上课是在用生命歌唱！三尺讲台无限爱，爱学生，爱未来，爱蕴含着灿烂中华文化的语文。教课不是当旁观的课文评论员，只有用生命编织的、从心底流出来的歌，才动听，才感人，才会如清澈明净的泉水叮叮咚咚流入学生的心田。随后，我收到好多封从本地、从江苏、浙江等地寄出的来信，这些收看电视的老师和我虽素昧平生，但表露的却是共同的心声：冲击暴风雨，课堂里春风拂面，教育的第二个春天来到了。

1979 年 12 月，中学语文教学研究会第一届年会在上海召开，我仰慕已久的老专家叶圣陶、吕叔湘、张志公、蒋仲仁等参加了盛会，并作了重要讲话。会后，进行选举。我由于须参加刚恢复的市人民代表大会常委的选举，无特殊原因不可请假，只得缺席中语会选举。没想到我这名教学第一线的普通教师竟然也被选为该会的副会长，能进入研究语文教学学术的殿堂，多了许多学习的机会，真是心存感激。

1980 年 8 月暑假，我有幸参加了中学语文教学研究会在北戴河召开的座谈会。会前，苏灵扬同志与我深入探讨了语文教学的目的和任务。她是资深的教育行家，有十分丰富的教育经验，第一次见到她，我有点拘谨。她亲切和蔼，话匣子一打开，滔滔滚滚。不知不觉，我就全部放松了。她反复强调语文学科很重要，教好语文极其不易，要有功底，要有文化，言简意深，我一直记在心中。座谈会上，围绕语文教改，与会教师谈了不同的认识与做法：有以作文为中心安排教学的；有以阅读领先，读写结合的；有强调听说，以听说促读写的；等等。大家各抒己见，百花齐放。我真切地感受到许多优秀教师对语文教学的满腔热情满腔爱，由衷感谢中语会给我以启迪思维、博采众长的机会。根据会议安排，我也作了发言，阐明读与写、教与学、教文与育人的关系。

80 年代初，云南省中语会与四川省中语会相继成立，时任研究会秘书长的陈金明同志与我二人被邀请参加。云南省中语会成立大会上，全体与会教师那种全神贯注、对语文教学开创新局面的渴望令人感动。会上，我就语文教改作了长篇发言。会后，老师们围着我问这儿问那，对语文教学的钟情与热爱构建了一道美丽的风景线，热气腾腾，亲密无间，至今难以忘怀。四川省中语会成立的场景同样激动人心。开会的大礼堂台上放满了当时最先进的电器设备，参加会议的教师代表济济一堂，人满为患，只得对外拉了许多根线。那种人气，那种追求，那种精神，是教育中极其宝贵的财富。这哪里是邀我去作报告？分明是让我接受一次难得的教育！分组讨论时，好些资深的有学问的老师对教学中的诸多问题发表了真知灼见，使我受益匪浅。那时，不言一个“钱”字，事业为重。

80 年代初，中国语言学会在武汉成立。上海语文学会派五人参加，会长罗竹风同志带队，我这名中学教师也算是其中一个。这个会议，语言学家云集，学术流派纷呈，哪有中学语文教师的份？现在想来，全是前辈罗竹风同志对后辈的提携。他十分尊重中小学教师，认为中小学教育意义重大。会议开幕后，一位位大语言学家步入会场，我目不转睛地看着他们，其中有些是我心仪已久的学者。如王力教授，读他的《古代汉语》，我常会激动不已。会议使我大开眼界，不少专家对自己构建的语法体系说起来如数家珍，爱护备至，那种投入，那种沉浸，那种执着，那种神往，令人肃然起敬。其中谈到初中暂拟语法体系的问题，评是说非，争论热烈，最后的结论是非改不可。

1981 年 7 月，在哈尔滨召开全国语法和语法教学讨论会，研究中学教学语法的问题，语言界许多大专家莅临了会议。会上，又是热烈的学术争论。我是来自教学第一线的，张志公先生嘱我紧扣第一线实际情况，谈自己的看法。发言中我强调语法要学，但要简明扼要，便于学生掌握，与学术研究讲究系统与精细要严格区别。中学课堂教学无深奥的学问，但必须用明确的语言把概念阐述清楚，切不可含含糊糊，可这可那。两次参加学术会议，我深感语法教材编写极其不易，倾注了多少专家对我们基础教育的关注。

80 年代中期，国家教育委员会基础教育司组织我们在山东长岛审查中学语文教材。多样的自编教材是解放思想的成果，有以主题为单元的，有以语文知识为主线的，有以写作为中心的，有以阅读能力培养为线索贯串的。印刷的书本虽不精美，但涌动着的是对语文学科的挚爱深情与探索追求。我一本本认真阅读，比较对照，剖析各类教材的利弊得失，联系教学实际，深入思考，受益良多。我领悟到：教学实践是检验编写指导思想的试金石，只要科学、合理，教材就会有生命力。与此同时，我也深深感受到从事这类工作，要有开放与宽容的心态，切不可固执一己之见，更不能意气用事。只有百花齐放，才会春色满园。后来有机会参加初中与高中语文教学大纲以及根据教学大纲编写的语文教材的审查工作，我总是抱着以学为先、积极补台的态度。一纲多本，人气旺盛，互相促进，语文教学才勃勃有生机。

最难忘的是 80 年代教学第一线风起云涌的语文教改浪潮，百舸争流，繁花似锦。我也积极投身其中，一方面孜孜矻矻进行实践，开展研究；另一方面向同行专家学习，博采众长，丰富自己，弥补不足。60 年代初，我从改革教学方法开始，力求抓精要，去烦琐，抓实效，去形式，克服只见书本不见人的毛病。“文化大革命”中，改革断裂，未做任何实验。获得第二次解放，可以放手进行改革，岂不快哉？我是一名教师，心中最为重要的是学生，生命中最大的事就是一心为学生，让教书和育人的使命结伴同行。要提高语文教学质量，关键在于调动学生学习的内驱动力。学生有学习语文的主动性和积极性，做学习的主人，才能真正在学习过程中积极思维，全神贯注，用心听、说、读、写，扎实而有效地提高理解与运用祖国语言文字的能力。为此，我在激发学生学习语文兴趣上下功夫，课内课外采用多种方法启发、诱导、培养，引领他们热爱中华民族汉语言的瑰丽神奇，体会经典文章的奇妙无比，深入文本之中辨认字词，揣摩语言，把握文脉，体悟思想，提高语言文化素养。

我追求的目标是把每一堂课上好，既一清如水，又情趣盎然。这倒并不是因为几乎每堂课都有老师来听，少则二三十人，多则几百人，而是为了培养学生对语文学习的强烈的求知欲，启发他们学有兴趣，学有所得，学有追求，学有方向，滋生成就感、满足感、幸福感。为此，我研究课堂教学结构，探讨如何最大限度地调动每名学生学习语文的积极性，做到在有限的课堂教学时间里眼看、耳听、脑想、口说、手写。在教学中不断实验、改进，把教学中师生之间的线性往复转换为网络式结构。“教”作用于全体学生，即使提问，也设计得深浅有层次；“学”反馈于“教”，学生与学生之间切磋琢磨，交流促进。教师不越俎代庖，代替学生学习，而是组织、引导、启发、点拨、开窍。学生各个层面的积极性发挥了，课堂上的发光体就不是教师一人，而是能者为师。学生思想高度集中，常会超水平发挥，冒出惊人之言，闪烁智慧的火花。我及时抓住，在全班点燃，就收到了水涨船高的效果。我从不到外地巡回上课，所以全国各地来听课的老师特别多。课后，他们经常问我的一句话是：“你们学生发言怎么旁若无人?”我总重复回答：“他们习惯了，靠的是自强自信。”

有些学生语文能力提高不明显，究其原因，往往不在语言训练比别的学生少，而是思维跟不上。比如提问题，他们不是不想提，而是提不出，发现不了问题。不会思考大大阻碍了他们学习的步伐。为此，我探讨在学生进行语言训练的同时，如何大力发展他们的思维能力。“学而不思则罔”，思维训练和语言训练应被放在同等重要的位置。思维是对外界事物认识的间接的反映，是借助语言来实现的。在教学过程中，有目的有意识地促使学生生疑、质疑、解疑，再生疑、再质疑、再解疑，层层推进，在辨疑、析疑的过程中掌握知识，获得能力。教学中精心设计，根据教学目的要求选用恰当的“钥匙”。不断拧紧学生思维的“发条”，使它转动起来，启发爱思考的学生多思、深思，不会思考的学生会思、爱思。耐心地、细致地、坚持不懈地培养，学生思维日益活跃，语言的理解与使用明显增添色彩。

在同一课时内，如何让学生多方面获得培养，提高学习的综合效益，是我钻研 80 年代、90 年代语文教学大纲，不断深思的问题。大纲的“教学目的”用两个句子表述：第一个句子是学习语言文字，培养语文能力方面的；第二个句子是发展智力，培养审美情趣和爱国主义精神。在教学实践中，往往把前者看作是硬任务，对后者并不作精心思考，随意性大，甚至丢在一边。其实，前后两句并非不相干的两件事，而是糅合在一起的，“在教学过程中”把它们紧密融合为一体了。形式和内容是一个统一体的两个侧面，不可分割。缘文解道，因道释文，语言文字的表现力、生命力才得以充分展现，学生思想情操、价值判断也可受到良好的熏陶。基于这样的认识，我在教学实践中探索课的立体化、多功能，在单位教学时间里提高学生学习语文的综合效益，全面落实教学大纲中的“教学目的”；以语言文字的知识传授、能力培养为核心，融入智力发展和习惯养成，注重思想情操的熏陶感染。上课不是只抓知识、能力一个维度，而是多维培养，将教育功能、审美功能、发展功能与实用功能融为一体，有效提高学生的语文素养。

在应试教育绝对强势，《一课一练》等题海题库甚嚣尘上之时，语文教学逐步异化。初三、高三毕业班以题代教、以题代读代写，已司空见惯，见怪不怪。许多文质兼美的文章被剖分肢解，作为训练的例子，学生在知、情、意方面有多少收获要打个问号。学习兴趣、学习热情下降，语文能力与素养也随之下降，距离语文教学大纲的要求甚远。面对这种情况，在研究学生现状以及学习国内外语言学科发展进步成果的基础上，我较为深入地思考主宰我们教学的语文教育观念，尤其是语文教育观念中最为核心的性质观。经过多年研讨，我认识到：语言不是单纯的载体，而是意识、思维、心灵、情感、人格的体现。它不但具有自然代码的性质，而且具有文化代码的性质；不但具有鲜明的工具属性，而且具有鲜明的人文属性。汉语言文字不是单纯的符号系统，它有深厚的文化历史积淀和文化心理特征。语文的基本特点应是工具性和人文性的统一。没有人文，就没有语言这个工具；舍弃人文，就无法掌握这个工具。工具性和人文性是一个统一体的两个侧面，不可分割。由于在这方面作了较多思考，在教学实践中持续不断地探索，并撰文阐明自己的观点，因而读到《语文课程标准》有关这方面的表述时，我倍感亲切。

观点可以讨论，认识可以深化，改革在实施过程中可以不断完善，但语文教学在努力前进，这是无可辩驳的事实。

数十年来，我一直是在教学第一线摸爬滚打的普通教师，无高深理论，无震人耳鼓的口号，上的是常态课，说的是常识性的话，尽心尽力跟上语文教学前进的步伐，让生命绽开春天的光彩。

一辈子做教师，一辈子学做教师

我做了一辈子教师，自 1951 年从复旦大学毕业后，一直工作在基础教育领域。我深深地体会到，选择教师就是选择了高尚，就是选择了跟我们国家前途命运紧密联系的伟大的教育事业。不是什么人都可以做教师的，因为教师这个工作是育人的工作，教师要用自己高尚的人格去引领学生形成健全完美的人格，要以自己的真才实学启发学生旺盛的求知欲。汉代韩婴在《韩诗外传》中曾讲过："智如泉源，行可以为表仪者，人师也。"做教师一定要德才兼备，自己的思想言行要给孩子做榜样。教师的人格对学生的影响是非常大的，它无时无刻不在潜移默化影响着学生。我一辈子的理想就是做一名合格的人民教师，这里讲的"格"，不是指电脑上的排位，而是国家的期望、人民的嘱托。国家把后代交给我们教师，国家就放心了；老百姓把自己的子女交给我们教师，他们就放心了。这才是合格。

一、学历水平不等于岗位水平：清醒地认识自己

做教师，身教远远重于言教。《论语·子路》中讲过："其身正，

本文是作者在 2010 年 9 月 26 日由上海市教卫党委、市教委举办的"全国教书育人楷模于漪老师报告会"上的发言。2010 年，作者当选为首届"全国教书育人楷模"，受到党和国家领导人胡锦涛同志的亲切接见。

不令而行；其身不正，虽令不从。”我经常和年轻教师讲，教师对学生的作用，绝不会是零。教师工作无时无刻不是你世界观、人生观的亮相，你整天和学生在一起，你有什么样的思想观念，自然会对学生产生相应的影响。要成为一名合格的人民教师，不辜负党和人民的期望，自己首先必须做一个一身正气、有中国心的堂堂正正中国人。在此基础上，才谈得上教师的专业发展、教育教学的技能技巧。在我心中有很多榜样，苏步青、谢希德先生那样为国为民、忧国忧民的意识始终是我学习的榜样。我是一名平凡的普教老师，但是我想，千里之行，始于足下，我也可以一步一步攀登，一步一步修炼，成为一名合格的、学生爱戴的、人民放心的教师。所以，第一步就是要清醒地认识自己，这是塑造自己人格魅力的前提。

我 22 岁大学毕业做老师，不知天高地厚。做了老师以后我才发现，学历水平不等于岗位水平。学历水平只能说明职前接受教育的程度，岗位上是要有综合素质、综合能力的。有两件事情一直让我刻骨铭心。讲到阳春白雪、下里巴人，我就这样和学生讲：下里巴人就是通俗的，而阳春白雪是高雅的。后来读宋玉《对楚王问》才发现，我教的是多么不准确。原来它是这样的：有客到楚国郢中唱《下里巴人》曲子的时候，属而和者数千人；唱到《阳春白雪》曲子的时候，属而和者不过数十人；而到了引商刻羽，杂以流徵的时候，属而和者数人而已。因此，曲弥高，和弥寡。我由于治学不严谨，误把第二等的作为最高的。基础教育是不能有半点差错的，因为它是伴随人的终生的，小学学的字、对数字的概念，一辈子都在用。当时我非常内疚，对学生讲，我讲错了。我是改行来教语文的，因此要用五倍、十倍的力气来学。天天学习，明灯陪我过半夜。每晚 9 点以前工作，9 点以后自修。我用了三年的时间，把大学中文系的全部课程学完。我想，做教师非常重要的一条，就是要谦虚谨慎，好学不倦。

当时，我们语文组有 18 名老师，我是唯一的女教师。那个时候听老教师一堂课很难，不像今日，现在党和国家对青年教师的关爱和期望是我年轻时候没有感受到的。我们那个老组长很有学问，有一天他来听我的课，我清楚记得上的是王愿坚的小说《普通劳动者》，讲的是将军和士兵的故事。课上完后，我向他请教，他先表扬了我几句，接着说道："不过，语文教学的大门在哪儿你还不知道呢！"我简直像五雷轰顶一样，晕了。他说："人物分析有像你这样分析的吗？将军平易近人，热爱劳动，这是贴标签。"他的这句话激励了我一辈子：既然做教师，我不仅要把大门找到，而且要登堂入室。

从此，我下定决心要拜众人为师，两把尺子伴随自己的人生，一把尺子专门量别人的长处，一把尺子专门量自己的不足。

一把尺子量别人的长处。每次开教研组会，我都拿本子记。每个人思考问题都会有很精彩的地方，我用心听，认真记。我体会到教师要学会借脑袋，要博采众长，把别人所有的长处、思考问题的结晶都学过来。别人会从各个不同的方面给自己以启发，所以我向教研组所有的老师学习。我不断地"照镜子"，寻找自己的不足。

一把尺子量自己的不足。每一次课上下来，我都有"教后"，每堂课都要反思。"教后"主要记两点。一是记学生的闪光点。当孩子学习全神贯注的时候，会超水平发挥，往往超过我备课时的所思所想。这是孩子创造的火花，我要把它记下来。二是记自己的不足。不管备课的时候多么认真，但是当孩子的主动性发挥出来以后，就会发现自己的准备总有这样那样的漏洞，因此我就记下自己的不足。不用长篇大论，一二三四五写它几点，这样长期下来就掌握了教与学的规律。

二、一辈子自我教育：学而不厌、勇于实践

教育事业真是遗憾的事业，我一辈子没有上过一堂十全十美的课。罗曼·罗兰说过，累累的创伤，就是生命给你的最好的东西，因为每个创伤都标志着前进的一步。每次课上下来认真思考，都会看到自己的不足、缺陷乃至错误，因此我不敢有丝毫的懈怠。教师的成长与发展最重要的是内心的深度觉醒，就是把日常平凡的琐碎的工作与

我们党未来的事业、与千家万户紧密联系在一起，这样每件事情就会有育人的非凡意义，就会满怀激情千方百计做好。在我的教育生涯当中，有两根支柱，一根支柱是学而不厌，一根支柱是勇于实践，两根支柱的聚焦点是反思。

第一，学而不厌。要诲人不倦，首先要学而不厌。一个教师学不好，就无法担当教书育人的重任。关于学而不厌，我想有这样几个方面。一是重要的理论要反复学。一定要武装自己的头脑，要有正确的世界观、人生观。现在教育问题纷繁复杂，不用辩证唯物主义、历史唯物主义观点来思考，就会非常茫然。比如，学习小平同志讲的“三个面向”——面向现代化、面向世界、面向未来，当联系很多具体材料学习这个理论时候，我就觉得重任在肩，坐立不安。20 世纪六七十年代，西方发达国家对教育的重视程度是惊人的。撒切尔夫人曾经讲过，办教育要有救火一样的紧迫感。美国总统克林顿执政时，发现小学生的阅读能力很差，因此他就花 10 年时间来进行一个特种阅读挑战，花了约 15 亿美元，动用约 100 万中小学教师、10 万大学生半工半读来提高中小学学生的阅读能力。我们学校曾和英国牛津大学教育学院、美国密歇根大学教育学院搞了个跨国研究课题，研究职初教师培训“师带徒”的方法。我们的优点是，中国师带徒教育的技能技巧是三个国家中最强的。但是，我们带徒弟的视野明显落后于美国，师生之间关系的密切程度也不如人家，这使我不得不思考一些问题。我们课题组里有个美国斯坦福大学的博士后，他的孩子在硅谷小学读书。孩子上四年级的时候，我问他暑假作业是什么，他说没有书面作业，就是读 40 本书，其中就有儿童版的《水浒传》和《西游记》。每个理论的后面，都有丰富的内涵，要联系国内外实际去思考问题，这样就会更加清醒。

其次要紧扣教材深入学。我经常想，假如教师的教和学生的学是在同一层面移动的话，学生怎么会有求知欲？教师起码要提高一步，要紧扣教材深入学。教要教在学生不知道的地方，教在他似懂非懂之处。比如，教《木兰诗》，“东市买骏马，西市买鞍鞯，南市买辔头，北市买长鞭”，用方位词“东西南北”写木兰替父从军，购物准备出征的繁忙。于是，我紧扣这一点深入学习，其他诗词里面是怎么用方位词的呢？《楚辞·招魂》中是这样的："魂兮归来！东方不可以托些。……魂兮归来！南方不可以止些。……魂兮归来！西方之害，流沙千里些。……魂兮归来！北方不可以止些。"四方不可以留，楚怀王的灵魂要回归故里，这是表现屈原忠君爱国的思想。这和《木兰诗》里面的用法不一样。在曹植的《游仙诗》里面又是另外的用法，"东观扶桑曜，西临弱水流，北极玄天渚，南翔陟丹丘"，东西南北都堵在那里，无路可走，表现他受到猜忌，郁郁寡欢。《捕蛇者说》里面是结合起来用，"叫嚣乎东西，隳突乎南北"。还可以有打油诗的用法，如在《儒林外史》里面，落拓知识分子杨执中屋里壁上的对联是"三间东倒西歪屋，一个南腔北调人"。教师一定要紧扣教材深入学，不断增加自己的文化积淀。什么叫作备课？备课不是让字躺在纸面，而是钻研到让它站立起来跟你对话，那你就不仅知道字的表面意义，而且知道字的后面作者为什么这么遣词造句、谋篇布局，不仅知道工具的使用，而且知道工具背后的情和意，用现在的话来讲就是蕴含的情感、态度和价值观。《后汉书·列女传》中讲："一丝而累，以至于寸，累寸不已，遂成丈匹。"我就是用古人讲的这种精神来学习的。学习是光荣的荆棘路，教师没有丰富的智力生活是不可能点燃孩子旺盛的求知欲的，是不可能让孩子在每一堂课都兴味盎然地吮吸到精神养料的。

第二，勇于实践。教育事业是实践的事业。教育不是说出来的，不是讲出来的，而是做出来的，因此怎么做，用什么教育理念来指导，非常重要。我一辈子上了近两千节的公开课。1978 年第一批评上特级教师，堂堂课有人听，少则几十人，多则几百人。所有的事情都在众目睽睽之下。这也有个好处，使我养成了严谨的习惯，不敢有丝毫的懈怠。还有就是做班主任。我各个层面的学生都带过。比如，1977 届的学生乱到全校没有办法上课，我们年级组有三十几位老师，女老师除了我没有哭过以外全部哭过。我担任年级组长，天天早上 6 点多到学校，一直到晚上 9 点多才走。有一个阶段，我还上三个班的语文课。我当时就想，一定要抓好各个班级的小干部，把他们抓在手里培养。我把各个班的小干部集中起来，每周集中培养两次。一个下午专门学习理论，把学生的思想理论底子打好，学理论其实也在学文化；还有一个半天，因材施教，发挥学生的特长，搞各种各样的课外小组、课外活动。粉碎“四人帮”后，1977 届学生参加“文革”后首届高考，两个快班百分之一百考取大学。因此，做老师的一定要教在今天，想到明天，孩子是有未来的，一定要为孩子的未来着想。虽然当时我顶着“修正主义教育路线吹鼓手”“反动学术权威”的帽子，但我想，在一个文盲半文盲充斥的国家是无法建设社会主义的，这种状况是一定会改变的。

我年轻时多病，唯一的一个儿子身体极差，生了很多病，小孩子有一年住了七八次医院，两次是病危，一次是败血症。我是班主任、教研组长，教两个班级的语文，工作一直超负荷。孩子胸口生了一个疖子我都不知道，后来发展为败血症，住进了二军大医院。上半夜我爱人陪，下半夜我陪。一天夜里，医生找我们谈，说药用了没有明显效果，要我们有思想准备。他说现在只有一个办法，要用一个健康男子的血液给他输进去，看看能不能救过来。谁没有亲子之爱？我求求医生救他的命。我每天早上离开医院时，把他扶起来，他总吐得我一身，嘴唇都烧焦了，头用冰袋敷着。我每次走，他都要哭，问我会不会死，让我不要走。我说这里的叔叔阿姨都很好，一定会救你的命。其实我心里非常难过，但我不是医生，不会救孩子的命。我咬咬牙，还是去学校上课了。那时正值高考复习，考大学确实影响到一个人的人生道路，我不去上课，谁来代课？我想，我一定要忠诚于党的教育事业，全心全意爱学生。什么叫懂道理？懂道理不是写在纸上、说在口里的，身体力行做到，才是真正的懂。所以，我几十年来，没有为家庭私事脱过一节课、请过一次假。我孩子的命最终救过来了，但人一直抖，一年未能读书。后来我们老书记说，你这么困难为什么不说？我说，我不是医生不会治孩子的病，但我是老师，学生在高三最后一个月复习，我走了，谁来带？我们的事业要千秋万代，国家的未来、人民的嘱托，这是沉甸甸的历史使命，要有责任感和使命感，要负起责任来。因此，我觉得一辈子肩上都挑着千斤重担，一个肩膀挑着学生的现在，一个肩膀挑着国家的未来。今天的教育质量就是明天的国民素质，所以我不敢有丝毫懈怠。

三、“胸中有书、目中有人”：不断追求教育的理想境界

教师要努力攀登，追求理想境界，也就是说要不断地自我超越。人最大的敌人是自己。大学毕业、研究生毕业去做老师满腔热情，四五年下来就会有些懈怠。有的评上了高级教师，就产生“高原现象”。我觉得，作为教师，一定要追求高尚的理想境界，不断地努力攀登。我对自己有八个字的要求，即“胸中有书、目中有人”。胸中一定要有书，这个书不是教本、学本，而是书要烂熟于心，如出己之口，如出己之心。

我上课是从来不带教案的，拿着教案怎么面对全体学生？你要察言观色，眼观六路，耳听八方，观察每个学生的学习情况，因此备课的时候要备得十分熟练。备课要目中有人，我们所有的学科都是为了育人，这是教育的本质。教育就是为了促进每个学生的终身发展，把学生蕴藏的潜能通过教师的开发变成现实。我体会到，一个班教一二十个学生，教出来是不稀奇的，要教好每一个学生，那是千难万难的。因此，一定要深入了解，目中有人，不仅要走进学生的知识世界，而且要走进他们的生活世界和心灵世界。你只有了解学生，知心才能教心。不知心，他觉得你讲的都是假的和老八股。因此，了解学生、研究学生非常重要。

要研究学生的心灵世界，我连周杰伦的歌都研究，为什么？现在学生上老师的课不感动，开班会不感动，而一个“还珠格格”就把初中女生全部打倒了，周杰伦起码打倒了80%的高中女孩子。于是，我把周杰伦的带子买回来，听听到底好在什么地方。我找了些女生聊天。我说我不反对流行歌曲，韩红的《青藏高原》，激昂高亢，歌颂青藏高原，她们说不好，太露了；腾格尔的《天堂》，歌唱家乡，那

种浓浓的乡情，她们说也不好。我问：周杰伦好在什么地方啊？她们说，流行歌曲是容易学的，但周杰伦的歌就是学不像，好就好在学不像。这我怎么也没有想到，我们想的和学生想的距离有多大啊！后来我再和她们聊，觉得也是有道理的。周杰伦的歌词有它的文化含量，如《青花瓷》《双截棍》等，都有中国文化的元素。还有就是，他的歌是又说又唱，很适合现在的孩子。现在的孩子条件好了，回家一个人一个小房间，爸爸妈妈忙得没有办法和他们交流，但是孩子要成长、要诉说，所以又说又唱是很合适他们的。做老师无论如何都不能误解孩子，不能随便对孩子说“不”，“不”是最没有力量的。“不”是否定，否定一百遍也不等于“行”。我教课也是如此。学生作文写不好，不能说你怎么怎么不行，而是要精细地指导，教他怎么写就能好，就能行。要正面引导，让他们饮琼浆，对他们灌醍醐，让他们有精神养料。所以，一定要目中有人，走进学生的世界。教育确实是春风化雨，和学生有共同的语言才可能逐步地引导向前，绝不能高高在上。

我写的几百万字的文章，都是教育教学中学生帮我出的问题。针对教育教学中出现的问题，我要思考、要学习、要探讨、要试验。有一次，学校请人作报告，报告内容很好，我跟学生说：“今天报告很好。”谁知一个学生说：“好什么呀？”我看他的笔记，一个字也没有记，画的全是“正”字。他说这个人一共讲了 150 多个“这个”，我都给他统计好了。我听了很受震动，简直没想到，这样的一个语病竟然影响了孩子对报告内容的吸收。我马上反躬自省，我有没有？我是江南人，也有语病，脑子转不过来时就来一个“啜”，或者“但是”，其实是不要转折的。我想，既然教语文，我不仅要带领学生学习规范的书面语言，而且课堂就是活的语言学习的场所，我自己的语言必须规范、生动、优美，词汇丰富。怎么纠正？当时我年纪轻，有股劲，就用以死求活的办法，用比较规范的书面语言改造自己不规范的口头语言。我就写详细的教案，把自己上课要讲的每一句话都写下来，然后认真修改，把可有可无的字去掉，把不符合逻辑的地方去掉，然后把它背出来再口语化。我每天要走一刻多钟才能上公交车，于是就利用这一时间在脑中过电影。我怎么用精彩的导语激发学生的兴趣，然后这堂课怎么铺开、怎么发展、怎么掀起高潮、怎么收尾，一个个环节都考虑好。就这样用以死求活的办法大概进行了两年，力求“出口成章，下笔成文”。教师的思路十分清晰，教课才能一清如水。我自己的体会是，当我对问题透彻理解的时候就能一语中的，因为我对这个问题认识得很深刻；我对这个问题有些含糊的时候也是我废话最多的时候，废话一多，学生就倒霉了，如堕五里雾中。我一直和年轻教师讲，你一路走过去，教育脚步有深有浅，要停下来，深入思考哪些是对的，哪些是错的，哪些是不足的，久而久之，就能摸到规律了。

课堂教学是要深入研究的。教师绝不能做教书匠，不能只是灌输知识。在传授知识、培养能力的同时，要发展智力，熏陶情感，要育人。我在 20 世纪 80 年代就在课堂教学中试验了，绝对不是“我讲你听”“你问，我回答”。课堂教学要多功能、立体化。要以学科智育为核心，融合态度、情感、价值观的教育。教学是立体的，育人和求知应该互相渗透。语文教学不仅有实用功能，还有教育功能、发展功能、审美功能。比如，《岳阳楼记》中的名句“先天下之忧而忧，后天下之乐而乐”，难道只是讲字句知识吗？不是。它不知道哺育了多少代志士仁人。因此，智育和德育是紧密结合的，学校全面贯彻教育方针绝不是班主任管德育，教务处管智育，体育老师管体育，课堂教学本身就应该全面贯彻教育方针，以学科智育为核心，融合德育、美育、体育。教师是给学生的心灵滴灌智性与德性的，智性是学生生存和发展的本领，而德性是其做人的底线。二者是一而二、二而一的，不是外加的、分离的。因此，所有课程都要能够立体化施教、全方位育人，人人都是德育工作者。

改革开放以后，我多次面临调动工作的诱惑，包括从政、到高校，但我舍不得三尺讲台，我说三尺讲台就是我生命闪光的地方。上课，我是用生命在歌唱，因为我觉得每节课都影响到孩子的生命质量。课如果只是教在课堂上，随着声波的消失也就销声匿迹了。课要教在学生身上，教到学生心中，成为他们良好素质的一部分。

四、教师责任大于天：教育的希望在青年教师身上

退休以后，我主要抓教师教育。教师教育可以说是我的一个期盼，从70年代末开始我就一直带青年教师。教育的希望在青年教师身上，所以多少年来我对教师教育非常重视，手把手地教。我做第二师范学校校长时就是这样的。校长是培养教师的第一责任人。我要求学生，明日教师，今日做起。良好的习惯能形成良好的素质，良好的素质能造就高尚、完善的人格。因此，习惯的培养非常重要。我做校长，最大的事情就是培养青年教师。我出入课堂听课，听完课就评，听一节课，起码评两三节课，要站在理论和实践结合的高度来评课。我倡导的是“活的教育学”，要让老师觉得上这堂课是师生都有收获的，要知道好在哪里，为什么好；不足在什么地方，为什么不足，怎样改进。人是要靠培养和鼓励的，不足的地方，进行具体指导，因此我们年年有提高、有发展。

我一辈子做基础教育的教师，教师的生命是在学生身上延续的，教师的价值是在学生身上体现的。有位诗人在读了屈原的《离骚》之后，写了这样几句诗：“你埋下了一坛老酒，酒坛上的红纸沉沉地写着黑字——魂。每当到了汨罗江悲怆的那一天，那酒坛里就溢出芦叶的清香，回荡起亘古不变的激昂，路漫漫其修远兮，吾将上下而求索……几千年了，喝过这坛酒的人，都醉成了龙的脊梁。”我一辈子上下求索，就是为了做一名合格的教师，将学生培养成龙的脊梁。生命是有限的，我毕竟是81岁了，但是教育事业是常青的。我们的希望在青年教师身上，他们手里掌握着国家的未来。中华民族的伟大复兴，不仅在物质文明方面，还要用高度的精神文明来向世界展示，那才是真正的中华民族的伟大复兴。我们教师最大的心愿就是学生健康成长，学生成人成才，能够出现数以亿计的素质良好的建设者，能够出以千万计的拔尖人才，特别要出卓越人才，不仅要对我们的民族、

国家做贡献，还要对人类做贡献。育人先育己。我一辈子走的是与学生一起成长的路，在教育学生之前先教育自己，教育自己成为一个堂堂正正、表里如一、言行一致、有中国心的中国人，成为一个能和学生知心教心的教师。

我说一辈子做教师，一辈子学做教师，绝不是一句空话。我一辈子都在学，不断完善健全自己的人格。我不断地反思，我一辈子上的课，有多少是上在黑板上的，有多少是教到学生心中的。我梦寐以求的是，上海的教育兴旺发达，在全国有广泛的影响；我希望青年教师人才辈出，创造教书育人新业绩。为了每一个孩子的终身发展，通过我们的艰苦奋斗，把这个理想变成光辉的现实，理想实现之时，就不仅是全国的创新，在世界上也是了不起的创新。

金色的记忆
灿烂的前景

《国际展览公约》中指出："世界博览会是一种展示活动，无论名称如何，其宗旨在于教育大众。它可以展示人类所掌握的满足文明需要的手段，展现人类在某一个或多个领域经过奋斗所取得的进步，或展望未来的前景。"159 年来，世博会的展示历程确实表明了世博会是人类新思路、新文化、新创造、新产品的伟大聚会，是人类文明进步的窗口。

从 1851 年英国伦敦首届世博会建造的"水晶宫"开始，无数科技创新与进步都聚集于此。自工业革命以来，人类所取得的每一项重大科技发明，如蒸汽机、发电机、复印机、电报、电灯、电话、汽车、飞机、电视机、传真机、计算机技术等，都在世博会上先后亮相，有的引起了相当的轰动。这一项项发明创造，展览会后迅速传播到世界各地，促进了技术的进步、文明的发展。

要在中国举办令人瞩目的世界博览会，是中国人的百年梦想。早在 1893 年郑观应就提出在上海开世博会的主张。"欲兴商务，必开会场。欲筹赛会之区，必自上海始。"从这以后，梁启超、吴趼人、陆士谔等人在他们的著述中都提到要在上海开世博会或国内博览会。在整整一百年前的 1910 年，中国第一次召开全国博览会，有人又提出中国应在不久的将来召开"全球大博览会"。虽然屡次三番提出，但在当时看来，一个积贫积弱的国家距离梦想的实现是多么的遥不

本文发表于《上海教育》2010 年第 15 期。

可及。

“必自上海始”，预言散发着现实的光芒。而今，百年梦想终成现实，几代人心愿熔铸的世博会终于在上海举办了。其规模之大、规格之高，可称历来世博之最。不是日月换了新天，不是改革开放取得宏伟成就，哪会有如此奇迹的出现？抚今思昔，心潮澎湃，民族自豪感油然而生。

世博会是世界的微缩，参加国家多，展览文化、科技纷繁多样，俨然已成为一个“小世界”。世博会历来有促进青少年了解世界、追求科技创新的好传统。1970 年日本大阪世博会对日本学生向往科技、实践科技、追求创新起到很大作用。而今，世博会办到我们家门口，须珍惜与掌握这百年难得的机遇，参观世博，了解世界，让青少年学生扩大视野，接受一次生动具体的科技创新教育，思考人类进步发展应走的路径，在精神上获得激励，增加责任感和求知欲。

最早的世博会名为万国博览会，呈现的主要是工业方面的产品、技术，偏重物质文明。经过一个多世纪的进展，人类遇到了环境、资源、生态等许多问题，必须直面，必须反思，必须寻求共识，找到解决问题的途径。为此，20 世纪中叶起，世博会就不仅仅是商品、技术的展示，更是思想观念、思想文化的交流。这次上海世博会以“城市，让生活更美好”为主题，正是为了追求城市发展中的低碳、环保、可持续发展，达到城市与人、城市与自然的和谐发展。从理念上说，认识显著提升，对人类的生存发展作了整体性思考，以技术的创新为人类生存环境的改善服务。从战略上讲，聚焦在城市更有其特定意义。城市是人口最集中的地方，从物质到精神，各种问题复杂、交错，自然界既难以承受无节制的开发，也难以承受人类无休止制造的污染。城市与人、城市与自然必须和谐相处，才能做到可持续发展。这个主题的内涵既包含高科技的物质，更包含高素质的精神，让参观者深受教育，明确城市以及人类发展的方向，从而自省、自悟、自律，获得适合时代需要的提升。

且不说参展的欧、亚、非、美、大洋洲各国展馆设计得新颖独特、色彩斑斓，展示的内容千姿百态、迥然有异，单是世博园区 31

个省（区、市）展馆里（不含港澳台），就汇聚了各地历史文化之精粹，集中了各地经济科技发展之亮点，展示了各地创意独特的风格，认真参观，会不断有新的发现、新的惊喜。

当然，最激动人心的是中国馆。身披“中国红”，层叠出挑，古朴大气。那雄浑威仪之势、端庄华美之姿，让你不由自主地感受到中华民族历史的厚重、文化的渊源、脊梁的挺直、精神的旺盛，不由自主地脑子里会跳动许多美妙的词汇：伟大、刚强、奋斗、开拓……跨越一个个台阶，随人流涌入，幸福、神圣的感觉促使你浑身有用不完的劲。

展馆布局匠心独具，展示以“寻觅”为主线，带领参观者行走于“东方足迹”“寻觅之旅”“低碳行动”三个展区，发现并感悟城市发展中的中华智慧。展馆从当代切入，巨大的屏幕凸显了30多年来中国城市文化的进程、规模和成就。许多事情，我们亲眼所见，亲耳所闻，亲身经历，观看时倍感亲切，倍感温馨。“回顾”有时是最好的老师，使人从无意识到有意识，从模糊到清晰，辨识路是怎么走过来的，能清醒地懂得什么是珍惜。

《清明上河图》的展览是“东方足迹”展区的高潮。参观者拥着、挤着，有的踮起脚，有的指指点点，有的交头接耳，有的蹲下身子把手伸到“河水”中，伸下去方知波光粼粼不是水，受了光波动的“骗”了。

《清明上河图》是北宋风俗画的极品，以清明时节为题，描绘城市经济的繁荣景象。宋代城市风俗画的发轫是由于经济的发展，城市进一步形成，布局也发生了变化。刘敦桢在《中国古代建筑史》中论及宋时城市：“宋、辽、金时期由于唐末、五代以来手工业和商业的发展，全国各地出现了若干中型城市，城市的布局也发生了变化。”北宋城市在手工业和商业高度发展下形成了繁荣景象。人烟稠密，人流、货流集中，房屋拥挤，有些酒楼都是二三层的建筑，热闹街市的临街房屋也有二至三层的。

《清明上河图》是绢本，长5米多，描绘了清明时节汴京繁盛热闹的城乡、城市、水道间的形形色色，全景式构图，刻画细致。各色人物550余个，各种牲畜60多匹，各式船只20多艘，房屋楼阁30多幢，推车乘轿也有20多辆，十分壮观。全画大抵可分为三个部分：第一部分是汴京郊野的春光，草舍瓦屋，小桥流水，老树，扁舟，柳林，骑马的，挑担的，抬轿的；第二部分是繁忙的汴河码头，人烟稠密，粮船云集；第三部分是热闹的市区街道，城楼高大，屋宇鳞次栉比。活跃的古代社会生活在画笔下形象地再现。

对这样的艺术珍品，人们看法不一。有人认为“清明”非指节令，而指政局清明，这是值得商榷的。画的第一部分郊野的春光里就有一顶轿子走在路上，轿内坐了一位妇人，轿顶装饰着杨柳杂花。轿后跟着骑马的、挑担的，从京郊踏青扫墓归来。有人将“上河”解为名词，指某一地方。其实，“上”就是上京、上坟的“上”。“河”，是汴河，当时是南北交通要道。正如《宋史·河渠志》中所说：“唯汴水横亘中国，首承大河，漕引江、湖，利尽南海，半天下之财赋，并山泽之百货，悉由此路而进。”汴河几乎成了宋代的“建国之本”，因而开封在宋代得到了空前的发展。画题“清明上河”，显然就是清明节往汴河观赏风光的意思。

画面中最激动人心的是“虹桥”，这是整卷画的中心所在。“虹桥”是跨越汴河之上的一座无柱的大木拱桥。《东京梦华录·河道》载：“从东水门外七里，曰虹桥。其桥无柱，皆以巨木虚架，饰以丹雘，宛如飞虹。”桥跨在汴河之上，拱形，巨木搭建，涂上红色，犹如美丽的飞虹。桥上桥下的各种形象栩栩如生，令人叹服。桥上众多的过路行人，姿态各异。有的吆喝抢道，有的骑马坐轿，有的摆摊兜售货品，也有凭栏观望的，车水马龙，人声鼎沸，一片热闹无比的景象。西桥下则是水深流急，为使运粮的船能安全过桥洞，船上的船工们拿出各自的招数，有的撑蒿，有的掌舵，有的放桅杆，有的投掷缆绳，有的呼喊指挥，那种奋发的精神、紧张的气氛简直是触手可及，引得岸上的看客、船只上的人都帮着用力。

画面是感人的，与文字记载比较，毕竟胜了一筹。但无论怎样妙笔生花，画面呈现的终究是静态。中国馆展示的《清明上河图》出现了奇迹，一个个人活动起来，生动活泼地再现了约900年前汴京社会繁华生活的情景。行路人的姿态各不一样，挑担往前迈的；肩扛货物，身子往前倾的。乘轿人眼睛往轿外张望着的。划舟者齐心协力，仿佛听到橹划水的节奏分明的声音。太平车体量大，牛在拉，前面一头牛还回过头来往后瞧，生动异常。高大的城楼是这幅画的最高点，蔚为壮观。一头骆驼正从城门踱步而去，后面的骆驼跟随着，驮货的骆驼队的行进与城门脚下两个坐着闲聊的人构成一动一静、动静相映的生动形象。夜幕降临，酒肆、茶楼、沿街各式店铺灯亮了起来，黄黄的，晕晕的，影影绰绰的，有罗列杯盘互相劝酬的，有买卖交易的，有说书娱乐的。一个个店肆的招牌也隐约可见，如“孙羊店”“正店”“曹婆婆肉饼”等，十分热闹。夜晚，一些大船的船舱里灯火通明，有的小酌夜谈，有的推窗观夜景。汴京夜市的繁华在高科技手段的处理下活灵活现。

中国馆选取这传统文化与当代科技有机结合的《清明上河图》大规模地展示，形成震撼人心的亮点，别有一番深意。上海世博会是作为发展中国家第一次举办世界博览会的创举。以往中国也曾参加过博览会，但都是跟进的角色，没有话语权，没有充分展示自己形象、智慧和魅力的机会，更不用说主导建构整个博览会了。而今，世博会的主题是“城市，让生活更美好”，既启迪世界思考，又回顾中国城市发展的历史，更想象未来的景象。启迪思考的是：城市虽是现代文明进步的表现，但面对越来越凸显的城市弊病，各国须根据自己的自然资源条件来选择城市发展政策。怎样的城市才能让生活更美好、让人民乐于安居？不同参展方可以此为契机，重新审视城市文明，分享各自对城市昨天、今天和明天的思考与想象，进而努力实现人与人、人与城市、人与自然之间的和谐。回顾中国城市发展的历史，以北宋汴京为代表，具体形象地表明中国城市经济繁荣、文化昌盛的源远流长，今日中国城市的快速发展正是历史发展的必然。未来城市生活怎样？中国馆的第三展区聚焦“低碳行动”。低碳生活是人类不得不做出的选择。聚焦以低碳为核心元素的中国未来城市发展，展示中国人如何通过“师法自然的现代追求”来应对未来的城市化挑战，为实现全球可持续发展提供“中国式的回答”。回顾历史，直面现实，创造未来，中国人正以自己的智慧与力量建造更先进、更和谐、更激动人心的“虹桥”。

中国人的心态永远是开放的、海纳百川的。“城市最佳实践区”的展示，就开创了一项世博会的先河。在这个示范区首度出现了零碳馆，这是中国第一座零碳排放的公共建筑，是将英国伦敦先进的零耗能技术和中国本土的先进节能技术结合后的展示。这个最佳实践区浓缩了世界各地城市建设的精华，是眺望城市未来的极好窗口。

带领学生参观世博，在家门口亲密接触，是百年难逢的机缘。它有深厚的历史文化，先进的科学技术，创新的闪光智慧，是学生学习、感受、发展、成长的大课堂。参观绝不是赶庙会、嘉年华，而是要“慢慢走，欣赏啊”，张开灵敏的感官，调动思维的器官，吸取人类智慧的营养。

教海泛舟，学做人师

我学的是教育，对教育一往情深。我梦寐以求的就是当一名好教师，在学生的心中撒播知识的种子、做人的良知和金色的希望。我憧憬着学生在人生道路上青枝绿叶，花朵芬芳，果实累累，自己作为曾经输送过生命养料的泥土，分享快乐和幸福，享受精神的富有。

我之所以有这样一个梦想，是因为求学时有幸遇到了许多位学高德馨的好教师。他们教课中情不自禁表露出的忧国忧民的情思，常使我心灵受到震撼，激起我无尽的遐想；他们传授知识、剖析问题时的一语中的、鞭辟入里常使我茅塞顿开，忽然天朗气清，快乐无比。上课求知明理是我的期盼、我的幸福，不仅对老师的崇敬爱戴充盈胸际，而且心中经常不由自主地升腾起当教师的强烈愿望。人不可能自然成才，要靠培养，去除蒙昧，走向文明。教师是文明的传承者、播火者，我要像我的老师那样，三尺讲台倾注爱，编织人生的理想。

在委屈中起步

怀着满腔热情，带着感谢培育之恩的思想，我走上了教师工作岗位。可理想与现实之间的距离太大了。想得太美，做，可得站在地上，不能在半空中飘浮。学教育，教育学、心理学还有些熟悉，文理学科教学则陌生，无论教哪个学科，都得从头学起。

本文发表于《人民教育》2010 年第 17 期。

学校原本要我教历史，当我正沉浸在背诵中国古代史重要历史年代、熟悉历史事件、把握历史发展脉络时，校领导突然叫我改行教语文。教历史，已是勉为其难，缺少专业学养，改教语文，岂不是又要重起炉灶？汉语拼音、汉语语法都没学过，起码的基本功都不具备，怎么教啊？别说误人子弟，就连在课堂上一节节站下来都十分困难。于是，我诉说自己的难处，谁知校领导说："战争中学习战争，哪有先学打仗再去打仗的？这是'最高指示'。"我无法再开口，认了，两分钟就解决了改教学科的大问题。

那个年代，没有教学参考书，全靠自己独立钻研，独立创造，根据自己的理解去教。自由度是大的，但教得正确与否、质量如何，我这个年轻教师没有把握。那时，课堂闭锁，不可随便进别的教师课堂听课、学习。我向老教研组长央求了多次，希望能听他一节课。听说他教得好，琴棋书画也行，令我羡慕。可他就是不吭声，不应允。古语说："有事，弟子服其劳。"我一清早就到学校，积极主动地把办公室的清洁卫生工作包下来，扫地、擦地板、抹桌子、打开水、倒痰盂，想以勤劳"感动上天"。然而，终未见效，他仍然未给我听课学习的机会。

一天，老组长突然来听我的课。推开教室门，见他坐在最后一排的椅子上，一脸严肃。由于毫无思想准备，我的腿不由自主地"弹起了琵琶"。我清晰地记得当时教王愿坚的小说《普通劳动者》，对作品中的"将军"和士兵"小李"进行人物形象分析。我定了定神，把课上了下来。学生认真阅读、听讲，我自认为讲得还是有条有理，过得去。

课后，他找我谈话，轻描淡写地肯定了我的板书、语言外，郑重其事地说："语文教学的大门在哪儿，你还不知道。人物形象分析是这样贴标签的吗？""轰"，如五雷轰顶，头脑炸开了似的。怎么办？我只得低声下气向他请教该怎么教，但他仍一脸严肃，金口难开，不吭声。他在办公室时一天都难说几句话，我们都怕他。

"门"在哪儿都不知道，我是名不合格的语文教师。专业不对口，一改再改，须知隔行如隔山，说得轻巧，我一肚子委屈。委屈又有什么用？路还得往前走。既然改了行，就要干一行爱一行，干一行专一行，把责任往客观推，永远不可能成为合格的教师。语文教学的大门究竟在何处？我脑子里整天翻腾着这个问题，即使路漫漫其修远兮，我也要寻找。不仅要找到门，而且要登堂入室，深味其中的奥秘。老组长这句“金石之言”成为我在教学生涯中不懈追求的动力，我常常反躬自省：“你入门了没有？‘堂’在哪里？‘室’在何处？你清楚了多少？一名对学科教学不入门、不辨堂室的教师怎能称职？怎能对得起学生？”外力在教育历程中化为我内驱的动力。从此，夙兴夜寐一灯明，寻寻觅觅。

一方面，我着力打基础，从语言、语法、修辞到中外文学史、经典文学作品，广为涉猎，吮吸其中琼浆，丰富自己的语文素养。另一方面，广泛地寻找借鉴，从中探索入门的途径。如到记忆中搜索。当年自己在中学求学时，语文老师是怎么教我们的，哪些课拨动我们心弦，使我们激动、感奋，引领我们在优美的语言文字、精辟深邃的思想里遨游，使我们享受语文，享受文化，享受快乐，经久不忘。又如从比较中学习。传统教法是什么，流行教法怎样，国外怎么教母语（尽管资料凤毛麟角，当时封闭，只可体悟一二），经常阅读有关报章杂志，比较利弊得失，逐步形成对语文的一些看法。再如到语文教育论述中寻觅。张志公的《传统语文教育初探》，朱自清、叶圣陶、吕叔湘对语文教育的众多论述，从识字教学到工具书的使用，从阅读教学到作文训练，我认真阅读，逐一推敲，从中寻觅有效的途径。

为了进入语文教学的大门，我如饥似渴地阅读、思考、实践。一把尺子量别人的长处，真心实意虚心求教；一把尺子专门量自己的不足，查找自己教课的差错、缺点、不足，每节课写“教后记”，记录下歪歪斜斜的脚印，寻找语文教学的规律。

“可惜我不会”

教了三四年，那种上课如履薄冰、如临深渊的感觉有所缓和，对语文教学的门径似乎有了点领悟。但有个问题又常让我心甚不安。课上学生颇有学习气氛，听讲也很专心，但进步不明显，尤其是部分同学的作文长进很少。为此，课后我常与学生聊天，了解症结所在。不少学生自责，说自己基础差，不努力。有位课上从不发言的男同学笑嘻嘻地对我说："老师，我喜欢上语文课，你讲得很好听，可惜我不会！"说"可惜我不会"时还低下了头，露出些微歉意。

淡然一语重千钧。教课，学生没学会，我这名教师"合"的什么"格"？我认为自己已经尽了很大努力，讲得一清二楚，怎么学不会呢？别说打业务底子，力求摆脱知之甚少甚浅的窘境，告别孤陋寡闻，就是对教材，我也是潜心研究，查检资料，独立分析，从语言文字到思想内容，从思想内容到语言文字，起码三四个来回，一篇篇课文反复推敲、研究，把文章的脉络、篇章的构成、语言的运用、作者的意图等弄得一清二楚，力求使教材如出自己之口，如出自己之心。钻研一篇课文，有时要花 10 小时、20 小时甚至 30 小时。我深知教师对教材若明若暗，一问三不知，别说有损教师的形象，起码愧对自己的良心。基于这样的认识，备课非认真读书、非刻苦钻研不可。三篇、五篇、八篇、十篇、上百篇独立钻研，开始尝到了庖丁解牛的滋味，往往能一眼看到底里。现在看来，真得感谢当时没有可提供抄袭的种种教学参考书，非自己学会走路不可，否则，高中课堂站不下来。阅读教材的本领是逼出来的。

当时，学生的话语看似平常，但激起了我的深度反省。不可否认，我是努力的，但我只着力于"心中有书"，忽略了"目中有人"。我误以为只要讲清楚，学生就会懂，就能学会，越俎代庖，荒唐可笑。在教学工作中，学习者是第一因素，没有学习者就没有教学。杜威对此有一精彩说法：在教学过程中没有学生，正像没有买主就没有销售一样，还谈得上什么教学？同样的道理，课堂里有学生，但脑子里没有他们活生生的形象，不研究他们的实际，岂不和没有学生一样？教学是教师的教和学生的学两方面的活动，教师的主导作用就在于调动学生学习的自觉性和主动性，促使学生充分发挥认识主体的作用。钻研教材、使用教材正是为了教学生，教好学生。我这种有书无人、重书轻人的教学，在不经意间脱离了学生的实际，当然不可能收到实实在在的效果。

毛病出在自身。教学总不能建立在对学生情况“毛估估”的基础上，要疏通了解学生的渠道，和学生接触，和他们的学习动态、书面作业接触，和他们的家长接触，处处做有心人，让学生思想、品德、知识、能力、兴趣、爱好、性格特征、生理特征等各种信息进入自己的脑中，分别储存起来。无论教哪个年级、哪个班级，都要尽心地走进学生的世界，课内课外了解，直接间接了解。早在两千多年前，孔子就说：教学生要“视其所以”，观察学生的日常言行；“观其所由”，观察学生所走的道路；“察其所安”，考查学生私下的言行，摸清学生的个性，目的在给他们个性中智慧的花朵提供开放的条件。我采用观看、倾听、询问、调查等多种方法，探索学生的知识世界、生活世界、心灵世界，做他们的知心朋友。我对有些学生学习中的困难感同身受，与他们共同探寻破解的方法。此时此刻，学生就不再是一个个名字、一张张卷子、一个个分数，而是立体的、灵动的、有个性的、生动活泼的形象，是变化着的、发展着的形象，充满希望，有无限的可塑性。

我这个人真懵懂，教了那么多年才开始接触到教育的本质，才懂得教育教学的出发点和归宿点是学生，是我的教育对象；才懂得知之准，识之深，才能教到点子上，提高教学的有效性。离开了对学生的深入了解、悉心研究，那是在教教材，在表演给学生看。课如果只教在课堂上，就会随着教师声波的消失而销声匿迹；课要教到学生身上，教到学生心中，成为他们素质的一部分。特别是母语教学，语文能力、语文素养的培养应力求惠及终生。

咬定青山不放松

用清楚明白的语言传授知识、启发思维是教课的基本条件，含含糊糊，闪烁其词，杂乱无章，学生就会如堕五里雾中，得益甚微。教学用语里既要有经过锤炼的活泼的口语，又要有优美严谨的书面语言，有文化含量，学生的学习置身于语言美的环境之中，就会受到熏陶与感染。基于这样的认识，我就在行动上下苦功。我的目的是力求“出口成章，下笔成文”。作为语文教师，在语言文字运用方面，应该成为学生的榜样，不能说的是一套，做的又是另一套。如何规范自己的语言，清除语言中的杂质，提高语言的质量？我是多管齐下。一是训练自己思维的条理化，锻炼“心明”，促进“言明”；二是勤奋阅读，提高知识素养，丰富词汇量；三是用“以死求活”的方法，用比较规范的书面语言改造自己不规范的口头语言。当时年纪轻，有劲儿，追求完美。我把上课的每一句话都写下来，然后修改，把不必要的字、词、句删除，把不合逻辑的地方改掉，然后背下来，进而口语化。这样一来，啰唆、重复、语病大大减少。

这样把心贴在教课上，不仅提高了语言的质量，而且一堂堂课上得心中很踏实，无丝毫飘浮的感觉。

写，也是如此。我自觉地坚持写“教后记”，梳理思想，提升认识，评说得失；写学生品德评语，力求一人一个样，各有特点；批改作文，总批就是一篇小文章，与学生倾心交流。学校要求写的计划、总结、质量分析等，无不一丝不苟。

我一直认为写得好，首先是做得好。只有深入实际，深入思考，确有体会，确有见解，下笔才流畅无阻，言之有物，言之有序。而今，我已是 80 岁的老人，发言不用稿子，写文章不用打草稿，大概就是年轻时锲而不舍下苦功的缘故。

正当我兴冲冲地进行教学实践之时，疾风骤雨式的“文化大革命”开始了，我在劫难逃，被打入劳改队。“为什么教学那么卖力，受到市里表扬，是‘修正主义教育路线吹鼓手’！”“为什么那么关心帮助学生，是‘腐蚀学生’！”“为什么那么卖力钻研业务，是‘知识越多越反动’‘反动学术权威’！”一顶顶“桂冠”压得我透不过气来。侮辱、监督劳动、审讯、批斗，周而复始，我从未遭遇过如此的打击，万思不解。特别是看到有些十六七岁的学生，原本很可爱，曾几何时，变成打砸抢的模样。一皮带抽下去，腿上留下一道痕迹，血就会冒出来，打的是他的老师啊！边剪老师的头发，边逗乐，边大笑，把快乐建筑在别人的痛苦之上。这着的是什么魔？人性到哪儿去了呢？我困惑，愤怒，欲哭无泪。善良应该是人的本性，为什么要扼杀，让兽性发作？在处境极端险恶的情况下，我更加想到教育非抓不可，一定要把青少年教育成“人”的样子，有人心，有人性，有情有义，守住做人的底线。

人间自有真情在，有的老师、有些学生关心我、鼓励我，我在逆境中活了下来。胡乱折腾了两三个月，我总算被放回家住，每天去学校报到：劳动，检讨，“改造灵魂”。熬到了所谓“复课闹革命”，学校开始恢复上课，要我带一个乱班，做班主任。从此，我就成了带乱班、乱年级的“专业户”。对我而言，这又是一个新考验。以往教的都是比较好的班级，不存在纪律问题，而今学生受“读书无用论”及打砸抢影响，逃课、打架、偷窃，个别学生简直无法无天。面对无辜受害的学生，我更感责任重大，要竭尽全力真心帮助他们。我挨家挨户访问，三次五次，八次十次，和家长做朋友；与学生相处，呵护，真诚，将心比心，遇到问题，换位思考；要求学生做到的，自己一定先做到，以此赢得了学生的信任。逐渐地，我的话语能在知音者——学生的头脑里回响激荡，收到良好的效果了。学生进步了，所带班级转变了，所带年级先进了。

正有点沾沾自喜时，一篇周记猛击了我的心灵。“今日早操时，你骂学生十三点，你的阶级感情哪里去了？你还像不像个教师，配不配当教师？”太厉害了，上纲上线，我边读边脸上发热。我从不骂学生，同学总说这位女同学“十三点”（即北方说的“二百五”的意思），因她不断闯祸，无理取闹，又不听规劝。那天早操，她在操场上惹这惹那，像旋转的陀螺一般一刻不停。我提醒多次，她不理睬。我黔驴技穷，脱口而出：“你又不是十三点！”这句话真灵，她马上不乱动了。话一出口，我就很后悔，深感自己的无能，但没想到对这位同学伤害的严重性。冷静下来扪心自问，确实有愧。

感情问题来不得半点虚假，对学生丹心一片，情深似海，就不会出言不逊，伤学生的自尊。学生的生命是宝贵的，是有尊严的，岂能冷嘲热讽伤学生的心！我没有掩饰自己的错误，主动到班级读了同学的周记，说明自己为何出言不逊，心里是怎么想的，并向被嘲讽的同学道歉，请她原谅。这件事我记了一辈子，教训深刻。面对各种学习懈怠、思想行为偏差，乃至被家长赶出门的学生，我总坚持满腔热情满腔爱，不断拷问自己的感情与责任，力求做一名合格的教师。学生千人千样，有个性、有潜能、资质优良的学生，教育起来同样有相当难度。没有大爱，没有水磨的功夫，就不可能拨动他们的心弦，奏出悦耳的乐曲。

一个学生就是一本丰富的书，一个多彩的世界，每个学生的成长都是独一无二的。要尊重他们的人格、他们的个性，善于发现他们的长处与潜力，长善救失，把蕴藏的种种潜力变为发展的现实。学生世界的事无须喋喋不休，动辄发禁止令，管头管脚，要坚持正面教育，关键处引导。几十年来，我教过各种类型的学生。面对这些丰富的“书”，我一本一本认真读，一点一点学习、领悟，逐步懂得师爱的真谛，也品尝到亦师亦友的无穷乐趣。

长相忆，我那些个性迥异、充满活力的学生！

追求永无止境

1978年，特级教师的巨大荣誉突然落到了我的头上，我又惊又喜，兴奋不已。首批评选，无自己申报的手续，在开会颁证之前，我全然无知。面对如此好运，决不能让荣誉蒙上灰尘，定要让偶然性为必然性开辟道路，加倍努力，追求卓越，孜孜不倦地缩短“实”与“名”的差距。

首先面临的是极大的压力。我还是我，就是那点水平，可冠以“特级教师”以后，别人对我的要求一下子高了起来。一切教育行为、一切思想言行都在众目睽睽之下，似乎你应该什么都懂，什么都应十全十美。一下子怎么做到呢？我只能自强自立，奋勇拼搏，增强自我教育的内驱动力，以敞亮的胸怀、无限的热忱迎接来自各方面的挑战。比如听课，每一节都有同行听，少则二三十人，多则几百人。为了对得起学生、对得起远道而来的各地教师，我不敢有丝毫懈怠，备课全身心地投入，天天明灯伴我过半夜。那都是随堂听的家常课，未经过试教，很少有表演成分。外地邀我去上课，我都婉言拒绝。有人说我有架子，有人说只会教自己的学生没本事，对这些我没放在心上。我有我的想法。

“文革”中一次批斗会上，使我内心有所触动的不是捏造的事实，而是一位老教师的讲话。他说：“公开教学，你不断借别人的班上课，你知道带给别人怎样的伤害？一个人有一个人的教法，你教得好死了，到别人班级上课，别人怎么进课堂？”至今那义愤填膺的模样我还清晰地记得。尽管借班上课不是我的本意，是下达的任务，但伤害同事，影响别人教学，自己却有不可推卸的责任。做任何事，都要为别人着想，设身处地非常重要。当时我就下定决心，日后如还有可能上公开课，决不借任何班级上课。再说，借班上课对学生情况不了解，违背教育原则，针对性较差，更多的是表演性质，推销授课教师的“才艺”。至于研究性质的课，当另作别论。我的岗位在学校教学第一线，那就要脚踏实地耕耘，扎实提高教文育人质量，一心为学生，“巡回演出”的事不干，显然不是有架子与否的问题。

其次，教师身上要有时代的年轮，努力学习，不断提高认识，学会站在教育战略的制高点上思考一些问题，探索教育教学规律，跟随着时代奋勇前进。为此，我不断地挑战自我，清醒地看到自己的无知、缺陷与不足，寻求解决问题的途径与方法，追求超越。比如课堂教学，根据课程目标和自己的实际情况，制订努力的小目标，一个一个台阶上，一步一步攀登。先是“胸中有书，目中有人”，知心教心，有的放矢。接着在语言的规范、生动、鲜明上下功夫，力求出口成章，下笔成文。再接着研究课堂教学的节奏与容量，怎样的教学节奏与内容的分量，学生最易接受，最能满足学生心理需求，不打疲劳战。然后，又研究课堂教学的多功能，发挥学科教学的实用功能、发展功能和审美功能，以学科智育为核心，融合德育、美育，使教书育人落到实处，改变只是传授知识的线性思维。又研究课堂教学结构的改革，如何调动每个学生的学习积极性，组织到教学的情境之中，师生互动，生生互动，把传统的教学结构的直线往复转换成网络式的辐射型，能者为师，水涨船高，推动教学向深处开掘，往广处开拓。研究的问题均来自教学的困惑、学生学情的启示，目的是修正或否定自己不合语文教学规律与不合时代前进步伐的想法与做法，切实导引学生全面提高语文素养。

再次，教师要有主心骨，不追时尚，不跟风，不炒作。教育是朴素的老老实实的学问，无须三流的化妆来涂脂抹粉，花里胡哨。有一个阶段，有这样一种舆论，似乎没有什么动人的口号就是保守，就是不改革。当时我只能一笑了之。语文教学的科学性、复杂性难道用一句广告语就能概括？千人千面，千课千样，哪一个教学模式能包打天下，放之四海而皆准？多一点哲学思考，多一点文化判断力，就能经得起这个风那个风的劲吹，牢牢抓住教文育人不放松，一步一个脚印往前迈。语文教师的定力、个性不仅在课堂教学中反映，在课程建设、教学发展的重要时刻，我总是直言不讳地对许多问题提出自己的看法，撰文阐述自己的观点。比如语文教育的目标问题，语文学科的性质、特点、功能问题，兴趣、情感、求知欲问题，素质、能力、智力问题等，我发表了很多看法，而且预料到会有不同意见乃至反对意见，但是本着当教师的良心，对学生的热爱，对语文教学质量的执着追求，坦率地讲述观点是应该的、必须的。意见能深化自己的研究，修正不恰当的、不周全的乃至错误的看法。一名教师总不能只埋头上课，要抬头仰望教育大形势、语文教改大潮流，判别语文教学现状的利弊得失，了解向前发展的可能与期盼。胸中有全局，教学实践就能心明眼亮，措施有力有效。

20 世纪 90 年代至今，社会上物质生活的诱惑对教师的冲击越来越大，我也未能幸免。调动工作，优厚待遇，兼职校长，房子车子，我都婉言谢绝了。90 年代中期，一所规模宏大的民办学校邀我当校长，年薪 60 万元，我也毫不犹豫地谢绝了。我也是食人间烟火的人，为什么会作如此的选择？毕竟在人生道路上走了几十年，曲折坎坷，最牵动我的心的是学生能健康成长，国家能繁荣昌盛。我是一名教师，不愿做知识贩卖者，人和金钱之间画上等号，人格也就扫地了。其实，《乐记》早就深刻指出：“夫物之感人无穷，而人之好恶无节，则是物至而人化物也。人化物也者，灭天理而穷人欲者也，于是有悖逆诈伪之心，有淫泆作乱之事。”人总是有物欲的，因为要生存要发展。但君子爱财，取之有道，追求的目标是人格的完美。泰戈尔曾说，鸟的翅膀一旦系上黄金，就永远也不能飞腾起来。人之所以为人，是因为有精神世界，有精神支撑。读书求知是为什么？为明理，为明做人之理，明报效国家之理。教师是教圣贤书的人，当然应是做人的表率。

教海泛舟，学做人师，无比幸福！

课堂春秋忆恩师

这是赵继武老师在教李密的《陈情表》。教科书他一眼不看，脑子里好像刻着这篇文章，逐句逐句讲解。讲到“外无期功强近之亲，内无应门五尺之僮，茕茕孑立，形影相吊”，他右手食指摇晃着，大声说“茕，茕，不能读错，也不能写错”，接着，在黑板上写个大大的“茕”，并叮嘱：“和‘贫穷’的‘穷’一个读音，字的下面是‘卂’，不能看走眼，看成‘丿’，不是撇，是竖，笔直笔直的，‘穷’，要站得笔直。”说着说着，做了个笔直的姿势。生动啊，我一下子就记住了。课读读讲讲，委婉恳切，把祖孙相依为命的亲情表达得淋漓尽致，我们这些学生不知不觉进入了孝感动天的情境，感情不能自已。

这不是一般的传授知识，而是老师用心在教我们，给我们以精神上的哺育。

那时，教师穷，学生穷，缺的是物质，志气却没少。全面抗战胜利，1946 年 2 月，省立镇江中学复校。名为省重点学府，但原校舍被毁，只得在日寇养马场复校。此处环境破烂，污秽不堪，经月余的清理修缮，才略似校园。学校在七里甸，十分荒凉，与市区隔绝，学生皆住读。无电灯照明，靠小煤油灯；无自来水，靠一台手工泵抽取地下水。住的是原日本士兵住的一个个小房间。房间里无床，只有一个榻榻米（用木板搭的高 0.6 米的大方块），10 个女同学一间，一人一张小席子，排成两排，铺在榻榻米上。空间很小，睡觉必须文雅，稍不留心就会“侵占”到别人的“床铺”上。房间里除榻榻米外一

本文发表于《思想理论教育》2011 年第 18 期。

无所有，面盆、漱口杯都放在泥地上。伙食，谈不上营养，能填饱肚子就不错。饭堂里只有几张破桌子，所有人一律站着吃饭。

条件够艰苦的，但大家并不以为苦，因为学校许多优秀教师的课教得十分精彩，对学生有巨大的吸引力。他们铆足了劲，要在日寇投降、山河重光之时，办好学校，为国家培养栋梁之材。他们黎明即起，与学生一起参加晨会；夜晚，到一个个教室巡回晚自修，为学生解答疑难。夙兴夜寐，十分辛劳。老师们不仅创建了良好的教风，也引领学生创建了良好的学风。别的且不说，单是晚自修就是学校的一景。教室里每张课桌上一盏煤油灯，两个同学合用。尽管油灯大大小小、高高低低有差别，但排列整齐、星星点点，远远望去，简直有纳兰性德《长相思》中“夜深千帐灯”的味道。年轻学生伏案读书求知的背影和老师轻轻走动悉心指导的身影交织成“一切为民族”的生命交响曲，那么生机蓬勃，那么充满希望。

教中外地理的严老师，被学生称为“活地图”。他粉笔在黑板上一勾，地界、山脉、河流、城市、交通线……再配以文字、数据说明，极其形象生动，经久难忘。数学毛老师一边板书一边用英语讲述，推理之严谨令人折服，他那“……is equal to zero”的语调成为他的代号。

国文老师赵继武特别令我佩服，他是著名国学大师黄侃的弟子，文学修养深厚，十分儒雅，无学究气。他上课别说备课，讲义没有，有时连课本都不带，只拿两支粉笔，学问全在他肚子里，上课时只要调动调动，一套一套就出来了。他教诗词更是一绝。不同风格的诗词到了他的嘴里都会风采别具，余音缭绕。有人说，人生最快意的事之一就是用家乡音调引吭朗诵诗词。我的家乡话很悦耳，抑扬顿挫，富于音乐性，尤其读诗词，颇具歌唱的韵味。教辛弃疾的《南乡子·登京口北固亭有怀》：“何处望神州？满眼风光北固楼。千古兴亡多少事？悠悠，不尽长江滚滚流……”老师朗诵时头与肩膀左右摇摆着，真是慷慨悲歌。我们这些做学生的，忧国忧民的情怀油然而生。此后，每逢假日，三五同学登上北固楼，总是感慨万千，抒发“生子当如孙仲谋”的宏愿。这首词我至今还能背得滚瓜烂熟。从此，我也就深深爱上了辛弃疾的词。

赵老师从不训斥学生，总是和颜悦色地谈自己的看法、想法，从不把自己的意见强加于人。对待同学中的突发事件，处理的艺术更是令人钦佩。班级里调皮捣蛋的男生总要制造点小事热闹热闹。有一次上作文课，有个同学恶作剧，偷偷地把我的凳子搬走，我十分生气，不去找，就站着写。那次是自由命题还是要求写“丙戌重阳”，记不清楚了，但清晰地记得我针对这件事大发议论。其实，事属鸡虫得失，没什么了不起，而那时，我竟不知哪里来的那么多意气，那么多文思，笔端汩汩滔滔，写下了一篇类似“檄文”的东西。写好一看，觉得不妙，大概要被老师责怪了。出乎意料的是，老师大为欣赏，风趣地批道：“……于生失座，成此佳作，遂使孟嘉落帽韵事不专于前矣！”妙笔轻点，化解了矛盾，慰藉和安顿了我这颗少年气盛的心。那种宽容，那种用典故、用文化底蕴循循诱导的艺术，我永志不忘。35 年后，与同班同学忆及此事时，我情不自禁地写下了：“草‘檄’何曾两腿麻，灌夫骂座笔生花。鸡虫得失浑闲事，赢取先生说孟嘉。”

教师教育学生的最高境界大概是并不摆下教育人的架势，而是自然的、质朴的、从心底流淌出来的做人道理与知识的传授、能力的培养融合为一体，课内课外撒播到学生心田，春风化雨，滋养心灵，学生品尝到成长的喜悦，深切感受到成长的幸福。赵继武老师为我播下了成长的良种，师恩浩荡，刻骨铭心。

复旦精神谱就
我生命的底色

我这名已年过八十的校友今日能获得“第八届复旦大学‘校长奖’”的殊荣，感到无上的光荣与幸福。

大学毕业离开母校走上工作岗位已整整一个甲子。岁月流逝，60年一晃而过，但当年复旦的许多老师上课的精彩情景仍历历如在眼前。子彬院、A 教学楼、B 教学楼，我们奔着上课，抢座位，对知识的渴求难以言表，至今许多老师的谆谆教导仍常在耳畔回响、萦绕。母校的培育之恩刻骨铭心，永志难忘。特别是母校“博学而笃志，切问而近思”的复旦精神谱就了我生命的底色，激励我一辈子锐意进取，奋勇直前，将自己的生命和教书育人的使命结伴同行。

人无志不立。人有了脊梁骨才能直立行走。人没有志向，没有理想信念，没有精神支柱，就不可能成为名副其实的人，脱离卑琐的动物状态。复旦精神“笃志”教育了我四年。志，要一心一意地立，专心致志地立。在复旦精神的感召下，在许多优秀老师的教育下，我立下了这样的志向：一辈子从事基础教育，做人师，做一名合格的人师。这个“格”，不是打分，不是量化；这个“格”，是国家的期望，人民的嘱托。我做老师，把孩子交给我，要让党和国家放心，要让千家万户老百姓放心。我怎样才能不做知识的二传手，而是人师呢？智慧要如泉水一样喷涌而出，思想言行能为别人做榜样的德才兼备的人，方能为老师。为此，我刻苦修炼，要求学生做到的，自己一定率

本文是作者在“第八届复旦大学‘校长奖’”颁奖仪式上的发言。复旦大学作为一所百年名校，为国家培养了无数英才，作者就是其中的杰出代表。

先做到。教师对学生的影响不可能是零，不是正面影响，就是负面影响。为了学生的健康成长，我必须努力做到德才兼备，帮助学生打好做人的基础，有一定的文化积淀。基础教育基础打得好，高校教育就能起万丈高楼。

我教过中学各个年级，各个层面的学生都教过，包括“文化大革命”期间，说我是“修正主义教育路线吹鼓手”，罚我带乱班乱年级，我都把他们带好，一些被家长赶出去的孩子都培养得健康成长了。这是复旦精神“笃志”要我做的事情，是党和国家交给我的任务，因为教师一个肩膀挑着学生的现在，一个肩膀挑着国家的未来。今日的教育质量，就是明天的国民素质。

教育教学工作中碰到许多困难，有的时候真是问题成堆，怎么从困境中走出来，克服那些困难？又是复旦精神“博学”指引我，使我开了窍。做老师，要提高教育教学的有效性，身上必须有时代的年轮，跟随着时代前进。为此，我不断学习，努力学习，摆脱无知，增长才干。有人问我：你做了一辈子老师，有什么经验？我告诉他：与其说我一辈子做教师，不如说我一辈子学做教师。为了可爱的学生，为了他们的成长、成人，我一辈子在学怎么立德，怎么修身，怎么求知，怎样才会有比较丰厚的文化积淀，怎样才能有娴熟的教学艺术。

孩子只有一次青春，青春是无价宝。每个学生都是国家的宝贝、家庭的宝贝，工作中我不敢有丝毫的懈怠。复旦精神“切问而近思”常给我鞭策。我经常拷问自己的灵魂：“你尽责了没有？尽心了没有？你耽误了学生的青春没有？”中学生进学校求知，一天要上七八节课、九节课，生命的大量时间是在课堂里度过的。因此，课的质量会影响学生生命的质量。课如果只教在课堂上，教在黑板上，就会随着你声波的消逝而销声匿迹。课要教到学生身上，教到学生心中，成为他优良素质的因子，教师才尽到了责任。因此，每堂课下来，我都要反思，寻找和记下自己教学的不足、缺陷乃至错误，探求学科教学的规律，探求育人的规律。我的几百万字的文章，如《于漪文集》《于漪新世纪教育论丛》都是反思教学、探索学科性质功能、探求教育教学规律的表述。正如罗曼·罗兰所说，累累的创伤，就是生命给你的最好的东西，因为它标志着你前进的步伐。我做了一辈子的教师，上了近两千节的公开课，反思下来，没有一节十全十美的课，有的还创伤累累。为此，我必须不断学习，刻苦学习，这种永不衰败的内驱动力来自复旦精神的支持与哺育。

基础教育不像高等教育尖端，但是基础教育是每个孩子都必须接受的，关系到国民素质的提升。我们中华民族的伟大复兴，不仅要靠物质文明，还要靠精神文明，国民素质的提高至关重要。

我一辈子承受母校的教育之恩，难以言说。现在尽管我已 82 岁，还在做些工作，审查上海中小学 12 个年级的语文教材，基础型的、拓展型的、教学参考，初审、复审、复核，来来回回多达几百本次。我又为基础教育培养中青年骨干教师，教育的希望在中青年教师身上，一名优秀教师就能泽被莘莘学子。为此，我尽心尽力带教，带出了三代特级教师、特级教师团队。我有限的知识，有限的精力，能为基础教育做一点奉献，是我此生荣幸。

即使到现在，我仍然承受着母校的教育之恩。报纸上、校刊上、校友杂志上，只要有老师的发言、校长的讲话，我都会认真学习，特别是一些育人的真知灼见，阅读时总抑制不住心中的激动。高等教育确实应该是时代的良知，智能的火把，自强不息、追求卓越的教育精神的代表。衷心祝愿学校在新时代弘扬复旦优秀传统，大力开拓创新，为国家培养各个领域的优秀人才、杰出人才做出巨大贡献。

国歌，永远是我的生命之歌

一想到国歌，我心情就非常激动，儿时的记忆刻骨铭心。当我还是六七岁的时候，有一位年轻的男老师教我们音乐。他非常爱国，教我们唱很多爱国歌曲。尽管那所小学只有一架破风琴，但大家唱起歌来，快乐无比。唱哪些歌呢？我至今还记得的就不少。一个就是电影《风云儿女》中的《义勇军进行曲》，老师教的时候非常激动："起来，起来……"把我们这些孩子的全部感情都调动起来了。还教我们《大路歌》："哄，哄，哄，哈哈哈哈，哄……"再就是《卖报歌》："啦啦啦，啦啦啦，我们是卖报的小行家……"《渔光曲》也是一唱再唱。这位老师的爱国情怀给我们幼小的心灵撒播了爱国的种子。1931 年，日本鬼子侵略我国，铁蹄蹂躏我大好河山，占领上海后，日军沿长江而上，我们家乡也失守了。老师给我们上的最后一堂课是《苏武牧羊》。他一再讲，"苏武留胡节不辱，雪地又冰天，苦忍十九年……"，要牢记不要做亡国奴，又唱起了"起来，不愿做奴隶的人们"。我们小小年纪，从来没听到过"亡国奴"等字眼，一下子好像长大了。从此，这首歌在我心中留下了极其深刻的印象，那激昂的旋律常在我心中回荡。

每当听到国歌，唱起国歌，我总是心潮澎湃，思绪万千，其中有几次特别难忘。一次是粉碎"四人帮"的时候，我被邀请到北京瞻仰毛主席的遗容，并到天安门广场参加升旗仪式。这是我第一次来到

本文是 2012 年 8 月 2 日作者应邀赴国歌纪念馆所作的发言。

天安门，直接看到鲜艳的五星红旗冉冉升起，在蓝天下飘扬。我情不自禁地想到为这面红旗献出了青春、献出了生命的无数英雄、先烈，我们活着的人要永远记住他们的奉献、他们的牺牲，要有担当的精神，要有忧患的意识。还有到人民大会堂开会，特别是参加颁奖典礼时，心情总难以平静。如对“全国三八红旗手”的表彰，上海有五位标兵，我也是其中之一。在颁奖典礼上，当国歌奏响的时候，我就激动地想到我们妇女肩负着社会主义建设的半边天，确实要“起来，起来……”，一定要万众一心，在自己的岗位上做出奉献。又比如1989年，我作为全国劳模，参加在人民大会堂举行的颁奖典礼。当国歌奏响的时候，我真是热血沸腾。我们之所以有当家做主的日子，之所以能够有机会施展自己的才能，那是因为有无数英雄儿女，过去抛头颅、洒热血，而今在建设中攀登、创造、无私奉献。因此，国歌代表我们国家的生命，代表我们国家的尊荣，是我们每一个中华人民共和国公民的生命之歌。

一想到国歌，一奏起国歌的旋律，我就会增强自己的忧患意识、责任感和使命感。我是一名教师，所从事的事业是培养学生成为合格的、优秀的中华人民共和国公民。因此，我一定要把国歌这样一种精神，这样一种要奋斗要奉献的精神，传递给我们的学生。教师的生命价值在于内心的深度觉醒。当一名教师把自己日常的平凡的工作和我们伟大祖国的建设事业，和我们中华民族的伟大复兴，和千家万户老百姓的幸福生活紧密联系在一起的时候，那就会胸襟宽广，有用不完的劲。这是我孜孜不倦追求的目标。从儿时刻骨铭心的学唱歌，到一辈子接受国歌的教育，再到薪火相传，将这种精神传给一代一代的学生，我深感重任在肩，一定要不辱历史使命。

国歌，永远是我的生命之歌。

化作春泥更护花

耄耋之年的吕型伟同志仙逝，走完了他一直眷恋的70余载的教育人生，给基础教育留下了宝贵的精神财富，启迪后辈不尽的思考。

我见到吕型伟同志是在“文化大革命”结束后的20世纪70年代末。那个时候，信息渠道不像今日通畅、快捷。我是一名草根教师，学校地处贫穷的工人区，又名不见经传，没有机会直接聆听市教育局有关的教育教学报告。60年代初，育才中学教学改革风起云涌，蓬勃发展，在全市乃至全国产生很大影响。我这名年轻教师积极投入，才有机会到育才中学等名校听课，参加一些教学研究活动，参加孙兰局长召开的小型青年教师座谈会。那时吕型伟同志已调至北京工作，未能见到。

尽管未直接聆听指导与教诲，但他对语文教学的看法已深入我的心中。因工作需要，我先教历史，又由于工作需要，再改行教语文。说实在的，我非中文系科班出身，教语文碰到许多困难。究竟如何切实提高语文教学质量，使学生真正具有理解和运用祖国语言文字的能力，一直是我朝思暮想须破解的难题。切入口在哪里？怎样突破？语文界众说纷纭。此时，吕型伟同志对语文教学提出了八个字：字、词、句、篇、语、修、逻、文，后来被语文教师称为“八字宪法”。现在看来，就是明确了语文教学的内容，不要为一篇篇课文所拘囿，为教课文而课文，须教字、词、句等语言常识，须教文章的篇章结构，还须教些语法、修辞、逻辑及文学知识。当时，给我最深的启发是：语文是一门综合性很强的学科，须有整体意识，单打一，支离破

本文发表于《思想理论教育》2012年第9期。

碎，不可能切实提高质量；尽管综合性很强，但字、词、句是语文教学的原点，以此为切入口，就既能深入底里，又能纵横驰骋。随着课程教学改革的深入，人们对语文学科的性质、目的、任务、功能等的认识大大向前发展，但对当时处于教学困惑中的年轻教师而言，“八字宪法”的提出无疑是一盏指路明灯。

吕型伟同志为基础教育的地位、质量、发展，一辈子鼓与呼，并数十年如一日身体力行，感人事迹甚多，我眼见耳闻、亲身经历的就不少。

在那个“知识越多越反动”的荒唐年代，教育被推向苦难的深渊，教师头上戴的是甩不掉的“臭老九”帽子。“十年浩劫”后，教育的问题成堆。教育究竟怎样拨乱反正，怎样建立正常的秩序，重拾办学校教育的信心？吕型伟同志专门撰文，强调要造舆论，大力宣传教育的重要性，具体分析上海教育的优势与劣势，阐述不能把教育当作消费事业，要重视智力投资，培养人才。鼓励大家因地因校制宜，想办法争取各方面的支持，办好教育。许多地区，包括周边农村，许多学校受到鼓舞，想方设法办好学校。短短几年，教育就出现了新的面貌。

工读学校的创办确实是好事一桩，它既挽救了有轻微犯罪行为的中小学生，又减轻了普通中小学校的压力，为创造学校稳定的教育秩序提供了重要保障。由于“十年浩劫”中打、砸、抢的恶劣影响，由于“读书无用论”的泛滥，由于原本的社会秩序被摧毁，许多方面都处在无法无天的状况，许多孩子未能受到良好的教育。又由于家庭和周边环境的种种影响，有些学生误入歧途。当时，我是市人大代表、教科文卫委员会的委员，周谷城教授是我们委员会的主任委员、市人大常委会副主任，我们多次讨论青少年犯罪问题，并寻求解决的途径。教科文卫委员会还组织我和毛蓓蕾等同志到好些中小学校调研，深入了解青少年学生的犯罪情况，了解犯罪背景及成因，寻求对策。也就在这个时期，吕型伟同志提出如何看待学生的问题，反对简单地将有轻微犯罪行为的中小学生推给政法部门处理的做法，主张办工读学校，进行教育挽救。在他的主张下，上海办了多所工读学校，根据教育对象实际，开设多门课程，制定合适的管理规章，以治病救人的赤诚教育失足者。经过多年努力，青少年犯罪率明显下降，收到了显著效果。唯有对学生的仁者之心，才会想出如此妙招。

20 世纪 80 年代中后期，教育质量评价的问题困扰着许多地区从事教育的同志。质量评价似乎只有一把尺子，而这把尺子又追溯到我们的教育计划、课堂设置、教学大纲与教材编写。那时，教育部基础教育司首先尝试在“一纲多本”上突破。我清晰地记得，基础教育司组织全国中学语文方面的专家，对各省市报送全国的六套中学语文教材进行评审。当时全国没有统一的语文教学大纲，报上的六套教材各有不同的思路、不同的结构，质量上虽有差异，但姿态多样，形式新，给人以生机勃勃的兴奋感。这次山东省长岛会议上，大家畅所欲言，觉得从东海之滨到青藏高原，各学科只用一套教材的时代即将结束，迎来的必将是解放思想、从实际出发编写教材，百花齐放的春天。吕型伟同志不仅看到了这一点，而且思想更为激进，他认为实行“一纲一本”高度统一的制度不可取，应在统一方针的指导下，采取“多纲多本”的制度。我比较保守，有在计划经济模式下形成的思维习惯，认为“一纲多本”的突破已有大进展，“多纲多本”总得一步步来。事实证明，吕型伟同志的看法有前瞻性，他明确提出要允许并鼓励各省市自编教材，中央可加强宏观指导，并建立全国的审定制度。基础教育要地方化与多样化。由于这个主张有利于同时调动中央与地方的积极性，释放地方同志办好教育的才能，因而获得了认可。上海一期课程改革的实施如火如荼，已远远超越学科“多纲多本”的范畴，在以学生为主体，注意学生个性发展的高度上攀登了一大步。

在 20 世纪 90 年代开会，吕型伟同志谈得最多的是“三个面向”。尽管会议的内容不同，但他总要提邓小平“三个面向”的指示。他说，作为教育工作者必须有教育敏感，“三个面向”不能只看作是题词，而是教育改革的方向，要宣传，要真干、实干。他说，1983 年，通过拨乱反正，教育的正常秩序已经恢复，人们在思考教育前进的方向，邓小平同志“教育要面向现代化，面向世界，面向未来”的题词，就是把教育放到战略重点地位，为实现社会主义现代化这个总目标服务。“三个面向”是对传统教育观念的一场革命，须对教育进行整体革命，而教育内容的改革又是整体改革的核心。一方面，他身体力行，到全国各地宣讲和支持教育改革；另一方面，他又严肃批评相当多的地区和学校不认真学习，不按此去实践。他说，这些人心中有另外三个面向：一是面向升学率，二是面向竞赛率，三是面向创收率。他忧虑地说：“如果这样，‘三个面向’的教育思想要到何时才能落实呢?”并非什么教育都可以兴国，关键在把学生培养成为怎样的人，这是关系到国家命运、人民幸福的根本大事，忽悠不得，虚伪不得，功利不得，精致的利己主义更是罪过。吕型伟同志90年代敢于直言的真挚情感仍然是今日的一面镜子，令人清醒，令人汗颜，更应深刻反思，拨正教育发展的方向。

20世纪八九十年代，中小幼教师出书有一定困难，为了不让他们行之有效的办学经验与教育教学经验流失，上海市中小幼教师奖励基金会筹划出版“上海教育丛书”，组织一批老校长、老教师著书立说，与出版社联系资助出版。该套丛书由吕型伟同志任主编，从策划、选题、组稿、催稿到具体修改，他无不躬身参加、分析、指导，其认真、执着的精神令人叹服。我也被组织在写书之列。90年代初，我患严重的心脏病，常住医院诊治，说心里话，实在不想写。有次教师奖励基金会召开教育丛书组稿会，我也应邀参加。见组稿有一定难度，会议中间，吕型伟同志看着我大声说：“于漪，你不死就要把书写出来!”看到他那副神态，我感动了。他这位原市教育局的老领导，是在为我们教学第一线的教师做经验的积累和学术上的支撑，这份深厚情意与关怀期望，我们怎能无动于衷?参加会议不是就事论事，而是受了一次教育。尽管我当时身体极差，但还是家里、病房，病房、家里，完成了《语文教学谈艺录》的写作任务。我深深体会到：做事难，做好事也难。出丛书碰到了阻力，吕型伟同志不改初衷，排除困难，执着追求，这种对工作高度负责的精神值得我们学习。

70余年的教育生涯，吕型伟同志为教育、为教师、为学生做了许许多多好事，我接触不多，能表述的也微乎其微。吕型伟同志说，他喜欢龚自珍《己亥杂诗》第五首，其中有这样的诗句："落红不是无情物，化作春泥更护花。"他一辈子钟情基础教育，遗留下来的丰富的精神财富必能"化作春泥"，培育更多的为教育做奉献的校长、教师。

一辈子学做语文教师

我本一草根教师，由于工作需要，学校领导安排我几易学科教学，最后落户语文。学的是教育，实习时是心理学，先教文化班识字，再改行教高中历史。非中文系科班出身，改教高中语文，实属难事。先天不足，缺这少那，是我教学生涯中的常态。我们那个年代，没有个人价值，领导一句话“在战争中学习战争”，两分钟就改了行。

隔行如隔山，改教语文，步履维艰。且不说语文教学的奥秘，单是汉语拼音就不识。只学过章太炎的注音字母，不知道周有光先生主持的汉语拼音方案；只学过英语语法，未接触汉语语法。诸多无知、愚昧，逼得我边教边学边思，用“洪荒之力”重塑自己，力争做一名不耽误学生青春的合格的语文教师。

一清如水

我的第一追求是把语文课上好。在班级教学教育体制中，课堂教学是教师安身立命之本。学生进学校求知，大部分时间在课堂里度过，如若课上得不好，学生听起来味同嚼蜡，岂不抑制他们的求知欲望？为此，我给自己立下规矩，课一定要上得一清如水，不能有半点含混与模糊，糊弄学生。我的榜样是我的高中数学老师毛振璿，他教

本文发表于《语文教学通讯》2017 年第 5 期。

高中范氏大代数要言不烦，一语中的，思路之清晰，推理之严密，令人折服。他教的数学定理，我们刻骨铭心，经久不忘，考试都不用复习。

为了追求一清如水的目标，我展开了两条线的努力：一条线是备课、教课，独立思考，在真懂上下功夫；一条线是苦读中文专业书籍，阅读经典名著，增添文化积淀。两条线既并行，又交错，支撑起课堂教学质量。

先说苦读，绝不是如学生时代读列夫·托尔斯泰的三大名著、巴尔扎克的《人间喜剧》、雨果的《巴黎圣母院》时，或感情激荡，或潇洒快意，或梦幻神游，而是正襟危坐，一本本啃，从《语法修辞讲话》《修辞学发凡》《艺概》《文心雕龙》，到《左传》《史记》，再到《中国哲学简史》《辩证唯物主义与历史唯物主义》，以中外文学史为经线，翻阅各时代重要作家的作品。读这些磨脑子的书往往都在晚上八九点之后，白天忙于教课、备课、改作业，只得明灯陪我过半夜。西汉目录学家刘向说："书犹药也，善读之可以医愚。"坚持阅读，在文、史、哲精神文明中汲取养料，提升气质，增添识见，力争早日脱愚，改变思想贫乏、言之无物、面目可憎的状况。20 世纪 90 年代初出版的《学海探珠》，就是我此前学习的点滴体会记录。前辈张志公先生为之作序说："只要你能'锲而不舍'，入宝山就决不会空手而归。""看上去是一本轻轻松松的小品文集，实际上却是一本很严肃的讲学习法和教学法的论著。请容许我掉一句书袋：寓庄于谐，盖亦为学为教之一道也欤！"先生之鼓励令我惶恐，但让我更深切地体会到读书是教师生命的必需，是创造教育气象的源泉。

备课，也是煞费苦心。那时没有教学参考书，开学时，教务处发给你一本教科书，教什么，怎么教，悉听尊便。组里有一本很简单的教学大纲，薄薄几页，并不受重视。起初，眼睛只盯着教科书，以为钻研了教材，能讲出一点名堂来，就是完成了教学任务。在教学实践中，越来越觉得不符合教学规律，零敲碎打，支离破碎，怎能有效地培养学生的语文能力？教语文不能无目的无计划，不能只跟着教材转，教一篇算一篇。胸中要有中学阶段培养学生语文能力、语文素养的总体框架，点、线、面、体要一清二楚，对总目标须达到怎样的要求，各学年段要达到怎样的要求，各类文体的一根根线该让学生掌握哪些知识，具备怎样的能力，听、说、读、写能力的各自要求及相互间应怎样支撑与促进，文学素养熏陶的途径与方法应如何处理等，均须作通盘考虑。我把薄薄的一本教学大纲读了又读，心中有了较为清晰的蓝图，既有教具体课文的近景，又有较长时期的规划，而这个整体规划是根据大纲的原则规定自我设计的具体化，步步踩在实地，提高教学自觉性，而不是在“暗胡同”里徘徊。七宝楼台本令人叹为观止，拆解下来，破砖残瓦一堆，美感丧尽。教课也是此理，切忌肢解，七零八落。

语文教学是有机整体，每堂课也是有机整体。什么叫备课？先做读者，读懂教材，在真懂上下功夫。三遍五遍，八遍十遍，来回往返地读，从语言文字到思想内涵，从思想内涵到语言文字，从结构框架到细节点染，从细节巧施到缜密构思，从查阅资料到文献佐证，把文章读得字已不躺在纸上，而是站起来与你对话。此时此刻，文章脉络、主旨要义、语言精粹一一显现，使你乐不可支；咀嚼、推敲、思考，你有了自己独特的体会、独有的认识。有些课文已烂熟于心，如出我口，如出我心。如此，八篇十篇、数十篇、上百篇独立阅读下来，我初步尝到了庖丁解牛的滋味，阅读的水平、阅读的基本功有了切实的提高。现在看来，亏得当时没有现成的种种教学参考书，没有被他信力所左右而损伤阅读自觉。

备课，既要胸中有书，又要目中有人，备教材，备学生，备学生与教材之间的桥梁——启发、引领学生阅读理解与语言运用的主要问题。教学目标明确，恰当，具体可行；切忌庞杂，多目标必然导致无目标。教学内容清晰，重点突出，根据教学目标的要求认真剪裁，主次分明，详略得当；切忌舍不得割爱，旁枝繁叶一大堆，目标被淹没。教学环节清晰有序，线索分明；切忌东一榔头西一棒子，杂乱无章。教学方法要慎选，要适切，符合文章个性特征，符合学生学习心理需求；切忌“琳琅满目”，哗众取宠。教学语言清楚明白，干净生动，有磁性，有文化含量；切忌干瘪无味，含混不清，语病丛生。

在教学工作中，学习者是第一因素，没有学习者就没有学习。教学是教师的教和学生的学双方面的活动，教师的作用就在于调动学生学习的自觉性和主动性，促使他们充分发挥认识主体的作用。为此，要花功夫研究学情，通过望、问、听、阅和材料跟踪，了解学生的思想、性格、兴趣爱好、学习心理、学习习惯、学习方法、语文基础、语文能力等情况，以他们的现状作为教学的出发点，因学而教，力求减少盲目性，加强针对性。

凡此种种，就今日崇尚高阶思维、言必高大上来考量，俨然是小儿科，不屑一顾。然而，对我这名改行的人来说，是为做合格语文教师奠基，打精神底子、业务底子。且不说别的，就拿教学语言而言，为了清除语言的杂质，纠正语病，增强语言的吸引力、感染力，打动学生的理智与心灵，我曾用以死求活的方法，把讲课的每一句话写出来，然后进行修改，删除多余的字、词、句，以及不合逻辑之处，然后背出来，再口语化，用比较规范的书面语言改造自己不规范的口头语言。坚持近两年，有了成效。既然教了语文，就应在语言文字运用上为学生做榜样。我追求的是“出口成章，下笔成文”，体会了运用的艰辛，指导学生就有了底气。

精神突围

正当我兴冲冲地钻研语文教学规律，努力改进教学之时，厄运突然降临。“文化大革命”的疾风骤雨席卷全国，学校未能免灾，我这名年轻的老教师也罪责难逃。且不说什么乌云压城，丑类跳梁，单是打、砸、抢，侮辱人、折磨人的恶行就令人毛骨悚然。学校本是师生温情脉脉的场所，瞬间情意全无，恶意诽谤，皮带抽打，毁坏校舍，撕裂人性。其间，竟然不少是我教过的学生，我愕然了。有的是来听过我的文学讲座的，有的是借班上公开课的，有过一面之缘。学语文的积极分子，怎会有如此表现？在这场暴风骤雨中，人人登台亮相，我的灵魂受到“洗礼”，重新认识世界，认识社会，认识教育，认识人生。

皮肉受点苦无所谓，关键在精神上要突围。

我不断拷问自己：教育是什么？教师是什么？语文教师是什么？我在做什么？我应该做什么？目标在哪里？如何跋涉？这寻求解答的一连串问题，常使我夜不能寐。学生处于青春年华，那么清纯无瑕，那么可爱，他们中的有些人怎会在风吹草动之时，一下子就判若两人？轻则有出格的言行，重则心中爬出了魔鬼，凶狠野蛮，血腥暴力，更可悲在有些还认为自己的举动是正义的、神圣的。殊不知，人是有尊严和权利的，人性泯灭还能算人吗？教育，首先要教做人的底线。柏拉图在《理想国》中用他老师苏格拉底的比喻说，教育就是把在洞穴里囚禁的灵魂引出来往上升，达到真实之境。《大学》开宗明义第一句话就是："大学之道，在明明德，在亲民，在止于至善。"教育要彰显内心的美德，自我修养，达到至善的境地。陶行知说："千教万教，教人求真；千学万学，学做真人。"显然，教育的本质就是培养人，培养有人性、人品、善心、善行的人，是人之完成，追求以达到真善美的境界。

反思自己的教育思想，重智轻德，关心的是学生掌握语言文字的技能技巧，很少研究学生的心灵世界。20世纪60年代就提出教师要教书育人，而自己在教学实践中，往往认为教书是硬任务，要扎扎实实，不遗余力，育人是大概念，是大家的事，或不以为意，或空泛虚幻。

培养什么样的人，是教育的根本性问题。我国教育培养什么样的人，是具有战略性意义的大事，关系到未来的国民素质，关系到国计民生。想到这些，我心潮澎湃，强烈地意识到自己肩负的责任。当年在高中学习时，母校"一切为民族"的校训教导我们学子读书求学的目的，激励我们在苦难岁月中卧地铺、点油灯，求知识，学本领，做人有担当。今日，角色转换，作为教师，育人是第一要务。我是语文教师，教文必须育人，所有学科教学都应为育人这个大目标服务。

人的德性与智性是生命之魂。智性是本领，是科学文化素养，是生存与发展的本领；德性是方向，是只为一己私利，还是在生存与发展的过程中为集体、为社会、为国家。教师在学生心田撒播知识种子的同时，须撒播做人的良知，滴灌生命之魂。育人不是空洞的概念，“育”有极其丰富的内容。培养一个学生，对他的思想素质、道德情操、知识的深度广度、能力的强弱、智力的高低，包括体质的情况等，要全面关心，因材施教。育人，就是对学生德智体美全面培养。

站在育人的战略高度思考，对语文学科的价值与意义就有了认识上的突破。语文学科教学当然要重视实用，但绝非只教雕虫小技，而是要清醒地认识到语文是育人的重要载体。语文教育是母语教育，母语教育在促使学生成为“社会人”的过程中发挥着特殊的功能。语文与其他学科最重要的区别在于它始终是指向人的，与人的思维、情感、品质、能力密切相关。可以说，语文就是人生，它伴随人的一辈子。语文能力培养与思想道德熏染融合塑造，对人的成长发展会有长期的影响。

从重技轻人到把立人放在第一位，知识、能力是攀登精神世界的阶梯，我尝到了精神突围的快乐。原本总在实用、功利、技能技巧的圈子里转，看不到全局，想不到未来。现在，精神上突围，狭小的心似乎一下子有了伟大的宇宙。学生不好好教育，不能成人成才；语文是人生，不精心教育，影响学生成人成才。语文教师肩负教文育人的历史使命，生命与使命应结伴同行。我立下了这样的志愿。

“文革”中经历锤打，我没有倒下，而是更昂扬地工作。学校当时的当权者罚我专门带乱班乱年级，我有机会接触到各个层面的学生。走访家庭，走访里弄，经常课内课外与学生为伴，不仅了解他们的知识世界，更进入他们的生活世界、心灵世界。一个个形象那么鲜活，那么各具特征。对我而言，这简直是极大的专业进修，弥补了我教育教学上对学生认识若明若暗、浮光掠影的短板。有好心的老师规劝我：“你还没被斗够啊？还那么卖力？还这么拼命抓学习，别忘了‘知识越多越反动’的帽子。”我感谢他的好意，可他哪里知晓我的脑中风云、胸中浪涛？教师不仅要考虑学生当下的培养，而且要思考他们的未来。当下为未来奠基，让他们日后走得更好，走得更远。对学生、对专业要一片赤诚，不能有虚假的心。夹杂个人的荣辱得失，眼就不亮，判断就会有偏差。当年借别人的班上课，夹杂着自己的好强好胜，实际上是伤害了别人，被斗是活该。教训深刻，此后再不借班上课，不去表演。乱班一个个带好，乱年级的面貌逐渐改变。“文革”后，恢复高考，我们年级两个进度快的班级，学生百分之百考取大学。时隔20年，这些学生来看我，对我说：“那时你抓我们那么紧，德智体美全不放，现在才体会到你的苦心。”学生的理解就是最好的奖赏。当年被父亲赶出家门的“捣蛋鬼”，我领到家里来培养；当年逃课、言行偏差乃至偷窃的所谓无救的“重读生”，我带到家里来教育，将心比心，以心换心，以情感化，以文化滋养。而今，他们皆立足社会，发挥正能量。来看望我时，说到往事，脸上还会浮起红晕，露出几分羞涩。几十岁的人了，“老学生”，还是那么可爱。教育，学科教学，发挥着改变人的巨大功能，不可不慎重视之。

调动生命的精华

“人总要把自己生命的精华都调动起来，倾力一搏，像干将、莫邪一样，把自己炼进自己的剑里，这，才叫活着。”作家汪曾祺的警言不仅震撼我的心灵，更激励我身体力行，开拓前进。

我首先着力改革课堂教学。课堂教学质量一直是我关注的焦点，教学兢兢业业，不敢有丝毫懈怠。然而，学生对语文的热爱、学习的积极性、语文能力的提高，并不如人意。有位学习困难的学生曾这样对我说：“老师，你的课很好听，我喜欢听，可惜我不会，学得不好”。学生看似带有歉意的检讨，实则点破我教课的症结所在。有些课我只教在黑板上，教在课堂里，没有教到他们的心中，内化为他们的能力和他们的素质基因。也正因为如此，我教的课也就随着声波的消逝而销声匿迹了。

非改不可，不能浪费学生的青春。只有改掉不符合学生学习内在需求、不符合语文学习规律的认识与做法，才能有效提升质量，开创语文教学新局面。我从两个方面思考与实践：一是语文课到底教什么，语文究竟具有怎样的性质；二是课堂教学中谁是真正的主人，怎样的课堂教学结构才能发挥所有学习者的积极性。课堂教学的第一立场是学生，改革的根本力量是学生的需求，他们迫切需要优质语文教育的滋养，迫切需要在有限的青春年华养成对语言文字的敬畏之心、热爱之情，学得理解与运用祖国语言文字的真本领，切实提高语文素养。

语文课堂当然是传播语文知识、培养语文能力的场所，但它首先应该是一个诗意的存在。语言文字是民族之根基，对传播民族情感、滋润学生心灵具有不可替代的作用。语言的背后是一种文化的深层编码，是一个民族的集体意识。语文课堂营造的应该是学生语文素养成长的精神家园。语言文字是文明的风向标，理解与运用，不仅要掌握其形式，更要掌握其内涵；也只有真正掌握其人文内涵，才能充分展现语言文字的表现力、生命力。语言文字来自人生，而不是来自书斋。语文教学在传授知识、培养能力的同时，要进行文明的教化。不管是东方还是西方，教育最初的目的都是文明的教化。尽管近现代教育内容随着科学技术的进步与发展已无限丰富，但文明的传承、真理的追求、人格的塑造仍是教育的要义。培根说过，物质是以它感性的诗意光辉向着整个的人微笑。语言文字也是如此，它应该以诗意光辉向着学生微笑，来感染、影响学生。要在引领学生对语言文字含英咀华、探讨篇章结构、研究运笔技巧的同时，传播高尚思想，传播优美情操，指引人生的追求，让他们品味到、享受到精神成长的快乐。

基于这样的认识，我在课堂教学中追求综合效应，实践“熔知识传授、能力培养、智力发展、思想情操陶冶于一炉”的教学观，以“熔”揭示语文教学目标的整体性与多元性，实施教文育人，使教学真正服务于我们的教育总目标。引导学生学习语文知识、进行语文能力训练，是语文教学的主旋律。与此同时，根据不同学段的要求、不同课文的特点，挖掘文本中固有的育人资源，进行思想交流、精神沟通、情操陶冶。课文各具个性，有的有认识价值，有的有审美价值，有的有教育价值，有的综合价值显明，教学时可适时适度阐发、熏陶，力求使学生的能力、智力、素质都获得培育，实现“学力形成”与“人格形成”的统一。也就是在教学过程中既有形成语文能力的侧面，又有形成个人思想情操、道德品质、价值追求的侧面，二者有机地、和谐地统一，学生能多方面获得培养。

“教育性教学”是近代教学论研究的重要课题。无数事实证明，任何真正的教学，都不仅是提供知识，而且给学生以良好的教育。离开了“人”的培养去讲“文”的教学，就失去了语文教师工作的制高点，也就失去了语文教学的真正价值。因此，我告别了课堂教学的线性功能，只讲实用，代之以多功能、立体化，以语文实用功能为核心，佐之以思维功能、认识功能、审美功能、教育功能，时空交错，多维立体，学生受益良多。21 世纪课程教材改革的三维目标，当今提出的语文核心素养，正是对我当年认识与做法的概括、提炼、提升，我感到无比荣幸。

同时也对课堂教学结构进行改革，从单向型的直线往复转换为网络式、辐射型。“教”作用于“学”，“学”反作用于“教”，“教”与“学”相互作用，让课堂真正成为学生听、说、读、写的运用与实践语言文字的场所，沉浸在浓厚的学习气氛中，使每名学生都成为学习的“发光体”，而不是只有教师发光。充分发挥学生学习的主动性、积极性，语文学科的多功能才能有效地落到实处。这种课堂教学的合理构成能不能形成，网络式作用能否充分发挥，不是凭教师的主观臆想，而是要做诸多扎扎实实的启发、引导。且不说课前对教材的深入钻研，对学情的深入了解，就是在课上也要努力增强学生的主人翁意识，积极创造学生生疑、质疑、解疑的条件，营造探究问题的宽松、和谐的气氛，激励勇于寻根究底的求知冲动，赞扬发自内心的独特体验与感受。师生之间、生生之间思想碰撞散发的火花，更是要在全班点燃。从不同层面学生的需求出发，既抓共性，又有坡度地抓个性，使每个学生品尝到学习的成就感、满足感，身心解放，无拘无束。语言实践活动实际上是生命活力的展现，课堂因此充满了人文的关怀。

支撑生命涌动课堂的美丽风景线，是课外广阔的天地。要组织学生坚持不懈地阅读和写作，组织学生参加社会实践、观察、考察。语文教师应该是高级营养师，要告诉学生什么是营养丰富的食品，什么是垃圾食品，什么是优美与高尚，什么是丑陋和低俗。教师推荐读物，学生推荐读物，口头介绍，文字推荐，每月读书交流，或书面，或口头，开展活动。为了激发学生阅读与购买书报杂志的兴趣，并了解到他们无宽松的钱购书之窘后，多少年来，我将特级教师津贴全部用来让学生自购书籍、杂志，引领学生逐步养成喜爱书、阅读书的习惯。平时经常交流书报信息，评说书的内容与表达，个别交谈多于集体交流，久而久之，我发现有些学生在暗地较劲，比谁读得多、读得好，尤其是在交流读书体会的活动中。

阅读助推写作，实践增添表达光彩。节假日经常去郊野，观察大自然，吸收天地之灵气；去博物馆，看各种展览；去名胜，看古迹，用脚丈量历史的脉络，让学生进入情景现场，产生文化回音壁的效应。有时我还充当现场讲解员，或者能者为师，请知晓的同学介绍，学生兴趣盎然。至于组织语文知识、文学常识竞赛，举办月光晚会、元宵晚会等，往往是学生主动要求，自主撰稿，争相表演，争做主持人，那种对语文活动的热情与喜爱，令我感动。由于阅读与实践的丰富多彩，学生作文也好，随笔也好，不仅一学期能写二三十篇，而且言之有物、言之有情、言之有文，常有“神来之笔”使我眼前一亮，欣喜不已。

正因为学生读了点书，有了点生活体验，思考力、想象力获得发展，上课时他们常拿“神来”的问题“将我的军”。有老师随堂听课，二三十人也好，数百人也好，他们都旁若无人，或猛追直逼，或侃侃而谈，充满自信。我虽如履薄冰，不敢有丝毫怠慢，但心中的甜蜜却难以抑制。这就是生命涌动的课堂，师生全身心投入，求知的探讨飞扬变化，神意相通，诗意地存在。

三尺讲台虽小，演绎的却都是古今中外经典中的社会更替、人生感悟、思想结晶，其博大精深，穷毕生之力也难得一二。在探索学生语文素养成长之谜的过程中，要启发、引导他们主动积极地吮吸其中的精神养料，这不仅是科学，更是艺术。然而，回顾数十年的教学耕耘，遗憾的事比比皆是，故常有愧对学生之忧。

岁月如歌，追求永无止境，一辈子学做语文教师。

反思

此为“于漪新世纪教育论丛”中一册，广西教育出版社 2008 年 12 月出版。

目中学生知多少

《花儿为什么这样红》是著名科普作家贾祖璋科学小品中的佳作，充满了科学的智慧，单是文章的题目就能激起人们无限的遐想。然而，初中学生学语文，有不少学生对说明文有一种“天然的抗阻力”，不愿学，也不大学得进去。因此，激发学生学习兴趣，进入课文进行探究，成了我首先要考虑解决的问题。

在教学方法上，我做了两个大胆的设想。起始阶段用科学实验激发学生兴趣，吸引他们的注意力，让他们积极开启求知的大门，这是一。二是用一节课理清文章的结构，让学生初步把握作者从横、纵两个角度说明事物，先按逻辑顺序分类说明，说明花色的本质特点；后按时间顺序说明花色形成的历史过程。一横一纵，层次清晰。第二节课放到校园里，分四个小组，一名学生随机抽取各种颜色的花提问，要求答题的学生从不同角度回答。比如，有的从花颜色的物质基础解答，有的从花的生理上的需要解答，等等。讲不清楚、讲不完备的可以看书，可以边看边说。我自认为这样在实践中学习课文的内容与语言，天地广阔，活泼生动。

我抱着好几支试管，好几朵红、蓝、白色的花以及酸碱试剂兴冲冲地走进教室。当我把试管架放在讲台上，好些学生的眼睛已放射出好奇的光芒，个别调皮的男孩还做了个鬼脸。于是，我请一名女学生上讲台做实验，把花瓣揉碎挤出汁，然后分别放到不同的试管中，再滴上测定酸碱度的试剂，观察试管里水的颜色有何种变化。操作实验的学生用手使劲地搓揉，忙得鼻尖上都沁出细小的汗珠。座位上有的

本文发表于《语文教学通讯》2007年第1期。

男生嚷着："太慢，太慢，这样搓这样搓……"边说边用手比画着；有的男生屁股离开椅子，半躬着腰，身体往前倾。女学生文雅、含蓄，但也有交头接耳，低声细语的……

校园里景象：

（第一组）

生1：（指着几朵黄菊）为什么它是黄色的？××，你从物质基础来解释。

生2：因为它的花青素是酸性的……

生3：不对。它的细胞液是酸性的，花青素呈黄色。

生1：看书要仔细，不能马虎。（俨然教师口吻）×××，你从花的生理上的需要来解释。

生4：光波长短不同，这谁不知道？阳光强的地方，如果红花、黄花不反射出热效应大的长光波，花瓣不要被晒枯？这当然是生理上的需要了。

生1：毕竟物理学得好，说起来一套一套的……

（第三组学生嚷起来，我急忙跑过去）

师：有问题可以讨论，叫叫嚷嚷总不大文明吧。什么事情？

生（七嘴八舌）：××同学不肯回答问题，他要"考"别人，不要别人"考"。

生5（辩解）：她问的什么问题？要我从进化的观点来说这朵蓝花为什么是蓝色的。进化是很长的过程，我没有看见，怎么说得清楚？

生6：什么事都要自己看见才说清楚，那还要书干什么？课文告诉我们："裸子植物的花是原始的形态，都带绿色。""花色以绿色为起点，向长波一端发展，由黄而橙，最后出现红色；向短波一端发展，是蓝色和紫色。”知道了吗？

生5（不服气）：要我问问题，就要比她好得多。她那么生硬，没头没脑。

师（息事宁人）：好了，继续学吧！要知道，科学要力求不停留在事实的表面上，要洞悉事物发生的奥秘，寻找那些支配事实的规律。

学生学得积极主动，有争执正是学有兴趣的表现，当时我不觉得有什么问题。今日细想起来，觉得当时的处理有诸多不当。起始阶段做实验，为什么只选一名女学生做？因为她喜欢理化实验，动手能力强。难道别的学生不能做吗？如果两个人一组，人人动手，做一种颜色的花的试验，岂不是更好？还能节省时间。校园里的答问本可以放松一点，让学生自主选择，选择出题或答题，或几人拟题，几人回答，完全没有必要指定小组长问，其他学生答。

教学环节组织得得当与否，看似是教学方法问题，实质是教育理念问题。方法受理念的支配。尽管平时把“面向学生”“目中有人”挂在嘴上，但目中究竟有多少学生，是几个学习尖子，是十多名学得积极的分子，还是全体学生，每一个？布置学习任务给每一个学生，就是面向全体学生了吗？是不是在教学过程中，给每一个学生创造了发表意见、施展聪明才智的机会？是不是特别关照有个性的学生，促使他们的个性获得健康发展？课堂教学几乎形成了一种思维定式，学生学习积极性的调动与发挥要在一定的框架内，只要有一些“学习台柱”支撑，教学过程就能顺妥地推进，课就会发光。

教学中培养尖子当然责无旁贷，但这与教每一个学生、大面积提高并不矛盾。关键在承认学生的独特性、多样性，一视同仁地尊重与爱护。脑科学的最新研究成果表明，每个常人身上都蕴含着有待开发的巨大潜能，教师的责任就是把每个学生身上蕴含着的潜能变成发展的现实。千万不能因为自己的思维定式，因为自己的粗疏，抑制乃至挫伤一些学生的求知欲望和创造意识。“目中学生知多少？”要经常以此警示自己，牢固树立面向全体学生的观念。

保护创造意识的萌芽

师：《南州六月荔枝丹》一文运用了多种说明方法，特别是引用，通篇运用多达十多处。请同学们在原来通读的基础上梳理一下，这些引用有何特点，在文中各起什么作用。

（生阅读思考，在书上做记号）

师：谁先说？不一定说周全。

生1：一开始就引用了白居易的《荔枝图序》。有两个作用：一是和幼时印象中的荔枝对比，引起读者的兴趣，想知道荔枝究竟是怎样的水果；二是表明白居易描写的荔枝形态不完全正确，说明事物要讲究科学性，评述引用得不够正确的材料，也是为了更好地说明。曲曲折折，容易引起读者兴趣。

师：理解得很好。

生2：文中的引用有特色，不仅数量多，而且和其他说明方法，如比喻、描写、对比等方法结为一体，显得更加具体生动。

师：能不能举例说明？

生3：刚才同学说的引用，就是引用比喻描写的诗句。“绛囊”“红星”“珊瑚珠”“飞焰欲横天”“红云几万重”等都是比喻，引用它们说明荔

本文发表于《语文教学通讯》（初中刊）2007年第10期。

枝成熟的色彩和成片树林的美丽。

师：你读得很仔细。“成熟”一词不可丢，因为只有成熟的荔枝才有如此美丽的色彩。

生4：引用唐代杜牧的诗“一骑红尘妃子笑，无人知是荔枝来”是嘲讽，但也是用来与白居易说的“一日而色变，二日而香变……”作对比，说明荔枝不耐贮藏，妃子要吃，皇帝只好用特权飞骑快送。引用诗中反映的确凿的史实来说明，文学性更强。

生5：你们尽说赞美的话，我有不同的看法。

师：好啊，请发表。

生5：引用是一种说明方法，为了说明某个事物，当然可以用，但一篇文章用那么多，实在没有必要。老师说过，任何一种修辞方法、说明方法的运用，都要根据写作内容的需要，过了头，架床叠屋，效果适得其反。

师：好啊，在这儿等着我呢！

生5：我不是开玩笑，是真的。这篇说明文内容已经够复杂的了，从荔枝的生态说到荔枝的生产，生态说明够复杂的，说了八九样东西，什么外壳、颜色、形体、果实怎样怎样；生产的说明也不简单，也是好些内容。说明就是要让读者明白。可现在弄了一大堆的诗文，读的时候我累死了，已经要绞尽脑汁了，怎么像障碍赛跑一样，跑几步就要看注释，不然就读不下去。

师：你能畅谈自己的看法，很好，不过……

生6：我读的时候也和他一样，有这种感觉，引用得太多，就成了累赘。

师：引用是说明的一种有效方法，要引得可靠，引得精当，这都没有错。这篇文章之所以引用的资料很多，一是由内容所决定。说明的方面比较多，信手拈来，你可能会产生错觉。二是为了增强文艺性。高士其说，科学小品是“科学和文学结合之子”，旁征博引，为的是达到艺术地宣传科学的境界。阅读时，我们有这点困难不足为奇，毕竟我们接触到的诗文很有限，文化积淀不够，读多了，逐步积累，这种状况就会大有改进。

（生大都沉默了，只有生 5 以极轻的声音嘟囔了一句：“老师总有理！”师没搭理，课正常进行）

我当时没感到有问题，还自以为对学生阅读作了指导，今日看来，毛病真不少。

首先，没有充分尊重学生的意见。学生袒露胸怀谈自己的看法是很不容易的。不反复思考，不鼓足勇气，要在大庭广众之下直言不讳，是做不到的。学生没有否定引用在文中的作用，只是觉得有些偏多，有些偏难，那就应趁势让学生举一两个例子说明，也可启发大家辨别。有的虽未明说引用，但学生一看就明白，不必探究。如文章标题“南州六月荔枝丹”，注释写引自明朝陈辉《荔枝》诗，虽然学生不掌握全诗内容（南州六月荔枝丹，万颗累累簇更团。绛雪艳浮红锦烂，玉壶光莹水晶寒……），但该诗句介绍了荔枝的生产地点、季节和色彩，让人一目了然，与以“荔枝”为题比较，诗情画意得多。学生阅读的难处在于对所引的诗文、资料实在不熟悉。大段引述，学生如能了解点来龙去脉，难度会降低，而文中为了说明的需要，或摘句，或意引，或分段截取引用，难度就大增。教学本身就应帮助学生排除困难，我却说了几句拎空的话，难度、障碍，搁在那儿没有管。

为什么会出现这种状况呢？那是由于我的思维定式。“老师总有理”这句话是击中要害的。备课，钻研教材，可说是一心为作者，总是千方百计找优点，找特色，从内容到语言，从构思到结构到表现方法，一套一套，自圆其说，常有理，总有理，学生已司空见惯，不足为怪。课文嘛，文质兼美，当然不应挑剔。教师的思维定式、思维缺陷，对学生起着负面的影响。

课上这个环节的处理最可悲的不是判别引用的是与非，而是有意无意之间抑制乃至扼杀了学生的求异思维。语文教学的弊病之一是太强调求同，趋同已成为一种习惯，就好像标准化试题、标准答案一样。语文若是太信奉标准答案，语文教师就可以废除，让机器代劳就行。课文是静态的，阅读是动态的，如果阅读者完全对作者唯命是从，哪还会有什么独特的看法和见解？人云亦云，一味求同，没有疑问，哪来创造？在教育“一刀切”排山倒海般的气势下，能有点不同看法已十分稀罕，十分宝贵，怎能不费吹灰之力就加以抑制？其实，这样抑制的不是某些知识的增减，而是打击了一颗求学征途中追求真知的心。

我平时总说要培养学生的创新意识，可做的时候却常常背道而驰。课堂教学中学生完全有发挥自己聪明才智的机遇与空间，遗憾的是自己往往“麻木不仁”，无意中掐掉了机遇，剥夺了空间，让创造意识的萌芽轻易流失。教训要记取，牢记：保护，悉心保护！

坐失良机

师：刚才我们已了解到本文围绕林黛玉进贾府这一中心事件，通过林黛玉的所见所闻，介绍了贾母，大舅母邢夫人，二舅母王夫人，大嫂子李纨，表姐妹迎春、探春、惜春，二嫂王熙凤，表兄贾宝玉，大舅父贾赦，二舅父贾政等主要人物。贾赦、贾政是虚写，其他均通过林黛玉所见，一一实写。脑子里有了这个人物框架，阅读时就不会糊成一片了。

林黛玉进贾府，人物出场描写得十分精彩。《红楼梦》这部小说描写了贾宝玉和林黛玉的爱情悲剧，林黛玉的出场描写，已经暗示了这个人物的悲剧结局。你们同不同意这个看法？同意，请在文中找出根据；不同意，也请说明理由。

（生阅读，思考，圈画）

师：请大家发表意见。

生1：既然是贾、林的爱情悲剧，主要人物出场当然就有暗示，要知道这是大家之笔，是曹雪芹的笔墨啊！（俨然一副满腹经纶的样子，十分可爱）

生2：别绕弯子了，快说说根据！

生1：一进贾府，见到贾母就哭，岂不是告诉

本文发表于《语文教学通讯》2007年第5期。

大家她日后以泪洗面的日子多了？寄居在别人家，没有父母支撑，怎可能不悲苦？再说，这么复杂的大家庭，这么复杂的人际关系，怎么受得了？因此，一个“哭”会牵出日后的无数“哭”，这种暗示清晰可辨。

生3：单是一个“哭”不能说明问题，关键在她有“不足之症”和癞头和尚说的话。癞头和尚化她出家，父母不答应。癞头和尚说：“既舍不得她，只怕她的病一生也不能好的了。若要好时，除非从此以后总不许见哭声；除父母之外，凡有外姓亲友之人，一概不见，方可平安了此一生。”曹雪芹写得多么明白！林黛玉不能哭，可到了贾府，贾母一见她就“心肝儿肉叫着大哭起来”，这当然暗示黛玉结局悲惨。

师：看得仔细，说得有道理。

生4：“除非从此以后总不许见哭声”和贾母的“大哭”形成对照，这就隐含着林黛玉命运悲苦的必然性。

师：除“哭”有暗示外，其他描写之处还有没有？

生5：我这“哭”还没有说完呢，您别着急。黛玉的可悲之处在对癞头和尚说的话不当一回事，你们看，“疯疯癫癫，说了这些不经之谈，也没人理他”。我不是说和尚“神”，说的话灵验，而是说林家不重视，一定会倒霉。这种交代实在不错。

师：读得仔细，还有吗？

生6：对林黛玉的心理描写也作了暗示。文章一开头就说到贾家与别家不同，仆妇“已是不凡”，因此写她一进贾府就“步步留心，时时在意，不肯轻易多说一句话，多行一步路，唯恐被

> 人耻笑了去”，这种沉重的心理负担说明心里很苦。这里暗示林黛玉到贾家难做人，稍有差错，必然悲惨。
>
> **生7：**寄人篱下，命运肯定悲苦，她坐的轿子，正门都进不了，“只进了西边角门”，可见她在贾府所处的地位——低下。地位低下的人在这声势显赫的荣国府，日后的境遇是可想而知了。
>
> ……

应该说，学生对文中林黛玉出场的描写理解得是不错的。对林黛玉的心理描写、神态描写、语言描写，直接的、间接的，都说到了。现在看来总觉得缺了点什么。学生言未尽意，教师指导不力。为什么会发生这样的情况？相当大的程度上是因为我这个教师在赶教学进度。脑子里定好了框框，只要学生把描写的几个方面都谈到，就算完成了任务。这里有两个问题：一是“为教”还是“为学”；二是怎样指导，节骨眼儿在何处。

心里想的、口里说的常常是“为学”，为学生主动学习提供条件，引导他们学有兴趣，学有所得，但在教学实践中，一旦课时紧，不知不觉就走了样。学生对“哭”的暗示作用并未较为完整掌握时，我就立即用“堵”的办法刹车，提出如下的问题：“除‘哭’有暗示外，其他描写之处还有没有？”貌似开启学生思维，实则岔开所谈内容。刚好发言的学生不让步，要我“别着急”，他不紧不慢发表自己的看法。这一看法正是浅阅读的学生容易忽略之处。当时，我还未清醒过来，于是出现了第二次的“堵”：“还有吗？”教学内容有所转移。这个“哭”字实在是作者的点睛之笔，如果不把见贾母时“黛玉也哭个不住”的前因弄清楚，这个“哭”暗示悲剧命运的分量就不够。黛玉的自我介绍是预言其悲剧命运的极其重要的内容，这一笔的描写十分周到，似乎介绍时不经意，埋下的伏笔却贯串全文。学生虽一点两点说了看法，但应该有点综合起来思考的时间，在脑子里转几转，留下痕迹，而我却急匆匆地拽着他们往前赶。可见，“为教”

的根子深，“时时处处为学生想”要落到实处很不容易。

与此相关联的是：学生讲得精彩处，我未作充分肯定，未及时剖析精彩的原因，只是轻描淡写地说了一句“读得仔细”，不痛不痒。学生阅读感知与理解的能力是有差异的，有的仅停留在字面，有的区别不清重要与次要，有的大而化之、浮光掠影，有的往往只注意局部，缺乏整体意识。形成差异的原因有多种，但读得粗疏几乎是通病。拿到文章，一目十行，扫视一番，有的是跳读，了解一点故事情节，细致描写不看，跳过去。阅读方法多种多样，有些文章可浏览，可跳读，但精读课文须认真阅读，仔细推敲，潜心体会。否则，学与不学差不多。学课文与读小说不能完全等同，前者要在开掘、精研上下功夫，养成良好的阅读习惯，唯其如此，才能从课文中感受到观察生活、认识人生、运用语言文字的奥妙，从中汲取成长的养料。阅读良好习惯的培养绝不是空说道理，有效的做法是紧密联系学习的实际，做具体生动的引导。教学中相机行事是一种教育机智、教育智慧。“为教”使我坐失良机，后悔莫及。

学生实际不可忽略

学习《拿来主义》，由学生的课外阅读状况引入课文，激发学习兴趣。

学习课文前半部分，学生阅读、思考、讨论：鲁迅先生在提出“拿来主义”主张之前，先批判了哪些主义？重点在揭露和批判什么主义？

生1： 批判“闭关主义”和“送去主义”，重点批判“送去主义”。

师： 谁能用学过的历史知识阐述“又碰了一串钉子”这个句子的内容？

生2： 鸦片战争以后，又是中日甲午战争，后来又是八国联军侵略中国。

生3： 清政府和英、法、美、德、日、俄、意等列强签订了一系列丧权辱国的不平等条约，所以说“又碰了一串钉子”，一个又一个的钉子。

师： 非常概括地说明了中国近百年来从盲目排外到一味媚外的过程。文中摆了三件事来揭露，所举三件事都着眼于一个字。请阅读梳理，说说是哪三件事，着眼于哪个字。

（学生阅读，在书上圈画）

生4： 古董展览，绘画展览，梅博士到苏联唱

本文发表于《语文教学通讯》（初中刊）2006年第12期。

戏。都是“送”。

生 5：其实，“送去”的内容很多，文中只讲“学艺”，“别的且不说”。

师：看得仔细，很好。卖国媚外，岂止是学术文艺方面？其实，批判的锋芒不是对着几位艺术家，而是指向利用这几件事大叫什么“发扬国光”，催进“象征主义”的无聊文人。

生 6：这些历史太复杂，有这么回事就行。有些事弄不懂，文章就看不懂。比如“佳节大典”这一句，谁的“佳节大典”？什么“残羹冷炙”？

生 7：“抛来”和“抛给”不是一样吗？分不清。

生 8：什么叫“阴功”？

生 9：一所大宅子“或合法继承的，或是做了女婿换来的”，后半句什么意思？这女婿指谁啊？

……

师：大家的问题不少，我们学到有关的段落，再结合起来逐一解决，好不好？

（不少学生点头示意）

生 6：当然也可以，不过，还是讨论一下好，否则，读起来疙疙瘩瘩。

师：（迟疑了一下）好吧，先读一读关于“佳节大典”的句子，请大家发表意见。

生 10：“佳节大典”是指外国人的。卖国媚外的结果是危害子孙，子孙已“拿不出东西来”孝敬，只得磕头贺喜了。

生 11：洋大人榨取中国人身上的血汗，吃剩下来的，抛一点给走狗，作为进一步榨取的诱饵。

生 12：这里是揭露卖国媚外的危害，表达作者内心的愤慨。

师：说得好。接下去的句子读一读，“抛来”与“抛给”的区别也就出来了。

生13：“抛来”无褒贬，“抛给”是贬义的，有对象的，用鄙视的目光。洋大人“抛给”的东西，“送来”的东西，令中国人恐怖。鸦片，废枪炮，香粉，电影，各种商品，无非是欺诈、掠夺和侵略。

师：前后联系起来，对用词的感情色彩就更清楚了……

回想起来，当时处理学生质疑的被动情况，真是有点儿汗颜。为什么会出现这样的毛病？简单说来，一是追求教学内容的完整性。初中学生初学议论文有难度，教学中一定要把文章先破后立，在批判中把立论的模式装到学生的脑子里，让他们留下深刻的印象。教学过程中讨论一些问题，就把程序打乱了，课的线索就会不清晰。二是赶任务，赶时间。课的重点在课文的后半部分“拿来”，运用比喻，以小见大地阐明抽象、深刻的道理，树立对待外国文化的正确态度与方法。如果纠缠在一些具体问题上，时间必然来不及。

根本问题在于自己只是从教师的教出发，而不是从学生的学习实际出发。学生阅读这篇文章，确实有不少障碍。当时的人和事，百年的历史背景，语言的辛辣讽刺，论证的犀利深刻，学生都不熟悉，阅读像障碍跑，一会儿这里绊一脚，一会儿那里绊一脚。问，是求知欲旺盛的表现，应积极鼓励，十分爱护。有的问题，学生不仅不了解，而且出于好奇，教师更应该满足学生的需要。“做了女婿换来的”是讽刺做了富家翁的女婿而自我炫耀的邵洵美之流，学生知道了，读起来顺畅，也就高兴了。

问题还出在自己课前考虑不周。教材中的注释比较简单，课前可印一些相关链接的材料让学生参阅；课的起始可让学生质疑，对基本事实有所了解，文字障碍基本扫除，思考、讨论文章的观点、思路、语言就能集中注意力了。

教学生学这类文章，不仅是理解文意，更重要的在于学会运用。在经济全球化、社会信息化的今天，文化大潮汹涌澎湃，文化产品风起云涌，文化时尚层出不穷，出现鱼龙混杂、泥沙俱下的状况不足为怪。面对纷繁复杂的文化现象，中学生切不可照单全收，要提高文化判断力，“运用脑髓，放出眼光，自己来拿”。学生能学以致用，教学才算真正成功。

岂能越俎代庖

师： 约在公元760年春，诗人杜甫瞻仰成都城西北的诸葛亮祠堂，写下了著名的《蜀相》诗。

蜀　相

丞相祠堂何处寻？
锦官城外柏森森。
映阶碧草自春色，
隔叶黄鹂空好音。
三顾频烦天下计，
两朝开济老臣心。
出师未捷身先死，
长使英雄泪满襟。

（生抄写诗句，小声朗读）

师： 这首律诗后半部分是名句。"三顾频烦天下计"这一句从学过的《隆中对》中已了解，后一句表明诸葛亮经历先主刘备、后主刘禅两朝，开创大业，匡济危时，故而说"两朝开济老臣心"。诸葛亮兢兢业业，一片忠贞。公元234年伐魏时，病死在五丈原军中，葬定军山（今陕西勉

本文发表于《语文教学通讯》2006年第5期。

县西南）。诸葛亮是三国时杰出的政治家和军事家。刘备死后，他辅佐后主刘禅治理国家，承担了蜀汉政权的全部实际责任。公元227年，他率军北驻汉中，以图中原。鉴于刘禅暗弱无能，诸葛亮不无内顾之忧，故临行前上《出师表》奏章，请求刘禅亲贤远佞，励精图治，以巩固和扩大蜀汉的事业。

“表”是一种什么文体呢？

（生摇头）

师：“表”属于奏章一类的文体，古时臣子对君主有所请求，就使用这种上行的公文。最古时就把这一类文体称为“上书”，约到汉朝，才有“章”“奏”“表”“议”等名目。

讲到诸葛亮的《出师表》，人们常讲“前后《出师表》”。《前出师表》即今日学的这篇文章。在《三国志》中没有篇名，篇名是梁朝萧统（昭明太子）编《文选》时加的。“出师”，指出兵攻魏。《后出师表》有人怀疑是伪作，但诸葛亮兄长诸葛瑾之子诸葛恪曾说看见他叔父的这篇表章。“鞠躬尽瘁，死而后已”的名句就是出自该文，也是对诸葛亮一生兢兢业业为国效劳的高度概括。

《前出师表》是千古传诵的名篇，由于诸葛亮是“两朝开济”的老臣，上的“表”不同于一般。无诚惶诚恐，而是谆谆规劝，诚挚恳切，无虚饰、自卑之言，也无傲慢之气，十分切合他先帝托孤的老臣、后主丞相的身份，一句句话从肺腑流出，感人至深。《文心雕龙·章表》称赞说：“孔明之《辞后主》，志尽文畅，……表之英也。”苏轼也说《出师表》写得“简而尽”。

> 学这篇文章要掌握两点：一是理解体会“两朝开济老臣心”，二是学习体会“志尽文畅”“简而尽”的写作特点。

课的起始这样开场，我当时还有几分得意。认为以名诗《蜀相》引入课文的学习，至少有几点好处：一是扩大阅读量，让学生脑子里再储存一首好诗；二是激发学习兴趣，进入学此名篇的境地；三是突出要点，明确诸葛亮的特殊身份和可鉴日月的忠心。认为这篇名文前前后后应明确的人和事都已简要地作了交代，评价的语言择其要加以表述，可以说清楚明白；学这篇名文的目的也点明，让学生心中有底。

教后，乃至今日看来，不当之处不少。

一是掠学生之美，犯了越俎代庖的毛病。诸葛亮这个历史人物，学生从史书、演义、戏剧、电影多渠道中有所了解，更何况读过《隆中对》，完全可以让学生从知识储存中取出作介绍，无须教师喋喋不休。学生介绍时会品尝到运用知识的快乐，增进求知欲，而且会注意筛选，把真实的和艺术加工的加以区别。教师的职责不过是在学生含糊处或讲得不到位的地方点拨一二罢了。喋喋不休，影响了学生自主学习的积极性和概括能力的培养。

二是充当了学习资料广播员。用现在的话来说，把与课文相关的链接材料通过教师口述传递给学生，教学模式仍然是“我讲你听”。教学中“讲”与“听”是重要的，但这里是否可用更好的方式？印发有关资料，让学生自己阅读，乃至引导学生自己查找，不是更有利于学生自学能力的培养？求知，求知，“知”要自己去“求”，而不是坐在那里听现成的。被动接受和主动学习的效果有时迥然不同。

三是预先告知学习目标，在一定程度上会影响学生思维的发散。我们的教学中经常用演绎的方法，先高高悬挂起一个结论，然后要求学生沿着这个轨迹去寻找一鳞半爪的例子来验证，而不是引导学生真正进入作者所写的文中，从整体到局部，再从局部到整体，体会、体验彼时彼地作者的思想、情感和语言的斟酌与推敲。学生阅读与思考，把点点滴滴的体会归纳、概括、提升，这种感受、这种认识就会真切而不虚幻，具体而不空泛，能切实有效地提高阅读能力。演绎的方法当然可以用，但要重视论证，强化结论与材料的关系。否则，学生往往只记住现成的结论，究竟怎样“志尽”，怎样“文畅”，为何“简而尽”，却不甚了了。这就无补于阅读文言文能力的真正提高。再说，课起始花这么多时间，课文本身的学习受到影响，更是得不偿失。

课的某一环节处理就如此不易，更何况整堂课呢？

因势利导，难！

（生 1 朗读课文第 1、2 段）

师：读得流畅，尤其这一句“也有解散辫子，盘得平的，除下帽来，油光可鉴，宛如小姑娘的发髻一般，还要将脖子扭几扭。实在标致极了”，读出了清国留学生令人作呕的丑态。

作者满怀寻找救国救民道路的希望，离开故土，然而在东京见到清国留学生腐败堕落，感到失望、愤懑、厌恶，于是离开东京，赴仙台学医，新环境又是如何呢？第二部分是文章的主体，着重写对藤野先生的怀念……

生 2：既然着重写对藤野先生的怀念，为什么要写赴仙台途中见闻？又为什么花不少笔墨写住宿受关心？是不是游离了主题，太啰唆了？

生 3：那倒未必。我看是铺垫，为藤野先生的出场做铺垫。

生 4：第 5 段写“几个职员还为我的食宿操心”，确实是铺垫，第 4 段铺垫什么？

生 5：“思考和练习”里说“记得‘日暮里’与‘水户’表露了鲁迅强烈的爱国主义思想感情”，我觉得难以理解。“水户”是明遗民朱舜水客死的地方，犹可理解，“日暮里”就无法理解了。

本文发表于《语文教学通讯》（初中刊）2006 年第 10 期。

师：这一部分学了再讨论，好吗？

生6：其实很清楚，文中的话不一定每个句子都包含什么意思。法国大作家雨果就曾这样说过。

生7：不同意。长篇小说尚可这样说，短篇小说，篇幅短的散文，如果是好文章，就不应如此。

生8（很少发言的一名男学生）：“日暮”象征着国家的衰败，日薄西山，气息奄奄，鲁迅东渡日本为的是寻求救国救民的道路，可到了东京看到清国留学生醉生梦死，感到前途渺茫。旅途中一看到“日暮里”这个地名，触景生情，故而记得。因此，和记住“水户”一样，记住“日暮里”表露了鲁迅的感情。

生9：不同意。你能断定日文的含义是和我们中文的含义一样吗？不能望文生义。

生10：别争了，看书。（读）“从东京出发，不久便到一处驿站，写道：日暮里。不知怎地，我到现在还记得这名目。”你们看，“不知怎地”，至今还记得，鲁迅自己都不知道是什么原因，你们比他还清楚，岂不笑话？

师（赶紧收场）：大家能畅所欲言，发表自己的看法，这很好。我看小章同学（生10）讲得好，“不知怎地，我到现在还记得这名目”很重要。学问中有一门考据学，考据最重要的是讲究本证，想想，就知道该怎么理解了。

当时这样处理，我觉得很合适。如果没完没了争论下去，课时怎么受得了？教学计划无法完成。再说，这也不是教学重点，已从明遗民朱舜水客死的“水户”知晓一二了。再者，我还顺带指导了做学问的一种方法。考证事物应注意本证，不能牵强附会。鲁迅先生自己写的是最可靠的证明。推论要有根据，不能建筑在臆断的基础上。

其实，我因势利导的本领实在欠缺。小曾（生 8）同学平时很少发言，课后与同学之间的交流也甚少，难得如此激动，如此声音响亮地侃侃而谈，别说我有点愕然，不少同学也用惊异的眼光看着他。这是鼓励他重视口头表达、勇于发表意见的极好的契机。我竟木然，白白地丢失了鼓励的契机。再加上生 9 劈头盖脸三个字“不同意”，对他发言积极性的负面作用可想而知。此时此刻，作为教师，哪怕是抢空当，也要抢着讲几句，充分肯定他的主动性、积极性。须知，要点燃学生心中求知的主动性这盆火是多么艰难。一个学生一个样，特别是内向的学生。课堂教学必须有敏锐的目光，对学生些微进步都不能有丝毫疏忽，要及时添薪加柴。

“导”的欠缺还在于紧急刹车。这个问题确实无须铺展开来争论，但也不应急于下结论，可以悬挂在那儿，引导学生学习下文。学生通过作者对藤野先生外貌、语言、动作的描绘，认识其精神品质，认识其在日本帝国主义恶浊空气泛滥的情况下，对鲁迅热情关怀，不倦教诲，无民族偏见的难能可贵，与受日本军国主义思想毒害的日本青年比照，更是泾渭分明。作者满怀愤慨和内心的痛楚写下了受侮辱（被翻检讲义、匿名信、流言）、受刺激（看时事影片）的片段。民族自尊心受到践踏，热爱祖国的炽热感情化作深思，化作对生活道路的抉择，弃医从文了。文中生活事件、世态人情、历史材料、科学知识及现实斗争等种种材料如胶似漆地有机组合在一起，是由于思想内容的内在联系，这内在线索就是鲁迅先生浓烈的爱国主义思想。把握住文章的精髓，“日暮里”被记住就不难理解，犹如“东京也无非是这样”。课起始就讲“无非”，意味怎么也出不来，先引导学生弄清东京清国留学生精神空虚、堕落腐败的情况，“无非”就有着落，学生就能比较具体地领会其中饱含的厌恶之情。

至于仅局限于“不知怎地”字面的理解，更是荒唐。鲁迅作品嬉笑怒骂皆成文章，字面义、字中义、字背后义须深入咬嚼，怎能草率从事？糊涂！

浑然一体，还是分步走

《范进中举》课的起始，调动学生的学习积累，引出新课的学习。

师：与《孔乙己》写作意图有类似之处，均为控诉科举制度戕害读书人的罪恶。孔乙己是科举制度的败北者；范进是中了举，发了迹。他们皆热衷功名，一个被吞噬，一个爬上去；皆中毒极深，一个被吞噬而仍然麻木不仁，一个中了举欢喜得发了疯。请同学们迅速翻阅课文，找一找描绘范进发疯丑态的语句，站起来谈一谈。

（生翻阅课文）

生1：“噫！好了！我中了！”

生2：“自己把两手拍了一下，笑了一声道：‘噫！好了！我中了！’说着，往后一交跌倒，牙关咬紧，不省人事。”

生3：“他爬将起来，又拍着手大笑……”

生4：“走出大门不多路，一脚踹在塘里，挣起来，头发都跌散了，两手黄泥，淋淋漓漓一身的水，众人拉他不住，拍着笑着，一直走到集上去了。”

……

本文发表于《语文教学通讯》（初中刊）2006年第11期。

师： 无论从外形，从语言，还是从动作来看，范进确确实实疯了。作者吴敬梓运用妙笔把这个人物疯疯癫癫的丑态、狂态刻画得淋漓尽致，入木三分。为什么范进一进屋见到升挂起来的中举人的报帖，就拍手，就笑，就发疯？那就得了解他中举前过的是怎样的日子。前后对照起来思考，就能体会他考中前后天翻地覆的变化给他的心理、感情带来怎样的冲击。这种变化又不是孤立的，岳父胡屠户是怎样的嘴脸，后面出现的张乡绅又是怎样的嘴脸？请同学们边听录音，边把范、胡、张三个人物前后变化的要点画在课本上，然后在练习簿上列出简表，前后变化一目了然，再进行交流。

（生全神贯注地听录音、看书）

生 5： 来不及画出来，那么多。

师： 心静下来，就来得及。（走到生 5 身边轻声说）

生 6： 画范进一个人可以，三个人就脑子里打架了。

生（齐）： 来不及，再放一遍录音，好用不同颜色的笔做记号。

（师只好再放一遍相关部分的录音。生看书，思考，抓要点列表）

……

真是欲速则不达！学生对故事情节还不熟悉，就要求他们把握人物的刻画；一个主人公还可说，三个人物一起把握，不是顾此失彼，就是乱打架；在故事情节还不清晰的情况下，又立即要列几个人物前后对照的表，一个要求接一个要求，层层加码，学生应接不暇。学生要听，要看，要想，要写，貌似浑然一体，实则脱离了学生的实际水平。原本考虑，课文中生字多，学生读不顺口，听录音，使无声的文字变成有声的语言，不仅帮助学生识字，而且加强了文中语言的讽刺效果。实践过程中反映出两个目的均未能实现。

教学中须“目中有学生”，但真正做到实在不易。从教材出发安排教学环节，有时几乎成为教师的本能。只着力于教教材，忘掉了教学的根本任务是用教材教学生。学生的学习需求、学习能力是必须面对、必须思考、必须研究的第一要义。话要一句一句说，饭要一口一口吃，路要一步一步走。先学什么，后学什么，须考虑得井然有序，根据难易的程度或铺路，或搭桥。糊成一片，学生如何承受?

教课有时候完全是“想当然”，认为这点要求下去，不会有问题，学生“吃得下”，多“压”一点，学生就“吃得饱一点”。殊不知，学生毕竟是娃娃，我们常把他们当作成人，脑子里似乎同时可装好几件事，于是就不恰当地扩容，超越现有的学习能力。再说，学生的学习能力有高低强弱之别，教学时心中有学生，就会重视因材施教，既提出一般要求，适应所有学生，又提出较高要求，满足学习积极性高涨、学习能力比较强的学生，在求知道路上攀登。关键在于自己教育思想中经常缺了这根弦，习惯于“统一要求”“一刀切”，简单，方便，痛快，不自觉地人为造成一部分学生学习的困难。再进一步说，教师往往把问题看得很简单，认为学生动一动脑子就会。其实，这是未设身处地为学生想。教师自己已多次读教材，对课文从语言文字到思想内容回环往复进行钻研，当然来龙去脉一清二楚。学生只是初读、浅读，怎可能如教师那样轻而易举地抓要点、思考概括?我们自己学一点知识，真正懂得一点道理，也是要花工夫，有个过程的。

心中有学生，教学设计就自然而然分步走。先让学生把握文中主人公范进的前后变化，列表显现要点。而后，引导学生再读课文，列出胡屠户庸俗势利、张乡绅逢迎拉拢嘴脸的要点。前后对照，人物内心世界毕现，极其深刻地表现出世态炎凉，讽刺矛头直刺封建科举制度。教学中步步推进，学生学起来顺理成章，容易接受。

至于对历史上科举制度的全面评价，则是另一回事。

脑海里问题涌动

有人说，在每个孩子的心灵深处，都有一种根深蒂固的需要，那就是希望自己能成为一个发现者、研究者、探索者。此话有道理。求知是人的天性，求知过程中主动积极地寻觅、探求，获得期盼的效果，那种愉悦和欢乐简直难以言表。

教师对此确实要有深刻的认识，如果只是将自己扮演成知识的传授者，把学生的大脑当作器皿“灌”，学生学习的主动性受到侵害，就会厌倦，产生消极情绪，学习质量也就可想而知。不少学生常有语文课上与不上无所谓，乃至厌倦的感觉，这与他们少动脑筋或不动脑筋有密切的关系。

语文教学过程应该是师生共同参与的一个协同的脑力劳动过程，教师的脑力劳动应当跟学生的脑力劳动相结合，而最终目的还是让学生开展积极的脑力劳动。从这个意义上说，教师应该是学生脑力劳动的指导员、引航员。要学生积极地开展脑力劳动，十分重要的是抓住“疑”字做文章。学始于疑，有疑才有问，才有思。阅读时脑海里问题涌动，学习就真正进入良好的境界。

教师要善于激发学生生疑。要产生疑问，首先须认真阅读课文，咀嚼文字的含义，尤其是内涵丰富的语句，更需停下来，读几遍，想一想。如学《闻一多先生的说和做》，其中有“1930 年到 1932 年，‘望闻问切’也还只是在‘望’的初级阶段。他从唐诗下手，目不窥园，足不下楼，兀兀穷年，沥尽心血。杜甫晚年，疏懒得‘一月不梳头’。闻先生也总是头发凌乱，他是无暇及此的。”这几句如仅扫

本文发表于《语文教学通讯》（初中刊）2005 年第 10 期。

视一下，学生只会有闻先生治学刻苦的粗略印象，要学生读一读，讲一讲，问题就出来了。如："兀"究竟怎样读？"望闻问切"是怎么回事？钻研文化典籍为什么要用这四个字？"目不窥园"又是怎么回事？"兀兀穷年"有没有出处？杜甫晚年为什么"一月不梳头"？学生脑中涌现一连串的问号，思维如活水，脑子转动起来，就可品尝到其中的奥妙。"兀"，音"wù"，辛勤不懈的样子。"兀兀穷年"，"穷"，尽，一年到头勤苦不息。查查出处，原来出自韩愈的《进学解》，该文中有"焚膏油以继晷，恒兀兀以穷年"。"望闻问切"，原来是中医诊治疾病的方法，一字一法，四法结合起来使用。为什么钻研文化典籍要以诊断疾病的方法来比喻呢？原来是承接上文钻研的目的——"开一剂救济的文化药方"而来，承接紧密，语势顺妥。"目不窥园"呢？仅是一般的形容吗？一查检，才知用了典故。《汉书·董仲舒传》中写董仲舒因专心致志学习，"三年不窥园"。文中以此形容闻一多，可见其钻探文化宝藏精神的惊人。"一月不梳头"原来引的是杜甫自己的诗句——"百年浑得醉，一月不梳头"。杜甫奔波一生，难得在成都草堂有较安定的生活，故疏懒得一月不梳头。文中引这一句的目的在于进行反衬，突出闻先生孜孜矻矻，日夜不懈的精神。把几句联系起来思考，就会发现文简意丰，比喻、反衬、用典恰到好处，深刻而形象地刻画了闻先生为寻求拯救民族于危亡的良方而勤奋刻苦的精神。脑子里如果不涌现诸多问题，怎可能领悟其中意味的深刻、隽永？又怎可能提高阅读的实际效果？

从上面这个例子可知，要激发学生并使其在学习中生疑，可推敲课文中的字、词；可前后联系起来思考，发现问题；可联系自己已有的知识，包括阅读所得、生活经验、学习经验进行思考，发现问题。发现问题、分析与解决问题，离不开翻检工具书，强化识字、辨词的认识；离不开翻检有关资料，开阔自己的视野，深化对课文文字的使用与寓意的感悟。

为了使学生学习时脑中有问题涌动，我从三个方面入手：一是组织学习《说疑》等短文，反复强调学习中生疑、质疑、析疑的重要性，让学生懂得"心之官则思，思则得之，不思则不得""为学患无疑，疑则有进”；二是鼓励和指导学生生疑，除上述的指导外，常在学生不易产生疑问处设疑，启发学生动脑筋思考，抓住矛盾加以展示，激发学生思考，创设辨疑、析疑的条件与气氛，在谈看法、摆见解的过程中，又有疑的生成，可作进一步探究；三是尊重学生思维的火花，把学生提的问题立刻在头脑里进行梳理，分清主次、轻重，按一定顺序巧妙地安排在教学过程中逐一解决，引导学生相互启发，寻找答案。要注意因材施教，尤其要鼓励创造精神。教师不能以自己思考问题的范围给学生“画地为牢”，叫学生“就范”。学生感兴趣的不全在长知识，更在于独立开展抽象思维过程本身，也就是喜欢长知识和长智慧相互结合的智力活动过程。

换个角度行不行

《驿路梨花》对初中低年级学生来说，有相当的吸引力，因为故事情节曲折起伏，引人入胜。于是，课这样开篇：

师：听课文录音，阅读思考下列问题：

1. 画出生字难词，圈出准备积累的词语。

2. 本文是围绕何物开展故事情节的？

3. 贯串全文的线索是一句话，试着找出来。

4. 文中描绘的主人公是谁？作者写他们的目的何在？

5. 这篇故事的最大特点是什么？请用四个字概括。

（学生边听边读，全神贯注。录音一停，就有学生举手）

生1：文章是围绕小屋写的，小屋在山里，草顶，泥墙，“门是从外扣着的”。

师：你看得仔细。

生2：贯串整个故事情节的是这一句话：“这是什么人的房子呢？”制造了这一疑问，哦，不，悬念，故事就一步步发展了，读的人也就特别有兴趣，希望弄个究竟，把谜底揭开。

师：说得真好，他把这句话在文中的作用都作

本文发表于《语文教学通讯》（初中刊）2007年第4期。

了具体的剖析。

生 3：作品中的主人公是小梨花和梨花的妹妹，活泼可爱的小姑娘。

生 4：不只是她们两个人，还有解放军，他们是建造山间小屋的人。梨花姐妹也不可能建造。没有小屋，她们照料什么？

生 5：照料小屋的人多了，除了她们两个人，还有瑶族老人，还有老余他们……

生 6：还有文中没有出现的，但作者作了交代。请看第 102 页："瑶族老人又说：'过路人受到照料，都很感激，也都尽力把用了的柴、米补上，好让后来人方便。'"可见，凡是过路人都是小屋的照料者。因此，文中的主人公是小屋的建造者和照管者，不是一个两个，而是一批一批，说明助人为乐蔚然成风。

师：真不简单，既准确无误，又滔滔不绝。这么一个动人的故事，请你们说说看，用哪四个字概括最合适？

生 7：一波三折。

生 8：引人入胜。

生 9：美不胜收。

生 10：悬念迭起。

……

师：都有一定道理，如果选择的话——

生（大部分）：引人入胜。

师："引人入胜"的"胜"如何理解？

生 11：优美的，"引人入胜"就是领人进入优美的、美妙的境地。

于是，师生就按照课文的顺序一步步进入课文描绘的优美境地。

教学过程中，有时学生眼睛发亮，煞有兴趣；有时有的学生却有疲沓之感，注意力不集中。我当时不以为意，让这些现象如流水般逝去。今日回想起来，对自己的教学应变能力得打个问号。

课的起始，学生对文中的故事情节、主人公已熟悉、理解。显然，这个故事切合学生的年龄实际，尤其是三个悬念和两次误会的安排，对充满好奇心的初中生来说，很有吸引力，也许新学期课本拿到手时已阅读，故而思考后能准确阐述。学生已掌握，我还按部就班梳理情节，一一解谜，有些学生不领情应是意料中的事，因为他们求知的积极性受到压抑。

换个角度行不行？抓住了“引人入胜”，就在“胜”字上下功夫。本文的画面很美，而且充满诗意，给人以温馨的感觉。景美、人美、心灵美，如果引领学生沉浸在这诗情画意之中，发现美，欣赏美，感受美，教学气氛就会是另一番气象。就以景美而言，文章下笔就引人入胜。朗读第 1 段：“山，好大的山啊！起伏的青山一座挨一座，延伸到远方，消失在迷茫的暮色中。”说到“这种以惊叹语气开头，如异峰突起，气氛浓厚。群山起伏延伸，暮色迷茫，一起笔就展现了故事发生的广阔背景。渲染了环境气氛，把读者带进哀牢山南段的群山密林之中”，学生眼睛睁大，看得出在想象群山密林的景象。学到两个“看”，一看梨花，二看人家，有段精彩的对边疆美丽夜色的描绘——“一弯新月升起了，我们借助淡淡的月光，在忽明忽暗的梨树林里走着。山间的夜风吹得人脸上凉凉的，梨花的白色花瓣轻轻飘落在我们身上。”于是，我又迫不及待地点拨了：“月光，晚风，梨树林，花瓣飘落，人在花中走，花伴人夜行，好一派边疆优美的风光……”凡此种种，为什么要出自教师之口？让学生朗读、默读，自己品味，自己发现，效果岂不更好？记得读到“我们正在劳动，突然梨树丛中闪出了一群哈尼小姑娘”时，就有一名学生情不自禁地用手做动作，以显示“闪”的快速和出人意料。

学生的基础不是零，不能把他们的学习能力估计得过低。这种文质兼美的课文，学生已初步掌握情节，教师就不能按图索骥，应敏锐及时地调换角度，让学生的思考步上新的台阶，在画面诗意美、情节跌宕美、人物纯真美上着力，让学生发挥联想与想象，受到美的熏陶。

美文要力求教出美，赞可夫曾说：“教师本身先要具备这种品质——能够领会和体验生活中和艺术中的美，才能在学生身上培养出这种品质。”有无教育机智，还得看教师本身的素质。

语文教学切莫边缘化

暑热难熬之时读到报载的《文坛一怪：14 个标点成“小说”》，惊出一身冷汗。作者以 14 个标点成“小说”，用 14 万元悬赏破译者。这篇无字小说《○》分为 5 段，全文为：

：？

：！

“‘……’”

（、）。

《，》；——

文字用来表情达意，写小说舍汉字而只用标点符号，似乎是蹊径独辟，刻意“创新”，实质上是出谜语让读者猜，读者只能是一头雾水，找不着北。复旦大学中文系教授王宏图认为：“标点符号毕竟是汉字的辅助，不能代替文字本身。语言有着社会性，不可能完全私人化，即使是无字小说，也依然要用原来的词汇来解释，这说明所谓无字还是要靠文字来得到认同。作者让读者猜谜，实际是自己筑起了一堵墙，阻碍了读者的理解。”我完全赞同这种看法。与此同时，我又不得不联想到许多问题：这种现象怎么会出现？你说不是“小说”，他说是“小说”，究竟什么是“小说”？作者可花了功夫，他已经用标点符号组合了 3 000 多个“文字”，这样做的意图究竟何在？说不是“小说”，又明明冠以“小说”，是变形了，还是边缘化了，实在

本文发表于《中学语文教学参考》2005 年第 11 期。

令人费解。由此，我又联想到我们语文课堂上的一些令人费解的状况，这些状况无以名之，姑且说其是边缘化吧。常见的有以下几种情况：

从教学内容来说，一泻三千里。抓住课文的某一点，背景、人物、景物、事件、关系等，进行无限制的延伸。如《林黛玉进贾府》，课文内容与词句不沾边，整堂课画贾氏家谱和人际关系。又如把课文搁在一边，对课文作者大肆评论，天南地北，悠悠千载。此类情况多在较高年级发生，俨然有点博学鸿儒的模样。

从教学方式来说，满堂问，满堂讨论。问题不论巨细，小到一个字词，大到整篇课文的主旨和意义，一律要探究，要四人小组讨论（这在许多班级已成机械化动作），学生讨论到哪里，教师的教就跟到哪里，学生对问题讨论到什么程度，教师的教就跟到什么程度，课堂闹嚷嚷、乱哄哄。

从教学手段来说，凡公开课一律用多媒体，课件做得很美，声、光、色、像俱全，黑板上光秃秃，没一个字。整堂课就是看电视，看电影，课本起客串作用，以多媒体为主线，需要时选两三段读一读。形象化有余，对语言文字的咀嚼缺失。

以上仅举其要而言。教师用心良苦，总想运用课程教材改革新理念，充分激发学生学习语文的积极性，实现理想的教学效果。然而，天底下的事从来会有种种蹊跷，你原本想进入这幢房子，稍不慎，不经意间步入岔道，进入那幢房子。认识上进入误区，行为就发生偏差。有些问题很值得进一步探讨。

语文教学再基础些

基础教育，本中之本。我国的基础教育面向数以亿计的儿童、少年、青年，面广量大，属世界之最。努力深化基础教育改革，切实提高基础教育质量，对提高全民族素质，促进祖国繁荣富强起不可估量的作用。语文学科教学在基础教育中又是基础的基础。《义务教育语文课程标准》中明确指出："语文课程应致力于学生语文素养的形成与发展。语文素养是学生学好其他课程的基础，也是学生全面发展和终身发展的基础。语文课程的多重功能和奠基作用，决定了它在九年义务教育阶段的重要地位。”《高中语文课程标准》中又指出：“高中语文课程应进一步提高学生的语文素养，使学生具有较强的语文应用能力和一定的审美能力、探究能力，形成良好的思想道德素质和科学文化素质，为终身学习和有个性的发展奠定基础。”显然，国家一而再、再而三地强调语文课程的基础性。确实如此，语文教学是母语教学，识字、写字、作文、阅读能力、口语交际能力等，陪伴人的终生，从小打好底子，一辈子受益不尽。

现在不少中学生字迹潦草，错别字屡见不鲜，说起话来言不及义，不得要领，时尚语言、网络语言夹杂，写作文常下载文章的某些段落拼凑。形成这种状况的原因很多，但毋庸讳言，语文课堂教学也应反思，负起责任。一些课热闹非凡，学生此起彼落地发言，课后去了解他们学到些什么，对课文感受最深的是什么，却往往茫茫然，或答非所问。

学有所得是一堂课的基本要求，也是一堂课成功与否的底线。学生的青春是在一堂堂课中度过的，每堂语文课学什么、怎么学，直接关系到他们语文学习的质量、语文能力的提高、语文素养的形成，学生的青春耽误不起。我在教课的时候，课前课后总要反复考问自己：这堂课你教给学生些什么？学生能学到什么？经过教学实践检验，学生究竟有多少收获？与预先设计的有何差距？教学是有计划有目的的行为，随意性越大，漂浮无根，学生所得越受影响。“有心栽花花不开，无心插柳柳成荫”毕竟有很大的偶然性，并不能反映事物发展的普遍规律。

要想学生“得”什么，每堂课就必须有明确的目的和要求，教材内容的剪裁、教学重点与难点的确定、教学方法的选择、教学过程的安排等，均要为实现教学目的和要求服务。旁枝斜逸，杂草丛生，可能会博得课堂里的“轰动效应”，但“乱作为”的结果是丢失了教学原本的基础，得不偿失。教师备课时，每篇课文都有明确的教学目的，但写在教案上不等于在课堂实践中就付诸实施。常见的走样有两种：一是抓住一点乱生发，二是散了板，多目的变成了无目的。预设的教学目的和要求欠妥当，在教学实践中加以修正、改进，无可厚非，问题在离线离谱，不知所云。课堂教学可以教成优美的散文，但形散还得神聚，对教学究竟达到怎样的目的须一清二楚，不能糊成一片。

教学目的和要求的落实，离不开三个维度中的知识传授与能力培养。语文课就得咬文嚼字，该教的语文知识就得让学生掌握，通过对语言文字理解与应用的扎扎实实的积累，提高语文能力。语文课就是要和语言文字打交道，通过对语言文字的诠释、识别、辨认、理解、探究，感受作品的丰富内涵，领悟作者深寓其中的思想、见解、品德、情操。学生在一堂堂语文课中咬嚼文字精华，感受思想情感，形成并提高语文素养。比如学《木兰诗》，学生常把“朔气传金柝，寒光照铁衣”的“柝”读错写错。那就要正音、辨形，与“析、折、拆”辨析一下，字形、字音、字义究竟怎样，让学生查查字典，脑子转一转，留下痕迹。否则，一带而过，学生仍然把“柝”（tuò）误读误写成“析”“拆”，因为“柝”现在很少碰面，于是也就只好似曾相识。又如王昌龄《出塞》中的“秦时明月汉时关”，学生背出来以后仍然理解为“秦时的明月和汉时的边关”。其实，教师点一句又何妨？告诉学生，此句采用互文手法，秦汉并举，意思是“秦汉时的明月，秦汉时的关口”，也就是一轮明月映照着秦汉时期的关口。

课程改革绝不是淡化知识与能力，而是进行整合、筛选，“强主干，删枝叶”，去旧、去偏、去繁、去难，该教的基础知识必须教，不该教的繁枝茂叶要忍痛割爱，千万不可碰到知识犹如触电。

初中低年级学生学习林海音的《爸爸的花儿落了》，教师拎空地讲父女情，讲生命的延续与传承，就没能把握住语文的个性。父亲对英子的教育以及英子的成长，是通过一件件具体事情表现的，而这些事情又是围绕“毕业典礼”这个中心事件展开的。有些事是现实，有些事是回忆，如何纹丝不乱地组合在一起，又如何过渡，如何紧密衔接，必须引导学生弄清楚。理清文章脉络，理解并熟悉顺叙、插叙等多种叙述方式，是学生应具备的语文基础。离开了具体的知识与能力，情感态度与价值观又与谁融合？过程与方法又如何体现？讲语文教学再基础些，首先是不能忘记语文固有的性质，不能忘记语文教育担负的任务和要实现的目标。其次是不能把语文的目标、任务割裂开来，不能顾此失彼，厚此薄彼。割裂开来，就违背了工具性与人文性统一的基本特点，学生的语文基础、语文素养的形成与提高必然受到影响。

平等对话与“不作为”

“语文教学应在师生平等对话的过程中进行”，《义务教育语文课程标准》中的“教学建议”第一条第一句就如是说。对这句话，由于理解上的差异，做法有时就大相径庭。这个问题也是很值得探讨的。

课程改革的基本理念之一是积极倡导自主、合作、探究的学习方式。这种新的学习方式需要的是民主平等的师生关系。较长时期以来，“灌输—训练”的方式是语文教学的主要方式，教师控制着话语权，学生处于被动接受的地位。倡导新的学习方式，关键在尊重学生是学习和发展的主体，爱护他们的好奇心和求知欲，关注他们的个体差异和不同的学习需求，充分激发他们的主动意识和进取精神。不少教师在教学实践中尝试，取得了良好的效果。值得注意的是，既然是“平等对话”，师生双方都应“有作为”，而不是一方“有作为”，一方“不作为”。

平等对话的目的是让师生充分发挥在教学中的主动性、积极性、创造性，挖掘文本中的语言资源、精神财富，感受文字魅力，体悟社会人生，培养和提高学生的语文素养。平等对话过程中，学生要学会学语文，要学好语文，要学会用语文，因而须在准确、正确上下功夫，须实实在在，不能空泛，不能不着边际，更不能听之任之。

学生是学习语文的主人，教师是学习的组织者和引导者，是把学生引入语文天地的向导。学生学习语文的兴趣，自主学习的意识和习惯，不可能自然生成，也不可能一蹴而就，要靠不断激发，要靠持续培养，要靠努力唤醒。对此，教师责无旁贷，须有所作为。教学过程中的平等对话，应充满学生的发现、质疑、思考与探究，与此同时，必然伴随着教师的启发、引导和点拨，乃至必要的讲解。对话过程应该充满了师生的讨论、沟通、理解，必要时也离不开精彩、精要、精湛的指导。师生平等对话是为学生创设良好的自主学习情境，让学生充分发挥聪明才智和学习潜能。然而，倡导自主、合作、探究的学习方式，并不排斥与否定接受性学习，自主、合作、探究的学习方式与有意义的接受性学习相辅相成。

平等对话，师生双方都有话语权。由于对学生自主学习理解得不到位，有些教师误认为上课自己应少讲乃至不讲，否则，就会影响学生的主体地位，影响他们的自主学习。于是，就出现了种种“不作为”的情况。比如，一而再、再而三地重复某种教学方法，让学生自己“感悟”。无点拨，无指导，要求泛化。朗读是学语文的好方法，让学生整堂课朗读课文未尝不可，但每次朗读应有具体的要求，并且要求应循序渐进，读错的字、读不顺的句子要指点，不能任其溜滑过去；关键词句、重点段落，要让学生咀嚼、品味，谈自己的感受和领会。读书百遍，其义自见。当今课堂上，学习不可能有那么多充裕的时间反反复复读，因而必要的指点就不可缺少。再说，朗读的目的就是要熟悉课文、理解课文，入目，入耳，入心，与作品和作者交流思想、沟通心灵，从中吮吸语言和思想的养料。故而，口读必须心想，精要之笔要琢磨，教师的点拨同样不可缺少。感悟也好，整体感知也好，总要建立在理解的基础上。浮光掠影，囫囵吞枣，怎能有真切的感受？这样的课，教师“不作为”，学生虽读，但没有发现、质疑、探究，主体作用未发挥，形式上有作为，实质上还是无作为。

讨论是课堂教学很好的方法，切磋琢磨，相互启发。可全班，可小组，可学生之间讨论，可师生共同讨论。然而，有几点必须把握：一是探究什么问题，这个问题在理解文本中起怎样的作用，芝麻绿豆无关紧要的就不必大动干戈。二是讨论过程中可能生成课程资源，但不能捡到篮里就是菜，要辨别、筛选，决定去留，不能脚踏西瓜皮，滑到哪里算哪里。三是须紧扣讨论的目的和要求，不能“放羊”，听之任之，名为讨论，实为闲扯，与文本不沾边。讨论追求的境界，应是学生求知欲高涨，心灵得到解放，主动性、创造性被激发，同学对话、师生对话中有观点碰撞，对文本的理解、领悟往纵深发展。语言表达做到有序、有物、有理、有情，启人心智，令人信服。如果“放羊”，教师“不作为”，学生也就不可能有所作为，讨论流于形式，实质被掏空。

师生平等对话须坚持教学目的和要求的落实，正误判别不可马虎，尤其不能在是是非非面前和稀泥，不能都说对都说好，不能认为跟着学生转就是“平等”。学习任何一类课文，讨论任何一个问题，均必须坚持科学性，对的就是对的，错的就是错的，切不可把“不对”说成“对”，那就离了教学的“谱”。对文本的内容、形式、语言运用、个性特点，可以多层面多角度理解，答案可以有多种，不强调“标准”，不强调“唯一”，但正误一定要分清。例如茨威格的《世间最美的坟墓》，是作者于1928年俄国之行写下的著名文章。篇幅虽短，内涵却十分丰富，寓意深刻隽永。学生学习从文字到内容，从写作特点到寓意，均要动一番脑筋深思、品味，并非一目了然，并非能立即把握其中精髓。有的学生在阅读中体会到文章的结构很有特色，认为它虽是游记散文，但游踪并无清晰的痕迹。文中既有写景状物——树林中一个小小长方形的土堆，又有插叙追忆——托尔斯泰埋骨于此的缘由；既有对比烘托——反复对比，构成反差，又有深思感怀——表达崇敬之情。把这些有机组合起来的是作者思想感情的流动，而这感情的起伏升降正是结构全文的线索。学生能认真梳理文章脉络，理清结构，找准线索，教师就要明确表态。表态时不能只说一个“对”、一个“好”就了事，要赞扬学生为什么能做到整体把握。一名学生讲，其他学生帮着讲，教师点拨、补充。这样的对话，师生都有作为，学生能真正受益。有学生认为茨威格说托尔斯泰墓是“世间最美的坟墓”言过其实，一个土堆有什么美？怎么可能“剧烈震撼每一个人内心深藏着的感情”？不过是作者硬做的罢了。教师说：“对，这也是一种看法，各人有各人的体会。”学生有这样的看法不足为奇，敢于发表出来也值得鼓励，关键在教师要有所作为，不能没有下文。这种看法也“对”，那就全盘否定了这篇文章，在全班学生的脑子里造成了混乱。这名学生对托尔斯泰这位文化巨匠可能知之甚少甚浅，对作者茨威格于托尔斯泰诞辰一百周年应邀赴俄参加纪念活动时所见所闻产生的困惑与感动不甚了了，对文中不少启人深思的语句未潜下心来仔细推敲，有这样的看法，产生这样的疑问十分自然。他过多地注意了“坟墓”的外形，被这个“物”箍住了思想，忽略了这个小小的、隆起的长方形土堆包容着“当代最伟大的人物当中的一个”，忽略了作者描写托尔斯泰墓地逼人的朴素是为了体现托尔斯泰崇高的精神境界。名人常为自己的名所累，与拿破仑、歌德、莎士比亚比较，更显出托尔斯泰的超凡脱俗。托尔斯泰的坟墓的安排完全出于他自己的选择，他以最朴素的方式与自然融为一体，与广袤的大地母亲融为一体，和他一生义无反顾地去追寻人的本质的平凡一脉相承。作者对此有极其深刻的研究，为托尔斯泰的毕生追求和人格力量所震撼，因而字里行间充满了崇敬之情。以上种种，教师应积极引导。

教师在教学中拥有话语权，不该用时滥用，当然会抑制学生学习的主动性、积极性，影响他们表达自己独特的体会、独特的见解。教学从来不能一味求同，要鼓励学生培养求异思维、创新思维。但教学毕竟不能杂乱无章，各行其是，正误、是非、深浅等总要组织学生辨别清楚，进行指导。就这一点来说，教师的话语权须牢牢掌握，发挥画龙点睛的作用。那么大的学生面，无师自通毕竟是极其有限的。

功夫要用在融会整合上

许多地方有条不成文的规定：凡是教学观摩、教学比赛，必须用多媒体，否则这一项就是零分。参赛对象当然绝大部分是青年教师。我并不排斥课堂教学中运用现代信息技术，因为任何教学手段都是为了引发学生的学习兴趣，在教学过程中化抽象为具体，化难为易，为学生学习提供方便，更有效地实现教学目的和要求。以往语文课上用挂图、用实物、用录音带示范等，均为此目的。今日，现代信息技术发达，运用到课堂教学中是时代发展的必然，顺理成章。但为何一定要作为评价、选拔优质课的硬性指标，就百思不得其解了。语文课程标准只在九年义务教育“教材编写建议”中指出要“重视运用现代信息技术”，在高中“教科书编写建议”中指出要“重视现代信息技术的运用”，课程目标、学习方式、评价建议等对此均无硬性规定。为了反映语文课堂教学的时代性特点，在教学手段方面更新，大胆实践，积极探索，应该肯定，应该鼓励。但在实验实践的同时，须总结利弊得失，发扬正面作用，减少负面影响，使这种教学手段能更健康更有效地发展。

教学中由于面广量大，常出现一窝蜂的状况。模仿、追逐时尚，无须号召，就挤挤挨挨；而静下心来沉思、分析、判断、筛选，就不够重视。这种急功近利的浮躁心态和其他各行各业呈现的情景，虽不一致，但也大同小异。

运用现代信息技术应注意：一是千万不能冷落文字。语文学习的主要凭据是文本，文本中的一篇篇课文是由语言文字组合而成的。作者织锦成文，学习者感知、感受、感悟，着力于对语言文字表情达意的表现力、生命力的推敲，从而体验母语传承文明、传承中华优秀文化的魅力，提高对母语理解与应用的敏感性，全面提高语文素养。如果以声、光、色、像代替语言文字的学习，那就背离了语文教学发展的主流方向，不像语文课，不是语文课，是语文教学边缘化了。二是不能和文本剥离，贴标签，外加要在融会整合上下功夫。运用现代信息技术，目的在帮助学生学习课文时，在知、情、意诸方面发展得更有兴趣，更能动心动情，更能开阔视野，更能放飞心灵，更能触发奇思妙想，更有表达内心感受的欲望与行为，让学生遨游于语言文字与现代信息技术融会整合的学习氛围之中，品尝学习的欢乐。

现代信息技术可用可不用的，就不必用。例如，教泰格特的《窗》，屏幕上出现了窗子的画面，画面很精美。整堂课除课的起始阶段让学生看这个画面外，再也没有派上用处。哪个学生脑子里没有“窗”的形象呢？没有必要介绍。关键在病房里两位病人的思想、情感之发展、变化，“窗”在文中起何作用，这倒是学生须弄清楚的。又如，教余光中的《乡愁四韵》，整个黑板被大屏幕遮盖，时而长江水，时而红海棠叶，时而雪花飘，时而黄蜡梅，忙不迭地更换画面，结果诗的意境消失，学生的想象力未获得培养，对文字的感悟、意念的领会都受到影响。任何一种教学手段的运用都要有“度”，有分寸，只有需要，只有恰当，才是最佳的，否则，就有赘疣之累。

现代信息技术与文本融会整合，能产生极佳的语文学习的效果。光未然的《黄河颂》是语文教材中的传统篇目，现放在小学高年级教。以往教这篇课文时，多采用反复朗读、有表情朗读的方法，引导学生体会这首以黄河象征祖国的热情颂歌，受其思想情操的感染。而今学习这篇课文，融会了现代信息技术，课立体化了，内涵丰富得多，整堂课学生朗读、质疑、交流看法、寻求解答，一直处于兴奋状态，处于感情激荡之中。课的起始阶段，教师用多媒体着力渲染气氛，引导学生进入颂赞黄河的特定情境。屏幕上波涛滚滚，耳旁《黄河大合唱》乐曲此起彼伏，执教老师出示课题，调动学生富有激情地朗读，让学生感受中华民族的母亲河。朗读后，随即交流听音乐与读诗歌后的初步感想，转入下一个教学环节，探讨内容，赏析词语。全诗分“望”和“颂”两部分。学习前一个部分主要引导学生欣赏黄河的形象，感受黄河的气势，体会诗作对黄河的动感描写。于是，教师利用多媒体在屏幕上用红色标出了“奔”“掀”“结”“劈”等动词，引发学生对词语表现力的思索。有学生问：“‘惊涛澎湃’是一个成语，为什么在诗中写‘金涛澎湃’?”画面上出现黄河的汹涌波涛，激起了学生对黄河的多种解释的热望。“黄河主要是黄色，所以有点金的色彩”，“据我查实，黄河是世界上河流中含沙量最高的”，讨论使学生加深了对词语的理解，加深了对黄河的认识。

“颂”是全诗的主要部分，教师组织学生围绕诗中所用的 13 个感叹号，3 次出现“啊！黄河!”等表现形式，对如何理解“你是中华民族的摇篮”“筑成我们民族的屏障”“伸出千万条铁的臂膀”展开合作学习。5 人一组切磋，主要是阅读文本，查阅词典，阅读事先准备的有关黄河地理位置、《黄河大合唱》内容简介等有关资料。讨论到“摇篮”时，屏幕上既出现黄河流向简图，又要求学生仔细阅读文本，从文本的语句中寻找解答；讨论到“屏障”，既让学生查阅词典诠释，又在屏幕上展现一组以黄河为屏障的抗战镜头，学生谈自己的理解、体会，有的情不自禁地说：“黄河，中国母亲河，我们永远热爱您!”有的说：“黄河是我们的骄傲，不愧为祖国的第二长河。”学生纷纷吐露对黄河的崇敬之情，升华了爱国的情感。教师自始至终扣紧文本，让学生情绪高涨地投入其中，发现，质疑，探究，解答，字词句的教学扎实，思想情感积极向上，洋溢胸际。课上得很厚实，多媒体起了营造气氛、增强直观、突出重点、介绍知识、解答疑难等多种作用，和文本融为一体，学生学有所得，学有所乐，提高了语文能力，激发了旺盛的求知欲。此类课在中学并不少见。只要深入钻研教材，从学生的身心需要出发，精选现代信息技术中与之密切相关的画面、片段，进行有机组合，无缝焊接，课堂教学就能跨越时空，给学生学习语文以更广阔的天地。

语文课就是学语文，努力做到三个维度融合，使学生养成和提高语文素养，任何教学手段都应为之服务。师生平等对话，任何一方少作为、不作为，都会影响课堂教学的全局。

要顺理成章

师： 请齐读“就在这一瞬间，他发现那个同志的脸色好像舒展开来，……‘好，好同志……你……你把它带给……’”，分清叙述语言与人物语言的情感表达。读后请思考回答：无名战士留给人间的最后的话语是什么？最后的动作是什么？表现了他怎样的内心世界？

（生齐读有关文字）

师： 读得有感情。请思考回答刚才的问题。

生 1： 无名战士留给人间的最后的话语是：“记住，这，这是，大家的！”“好，好同志……你……你把它带给……”他留给人间的最后的动作是“用尽所有的力气举起手来，直指着正北方向”。他边说边指，表现了他心里想的只有大家，无私忘我。

生 2： 我补充。在荒无人烟的草地里行军，风吹雨浇，只要有火柴，就能点燃篝火，就能取暖，就能救命。无名战士在生命垂危之时，没有用一根火柴为自己取暖，而是要把以自己生命珍藏的几根火柴托付同志，交给大家。这表现了他对党的无限忠诚，对事业必胜的坚定不移的信念。

生 3： 正因为如此，他忍受着难以形容的痛

本文发表于《语文教学通讯》2007 年第 12 期。

苦，在死亡线上挣扎，硬是咽不下最后一口气。他一定要找到同志，把火柴交给大家。他一心想着长征途中的同志，无私忘我，生命爆发出耀眼的火花。

师：理解得很好。这就使我联想到我们学过的《生命的意义》中的名言，尼古拉·奥斯特洛夫斯基说——

生（立即齐背）：“人最宝贵的是生命。生命对每个人只有一次。这仅有的一次生命应当怎样度过呢？每当回忆往事的时候，能够不为虚度年华而悔恨，不因碌碌无为而羞耻；在临死的时候，他能够说：“我整个的生命和全部精力，都已经献给了世界上最壮丽的事业——为人类解放而进行的斗争。”

师：小说对主人公无名战士所花笔墨不多，但形象鲜明、高大，这是由于作者紧紧“抓着人物性格历史的一段，抓着人物性格闪出耀眼光辉的一刹那”来刻画表现的。在短小篇幅里，为了突出主人公，结构上作了巧妙安排。文中以卢进勇为故事线索，展开情节。主人公是通过他的“听”引出来的。外貌是通过他的“看”展现在读者面前的。无名战士的牺牲也是在卢进勇的臂弯中。请大家默读第22段。这段饱含感情的描写感人至深，请边读边想象这是一个怎样的场景。

（生默读，思考）

生4：既然是眼睛“模糊”了，怎么那只手是“清晰”的？不符合生活的真实，用词矛盾了。

师：能看到这一点，不简单。为什么这么用呢？这是一个怎样的场景呢？

生5：这是一个极其悲壮的场面。“卢进勇觉得自己的臂弯猛然沉了下去”，无名战士牺牲了，故而卢进勇的眼睛模糊了，这表明他心里非常悲痛，为失去战友无限悲痛，眼泪夺眶而出，视线模糊，所以远处的树，近处的草，一切都是灰蒙蒙的。至于手“清晰”，那是强调手的作用，指向长征部队前进的方向。

生 6：“模糊”和“清晰”同时运用，收到了独特的艺术效果。既表现卢进勇失去战友的无限悲痛，又给无名战士高擎的手再加上一个特写镜头，叫人永远铭记。

师：说得好。这就好似台上的场景，周围的景物都暗淡了，把光束集中在那只手上，这就使无名战士的形象不仅矗立在茫茫的草地，也矗立在我们的心中。“模糊”“清晰”交织在一起，我们会如卢进勇一样，伴随着整个草地的哭泣，为顶天立地的英雄唱哀歌，唱赞歌。

……

学生学得主动积极，而我却犯了一个低级错误。第二部分（第 9 段至第 22 段）是文章的主体部分，七根火柴故事的核心内容，第 22 段“话就在这里停住了。卢进勇觉得自己的臂弯猛然沉了下去！……”与上两段朗读的内容紧密不可分，而我教学时却拦腰一斩，使它们割裂开来，断了文气。

怎么会出现这样的毛病呢？

备课时，为了让学生感受到无名战士生命的意义和价值，我对他最后嘱托火柴的语言、动作曾三次更改问题的提法。第一次设计的问题是：这里对无名战士进行了怎样的语言描写和动作描写？随后立即否定了。在写作技巧上打转，问得苍白无力，学生难以激动。换个提法行不行？无名战士牺牲前说了什么话？有怎样的动作？表现了他怎样的思想？和前一个相比，进了一步，摆脱了纯文字技巧的客观立场，把无名战士放在主要地位。选择最佳入口处，可以激荡学生的感情。于是，就有了本文开头的提问。众所周知，一首激情洋溢的歌曲，主旋律一出现，就会把人的心抓住，把感情“吊”起来，欲罢不能。关键之处的提问也应如此，要把学生的感情“吊”起来。一个人的遗言是心声的表露，“留给人间的最后话语、最后动作”的说法就是起激荡感情的作用，把学生潮水般的感情“吊”起来，涌上心头。语言、动作中显现的无私忘我的精神光华四射，于是我就立即要学生背诵《生命的意义》中的名言，全然不顾文中“话就在这里停住了”的表述，把垂危和牺牲的一刹那人为地斩断，夹入了延伸的以及写作方法的内容，破坏了整体的阅读。

备课，钻研教材，应该也必须有自己的独特体会，对教学中该不该与学生交流，放在什么场合交流，以什么方式交流，均应深思熟虑，而不是靠一时热情，一厢情愿。不管交流什么看法，或贯彻怎样的教学意图，都必须尊重文本，与文本内容有机结合，而不是乱插一杠子。其实，学生学了第 22 段后，再延伸开来，顺理成章，无半点斧凿痕迹。就事论事来说，延伸部分不当，错位了；更深层次反思，教师有强烈的表现欲，即使是敝帚，也十分自珍，总想把自己的钻研所得撒播到学生身上，忽视了严谨的态度和科学的方法。值得警惕！

不能总零打碎敲

师： 汉乐府中有双璧，两块美玉，一块是《孔雀东南飞》，一块是《木兰诗》。《孔雀东南飞》是我国古代一首优秀的民间叙事诗，全诗1 700多字，生动具体地叙述了焦仲卿和刘兰芝的婚姻悲剧，缠绵悱恻，感人肺腑。诗最早见于南朝陈徐陵编选的《玉台新咏》，题为“古诗为焦仲卿妻作”，后人习惯于用诗的第一句作篇名，叫它“孔雀东南飞”。诗前小序说明故事发生的时间、地点和写作缘由。因故事动人，在民间长期流传，不断被加工润色。

课文注释详细，仔细阅读，理清故事情节，有不解的问题请提出。

（生阅读课文，圈点批画）

师： 尽管文字上可能有的地方有点障碍，但故事情节还是比较容易理清楚的。谁先讲？

生1： 这首诗按照时间顺序叙述故事情节。第1—10段写刘兰芝在焦家受婆母虐待并被遣回娘家；第11—12段写遣归途中，二人立誓不负对方；第13—22段写刘兰芝回娘家后县令、太守一再求婚，阿兄逼嫁；第23—32段写反抗迫害，二人殉情而死。

本文发表于《语文教学通讯》（初中刊）2007年第9期。

生 2： 开头一句，末尾一段，好像也可单独列开。

师： 情节梳理得比较清楚，抓住“遣归”“立誓”“逼嫁”“殉情”即可。当然，前二者也可归并。开头一句诗起兴，末尾以神话作结，不可单列。

生 3： 有些地方吃不准。“奉事循公姥”，“公”没有出来；“我有亲父母，逼迫兼弟兄”，“父”“弟”均未见啊。

师： 谁能说明这个问题？

生 4： 这类词叫偏义复词，理解时根据上下文只要取其中一个意思就行。

师： 说得对。这种双音词由两个反义或近义的词组成，用在诗文中只取其中一个意思。诗中只取“姥”“母”“兄”的意思。又如刘兰芝说“昼夜勤作息”，只取“作”，没有“息”，“息”是休息的意思。

生 5： 诗中那么多“相”，弄不清楚是什么意思。

生 6： 我不能理解的是，刘兰芝这么勤劳，这么美丽的女子，婆母容不得她，这个老太婆要什么样的媳妇才称心？莫名其妙！

生 7： 我不能理解的是，刘兰芝被遣回娘家，人们会另眼看待，怎么县令、太守接连派人来求婚，当时社会怎会允许呢？

生 8： 刘兰芝对府吏说：“便可白公姥，及时相遣归。”是兰芝主动提出要回娘家的，婆母不过是顺水推舟，完全说是婆母的逼迫，似乎说不过去。为什么作者要这样叙事，与主旨岂不矛盾？

生 9： “东家有贤女，自名秦罗敷”，怎么那么多“罗敷”？好像《陌上桑》中也有个“罗敷”？是不是古代美女都得叫这个名字？

……

学生阅读中发现那么多问题，我心怀喜悦，表扬他们读得细致，思维积极。对这些问题，我或与学生略作讨论，或简单作答。现在衡量，原先的做法基本停留在就事论事、零打碎敲的层面，应把问题拎出来作综合性的思考，进行规律性的指导，扎扎实实提高学生阅读文言诗文的能力。

学生阅读文言诗文往往有两大障碍，一是文字上的，二是知识背景和历史常识。文字上的障碍是，我们往往重视虚词的应用，学生在死记硬背上花力气，对诗文中的活用考虑得不够。生 5 问“相”在诗中的确切理解正是他学习进程中的疑难之处。学生已有的知识只停留在“互相”“相互”的理解上，表示双方的彼此对待关系。诗中表示在双方对待关系中，由一方发出动作行为，涉及另一方，“相”在这儿兼有指代接受动作一方的作用。“相”虽是副词，但兼有指代作用，译成白话可根据文意补译出动作所涉及的对象。《孔雀东南飞》中有的“相”可代本人（我），有的可代对方（你），也可代第三方（他）。如“及时相遣归”“久久莫相忘”等代“我”；“会不相从许”“还必相迎取”等代“你”；“好自相扶将”“怅然遥相望”等代“他”。教学时就句解句常枝枝节节，学生易忘记；插讲一点规律性的知识，引导学生自己理解、判别，虽然多花点课时，但因是学生自己思维所得，印象深刻。规律性的知识掌握了，可切实提高阅读文言文的能力。

有些问题的产生纯属历史知识的欠缺。《孔雀东南飞》的故事发生在汉末，那时的社会对女性束缚不像宋代“程朱理学”形成以后那么严格、严酷，相对比较宽松，女性再嫁不受歧视。刘兰芝聪明能干，知书达理，别人慕名求婚，十分正常。至于“秦罗敷”也并非实有其名。“秦罗敷”是古代美女的通名，“秦”是诗歌中美女常用的姓。“东家有贤女，自名秦罗敷”，只是笼统地说邻近有一个貌美的好姑娘。学生要读懂文言文，须补一点历史常识。一是结合课文教学，印一些有关资料供学生阅读；二是学一点文学史、文化史，对古代历史的社会、制度、风俗等有粗浅的了解。

有些困惑属于人物形象刻画和写作方法运用，指导学生对诗中语言前后联系起来思考，不难获得解答。有些问题解答千万不能拘泥于标准答案，不能一锤定音。较长时期以来，刘兰芝和焦仲卿的爱情悲剧都被归于封建礼教、封建家长制的罪恶。有学生认为可以这么理解：刘兰芝在婆家受到虐待自有她的个性特征原因，因为刘兰芝太美了，“腰若流纨素，耳著明月珰。指如削葱根，口如含朱丹。纤纤作细步，精妙世无双”，婆母怎能容得下这个“世无双”的媳妇？本来儿子是自己的，焦仲卿对母亲百般依顺，而今有了媳妇，儿子好像被抢走，她的心态怎么平衡？故而对媳妇百般挑剔，鸡蛋里还要挑骨头。用弗洛伊德的话来说，是“恋子情结”，这也是酿成悲剧的重要原因。

指导学生学习文言文，既要尊重文言文本意，掌握一定的语言知识、历史知识，又要宽容乃至鼓励学生的个性解读，后者往往呈现出时代的印记。

读懂还真不容易

要指导学生正确理解课文中语言文字表达的情和意，体会语言文字的表现力和感染力，提高阅读能力，教师自己就要真正读懂课文，有较强的独立阅读能力。

我年轻的时候，那个年代没有教学参考书，语文专业杂志少得可怜。学校只发一本教科书，每位语文教师就凭自己的文化功底和聪明才智编导出一幕幕情趣盎然、风格迥异的教文育人剧，如果要评价的话，那真是高低上下，泾渭分明。

乍看起来，读懂课文岂不是轻而易举？读了那么多年书，甭说别的，单是小说、报章杂志就看了一摞一摞的，怎会读不懂？其实不然。个人阅读，是浏览，是猎奇，是休闲，是享受，可以浮光掠影，可以不求甚解。备课，钻研教材，却不能囫囵吞枣，视若障碍赛跑，不懂的地方跳过去，绕过去，眼开眼闭。自己稀里糊涂，学生怎可能洞若观火？“以其昏昏”是“使人昭昭”不起来的。

课文要真正读懂还真不容易。我碰到的第一难关是识字。说起来很好笑，碰到生字难词查字典、词典好了，音序、部首、四角号码等，悉听尊便。难就难在认识而不会读，读不准。记得第一次教学鲁迅先生的《药》，第1段就卡住了。“秋天的后半夜，月亮下去了，太阳还没有出，只剩下一片乌蓝的天；除了夜游的东西，什么都睡着。”一个“着”字，四个读音，在这儿究竟怎么读？“zhāo”“zhuó”当然不行。读“zhe”轻声，压不住；读“zháo”与现在的语言习惯有点不一样，现在往往在“睡着”后面要加上个词尾

本文发表于《语文教学通讯》（初中刊）2005年第2期。

“了”。上课总不能蒙学生，必须一清二楚。我于是查阅种种资料，竟没有一个注音的，最后好不容易查到鲁迅作品的英译本，这一句的译文是“all was asleep”，是“asleep”，不是“slecp”，才吃准了应该读“zháo”。我想，英译者定仔细斟酌过。一个常用字的语音都那么讲究，那多音多义字、生僻的字、笔画繁多的字等更要仔细辨认，更来不得半点马虎。要不然，一不小心，课堂上就会读别字，写错字，学生笑话是小事，学生错把谬误当正确，贻误就大了。至于词的本义、引申义，词义的扩大、缩小、转移，词的色彩、褒词贬用、贬词褒用等在具体语境中的千变万化，非得下点功夫咀嚼、思考、品味不可。

读懂课文至少要清晰地回答三个问题：一、这篇课文写什么？二、这篇课文是怎么写的？三、为什么这样写而不那样写？大家熟悉的课文暂且不说，苏教版的《窗》是新篇目，不少语文教师很有兴趣，试着谈一谈。这篇澳大利亚作家泰格特写的短篇小说仅 1 200 多字，内涵丰富，寓意深刻。它到底写什么？有教师说写两个垂危的病人追求生活的美好，但私心重的人谋杀了另一个人；有教师认为通过两个垂危病人的不同表现，进行道德上的强烈对比，贬恶扬善。有的认为作品的重点是写其中的某一个人，有的说重点是写死去的病人，有的则相反。显然，这种种说法都是经过思考的。如果深入探讨一下，这些看法似乎又不够妥帖。故事情节的聚焦点是“窗”，一名垂危的病人日思夜想就是移到靠近窗的病床上，亲见窗外的美景，享受生活的欢乐。由于私欲的极端膨胀，发展到见死不救的地步，“窗”不仅是作品中的“物”，结构情节，而且是心灵的窗户，映照出美与丑的迥然不同的灵魂。

特定的环境简笔勾勒，给人物心灵的展现提供了充分的空间。病房斗室笼罩死的阴霾，而窗外被口头描绘得绚丽多彩，充满生命的活力，给垂死人的心灵射进希望。美景本是共同享受的财富。一是创造者，对生命、对美好充满热烈的追求，化为栩栩如生的语言，自慰、慰人；一是由向往生活的美好而导致私欲抬头，产生邪念，一发而不可收，堕入丑恶的深渊。

虚实相生地写，对比效果强烈。然而，简单地归结为善恶的褒贬远远不够，它触及人性的深处。追求美是人的天性，但当私欲膨胀，把美占为己有时，他的眼前只能是一片黑暗——“他看到的只是光秃秃的一堵墙”，灵魂污染了，善良的天性泯灭了。这个不临窗病人的心理变化，“双眼盯着天花板”“纹丝不动地看着”，是灵魂的裸露，更是对天性泯灭的鞭挞。结尾戛然而止的手法既采用“欧·亨利手法”，增强艺术效果，更是人生的警示，留下不尽的思考。

以上仅作了一点简述，每位教师尽可以有自己独特的认识和体会。五篇、十篇、几十篇、上百篇，独立阅读分析，就可尝到庖丁解牛的滋味。拿到课文，文字跳跃纸上，来龙去脉一清二楚，作者与你交谈，编者与你沟通，那种钻研教材的快乐难以言表。

岂能只消极地复制文本

上课从自述中国古代四大发明开始，学生七嘴八舌，颇有几分民族自豪感。

生1（振振有词地）：别小看火药、造纸、指南针、活字印刷术，它们对人类文化做出了巨大的贡献。如果没有这些发明，人们还要在黑暗中摸索。

师（赞许）：说得好。我国古代的四大发明驰名中外，对东方以至全世界的文化产生了深刻的影响。今天学习《活板》（“板”同“版”），让我们具体了解活版是谁发明的，起何作用，谁最早记录了这个重大发明。

（学生默读，看注释，质疑，师根据学生质疑，对下列字词加以提醒。

盛：盛大，大规模。

五经：指《易》《书》《诗》《礼》《春秋》五种古书。五代时即印五经；后唐时，冯道向官府建议，才开始印刷重要的儒家经典。

已后：“已”同“以”，以后。

铁范：“范”是模子，此处“铁范”指铁框子。

每韵为一帖：按韵目分类排列，每一个韵做一

本文发表于《语文教学通讯》（初中刊）2007年第2期。

个标签。帖，作动词用。

奇字：生僻的字。

文理：木头的纹理。“文”同“纹”。……）

师：本文共三段文字，三段文字各说明什么内容？请同学们各用一句话加以概括。

生 2：简述我国古代雕版印刷发展的情况……

生 3：这是第 1 段。第 2 段介绍活版印刷的制作、使用等情况。第 3 段说活字的下落。

师：概括得比较准确。第 1、3 段是简述，第 2 段是详细介绍，不仅介绍了制作、使用的方法，而且还介绍了活版印刷功效神速。说明事物要“明”，要有序，纹丝不乱。请同学们仔细阅读，把这一段说明的层次正确地划分出来。

生 4：分三层。

生 5：分四层。先说明创造发明的年代、姓名、身份，再说明制作的方法，然后又说它的功效，最后说使用等情况。

生 6：第四层还可再分，一事一分。

……

师：无须那么琐碎，××同学（生 5）分四个层次已脉络清晰，现在请三位同学朗读，口译，概括。一位同学读，一位同学口译，一位同学概括有关内容。按照这一段说明的层次，一个层次一个层次地读、译、概括。

（生 7、生 8、生 9 按要求进行）

师：全体同学齐读第二层次，记住说明活版制作的方法，特别要记住说明制作步骤的关键词“刻”“烧”“布”“炀”“按”。

（学生齐读活版制作的方法与步骤）

当时觉得这样教，语言文字落到实处，学生对活字印刷印象深刻，说明的条理性也有所领悟；今日看来，颇值得商榷。教学生学课文，特别是学古代作品，是否只是停留在复制文本的层面？传统的阐释学尽信书，总以为能一丝不变地领会作者的原意，而忽视人的理解的历史性。历史记载只是人生道路上留下的“迹”，一定要超越时空距离，通过生命的表现，才能获得对文本及其作者的真正理解。对文本加以阐释就是要帮助学生把握文本及其作者的原意。作者创作时有其时代性的先入为主的“成见”，阅读者对它们的理解也有其时代性的先入为主的“成见”，他们各有其“视界”。理解就是文本作者的过去视界与领会者主体的现在视界的融合。理解不是消极地复制文本，而是一种积极的创造性活动。

活字印刷术是先人毕昇留下的历史陈迹，“迹”是走出来的，不能只看到是“鞋印”，要看到是从生命走出来的“道”。只把鞋印复制一遍，作者的深意、文本的精神所在就会在不经意中流失。最早记录这项重大发明的是沈括的《梦溪笔谈》。作者详记了这种印刷的方法、步骤、功效，可为什么在详述前要简述我国古代雕版印刷的情况？显然有其深意。三言两语说明雕版印刷的经典之功，但稍加思考，就可知道印一页就得刻一块版，雕印一部大书，往往需几年工夫，人力、物力和时间都很不经济。这正是创造发明活字印刷的真正原委——现实需要。而我教的时候却一笔带过，学生几乎没有多少印象。历史上人们往往将布衣毕昇定位在能工巧匠上，那也许就是那个时代的先入为主的“成见”，今日看来，仅以匠人来看待，实在是委屈他了。这项发明开创了世界活字印刷的新纪元，他是真正的发明家。历史上人们看活字印刷，往往认为有利于学子读书，与追求功名联系；今日看来，它对文化事业的发展以及文化的传播与交流，起着至关重要的作用。毕昇生活在雕版印刷的全盛时代，经过长期的亲身实践，才有此创造。离开了一定的历史条件，离开了生命的投入，就不可能有此奇迹。这项发明创造比德国人谷登堡用活字印刷《圣经》要早400多年。文本中的简述与详述，实际上蕴含着这项发明的创造之路。

教师带领学生学语文，不能满足于对文本某些内容的复制，而应把过去的看法与今日的视界融合起来，既不脱离文本，认识又向前发展了，发展本身就是在创新。今日先进的激光照排也是雄视世界印刷之举。

鼓点一个也不能少

课堂上常会有学生突如其来地提出一个让你始料未及的问题，怎么办？有的与课文讨论的内容无多大关系，可暂时搁置在一边，或课后个别交谈。有的则不然，提出来直逼教师，非弄个水落石出不可。

现代作家鲁彦的《听潮》，是一篇以景抒情的优美散文。作者描绘了海睡、海醒、海怒三幅画面，突出海潮的凶猛是“伟大的乐章”。文章的主要特点是用文字塑造声音的形象，着力在“听”字上。既然是听觉形象鲜明，当然是难得的朗读材料。在理解的基础上朗读，绘声绘色，能领略到大海的美。

生1（朗读）：“海在我们脚下沉吟着，诗人一般。那声音仿佛是朦胧的月光和玫瑰的晨雾那样温柔；又像是情人的密语那样芳醇；低低地，轻轻地，像微风拂过琴弦；像落花飘零在水上。”

师：她读得细声细气，把形容海的哪个词的味道读出来了？

生2：“沉吟”，诗人一般的沉吟。

师：“沉吟”是声音的形象，作者巧妙地把它转化为视觉形象，让读者体会、感受。谁能说说转化为哪些视觉形象？从这些形象中你感受到了什么？

本文发表于《语文教学通讯》（初中刊）2006年第3期。

生3：月光，晨雾，情人，微风，琴弦，落花，水……

生4：风看不见。晨雾还有色彩。

生5：描绘得非常轻柔，而且“芳醇”，还有香味，美极了！海熟睡的形态是很美的，是那么温和，那么平静。

师：看来你也陶醉其中了。海从酣梦中醒来可就是另一番风景……

生6：我有一个问题，文中写“我们脚下的岩石上就像铃子、铙钹、钟鼓在奏鸣着”。“铙钹”，书上注释说是一种铜制的打击乐器，小的叫“铙”，大的叫“钹”；《现代汉语词典》中解释是大型的钹。请问老师，我相信书，还是相信词典？

生7：我查过《新华字典》，说的也不一样。

（生8、生9等附和，说查过字典，不一样）

师：同学们学得积极主动，即使书上有注释，也要去查字典弄个究竟。我只知铙、钹都是打击乐器，尺寸有大小，没研究过怎样诠释是正确的。课后每位同学都去查查字典，比较一下正误。……

（第二天上课，学生纷纷讲述查阅情况，有的还得意地说查了《康熙字典》）

师：查《辞海》艺术分册“音乐·舞蹈·乐器”部分的“铙”“钹”就十分清晰。“铙”有两种形态，一是有柄的古代乐器，是青铜制品。文中说的“铙”是与“钹”形近的打击乐器，圆形，中部隆起，两片一副，相击发声……

生6：这个我已知道。（出示纸上画的铙、钹图形）我要弄清楚的是书上说得对不对，老师没有回答。你要记住作者说海潮来时是“伟大的乐章”，交响乐啊，鼓点一个也不能少，乐器都弄不清楚，奏什么乐啊！

众：是，是……

学生对知识执着追求的精神让我怔住了，这名同学要求的是水落石出，一清二楚，而不是含含糊糊。事实上，“铙”与“钹”都有多种形制，大小不一。大小相当的铙与钹，铙所发的音低于钹而余音较长。我原本想文中不过以此比喻海水击岩石之声，不必下功夫去查去考，没想到学生不罢休。注释确实有不周之处，含糊过去实际上是对学生的一种搪塞，不负责任。

今日想来，这节课至少有两点值得深思：（1）钻研教材时缺少寻根究底的良好习惯，自以为知道，读起来就一晃而过。有时也看看注释，但思维总定在“相信”二字上，求异、质疑比较少，这样备课往往停留在文字的表面，而且连文字上的事也是只知其一，不知其二。这篇课文既然在听觉形象上用功力，为什么不把作用于听觉的各种各样的声音推敲一番，感受一番？只看到眼前的文字，脑中没有音响，更没有乐章，自己没有进入作品描绘的境地，又怎能引领学生进入？对文字的有些表述，自己已形成条件反射，不去深入体会。如文中写海潮汹涌：“音响就越大了。战鼓声，金锣声，呐喊声，叫号声，啼哭声，马蹄声，车轮声，机翼声，掺杂在一起，像千军万马混战了起来。”我当时的反应是这儿用博喻的手法写，至于究竟是怎样的声响，没有想象过，遗憾！（2）对有的问题含糊其词，说得不清不楚。含糊其词又有两种情况：一是自己知晓，说出来有不方便之处，免得节外生枝，还是不说为好；二是自己本来就不清楚，课前忽略了，未深思熟虑，学生陡然一问，且不说回答得是否准确，是否科学，有时连自圆其说都难以做到。出现这种情况，有文化底蕴问题，有思维的敏捷、周密问题，也有教学品质问题。教师教学应该是知之为知之，不知为不知，切不可蒙学生。教学应该是要言不烦，一语中的。只有自己对课文的来龙去脉、内容、文字深入理解，才能用明确、易懂的语言表述出来，进入学生的心中。故作高深、佶屈聱牙的话只能使学生如堕五里雾中，找不到北。

切记：教学鼓点一个也不能少，自己昏昏，学生不可能昭昭！

生命的赞歌

课堂上精彩瞬间的鲜活形象常在不经意中浮现眼前。学生得意，教师欣慰，师生沉浸在求知的氛围中的醉态可掬，是教学中一道亮丽的风景线——

师：春草图景是绿的世界，春花图又是怎样的呢？默读这一段，谁能用一个词形容一下？

（学生默读）

生1：繁花似锦。

生2：姹紫嫣红。

生3：蜂蝶争春。

生4：花香扑鼻。

……

师：你们说的，有的是通过视觉获得的形象，有的是通过听觉获得的信息，哪个词用得特别传神？这个词在哪个诗句里见过？（学生插话，“闹”，“红杏枝头春意闹”的“闹”）有的是通过嗅觉获得。感觉器官全部被调动起来，因而展现在读者眼前的是一幅立体的春花图。再读课文，谁能用生动的语言把这幅立体的春花图描绘一番？

生：我说，我说，我说……

生5：春天来了，繁花似锦。桃树、杏树、梨

本文发表于《语文教学通讯》（初中刊）2006年第1期。

树枝头开的花，红的、粉的、白的，不仅色彩鲜艳，而且还带着甜味；树丛中蜜蜂、蝴蝶穿梭着，喧闹着，遍地野花撒落在草丛里，树头、树中、树下都春意盎然，热闹非凡。

师： 说得很有条理。

生6： 我有补充。文中还有“虚晃一枪”的写法。“树上仿佛已经满是桃儿、杏儿、梨儿”，这是作者的想象，写出来更丰富。

生7： 我也有补充。野花“像眼睛，像星星，还眨呀眨的”，为什么呢？有太阳啊，“太阳的脸红起来了”，有风啊，“东风来了”，所以野花才会像眼睛、像星星那样眨呀眨。

师： 说得好。读得精细，想得美妙，才会说到点子上。作者确实用了虚实结合的写法，实写花，虚写果，使画面更为丰满，更为诱人。写景物无须笔笔明写，一个比喻就把太阳、风的形象寄寓其中。

（学生带着得意的神情读这一段，尽管是齐读，但读得很有层次）

应该说，整堂课学生学得很欢畅，春草、春花、春风、春雨，春天里人的活动，学生都能进入课文描绘的景色中，体悟、感受、品尝到描写景物的委婉细致，用词的准确生动，比喻的形象鲜明。学生写作中有明显反映。原本叙事写人时，不少学生写得粗粗拉拉，学了这篇课文后，竟然细致起来，有的文句很生动。然而，这堂课不想则已，想想总觉得缺了些什么。

缺什么呢？朱自清先生这篇散文是专为中学生写的，他只是为了教中学生写作方法？只是为了用比喻、拟人的修辞手法让学生模仿？只是为了用词准确、生动，让学生积累美词佳句吗？这些意图大概都有，为中学生提供写这类文章的范例，但如果仅仅局限于此，似乎又有悖文章的深意。

作者从盼春入笔，迎春、绘春，直至颂春收笔，目的何在？绘春时，用并列法结构广泛地写春景，不是定点观察，而是一个镜头一个镜头摇过去，这是为什么？贯串这些景的起灵魂作用的思想感情是什么？作者在哪些语句中特别传递了这个消息？

文章的最终落脚点是赞颂春天。既然是“赞颂”，就要把春天的美好写足，描绘得栩栩如生，渲染得如诗如画，使中学生如临其境，看到春天的美景，感受到春天的气息。春风拂面，细雨沾衣，绿草、繁花为伴，快乐充盈胸际。描绘春景的喜悦心情洋溢纸上。仅仅是喜悦心情吗？不，字里行间再深入咬嚼一番，会发现文中有一股强劲的力量在涌动。那力量来自生命，生命的涌动，你看：“小草偷偷地从土里钻出来”，一个“钻”字，显示了顽强的生命力；“你不让我，我不让你，都开满了花赶趟儿”，生命灿烂奔放，蜜蜂闹，蝴蝶飞，鸟儿呼朋引伴，牧童短笛嘹亮，城里乡下，老老小小也赶趟儿。这是大自然中演奏的生命交响曲，是生命的礼赞，那么和谐，那么温馨，那么美丽，那么执着，连无生命的春风、春雨也如此善解人意，善解造化的用心，泽被万物，催发生命成长。春之所以为春，受到千古以来世人的钟爱，恐不啻因春风和煦，暖雨濡润，花红叶绿，草长莺飞，更在于恢复生命的活力，催发新生命的诞生。成长，才是这篇文章的“魂”。离开了生命的赞颂、讴歌，景色只是纸花，不可能“逼”你的眼，动你的心。

原本教文章结尾三段时，我尽管对同学说，“像刚落地的娃娃”“像小姑娘”“像健壮的青年”比喻得很形象很生动，以排比的形式出现，读起来也很有气势，但心里却并不十分认同，和文章的开头比，就不是自然流淌出来的。懂得了《春》是生命的涌动、生命的赞歌，作者笔下用词为何带彩，为何含情，为何万象更新，生机盎然，给人以希望，以激励，以力量，才略知一二。

教课不容易，要沉到教材中，不能浮在水面打漂。

别忘了从大处着眼

课的起始，我是这样激发学生学习兴趣的：

欧阳修的《醉翁亭记》所记的醉翁亭在滁州。《滁州志》记载：“欧阳公记成，远近争传，疲于摹打，山僧云：寺库有毡，打碑用尽，至取僧室卧毡给用。凡商贾来，亦多求其本，所遇关征，以赠监官，可以免税。”从这段记载中可知这篇游记受人们欢迎的程度以及在当时的影响。争传，摹打，摹打到寺庙库房里的毡子都用尽，商贾用以赠监官，还可免税。这究竟是篇怎样的文章，会对人们产生如此大的吸引力？

学生对照注释，阅读全文。在疏通文字后，谈阅读的初步印象。

生1：全文给我的印象就是“乐”。

生2：山水乐，人乐，鸟乐。

生3：给我的印象是“美”。不美，哪里来的“乐”？山也美，水也美，看到的景色都美，心里高兴，所以“乐”。

生4：给我的印象是“醉”。我认为山水游记写美、写乐的不少，但以“醉”来写，没读过。

本文发表于《语文教学通讯》（初中刊）2008年第12期。

有个“醉”字，味道不一样了。

……

师：初步阅读，印象就有差异，而且还说出各自的理由。究竟谁的第一印象最准确，还得进一步阅读推敲。阅读时请思考以下问题：

（1）醉翁亭是怎样逐步引出来的？采用什么方法？

（2）醉翁亭命名的由来是什么？

（3）说“醉翁之意不在酒”，又说“山水之乐，得之心而寓之酒也”，矛不矛盾？原因何在？

（4）着力描写四时景色，意图何在？

（5）“滁人游”与“太守宴”并写，有怎样的写作意图？

（6）结尾写了几个“乐”，谁最乐？

师：可以思考以上问题，也可择其中某些问题思考，还可完全用另一种思路，只要能说明谁的第一印象最准确即可。说明时必须运用文中语句。

（学生阅读思考，继而发表意见）

生5：我认为文章的眼睛是“乐”，但这个“乐”是由美而来的。“亭”的出现就很美，“峰回路转，有亭翼然临于泉上”，像鸟展翅飞翔的亭子形象一下子映入眼帘，而它的出现又是在“蔚然而深秀”“水声潺潺”的背景下。诸峰美，林壑美，溪水及酿泉美，山水美，因而有山水之乐。

生6：我同意。山间朝暮美，四时景色美，我读两遍，大家想象。（大声朗读）正因为美，所以“乐亦无穷也”。

师：这样处理很好，大家读一读，背一背。

（学生读背）

生7：不能只写景，景中有人，有灵气，就美上加美了。所以，第3段写人。

这一段直接写“乐”。“歌于途”“休于树”“伛偻提携，往来而不绝”，描写滁人游的快乐，游的欢乐心情。老老小小，或歌或休，前呼后应，景色不美，来游什么？如果再用笔墨写景，就多此一举。

“太守宴”也是直接写“乐”，既有从自然获得美食之乐，又有酣饮游戏之乐。与“滁人游”并在一段写，民乐，官乐，主人乐，“众宾欢”，景美，美到“太守醉也”。“美”到“乐”，到“醉”，三个印象全有，不全部连起来了吗？

师：你倒是一下子囊括了！是这样吗？

生8：我仍然弄不清楚。刚才同学们说的内容全部围绕“醉翁之意不在酒，在乎山水之间也”这一句，显然是山水给他的快乐，既然“不在酒”，怎么又“寓之酒”呢？

“饮少辄醉”，饮一点儿酒就醉了，说明是真醉；但又“醉能同其乐”。醉了，能和游人一起乐，似乎又没醉，到底是真醉，还是假醉呢？

生9：真醉。“饮少辄醉”，“宴酣”当然“醉”了。

生10：又真又假，我总觉得山水之间虽有乐，但其中还有一下子读不懂的东西。

（学生争论难分上下，我不得不补充介绍以下背景材料。

尽管文章用了十个“乐”，但这种“乐”是在特定条件下表述的。欧阳修27岁时已“文章名冠天下”，但仕途上却波波折折，两次被宋仁宗贬职。第一次贬职几年后被起用，第二次又因替范仲淹等朝臣辩护，遭政敌坑害，被贬到滁州，令其“就差知滁州军州，兼管内劝农使”。《醉翁亭记》就是欧阳修第二次被贬职后写的。

“醉翁”自号缘由：一是“饮少辄醉”；二是“年又最高”，高到“苍颜白发”。事实是：年仅四十，尚在中年。欧阳修曾写诗《赠沈遵》，在“小序”中说：“余昔于滁州作醉翁亭于琅琊有记刻石，往往传人间。”诗中有“我时四十就强力，自号醉翁聊戏客”之句。

两个背景材料一介绍，有的学生再阅读时立即有所悟）

生 10：我总觉得文章不是一般的游记，里面有个东西摸不到，这一下清楚了。作者被贬官后写的，虽说有山水之乐，但心中仍有被贬之苦，寄情山水，饮酒至醉，也都是为了消除心中愁闷。

师：理解得很好。朝廷重臣被贬为滁州太守，又是为政敌所害，心中不可能没有郁闷。但他写的“乐”又不是假的，山水乐，禽鸟乐，游人乐，这是为何？他到滁州后，“与民不扰”，发挥才能，短期内把滁州治理得官清民乐，透露出治理政事取得绩效的得意，因而心中真有“乐”。“寓于酒”，又夸张地称中年的自己为“翁”，也反映了他受贬谪的心情。

生 11：（高兴地大声说）复杂的心情用“醉”来表达最好了，醉中有醒，醒中有醉。“醉”是一种形态，无奈；“醒”也是难得糊涂。真是妙不可言，怪不得当时要争传，摹打。

（学生朗读，背诵，体会作者遣词造句、谋篇布局的奥妙，获得学习的快乐）

课后，我一直心怀愧疚。学生学习过程中兜了一个圈子，弄不清

“美—乐—醉”之间的关系，责任在我教学中的缺失。知人论世、知世论人，是读懂文章、把握作者写作意图的必要条件。写作的时代背景、相关的人和事未梳理清楚，学生对文章的来龙去脉当然不甚了了，理解时或失之肤浅，或失之偏颇，或以偏概全，也就不足为奇了。知人论世、知世论人，是常识问题，教学中我怎么会忘却而丢在一边呢？《醉翁亭记》是名作，当时影响之大令人叹止。教学时我只想到从哪儿切入可激发学生学习积极性，而不顾其他。其实，切入后可以作点背景介绍，但我又怕要学生学习的内容多，课时来不及，于是直奔文章中心，结果弄巧成拙。

教学是艺术，更是科学。备课时必须从整体到局部到细部，再从细部到局部到整体，几个来回推敲，必须从文字形式到思想内容，从思想内容到文字形式，脑子里过几遍，教学时才能做到准确把握，有条不紊，而不是一厢情愿，忘记从大处着眼。

把握好应有的“度”

《劝学》是《荀子》三十二篇中的首篇。“学不可以已”，学习不能够停止，开宗明义，揭示主旨；紧接着展开议论，纵横捭阖，气势浑厚，设喻取譬，气象万千。无论从观点还是文字表达而言，《劝学》均可作为学生学习的典范。教材只节选了三段，但连缀在一起，仍气势不减，给人以整体之感。

教学中，先疏通文字，要求学生认认真真读文章，仔仔细细看注释，然后离开注释，译成白话。

在学生了解文章大意的基础上，思考回答以下两个问题。

（1）荀子主张“学不可以已”，强调学无止境，不可须臾停止。“学”当然指的是学习，他“劝”人们学习什么？

（2）为了阐明自己的观点，文章通篇采用了什么方法？举一二例说明。

在初步理解文章内容与写作特色的基础上，朗读全文。要求朗朗上口，并熟读、背诵。

以上三个教学环节中，均出现了一些意想不到的情况。

译例略举一二。

生1：“虽有槁暴，不复挺者，𫐓使之然也。”虽然晒干，不再直，是𫐓使它这样的。

生2：“吾尝终日而思矣，不如须臾之所学也；吾尝跂而望矣，不如登高之博见也。”我曾经整天

本文发表于《语文教学通讯》（初中刊）2008年第9期。

想，不如片刻的所学；我曾经提起脚跟望，不如登上高处见得广。

生3：“假舆马者，非利足也，而致千里。”借助车和马，不是脚步快，而能到达千里。

讨论略举。

生1：“学不可以已”，劝人学什么？当然是学习文化，这还用说？

生2、生3：（附和）

生4：没有说学习文化啊！“君子博学而日参省乎己，则知明而行无过矣”，清楚地告诉我们学习什么。“博学”，广泛地学习，不仅仅是文化知识。“日参省乎己”，每天对自己检查、省察，这样才高明，有智慧，行为才无过错。

生5：荀子劝“学”，学什么呢？天天检查自己吗？

生4：学习做人，懂得做人的道理。荀子认为人性是恶的，只有通过学习，才能由恶向善，改变人的本性，成为有学问有道德的人。

生5：那玄啊！

师：玄不玄，再阅读，看作者是怎样论述的。

生6：用了一连串的比喻。第1段中，“知明而行无过”，是学习的最终目标。要实现这个目标，就要不停地学习。为了说明学习的重要性，一下子就打了几个比喻：青出于蓝，冰寒于水，𫐓木为轮。很具体，很生动。还有“金就砺则利”。

师：这是比喻论证的特点。这种论证方法叫喻证法，把抽象的道理说得具体生动，把深奥的道理说得浅显易懂。

生 7：全是比喻，弄不清楚。

……

课总算在朗读、讲述中结束，大部分学生也能基本背诵，尽管疙疙瘩瘩不通畅。

课上得很不舒服，问题还不在于教学内容如何组织，而是总觉得缺了一点什么。学生经过初中阶段的学习，为什么连“虽”“之”“……者……也”这些最为基本的文言虚词和句式都不甚了了，译成白话不是译错，就是遗漏。原因何在？教师都是尽心教的，为什么有些学生就记不住呢？

回想起来，平时教学确实常有就事论事的情况。就某篇课文中某个句子讲解、翻译，学生往往只是感性上理解，字词搬个家，搬到别的文中，就又陌生起来。文言词句有其自身的规律，学生接触文言文少，一鳞半爪学一点，知识不成串，不可能认识和把握规律。阅读翻译不到位，或出这样那样的差错，在所难免。这不得不迫使我思考这样一个问题：语文知识要不要教？哪些要教，哪些不教？什么场合教？教到什么程度？如文言虚词，随文学习有其易学易懂的优点，不必专门讲授古汉语知识。但随文学习，学生偏重于感性，而且这种学习是散点的，散在文章之中。学到一定阶段，必须把有关的字、词、句加以归纳、梳理，提高到理性认识，思考其意义及运用的规律。规律一旦掌握，遇到新的文章、新的文句，脑子里就会立即出现有关字、词、句意义与功能的多种可能性，联系上下文推敲、比较，可迅速作出正确的判断。在散篇阅读积累的基础上，认识和掌握规律，文言文阅读能力就会明显提高。

由此，我联想到《劝学》中比喻的运用。通篇设喻，一气呵成。阐述学习的终极目标，喻人性是可以改变的；阐述要善于学习，要利用有利条件充实自己，一连串比喻阐明“假物”之利；阐述学习的方法与态度，用一连串的比喻使之具体生动。种种议论，着眼于一个“劝”字；而议论之所以不空泛，既循循善诱，又说理精辟，得益于比喻的巧妙运用，张弛得法。写作手法如此清晰，学生怎会有“弄不清楚”的感觉？小学生就知道比喻，初中生对比喻的本体与喻体有所了解，但对运用中的千变万化知之甚少。整篇文章寓论于喻，缺少直接的分析说理，学生弄不清楚，也在情理之中。高一学生只有初中的底子，未碰到如此复杂的设喻，教学时讲述必要的知识，不是外加，而是有效的阅读指导。

可以先让学生找出三段中各自的中心句：“君子博学而日参省乎己，则知明而行无过矣。”“君子生非异也，善假于物也。”“积善成德，而神明自得，圣心备焉。”让学生从比喻的构成角度看，明确是本体还是喻体。学生弄清楚三者是本体，一串串比喻说明的道理就比较清晰了。本体三个，喻体十多个，论证时方法不一，因而论证方法的介绍又必不可少。第 1 段是正面设喻，青蓝、冰水、鞣轮、金砺等喻体从正面阐明学习的重要性；第 2 段是反复设喻，“跂而望”“登高而招”“顺风而呼”“假舆马”“假舟楫”，反反复复用比喻，反复论证学习的重要作用；第 3 段是正反对比设喻，为“积”与“不积”、“骐骥”与“驽马”、“锲而舍之”与“锲而不舍”、“蚓”与“蟹”等，通过正反对照的手法进行论证，道理就说得更加具体、明白。不讲述这些，只笼统说比喻论证，面对一大堆比喻，有的学生脑子里确实乱得无头绪，像“一锅粥”了。至于如何用比喻说理，形式也不一。有的先设喻，后说理；有的只设喻，不说理，喻中隐含道理；有的先设喻，引出道理，再设喻，进一步论述道理；等等。喻理结合有多种形式，学生阅读思考，稍加点拨，也就一清二楚。

语文课不是语文知识课，更不是某项知识、语言、文学或辞章等知识体系课，但必须重视语文知识的传授，因读懂文章的确需要适时适度地讲解、讨论，能增长见识，增添积累，提高阅读能力。不分青红皂白，对知识一味淡化，恐非教学的上策，关键在把握好“度”。

至于“学”什么，只想到文化知识，那是思维惯性，需另作讨论。

独立思考勿乱“套”

记得教韩愈的《师说》时，我以柳宗元《答韦中立论师道书》中几句话引入。“今之世不闻有师。有，辄哗笑之，以为狂人。独韩愈奋不顾流俗，犯笑侮，收召后学，作《师说》，因抗颜而为师。世果群怪聚骂，指目牵引，而增与为言辞。愈以是得狂名。”从这段话中可知：“为师”竟要“抗颜”，并且遭到“群怪聚骂，指目牵引”，可见当时“耻学于师”的风气盛行到什么程度。韩愈的《师说》就是针对这种时弊有感而作的。

苏洵曾赞韩愈的文章“如长江大河，浑浩流转”，文气豪迈，风骨独立。《师说》是韩愈的一篇代表作，学习后就可体会一二。

“歌行起步，宜高唱而入”，用高唱入云的手法导入新课，学生积极性高涨，不少人高声朗读起来。接着，学生议论开来。

生1：《师说》到底说老师什么啊？

生2：“古之学者必有师”，开宗明义，文章第一句就提出论点。议论文有中心论点，这第一句就是中心论点。

生3：我不同意。第2段“师道之不传也久矣！欲人之无惑也难矣”也论证“古之学者必有师”吗？明明说的是当时的社会实际——耻于从师，韩愈批判这种错误态度。

生4：这也是啊！第3段好像写的是从师要向

本文发表于《语文教学通讯》（初中刊）2008年第11期。

多方面学习，能者为师，以孔子从师举例，怎么能扣到“古之学者必有师”的论点上呢？

生5： 这样说来，结尾一段也不能说直接论证“古之学者必有师”，而是说明写作本文的原因。“余嘉其能行古道，作《师说》以贻之”，是嘉奖李蟠不受当时耻于从师的不良风气的影响而向自己求教，才写了这篇文章。

师：（称赞）还未深入阅读，已能大体抓住每一段的要点，说明读文言文的能力提高了。究竟怎样论述的，还需进一步阅读，把每一段每一句的意思弄清楚。

……

师生逐段讲述、推敲，语句熟悉了，三个对比、三个层次也弄清楚了，问题又兜回来了。

生1： 这篇文章的中心论点究竟是哪句话呢？“古之学者必有师”确实不像，它统摄不了全文；“师道之不传也久矣”也不像啊，到底是哪句啊？

（学生又议论纷纷）

这个问题其实早就困扰着我。冠名为议论文也好，冠名为论说文也好，既然是“论”，作者总要发表观点，说明道理。文章无论长或短，总应有个中心论点，各部分聚焦于此分析说理，才会有说服力。《师说》是传统名篇，唐代以来评说很多。清代文史大家章学诚在《文史通义·内篇六》中就概括韩愈《师说》的主要论点，肯定它针砭时弊的作用，但也指出其不足之处。语文教学当然不是作品评论，要在教学生学懂学会上下功夫，于是教学参考书作了种种指导。20世纪80年代初，一本权威教学参考书（那时“教参”少，不可随便编）指明《师说》中反复论述的有两点：一是“必有师”；二是“道之所存，师之所存”。到 80 年代中期，这本权威教学参考书作了修改，指出：本文的中心思想是论述从师学习的必要性和正确途径，批判上层士大夫之族耻于从师学习的恶劣风气。显然，中心思想和文章中心论点之间不能画等号。不管是前一种说法，还是后一种说法，都难以自圆其说。

论点、论据、论证，是议论文的三要素。论点把握不准，论证岂不架空？论据又为谁作支撑？议论文总要提出问题、分析问题、解决问题，这篇《师说》到底论述什么问题？实在使人困惑。

第 1 段从“古之学者必有师”引出“必有师”的论点，然后阐释教师的职责：“所以传道受业解惑也。”接着说明“人非生而知之者，孰能无惑”，解惑必须从师，突出“师”和“惑”的关系。最后阐明如何从师，择师的标准：“无贵无贱，无长无少，道之所存，师之所存也。”这一段从教师的作用、从师的必要性、择师的标准层层推进，阐述“必有师”的论点。

第 2 段揭示“师道之不传也久矣”的时弊，进行针砭批判。作者从三个方面进行论述：今之众人耻学于师，为父者耻学于师，士大夫之族嘲笑相师，与古之圣人“为子择师”，“巫医乐师百工之人”从师而学形成鲜明的对比，结句发出“其可怪也欤”的感叹。这一段论述点十分清晰，连用三个对比批判士大夫之族耻于从师学习的恶劣风气。

第 3 段从批判转入正面论述。“圣人无常师”，从师应向多方面学习，以孔子的行为及言论为证。作者最后指出师与弟子之间互相学习的关系：“弟子不必不如师，师不必贤于弟子，闻道有先后，术业有专攻”，也回应了第 1 段“道之所存，师之所存”，能者为师。

第 4 段说明写作本文的原因，并再借此抨击当时不良风气，提倡师道的重要性。

纵观全文，每一段论述的问题都很清晰，论述得有理有据，但是要从文中找出一句现成的语句来统摄全文，确实没有。因此，这是一篇没有中心论点的议论文。

学生问：“《师说》，到底说老师什么？”文章清楚明白地告诉我们：阐述了教师的作用、从师的重要性、择师的标准，批判耻学于师的恶劣风气。易言之，论述了教师的好几个方面，每个方面立论清楚，观点鲜明，并非用一个总观点来统率。

由此，我联想到这篇文章的标题——《师说》。为什么叫“说”？为什么不用“论”？《文章辨体》序中这样指出：“说者，释也，述也，解释义理而以己意述之也。”说，是解释、说明的意思。解释义理，不管怎样横说竖说，纵横抑扬，都必须说出自己的意思、自己的观点。以此辨别文体的知识来衡量，《师说》不完全是“议”，是“论”，也有相当分量的说明。如说明教师的职责、作用，说明择师应具有的标准等，目的在使人“知”，使人知晓、明白。在说明的同时，又展开议论，如第 2 段的对比论证、反复论证，清晰地表露自己的观点，目的在使人“信”，使人认识到、体会到耻学于师的荒唐、愚蠢，从而信服作者的观点。

文有法，而无定法。各类文章写法有它一定的规则，但规则不是僵死的，可以突破，可以灵活运用。而我们自己却往往有一种思维定式，一看到议论文，脑子里立刻跳出“中心论点是什么”，从文中找现成的句子，如没有现成的句子，就从结论中推断，力求用精练的语言加以概括。《师说》阅读中的困惑，就来自这种思维定式：用现成的文章模式去“套”，而缺乏阅读自信，缺乏深入的独立思考。

当然，文体界定也是可深入探讨的问题。有人认为“论说文”比“议论文”的内涵包容更丰富，提法更科学，也不无道理。

精微之处不可漏

中国的建筑艺术闻名于世，而园林建筑更是独树一帜，苏州园林又是园林建筑的杰出代表，因而，对苏州园林介绍、说明，不仅可以增加人们对它的了解，更可以培养艺术鉴赏力和审美情趣。

对苏州园林建筑要介绍得精彩晓畅十分不易，叶圣陶先生就有此功力。他写的《苏州园林》一发表，就好评如潮，苏州园林中的种种美景在文字中凸显出来，眼前美景如画。他是怎么写的呢？

三言两语导入课文以后，要求学生默读全文。在初读的基础上，思考回答以下问题。

(1) 说明建筑结构的说明文，一般是按空间顺序介绍，抓住总体布局和局部形体特征来写，给读者以清晰、完整的印象。这篇文章是否也按空间顺序说明？原因何在？

(2) 有个语句对文章的内容与结构均有统摄作用，请准确地加以圈画。

(3) 有个比喻贯串全文，一而再、再而三地运用，是什么比喻？用了多少次？如此频繁地运用，是妙笔，还是败笔？如果换用别的修辞手法行不行？

(学生阅读，圈画，交头接耳)

请学生根据学习所得畅所欲言。

生1：这篇文章不是按空间顺序说明，因为它

本文发表于《语文教学通讯》（初中刊）2008年第10期。

不是介绍某一处的建筑物。

师：对。不是说明某一个建筑实体。那是按照什么顺序来说明的呢？

生 2：说不清楚。

生 3：好像先总的说一说，然后一个方面一个方面说，什么亭台啊，假山啊，等等。

生 4：先总后分，按总分的顺序。

师：原因何在？

生 4：它不是写一处园林，而是说明好多园林，把它们的共同特点抽出来，拎出来。

师：如果选择其中最著名的园林介绍几处，也说共同特点，可不可以？

生 4：当然可以，不过具体的园林只能作为举例，否则不是对苏州园林作总的介绍了。

师：思路清楚。这样，统摄全文的句子也就一清二楚了。大家说说看。

生（齐说）：务必使游览者无论站在哪个点上，眼前总是一幅完美的图画。

生 5："图画"这个比喻用得最多。我数了一下，用了 10 次。

师：请你把找到的有关语句朗读一下，并谈谈你对这样运用的看法。

生 5：朗读"一切都要为构成完美的图画而存在……"等 10 个语句。（略）

反反复复用"图画"作比喻，就是为了突出一个"美"字，表现一个"美"字。比喻是好的，但有点单调。

生 6：尽管用得多，但不用又不行。我试着不用"图画"比，还真找不到合适的。要让"游览者得到'如在图画中'的实感"，把"图画"换成“影视”，换成“仙境”，就不是那么一回事了。“风景”和“画”有不解的缘分，讲到风景美，总是“美景如画”。至于用别的修辞手法，如拟人、夸张，杂七杂八，反而不协调。

师：看来是作者放出眼光精选出的最合适的一个。尽管用得多，但并未给人累赘的感觉，是何原因？

生7：运用时有很多变化。有的是直接比为完美的图画；有的对图画进行剖析，是美术画，不是图案画；有的从欣赏效果的角度打比方；有的重点在实景，从可入画的角度写；有的着眼于画意；有的落实在“美”上。它们在文中各不一样，所以不会使人感到累赘。

师：读得很仔细，表达得也很清楚。我们从一个比喻的运用就可体会到作者使用文字说明的功力。

……

在师生共同讲读中，学生把握了苏州园林最主要的特点，也理清了分说的内容——亭台轩榭的布局、假山池沼的配合、花草树木的映衬、近景远景的层次、园林角落的配置、雕镂琢磨的匠心、色彩调配的协调，对语言的凝练也推敲了一番。我当时觉得教学目的基本达成，心感愉悦。今日细想，不到位之处不少，特别在细微的地方漫不经心而有所疏漏。

例如文章的说明顺序，只看到总分顺序，先总后分，这是粗线条的，对很多学生来说，只要认真阅读，不“点”自“明”。其实，在总说之前有个“分”——“设计者和匠师们因地制宜，自出心裁，修建成功的园林当然各各不同”。“各各不同”说的是实情，正由于有自出心裁的迥异，找其共同点才显得难能可贵。然而，这种“分”又不是形式上的罗列，而是多彩的“分”，可用一句话加以概括。如果无这句话的交代，“共同点”的出现就给人以突兀之感，读者脑海里也不可能立即有各具一格、异彩纷呈的直觉印象。这种用笔之精妙正是学生阅读不留意之处，不注意，不点拨，资源就流失了。

又例如分说中假山与池沼的配合。先假山后池沼，再以其他景物配置，学生较易一目了然地把握说明的内容与顺序，但对说明的精致程度与创造的审美效果往往不甚了了。“配合”是这一段的关键词，用文字来配置园林中的景物也与园林设计者和匠师们一样煞费苦心，配合的类属、位置、色彩、形态各不相同。有异类配合，如石头与花草；有中心与周边，如池沼与其他景物；有高低起伏，如重峦叠嶂、小山与竹木花草；有斑斓色彩，如金鱼与各色鲤鱼；有动静配合，如往来游鱼与荷花、睡莲；至于桥梁与河道的映衬，池沼边沿与石岸的顺势配合，无不是匠心独运。阅读这一段，就应引导学生目视文字，心展想象，脑中浮现一幅幅具体而美丽的图景，感受物与物的搭配构思是如何的神奇，体悟文中“游览者无论站在哪个点上，眼前总是一幅完美的图画”如何在分说中具体体现，使园林特点落到实处，以及景致配合中的布局美、层次美、映衬美、色彩美如何创造审美效果，愉悦阅读者与游览者。应该指出，文中起统摄作用的语句出现以后，就要实实在在地“统摄”。显显隐隐、隐隐显显，方显文章浑然天成的功夫。这一点也正是学生阅读理解和进行文字表达时不够注意的地方。

还有一些，就不一一列举了。教说明文，常易犯的毛病是粗线条地拉，力求骨架清楚，精微之处不注意推敲。说明文佳作不仅眉目清楚，结构完整，语言明晰，而且在细微之处蕴藏奥妙，醒人耳目，教学时须精心把握，呈现其中的魅力，使学生从中受益。推敲细微之处，切不可支离破碎，烦琐不堪，而仍然要从文章的全局出发，择其要进行，否则，效果适得其反。

《苏州园林》这篇说明文写得如此平实、清晰、具体、生动，特点凸显，虽说是文字功力，但归根到底是作者生活的积淀丰厚。苏州这座历史名城可以说是集历代江南园林建筑艺术的大成。叶圣陶出生在苏州，对家乡的山水建筑了如指掌，因而运笔如走蛇，蜿蜒自如。生活积淀的重要也须让学生从文中体会一二。

千万不能冷落文字

最近听了一些课，发现了一个怪现象，就是：整堂语文课，黑板上没有一个汉字。多媒体课件做得十分漂亮，一幅幅更替，比几十年前的拉洋片不知要精美多少倍，学生享受着声、光、形、色的浸染。还有一种情况是“茶馆店”，从学生质疑中挑一个或几个有兴趣的问题开展讨论，如：“‘油蛉在这里低唱，蟋蟀们在这里弹琴’，怎么低唱？怎么弹琴？蟋蟀怎么斗才有劲？”

我愕然了，这就是语文课？而且，美其名曰“改革的课”？语文就是语文，语文课就是要尽心尽力与语言文字打交道。一篇篇课文是用书画同体的汉字组成的，其中蕴含着作者认识世界、感悟人生的思想、情感、智慧，文质兼美，相辅相成，是学生学习祖国语言文字的凭借、样本，须认真解读、品味、体悟，从中领悟表情达意的规矩、奥妙。语文课就是要和语言文字亲近、亲密、亲爱，而不是把它冷落在一旁，让学生“看电影”，更不是把课文甩在一旁，拎空地讨论所谓的“问题”，言不及义，胡扯乱说。一节课下来，课文内容是什么，要点何在，精彩之笔在何处，学生心中茫茫然，谈什么质量？

由此，我联想到我们年轻时当教师的情景。从备课到教课，对语文课本，对一篇篇课文的语言文字，充满了学习的愿望、尊重的心意和敬慕的感情，不敢有丝毫的马虎与怠慢。凭借它们，学生认识一个个汉字，和佳词美句做朋友；织锦成文的种种技能技巧伴随着一篇篇有个性特征的文章，开阔学生的视野，打开学生的思路，训练学生的能力，和作者心灵沟通，激发学生旺盛的学好语文的欲望。

本文发表于《语文教学通讯》（初中刊）2005 年第 11 期。

对课文的反复阅读，仔细推敲，自不必说，就是黑板上写哪些字，先写什么，后写什么，怎样设计，也是颇费心思的，有时简直是煞费苦心。板书不是随便涂写，想到什么就写什么，杂乱无章。课前须有总体思考。板书设计须紧紧扣住教学目的。组织学生学习这篇课文，如果目的在理清故事情节，那就要斟酌选择哪些词语写在黑板上，让学生一目了然。以时间为线索的，以空间转换为线索的，各具特点，要把词语抓准。可以是课文中现成的词语，也可以是教师经过阅读自己提炼的，还可以是顺着课文的脉络师生共同推敲的。板书推敲的过程中，学生也就梳理了故事情节，怎样开头，怎样展开，怎样发展，怎样掀起高潮，结局怎样，深入课文之中，亲近文字，积极思考，理解，辨别，学有收获。

板书可因教学重点不同而取舍详略。可侧重课文内容，可侧重课文框架结构，可侧重课文中人物形象的塑造，可侧重课文中多彩的语言，可侧重课文的写作方法。有的课文，时代背景比较复杂，要用关键词语呈现；有的课文，作者形成独特的创作风格和语言风格，也需要言不烦地点出来；等等。板书助学生学课文，理头绪，抓要点，品精彩，思维能力也伴随着对语言文字的理解与运用得到了锻炼与发展。

板书可呈现课文的一两个侧面，也可是综合性的、全景式的，从思想内容到结构安排，从语言运用到写作方法，从背景材料到现实意义，是整篇课文的缩影。好的板书往往给学生留下深刻的印象，想到它，课文就如在眼前，甚至一二十年以后还会如数家珍般地与过去任教的教师交流。这也反映了文字的魔力、文字的渗透力，点点滴滴在心头。

拎起课文要点的板书切不可繁杂：一要清，清晰；二要明，明白。板书是骨架，是核心，不能枝枝蔓蔓，主要的、次要的纠缠在一起。如果不精心设计，糊成一片，教学效果就适得其反。

黑板上有些字可随写随擦，如难写的字，易错的字，容易混淆的词语，在讲述过程中估计学生不易掌握的词汇，等等。写，是为了帮助学生辨别，帮助学生认知，帮助学生增添词汇，克服疑难障碍。

擦，是为了凸显板书的总体设计，不要冲淡印象。语文课中，字、词、句、篇的教学不能丢。现在学生作文中的错别字多得吓人，多一笔，少一笔，笔画搬家，笔顺颠倒，张冠李戴，比比皆是。许多常用字，笔画多一些的已遗忘，不会写。这与电脑键盘有关，与短信、网络有关。如果语文课也不写字，黑板完全被多媒体课件所占领，师生对汉字日益生疏起来，岂不是莫大的悲哀？据说，冷落文字，不写板书还有一个原因，就是教师自己的字写得歪歪扭扭，不美观，所以凡要出现的词句一律用多媒体表达。其实，因噎废食是不可取的，多练练字，下点功夫亲近它，“不好”就向“好”转化。

人类发明了文字，才彻底摆脱野蛮人的生活方式，启动人类的文明创造，传承思想、情感、智慧。汉语言文字是中华文化的根，语文教师切不可漠视、小视。

“导入”也要会“导”

清人沈德潜在《说诗晬语》中说：“歌行起步，宜高唱而入，有‘黄河落天走东海’之势。以下随手波折，随步换形，苍苍莽莽中，自有灰线蛇踪，蛛丝马迹，使人眩其奇变，仍服其警严。”“歌行”是古代诗歌的一种，音节、格律一般比较自由，句法也不求严整，且富于变化。如果起步时能“高唱而入”，有黄河入海的气势，就能极具吸引力，瞬间吸引住听众。

由此，我联想到教课。下课时，学生的思想放松，情感漫游，如果在课的起始，三言两语就把学生注意力集中起来，兴味盎然地进入学习状态，也是一种教学艺术。于是，我在课的导入环节作了相当程度的斟酌、推敲。

带领学生学习《孔乙己》课文时，我采用设置悬念的方法激发兴趣，引入课文。我说：

> 本文写于1918年冬，发表于1919年4月的《新青年》，后收入短篇小说集《呐喊》。
>
> 凡读过鲁迅小说的人，几乎没有不知道《孔乙己》的。凡读过《孔乙己》的人，无不在心中留下孔乙己这个遭到社会凉薄对待的苦人儿的形象。鲁迅先生自己也说过，在他创作的短篇小说中，最喜欢《孔乙己》。他为什么最喜欢《孔乙己》呢？孔乙己究竟是一个怎样的艺术形象？鲁

本文发表于《语文教学通讯》（初中刊）2008年第1期。

> 迅先生是怎样运用鬼斧神工之笔来精心塑造这个形象的？学习本文之后就可得到明确的回答。
>
> 过去有人说，古希腊索福克勒斯的悲剧是命运的悲剧，莎士比亚的悲剧是主人公性格的悲剧，而易卜生的悲剧是社会问题的悲剧。从某种意义上说，这是有道理的。那么，孔乙己的悲剧是什么样的悲剧呢？悲剧，往往令人泪下。然而，读了孔乙己的悲剧，眼泪常向肚里流，心里有隐隐作痛之感。这又是为什么呢？学习之后，请同学回答。

连续制造了两个悬念，学生注意力立即凝聚，沉浸到这篇情深、意深、含蓄、深沉的文本之中。我好得意！

教《最后一次讲演》，上课，“起立”“坐下”后，我一言不发，立即转身在黑板上写下：

红烛·序诗

> 请将你的脂膏，
> 不息地流向人间。
> 培出慰藉的花儿，
> 结成快乐的果子。

聪明的学生立即翻开笔记本抄录。我激发学生思考：这首诗是谁写的呢？表达了怎样的思想感情？又是谁的写照？与此同时，出示《闻一多传》，将该书的封面图案——黑色大理石的花纹，正中上方红烛一支，十分醒目，与《红烛·序诗》对照讲解，指出该诗乃闻一多先生所作，也是先生的自我写照。然后，指导学生读注释，介绍作者生平。学生了解到这位青年时期的新月派诗人，中年时期的旧经典研究的学者，晚年成为争取和平民主、反对发动内战、昂头作狮子吼、遭反动派杀害的民主战士，将“脂膏”流向人间，很受感动。面对这位千古文章未尽才的学者、战士，学生听讲演录音，看课文，圈圈画画。这篇讲演距今虽已数十年，但那鲜明的立场、爱憎分明的感情、一泻千里的气势、慷慨献身的红烛精神仍然深深地叩击学生的心弦。学生全神贯注，心怀敬意，我很欣慰，“高唱而入”，收到了预期的效果。

然而，事情从来不是想象的那么简单，有时殚精竭虑，设计课的导入虽无凤头之美，但也想能做到“凡起句当如爆竹，骤响易彻”，抓住学生的心，激发求知欲。其实不然，学生非但不领情，常会旁枝横逸，须花力气收拾。

学习《记一辆纺车》时，我用出示纺车的图画来引入课文。纺车，对今天生活在大城市里的学生来说，十分陌生。于是，我找了一幅周总理纺线的油画，请一名有点丹青才能的学生把纺车临摹下来。课一开始，我就把纺车图挂在黑板上，请同学们观看，并简单介绍纺车结构，包括车架、轮子、锭子等。我介绍的目的，是让学生初步感知这普通的、简单的纺车，在革命战争年代，在抗日战争最艰苦的年月里，发挥了巨大作用，创造了物质和精神上的财富。我话音还未落地，有的学生就嚷起来了：

> **生 1：**我乡下外婆家有纺车，轮子比这个大，轮子大纺起来才有劲。这轮子不行。
>
> **生 2：**纺车上少一颗钉子。没有钉子，纺车一动，就要坍下来了。
>
> **生 3：**怎么纺成线？不可理解。
>
> ……

七嘴八舌，注意力都集中到图上了。这篇回忆性的叙事散文，一开头就充满了深切的怀念，车留心系，一往情深，用一唱三叹的笔法去叩击读者的心扉。而我想用形象化的手法找一个漂亮的开头，让学生在直观演示中进入课文的阅读，更何况直观演示的效果是有实验根据的。国外一些实验证明：用语言介绍一种物品，识别它的时间为2.8秒；用线条图介绍，识别时间为1.5秒；用黑白照片介绍，识别时间为1.2秒；用彩色照片介绍，缩短为0.9秒；如果让学生看实物，识别时间只为0.4秒。我从绝大部分学生未见过纺车的实际情况出发，用彩图介绍，应该说无可非议，怎么会出现事与愿违的状况？当时真有点委屈。

今日看来，运用纺车的图画没有错，用这种方法作为课的导入，学生一目了然，为深入阅读课文创造条件。学生年少，有强烈的好奇心，对不熟悉、未见到过的事物分外有兴趣，喜欢评是说非，也是常情。关键在备课时要考虑周到，预计到学生可能作出的种种反应。如遇意想不到的情况，也会应付自如，左右逢源地积极引导。

在研究课的起始，抓住导入课文的环节，为后面的课铺路、搭桥，是有价值的。就好比提琴家上弦、歌唱家定调，第一个音定准了，就为演奏或歌唱奠定了良好的基础。导入的方法可多种多样，如直观演示、开拓想象、激发感情、制造悬念、展现意境、运用成果等，调动学生的学习热情，让他们求知的细胞活跃、跳荡起来，积极主动地获取知识，锻炼语文能力。然而，采用任何一种方法都须牢记两点。一是把握课文的个性和要实现的目标。引用资料，拓展知识，要贴近、贴切，做到无缝焊接。二是目中有学生。对学生学习某篇课文的知识基础、学习心理、学习需求，考虑得细一些，深切一些，周到一些。适合的，才是最佳的。

“导入语”不是静态的，一与学生接触就流动起来，活跃起来，因而，“导入”也要学会在各种情况下的“导”，使它充分发挥应有的积极作用。

至于那种低俗的、卖弄噱头的、花里胡哨的、追求轰动效应的所谓“导入”，对课堂教学是亵渎，不在此文讨论之列。

拿什么直指人心

每年3月5日这个值得纪念的日子，我们开国元勋周恩来的光辉形象总是在我心中升腾，敬仰和缅怀之情难以言表。特别是想到1976年1月那令人悲痛欲绝的日子，寒风中长安街万人伫立送总理灵柩的场景仍历历在目，泪水横溢，哀思如潮。也就是在那个“四人帮”压制人民悼念活动的日子里，我们年级组师生在学校礼堂举行了隆重的悼念活动，夜晚排队徒步到五千米之外的郊区电影院观看第二天就被禁放的周恩来同志追悼大会的新闻片。那时，心里揣着悲，揣着恨，揣着忧。悲总理的逝世，恨“四人帮”的邪恶，忧国家的前途命运。

苍天有眼，阴霾消除，春回大地，“四人帮”终于被粉碎。一个星期日的中午，开收音机，突然听到歌唱家李光羲唱《周总理，你在哪里》，我赶紧把歌词记下来，激动万分。我深切地感到这全是我埋在心里要说的话，苦于表达不出。第二天语文课上，我就和学生一起学习作家柯岩写的这首诗。那时，还没有新编的像样的教材，我经常选择优秀的诗文作为学习材料。来不及刻印，课前把诗——已谱成歌，抄写在小黑板上。一上课，学生看到诗句就震住了。经历过年前周总理逝世悲壮场景的洗礼，诗的起笔一下子就吸引了学生，在学生胸中掀起波澜。“周总理，我们的好总理，你在哪里呵，你在哪里?”由衷的爱戴，无限的思念，胜利的喜悦，都要向总理倾诉，千言万语并一句，并作深情的激荡人心的呼唤，把压抑胸口已久迸发出来的真情强有力地表达出来，汹涌澎湃，冲击心灵。读、思、诵，高山、大

本文发表于《语文教学通讯》（初中刊）2008年第5期。

地、森林、大海，一个个画面更替，学生被周总理的高尚品质和革命精神所感动，有的流下了眼泪。课后不少学生说：“这堂课我终生难忘。”对我而言，这堂课也使自己精神提升，情感净化。

20 世纪 80 年代，我又一次教这首诗。这时，这首诗已被编入教材。我同样怀着对周总理的崇敬与思念用心教这篇课文。课的起始阶段，我描述周总理灵柩过十里长街的场景。如赵朴初先生在《金缕曲·周总理逝世周年感赋》中所描绘的：“念年前伤心情景，谁能忘记？缓缓灵车经过路，万众号呼总理。泪尽也赎公无计。”十里长街送总理，冒着凛冽的寒风，爷爷抱着孙子，老泪纵横，母亲搀着孩子，失声痛哭。男女老幼，万户千家，无不沉浸在巨大的悲痛之中。这是人民的悼念，是古今中外从未有过的人民的悼念。人民失去总理，人民需要总理，想念总理，要把自己的总理找回来。诗人就是在这样广阔的历史背景下，代表人民的强烈意愿，写下了这首感人肺腑的优美诗篇。作如此的教学设计，意在重新展现悲壮的场景，激发学生感情，沉入到诗歌之中。

诗的总起，让学生懂得诗人在热情奔放地呼唤总理之后，立即用传神之笔描绘了一幅幅感人的画面。学生朗读全诗，把握寻找总理的一幅幅画面，然后再把有关画面连缀起来推敲。师生交流讨论，明确每幅画面均由一呼一应、一喊一答构成。喊，发自肺腑，“——”表示延长，把声音送得很远很远，震天撼地，强烈地，急切地，一定要把总理找回来。答，形象鲜明，感情真挚，不仅展现一幅幅生活气息浓郁的图画，而且重复着一句共同的语言，那就是“他刚离去，他刚离去”。“刚”指时间的短暂，离去的前提是“在”，这就极其深刻地表明总理和人民心连心，处处留下总理的光辉业绩，是总理爱人民为人民的见证。连串画面的线索是“我们寻找总理”，关键词是“找”。总理究竟在哪里呢？天涯海角都找遍，最后连用几个“在这里”“在一起”，反复咏叹，原来总理就在我们身边。思念、崇敬、爱戴的感情如开了闸的水奔腾向前，一泻千里，不运用这种反复的手法就难以表达此种强烈的感情。

学生感动了。讲述对“周总理，我们的好总理”一句的理解时，一学生颂扬说：“自古丞相多功勋，我们的总理是‘万古云霄一羽毛’。”有学生歌颂说：“周总理是‘横眉冷对千夫指，俯首甘为孺子牛’。”有学生激动地说：“我对‘好总理’的‘好’这样理解，我们的周总理文能治国，武能安邦，功高盖世，万古流芳。”学生们在脑子里搜索最美好的语言歌颂总理在政治、军事、外交等方面的丰功伟绩，情感浓郁，气氛热烈。教学本该就此戛然而止，收余音缭绕之效。可我不放心，又讲了大大的一段诗的艺术构思。作者如何抓住“寻找”这根线索：从时间讲，涉及过去、现在、将来；从空间讲，自祖国心脏到整个世界，思想长上翅膀，遨游七大洲四大洋，放开去，又如何收回来，回到天安门、中南海，在收放自如中倾注对总理的爱戴与思念。知识是传授了，可学生燃烧起来的激情却在不知不觉中降低了温度。我好后悔。

今日看来，不是教学内容、教学环节处理当不当的技巧问题，而是这类植根于现实生活土壤，作者用激情与生命歌唱的诗文，究竟拿什么来指向学生的心？语文知识当然须传授，并要在与内容的“融合”上下功夫，但直指人心的应该是情感的激荡。列夫·托尔斯泰阐述艺术时，认为艺术是联系人与人的情感的一种手段，艺术活动的基础是把他（即作家、艺术家）体验到了的情感传递给他人（即读者、观众），使他人也被这情感感染。文学作品“感人心者，莫先乎情”，真情的作品品格高，能浸润人的心灵，怎能不牢牢把握？

要作一点理性思考

学习《在烈日和暴雨下》，通过阅读、圈画、朗读重点描写段落，学生对文中细致描写景物的特点有所理解，但对怎样把景物描写与人物刻画天衣无缝地结合起来，学生未认真思考。于是，师生就“烈日、暴雨描写与主人公心理、神态刻画相结合，写景为表现人物与主题服务”的问题展开探讨。这是这篇课文写景最重要的特征，对人物、对主题的表现起“以绿扶红”的作用。

师：请同学再阅读、思考，在烈日和暴雨的描写段落中寻找刻画祥子心理和神态的语句，举例具体说一说二者是如何融合在一起的。无须面面俱到，挑选你自己最有感觉最能表述清楚的加以说明。

（生翻阅课文，再次圈画）

师：请同学谈自己的学习所得。

生1：第1、2段描写烈日发威，“因为中了暑，或是发痧，走着走着，一头栽到地上，永不起来”。看到此情景，第3段一开始就写“祥子有些胆怯了”，尽管“连手背上都流了汗”，“可是见了座儿他还想拉”。“那毒花花的太阳把手和脊背都要晒裂”，所以“他的裤褂全裹在了身上”。茶喝下去“身子已经是空膛的”，“他不敢再动了”。

本文发表于《语文教学通讯》（初中刊）2008年第4期。

坐了好久，想出去，“可是腿真懒得动，身上非常软”，又坐了一会儿，还是要“出去试试”。一出来，“才晓得自己错了”，“从上至下整个地像一面极大的火镜，每一条光都像火镜的焦点，晒得东西要发火”。“走一会儿，坐一会儿”，折腾得连看见食物都恶心，但在最热的一天最热的午后一点，“他又拉上个买卖”。确实，景物描写和人物刻画密不可分，浓墨写烈日，目的是刻画祥子的悲苦，“胆怯”“不敢动”“又拉上个买卖”，矛盾心理，不能自控的行动，都是为生活所迫的现状。景物描写起了渲染的作用。

生 2：也是铺垫。

师：读得仔细，说得很清楚。请一位同学讲一讲暴雨描写与人物刻画的关系。是否可说得简明扼要一点？

生 3：文中极力描写暴风雨的狂虐，和祥子在暴雨中的痛苦结合起来写。“水过了脚面，湿裤子裹住他的腿，上面的雨直砸着他的头和背，横扫着他的脸”，“砸”“横扫”是写雨的狂暴，也写被砸被扫的祥子拉车的难以忍受。如果没有对暴雨的描写，祥子的苦难就不可能深刻地显现。

师：说得好，“狂虐”这个词用得好。

生 4：我认为说得不完整。“不能抬头，不能睁眼，不能呼吸，不能迈步”这个排比句很重要，他已经不知道哪是路，不晓得前后左右是什么，全是水，全是水，“空中的水往下倒，地上的水到处流”。人已经“半死半活”，还在拉车，真是挣扎在死亡线上，惨不忍睹。

生 5：我早就想说了。这样的暴雨、烈日，为什么还要去拉车？车是不是他自己的？

（生一愣，交头接耳议论）

生 5： 他那么穷，哪来自己的人力车，还不是向人家租的？租，就要交租费，不拉不行。

生 6： 好像是自己的，他有过车，被反动军队连人带车抓走，后来逃了出来，后来又拼命拉车，攒钱买了车，我看过介绍，忘了。

……

学生争了又争，最后以我讲述小说概要了结争论。

争论是不必要的，问题出在教学前我考虑得不周到。课文是老舍《骆驼祥子》小说的节选。节选部分往往是小说的精彩片段，教材编写者作裁剪必有语文能力培养、语文素养提高的特定要求。学生阅读要深深体味节选出来的课文的佳妙，须首先对小说全貌有大致的了解。胸中有较为清晰的框架，就可扫除不少障碍，避免很多误解。如果课前我印发一些资料，让学生了解该小说是老舍的代表作，描写了军阀统治下北方人力车夫的生活；了解车是祥子的生存宝贝，是饭碗，是希望。祥子与车子的关系三起三落，尽管拼命苦干，攒钱两次买车，可先被抓，后被诈。这天拉的车虽是虎妞私蓄买的，但生活艰难，非拼命干不可。提供与课文内容相关的材料，不是上公开课、展示课专用，日常的课同样应认真思考。提供必要的材料，目的在对学生学好课文起切实有效的帮助作用，因而要精选，不能滥。

学生提出的车属于谁的问题，不是空穴来风，而是为文中描写祥子的苦难所感动，出于同情说出来的一句话。小说呈现的社会贫苦，百姓在生死线上挣扎，学生没有概念，更缺乏体验，误认为有车，自己就可主宰，就可不在烈日和暴雨下拉车。殊不知孤立的个人奋斗，逃脱不了失败的命运，车很快又被吞噬，祥子从不是车的主人。他们痛苦地活着，委屈地死去。文学作品是生活的教科书，学习这类小说，要引导学生不仅在感情上产生激荡，还应紧扣文本提升他们理性思考的能力。不认识苦难，难以真正品尝今日的甜蜜。这类经典作品要推荐学生好好读。

岂能食而不化

课进行到下半课时。

师：刚才我们已把情节梳理清楚，现在来学全文最精彩的部分——拳打镇关西。鲁提辖是怎样拳打镇关西的？在这段描写中，作者运用了什么手法？表现了作者怎样的思想感情？

请同学们齐读“郑屠右手拿刀，左手便来要揪鲁达，……红的、黑的、紫的都绽将出来”这一段，然后请你们发表对这一段描写的看法和体会。

生（齐读）：“郑屠右手拿刀……红的、黑的、紫的都绽将出来。”

师：哪位同学先说？

生1：这段描写把“拳打”写得淋漓尽致，痛快，痛快，痛快。

师：这是你的感觉。

生2：这三拳打得妙。鲁达第一拳打在郑屠的鼻子上，第二拳打在郑屠的眼睛上，第三拳打在郑屠的太阳穴上。这三拳选的部位好，鼻子、眼睛、太阳穴，都是要紧之处。这一打，打得郑屠连招架之功都没有了。这是作者的高明之处。如

本文发表于《语文教学通讯》（初中刊）2007年第3期。

果手啊、脚啊、胳膊啊，打打，就没意思了。

师：说得好。选择打郑屠的部分，老师没有想得那么清楚。为什么说描写得淋漓尽致，如在眼前呢？

生3：用了一连串的比喻。像开了“油酱铺”，开了“彩帛铺”，像是做了一个“全堂水陆的道场”，这样一比，就具体生动了。

生4：这样还不行，这里所以描写得淋漓尽致，是从郑屠的感觉来写的。“油酱铺”里有“咸的、酸的、辣的”，鼻子挨重揍，这些东西都好像从鼻子里“滚”了出来。“彩帛铺”里五彩缤纷，眼睛挨重揍，眼珠出毛病了，这些乱七八糟的颜色糊成一片，都“绽将出来”。“水陆的道场”是叮叮咚咚奏鸣，太阳穴挨重揍，耳朵坏了，脑子出毛病了，所以“磬儿、钹儿、铙儿一齐响”。

师：从郑屠的感觉来写，这一点你体会得很好。

生5：有两点补充。讲比喻手法时，定要看到作者先描写的郑屠被打的形象。先是“鲜血迸流”“鼻子歪在半边”，再是“眼棱缝裂，乌珠迸出”，最后写太阳穴，打太阳穴，脸上看不出，所以直接写各种声音“一齐响”。这样描写表现了作者对郑屠的憎恨，对鲁达狠揍恶霸、严惩恶霸感到高兴、痛快。

师：这两点补充很重要。比得是否贴切、自然，是否合情合理，一定要注意和本体之间的关系，否则，喻体就会游离，达不到用这种修辞手法的表达效果。

刚才我们讨论了拳打郑屠的形态描写，有了活灵活现的感觉。其实，人物的语言十分重要，如果没有颇具个性特点的人物语言的胶合，场景就不可能如此鲜活。鲁达最初为了仗义救人，军官做不成了，做了和尚；后来又为了仗义救人，连和尚也做不成了，只好落草。他毫无顾虑，敢作敢为，疾恶如仇。现在请几位同学朗读，把鲁达的气势读出来。一位同学读叙述的语句，一位读鲁达说的话，一位读郑屠的。从“郑屠右手拿刀”读起，到“谁敢向前来拦他”为止。

（生6、生7、生8朗读。“洒家始投老种经略相公”读破句，师进行指导。“眼棱”“迸出”“咄”，读不准，师纠正。疙疙瘩瘩，自不必说。

生9、生10、生11再读。“做到关西五路廉访使”读破句，声音、气势、语势都不理想。倒是郑屠的一句“打得好!”读出点痞子、恶霸的味道）

本想让学生在理解分析的基础上通过朗读来加深体会，没想到效果适得其反。读，没有锦上添花，反而降低精彩的气氛。问题何在？对朗读的功能与作用食而不化。读文章就是学习作者的语言。读的人把文章朗读出来，可使书面语言还原为口头语言。朗读进入角色，读者就站在作者的地位，读者就好像是作者，文章中的语言犹如出自自己的口，自己的心。此时此刻，文中的词汇、句式、表达方式、思想感情进入了自己的脑里，消化吸收为自己的语言储存、语文素养。古往今来，朗读从来都是学好语文的一种有效方法，课堂教学中适当地安排朗读，无可非议，更何况分角色朗读能激发学生的学习兴趣，尤其是低年级的学生，有了表现自己的机会，确实兴味盎然。

朗读的功能显而易见，毛病出在我的粗疏，食而不化。文章不是每一篇都经得起朗读的，这是就文章的质地与语言而言；文章的语言尽管有特色，也不是都可以让学生还原为口头语言，进而成为自己的语言，这是就学生对象而言。因此，课堂上让学生朗读什么，教师须深入思考，精心选择。即使是经典著作，也不是每一段都适宜朗读的。《水浒传》是白话小说，但那时的白话与今日的白话距离甚大，基本看懂和朗朗上口是两码事，此其一。朗读得流畅，不仅是字句的问题，还牵涉历史知识，学生对这些不熟悉，读破句就难怪了。尽管课本中对“老种经略相公”“关西五路廉访使”加了注释，但学生阅读时一晃而过，未认真思考，没往心里去，此其二。其三是鲁达这种掌管练兵和捕盗的武官身份，说话不仅有地域特色，而且有职业特点，学生与这位文中主人公相距约千年，怎能一下子就揣摩得到？不是学生读不好，而是我欠思考。

由此，我联想到课堂教学中人物对话的朗读问题。似乎人物对话分角色朗读已司空见惯，其实，效果有时却大相径庭。究其原因，往往是食而不化，对某种教学手段、教学方法相信到迷信的程度。任何教学手段、教学方法都有其积极作用，但也都有其局限性，不顾时间、条件，不顾文本的个性特征和学生的认知特点、实际水平，生搬硬套，没有不事与愿违的。当前，课堂上风行运用多媒体，声、像、色俱全。这本是好事，可以激发学生学习兴趣，增强感性知识，有利于提高教学质量，但用得不当，效果适得其反。例如，一位小学教师教《山行》，课起始立即用多媒体打了一幅国画，色彩鲜艳，真是“霜叶红于二月花”，而且画的顶端画了几间白墙黑瓦的小房子，以示“白云生处有人家”。这么好的培养与发展学生想象力的小诗，就让一幅画给框死了。原本“白云生处有人家”可让学生展开无限的想象，而今荡然无存，太可惜了。

教学方法用得得当，可助春风化雨；不得当，就成为赘疣。

该怎样拓展

师： 古希腊哲学家亚里士多德曾说：人是唯一能笑的动物。笑是最流动、最迅速的表情。笑，眼睛会忽然增添明亮，唇吻间会闪烁着牙齿的光芒。

我们自己都有笑的体验，也都有观赏别人、享受别人笑的乐趣。今天，我们学一篇名为《笑》的美文，相信大家对笑的内涵、笑的魅力会有新的认识与体会。

《笑》的作者是冰心。谁能把这位作者介绍一下？

（生举手）

生1： 冰心姓谢，原名谢婉莹，她最有名的作品是《寄小读者》。

生2： 我读过她的《繁星》，她爱大海，爱母亲。我还记得一点她写大海的诗句：

大海呵，

哪一颗星没有光？

哪一朵花没有香？

哪一次我的思潮里，

没有你波涛的清响？

师： 真好！把作品中的佳句存放在心里，日积

本文发表于《语文教学通讯》（初中刊）2007年第2期。

月累，就构成了你的文化素养。

生 3：我有补充。冰心是一个儿童文学家，她懂得少年的心理，所以作品中温情脉脉，亲切动人。

师：说得真好。我们来看《笑》这篇文章是怎样温情脉脉、亲切动人的。请同学们认真阅读全文，找出文中三个美丽的笑的画面，并思考这三个画面是如何连缀在一起的。

（生阅读，圈画）

生 4：三个“向着我微微地笑”。第一幅是安琪儿，第二幅是道旁的孩子，第三幅是茅屋里的老妇人。

生 5：他们手里不是拖着花儿，就是拖着一堆灿白的东西。

生 6：三个破折号后面都是“抱着花儿”，“向着我微微地笑”。

师：读得仔细。三幅画怎么连缀起来的？

生 7：看到墙上画中的安琪儿，联想到第二幅、第三幅，连缀的语言是“默默地想”。

师：从眼前的看，触发到心幕的拉开，5 年前、10 年前一个个美好的印象涌在眼前。请同学们朗读最后两段，体会这种微笑、这种微妙的神情蕴含着怎样的感情。

（生朗读）

生 8：最后一句已告诉我们，“融化在爱的调和里看不分明了”，笑里是浓浓的爱。

生 9：“如登仙界，如归故乡”，这种爱纯净、无邪，这种爱执着、真诚。

师：年轻的冰心在她的《悟》中说，她要“肩起爱的旗帜”，“爱”和“美”是她早年作品的主旋律，她憧憬着“爱”与“美”的和谐、融合，故能给读者爱的熏陶、美的享受。在别的作家作品中，笑的描述就可能是另一番意味。

于是，我出示了胡适的《一笑》、林徽因的《笑》，乃至黎巴嫩诗人《笑与泪》中关于“笑”的摘引段落。学生阅读很有兴趣，发表了不少看法。有的说那“一笑”是永远的鼓励，永远的温馨，虽然文字那么平实——“十几年前，一个人对我笑了一笑。我当时不懂得什么，只觉得他笑的很好。那个人不知后来怎样了，只是他那一笑还在：我不但忘不了他，还觉得他越久越可爱。我借他作了许多情诗，我替他想出种种境地：有的人读了伤心，有的人读了欢喜。欢喜也罢，伤心也罢，其实只是那一笑。我至今还不曾寻着那笑的人，但我很感谢他笑的真好”，但意味十分醇厚，历久弥新，给人以不尽的遐想。有的说林徽因的笑是画笔的描摹，“笑的是她的眼睛，口唇，和唇边浑圆的漩涡。艳丽如同露珠，朵朵的笑向贝齿的闪光里躲。那是笑——神的笑，美的笑：水的映影，风的轻歌。笑的是她惺忪的鬈发，散乱的挨着她耳朵。轻软如同花影，痒痒的甜蜜，涌进了你的心窝。那是笑——诗的笑，画的笑：云的留痕，浪的柔波”，绘形、绘态、绘声、绘色，轻轻的、淡淡的、雅雅的、甜甜的，把“笑”的美不胜收凸显出来，告诉人们“笑”是宝贝，与她为伴，快乐无比。至于《笑与泪》中的“笑”，贵公子为博得青年女子的微笑与爱情，满嘴财产、珠宝、黄金的承诺，在他眼中，就连情人的微笑也只是黄金珠宝的反光。这种“微笑”丧失本来意义，是与金钱的交换，带着邪恶的色彩。

当时，这样拓展性的阅读，我很有几分得意。那时无电脑，更不必说下载什么材料，要找到合适的扩展阅读的诗文，得花相当的气力。今日看来，是不是要作如此的拓展，值得探讨。首先是教学目的不明，是学生学冰心的《笑》，感受她文笔的细腻、情思的温柔、爱意的浓郁，学习她文字运用的精细、生动，还是进行“笑”的专题的教学？如果是进行专题教学，材料单薄，同样是目的不明，学生难以受益。带领学生学课文，目标定位至为重要。教什么，如果含糊，如果随意性很大，学生收获必七折八扣。

教课文，恰当的拓展无可非议。问题在拓展什么，在什么情况下拓展，文本的解读应放在怎样的位置，让学生理解、体悟到怎样的程度，均应认真考虑。冰心的《笑》，我采取了粗线条拉一拉的教法，与课文细腻的基调相左；再说，这样的粗线条，学生自己也看得出来，又何必要我教？三幅画面显现的景物描写的背景，无论是清光幽辉、古道湿烟，还是茅室土阶，景语中蕴含的情，学生未必在字里行间感受到。三幅画面，“天使”降临人间，撒向人间都是爱；孩子也好，老妇人也好，都“向着我微微地笑”，在人间撒播爱意。天上人间，笑里飘漾着爱，爱里融化着笑。作者对这种“爱”的追求，“美”的憧憬，学生未必能体会，须点拨。一幅幅画面是通过清新的、精美的语言点染、勾画的，应引领学生默读、想象、朗读、吟诵，让语言的美、画面的美、纯净的爱伴随着朗读吟诵流入学生心田。以上这些，都未在课内引导学生赏析、推敲、品味、感悟、积累，而是急于扩展，把课文只作为一个由头。

由此，我联想到当前一些课的状况：文本三言两语学一学，然后抓住其中某一点或某几点，一拓三千里，课的内容杂而乱，貌似博古通今，实则有点卖弄，值得警惕。课要扎扎实实让学生学有所得，这是教学的基本原则。课内要准确定位，有些材料可印发给学生，供课外阅读。

节外生枝要不得

师（出示一枚船形桃核）： 这是什么？

（生全神贯注）

师： 这是我在豫园商场好不容易觅到的一枚桃子的核，请传阅一下，上面刻了些什么？

（三四名学生传阅后说：船底磨平了，上面刻的是小篷船的样子）

师： 今天要学的《核舟记》就是介绍明代微雕艺人王叔远以桃核为材料创作的一件雕刻作品。此桃核与彼桃核有天壤之别。我手里这只是给孩子玩的，粗糙不堪。文中介绍的却是工艺品中的精品。请同学们阅读，文中是用一个什么词来形容这种技艺的？作者又是用怎样一个词来形容刻制的人的？看了注释还有不明白的地方可提出来。

（生阅读，师在黑板上画长“八分”多、高“二黍许”的长方形）

师： 请同学们说说这是怎样的技艺？制作者又是怎样的人？刻的是什么内容？

生1： 技艺“灵怪”，人“奇巧”，刻的是苏轼泛舟游赤壁。

师（赞扬）： 准确无误。王叔远这位技艺奇妙

本文发表于《语文教学通讯》（初中刊）2007年第11期。

精巧的人，在桃核上雕刻了苏子游赤壁。这是一件令人叹为观止的作品，不得不以技艺灵怪奇妙来赞叹。灵怪到什么程度呢？先计算一下，刻了多少人与物？用文中的语句回答。

生 2（朗读最后一段的第一句）：“通计一舟，为人五；为窗八；为箬篷，为楫，为炉，为壶，为手卷，为念珠各一；对联、题名并篆文，为字共三十有四。”

师：有一个字的读音须注意：“手卷”中的“卷”，在此作为名词，读 juàn；作动词，读 juǎn。“手卷”是横幅的书画卷子，右侧为“端”，左侧为“末”。请看第 3 段：“东坡右手执卷端，……鲁直左手执卷末……”核舟仅“八分有奇，高可二黍许”，要刻这么多的人与物，且排列得十分有序，情态跃然。请一位同学上来，就黑板上的长方形标明所刻的人与物。画是画不下的，只能在图的四周用简明的文字标出。上面同学写，下面同学说，要秩序井然。

生（众）：中部有舱、箬篷、小窗八扇，右刻“山高月小，水落石出”，左刻“清风徐来，水波不兴”。

师：这分别是苏轼《后赤壁赋》和《赤壁赋》里的句子。

生 3：黑板上只要写“八字”就行。

生（众）：船头，三人。一手卷，一佛珠。

生 4：只是数字，灵怪特点出不来。要把人物之间的关系与各自的神态刻出来，才算奇妙。

师：说得好。刻的是一幅生动的画面，大家边谈边想象当时的场景。

（生分散谈，有的做手势比画着）

师：我读几个字，大家把句子接完整，弄清人的位置和他们之间的关系。

师：船头坐——

生（众）：三人。

师：中——

生（众）：峨冠而多髯者为东坡。

师：佛印——

生（众）：居右。

师：鲁直——

生（众）：居左。

师：苏、黄共阅——

生（众）：一手卷。

师：东坡右手——

生（众）：执卷端。

师：左手——

生（众）：抚鲁直背。

……

师：左臂——

生（众）：挂念珠倚之。

师：珠可——

生（众）：历历数也。

生1：了不起，这一丁点儿的地方刻三个人，不要说神态，连两个人靠近的膝盖在衣褶中都看得出来，真是神了。

生2：这就是微雕艺术，比桃核小的还有。

师：你了解微雕？说说看。

生2（得意地）：头发微雕，一根头发上能雕一首诗；一粒米大小的正好雕《红楼梦》……

（于是，生七嘴八舌，争说自己听到的或看到的微雕工艺品）

看起来，课堂气氛活跃，热热闹闹，稍作思考，就可知犯了节外生枝的毛病，而毛病的根源在教师不恰当的引导。让学生学这篇课文，目的在于培养其阅读浅近文言文的能力。在培养其能力的同时，让其了解这枚核舟精美奇妙的雕刻技艺，增强其审美的情趣；不是广泛性地谈微雕、研究微雕的工艺。教学目的是教学行为的主宰，课堂里组织的教学活动应该为实现教学目的服务，而不是随意地节外生枝，追求热闹。

这篇课文中的雕刻者技艺非凡，巧夺天工，撰文者同样是观察入微，写作技艺达到“灵怪”的境界，生动传神，栩栩如生。例如，“鲁直左手执卷末，右手指卷，如有所语”，把人物专注的神态刻画无遗；而“佛印绝类弥勒，袒胸露乳，矫首昂视”，那种闲散的状态如在眼前。至于二舟子在船尾的情态也是十分逼真。一舟子“仰面”“倚一衡木”“攀右趾”“若啸呼状”，在动态上着力，如见其形，如闻其声；而另一舟子则“视端容寂，若听茶声然”，凝神屏息，在静态上下功夫。动静相衬，妙趣横生。

且不说舟中五个人物形象的精妙，就是文中数词的使用也很有特色。有的数词在名词的后面，如“尝贻余核舟一”“又用篆章一”“为箬篷，为楫，为炉，为壶，为手卷，为念珠各一”等；有的数词在名词的前面，如“通计一舟”“高可二黍许”“共八扇”“舟尾横卧一楫”等。古代以数词修饰、限制名词有以上两种情况，现代汉语继承了后者，古今相同，前一种用法现在基本不用。阅读文言文时须多加注意，翻译时，不仅数词要移到名词前，且须补上量词。

由此，我联想到当前有些语文课有类似的毛病，喧宾夺主的状况比比皆是。课文本身教学的目的不清晰，甚至蜻蜓点水，快速阅读捋一捋，然后就拓展开来，或就全文拓展，或就某一内容、某一写法拓展，有时真可谓一拓三千里，飘忽不定。名为发展思维，开阔视野，实则就应理解与掌握的课文本身来说，在浅层次上浮游。学了，又好像没有学；懂了，又好像没有懂。学得不扎实、不深入，知识能力又如何真正地有效迁移？当年，我是心血来潮，教学效果由随意性造成；而今，往往是精心预设，每课必拓展，有无必要？语文课要朴素、自然、扎扎实实，节外生枝要不得。

答疑也须慎选

学生学了柳宗元《捕蛇者说》第1段，对“永州之野产异蛇”的“异”有所理解：异形——“黑质而白章”；异毒——“触草木，尽死；以啮人，无御之者”；异效——“然得而腊之以为饵，可以已大风，挛踠、瘘、疠，去死肌，杀三虫”。由此，引出“岁赋其二”的税事，捕得这种毒蛇，能抵税收，于是“永之人争奔走焉”，永州人争着去做这件事。

接着，文章聚焦于“专其利三世”的姓蒋的人。我要求学生阅读理解：为什么蒋氏始则“貌若甚戚”，继则“大戚，汪然出涕”？“汪然出涕”时说的内容在表达上有什么明显特点？你能把相关的语句准确地圈画出来，并通顺地译成白话吗？

（生有的默读，有的小声读，都注意查看课文下面的注释）

师：有什么不明白的请提出来。

生1：“几死者数矣”中的“几”与“数”怎么理解？

生2：“几”是“几乎”“差不多”，“数”是“许多次”。多看两遍，就懂了，意思是“好多次

本文发表于《语文教学通讯》（初中刊）2008年第3期。

差点儿被蛇咬死”。

师：多读几遍、多看几遍的方法很好。

生3：“君将哀而生之乎”中的“生之”怎么理解？“生”，“活”；“之”是不是指代“我”？“生之”就是“活我”，说起来很难受。

师：理解得基本正确，“生之”是“使之生”“使我活下去”。文言词语的使动用法须记住。

生4：“哗然而骇者”，是谁“哗然”？好像是“骇者”，“受到惊吓的人，哭啊，叫啊，喊啊”；又好像是“悍吏”，“他们张牙舞爪，哇啦哇啦叫喊”。怎么理解才正确？

师：能这样认真思考，读书就慢慢入门了。这一句理解历来有分歧，关键在“哗然”是谁发出的。有人认为是“悍吏”发出的，刻画出吓人的气势；有人认为是“骇者”，受悍吏惊吓的人发出的喊声、哭声。其实，不管怎么理解，抓住悍吏扰民的要点即可。现在请同学思考并回答我刚才提出的问题。

生5：蒋氏“貌若甚戚”是因为他的祖父、父亲都死于捕蛇，所以脸上好像非常忧伤。作者同情他，想告诉管这事的人，“更换你的差使，恢复你的赋税”，他就更加伤心，眼泪汪汪了。可见，赋税比毒蛇还厉害。

师：表达得很清楚。三个“若”毫无障碍地讲对了。第一个“若”是好像，第二、第三个是指代——你。蒋氏通过什么方法说明“则吾斯役之不幸，未若复吾赋不幸之甚也”？

生（集体）：对比。

师：几个对比？把圈画出来的句子读一读。

生6：三个对比。

第一个对比是六十年来的情况。交赋者，“乡邻之生日蹙”，“死者相藉”，“非死则徙尔”。捕蛇者，“吾以捕蛇独存”。

第二个对比是悍吏来吾乡的情况。交赋者，“哗然而骇者，虽鸡狗不得宁焉”。捕蛇者，“恂恂而起”，“弛然而卧”，“甘食其土之有”。

第三个对比是一岁中的情况。交赋者，“旦旦有是”。捕蛇者，“一岁之犯死者二焉”，“其余，则熙熙而乐”。

师：是这样吗？你怎么会看出三个对比？

生6：读这一段话，我分了五个层次，开头与末尾是前后呼应。当中三个层次，我抓了时间和事件：“积于今六十岁矣”，“盖一岁之犯死者二焉”。“悍吏之来吾乡”是六十年来经常发生的事，就把它单独列开。

师：行不行？有无不同意见？

生7：行。“悍吏之来吾乡”描绘的是特写镜头，说明官府爪牙搜刮老百姓财物时凶狠残暴。

师：你们都是善读者，阅读就要学会运用旧知识，认真思考，在理解上提升。

生8：我圈画的句子比他多。“叫嚣乎东西，隳突乎南北”，为什么不说“东南”“西北”？

生9：我回答。圈画句子只要抓要点就可以，具体述说的可简略，越简略，眉目越清楚。“东西”“南北”就是到处的意思，为什么这样用不清楚。

师：圈画可多可少，抓要点抓关键最为重要。

古诗文中用“东南西北”方位词屡见不鲜。如《木兰诗》中“愿为市鞍马，从此替爷征。东市买骏马，西市买鞍鞯，南市买辔头，北市买长

> 鞭”，并非实写商业区东市、西市，而是用铺陈的手法描写木兰替爷从军准备的繁忙。又如《楚辞·招魂》：“魂兮归来！东方不可以托些。……魂兮归来！南方不可以止些。……魂兮归来，西方之害，流沙千里些。……魂兮归来！北方不可以止些。”这是屈原的招魂之作，“东南西北”是方位词，意思是楚国之外四方均险恶，还是回到美好的楚国来。再如汉乐府《江南》诗：“江南可采莲，莲叶何田田。鱼戏莲叶间。鱼戏莲叶东，鱼戏莲叶西，鱼戏莲叶南，鱼戏莲叶北。”后四句重复运用，不一定指方位，而是表现到处鱼戏的活泼生动的情景。“东南西北”或“东西南北”可两两连用，表示到处的意思。怎么用，应根据上下文，根据特定的语境来定。
>
> ……

现在想来，学生问的这一个问题，教师有无必要作如此的生发？一个例子接一个例子，探讨的是方位词在诗文中的用法与作用。不是这些材料不佳，而是时机不当，自作多情。

有几名学生学得不错，特别是对文中蒋氏“汪然出涕”说的话，对初中学生而言，理清脉络，抓住要点，还要克服文字上的障碍，不是易事。教学中应抓住机会让他们充分表达，至少要起两个作用：一是让他们把对文字的正确理解传递给其他同学，让理解尚模糊或有差错的同学受到启发；二是将阅读学习的清晰思路传递给其他同学，给同学以阅读方法的启迪。第 4 段是文中的重点，用词造句、修辞手法运用有诸多须敲打之处，而我却被学生的一个问题牵着鼻子走，把教学内容扯开了。

教学是一门艺术，学生学习积极性高涨之时，会出现各种各样的疑问，提出各种各样的问题，有时是很有质量的问题。面对众多问题，教师在喜悦的同时，须头脑清醒，立即分清主次、轻重，围绕教学目的与教学的重点、难点进行筛选，择最需要的加以解答，否则，枝枝节节，跟着大大小小问题转，碎不成章。答疑是教学中的重要环节，解答什么须慎选，不能“全面出击”。

品尝写作的欢乐

从小练就一支灵动的笔，提起来思绪如小河淌水，叮叮咚咚，自然，流畅，美不胜收，不仅能与别人心灵相撞、交流，更可乐在其中，享受精神的愉悦。

笔的灵动绝非一蹴而就，它受到众多因素的制约。然而，对初中学生而言，最为重要的是激发和培养他们写作的兴趣，消除他们对写作的恐惧感、神秘感、无所适从感、无所作为感。破除这些心理负担，写起来无压力，手中的笔就在无形中逐渐“失重”，变得轻快无比。

经常以榜样激励，在思想上引导。学生都崇拜苏东坡，苏东坡的写作热情能起感染作用。苏曾这样说：“某生平无快意事，惟作文章，意之所到，则笔力曲折，无不尽意，自谓世间乐事，无逾此者。”意思是说：自己生平没有痛快、高兴的事，只有写文章，想到什么，笔下就能曲曲折折，充分地加以表达，自己认为人世间快乐的事，再也没有超过写文章的了。这种炽热的写作热情、写作冲动，可说是到了登峰造极的地步。正由于他把写诗作文升华到人生欢乐的境界，把人生欢乐融化于写诗作文之中，因而他的作品气势恢宏，畅达淋漓，挥洒自如。学生阅读课文中契诃夫的作品，可顺势介绍他小说创作中的大月亮、小星星的形象体系，阐明他对写作的执着追求。鲁迅先生说过：“无论爱什么，——饭，异性，国，民族，人类等等，——只有纠缠如毒蛇，执着如怨鬼，二六时中，没有已时者有望。”经常以古今中外名人的写作热情、写作实例教育学生，激起他

本文发表于《语文教学通讯》（初中刊）2005 年第 12 期。

们感情上的涟漪、波澜，促使他们写作愿望倍增。学生写作冲动感一经形成，就会思绪纷呈，妙语连珠，写作进入佳境。

写作材料就在我们的身边，如空气一般无所不在。学生对此往往缺乏具体的认识和真切的体会，因而动笔时常有搜索枯肠之苦，硬做、硬凑，乃至说一些自己也看不懂的话。材料是文章的质地，生活中源头活水流淌，笔下的文章就生意长流。指导学生、鼓励学生从五光十色的生活中学会捕捉材料的本领，是写作教学的要义之一。记得鲁迅说过："如要创作，第一须观察……"学生写作是练笔，不是创作，但同样首先要有一副敏锐的目光来观察生活中的事物。学生观察生活往往大而化之，浮光掠影，有时甚至视而不见，听而不闻。眼前的人和事，经历过的事，也只留下模模糊糊的印象。指导写作，就要着力锻炼他们的眼力，身入生活，心入生活，特别注意有价值的细节。比如确定观察对象，大家用眼力看，既注意整体，又注意局部，还要注意细部；既观其静态，又了解其变化；既按一定的顺序，又多角度多侧面观察；尤其是要学会捕捉鲜活的、带着生活露水的、令人眼前一亮的特征。经常进行这样的训练，一生二，二生三，三生许多许多，脑子里储存的人、事、景、物丰盈起来，一个个具体生动的形象在脑海中跳跃，下笔时就会滔滔滚滚奔涌笔端。用心捕捉，进入事物里层，带着感情摄取，挖掘寻找，就能在极其平凡极其普通的事物中发现一般人所看不到的生动、新鲜的东西，就能在平凡之中见深意。

当然，书是不可不读的，书报杂志像长流水，推荐、介绍、交流个人阅读所得的精彩可成为大家的财富。要从佳作精品中汲取语言精粹、思想养料，开阔视野，提升认识能力、思维能力。

对学生中的佳作、有进步的文章，要一片挚诚地加以表扬。或全篇，或局部，或某些词句，或某些构思，只要是学生自己独特的看法，有创意的表达，都要给予一定的评价。表扬忌浮皮擦痒，忌抽象地说"好""较好"，而是要追根究底，好在哪里，为什么好，比较分析，具体生动，表扬得学生心中热乎乎的。有学生谈习作体会时写道："有了好文章，老师就讲评。讲评时，我常发现有些美词佳句自己用时往往稀里糊涂，根本没想到评讲时所分析的效果。开始有点吃惊，然后又觉得好笑，稀里糊涂写，哪会有那么些优点？课后，特别是成语、引文，我就尽量去找它们的出处，看看它们在原文中是怎样写的，再看看自己作文中又是如何用的，为什么要用，用了有哪些好处，今后可以怎样再用。解决了这些问题，自己就有了收获，以后也就比较自觉地按文章的需要去寻觅去组织恰当的语句了……”学生们是同龄人、同窗学友，知识储存、生活积淀等大同小异，表扬时会一石激起千层浪，引起许多共鸣。评得作者心里暖洋洋的，听者心里很羡慕，评得欲罢不能，评出写作劲头和写好作文的信心，课就可以自始至终有笑的潜流在起伏前进。

写作中品尝到倾诉思想情感的乐趣，就会和语言文字成为莫逆之交，情投意合。

“弓足”的波澜

因培养青年骨干教师的需要，我被调去教初中语文。初中学生心态开放，课上劲头来了，什么都敢问，什么都敢说。一次教《木兰诗》，两节课，学生兴趣盎然，背诵出来。下课铃声响了，我赘言了一句：“你们这是强记，强记易忘；只有熟读成诵，才会经久不忘。”一名同学扑哧一笑，不以为然。我请她站起来发表意见，她说：“好是好，不过都是吹牛。”说得那么正经，那么严肃。话音刚落，教室里立刻炸了锅。

“何以见得呢?”我问。“你想啊，同行十二年，不知木兰是女郎，军队里的人都是傻子啊?”“别的不说，‘关山度若飞’，引军打仗，跋山涉水，总要洗脚，一洗脚就露馅，小脚怎么藏得住？中国古代女子是裹小脚的啊!”其他学生七嘴八舌，也十分赞同。我在一片喧嚷声中随口说了一句：“那时妇女还不缠脚。”学生还是不罢休，追着问：“那么，从什么时候开始裹小脚的呢?”我被问懵了，回答不出。我只能老老实实告诉学生：“不知道，没研究过，去查找，估计正史上是查不到的，要去查野史，查风俗史。”

我被学生问住，挂黑板了。自认为当时的态度是正确的，知之为知之，不知为不知，没有强不知以为知，蒙学生。课后查阅了好些书，最后在清代史学家赵翼写的《陔余丛考》中查到了“弓足”，裹小脚的事。妇女弓足起于五代，“李后主令宫嫔窅（yǎo）娘以帛绕脚，令纤小作新月状，由是人皆效之”。《木兰诗》是南北朝时北方的一首民歌，大约写于北朝后魏时期。那时女子确实还未缠足。查得

本文发表于《语文教学通讯》（初中刊）2006 年第 4 期。

有根有据，才回答了学生，心里才踏实。

其实，何止是“弓足”一事？类似这种情况时有发生，自己未沉下心来深入思考，深入探究。如教学生学习冰心的《我们把春天吵醒了》一文时，学生就问了不少问题，至今有一个问题我还记得：“为什么叫‘春幡’，不用‘春旗’，‘幡’和‘旗’有什么区别？”当时我只能引导学生粗略区别，让他们明白“幡”一般指狭长的、垂直悬挂的旗子，而“旗”形状多样，可三角形、方形、长方形，一般张挂在杆子上或墙壁上，深一层的意思就茫然无知了。课后再去查书，在《后汉书·礼仪志》中查到：“立春之日，夜漏未尽五刻，京师百官，皆衣青衣；郡国县道官下至斗食令史，皆服青帻，立青幡，施土牛耕人于门外，以示兆民。”据说，这样做是劝农的意思。在古代，立春是一个相当重要的节气。土牛也称为“春牛”，后来又发展成为“鞭春”“打春”的风俗习惯。衣青衣、服青帻、立青幡，是因为青色象征春天，“像春物之初生”。历代有关风俗、时令的书均会涉及上述内容。如宋代《东京梦华录》一书中写到“立春”，就有“春幡雪柳，各相献遗”字句。“春幡”“青幡”是当时普遍的说法。这些都是教后才去钻研，教学前备课时怎么就没有考虑到呢？

有的问题牵涉文化积淀，有的并不如此，为何课前也没想到？学习《谁是最可爱的人》时，学生进入描述的场景，有的小声嘀咕，有的握紧拳头。有名学生猛地站起来问：“老师，志愿军思念祖国而又不愿回来，是因为朝鲜还半边红半边黑；现在还是这种状况，怎么又回来啦？”我简述了当时的形势，剖析班师的缘由，自以为解答了学生的疑问。今日想起，有两点颇值得深思：

一是教以后总是比教以前清楚一点，为什么？备课，钻研教材，总的来说，比较认真，为什么在课堂上实践，总有这样那样的问题冒出来？学生学得积极主动，这是可以欣慰的，但有些问题自己根本没有想到，这就不可原谅了。替父从军的木兰是不是小脚的问题，一点也不深奥，为什么会在自己的意料之外？说明自己备课时粗疏，就文论文，脑子化不开，发散性思维能力欠缺。更有甚者，是自己的立足点定得不准。备课总是考虑从教者出发，教什么，怎么教，很少转换位置，站在学生的位置上多想想。学生想问题与成人有区别，他们好奇心强，更相信直觉，更喜追根究底。教课，必须目中有人，但要真正做到，谈何容易？每篇课文的教学为学生着想，思维就有活水，会变得聪明一点。

二是教然后知困。由于时代在前进，社会在进步，学生思维活跃，视野开阔，想得宽，想得深，也想得杂。涉及的问题五花八门，这就大大增添了教者“困”的程度。“困”在哪里？文化积淀薄弱，相关的知识贫乏。知“困”远远不够，更重要的是下决心解“困”。怎样才能逐步解“困”？怎样才能在有限的课堂教学时间内，正确而及时地解答学生提出的各种各样的问题呢？关键在于必须开拓备课的广阔天地，下双倍、三倍甚至更多倍的功夫。狭窄的溪流经不起小雨的灌注，汪洋大海才能容纳千江万河，自己知识浅薄，满足不了学生旺盛的求知欲，只有自己学而不厌，才能引导学生在知识的海洋里破浪远航。

要经得起问

“师者，所以传道、授业、解惑也。”“解惑”是教师应尽的责任。学生在学习过程中总会碰到这样那样的问题，有些问题自己一时难以解决，只得向教师请教。因此，“问”是学生学习积极性、主动性的表现，是学生学习的基本权利。

我这名教师既喜欢学生问，又害怕学生问。看到学生求知欲旺盛，对一些问题寻根究底、欲罢不能的态势，感到后生可爱、后生可畏，打心眼里喜欢。怕的是学生积极性高涨，提的问题上自天文，下至地理，海阔天空，我怎能应付得了？有些问题与课文有关，有些毫无关联，问你教师，是对你的一种信赖、一种尊重，你怎能拒他们于千里之外？下课铃响了，有些学生涌到讲台前，把你团团围住，这个同学口袋里拿出个小条儿，那个同学口袋里取出个纸片儿，问啊，争论啊，笑啊，简直是一种幸福。要不是下节课铃声敲响，还“赶”不走这些生气勃勃的求知者。

既然“问”是学生学习的基本权利，教师就要在文化积淀上下功夫，经得起问。

记得初教语文时，学生在学《过秦论》过程中提出不少我在备课中没想到的问题，怎样回答得正确无误，心中确有几分紧张。贾谊的这篇文章开史论的先河，铺陈有力，气势不凡，没想到对文中的有些史实，学生提出异议。有名学生问：“山东九国，‘尝以十倍之地，百万之师，叩关而攻秦’，听我父亲说，没有‘九国’，您的看法呢？几个国家‘叩关’？”还好我教过历史，从魏、赵、韩三家分晋，到

本文发表于《语文教学通讯》（初中刊）2005 年第 4 期。

联合伐秦，略知一二。据历史记载，有说三国伐秦，也有说五国伐秦。但是，“九国之师”也不一定是实指，泛指东方诸国。由此，我认识到教文言文，涉及历史的诸多复杂关系，要仔细梳理清楚，不能稀里糊涂蒙学生。由此，我也联想到平时广泛阅读的重要。鲁迅先生在《汉文学史纲要》中曾高度评价这篇文章是“西汉鸿文”，“疏直激切，尽所欲言”。贾谊的政论文确实很有气势，分析形势，切中时弊。

备课时，有些语句眼睛一扫而过，顺畅得很，没任何疑义。学生不同于教师，他们只要注意力集中，就会有所发现。如学《藤野先生》一文时，一名学生突然问：“‘东京也无非是这样’，‘也’是关联词，前面没有句子，跟谁关联？为什么文章第一句要这么写？”问得很有道理。文章第一句的前面有潜台词，省略了，尽在不言中。清国日暮途穷，腐败不堪，作者东渡重洋，留学日本，寻求救国救民的良策，没想到到了日本，发现东京的留学生如此浑浑噩噩，醉生梦死，失望与不满之情充盈胸际，难以抑制，因而浇铸出“东京也无非是这样”的话。这句话看似平常，但内涵丰富，感情浓烈，留给读者想象的空间。要经得起学生问，就要把文章的来龙去脉梳理清楚。文章是在什么背景下写的，作者对事物的认识，思想发展的进程如何，均要有所了解，不能含糊。

有些老作家写文章由于功底好，遣词造句信手拈来，毫不费力。今天读起来，有的却成了障碍。冰心的《我们把春天吵醒了》是篇很优美的散文。文中讲春天像一个小孩一样，举着“春幡”在空中遨游。学生提出了什么是“春幡”，我说“幡”是一根竹竿挑起一面长方形的旗帜，古时候酒店里往往有酒幡，死了人有白幡。学生又问：既然“幡”是旗帜，为什么不用“春旗”呢？《辞源》解释：旧俗于立春日挂春幡，作为春至的象征。《帝京景物略》记载：古时候祭春神——青帝时是着青衣举青幡的，因而“春幡”本身就表示“春”的意思。如果不事先准备，不阅读查找有关资料，又怎能回答？

教师不是万能博士，不可能解答学生提出的所有问题。知之为知之，不知为不知，不能糊弄学生。但是，无论如何要注意学习，多读点书，增加自己的文化底蕴。厚实的民族文化是教师文化底蕴的基石。诺贝尔奖获得者杨振宁在回忆录中说道，小时候父亲要他把《孟子》背出来，他背了不少，从中懂得了做人的道理，受益终身。古圣先贤的博大胸怀和非凡智慧能给我们无尽的启示。如《论语》《孟子》对天地人的精辟论述，宋张载的“为天地立心，为生民立命，为往圣继绝学，为万世开太平”等。又如韩愈的《进学解》简直就是成语的宝库，言简意赅，言简意深。古人留传下来的丰富的文化遗产要学习，新的知识，包括本学科的、跨学科的，均要十分关注。教语文，就要关心语言、文字、文学，经典文学作品要读，走势也要清楚。

教海无涯学为舟，这是我的信条。

爱的奉献

记得教育家乌申斯基说过："教师缺乏了所谓教育机智，无论他怎样研究教育理论，都不可能成为一位优秀的实践的教师。"教师的教育机智是良好的心理素质和熟练的教育教学技巧的结合。然而，通常情况下，我们往往重技巧，忽略感知的敏锐性、思维的灵活性和意志的果断性。

师生学习都德《最后一课》结尾部分。

教室里鸦雀无声。"啊！这最后一课，我真永远忘不了！"小陆同学满怀深情的朗读深深地感染了同学。

"当、当、当……"录音机里突然传出了敲钟声，沉重，遥远。趁同学惊诧之际，我出示一张韩麦尔先生写完"法兰西万岁"大字后的彩色图片，要求学生图文对照，仔细观察，仔细阅读，在理解的基础上用饱含感情的语言描述课堂上庄严肃穆的场景，描述韩麦尔的神情、语言、动作以及他内心的痛楚和期望，描述此时此刻小弗郎士的心情和感受，说明这个场景在《最后一课》中的地位和作用。

学生观察，阅读，情不自禁地朗读，极其认真地寻找"惊人"的语言来表述自己的看法——

本文发表于《语文教学通讯》（初中刊）2006年第2期。

生 1： 这是一个令人心碎的场景，真的，令人心碎！

生 2： 教堂的钟声，祈祷的钟声，普鲁士兵的号声，是驱赶韩麦尔出课堂出学校的最后信号，所以他难过到极点，脸色惨白……

生 3： 他的心里乱极了，他要和同学们作最后的告别，但痛苦使他的喉咙哽住，不能用语言表达。“我的朋友们啊”，说明他对同学、对镇上的人爱极了，留恋极了。

生 4： 他只向学生做了一个手势，话也不说。其实，坐在课堂里的人心里都明白，韩麦尔被迫离开学生，离开家乡，痛苦极了，我觉得这里是“此时无声胜有声”。

生 5： 写“法兰西万岁”大字的情景激动人心。这是韩麦尔使出全身的力量写的。他把丧失故土的痛楚，对侵略者的仇恨，对自己祖国的热爱，对恢复失地的向往和信念，都聚在里面了。

生 6： 韩麦尔的神情、写的字使小弗郎士更加震动了，他一下子长大了，他从没有这样敬仰他的老师，老师对祖国故土一往情深的热爱使他感动不已。

生 7： 这个场景是《最后一课》的高潮，我要是小弗郎士，这一课我真的永远忘不了。

生 8： 我不是小弗郎士，我也忘不了。

……

一名学生突然站起来说：这个情景很感人。韩麦尔在这一课上说：“法国语言是世界上最美的语言——最明白，最精确……”为什么？我想不通，我们的语言才是最美的，字和画一样……

我表扬了这名同学的看法，并说明韩麦尔之

> 所以这样说，咱们在前面已做了讨论，课后再个别交换意见。

课原本有滋有味，声像并举，以形激思，探究主题，又以情激情，在学生心田弹奏爱国主义最强音。韩麦尔令人心碎的场景发生在19世纪的法国。然而，热爱祖国是人类最美好的感情，教学中着力“移情”，能在学生心中激起强音。学生突然提出的问题似乎把气氛冲淡了。

而今回想起来，自己真蠢，三言两语就把学生的问题“打发”了，丧失了深入品味语言内涵的教育良机。心中想的只是预设的教学内容，想到如何激发学生畅所欲言，进入课文创设的情境之中，对课堂中生成的教学资源缺乏敏感度，缺乏游刃有余处理突发问题的能力。

学生提出的问题不都是课堂上生成的教学资源，也不是所有的问题均必须在课上一一回答，或一一展开讨论，除非是专门的答疑课，否则，会由于问题的五花八门、枝枝节节而影响教学目标的实现。然而，有些问题确实是可贵的教学资源。一是学生进入学习的高度兴奋状态，有所思有所感才可能提得出来，有时还要伴有一定的勇气；二是这些问题往往有一定的深度、难度，与课文的主旨有联系，但又不是显露的，而是较深层次的。这就需要教师头脑冷静，判断正确，不失时机地融入课中，尊重学生的意愿，鼓励学生的创意，使学生对课文的学习充实、丰满起来。

这名学生提出的“我们的语言才是最美的，字和画一样”，不是一个简单的对韩麦尔说的话理解不理解的问题，而是对祖国语言文字心灵的倾诉——爱的奉献。实际上，在讨论民族语言的地位和特点，学习好母语的价值和意义时，这名学生已经是心潮涌动，出于对祖国语言文字的认识和热爱，有话要说。课将结束，他实在憋不住，站起来吐露。由于我的粗疏和教育机智的缺失，没有保护和赞扬他这种热爱祖国语言文字的赤诚，没有发扬他的民族自信心、民族自尊心、民族自豪感。民族语言是民族文化的根，侵略者对一个国家的侵略，第一是军事，第二就是语言。我国的语言文字有丰富的文化内涵和审美价值，热爱母语是热爱祖国的重要内容，是文化认同的问题，如果生发开来，引导学生思考、讨论，只会加强学习课文的主旋律，对学生的爱的奉献是极大的保护，并能辐射到其他同学心中。

技巧毕竟易学，难的是思想素质、心理素质的提高。

识字真正不容易

识字教学当然是小学语文教学中的重头戏。中学呢？有时重视，有时重视不够，常认为学生已学会查工具书，生字难词的障碍基本可解决。其实，教学中出现的种种状况很值得自己深思。

组织学生学习李健吾的《雨中登泰山》时，我有过这么一段经历。

师：同学们说了，泰山是五岳之长。泰山有拔地通天之势，擎天捧日之姿，历代多少文人墨客写诗撰文讴歌、赞美。谁能背一首学过的非常有名的古诗？

（生 1、生 2、生 3 等举手）

师：请第一个举手的同学背一背。

生 1：杜甫的五言古诗《望岳》。“岱宗夫如何？齐鲁青未了。造化钟神秀，阴阳割昏晓。荡胸生曾云，决眦入归鸟。会当凌绝顶，一览众山小。”

师：“一览众山小”的境界是令人神往的，只有登攀到“绝顶”，才能领略那无限风光。今日请课文作者作向导，我们跟随他攀登游览高耸雄奇的泰山。

初读时，思考：全文是扣住哪个字来写的？把

本文发表于《语文教学通讯》（初中刊）2006 年第 9 期。

“起程”“攀登”“登上绝顶”的层次画一画。

再次阅读，重点放在“攀登”的部分。把所见景物有条理地讲述出来，基本运用课文中的语言，但可作详略取舍的处理。不认识的字可提出来。

（学生沉浸在阅读中，初读仅是浏览，问题易解答；重点阅读有难度。一是字词障碍；二是口述与朗读不一样，有创造成分）

生 2：崚嶒。

生 3：訇訇。

生 4：匍匐。

生 5：巉岩。

……

师：请同学把提出的生字难词一一注音、释义。

（生注音、释义，师补充）

师：我巡视了一下，同学们在文中都把“雨”这个字画了出来。全文紧扣“雨”字，细描细绘。雨中的山岚烟云，水墨山水似的层峦叠嶂，声喧势急的飞泉瀑布，水淋淋，湿漓漓，美妙绝伦，饱享“独得之乐”。

作者笔下的泰山，既奇美又壮观，活脱是一幅雄伟奇丽的立体画。自岱宗坊至南天门长约十千米的中轴线上，祠庙、古柏、飞瀑、翠松、洞天、云海，作者巧妙地牵线串珠，编织出泰山美妙的画卷。现在请同学依次介绍所观景物。先请一位同学介绍飞瀑美景。

生 6：过岱宗坊，首先映入眼帘的是七股大水，它们像七幅黄锦，闪亮发光，吼声震天，从虎山水库的桥孔奔涌而出，水拍石响，浪花四溅。

绕过虎山，站到坝桥上，两边景色迥然不同：一边是湖水平静，“迎着斜风细雨，懒洋洋只是欲步不前”；一边是“喑噁叱咤，似有千军万马”……

师：听不懂，一边一边，再说一说。

生6：一边湖水平静，一边“喑噁叱咤”。

生7：错了！“喑”（yīn），不是àn，偏旁不同。“噁”，好像也不对，好像不读è，字典上未查到。

生8：应该和“厌恶”的“恶” （wù）一个读法。

师：应该是yīn wù chì zhà，形容水势极大。

生9：“喑”，可不可读yìn?

师：不清楚。

……

下课后如骨鲠于喉。“喑噁”虽不如“叱咤”常用，但也不算生僻，可自己却吃不准，无以应答。“喑”，一般字典只标yīn，无第二种读法。追根溯源，翻到《史记·淮阴侯列传》中有：“项王喑噁叱咤，千人皆废。”这是出处。它的音读、释义根据《汉书》：“项王意乌猝嗟，千人皆废。”《汉书》作“意乌”，“意乌，恚怒声也”。汇而正读，“喑”乃於禁切，音“荫”。“喑噁”则读作yìn wù，意思是恚（huì）怒声，愤怒的声音。看来，“喑”是可读第四声去声的。然而，司马贞《史记索隐》说：“喑於鸩反，噁乌路反。”依此，“喑”应读平声，与“阴”同音。然而，后人认为以《汉书》读《史记》最为可靠。

仅一个字的读音就有那么多的学问，我深切体会到当语文教师，识字最难。经常的状况是只知其一，不知其二。多音字误读，再加上方言的干扰，走音走调的不少。释义也是如此，不是大而化之，欠精确，就是缺这少那，不完备。与文章分析比较，识字显然是教学中的软肋。如上文说到的“雨”字，我可一口气说：“全文用了12个‘雨’字。下笔点雨，‘淅淅沥沥’，妆笔点雨。‘有雨趣而无淋漓之苦’，前注后顾，浑然天成。明写三幅水景，暗写花草松石，无不显示雨趣……”为何能滔滔不绝？那是浮在字面上的东西，归纳一下，概括一下，说起来就驾轻就熟。识字不同，需要的是硬功夫。我这名半路出家的语文教师，没有扎实的小学（汉代称为“文字学”）底子，清代段玉裁的《说文解字注》也不过是翻翻而已，没下过功夫。作为语文教师，教语言文字是专业，有些字自己含含糊糊，实在愧对学生。

当今社会，错别字比比皆是，原因多种多样，我们语文教师教学生识字更是责无旁贷。

习惯成自然

为学贵慎始。清代文学家刘蓉在《习惯说》一文中讲述了一件非常耐人寻味的事。他住的一间屋子里，“室有洼，径尺，浸淫日广。每履之，足苦踬焉。既久而遂安之”。屋里有坑，每走到那儿，脚总要被绊一下，不自在，难受。然而，时间久了，习以为常，没什么感觉了。后坑填平，刘蓉“复履其地，蹶然以惊，如土忽隆起者”，“已而复然，又久而后安之”。坑填平，刘蓉走在上面反倒被绊了一下，吓了一跳，好像屋里地面突然高出一块，过了一会儿，走在这里仍然是这种感觉，时间久了，也就习以为常。于是，他感叹地说：“习之中人甚矣哉!”习惯一旦养成真厉害啊!

这个故事给我们的启发至少有以下几点：一是习惯具有巨大的惯性，一旦养成，就成为人的自然而然的心理状态、行为状态；二是习惯可以改变；三是“养成”与“改变”的条件都是时间要“久”，要长时间坚持不懈。

由此，我联想到我们的语文教学。传授知识、培养能力，这已经成为我这名语文教师的本能，兴奋点总是集中在如何把课上得精彩，而未将学生学习语文良好习惯的培养放在应有的位置。正因为不着力培养，教学中事倍功半的现象时有发生，不良习惯冲淡了乃至冲走了教学的痕迹。例如，学生习作中常出现这样那样的错别字、不规范的字，乍看，似乎是写的问题，于是要学生在习作本上订正；遗憾的是，下次还会照旧出现类似的错误，要学生订正，再抄写五遍十遍。一般说，就事论事不解决问题，须剖析出错的原因，把现象背后的东

本文发表于《语文教学通讯》（初中刊）2005年第9期。

西抓住，持久而有序地进行训练，才可收到实实在在的效果。

错别字多，往往与阅读的不良习惯有密切关系。阅读时浮光掠影，只求大致了解，对字的读音、笔画、与前后字的搭配等，不思考、不推敲，于是动笔时就张冠李戴，随意搬动字的结构，任意增减笔画，自己造字。还有一个不良的习惯就是“障碍跑”，遇到不认识的字、不理解的词就跳过去，绕过去，不愿停下来查一查字典、词典。想用的时候，虽曾见过面，但眉目不清楚，于是，多一笔，少一笔，点错位置等，就不足为怪了。要改变这种马虎的习惯，就得既讲道理，又着力于语文实践中培养。

道理要从正反两个方面讲。宋朱熹在《训学斋规》中讲到凡读书“须要读得字字响亮，不可误一字，不可少一字，不可多一字，不可倒一字，不可牵强暗记，只是要多诵数遍，自然上口，久远不忘”。如果“心不在此，则眼不看仔细，心眼既不专一，却只漫浪诵读，决不能记，记亦不能久也”。显然，读书要眼、口都聚焦在“心”上，用心专一，字才识得真，文章才读得顺，才能真正理解，有所收益。道理讲了，阅读实践中要反复训练，在阅读的准确性上下功夫。有些字的字形要指导学生辨别，看来事情细小，但改掉大而化之的毛病，严谨细致起来，养成认真的良好习惯就是大事情。记得指导学生精读时，说到精读须熟读深思，“须是一棒一条痕，一掴一掌血”，心领神会。要求学生读一读黑板上写的12个字，竟然有同学读成“一捆一掌血”，把“掴”（guāi）读成kǔn，显然是未仔细辨清字形，把“国”看成“困”。默读或朗读课文时，经常会发生类似情况。教师要不厌其烦地组织学生分析、辨别，在“细”上下功夫。

没有规矩，不成方圆。学习习惯的培养有基本要求，但学生的具体情况不一样，整齐划一，刻板行事，往往无补于事。要灵活、机动，因人而异。比如同是书写潦草，不规范，但呈现的问题却迥然有异，得寻找其中的不同规律，有针对性地指导。如有的字顺风斜，似乎在刮8级大风，你得风趣地对他说：写字要“风正一帆悬”，整天刮8级、9级大风，人都刮晕了，字当然也不堪其重。有的学生爱美，写有些笔画总爱扭一扭，弯两弯，笔尖还带个小钩，你得与他一起学习，研究汉字的基本笔画，告诉他汉字的美是门大学问，不能凭个人的主观想象。有的字与字之间“零距离”，挤作一团难以辨认，你得告诉他：眉毛两道之间有距离，否则像什么样子？对学生阅读、写作中的不良习惯，不能简单地责备，而是要充满呵护之情，让学生感受到你纠正不良习惯也是温情脉脉的。

培养良好习惯，“恒”字千万不可少。比如书写格式，从小学讲到中学，仍然有不空天头，没有地角，左右一直顶到中缝、顶到纸边的。于是，你得在他本子上画好线，让他写在框子内，再要求他每一页纸上都画好，坚持一个学期，养成习惯，就成了自然。

“细”“活”“恒”，都得用水磨工夫。学习中养成良好习惯，一辈子受用不尽。

从此不借班上课

正是“寂寞梧桐深院锁清秋”的季节。校园里花树凋零，萧条肃杀，饭厅里却人声喧哗，正在开批斗大会，向“修正主义教育路线”开火，批判传授知识的罪行。饭桌、板凳已残破不堪，人头在昏暗的灯光下攒动。

我是被批判的对象，别的不说，单是上公开课就是一大罪状。问题不在课的内容与教学方法，而在借别的老师的班级。时间会使记忆消失，但有一位老教师激动万分的语言仿佛还在耳边回响：“这叫上课？你了解我们班级的学生？连名字也叫不出来吧！这是表演！你想过没有，借别人班上课给别人带来多大的困难？不管怎么上，换个教师，学生总会感到新鲜，学生学得积极，都是你的功劳吗？别人天天要进教室，你教完一课就走了，给别人留下难题，于心何忍？不仅借同年级的，还借别的年级的班，美其名曰教学改革，是这样改的吗……”这些话，当时作为青年教师的我是不能接受的。改革教学方法，上公开课不是我的要求。我自己只教两个班，领导要我上公开课，不放心，就要我先借班试教，试一次，乃至试两次，班转不过来，只好借。有的课效果比较好，听课的由区到市，自己班教过了，只得再借班。我觉得这些话不符合事实，很委屈。

随着时间的推移，我对教课的艰辛过程越来越有深切的体会，也越来越感觉到这位老教师的话有几分道理，值得反思。

首先，教学的实效性与教学的针对性密切相关。对教育对象未作任何了解与研究，很难做到从他们的实际出发，因材施教。无可讳

本文发表于《语文教学通讯》（初中刊）2005 年第 5 期。

言，学生学习语文有共性，但不把握个性的差异，又怎能做到确有成效？这种差异，有地域的，有学校的，有班级的，有个人的，差不多的表象下面隐藏着差得多的实质。上课不是表演，不是追求轰动效应，课要教到学生身上，教到学生心中，成为他们素养的一个部分。教课必须目中有人，有一个个各有特点的鲜活的学生形象。

教师工作不是百米冲刺，而是万米赛跑，乃至是马拉松赛跑。教语文也是如此，集中精力，动用各种辅助工具，上几节出彩的课并不难，难的是学生有持久的学习语文的积极性，每堂课都能有切切实实的收获，在学习中品尝到求知的快乐。借别的教师的班级上课，由于教学内容经过特别研究，教学方法精心设计，学生又有新鲜感，获得肯定或好评是情理之中的事。这在无形中就给原任课教师带来巨大的压力，造成了种种本不该有的师生矛盾。自己到别班上课，扮演的是票友角色，票一票，当然要拿出最拿手的戏，平时上课，不见得都是如此。别的老师每天也要上课，各有各的教学思路，各有各的教学风格，自己去插一杠子，实际上给别人增添了不少麻烦。

想到这些，心中涌上对被借班级教师的几分歉意。教学中须研究一些问题，上点研究性的、探讨性的课，本是教师应做之事。大家集思广益，促进教学改革，促进教学质量的提高，人人皆有此权利和义务，无须个别教师包打天下。教师上课总是各有所长，各有不足，尽善尽美的课大概天下少有，更不可能某堂课的处理、做法、对教学内容的理解与把握“放之四海而皆准”，关键还在每位任课老师对教学的专心、精心。

基于这样的认识，“文革”以后我就再也不借班上课，以求心安，以求尊重每位授课的教师，以求身体力行，遵循教育原则。这样做，我也承受着巨大的压力。特别是1978年被评为首批特级教师后，同行们出于对我的厚爱，邀我赴外地上课，我都一一婉言辞谢了。从20世纪80年代起，公开课风行，云游各地上课成为时尚，我因不借班上课，当然不去云游。于是，有了种种说法，其中有一条是：不会应变，没有本事。经过“文革”中的挫折，这点闲言碎语我全不放在心上，相反，却催我反思，催我奋进。

1978年以来，回顾一下，我上了近两千节的公开课，几乎是堂堂公开，听课的少则二三十人，多至五六百人，特别是带教的青年教师连早读课都听，一切教学活动，包括批改作文、考试命题都在全国的专家、同行的监督之下，因而不敢有丝毫的懈怠。由于社会工作兼职多，后来只教一个班级的语文，只要上课，就是公开，都是一次性的，没有条件先在别的班级试一试，琢磨琢磨，更不用说经过几十次的锤炼。压力极大，但压力可变成动力，在练就教学的真本领上下功夫。在长期的教学实践中，我悟到了：把每堂日常的课都作为公开课教，每堂公开课又都是日常的课，聚焦于求真务实、严谨的作风、钻研的精神，教学能力可扎扎实实提高。

常相忆

一谈到求学经历，苦乐兼备的情景就一幕幕浮现在眼前，涌上心头的是对教过我的老师的浓浓敬意和不尽的怀念。

我小学、初中求学时颠沛流离，抗日战争取得胜利后就读高中，那些岁月痕迹令人刻骨铭心。

又一次化解了失学危机

1945 年秋，江苏省淮安中学在江苏镇江复校，地址在东门坡，也就是在镇江市的东门外。学校向全市招考高一、高二学生，一个年级录取不到百人。我与大弟去投考，均幸运地被录取，学校门口张榜通知。学校在东门外小山丘上，只有几间破旧的房子，课桌椅高高低低，残破不全。战争留下的真是满目疮痍。尽管学校简陋不堪，但对我而言，能有继续求学的机会，就是天大的好事。

回想起 1944 年夏，酷暑。肺结核菌嚣张地夺走了年仅三十多岁的父亲的生命。祖父变得呆滞、茫然，母亲哭得泪人儿一般，家里阴云密布，天仿佛塌下来了。日寇肆行侵略蹂躏，父亲带着我们逃难，间或做点小生意，但屡做屡赔，囊中羞涩，家境惨淡。然而，他毕竟担着这个家。他撒手而去了，家里其他人老的老、小的小，何以为生？五姐弟中，我最大，妹妹才一岁；母亲是半文盲，只认得几个字，无能力养家糊口。于是，我能否继续求学，就成为家中争论的事。祖父态度明确，认为女孩有点文化就可以了，家里这么困难，还

本文发表于《小学语文》2017 年第 4 期。

读什么书，反正将来都是人家的人。母亲虽不敢顶撞祖父，但总反复讲述继续求学的重要性，讲述自己没有文化，不能挑起家庭担子的苦楚。再说，我才十五岁，没办法找活干，更没有门路。伯伯、叔叔、大姨、小姨，一个没有。有个舅舅也因患肺病早已离世。我当然死活要求读书，学点求生的本领。最后，祖父作了让步，只要家庭不用负担，可以继续求学。

天无绝人之路。正好江苏教育学院附属师范学校到镇江招考新生，招收的人很少，我幸运地被录取了。不仅不要交学费，生活费也全免了。我有了继续求学的机会，兴奋、高兴，打心底里感谢母亲。没想到读了一年，这所学校停办。抗日战争胜利后，师范学校重组，许多同学都转到其他师范学校去，我无处可转，又面临失学危机。所以，淮安中学复校，对我而言，是学习上的又一次拯救。

求学的艰辛难以用语言表述。我家住在镇江市的西门外，到东门外求学，要穿城而过，每天需走二十里路。天蒙蒙亮，就要出家门，通常情况是天上还挂着月亮，下午放学后走回家已夜幕降临，可说是披星戴月。晴天还好，刮风、下雨、下雪，行走十分艰难。顶着西北风走，冷得彻骨；下雨、下雪，一身水一身泥，夜晚到家，就是那种“风雪夜归人”的狼狈与不堪。

路途中也常有各种小纠纷。一是走快走慢的不协调。早上起来如稍晚一点，走路就非加快不可，有时还得奔跑，跑跑走走，姐弟二人就会步调不一致，于是争论几句，关键在上学无论如何不能迟到，不能磨磨蹭蹭。二是携带中午的饭，拎在手中，长时间徒步须换换手，这也会引起一点小矛盾。想要合作得天衣无缝，哪怕是兄弟姐妹，由于性格不尽相同，也是十分不易的。由于有共同克服困难改变命运的信念支撑，那种风雨中跋涉，相互照顾、体贴，咬牙渡难关的意志，在十四五岁孩子身上已逐步锻炼形成。

学校教学条件很差，没有实验室，没有仪器设备，也没有图书馆，有些课连教材都没有，全靠老师讲，抄写在黑板上。如英文课就没有教材，日本鬼子占领的地方，实施奴化教育，学校只准教日语，不准教英文。高一、高二的英文课，都是从英文字母教起。生活很艰苦，中午到老虎灶（学校附近烧开水的灶头）买一点开水，把带到学校的冷饭泡热，佐几条萝卜干或一些咸菜，就算是像样的午餐。别看那么简单，吃起来可香得很。走了二十里路，又上了四节课，饥肠辘辘，有米饭充饥，就深感求学的甘甜。

课室低矮，有些窗子关不严，漏风，脚下泥土地高低不平，但上课时却“热气腾腾”。老师讲课恨不得把自己掌握的知识都倾倒给学生，那种认真，那种精气神，我常受到深深的感染。求学机会得来不易，我和许多同学一样，听课全神贯注，不停地记下老师的讲述。语文、数学、物理常留家庭作业。晚饭后，在一盏油灯下做作业，我不敢有丝毫懈怠。毕竟一天走了那么多路，当心静下来做作业时，我的上下眼皮直打架，脑袋昏沉沉的，不得不用冷水泼脸，让自己清醒过来。

就这样跑路、求学、上课、做作业，一个学期下来，人长高了，知识长进了，能吃苦了，身体也得到锻炼。然而，就在求学生涯刚刚能适应之时，学校又要搬迁了。淮安中学要迁回淮安，江苏省立镇江中学在镇江复校，我又面临着再次投考，再次被挑选的境况。

半年的苦读总算没白费工夫，再次投考，我也被选中，成为镇江中学高中二年级的学生。

这是一番新天地

省立镇江中学复校的校址是镇江市西郊七里甸。学校离市里几十里路，不住校无法就读。

原学校被日本侵略者炸毁，复校是在日本鬼子留下的军营养马场。学生住的宿舍是原日本士兵住的一间间小房屋。房屋里无床，只有一个榻榻米（小房间里用木板搭出的高两尺的大方块），十名女同学一间，一人一张各自带来的小席子，排成两排，铺在榻榻米上。由于空间很小，所以睡觉必须文雅，稍不留心，就会“侵占”别人的“床铺”。宿舍里没有一张桌子、一条板凳，面盆、漱口杯都放在泥地上。日本鬼子撤走时，将这里破坏得厉害，无电灯照明，无自来水。但学生进入这所完全中学学习，不计较物质条件的艰苦，而是意气昂扬、积极求知。

开学伊始，虽然困难很多，但我们的学习生活迅速进入轨道。统领全校师生的核心理念是学校校训——一切为民族，即为中华民族自立自强、不受欺侮而教、而学。校会讲，班会讲，明确了师生奋斗目标，振奋了师生的精神状态。在学校这种气氛下，我突然感到自己真的长大了，视野开阔起来。我第一次认认真真思考为什么要求学，为什么要读书。原本我的想法很简单，也很明确，就是为了求生存，学到本领，能找工作养家糊口，帮助母亲抚养弟弟妹妹。这本无可非议，但仅仅停留于此，行吗？少年无大志，无社会担当，人活着的价值与意义又何在呢？能行得远吗？我开始想大问题，想到民族，想到国家，想到百姓。“一切为民族”像一盏明灯在我心中升起，激励我更努力、更勤奋。

那时老师倾心教学，许多课教得十分精彩，我至今记忆犹新。高二年级数学老师毛振璿教我们范氏大代数，教材是原版的。开始，毛老师用汉语教，逐渐地，教学用语全用英语。数学和语文、历史不一样，用到的英语词汇量毕竟不多，我们都能听懂。毛老师很严肃，不苟言笑，但课教得极好，同学们都崇拜他。他的课一清如水，思维之敏捷，思路之清晰，语言之简练，推理之严密，令人叹为观止。什么叫“析薪剖理”，什么叫“要言不烦、一语中的”，听数学课的实践让我领悟到一二。非常奇怪，他的话语像钉子一样一颗颗敲到我的记忆里，解题的逻辑顺序犹如春夏秋冬季节的变换，纹丝不乱。我的逻辑思维能力的培养非常得益于教数学课的毛老师。那时，课后练习题不过三至五道，但是典型，能以一当十。做这些题多能让我们举一反三，与现在的学生在题海中沉浮比，真是一种幸福。教解析几何的也是毛老师，他画起坐标来笔直，无须用直尺；画几何图形时，可以不用圆规，不用三角尺。老师随手在黑板上一画，平整、美观，这种过硬的基本功就把学生们给镇住了。

老师育人也毫不含糊。有一次，我被毛老师喊到办公室训斥了一番，大哭一场。事情是这样的：期中考数学，同桌的女同学考前要我帮帮她，免得再不及格。她人很好，是我的好朋友，我一口答应。再说，同学之间也应该讲点义气。考试时，我就把有道题的解法写在纸条上。我们正在递纸条时，老师发现了，他一把抓走纸条，我俩都被吓坏了。试卷发下来，两个零分，同学觉得对不起我，我也自认倒霉。谁知毛老师还不罢休，把我叫去狠狠说了一顿。其中有几句我至今还记得，他说："你这是帮助同学吗？歪门邪道。她有困难，不懂，你可以和她一起学，也可以来问我。用这种投机取巧、不诚实的方法，不是帮她，是害她。"离开办公室时，他又加了一句："学习和做人一样，要老老实实，懂吗？"这件事我记了一辈子。老师不只关心学习，更关心做人，不让纤毫灰尘污染学生的心灵。从此，我做任何事都要想一想，是否"老老实实"？是否"投机取巧"？

我也非常喜欢上国文老师赵继武的课。赵老师是国学大师黄侃的弟子，一肚子的学问，说他满腹经纶一点也不为过。他上国文课时别说备课的讲义没有，有时连课本也不带，只拿两只粉笔。学问全在他的脑中、腹中，上课时只要调动调动，就一套一套地出来了。他教课不讲方法，经常的情况不是眼睛看教室天花板，就是朝窗外看。我们求学时女同学少，总是靠边坐一排，他从不管我们。奇怪的是，大家都全神贯注，生怕他说的话被遗漏。我清晰地记得他教李密的《陈情表》时的情景。课本他一眼也不看，口中却逐句疏通，脑子里好像刻着文章。讲到"外无期功强近之亲，内无应门五尺之僮，茕茕孑立，形影相吊"，他的右手食指摇晃着，大声说："茕，茕，不能读错，也不能写错。"接着在黑板上写个大大的"茕"，并注上注音字母（那时用章太炎的注音字母，20 世纪 50 年代才有《汉语拼音方案》）。接着他又说："这个字和'贫穷'的'穷'是一个读音，字的下部是'卂'，不能看走眼，不是'凡'，不是撇，是竖——笔直的、笔直的！再穷，脊梁骨也要硬，要挺直！'茕茕孑立'就是生活孤单无靠。"说着说着，还做个笔直的姿势。他的讲解真是生动啊，我一下子就记住了。老师教的是字音、字形，但不经意中就寓含了做人的道理。整篇文章读读讲讲，委婉恳切，与祖母相依为命的情意表达得感人至深，赵老师读读讲讲，我们被带入了孝感动天的情境，深受感染。

赵老师教诗词更是一绝，上起课来真是飞扬变化，一片神行。不同风格的诗词到了他的嘴里都会风采别具，余音缭绕。曾经有人说过，人生最快意的事之一是用家乡音调引吭朗诵诗词。我的家乡话是很悦耳的，抑扬顿挫，富于音乐性，用来朗诵诗词，颇具歌唱的韵味。赵老师吟诵李后主的《虞美人》：“春花秋月何时了，往事知多少？小楼昨夜又东风，故国不堪回首月明中……”故国之思，凄楚之情，随着音调的传播，弥散在教室里，令人心酸心颤。有时我们简直分不清他是亡国之君李煜，还是我们的赵老师。用现在的词儿来说，大概就是“进入作品、进入作者”的境界吧！教辛弃疾的《南乡子·登京口北固亭有怀》却是另一番景象。“何处望神州？满眼风光北固楼。千古兴亡多少事？悠悠。不尽长江滚滚流……”老师吟诵时，头与肩膀左右摇摆着，真是慷慨悲歌，我们这些做学生的，爱国情怀油然而生。此后，我每次登上“满眼风光”的北固楼，望着滚滚长江水，回顾千古兴亡事，总是感慨万千。不用说，这首词我至今能背得滚瓜烂熟。从那时起，我也就深深爱上了辛弃疾的词。

赵老师处理学生之间的偶发事件也别开生面，富于艺术性。尽管当时生活条件十分艰苦，但学生求知气氛浓郁，教师敞开心扉，学生学得认真、学得快乐。然而，在求学过程中，总有调皮捣蛋的男同学制造出一点小事来热闹热闹，打破宁静的学习生活。我就碰到过一件。有一次上作文课，有个同学恶作剧，偷偷地把我的凳子搬走，我很生气，不去寻找，就站着弯腰写。那次作文是自由命题，老师不在教室，于是我就针对失凳之事大发议论。其实，实属鸡虫得失，没什么了不起，而那时我年少气盛，不知哪里来的那么多意气，也不知哪里来的那么多文思，笔端汩汩滔滔，写下了一篇类似檄文的东西。写好一看，觉得不妙，大概要被老师责怪了。出乎意料的是，老师大为欣赏，在文后批了一大段，至今我还记得几句：“于生失座，成此佳什，遂使孟嘉落帽韵事不专美于前矣！”他巧用典故抚平意气，化解矛盾。

还有被赞誉为“活地图”的地理老师在黑板上绘出山川河流绘

图的本领，英文老师对疏于学习的同学持续开导的真诚，无不使我们深受教育。

别说课堂上的专注，就是晚自习也是学校里美丽的风景线。教室里每张课桌上一盏煤油灯，都是学生从家里带来的，两个同学合用一盏。油灯大大小小，高高低低，但排列整齐，星星点点，远远望去，简直有清代诗人纳兰性德《长相思》中“夜深千帐灯”的味道。年轻学子为民族崛起而伏案读书求知的情景尤为动人。既然要求知，就要不怕艰苦，同学中无人言苦，而是苦中有乐、以苦为乐。当知识大门被打开，某定理某定律被理解、掌握，从某篇文章某个问题中悟到真谛时，自控能力好的同学会情不自禁地莞尔一笑，无所顾忌的就手舞足蹈，千姿百态，生气勃勃。教室里如果部分油灯换成白蜡烛，那准是有比较大的事了。期末大考的时候，教室里常有烛火摇曳，经济条件稍好的学生把油灯换成蜡烛。记得高中毕业考时，学校突然要求将一本英文书都背诵下来。因为平时只要求背诵部分课文，于是大家都急了眼，拼命开夜车，以烛火陪伴。毕竟年纪小，强记能力强，我居然也就背出来了。强记与熟读成诵不同，前者易忘，后者入心，效果大不相同。

还有多彩的风景

师生相处十分和谐，同学之间更是互帮互助，不仅学习上如此，而且生活上也从不为琐事计较。

天寒地冻，从深井中汲水不易。清晨，井边放着一排漱口杯、脸盆，总有同学自告奋勇为大家提井水。井深，一桶桶提上来，手酸且不说，有时会累得满头大汗。个子高的不用招呼就挺身而出，有时男同学还来助威助阵，有的更是干脆把女同学推开，自己大显身手。欢声笑语驱赶着凛冽的寒气。

饮食，谈不到营养，能填饱肚子就不错了。饭堂里只有几张破桌子，大家一律站着吃饭。一周有一次青菜炒肉片或咸菜炒肉丝，就算美味佳肴了。当然，肉片、肉丝屈指可数，绝大部分同学克制与忍让的能力很强，不去抢先。伙食费很低，学校四周是农田，没有什么小店可买食品，更何况身无分文的是绝大多数，有几个零钱可花的已被视为“富翁”了。因此，饭与粥就成为目光的聚焦点，尤其是成了男同学目光的聚焦点，成为被攫取的“猎物”。女同学一般都来不及添饭添粥，饭桶、粥桶就底朝天了。如果有事去得晚，定要请要好的同学盛好一碗饭或一碗粥。有的男同学把碗里的饭堆得高高的，犹如小山丘。有的男同学总结经验说：“第一碗少盛，两三口吃完，准能盛到第二碗，这时可以多盛。”这不是什么贪婪、狼吞虎咽，这些人都是十七八岁长身体的“男子汉”，需要“养料”啊，因而谁也不会笑话谁。

遇到突发事件，同学之间的互助更是暖人心怀。我们睡的是榻榻米，又低矮又潮湿，蚂蚁爬上来是常事，天热少不了蟑螂的光顾。黄梅季节，连绵下雨，就会出现如杜甫《秋述》中所说的“多雨生鱼，青苔及榻”的状况。天酷热，蛇虫百脚也会显威。有一天晚自习后，我回到宿舍脱鞋后上榻榻米，一脚踩在了蜈蚣上，被狠狠地咬了一下。我的脚立即肿起来，疼得难以忍受。黑灯瞎火怎么办？同学马上去找管宿舍的老师，老师那儿也没有药。突然有同学想到鸡和蜈蚣是对头，鸡是吃蜈蚣的，只要把鸡嘴里的涎水滴到被咬的伤口上，就能消肿止痛。有同学说伙房里有个伙夫养了一只鸡。于是，几个同学就半抬半拖着我到伙夫家敲门，把鸡从鸡窝里抓出来。伙夫把鸡的嘴硬掰开，用手指挖出鸡涎，涂在被咬的地方。校园里没有路灯，黑咕隆咚，人喊，鸡叫，折腾了半夜，但我的心里是热乎乎的。不管谁碰到不测之事，总有“好汉”站出来帮忙，同学们一个个讲义气、共患难，真是有情有义。

暮春三月，江南草长，群莺乱飞之时，三五同窗好友总要去踏青。周六下午放学，我们不急于回家，总要在田野里撒腿跑一阵。大片菜花黄了，清香扑鼻，我们少不得信口悠悠吟诵几句“莫问早行奇绝处，四方八面野香来”“儿童急走追黄蝶，飞入菜花无处寻”，俨然南宋诗人杨万里就在身边。与其说是走路，不如说是跑跳。小河流水潺潺，只要有一两块阶石，我们都要兴冲冲地站上去，这个弯下腰说“我照镜子啦，美啊”，那个张开臂膀说“看我能站在水上，有轻功”，彼此之间还要做做鬼脸。这哪像女孩儿？这是生命的绽放！许是在学校苦读了一周，一出学校，奔入田野，与大自然融为一体，吸到了天地之气的缘故吧。路旁的树枝有时也很倒霉，手痒的时候，我们会折它一根甩一甩，当作马鞭子用，心里甜蜜蜜的。那种释放旺盛生命力的高兴劲儿难以用言语表述。

走一路，洒一路欢声笑语，连地上的尘土也羡慕，不时地飞扬。然而，有时我们也会严肃得像历尽沧桑的老人。镇江北固山是我们寒暑假必去之处，老师教的辛弃疾的《永遇乐·京口北固亭怀古》的旋律常在脑中激荡。北固山就其高度而言，不过是一座小丘，但由于有厚实的人文积淀以及传世的诗词，它在我心目中变得高大巍峨，有说不尽的滋味。登临山顶，回顾历史风云，遥望滚滚长江水，“千古江山，英雄无觅，孙仲谋处”“想当年，金戈铁马，气吞万里如虎”的诗句会脱口而出，而且会立刻联想到《菩萨蛮·书江西造口壁》：“郁孤台下清江水，中间多少行人泪！西北望长安，可怜无数山……”大家感慨系之，忧国忧民的思想充盈胸际。

每当此时，镇江中学校训“一切为民族”五个大字总凸显在我眼前。“求学为什么？从愚昧走向文明，就要立志为拯救苦难的民族于水深火热之中……”老师激昂的话语揭示了求学的目的，树立起做人的标杆，诠释了校训的内涵。为此，我们这些当年风华正茂的学生孜孜矻矻，努力进取，把物质的贫乏、生活的艰难踩在脚下，追求精神生活的充实与欢乐。“一切为民族”这五个大字掷地铿锵，镌刻于我的心中，成为我铸造师魂的基因。

立德树人，不负使命

人一辈子都活在价值取向当中。价值观不仅衡量物的价值，更用来衡量人生的价值。对于青少年学生而言，进行怎样的价值取向的选择，决定了他们人生的目标、人生的内涵，决定了他们能否健康成长，成为社会的有用之才、栋梁之材。为此，党和政府一再强调立德树人是教育的根本任务，要坚持立德树人。

立什么德？要立社会主义大德，做人的公德，在学生心中培育和弘扬社会主义核心价值观，核心价值观承载着我们国家的理想信念和精神追求。中华优秀传统文化是它的源头，五千年一脉相承，富强、民主、文明、和谐等 24 个字是其中的基因。优中选优，挑选出来是最持久最深层的力量。习近平主席说，价值观“就像穿衣服扣扣子一样，如果第一粒扣子扣错了，剩余的扣子都会扣错。人生的扣子从一开始就要扣好”。青少年的价值取向影响到未来整个社会的价值取向，须千百倍地重视。我一辈子从事基础教育，深知学生可塑性强，深深体会到教育生涯中最大的事就是引领学生，指导学生，帮助学生扣好人生的第一粒扣子。

这不是口吐莲花，说在嘴上，写在纸上，而是要在践行上下大功夫、细功夫、深功夫。从办学思想到校风、教风、学风的建设，从学科教学主渠道、课堂教学主阵地到课外校外实践活动，全方位、全过程，不仅要以核心价值观为指导，更要因时因事因人因课具体生动地融合其中，春风化雨，让学生贴在心里，内化为理想意志，外化为自觉行动。课的质量影响到学生生命的质量，德性和智性是生命之魂，教师教学在撒播知识种子的同时，一定要树立做人的道德良种。学科寓含着丰富的育人价值资源，关键在我们有没有一双慧眼和培育学生成长成才的赤诚的心。有了这颗心，有了这样的眼力，努力追求智性培育与德性涵泳的无痕融合，长此以往，学生有自觉要求，就能铸就生命之魂。

年轻学生，尤其是未成年的，受社会上一些负面价值的影响，情感世界常蒙上盐碱，一开口就犹如已历经沧海桑田，不会感动，也不知感恩。对他们进行核心价值观的教育，既要重视理性思考，更要重视情感的激发。人心有向善的一面，有恻隐之心的基因，有追求善良、美好的基因。上善若水嘛，教师要用对事业的激情之火，对莘莘学子的炽热之情，晓之以理，动之以情，导之以行，助他们溶化盐碱，选择正确的价值取向作为立身之本。培育时要注意三个结合：一是结合学生好恶臧否的真实情感，唤醒他们热爱生命、热爱他人、热爱祖国的内在真情，唤醒他们自强自律、有责任心、善待他人、与他人和谐相处的自觉；二是结合中华优秀文化中精粹深厚的精神养料，滋养他们心灵的成长；三是结合革命英烈与时代先锋的崇高人格与感人事迹，树立为国为民无私奉献的榜样，激发他们的赤子情怀，学会心中装载天地、宇宙、社会、人生，成为有理想有追求的人。

育人先育己，要担当起这样的重任，首先自己就要立德做人。《论语·子路》中说："其身正，不令而行；其身不正，虽令不从。"身教重于言教，教师应自觉修品、修德、修身，走在弘扬社会主义核心价值观的前列，做践行社会主义核心价值观的表率。

学做人师

我从事基础教育第一线工作已 67 年。由于党的长期教育与培养，对基础教育战略价值与意义的认识日益深刻、体会日益真切。我体会到，基础教育看似平凡，但关系到中国每一个孩子终身发展的基础，是国家培养人才、民族伟大复兴的重要根基，根子扎得正、扎得深、扎得牢固，才能为全民族素质提高铺设宽广的地基，为社会主义建设大业创造人力资源的奇迹。为此，我以心相许，倾注毕生精力，为培养学生成长成人，奉献仁爱、奉献智慧、奉献忠诚。

学生身体的长成，由于内在基因的功能，只要环境合适，就能获得预期效果。而他们精神世界的成长成熟，成为国家有用人才，得靠良好的教育。当今，各种教育理念涌入，课程改革方兴未艾，更要牢记教育是滴灌生命之魂。习近平主席说，教师从事的是塑造灵魂、塑造生命、塑造人的工作。德性和智性是生命之魂，培养学生科学文化素养，是为了让他们具备生存与发展的本领；培养他们思想道德素养，不仅让他们掌握做人的底线，更要引导他们心中点燃理想的明灯，自我塑造新时代必备品格和正确价值取向。德性和智性融合、渗透，在播撒知识种子的同时，播撒做人的良种。在国际风云变幻、社会急剧转型的复杂情况下，基础教育一定要坚守中国立场，增强教育自信，立民族精神之根，树爱国主义之魂，聚焦于培养有中国心的现代文明人，学习建设真本领，懂得责任担当。

这种培养应是全方位全过程，在学科主渠道、课堂主阵地，不能不经意中被工具理性所左右，见术见分而不见人。课的质量影响学生生命成长的质量。课不是单一讲知识点、传授解题技巧，而是要把知识传授、能力培养、智力发展、思想情操陶冶融为一体，立体化、多功能，使学生的核心素养获得多方面的培养。课只教在课堂上，就会随着声波的消逝而销声匿迹；课要教到学生身上、教到学生心中，成为他们良好素质的基因。什么叫教课？就是全身心投入，用生命歌唱。教师只有自己信奉真理、追求真理，洞悉学科教学规律，才能一语中的，以理服人；只有自己为中华无数英雄儿女以身救国救民的大仁大爱由衷地感动，沸腾的热血才能言溢于表，以情感人。课堂，不只是教学技能技巧的展示，更是教师人格、气质、情怀、学识、仁爱之心的修为，是学生镌刻在心、终身受益的精神成长的家园。

大量的教育实践使我清醒地认识到：理想就在岗位上，信仰就在行动中。人生是单程票，没有回头路，学生走的每一段路程都要呵护、培养，精心，再精心。几十年来，我以生命与育人使命结伴同行，学习，反思，改造，超越，力求做得好一点，不辜负国家的嘱托、人民的期望。但由于水平所限，遗憾很多，心存愧疚。只要生命尚存，仍将继续奋斗，以期能弥补些微。

举旗定向，播种未来

尊敬的各位领导、各位老师，亲爱的复旦的年轻校友们、学友们，还有亲爱的同学们，今天能够回到母校，汇报自己赴北京参加庆祝改革开放 40 周年大会、聆听习近平总书记重要讲话的一些粗浅学习体会，我是怀着感恩之情的。

我在复旦求学时期，复旦的校训“博学而笃志，切问而近思”对我的教育很深，它铸就了我生命的底色。也是复旦的老师们教育我、培养我，让我懂得了，人生道路上必须点亮一盏理想的明灯。

因此，几十年来，我让自己的生命与党和国家交付的教书育人的使命结伴同行。我自己的力量是非常微薄的，但是把自己的生命和国家的命运、人民的幸福联系在一起的时候，我就觉得我是永远有力量的、永远年轻的。

我已经是快 90 岁的人了，这次能够有幸参加这样隆重的大会，让我深感荣幸。我退休很多年了，帮着同事们做一点事情，跟在岗的同事比起来差得远。能够有机会亲耳聆听总书记的讲话，我觉得这不仅是我个人的光荣，更是对我们 1 700 多万一直在教育领域艰苦奋斗、不断拼搏的教育工作者的肯定和赞扬，是对为上海创新转型发展奉献着自己的干劲、青春和智慧的千万个奋斗者们的一种赞扬。

尽管去开会的时间是短暂的，但是这个经历在我生命当中是非常非常重要的，我由此悟到了很多道理。回想这 40 年翻天覆地的变化，真的是恍如隔世。总书记讲：“40 年春风化雨、春华秋实，改革开放极大改变了中国的面貌、中华民族的面貌、中国人民的面貌、中国共产党的面貌。”作为一线的基础教育工作者，我的思想深受洗礼。我知道改革开放是非常重要的，而把它作为近代以来实现中华民族伟大复兴的三大里程碑之一，是我本来没有想到的。但是，听了报告，又回想到上世纪七八十年代的情景，我突然觉悟过来了。40 年前的 1978 年底，我也去了北京，亲历了春回大地、万象更新的局面。

1978 年 12 月，日本的妇女组织第一次邀请中国的妇女代表团访日，因为我是 1978 年首届全国特级教师，那个时候特级教师很少，所以我有幸被选中参加了代表团。当时，我们国家封闭了很长时间，日本究竟是什么情况谁也不知道，所以我们先在中央组织部招待所集中学习。住在北京的那段时间，每天都能听到好消息。那个时候，天天有给干部平反的好消息，我们每天都处在振奋之中。那个时候，我们听到小平同志讲的话，他说有错必纠，凡是过去错了的，统统要纠正过来。当时我很年轻，觉得我们党这么大的胸怀，不得了！我们到日本去访问一周回来，正是三中全会结束的时候，中组部招待所里到处都是喜气洋洋、欢声笑语。

为什么呢？我们是从以阶级斗争为纲转化成以经济建设为中心了，这个是了不得的大事，是小平同志和党中央的关键一招。推进改革开放，找到了一条我们自己的富民强国道路，走中国特色社会主义道路，这是了不得的事情。这 40 年真的是波澜壮阔！我想到当时小平同志讲：解放思想，实事求是。这个“解放思想，实事求是”就好像一枚原子弹一样，一下子把我们思想的门全部打开了。回想到这些，我就理解了改革开放为什么是近代以来中华民族伟大复兴的第三大里程碑。

在动荡的年代，轻视知识，轻视人才，轻视教育，说知识越多越反动。因为我 1965 年被评为上海市三八红旗手，就被说成是“修正主义路线黑旗手”。“解放思想，实事求是”以后，我们文化战线、新闻战线、教育战线的同志们，全部被平反了。

正确的理论思想一旦为群众所掌握，就可以产生无穷的力量，于是我们创造了这 40 年从物质到精神方面的人间奇迹。我们真幸福，有中国共产党的领导。1977 年，电视台首次直播中学的语文课，我选了高尔基的《海燕》去讲，因为我相信其中一句话：“乌云遮不住太阳！是的，遮不住的！”我们迎来了教育的第二个春天，我解放了。从那时起，我与许许多多老师一样，脱掉了“修正主义教育路线”的帽子，甩开膀子干事业。心想，这次要好好进行教学改革，把青少年培养成为中国的脊梁。这就是我们当时的热情，当时的力量。

回顾 40 年波澜壮阔的历程，我感觉到无比的自豪。为什么呢？习近平总书记讲：“40 年来取得的成就不是天上掉下来的，更不是别人恩赐施舍的，而是全党全国各族人民，用勤劳、智慧、勇气干出来的！”总书记在讲十个“始终坚持”的时候，我们所有人每听到一个，就热烈鼓掌，掌声就像雷鸣一样，因为这是对全国人民奋斗创造的人间奇迹的最好的鼓励和奖赏。

我能够有这样的机会，接触到各个领域为创造人间奇迹做出杰出贡献的人，真是此生有幸，因为时间关系，只能简短讲三个。

先讲义乌县原来的县委书记谢高华，他坐在轮椅上站不起来，人也骨瘦如柴，但是他创造了人间奇迹。义乌小市场，从“鸡毛换糖”开始，到现在义乌的小商品指数是全世界小商品市场的风向标，这就是我们中国人的志气、中国人的精神。小商品是积少成多的生意，一百根牙签有多少利润？一分钱。可能要进几吨货，才能有几千块钱的毛利。我们中国人站在中国土地上干工作，就是一点一滴的积累。他能够把小商品做到走向世界，我非常感动。

再讲王有德治沙。百万亩的流沙地，通过他 50 年的奋斗，现在变成绿洲了。在毛乌素沙漠边缘，找水源不容易，老百姓吃的水里面都是有毒的。王有德就是一颗丹心为人民，坚持了 50 年！同学们，不是 5 天、10 天，是 50 年！现在沙漠变成了绿洲。我想，这就是中国人民的志气，是中华民族精神的结晶。

那一天大会开下来，回到宾馆看到了陈景润的夫人，我激动不已。回想 1978 年的时候，刚刚思想解放，“哥德巴赫猜想”见报了，全国人民都被感动了，被鼓舞了！我在课堂上、报告会上一次又一次地讲述陈景润同志为国家、为数学科学献身的精神。我们的陈景润同志，在一个 6 平方米的小屋子的锅炉旁边，没有计算机这样先进的计算工具，他用的是手算心算，但是至今也没有人超过他，他的研究成果仍然是世界最高水平。因此，我看到他夫人的时候激动不已，告诉她当时为了传播陈景润同志为科学奋斗、为国家献身的精神，我讲了多少场。我说，作为中国人，身上必定要有中华民族的气质，这样才能够浑身充满力量。陈景润的夫人也非常激动，我们还一起合影留念。

航天事业能够做出奇迹工程，比如我们的嫦娥探月工程，这是人间奇迹。教育做的事情，是青少年的精神成长。教育的特点是超前的思考和滞后的效应，不可急功近利，不可能立竿见影，但也会产生翻天覆地的变化。

改革开放之初，上海的经济困难到什么程度？我跟复旦大学专家到一所初中去调研，学校门庭很小，用木桩顶着，是危房。上楼梯时楼梯是摇的，学生却不管，还奔跑。老师说不要跑，但“动”是他们的天性。寒冬腊月，同学们、老师们下乡劳动，晚上垫的用来御寒的不是棉被，是稻草。到郊区金山调研，下着雨，我们穿长筒套鞋。有的小学小孩子的脚踩在泥地的教室里，鞋子都是湿漉漉的。县政府所在的镇上，学校没有一个像样的操场，也没有水泥路、柏油路。当地 16 所中小学，只有一个篮球架。我作为老师，看到孩子在如此的环境下求学，真的很心疼。他们在长身体的时候，生活却那么贫困。教育经费紧张到什么程度？有的乡校每一节课，老师只发两支粉笔，整所学校没有一部电话。当时就是这么困难。

所以说，40 年的改革开放，我是亲历者、参与者，也是最大的受益者。上个月，我到闵行区的浦江一小参观，真的不得了，辉煌的校舍，先进的设备，简直是恍如隔世，真是翻天覆地的变化。

我们怎么会有这样翻天覆地的变化呢？这是因为我们党的领导，人民政府为人民。小平同志 1983 年讲：“中央提出要以极大的努力抓教育，并且从中小学抓起，这是有战略眼光的一着。”现在党中央把教育放在优先发展的战略地位。党的十九大上，习近平总书记非常明确地指出，教育事业是基础性的、导向性的、全局性的事情。这个观念与“文革”时比是翻天覆地的变化，正因为有这样翻天覆地的观念的变化，才产生了我们国家从城市到乡村，在一穷二白的土地上，义务教育的巩固率达到 90% 以上。这种广度的高质量覆盖，在世界上是罕有的，可以说是首屈一指的。有人不断批评教育，批评得对的，我是接受的；但说教育一无是处，我说不对，你没有看清我们现在存在的事实，我们就是这样干出来的。

1985 年，我参与研究起草了《上海市普及义务教育条例》，用法律保证义务教育的经费。这比全国的义务教育条例早一年，我们做了很好的铺垫。在应试教育弊端凸显，把知识搞得碎片化的时候，上海最早提出要进行人的教育、民族精神教育和生命教育。这些年来，上海做了很多好的探索，比如学科的德育渗透，大中小幼一体化的探索实践。学科智育要与德育融合，教师就是要滴灌学生的生命之魂，一方面是德性，一方面是智性。学习科学文化知识，是学习生存和发展的本领。但是，与此同时，你必须有德性，要懂得做人的道理，懂得报效国家的道理。我一直认为，中国的教育必须有中国的特色，不管是中小学生、大学生还是研究生，都要立民族精神之根，树爱国主义之魂。我们培养的是有中国心的现代文明人，不仅是中国的脊梁，而且要对人类做出巨大的贡献。

上海这 40 年的教育工作，克服了无穷无尽的困难，市委、市政府在经费十分困难的情况下，支持办教育。作为一线教师，我真的是心怀感激。所以我说，这次去参加会议，忆往昔，看今朝，思未来，尽管是短短几天，但是受的教育真的是难以忘却。

习近平总书记的报告，是改革开放新长征的宣言书。40 年波澜壮阔的岁月过去了，我们要继续前进，改革开放要再出发。我们要高举改革开放的旗帜，要看清楚前进的方向。我们这一条中国特色社会主义道路是世界上独一无二的，是我们创造的。这一条路怎么走？过去是披荆斩棘，今天仍然会有风浪，因此我们要风雨兼程，要保持十分清醒的头脑。我认为继续推进改革开放绝对重要，但是改什么一定要搞清楚。有些东西是根本性的、基础性的，要坚如磐石不改。比如“四个自信”，我们要培养的是德智体美劳全面发展的人，培养建设中国特色社会主义伟大事业的建设者和接班人，是不能动摇的，无论如何不能动摇。

我们既要有中国立场，也要有世界视野。凡是人类创造的好的东西，我们都要拿过来，为我所用，壮大我们自己。所以仍然是要开放，但是方向一定要明确。方向明确、思想正，我们才会不断地创造奇迹。

我记得梁启超先生曾经说过：“人生于天地之间，各有责任。知责任者，大丈夫之始也；行责任者，大丈夫之终也。”也就是说，每个人知道你应该担负什么责任，是做大丈夫的开始的。把肩负的责任做下去，用行动来实践，这是大丈夫之终。我们的莘莘学子就是新长征的生力军、主力军，因此一定要明确肩负的重任。中国的优秀知识分子，无数的革命先烈、前辈，都给我们树立了卓越的榜样。宋代的张载讲，作为知识分子，要“为天地立心，为生民立命，为往圣继绝学，为万世开天平”。就要用这样的大气度、大胸怀，来走好新时代的长征路。

当一个人认识到自己的责任的时候，就会有无限的力量，就会有无穷的智慧。祖国和人民企盼着我们的莘莘学子成人成才，把你们视作我们国家的生命。为此，我们从事教育的人，真是恨不得把心掏出来，与你们心心相印，让你们懂得在我们这样伟大的祖国，自己应该尽到怎样的责任，怎样创造事业的辉煌、人民的幸福。

我年龄大了，不知道什么时候一命呜呼了，但是我仍然有这样一番壮志豪情：跟你们共饮一杯酒，一起走上改革开放再出发的新长征路！这样一杯酒，让我们铸成中国的脊梁，为中国梦的实现奉献自己的青春智慧，不枉人生走一遭。

谢谢大家！讲得不对的地方，请批评指正。

在上海市庆祝改革开放 40 周年大会上的发言

各位领导、同志们：

大家好。

这次参加庆祝改革开放 40 周年大会，能够现场聆听习近平总书记的重要讲话，能够和来自全国各地、各行各业奋力推进改革开放的杰出贡献者一起，接受中共中央、国务院表彰，我真的没想到，没想到自己这么大年纪，得到如此难逢的机会、如此之高的肯定。我想说的是，这份荣誉、这份肯定，决不是我一个人的，它属于全国 1 700 多万从事教育，特别是基础教育的教师们，属于千万献出青春梦想，致力推动上海这座伟大城市创新转型发展的奋斗者。

这次参加大会，现场聆听习近平总书记重要讲话，又遇到许多年未见的老熟人、好朋友，真的感觉四十载悠悠岁月恍若一梦，万千回忆、感动还有豪情涌上心头。有这样几点粗浅体会：

第一个体会，就是回顾当年恍如隔世。习近平总书记说："40 年春风化雨、春华秋实，改革开放极大改变了中国的面貌、中华民族的面貌、中国人民的面貌、中国共产党的面貌。"这句话讲到了我心坎上。40 年峥嵘岁月，我是改革开放的亲历者、参与者，更是受益者。1978 年底的那些天，我在北京见证了大地回春！那时我随全国妇女代表团结束日本访问考察后回国，正逢十一届三中全会闭幕。在中组部招待所里，几乎每天都能听到干部平反的消息。正如邓小平同志说的"有错必纠，凡是过去搞错了的东西，统统应该改正"，要"解放思想，实事求是"。在当时，这八个字就如同一个"精神原子弹"，把人们从“知识越多越反动”等轻视教育、轻视知识、轻视人才的错误思想，以及“两个凡是”紧箍咒当中解放了出来。我和许多教师脱了修正主义的帽子，人们开始积极动脑筋、想问题、办事情，大家的思想被重新武装了，精神力量被激发出来了，并且汇聚在一起，成为创造 40 年改革开放人间奇迹的精神原动力。

第二个体会，就是回顾历程倍感骄傲。习近平总书记说：“40 年来取得的成就不是天上掉下来的，更不是别人恩赐施舍的，而是全党全国各族人民用勤劳、智慧、勇气干出来的！”40 年来，我们教育取得的最直接的成就就是“九年义务教育巩固率达 93.8%”，对此我感触实在太深了。1980 年的时候，基础教育是什么状况？举一个例子，我随老同志到金山县政府所在的镇去调研，那里的老师每节课只有 2 支粉笔，下雨天还要穿长筒靴才能进得了学校，全镇 16 所学校只有一个篮球架。而今天，从东海之滨到青藏高原，从城市到农村，基础教育实现了有广度有质量的覆盖，这个成就的取得实在不易。从上世纪 80 年代初中央把教育摆在优先发展的战略地位，到党的十六大明确教育在现代化建设中具有基础性、先导性、全局性作用，我们推动基础教育改革的步伐就从未停过，而且上海始终走在全国前列。1985 年，作为市人大代表，我在老同志们的带领下，为了“再苦不能苦孩子，再穷不能穷教育”这句承诺，开展了大量调研，起草制定了《上海市普及义务教育条例》，为全国立法保障基础教育做了一个好铺垫。21 世纪初，我又带着年轻一辈，围绕“培养什么人，把什么样的文化基因植入孩子的生命”，积极贯彻《上海市学生民族精神教育指导纲要》。上海基础教育之所以向前推进，就在于这种深化改革的精神一代又一代不断传承。这种精神、这份传承，让我倍感骄傲自豪。

第三个体会，就是举旗定向，播种未来。改革开放 40 年已经过去，深化改革开放的新时代新征程已经开启。习近平总书记在庆祝改革开放 40 周年大会上的重要讲话，就是新时代改革开放再出发的宣言书，就是新时代改革开放新长征的播种机，就是推动新时代教育工作不断创新发展的指南针。怎么才能消化吸收好讲话的思想内涵，贯彻落实好其中的精神要求呢？我想，关键有两点。一个就是要树好教育的党魂。40年砥砺奋进，变化的是与时代潮流不适应、不适宜的，不变的是根本的、基础的、坚如磐石的。做好新时代教育工作，不变的就是要坚持党对教育工作的绝对领导、全面领导。我一直说教育的重要使命就是“树魂立根”。树党魂才能立师魂，才能树立好学生的魂和根，所以我们的学校基层党组织、党员教师一定要发挥好战斗堡垒和先锋模范作用，走在前，作表率，筑基础。另一个就是肩负好教师的责任。梁启超先生说过，“知责任者，大丈夫之始也；行责任者，大丈夫之终也”。作为具有世界影响力的社会主义现代化国际大都市的上海，她的发展离不开一流人才保证。培育符合发展需要的人才就是我们教育工作者的责任，我们既要仰望星空对标先进，也要脚踏实地不忘根本，知责尽责，肩负我们应该肩负的职责使命。

我长期生活工作在杨浦，退休以来区委、区政府给予我很大的支持，使我能够全身心地投入基础教育人才培养工作。借这个机会，对一直给予我关心的领导和同志们表示感谢。同时，我也想对年轻的教师，特别是耕耘在一线的年轻教师说：新时代必将是你们能够作为也一定会有所作为的时代，踏上基础教育改革再出发的新征程，你们是生力军，更是主力军。祝大家传承好改革精神，保持好进取豪情，饮一杯出征酒，醉成教育事业的脊梁。

我就讲这些，谢谢大家。

爱国是渗入血液的情怀

每当听到《我和我的祖国》这首歌的旋律，在内心激动不已的同时，我总会情不自禁地和着节拍唱起来："……我的祖国和我，像海和浪花一朵，浪是那海的赤子，海是那浪的依托。每当大海在微笑，我就是笑的旋涡，我分担着海的忧愁，分享海的欢乐……"这首经典赞歌在新中国70周年诞辰即将来到的日子里，再次在全国各地传唱，兴奋，喜悦，尽情，歌声直上云霄。祖国70年风雨兼程，披荆斩棘，为人民谋幸福，创造人间奇迹。想到她艰难发展的历程，对人民创建美好生活的恩泽，热爱祖国的感情就充盈胸际，难以用言语表述。我与各行各业的人们一样，有时只能通过旋律、音符、节拍从心底里流露出来，抒发一二。

热爱自己的祖国是千百年来人类最美好的情感，作为一名在教育教学实践中历练的教师，不仅要把热爱祖国变成渗透到血液里的情怀，而且要坚持不懈把这种情这种爱撒播到青少年学生心田，熏陶感染，春风化雨，产生共鸣，升腾起在人生道路上报效祖国、造福人民的理想明灯。

回顾祖国70年的峥嵘岁月，心潮澎湃，人民创造的无数伟大业绩与精神力量不断给我心灵以良好的滋养，激励我一辈子奋然前行，努力争取做一名让祖国放心、人民信赖、学生喜爱的好教师。

本文发表于《人民教育》2019年第9期。

要懂得维护“站起来”的尊严

难以忘怀 68 年前大学毕业时接受的集中学习的教育。

1951 年的大学毕业生，中华人民共和国成立后第一次实行全国统一分配。分配前所有毕业生集中学习，目的在懂得好儿女志在四方，作为新中国的一名大学毕业生，要把个人的前途命运与祖国的前途命运紧密联系在一起，从思想到行动服从国家统一安排。

1951 年夏，我们上海的大学毕业生全部集中在交通大学学习，食宿均在学校，为期一个月。我们女学生集中在学校图书馆二楼住宿，每人带席子一张，铺地为床。学习的内容十分丰富：形势与任务，百年来中国的丧权辱国史，百姓遭受的深重灾难，谋求人民解放、创建新中国的艰苦卓绝的奋斗历程，无数革命先烈血染大地的铮铮铁骨和建立人民江山的宏伟遗愿，大学毕业生建设新中国的责任担当……一场场报告有理有据、具体、深刻，掀起思想风暴，一次次联系自己的认识、经历讨论、书写，唤起作为中国人一员内心的觉醒。这种精神的洗礼，使得 22 岁的我突然感到自己真的长大了，对社会对国家有用了。

没有入过地狱经受苦难，就不能真切体会到天堂的珍贵、天堂的美好。讨论旧中国百姓遭受灾难，哀哀无告，挣扎在死亡线上时，我童年时代目睹的惨景一幕幕如在眼前。日本侵略军铁蹄蹂躏我大好河山，1937 年底眼看就要逼近我家乡，头顶上不断有日寇飞机盘旋，紧接着就是狂轰滥炸。一天，一颗炸弹突然扔到夏家，他们的房屋离我们家房子不足 50 米，顷刻间大火熊熊，家毁人亡，一个也未能逃出来。兵荒马乱，不知何处才能安身，我就读的小学也关闭了。为了躲避杀身之祸，父母带着我和弟弟到镇江附近的江中小洲投亲避难。船小人挤，到达已是夜晚，黑灯瞎火，高一脚低一脚，看不清楚路，我摔了个大跟头。父亲把我拉起来，我继续跟着走。到了目的地，小油灯一照，脸上都是血。路上我只觉得脸上疼，用手乱擦，就成了个

“红脸”。父亲仔细查看，原来下巴下面磕了一个大口子，还在淌血。父亲赶紧到煮饭的炉膛里抓了一大把柴火灰按在我的伤口上，按了好一会儿，总算止住了血。89 年过去了，至今下巴下面还留着一点印迹。我受的这点小罪还值得提吗？日本帝国主义在中国烧杀掠夺的罪行罄竹难书，各个帝国主义国家对中国人民的压榨、奴役、迫害无不令人发指。地狱之苦永不能忘却。忘记过去就意味着背叛。

1949 年 10 月 1 日，开国大典，毛泽东主席在天安门城楼上向全世界庄严宣告中华人民共和国成立。这是惊天动地的大事，中国人民站起来了，推翻了压在头上的三座大山，有了做人的尊严。然而，国内外敌人并不善罢甘休，处心积虑使出种种阴谋，企图把新中国扼杀在摇篮里。一百多年来，帝国主义的掠夺，封建主义、官僚资本主义的压榨，让国家沦落得不可收拾，民生凋敝，哀鸿遍野，一穷二白。面对如此巨大如此复杂的艰难险阻，最为紧要的是维护“站起来”的尊严，站得直，站得稳固。党领导人民以大无畏精神和非凡智慧攻坚克难，清除旧社会留下的污浊，开展百废待举的新中国建设。在这除旧立新的伟大历史洪流中，知识青年责无旁贷，要积极主动地融入其中，与新中国同呼吸，共命运。

工作起始，树立这样的追求，终生难忘。

首先要热爱自己的专业，以身相许

爱国，不是空泛的概念，不是标语口号，而是要植入心灵的价值，渗入血液的情怀，体现在行动中。热爱祖国，首先要积极投入祖国建设，热爱自己的专业，刻苦钻研，以身相许。对我而言，要做到这一点十分不易，思想情感来了一番扩大胸怀的攀登。我学的是教育，由于工作需要，改教高中历史。正当教学有点眉目之际，又由于工作需要，我再改教高中语文。隔行如隔山，各学科有自己的性质、功能、知识体系、教学内容、教学要求，怎么可能一下子驾轻就熟？再难也要担当，工作就是克服困难。党支部书记教育我：“‘在战争中学习战争’，干这行，就要爱这行，钻这行，用心投入，必能干好。”尽管我语文功底缺失甚多，连汉语拼音方案、汉语语法等均未学过，但年轻，有股劲，下决心从头学起。我的做法是双线推进：一条线是三年内用业余时间把中文系主要课程自学一遍，打中文底子；一条线是钻研语文教材，那时无备课可用的教学参考书，需要独立钻研，熟读深思，在真理解上下功夫。那种辛苦与时间赛跑的场景记忆犹新。别的不说，单是教两个班级 112 名学生，作文批改量就可观，一学期 8 篇作文，篇篇要精批细改，眉批，总批，平时时间安排不当，就得改通夜，否则作文簿发不下去，就失信于学生。自学进修，明灯过半夜是家常便饭。很累，但感到天天在长进，很快乐。

没想到的事发生了。一天，教研组长突然来听课，课后向他请教。他说：“人物形象有你这样分析的吗？这是贴标签。”我在教王愿坚的小说《普通劳动者》。“那怎么分析呢？”他未回答，只说了一句：“语文教学的大门在哪儿还不知道呢！”犹如五雷轰顶，我蒙了。怎么办呢？那时无带教青年教师的事。我一直期盼有高人指点，多次要求听组长的课，他业务强，但均未能实现。一名不入门的教师怎么可能把课上得风生水起，让学生学得有兴趣，对得起学生？也就在彼时彼刻，我痛下决心：“路漫漫其修远兮，吾将上下而求索”，不仅要找到大门，而且要登堂入室。我要一辈子勤奋、刻苦，为专业精湛做奉献，为了可爱的学生。要教得好，自己虚心学是第一要素。于是，我给自己立了个规矩：拜众人为师，以两把尺子伴随自己的人生。一把尺子量别人的长处。比如教研组开会，我总用心听，认真记，把别人思考问题的结晶学过来。无处不是学习的机会，学会借脑袋，博采众长，包括向自己教的学生学习。另一把尺子量自己的不足。每一次课上下来，我都写“教后”，记两点：一是记学生的闪光点，二是记自己的不足。学生全神贯注学习时会超水平发挥，往往超过我备课时的所思所想。这是学生创造性的火花，我不仅要在全班点燃，让大家分享，而且记下来做点研究。不管备课多么认真，学生学习主动性发挥出来后，就会发现自己教学中的不足、缺陷，乃至差错，记下来备考，警惕。每堂课反思后简略地记几点，长期坚持，逐步掌握了教与学的规律。

为了教好语文，我对自己的教学语言也做了一番改造。要让学生学会正确运用祖国语言文字，形成良好的语文素养，教师就得做榜样。这个决心是几名调皮的学生促使我下的。一次，学校请来一位行家做报告，内容很好，勉励青年立志。会后，我与学生交谈时，有个学生说："好什么啊？'这个''那个'说了一大堆，我给他统计了，说了 150 多个。讲什么，我一点也没听明白。"几名学生调皮地附和，哄笑。我立即"照镜子"，反思自己教学语言存在的问题。教师语言不是大白话，不能干瘪无味，杂质丛生，要有文化含量，有吸引力、感染力。语文教师的语言更应准确、生动、流畅，词汇丰富，表达精当，给学生学语言做榜样。"出口成章，下笔成文"是我追求的目标，为此我花力气去除自己语言的杂质：口头禅、啰唆、词汇贫乏、逻辑性差。用的方法是以死求活，下死功夫求得语言的活泼、优美。我将上课要讲的每一句话都写下来，然后加以修改，把不合适的字词句、不符合逻辑之处删除，改动，用比较规范的书面语言改造不规范的口头语言，写成备课稿背出来，再口语化。用了近两年时间，我的教学语言有了显著进步。学生在学习书面语言的同时，也吸收了教师口头语言中的多彩词汇，并在作文中有所表现时，我感到心有灵犀一点通的幸福。有时课上下来，有的学生兴奋得脱口而出："啊，简直是享受！"学生的美好感受是对教师的最高奖赏，让学生置身于真善美的熏陶感染之中，体验到成长的欢欣，本就是语文课的应有之义。

教学语言不过是一个因素，关键在教育理念、教学内容、教学结构、教学方法等能否做到以学生为本，以学生发展为本，能否有一定的学术素养支撑。

一辈子锤炼育人的大基本功

为国育人育才是教师肩负的神圣使命。培养怎样的人，为谁培养人，怎样培养人，关系到国家的前途命运、民族大业的发展、人民生活的幸福，其重要意义怎么说都不为过。教育方针、政策十分明确，而且随着时代的进步，内涵日益丰富，其战略意义更为显现。然而，要全面准确地落到实处，又何其不易。

我们的教育理念常因国内外种种价值取向的干扰而受到认识上的遮蔽，以致重分轻人、重智轻德、忽视美体劳、以局部代整体、以片面代全面等做法比比皆是。这方面必须有大的突破，方能形成全员育人、全学科育人、全过程育人的大格局，实现教育质量真正的大提高。

理论上的模糊必然导致实践中的盲目。在这方面，我经历较长时间的学习、实践、反思、自我否定、自我革新、自我超越的历程，才真正领悟到一点教育的真谛。我原本认为只要课教得一清如水，学生就懂就会。一次，一位学习较为困难的学生带着歉意对我说："你的课很好听，可惜我不会。"我听了一怔，事后想了很久。教师上课不是说书，不是才艺表演，要把科学文化的种子撒播到学生心中，形成优秀的文化基因，使其终身受益。幼功是基础，影响人一辈子。学生没有学会，教师有责任，问题出在见书不见人，从教的立场出发，而不是从学生学的立场出发，更没有深入思考过每个学生都是独一无二的，要保护和充分发挥他们学习的权利。

改革从课堂教学开始，把课堂学习的权利还给学生，启发、引导他们学习、思考，听、说、读、写，充分发表自己的体会、看法、意见，我追求的目标是每个学生都是发光体。我把课堂教学结构从师生单向往复的直线型联系，转换为教师与学生、学生与学生、学生与教师的辐射型联系，即把教师讲、学生听和学生问、教师答的双边活动转换为师生、生生之间的多边对话，形成网络式，使教学活动过程产生对话场效应，充分调动不同层面学生学习语文的积极性，水涨船高，使每个学生都有获得感、成就感。

改革不只是课堂教学模式，在教学内容上要摒弃碎片化的知识传授与机械操练，深挖教材中的育人资源，把知识性与价值性统一起来，使育智与育德水乳交融，拨动学生心弦。一堂有质量的课总要有直指人心的思想结晶、情感波澜，当真理的力量、高尚的人格、博大的胸怀通过精湛的文字表述在学生心中引起情感激荡时，理想信念的明灯就在他们心中冉冉升起，体验到精神成长的奇妙和快乐。有人认为学科讲德育是外加，这是误解。所有的教学都有教育性，问题在从教者是否认识，是否理解，是否有育人的自觉。任何真正的教学，不仅提供知识，而且给学生以良好的教育。语文教师如离开了“人”的培养去讲“文”的教学，就失去了工作的制高点，也就失去了语文教学的真正价值。由于工具理性应试教育的强势，课堂往往人为地进行知识操练，剥离内含的价值，导致失魂落魄，学生精神世界的塑造受到很大的损伤。须知，学生在学校求学，绝大部分时间在课堂里度过，因而每堂课的质量影响到学生成长的质量。学科是育人的主渠道，课堂是育人的主阵地，要把知识传授、能力培养、智力发展、思想情操陶冶融为一体，使德育、美育伴随着智育一起“着陆”，让学生的素质获得综合培养。

我从20世纪80年代起坚持这样做，并随着时代的发展，教育整体的要求，不断改进、发展、完善，力求符合学生成长的心理需要。长期实践下来，学生的学习自信，发表自己独特见解的自傲，对知识追根寻源，以及与教师、同学争辩的执着精神大增。由于课内外打通，必要时学科之间贯通，又由于班级里重视因材施教，人人参与，人人均是学习的主人，教学中就经常会出现风起云涌的风景，有些场景令学生经久不忘。

教学中出现这样的情景，离不开了解学生、研究学生的基本功。教学工作如此，班主任工作如此，校长工作也如此。教心必须知心，不知心，师生怎可能有共同语言、共同追求？又怎能使教育有针对性、实效性？通常，我们强调学科必须重视基本功的过硬，如板书、教学用语、解题能力、信息工具使用的能力等均应过硬，这些都是教学的基本功，从属于育人的基本功。教师专业最大的基本功是育人，学科教学、班主任工作、学校工作的方方面面，无论是顶层设计还是具体细节，都要紧紧扣住这个核心，为祖国宏伟事业塑造灵魂、塑造生命、塑造新人服务。育人的基本功要厚实，育人的技艺要精湛，它牵涉到教师情感世界的自我涤荡、奉献精神的自我培育和学术功底的自我砥砺。为此，我孜孜以求，实践、反思、改进、提升，一辈子锤炼育人基本功，力求不辜负国家的期望、人民的嘱托、学生生命的呼唤。让自己的生命与肩负的育人使命数十年结伴同行，并乐此不疲，因为，热爱祖国是涌入我血液的情怀。

难忘那本黑皮封面的笔记本

岁月如梭，转眼间已经送走了四十二个春秋，每想到首届教师节所涌现的师生浓情厚谊的美丽风景，总按捺不住内心的激动。且不说一届届学生以鸿雁飞来的贺卡表达对老师的节日祝福，让我陶醉于职业幸福之中，单是曹春同学上门送礼物的情景就经常萦绕脑际，令我惊喜，更令我不断自省，毋忘初心。

曹春是 75 届 1 班的班长，我教他们班语文，又担任他们班班主任。尽管他已工作十多年，但见到我，依然是学生模样，恭敬中还略带些腼腆。他对我说："我来祝贺老师节日。我想了好久，我该送什么礼物给您，想来想去，把我心爱的读书笔记送给您留作纪念，它记录了我的进步，更记录了您批改它的心血，促使我不断进步。我谢谢您。"说着，就拿出了那本黑皮封面的学习笔记本。真没想到，太意外了，一是学生向老师送礼物，二是送这样特殊的礼物，我一再致谢意。与此同时，我们情不自禁地谈论起十年动乱时期"知识越多越反动""读书无用"思潮泛滥的荒唐状况。为了让学生在学校打一点文化底子，将来有点生存的本领，我冒着可能再遭批斗的风险，和小干部一起抓纪律，抓学习，抓补课，班级总算有了点样子。小干部要多学一点，学得好一点。课外学习《实践论》等毛主席著作，还要写点读书笔记，对中学一、二年级学生来说是有难度的。不定期的解说，帮助理解，自己动脑筋阅读，一篇篇"啃"下来，我认为他们

本文载《新民晚报》2018 年 9 月 6 日。

不仅学到了观点，文化程度也相应提高了。

曹春学得很认真，开始只会简述文章大意，后来能写一点读后体会，我在评语里鼓励他：“试着运用学到的观点具体说明一两个事例，提高学习水平。”他认真、勤奋地学，1973 年 11 月 21 日写的《学习〈矛盾论〉札记》整整 5 页，4 个方面约 4 000 字，还能联系自己的学习与工作，具体分析问题，阐明道理，思想认识与文字表达均飞跃了一步。我们两人都很兴奋，这本笔记就成了师生交流思想、交换看法的载体。他的倾诉，我的评改，见证了那个年代一名学生的难能可贵的成长，也成了日后他有支灵动的笔、工作不断创造业绩的基石。

而今，这本特殊年代形成的特殊礼物，封面已破损，纸已全部发黄，但它会不断提醒我：当教育受到社会上乱七八糟价值取向冲击时，教师一定不能随波逐流，要千方百计对学生施以良好的做人的教育，教在今天，想到明天，为他们今日的健康成长、明日的长足发展打下扎实的基础。人生是单程票，没有回头路，要精心再精心。

执着追求 学做人师

尊敬的戴校长，尊敬的各位老师、各位同学：

下午好。刚才戴校长讲了许多溢美之词，我是如坐针毡。其实，我就是一名草根教师，我的最大的长处就是年龄大了，90岁了。看到在座的老师们、同学们那么年轻，除了非常羡慕之外，我感受到更多的是欢欣鼓舞。因为我们改革开放再出发，有这么多的主力军跟生力军，我们的教育事业就有无限的希望。

其实我不是来做报告的。黄老师跟我联系的时候，说有些老师和同学想听我讲一讲，我有一种本能或者是条件反射，一想到、一看到年轻的老师，就很激动，觉得这是我们教育的希望、国家的希望，因此就冒昧答应下来。今天能够有机会和各位老师、各位同学交流一些自己做老师的看法，这是我的光荣，也是我的幸福。68年的教育生涯，故事很多，有经验，但是教训更多。在有限的时间里头，我想跟老师们、同学们交流的是“三个最”。

获评“改革先锋”，这真的是我没想到的，年纪这么大，还能够有这样一个机会去北京参加隆重的庆祝改革开放40周年的大会，而且是代表基础教育的老师。其实，这不是因为我个人有多么优秀，这是因为40年来我们教育所创造的人间奇迹，是1700多万的老师，大学、中学、小学以及幼儿园的老师，在自己的岗位上艰苦奋斗所创造的奇迹。我作为一个代表受到了表扬，实际上是表扬和肯定我们

本文是2019年4月17日作者在华东师范大学教育学部师生大会上的发言。

1 700 多万教师。40 年来我们所创造的一切，真的可以说是风雨兼程，我们一起克服了重重困难。

一、教师人生当中最为关键的是要“点亮生命的灯火”，而且要持之以恒地燃烧

有些年轻同志，包括有些媒体问我，说你工作了几十年，哪来的这股劲？他们问，你累不累？你这股劲从何而来呢？我有时候生病了，躺在医院里，病到连筷子都拿不起来了，但是一想到教育，劲就全来了。为什么呢？我思考了一下，关键是在心里点燃了一盏明灯。教师自己要走好人生的道路，也要引领学生走好人生的道路。走好人生的道路一定要方向明确。心明才能眼亮，一个人眼睛能不能明亮，关键在心里有没有灯火。特别是在这样一种国内外的环境之下，价值多元并存，多样文化激荡，各种各样的诱惑，各种各样的理论、说法多得不得了，如果自己心中没有明灯的话，黑灯瞎火，就找不到方向，不知道路怎么走，有的学生就误入歧途，自己就沉沦下去了。因此，我觉得教育学生要点亮学生生命的灯火，首先自己心中要有明亮的灯火。而我这一盏灯火之所以能够亮起来，首先要归功于我们中国的教育。

给我启蒙的刻骨铭心的教育，是我七八岁的时候，1937 年卢沟桥事变，紧接着，“八一三事变”，日本鬼子的铁蹄长驱南下，蹂躏我大好河山，很快沿着京沪线就要到我家乡镇江了，真的是兵荒马乱。我家乡的小学关闭了，第二天就要逃难。关闭的前一天下午最后一堂课，是一位年轻的音乐老师的课。那个时候学校的条件非常差，小学没有什么音乐教室，就是在门厅里头有一架破风琴。这位青年老师给我们最后教的一首歌是《苏武牧羊》，歌的曲调是非常温柔敦厚的，像读书一样。“苏武留胡节不辱。雪地又冰天，苦忍十九年。”这个老师教得非常激动，我们都是娃娃，二三年级的孩子，他教完了

以后就哭了。他说，明天学校就关门了，为什么教《苏武牧羊》呢？因为苏武留胡，气节没有丢掉。雪地又冰天，苦忍十九年。当时吃的没有，是“渴饮雪，饥吞毡”。渴了就拿雪作为水饮，饿了吞的是毡毛，但是没有改变民族的气节。老师说，日本鬼子打来了，做亡国奴是很苦的，你们要记得千万不能做亡国奴，一定要把国家夺回来。

我们是六七岁、七八岁的娃娃，真的是不懂，从来没有听到过这么大的字眼。老师上课上得痛哭流涕，我们被他深深地感动了。我想我这个人活到这么大年纪，我爱自己祖国，这颗无论如何不能够让鬼子践踏我大好河山的爱国主义的种子，就是这位男老师启蒙的。非常遗憾，我不知道他姓什么叫什么，但是这种幼年时代的启蒙真的刻骨铭心，让我懂得了“国家”这样一个大字眼。抗日战争全面爆发，我们当时逃难，逃到新州，长江的一个小岛上。夜晚，黑灯瞎火，爸爸妈妈牵着我们跑，我一脚跌下来，下巴磕了一个大口子，一直流血，当时还没意识到流血，只觉得很疼。到了亲戚家里，在一盏油灯下看到了脸上全是血。当时环境艰苦，没有什么医疗条件，家人就到炉膛里头抓一把柴火灰摁住，把血止住，至今我的下巴上面还留有疤痕。我这小小年纪受到的灾害应该说是有限了，跟那些杀人如麻的情节不好比，但是这个经历是刻骨铭心的。

抗日战争胜利后，我们可以读书了，我读的是省立中学，学校是在日本鬼子的养马场恢复的。我们读书的情景是怎样的呢？因为是养马场，所以同学们睡的是地铺。没有电灯，没有自来水，喝的是井水、河水。我们现在的娃娃都不知道油灯了。当时点的是煤油灯，两个人从家里带一个灯来，晚上所有的同学都在油灯下自习。当时条件很艰苦，但我们很有劲头，为什么？因为我们的校训是“一切为民族”。我们的老师、我们的校长告诉我们，读书为什么，求学为什么，一切为民族！老百姓在苦难之中，我们苦难的中华民族历经内忧外患，哪一天才能够站起来？所以，刻苦攻读，一切为民族。中学的校训就这样深入我们心中。中学的校训可以说是深入我的血液里头，在任何情况下，一切为民族，都不会忘记。

尽管生活上十分艰难，但是晚上你走出教室，看到一盏一盏的油灯，十七八岁、十六七岁的孩子在刻苦读书，就会想到纳兰性德的诗，真的是“夜深千帐灯”啊！为什么这样苦读？就为求得哪一天中国人民能够做主人，能够做主人！

我大学求学是在复旦，是教育系，当时教育系很多老师都是大教授，有的课对我来说真的是印象极其深刻。曹孚教授教世界教育史，他的课我一直是抢位置坐第一排的。那时候没有教材，老师讲，我们记。一学期记下来的笔记给曹老师看，后来就印成了书，他送给我一本，“文革”时被搞掉了，我原本是把它当宝贝的。他有一次讲课很激动，说：“我教的是世界教育史，什么时候中国的教育可以走向世界呢？我们不能只是一个孔子，什么时候我们中国的教育能走向世界？”曹老师这样一种值得我们深思的豪情壮志，在我心中点亮了一盏灯。

因此，我说，一个人心中要点亮一盏灯，离不开我们的教育，离不开我们的教师。教师是以他的青春、生命、热血来教育我们的孩子的。我心中的这盏明灯，是被小学时我不知姓名的男老师点燃的，他给了我刻骨铭心的启蒙；我高中的学习是渗入血液的叮咛；大学时老师对于中国教育走向世界的期盼，实际上是在我这个学生心中点亮了人生的理想。

因此，我懂得了：你选择教师，就选择了高尚。为什么？你选择了一项与国家命运、人民幸福血肉相连的伟大事业。因为任何一个人都是不可能自然成才的，都要靠教育。有良好的学校教育，良好的家庭教育，良好的社会教育，人就能够健康成长，茁壮成长。所以，我对教师工作的意义与价值的认识，首先是心中有这样一盏明灯。在工作以后，这盏灯就不断地添加燃料。在工作中，随着实践的深入与思想的提升，我越来越体会到自己身上挑着的是千斤重担，一个肩膀挑着学生的现在，一个肩膀挑着国家的未来，今天的教育质量就是明天的国民素质。国家把自己的下一代最宝贵的财富交给你来培养，你对得起学生吗？千家万户的老百姓把自己的后一代交给你来培养，他们的幸福、他们的追求常寄托在子女身上，你对得起他们吗？因此，我总觉得身上挑着千斤重担。我一直教中学，高中、初中，也做过师范学校的校长，可以说是参与了基础教育的全过程，各种各样的学生都接触过。大量的教育实践给我以深刻的教育，我深切体会到基础教育的重要。基础教育是给人奠基的，打做人的基础，从事的是人的基础设施建设。

基础教育不像有些工作，一下子就多么地有轰动效应。基础教育从事的是人的地底下的工作，地基打得牢不牢、正不正、深不深，影响到这个孩子成为怎样的一个人。万丈高楼平地起，6 层楼的地基跟金贸大厦 88 层楼的地基是绝对不一样的。因此，基础教育奠基奠的是学生的生命之魂。

一是奠科学文化之基，让学生在社会上有生存和发展的本领。现在大家都知道，没有知识，连生存都难，找工作都难，因此教师必须传播科学文化知识，要把种子传播好，培养他们，使其具有良好的科学文化素养。二是德行，做人要有底线。古今中外做人，都有个道德的底线，要有德行。一部《道德经》，五千多字阐明宗旨。鲁迅先生讲过，不读《道德经》，你根本不懂得中国文化；你不读《道德经》，根本不懂得人生真谛。人生真谛实际上就是《道德经》，就是《道经》和《德经》中阐述的人生的真谛。你要遵循什么？要遵循天道人道的规律，要按照规律行事，要懂得人生的真谛，思考你人生的意义和价值何在。所以，教师要真正对孩子负责，就要滴灌生命之魂，让他们人生有一个很好的基础，将来能够创造很好的价值和意义。滴灌生命之魂是德、智二者结合，就是你在撒播知识种子的同时，必须撒播做人的良种。

教师的工作是平凡的，但是平凡中寓含着深意，因为你是在塑造未来的国民素质，为未来的国民素质奠基。我们要实现伟大的中国梦，一定要两个翅膀飞翔。一个是物质文明的翅膀。这些年来，我们的经济总量不断增长，我国已经是世界第二大经济体。我记得，江泽民同志做总书记的时候，我们的 GDP 达到 1 万亿元，我们真是欢欣鼓舞，不得了。去年数十万亿元，德国还没觉得，我们已经超过它了。大家觉得日本好像是不可超越的，现在我们已经超过它了，它已经很难在这个上面跟我们来较量了。这是物质文明的翅膀。但是，还有一个精神文明的翅膀。中国人要在世界上站起来，受到世界人民的尊重，一定要在精神文明上创造奇迹。我们在物质文明上是大经济体，但是我们的精神文明、我们的国民素质还有被外国人瞧不起的地方。你到国外去旅游，有些标语是针对中国人的，不要随地吐痰，不要高声喧哗，不要什么什么，看到这些我真的是心里一阵一阵被刺痛，什么时候我们中国人的素质能是世界上最优秀的？

靠什么？不靠天，不靠地，要靠教育，要从娃娃抓起。基础教育重要就重要在这里。我对幼儿园老师都是非常尊重的，三岁儿童从小就要接受良好的教育。为什么基础教育的作用那么大？因为它确实是战略性的。读博士，读硕士，是一些特别优秀的人，而基础教育是关系到我们国家的每一个孩子，关系到国民的整体素质。我们有一亿几千万基础教育的学生，因此这个工作是最具有战略意义的。

只要是生在我们这个国家的孩子，都要接受良好的基础教育，把做人的道德基础打好，就是在给未来的国民素质奠基。现在社会上出现那么多的各种各样的问题，许多都与人的素质有关。所以，基础教育最具有战略意义。我做了一辈子教师，一辈子觉得身上挑着千钧重担。

我记得英国诗人拜伦讲过，激情是文学家、艺术家头上的光环，写诗是要有激情的，因为激情是“诗的粮食，诗的薪火”。我想，做老师，也应该是激情满怀，因为你做的是跟国家命运、人民幸福紧密联系在一起的事情。所以，整个教育生涯就是不停地给你这盏灯添火加油。比如我教学生历史，自己首先学中国历史。这五千多年的历史，历经内忧外患，是一代又一代的志士仁人以他们的心血、他们的奉献，使得我们民族发展壮大的。所以，爱国主义是我们这个苦难的民族的精神支柱，民族气节是我们的民族魂。我教学生，首先教育自己，感动自己。我改行教语文了，教到《文天祥传》的时候，真的感动至极。课文《文天祥传》最后一句是“朝南再拜遂死”。高中的学生，能理解这六个字。文天祥慷慨就义，是在当时的大都，即现在的北京，而南宋小朝廷在临安，当今浙江省境内。因此，他牺牲时是“朝南再拜”，表达对社稷国家的忠心，“遂死”就是慷慨就义。六个字的背后蕴含着极其丰富的民族精神，它的人文内涵是够我们学习一辈子的。

文天祥是进士及第第一名，俗称状元，殿试的时候才二十来岁，一气呵成写了洋洋洒洒一万多字的策论。我们中国人有个传统，少年一定要立志，更不用说大学生了，一定要立志。孔子说，十有五而志于学，学什么？立志做人啊！文天祥是个状元宰相，兵败被俘之后，被囚在大都监狱里是富贵不能淫，威武不能屈，“养吾浩然之气”，最后慷慨就义。慷慨就义以后，他夫人去收尸。《宋史》里记载，在他的衣带里头有张纸条，上面写了两句话，第一句是：“孔曰成仁，孟曰取义，唯其义尽，所以仁至。”孔子说，做人的最高境界是“仁”。什么叫仁？就是爱人！“仁”的写法是人字旁加一个二，为什么是人字旁？你要做人，心中要有别人，无论如何不能做精致的利己主义者。东方学者季羡林先生曾讲，什么叫好人？碰到事情，百分之六十想到别人，就是好人了。

其实我们做老师的，我们华师大的老师也是这样的，百分之六十、百分之七十、百分之八十、百分之九十都是想到学生。我做班主任，真的想到学生，晚上觉都睡不着，想着怎么才把学生引领好、教育好。所以说，我们爱人，就是心中要有别人，要有亲情、友情、师生情。文天祥说“孔曰成仁，孟曰取义”。什么叫“义”？“义”，就是“宜”，孟子讲你应该做的事情要把它做好。“孔曰成仁，孟曰取义，唯其义尽，所以仁至。”就是自己应该做的事情做好了，你就达到了仁的境界。这是第一句。

第二句话是：“读圣贤书，所学何事？而今而后，庶几无愧。”读书是学什么的呢？读书是为了明理。文天祥是头名状元做宰相，他的《过零丁洋》的第一句是“辛苦遭逢起一经”，他之所以这么“辛苦”，缘于他读书明白了道理。读书，是为了明理，明做人之理，明报效国家之理。他说：“读圣贤书，所学何事？而今而后，庶几无愧。”我应该做的事情都做到了，以身许国，而今而后，没有什么遗憾了。备课、教课时，我自己就非常感动，心灵受到震撼。只有自己感动才能感动学生，教师不是旁观者，一定要身历其境。习主席讲，我们培养的是德智体美劳全面发展的中国特色社会主义事业的建设者和接班人，不是旁观者和反对派。我们培养学生的人就不能做旁观者，站在中国之外来评头品足，不能这样。我做校长时跟大家讲，我们有很多困难，但是我们不能站在中国之外来指手画脚，你应该做战斗者。我在这儿打仗，我在这儿奋斗，我不是旁观者。做老师就是战斗者，就是这样来育人的。教育者先爱教育，自己为榜样所感动，就要用自己所学去感动学生。什么叫教师的工作？就是以人育人的工作，就是以自己的高尚的人格来引领学生塑造完善的人格，以自己的高尚的道德情操来熏陶感染学生。教师是以人育人，不是客观地只讲述知识。不能忘记，中华人民共和国的成立是一代又一代的革命先烈奉献青春、奉献智慧、奉献自己的热血，用生命建成的。有人讲过，不入地狱，不知苦难，就不知道天堂的美好。我自己是从旧中国苦难中走过来的，所以非常珍惜现在的生活。虽然我们社会还有很多弊病，我们现在还是处在社会主义初级阶段，但我们有许许多多真善美的东西，教育学生本身就是追求真善美，引领学生追求真善美，识别假恶丑，抵制假恶丑。

我们是建设美好社会的人。我一直以汉代的一句话作为自己的座右铭。汉代有一个人叫韩婴，他在《韩诗外传》里头讲，什么人才能做人师呢？第一句话是“智如泉源”，智慧好像泉水一样源源不绝。国外教育家也讲过，你教师一开口，就是知识的流淌，知识像溪水一样流淌。第二句话是“行可以为表仪者”，你的思想言行可以做人家榜样的人。你的思想言行能够做人家榜样的，“人师也”。用我们现在的话来讲，就是师德高尚、业务精湛。因为你是以人育人的人，你要把孩子培育成为顶天立地的人，首先你自己必须是一个大写的人。什么叫大写的人？可以讲许多理论，用歌德的话简单地说就是：要使自己狭小的心能容纳一个伟大的宇宙。心只有方寸之地，但要宽广深厚，容纳下伟大的宇宙。我从事教育是培育祖国后代成长、成人、成才，是为未来民族素质奠基，因此一定要有赤子情怀，要有乡情、友情、亲情，理想高远，激情满怀。中国的造字很妙，“人”顶天立地，上顶天，下站到地。如果你要做顶天的事情，那你一定要站在地上，站在中国的土地上，一步一步地攀登，去造就未来。我们要把学生培养成为顶天立地的人，自己一定要做一个大写的人。几十年来，老师给我点燃心中的灯火，我不断地用许许多多的历史风云、世态人情来滋养自己的心灵，把这灯火越点越亮。

现在这改革开放40年的人间奇迹更加不要讲，我经常为我们的时代楷模而感动。比如说罗刚，他真的是了不起，为了辽宁舰，他60岁不到就牺牲在岗位上。又如，黄大年这样有成就有才学的人，回国后把所有的时间都奉献给祖国，抓紧时间培养人才，填补科学空白，以致肝炎病发，献出生命。每天都有这样激动人心的事情使我深受教育。有人问我，你这么累，为什么却总是激情满怀？我说，我们伟大的中国各族人民创造的各种各样的精神财富滋养了我。作为老师，能不能成为优秀的卓越的老师，恐怕最关键的是心中一定要有这种明灯，而且要不断地吸收养料，滋养自己的心灵。只有燃烧自己，才能点亮别人。

二、最难做到的是真正树立以学生为本的理念，并在教育教学中付诸实施

我做了一辈子的教师，最难的就是真正做到以学生为本，以学生的发展为本。比如我开始教课的时候，认为课只要教得一清如水，学生就全懂了。其实并不是，考下来照样是好中差。因为学生不一样，一个学生一个样。我们的教育现在出现了很多焦虑，甚至于形成怪圈，主要就是没有真正地做到以学生为本。比如说应试教育，对教育方针的全面贯彻的伤害是极大的。

大学老师可能这个体会还没有我们基础教育老师那么深，重视分数把我们孩子的许多灵性都磨掉了，机械操练，一课一练，赚的是家长的钱，害的是孩子的青春。每个学生都是国家的宝贝、家庭的宝贝，任何一张考卷都是考不出人的全面素质的，任何一种考卷都是考

知识的某个部分、能力的某个部分。举个例子来说，小学两年级填空——“水很……”，一个男孩子填“活泼”，老师打“错”，扣了两分。家长说这是对的，不要订正，“水很活泼”，有什么不可以？老师讲这是不对的，因为标准答案不是。两年级的小男孩写“水很活泼”，多有灵气！他并不知道这是什么修辞手法，把水当成人很活泼，这个灵气多好啊。现在打错，非要改不可，若不让改，小孩子就哭，因为若不改，两分没有了。

这点灵气就换两分，这是什么价值？天空是蓝蓝的、灰灰的、白白的，全是可以的。标准答案只有一种，无任何前提、任何情景介绍，孤零零地死记。我们培养人怎能这个样子？众所周知，许多行业必须标准化，但培养人都标准化了怎么得了？现在不少男孩子太过柔弱，阳刚之气到那里去了？这不仅是一个分数的问题，而且关系到民族素质、民族品格的培育与弘扬。

怎么培养人？目中要有人，心中要有人，分数一定要看透，不能育分不育人。我做校长，从来不去查分数，而是听教师上课上到什么水平。就是听课，听课的目的不是给教师打几分，打几分有什么用？我听课的目的是培养，发现这些青年教师的长处在哪里。有的时候，当局者迷，旁观者清，教师对自己的优点不大能看到，校长要发现优点，与他一起分析，为什么会有这些优点，符合哪些规律；也要看到他的不足，要分析，为什么还会有这样的不足，怎样改进，可以从哪几个方面去探索。听课的目的是引导教师把课教到学生身上，教到学生心中。听课、评课是活的教育学，而不是只为打几分。

学科知识本身是有框架的，有体系的，应试机械操练把它碎片化了。学科知识本身有逻辑体系，而今把它们肢解成若干个题目进行操练，大大影响了求智的质量。犹如七级浮屠是一个整体，这座宝塔很美，你把它拆下来，就成了碎片。木材、瓦砾这些东西，它们相加不等于整体，量和质都发生了变化。

标准化试题造就出来的教师，常有这样的情况：对学科的某一个局部很清晰，甚至比较深入，但对整体框架不清楚。这个知识应该摆在哪个框架里头，在什么学段，应该教到什么程度，不知道。这对教师而言是大忌，胸中没有通盘计划，怎可能目标清晰地教好学生？应试教育是求学不读书，为考而教，为考而学，聚焦在分数的追逐上，怎么还谈得上以学生为本，以学生的发展为本？

有些中学经过筛选，学生真的很优秀。有个阶段，十几万初中学生，高中只选三四百个，这样挑选出来，还是要一课一练拼命操练，为的是学校独占鳌头，把人练傻掉了。这些孩子如将百分之六七十的精力用在学校的学习上，将百分之二三十的时间用来发展他们的兴趣爱好、特长，那真是如虎添翼了。在机械操练中，青春被消磨掉了。我觉得真对不起这些孩子，每一个生命都是独一无二的，青春是学习的黄金时代。

学生常反映，没做过的数学题目就不会，于是只好使用题海战术，陷入题海题库。我不明白，数学定理、公式学了干什么？它们的来龙去脉是怎么回事？一次听高中的解析几何，老师用新媒体，题目出了以后，马上七个步骤的解题一下子全部出来了，怎么一步步推导不见了。数学到底教什么？数学的魂是数学思维、逻辑思维。你要解这个题，已知条件是什么，怎么利用这个条件，还缺什么，怎么来创造条件，发展孩子的逻辑思维、空间思维。只有结论，略去过程，怎么行？我们的基础教育有自己的培养目标，而今被考试捆绑了。考试是手段，我们错把手段当目标。我们的目标是培养人，培养德智体美劳全面发展的建设者和接班人。

考试功能有检测和选拔，检测用来改进教学，什么叫选拔？从考生中挑选，选拔就有淘汰。现在改革就是改得更加合理，更加公正，能够更加适合孩子的潜能的发挥。

以学生为本，就要树立全面质量观。党的教育方针在50年代就讲要使学生德智体全面发展，后来讲德智体美全面发展，现在我们提出德智体美劳全面发展。在全国教育大会上，特别提出“劳”确实十分必要，我们教育中太不重视。劳动创造世界，所有的物质财富跟精神财富都是劳动创造的。一个人四体不勤，五谷不分，是不可能有创造的意识和创造的能力的。因此，我们必须德智体美劳全面发展。由于应试教育及种种错误认识与举措的干扰，我们的教育出现重智，轻德、轻美、轻体、轻劳的弊病，现在正逐步加以纠正。孩子在长身体的时候，身体是第一重要的。毛主席讲“三好”，第一好是身体好，没有身体好，就什么都没有了。现在只注重营养，锻炼、经风雨、劳动太少了，像暖房里的花朵怎么行？我今天早上看新闻，中国社科院搞一个调研，调研大学生的心理健康，大概就百分之六十几是健康，而自己填的比客观的还要高一点。这是不行的，一定要注重身心健康。上世纪七八十年代虽穷，操场是泥地，但是下课以后学生龙腾虎跃。男孩子打篮球、打排球，是非常好的锻炼身体的活动。现在操场非常漂亮，有塑胶跑道，经常没人锻炼。市教委曾规定每天学生一小时在室外活动，有的小学怕出事，下课十分钟学生都不能出去。

1978 年，我随中国妇女代表团到日本访问，是改革开放时期第一个代表团。12 月份到日本，参观中小学。12 月份飘雪花了，早上 6 点半钟，我们看到晨练。小学五六年级的学生穿着短裤在打球，他们对体质的锻炼重视得不得了。我做班主任，要把乱班带好，第一个就是锻炼孩子的身体。早上 6 点钟训练，我 5 : 50 就站在操场上。有些孩子身体不好，有的男孩子做做操就昏倒了，有的尿床，不锻炼怎么行？

两年坚持下来，有的学生长跑可以在区比赛中获第一、第二，体质大大增强。学生发展不能有短板，若有短板欠缺，后来补非常困难。所以我们一定要有教育方针的思想，教育方针是指导你的准绳，你的工作标杆不能偏移。我是不怕得罪人的，学生是我的命。作为老师，别的我都不管，学生只有一次青春年少，时间过了就没有了，要对他们负责。人生是单程票，一站一站前行，想回头重来回不了，每一站都要重视，每一站都要让他接受良好的教育。我们不是完整地贯彻教育方针培养人，而是片面的，怎么行？这会造成短板。现在孩子一碰就骨折，怎么行？想想看，天井里头的花房里的花怎么长得好？参天大树一定要在广阔的天地，这是同一个道理。所以，我深切感到我们要把孩子真正放在第一位，以他们的发展为本，是多么的难。

2500 多年前，我们的孔老夫子就讲了，要有教无类，但是在他那个时候是没有办法实现的。现在在中国共产党的领导下，应该实现这个伟大的理想，面向全体学生。孔子实施因材施教，我们不重视，还强调标准化，似乎很可笑。我今天一路来华师大，美得不得了，绿树红花。但是，绿树是一棵一个样的，有高的，有矮的，有树冠很大的，有的不是，各显其态。你要把柳树和松树变成跟柏树一个样子，你要把桃花和梨花变成跟白玉兰一个样子，这是不是可笑？这是不可能的。怎么能够把学生标准化？不行的，基本要求一样，但是无论如何都是不能标准化的。孔老夫子讲要因材施教，李白讲“天生我材必有用”，每个人都是独一无二的。我觉得，特别是一些有个性的学生，他们都是我们的财富，真的是我们的财富，因为我碰到过很多。我的工作十分有趣，哪个班级、哪个年级乱得不得了，书记要我去带；哪个班级的学生不行，老师没有办法，于是放到我班上来。因此，我有机会去接触各种各样的学生。一般地说，有个性的学生很能成才，知识视野比较宽，喜欢读书，看得比较多，想法比较多。

我曾经教过一个女学生，班主任被她弄得没有办法。她天天把年轻班主任骑的自行车的气给放掉。当时教室有门框，她在上面贴个“霍府”，“荡秋千”。我后来了解到，这个初一年级女生连《麦卡锡主义》这些书都看，看得非常广泛，教师常无法跟她对话，她不服。后来到了我教的班级，她开始很抵触，觉得没有面子了，一下课就往外奔。我不去找她，跟她说你要上课认真听和做作业。我不这样做，而要找机会接近她。尊重学生是起码的条件，要尊重每一个学生，因为每一个学生都是值得尊重、值得敬畏的，所以我不去找她。

有一天下课，她飞快奔出去，从裤子口袋里掉出来一本书，我赶紧跑过去拾起来，一看是《芥子园画谱》。初一的学生看《芥子园画谱》是不多的。我说，某某同学，这是你的书。你喜欢画画，对吧？你喜欢画画，我家里有些国画画册，也有些油画画册，如果你喜欢的话，随时可以来看。我就把家庭地址告诉了她，这是第一次谈话。我不提任何要求，慢慢地就接近她了。

她开始上课发言了——举手发言，我赶紧请她讲，分析她讲得好在什么地方，让同学们更认可。成长一定要有一个良好的环境，独学而无友，孤陋而寡闻，要大家一道好才好。后来她考取复旦附中，也出现矛盾，我去找班主任，讨论这样有个性的孩子怎样教育。她的知识视野确实比较广，有独特的看法。我们要学会尊重每个孩子，因为每一个生命都是独一无二的。所以，教师要倾听每个学生的呼声。班级教学里，要学会因材施教，真正把人放在首要位置上。我们在座的各位大学生是新长征的主力军，我希望能够相当程度地解决这个难题。

三、
最需锤炼的是教书育人的基本功

要有真本领，不是什么随便讲讲。要有真本领，就要锤炼教书育人的基本功。

第一，课堂教学是安身立命之本，课一定要上好。尽管我们现在有慕课，但是在我们这样一个有大数量的学生的国家里头，你不可能一下子把班级教学废除掉。因此，课堂教学仍然是安身立命之本。关于课堂教学，我们有很多测量的标准，但是我觉得最重要的是要让孩子学有兴趣。学生喜欢你的课，非常重要。如果他喜欢你的课，说明你已经成功了一半。为什么喜欢你的课？因为你传播真理、传播知识。为什么喜欢你？因为你有学术素养，学生学有所得。每堂课学下来，他真的有收获，就会觉得这个课上与不上是不一样的。

学生还要学有追求。什么叫好教师？好教师就是让学生越学越想学，如果越学越讨厌，就糟糕了。越学越想学，他就不断地自觉进入知识宝库探索。这就是好教师。学有方向，不是乱搞的。我们现在把无数知识点像芝麻一样撒在地上乱抓。基础教育是一棵树的根和干，树根和树干搞扎实了，才会枝繁叶茂。课在撒播知识种子的同时，要撒播做人的良种，不仅传授知识，培养能力，而且发展智力，熏陶感情，也就是把情感、态度、价值观全部结合在一起，用现在的新课标来说，就是培养核心素养。

课堂教学中，育智、育德融合在一起，是很不容易的。在基础教育阶段，学生大量的时间是在课堂里度过的，每堂课的质量影响到学

生生命的质量。他们跟大学生不一样，大学生有文化判断力和教育判断力。未成年的学生缺乏生活经历与文化积淀，批判性思维比较弱，你教什么，怎么教，每一堂课的质量都会影响到学生生命成长的质量。课教在课堂上很方便，教在黑板上也很方便，但是它会随着你声波的消逝销声匿迹。课要教到学生身上，教到学生心中，成为他优良素质的基因。我之所以能做教师，是因为我身上有很多优秀老师的教学给我的深刻启示，包括中学、大学。比如说我高一的语文老师，他是顾颉刚的儿子。什么水平？刚刚毕业的大学生，古文底子极好，我们佩服他，课上就专心致志。高二、高三教师是黄侃的弟子（黄侃是跟章太炎同时代的人），一肚子的学问，上课两支粉笔，根本不带教材。我们那时候学古文，他教到辛弃疾词的时候，那种慷慨悲歌，那种家国情怀，真的一课堂的人都深受感染；教到《陈情表》的时候，那种祖孙之间的亲情，感动天下人。我想这就叫教课，全身心投入。

叶嘉莹先生是古诗词的大家，回忆他的老师顾随先生教课的情景时总十分激动。她说先生之讲课，真是“飞扬变化，一片神行”。这八个字真是左右逢源，出神入化，令人神往。这课堂不是师生各归各，而是师生共振的磁场。为什么顾随先生教诗词能够教到如此的境界？他说，我把教课当作谈禅。佛教从印度传到中国分了很多派，其中禅宗是很大的一派。顾随先生培养了很多大家，包括《红楼梦》研究的专家，培养了欧阳中石等人。他说我讲课就跟谈禅一样，充满了虔诚，充满了敬畏。他对自己从事的专业是那样的敬畏。他说我上课是“禅机说到无言处，空里游丝百尺长”，讲到无言处，已经没有办法用语言表达了，诗意仍如游丝一样，绵长，缭绕。我就联想到孔子讲的，听到韶乐以后，三月不知肉味。教师教课，我神往的就是这种境界。上课不是教师一个人是发光体，所有的学生都应是发光体。这样的话，我们就创设了师生共同“发光”的磁场，课就不是只教在课堂上或教在黑板上，而是教到了学生的身上，教到了学生的心中了。所以，我说什么叫教课，教课就是用生命在歌唱，就是你本人的素质，你的思想道德素质，你的科学文化素质，你对国家的挚爱深情的自然表露。这样的课怎么会上不好？所以，一定要练这样的基本功，炼出高尚的人格、精湛的业务和精彩的教育方法。

我们不仅要把德性、智性的生命之魂滴灌到孩子的心中，还要练一个基本功叫倾听。不要只是我们老师自己讲，要练好倾听的基本功，倾听孩子内心的呼唤。做班主任也好，团队工作也好，学科教师也好，要学会倾听学生内心的需求，有的时候要倾听他们生命的呼唤。举个例子来说，有个学生经常逃学，几乎两年不见面，学校书记与我商量，降一级，把他放到我带的班级。班级同学全部反对，因为我们这个乱班才刚刚好转，这个人来怎么行？不仅是纪律问题，身上坏习气很多，比如偷窃，哪个同学跟他走一走，钱就到他的口袋里了。他站在你的面前，眼睛根本不看你，眼神恍惚，人站不直。这样一个人，要花多少心血才能教育好？

我想，转化一个学生，就是为社会增添一份正能量。为此，我不知花了多少精力，反反复复。有次反复，他对我说："于老师你太花精力了，我这个人是改不好的，我是'枪毙鬼'"。我没有失去信心，看准了他的本质还好，因为他还知道自己不行。我一再鼓励他，能知道打群架、贩卖粮票不行，就是改好自己的起点。开始我对他学业上没有要求，连书籍、簿本都要买起来，还谈什么作业？要因材施教。我对他的要求最开始只有两句话：不打人。不骂人。他一开口就是脏话，天天打架逃学。人一起床就跑掉了。为此，我请了六个同学组成专门的小组帮他，每天两个人，在他的家门口等着，陪同他一起来到学校。这六个人有比较好的，有一般的，还有两个孩子"毛病"也是比较多的。学生成长过程中有这样那样的不懂事，有不当言行，是常态，没有什么了不起。即使"毛病"比较多的孩子，你也要信任。这些孩子觉得老师信任他，十分高兴，"情报"传达最快，自我约束的进步也最快。你真的是想不到。你很累，但是你看到孩子的那种天真，那种积极上进，心里真高兴，也很快乐。

孩子身上的"毛病"不是他先天带来的，都是社会上的肮脏影响、腐蚀所致，我做老师的责任是把灰尘掸掉，把肮脏用清水洗掉。什么叫育人？春风化雨，要全心全意，丹心一片。想到我们老革命，想到革命先烈，他们抛家别子，奉献献血与生命，为了什么？为了老百姓的幸福。我不过苦点累点，算什么？我一想到这些，就有无穷的力量。觉得怎么样的委屈都无所谓。他逃掉了，找到以后再来。到后来没有办法，他家庭环境太差，我就把他带到家里来，把他当儿子一样地教育，真是苦口婆心。功夫不负苦心人，他转变了，现在也成家立业了，那不是很好吗？教育的无穷乐趣就在这里，学生从早到晚都在变化之中。种瓜得瓜，种豆得豆，你不种什么也没有。人家问我累不累，我说我一辈子很苦很累，也不苦不累，为什么？因为苦中有乐，学生成长、成人、成才，那种乐趣是天底下最纯真的、最无价的。

作家汪曾祺曾经讲过，什么叫活着？活着就是要把生命最精华的部分调动起来，倾力一博，就好像干将莫邪一样，把自己炼到剑里头。干将莫邪剑至今仍然锋利得不得了。我想，既然选择了教师，就选择了高尚，就是要把自己的青春智慧和生命融到我们伟大的教育事业当中，倾力拼搏，培养出有中国心的、有真本领的中国特色社会主义事业的建设者与接班人。我们改革开放 40 年创造了人间奇迹，而今是播种未来，进行新长征。我和你们一样，尽管我年龄很大，但是仍然有壮志豪情，跟你们共同迈步新长征。新长征要我们共同努力，用我们的智慧，用我们的赤诚，用我们的勇气，用我们的实践能力，来创造祖国教育事业的灿烂未来。

讲得不对，请老师和同学们批评！

生命与使命同行

2018 年 12 月，庆祝改革开放 40 周年大会在人民大会堂举行，党中央、国务院授予在社会各领域做出突出贡献的 100 名同志“改革先锋”称号，并颁授奖章。我作为唯一的“基础教育改革的优秀教师代表”，有幸入选其中，感到非常光荣。

改革开放 40 年，峥嵘岁月，创造了人间奇迹。如同社会其他各领域一样，我国教育领域也取得了令世人瞩目的巨大成就。和众多教师同行一样，我也是改革开放的参与者和受益者，亲历了 40 年来教育事业的改革发展。我一辈子的生命和肩负着的历史使命结伴同行。现在，回想起过去的情景，我还是难以抑制激动的心情，感恩之情充盈胸际，也让我站在新的节点上思考未来的教育和教育的未来。

“特级”荣誉赋予我特殊使命

我不能让荣誉蒙尘，一定要加倍努力，边学边干，边干边学，走一条老老实实学做特级教师的路。

42 年前，国家恢复高等学校招生考试制度的消息传到学校，我们 77 届年级组教师欢欣雀跃的情景如今仍历历在目，大家既奔走相告，又有点将信将疑。很快，教师、家长激动地认识到，这是善举、壮举，是给学校、家庭、社会带来无限希望的战略之举。这项重大决策背后体现的是决策者的胆量、魄力，以及对国家前途命运、人民追求美好生活的挚爱深情，令人敬佩。

本文由上海市杨浦高级中学詹前老师根据作者口述整理，发表于《中小学管理》2019 年第 1 期。

认识指导行动。我们 77 届 30 多位老师连续开会三天，研究如何迎接恢复高校招生考试的机遇，做到对学生真正负责，因材施教；讨论如何根据学生实际学业水平，把 11 个班级打乱，重新编班；研究开设哪些课程，强化哪些训练，弥补哪些短板；等等。大家最后取得共识：一是放下不敢抓知识、抓科学文化学习的思想包袱，明确在一个文盲、半文盲充斥的国家是不可能建成社会主义强国的，如果真出问题，那么责任由我这个年级组长承担！二是教程度不同的快、中、慢班，使不同学业层次的学生都有所提高。由于老师们齐心协力，认真培养，高考结束后，两个快班的学生全部考入高校，其中考取复旦大学的有 9 人，仅数学系就有 2 人，其中一名以数学满分的成绩被录取。而今回顾往事，恍如隔世，但当时就是艰难如斯。恢复高考要顶着多大的压力，每前进一步都需要勇气和毅力。

好事接踵而至。1978 年，邓小平同志在全国教育工作会议上提出："要采取适当的措施，鼓励人们终身从事教育事业。特别优秀的教师，可以定为特级教师。"根据小平同志的讲话，教育部、国家计划委员会制定颁发了《关于评选特级教师的暂行规定》，在全国开始了评选特级教师的工作。我有幸成为上海首批语文特级教师。兴奋的同时，我不得不冷静思考，为何机遇如此青睐我？可能是自己所带的年级组改变了面貌，所教的两个快班学生都考入高校，取得了很好的教学成绩；也可能是因为自己主讲的公开课《海燕》在全国直播中获得了成功。我清醒地意识到：世界上没有绝对公平的事，评上的不一定是最好的，最好的也不一定能评上，其中有种种的偶然性。但既然好运降临到我身上，那么我不能让荣誉蒙尘，一定要让偶然性为必然性开辟道路，加倍努力，边学边干，边干边学，走一条老老实实学做特级教师的路。满怀感恩之情，我开启了教育教学改革的新征程。

做语文教改的先行者

课堂中，不能只是教师发光，还要让每个学生都成为发光体。

上世纪 60 年代初，为了提高学生课堂学习的主动性、积极性，提高教学质量，我尝试着将课堂教学模式从“满堂灌”向启发式转变，教学内容不只是语文知识的传授，还要重视学生语文能力的训练与形成。尝试初见效果时，“文革”来临，学科教学受到摧残。而今获得新生，我要在原有基础上继续推进。当时，学生对语文课的热情、专注、获得感，远不及对数学、物理、英语等科目，课堂上昏昏然、漠漠然等情形屡见不鲜。我回想自己的学生时代，老师教辛弃疾《南乡子·登京口北固亭有怀》时，悲歌慷慨，让我们这些学生的爱国情怀油然而生。由此看来，母语教育对人基本素养形成的重要性与长效功能在基础教育阶段并未受到应有重视，未真正发挥其应有的作用。

因此，改革要从课堂教学开始，以激发兴趣与求知欲为切入口。我的总体设想是：要站在育人的战略高度，跳出语文看语文。教育的本质是培养人，中国的教育应该是培养有中国心的现代文明人，语文学科教学应该教文育人，教语言文字、文学文化，为培养人的大目标服务。要适应时代发展的需要，变革思维方式，从线性思维即我讲你听转换为多维思维，使教与学、学与学的信息交流成为网络式、辐射型，从根本上改变课堂中部分学生是旁观者的状态。同时，课堂教学结构应该立体化、多功能，让学生获得语文整体素养的培育。语文课堂中，不能只是教师发光，还要为每个学生提供锻炼与提升语言能力、思维品质、文化素养的用武之地，让每个学生都成为发光体。为此，除了课内精心设计，让学生学有兴趣、学有所得外，课外天地也得巧作布置，让学生不仅看到而且体验到学习与运用语言文字的广阔空间。

此外，我还有一个想法：理论认识与实践探索应共同推进，相互印证。如关于语文学科的性质问题，多年来我一直信奉工具性与思想性的结合，但总觉得思想性不足以涵盖语文内容的全部，道德、情操、审美、思维等放在何处呢？为考而教，应试教育用“柳叶刀”把整体的文章解剖成零碎的“细胞”，“文”没有了，“魂”也丢失了；学生在题海训练中翻腾，求学不读书，其结果不是语文能力提高，而是学生厌恶语文，语文素养下降成为不争的事实。为此，我了解国外语言学改革的动向、国内语言学方面解构主义的探讨，再认识千年语文的积淀、百年语文的探究，倾听世纪末语文大讨论的各种声音，结合自己教学实践中的正反面经验，提出语文学科有众多性质，但工具性与人文性的统一是其基本特征。基于这样的认识，我写了《弘扬人文　改革弊端——关于语文教育性质观的反思》等多篇文章，阐述自己的观点，并付诸实践。

进入 21 世纪，面对立德树人的根本要求，面对培养学生核心素养的时代挑战，我认为，语文学科要做到“德智融合”，即要充分挖掘学科内在的育人价值，将其与知识传授和能力培养相融合，真正将立德树人落实到学科主渠道、课堂主阵地。具体到语文核心素养的培育，它是三个维度的进一步发展和融合，是体现在学生身上的综合素养的提升。因此，我们在语文教学中一定要以学生为本，树立整体观，摆脱已往受工具论主宰，在语文课堂上只教语言建构与运用的现象，要做到立体化施教、全方位育人。

做素质教育的坚守者

办教育，教在今天，想到明天，就必须站在时代的制高点上，站在战略的制高点上，站在与基础教育发达国家竞争的制高点上……

1978 年下旬，我接到全国妇联通知，让我在当年 11 月到北京，参加中国妇女代表团访问日本活动。当时，我们代表团共有十多名成员，从事教育工作的仅有我一人。多年的封闭，让我们对国外的情况一无所知。组织征求访问意见时，我希望能参观一下日本的中小学，了解他们的教育教学情况。访问过程中，给我印象最深的是日本中小学教学设备的先进以及学校管理的科学有序。

以教学设备的先进为例。教师在教授血液循环的内容时，教室里的大屏幕电视机就会播放事先录制好的血液循环图，演示血液在血管里怎样流动，动脉、静脉是怎么回事等，形象化的教学使学生一目了然。在专用教室里，还有其他各种各样的先进设备，比如每个学生在做当堂作业时，只要按课桌上的键钮，教师的工作台上就立刻能收到信息，做作业最快的学生是谁，用了多长时间，最慢的学生花了多少时间等，都一目了然，还能立刻统计出百分比。教师再根据这种情况或补充讲解，或个别指导。当时我想，日本中小学对学生课堂学习情况的了解是有客观依据的，而我们靠的是察言观色，推测的成分比较多，那么究竟怎样更合适呢？

此外，我还发现，日本中小学的管理井然有序，计划性强，学生一学年的活动，校内校外的安排都具体明确。如在交通安全教育方面，学生从家到学校要走哪几条路，过哪些路口，乃至过什么桥，学校都细致、周到地标明。校园里一尘不染，下课时走廊里悄然无声，学生有序下楼到操场上活动。教室卫生全由中小学生自理，一年级小学生也不例外。时值初冬，清晨天空中飘着小雪，小学生还穿着短裤踢球、玩耍。凡此种种，促使我对教育尤其是基础教育进行了深入思考，我第一次把基础教育与国民素质紧密联系在一起。有了这样开阔视野的际遇，我认识到，我们既要眼睛向外，借鉴其他国家的先进经验，更要眼睛向内，植根本土，拿出民族志气、民族自尊，办好自己的教育；既要有世界视野，更要坚守中国立场。此次访问更增添了我奉献教育的自觉。

1985 年，我走上上海市第二师范学校校长的岗位，该校是 1984 年秋根据上海市培养小学师资的需要，在原杨浦中学的基础上恢复建成的。针对当时社会大环境不太理想，师范教育和小学教师的地位待遇未得到社会充分认识和理解的状况，我们就当代师范生应有怎样的形象进行讨论，认为教师身上要有中华浩然正气。为此，我们以“一身正气，为人师表”作为办学的精神支柱，“两代师表”（此处具体指师范学校教师和培养的师范生都要为人师表）一齐抓，创造良好的学校小气候。我带领学校确立了“聚精会神抓教学”的中心目标；构建起教与学两个网络架构，着力规范教师教和学生学的各个环节、步骤，形成有效的评价、反馈、研究机制，还根据《中等师范教学方案》建立起必修课、选修课、课外活动和教育实践等板块。我们还提出“德智体美劳全面发展”的理念，力争做到教书育人、管理育人、环境育人、制度育人。由于办学取得了丰硕成果，1991

年，上海市第二师范学校受到国家教委的表彰。

十年的校长生涯使我充分认识到，基础教育不是什么小儿科，而是本中之本。办教育，教在今天，想到明天，就必须站在时代的制高点上，站在战略的制高点上，站在与基础教育发达国家竞争的制高点上，努力把今日的学生培养成为未来实现中华民族复兴大业的有用人才。同时，面对当前学科主渠道、课堂主阵地存在片面追逐分数的倾向，面对急功近利追求升学率的做法，面对重智育轻德育，学科教学应有的人文性和育人价值被削弱乃至失去的现象，教育工作者更应牢固树立全面育人的大目标。

做新时代教师的领路人

教育必须薪火相传，培养青年教师走向成熟、走向优秀、走向卓越，就能惠及更多的孩子。

我曾说过，自己是“一辈子做教师，一辈子学做教师”。教师这个职业寄托着我一生的追求与热爱。同时，我认为，教育必须薪火相传，一代胜过一代。一个人的精力是有限的，我们的教师队伍一定要形成强有力的团队。因此，培养青年教师走向成熟、走向优秀、走向卓越，是老教师应担当的责任。

1993 年，有一家大型民办学校用 60 万元年薪聘请我做校长，被我拒绝了。我觉得，仅仅考虑钱是办不好教育的，所以人不能和钱挂钩。印度大诗人泰戈尔曾讲过，当鸟儿的翅膀系上黄金，鸟儿就飞不起来了。此外，我还有一个想法是，我做了几十年教师，有正反两方面的教育教学经验，如果能把这些经验传授给青年教师，也许能对他们的成长成才有一点帮助，就能惠及更多的孩子。

因此，从上世纪 80 年代初至今，我一直带教青年教师，本校的、外校的，区里的、市里的、外省市的，通过师带徒、基地实训等多种形式悉心培养，大家亦师亦友，互相学习，共同提高。看到这些青年教师一个个成长为特级教师、正高级教师、“万人计划”领军人才，在语文教学上不断开拓创新，创造育人新业绩，我的心中无比欢乐。

结合自己的成长和带教经历，我认为，名师的成长有四个关键因素：一是教师自身的内在深度觉醒，尤其当他们能够把自己所从事的平凡工作和国家命运、百姓幸福紧密联系在一起时，他们就会产生持续的动力；二是要在教学第一线摸爬滚打，并善于总结正反两方面经验，不断提升自己的理性认识；三是对学生具有满腔热情和爱；四是能够做到边干边学，不断进行自我教育。

退休后，我还担任着上海市普教系统“双名工程”培养基地、语文学科德育实训基地主持人，并参与了全国及上海语文课程标准的制定、上海语文课改教材的审定、《上海市学生民族精神教育指导纲要（试行）》《上海市中小学生生命教育指导纲要（试行）》的制定等方面的工作。同时，我还担任华东师范大学、首都师范大学、上海师范大学等四所大学的兼职教授，担当起培训国家级骨干教师的重任。我想，我们的教育事业要千千万万有理想信念、有道德情操、有扎实学识、有仁爱之心的好老师。时代赋予我们立德树人的神圣使命，我们理当倾注心血与智慧，全力以赴。

做先进教育思想的传播者

教师只有把个人的生命融入国家、民族发展的时代洪流中，只有把个人的生命传承于学生生命成长中，你才是永远年轻的。

我曾为自己的著作《语文教学谈艺录》中的内容拟过一个小标题，叫作“跑步前进”。近年来，我每年都会准备一本专用的挂历，上面几乎每一个日子都画上了圈，代表着我的日常工作安排；在许多格子里，还要画两个甚至更多的圈。退休后，我还逐字逐句审阅了上海市全部 12 个年级的语文教材和教参，至今有时上午还要听 4 节课，下午继续说课、评课。

也许有人会问我，都这么大年纪了，为何还要如此忙碌？我的想法是，每个时代都有每个时代的要求。梁启超曾讲，人生于天地之间，各有责任。知责任者，大丈夫之始也；行责任者，大丈夫之终也。教师是教育别人的人，因此具备担当意识也是一种职业操守。新时代，我们要造就的是不仅掌握知识，还要具备实践能力和创新精神的学生。因此，面对新时代的挑战，教师也必须振奋精神，完成好培养人这一神圣使命。

多年来，我始终关注着中国教育的变化与发展，并基于自己的教育教学思考与实践，写下了几百万字的著作。作为一名老教师，我认为，做好先进教育思想的传播者是自己的义务和责任。在此过程中，我深刻认识到，我们要始终坚守中国教育的话语权，以教育自信创建自信的教育。我们学习外国的教育理论，借鉴教学方法，目的在于丰富自己。教育从来就是国家的、民族的事业，任何国家的教育特别是基础教育必须传承本民族的优秀文化传统，弘扬民族精神，培养为本民族、本国家、本地区建设服务的人才。

40 年改革开放，我们这些老教师做了一点尝试与探索。但由于自己的水平所限，遗憾之处也很多。青年教师一定要努力超越，深化改革，使我们的教育理念、教学行为更符合教育科学规律和学生成长规律。我认为，理想就在岗位上，信仰就在行动中，教师只有把个人的生命融入国家、民族发展的时代洪流中，只有把个人的生命传承于学生生命成长中，你才是永远年轻的。

向前，奔流不息

编者按：1982年1月1日，停刊16年的《新民晚报》正式复刊，赵超构先生在代表新民晚报编辑部写的《复刊的话》中强调：要做“穿梭飞行于寻常百姓之家的燕子”。倏忽间，燕子归来四十年，与时俱进的《新民晚报》展现出新的风姿。

《新民晚报》复刊四十周年，我这名老读者特向它致以衷心的祝贺。

那还是上世纪九十年代初的事，一位教师同行问我：“你猜猜看，《新民晚报》有多少订户？”我随口往多里说：“几十万户吧！”“非也！一百八十万户，这可是老百姓自己掏钱订的啊，不简单。”我先是吃惊，继而一想，这张飞入寻常百姓家的报纸，对读者对象寻常百姓肯定做了较为深入的研究，对读者所思所想所求有所应对，共同语言多，阅读交流就成为必需。

晚报要办得有品位，十分不易。它不仅需有新闻性，而且涉及天地人事、社会家庭等方方面面，面对多类型多层次的读者对象，如何拿捏文化导向、跟上时代追求，是颇费周章的。《新民晚报》出了不少能人，不少栏目紧扣时代脉搏，办得有板有眼，深得读者认同与欢心。稍加回忆，觉得有些特点很有道理。

一是“早”。新闻，新闻，就要快速反应。当今，手机信息加快如飞，新闻早知道不费吹灰之力。三四十年前，当天新闻，当天报纸

本文发表于2022年1月1日《新民晚报》。

能见到，非晚报莫属。特别是早晨国际国内要闻，当天能读到，是认识世界、认识时代的快意之事。即使是现在，多种媒体传播信息，但有点文化的人常有这样的癖好，见到印刷在纸上的文字，不仅信，而且有心安的快乐。

二是“全”。立足上海，面向全国，放眼世界，信息量大。大到国际国内大事，小到社区家庭琐事，严肃的，调侃的，褒奖的，批评的，林林总总，各具特色。文娱体育，不仅年轻人喜爱，上了年纪的影迷、戏迷、球迷、体育竞赛迷阅读报道的仔细程度也毫不逊色。至于忆旧短文，更是老年读者所爱。穿越时间隧道，再越人生旅程，有追思，有醒悟，有欢乐，有伤悲，百般滋味在心头。

三是“情”。感人心者，莫先乎情。晚报每日均登载短诗文，单在“夜光杯”栏目里，写作的对象就十分广泛。人、事、景、物，绘声绘色，不虚美，不隐恶，“情动于中而形于言”。在物欲侵蚀人灵魂的时候，有的人情感退化了，甚至已不知亲情、友情、乡情、赤子情为何物。读读文中哪怕是市井中最普通的人与物，也是情注其中，使人难以忘怀。

四是“思”。晚报很少宏篇大论，给人以系统的思考。但“立文之道，惟字与义”，即使是豆腐干大小的诗文，也常给人以启迪。当今，不是缺思想，而是浅薄的、装模作样的、虚伪的太多，植根于人生经历的沃土，有实实在在的、真诚的独特见解、独特思想尤为可贵。

河流从来不睡觉，奔流不息，涌往大海。祝愿晚报在新时代的征程中，弘扬这种奔流不息的精神，创造新的业绩。

柔水长流，润物无声

1965 年，我第一次被评上上海市三八红旗手。全国及上海市的各种奖项都是男女同样可评，唯有这个三八红旗手是专门为女同志设的。

这以后，1978、1983、1984、1986 年我连续被评上三八红旗手。1983 年，上海推荐了被评为全国三八红旗手中五位代表赴北京参加表彰大会，工、农、商、教、文行业都有。我是教育界的代表，第一次走进人民大会堂接受颁奖。

获得这个称号很不容易，我觉得肩上有了沉甸甸的担子。当年社会提倡妇女要争气，要顶半边天。但是，很多年里，妇女的成长、成才并不容易。有位贵州女教师给我写信，信中说："我是贵州一个偏远山区的中学语文教研员。我发现，在中学语文教学这块土地上，辛勤耕耘的女教师占相当大比例。大学里，她们不乏佼佼者。登上讲台后，她们和男教师一起满腔热忱地奉献青春年华。可是，十年、二十年后，她们中间有成就者却寥寥无几，卓有成就者更是凤毛麟角，您能给我们谈谈对这个现象的看法吗?"

这个现象并不少见，我认为，这是一个值得探讨的问题。女教师，一般来说，有其天生的优势，如口齿清楚，语言流畅，教态亲切，工作认真，考虑问题细致，模仿性较强，步入教坛后，与男教师并驾齐驱，不乏佼佼者。

但如何有后劲，如何发挥潜在的力量，如何日有所进，月有所进，年有所进，成为有所创新者，成为有所建树的学者型教师，的确

本文发表于 2022 年 3 月 9 日《新民晚报》。

要比男教师更为艰辛，付出更多。因为女性在社会上无论扮演什么角色，在家庭中，还要当好一个母亲，相对来说，付出的时间、精力更多，责任也更大。女教师和别的行业人员一样，都会有更多干扰和牵扯，这在全世界都如此，历史条件、社会条件对女性的制约是客观存在的，不得不承认。

正因如此，女教师要自强不息，须在各方面有突破：一、心胸要宽广。胸中要装学生的今天和明天，不能为鸡虫得失之事所困扰，碰到不顺心的事不能耿耿于怀，要提得起、放得下。二、视野要开阔。涉猎的知识越多，越能触类旁通。“学”特别重要，要多读书。问渠那得清如许？为有源头活水来。三、功底要扎实。万丈高楼平地起，基础一定要深、正、扎实。根深才能叶茂，不断积累知识，紧紧围绕教学需要练就真本领，主动锤炼，积极探求，必能取得良好的效果。四、要有毅力。教学不是百米冲刺，而是万米赛跑。其实，做人也一样，需要耐心、韧劲，需要坚强的意志。笑迎困难，鼓足勇气，跨越沟坎，就是胜利。

女性在家庭教育中，对孩子的影响很大。母亲的价值取向、做人准则，身教重于言教，以良好的品性柔长流，润物细无声，对孩子健康成长，成为国家有用之才，起决定性作用。现在的三八妇女节，有更多的妇女，包括女教师，荣获三八红旗手称号，值得庆贺，更让我们记住肩上的责任。只要自强不息，坚持向前，妇女一样能撑起国家和家庭的半边天。

在上海退役军人学院成立大会上的讲话

上海退役军人学院成立，我这名鲐背之年的老教师特致衷心的祝贺，对筹建学院成立付出辛勤劳动的同志致以真诚的敬意。

由于组织的信任与厚爱，要我担任名誉院长，我深感无上光荣。与此同时，心情激动不已。

我一辈子从事中小学基础教育。由于党的长期教育，我深切体会到教师的责任大如天。我们的教育对象面广量大，凡生长在我们这块多情国土上的孩子，都要接受基础教育，我们都要教育好。教育无选择性，要教好每一个。故而，我总觉得身上挑着千钧重担，一个肩膀挑着学生的现在，一个肩膀挑着国家的未来。今日的教育质量就是明天国家建设者的德才风貌，我不敢有丝毫的懈怠。因为这平凡的工作寓含着极不平凡的意义，与国家强盛、民族复兴、人民幸福的追求休戚与共，血肉相连。基础教育从事的是人奠基的工作，古话说："三岁孩童映八十。"根子扎得正不正、深不深，往往影响人一辈子的走向。基础歪了，不牢，那就会地动山摇。为此，党和国家对基础教育教师队伍建设十分重视，千方百计提高教师队伍质量。

而今，成立上海退役军人学院，吸收优秀分子培养，壮大教师队伍，是教师培养理念、途径、方式的开创之举、明智之举，我衷心拥护。在我心目中，中国人民解放军至高无上，从开天辟地成立中华人民共和国，到保家卫国，到改革开放建设新中国，到而今的新长征，立下了不朽功勋。如今，退役的优秀分子进入教师队伍培养，这是我们基础教育的幸事。上海先行先试，多方力量汇聚，多方智慧集中，必能取得丰硕成果。

学院举办，近期可逐步缓解中小学教师队伍中性别失衡的困境。我一直认为男女教师各有特点与优势，教育学生要刚柔并济，优势互补，学生耳濡目染，就能健康成长。一般来说，男教师心态开放、思维活跃、坚强勇敢、不畏艰险、对未知事物好奇并执着追求，如若学生从小接触得很少，未获得言传身教，就会阳刚之气不足，乃至缺失，久而久之，那是要影响民族性的。如今，男同志进入教师队伍，这是极大的好事，让男学生身上的优秀潜能可以获得充分发展。

从远期看，以全新的理念与做法培养现代化的“未来型”教师，既破又立，探索更能适应社会发展需要的培养模式，培养出集“一专多能”于一身的全科教师，这是一种大胆的革新，给教师队伍培养与建设增添新的活力，显现中国特色社会主义教育的创新品质。久久为功，必见成效。

习近平总书记说：“教育是国之大计、党之大计。”祝愿上海退役军人学院立足党和国家事业发展全局的高度，用心用力用情办出新水平、新格局、新气象，为上海市中小学基础教育源源不断输送高质量教师，切实落实立德树人根本任务，促进学生德智体美劳全面发展，为培养担当中华民族伟大复兴重任的建设者和接班人做出贡献。

岁月
如歌

由上海教育出版社 2007 年 8 月出版。

奋斗才能生存

1944 年夏，酷暑。肺结核菌终于嚣张地夺走了年仅三十多岁的父亲的生命。白发人祖父呆滞、茫然，母亲哭得泪人儿一般，我们姐弟五人跟着母亲号哭着，家里阴云密布，天塌下来了。

从日寇铁蹄蹂躏我大好河山以来，父亲因带领我们逃难，只能间或做点小生意，但屡做屡赔，囊中羞涩，家境惨淡。然而，他毕竟是个中年人，担着这个家。他撒手而去，家中老的老，小的小，何以为生？姐弟中，我最大，妹妹才一岁。母亲是半文盲，识几个字，勉强能写封简单的信，无能力养家糊口，真是前途渺茫。

父亲的丧事草率办完，家里就商量孩子上学的事。那年，我初中毕业，要不要继续升学，意见不一，求学，不求学，形成拉锯之势。祖父认为女孩有点文化就可以了，家里那么困难，还读什么书，反正将来都是人家的人。母亲从自身的无能为力担当家庭生计的教训出发，期望我能在经济上自力更生，并帮助带领弟妹，虽不敢顶撞祖父，但总反复讲继续求学的重要。再说，我才 15 岁，没办法找活干，更没有门路。伯伯、叔叔、大姨、小姨，一个没有。有个舅舅也患肺病，早已离世。我当然死活要求读书，学点求生的本领。最后，祖父作了让步，只要家里不要负担，可以继续求学。

天无绝人之路。正好江苏教育学院附属师范学校到镇江招考新生，招收的人很少，我幸运地被录取，不仅不要交学费，生活费也全给包了。我有了继续求学的机会，兴奋，高兴，打心底里感谢母亲。

我喜形于色，母亲可不是如此。我一个女孩儿家只身赴苏州求学，举目无亲，她又担心了。于是，反反复复叮嘱我：要活，就要靠自己努力，自己吃苦；凡事都要动脑子想想，要自己管住自己，不能心血来潮；要尊敬老师，友爱同学，做人要有德行，宁可自己受苦，也不能亏待他人……反反复复地说，简直像语录一样，镌刻在我的心中。

其实，何止我一人为求学而奋斗！奋斗是我们姐弟五人的生命线，只有奋斗，才能生存；只有奋斗，才能改变孤儿寡母的命运——这成了我们前进的动力。勤奋学习，刻苦自励，真诚待人，成为我们姐弟力求上进的做人准则。大弟于渤以优异的成绩考取保谦公奖学金，全国一解放，又考取浙江大学公费奖学金，完成了浙江大学电机系学业。毕业后留校，一直从事电力系统及自动化学科的教学、教授、带教研究生，是能源部电力工程类教学委员会委员，任《中国电力百科全书》的《电工技术基础卷》副主编。二弟于洸由于品学兼优，就读高中时就被调到江苏镇江团市委任学校工作部副部长，后又被选送到北京大学地质地理学系深造，边学习边工作，毕业后留校任教，从事地质学方面课程和地质学史方面的科研、教授。他重视课外实践，主编《中外著名山川湖泊辞典》，填补了我国地理学方面的空白。先后任北京大学组织部部长、副校长，首都师范大学党委书记。受教育部委托，从事高等教育史的研究与编写。三弟于渌因品学兼优、成绩优异，高中毕业由国家公费送往苏联国立哈尔科夫大学攻读理论物理。回国后，先后在中国科学院物理研究所、理论物理研究所工作，是交叉学科理论研究中心主任，中国科学院院士，第三世界科学院院士。1979—1981 年，美国哈佛大学、加州大学访问学者。1986—2002 年，在联合国教科文组织、国际原子能机构与意大利政府合办的国际物理中心负责凝聚态物理部工作，成绩卓著。获中国科学院自然科学一等奖、国家自然科学二等奖。小妹于涟，毕业于浙江农业大学，“文革”后调回母校任教，先后任畜牧兽医系副主任，动物科学学院院长、教授。主持并完成研究课题 12 项，其中国家自然科学基金项目 3 项，有两个研究项目在全国处领先地位。多次被评为浙江省和全国普通高校思想政治工作先进工作者。调任浙江省科学技术委员会副主任后，仍坚持带教硕士生、博士生。

五姐弟在家乡接受了爱祖国爱民族爱家乡的人生第一课的教育，迈开了人生的第一步。离开家乡时都是年少稚气的学生，经过几十年的风风雨雨，基本上实现了各自的追求。支撑我们的是奋斗精神、爱国情怀和发自内心的感恩。

我们每个人都很忙，两个人见面，三个人见面，已是了不起的乐事，五个人聚首已是几十年前。但只要碰到，总离不开这几个话题：一是不解放，就没有我们于氏姐弟的今天。人民养育了我们，国家培养了我们，许多认识的、不认识的亲戚、朋友、同行给我们以关爱和支持，在别人撒播的恩泽中成长，只有竭尽毕生精力才能报效一二。二是母训不可违，在任何条件下，顺境，逆境，外物引诱，都要坚持立身，讲究德行。我是中学教师，他们都是教授、研究员，要讲究师德、科学道德。做人有基本准则，贪欲最为可怕，吞噬人性，如果人德都没有，还谈什么师德？三是低调，工作竭尽全力是本分，个人无论是天分、学识还是才能，都是极其有限的，离开了大家，一事无成。为此，我们从不谈自己的工作成绩，从不自我吹嘘、自我摆动。吹、摆，不仅是无聊、小家子气，而且会目中无人，飘飘然，裹足不前。我这个大姐只知弟妹工作的总体情况，具体业绩几乎不知晓。上面说的一些情况还是从家乡报纸的文章《镇江于氏五兄妹》中摘录的。四是重情义，一家有困难，大家帮。互帮互学，互相砥砺。如20世纪50年代我患重症肝炎时，需食较多的糖，个人配给的极少。二弟知道后，在经济十分困难的情况下，想方设法购买到各种各样的糖果，从北京邮寄给我。人与人相交贵在一颗真心，兄弟姐妹之间也是如此，无须言谢，深深情谊寓于其中。

母亲抚育我们，整天缝缝补补，洗洗涮涮，操劳一辈子，等我们长大成人，她又离我们而去，未享到一点福。每想到此，做子女的总情不自禁地嘘唏，深感内愧。但与此同时，又有骄傲之感，母亲善良、宽厚、万分勤劳，给我们良好的做人教育，使我们终身受益。

幼小心灵的震动

“七七”卢沟桥事变后，日本侵略者铁蹄长驱直入，家乡危在旦夕，我就读的薛家巷小学即将解散。一天下午，音乐老师教我们唱《苏武牧羊》：“苏武留胡节不辱，雪地又冰天，苦忍十九年，渴饮雪，饥吞毡，牧羊北海边……”尽管曲调温柔敦厚，节拍缓慢，但老师教得那么激动，边解释边打着节拍唱，边唱边一句句解释，眼中含着泪水，我们这些七八岁的孩子被深深感染了，心中第一次闯进了“祖国”“气节”“亡国奴”这些大字眼，似乎一下子长大了许多。从此，这首歌不断在我胸中激荡，构成了生命的一部分，年轻老师眼含泪水教唱的形象经常在脑中萦绕。现在想来，在中华民族到了最危险的时候，老师是用“心”在歌唱，唤起我们幼小心灵的觉醒。当年的我，幼小的心灵第一次受到如此的震动。就像都德《最后一课》中的小弗郎士一样，这一课，我永远忘不了。

童年与玩耍亲密结伴。踢毽子，跳绳，砌房子，捉迷藏，玩得连头发都潮了也不言累，兴致可以持续高涨。原本大人都不管，这下可不行了，兵荒马乱，日寇的飞机常在头上盘旋。大人总是板着脸，愁云密布，看到我们玩就心烦，叫我们走开，不要闹。一天下午，敌机一直在头上转，警报拉得震天响，我们几个小孩吓得躲在桌子底下。“轰隆”“轰隆”，地动山摇，距离我们家不到 20 米的地方炸开了，父亲亲眼看到飞机侧下身子丢炸弹的情景，吓得说不出话来。顷刻间，火光熊熊，人死屋坍，听大人说，这家姓夏。人没了，到解放时，被炸毁的地方仍然是一片瓦砾。

不逃不行了，鬼子什么凶残的事都做得出来，再来两架飞机，就不可能如此侥幸了。于是，父亲带着老的、小的逃难到一水之隔的乡下新洲。渡船小，逃难的多，挤得哭啊，叫啊，乱成一团，我抱着母亲的腿，不敢吱声。下了船，要走很多路，对一个七八岁的孩子来说，高一脚，低一脚，十分艰难，而且不断被催促着快走。大人有的背着弟弟，有的扛着铺盖，有的提着包袱，累得气喘吁吁，狼狈不堪。

天漆黑，总算看到农舍，也是瓦房，里面有个老太太点盏油灯向外走。我高兴啊，就往门里奔，“啪哒”一下，摔了个大跟头，下巴磕在破砖上，疼得要命，大哭起来。父亲赶忙跑来把我拉起，一看傻了眼，我下巴的血直往外冒。怎么办？拿什么来止血？父亲没办法，只好到灶膛里拿了一把草灰朝伤口压，压得紧紧的来止血。真是遭罪，还不能哭，哭了血就止不住。都是日本鬼子让我吃的苦，不逃难就不会跌这个倒霉的跤，心里恨死了。至今，下巴颏下面还留有疤痕。

被晦气粘住了，甩也甩不掉。到乡下不久，母亲就染上了伤寒。在那个年代，伤寒是重症，乡村缺医少药，父亲愁死了。母亲卧床不起，清水米汤延命，我们姐弟四个几乎无人管。我最大，当然要带领弟弟。小弟弟一两岁，抱他的担子就落在我的身上，可我也才七八岁。只要有太阳，一群孩子总在打谷场上玩，奔跑，打闹，我总是坐在小板凳上抱着小弟弟看他们玩。没有哪个孩子是不爱玩的，我恨不能参加进去野一把。有一天，我看得入神时，把抱在手上的小弟弟忘了，站起来要拔腿跑进去。哐！小弟弟摔在地上大哭，父亲听到哭声，跑过来把我一顿狠打。我虽不服气不让我玩，但还是认了，总不能摔弟弟啊。母亲病重，连话都说不动，每天早上还要对我说：你是姐姐，要懂事，要听话，帮父亲干活。

母亲的病终于有了转机，一天天好起来，高烧退了，能下地走动走动了。谁知突然有一二十个人自天而降，陌生的，没有见过，穿着扎脚裤，腰间扎着带子，手上还有明晃晃的刀。在打谷场上玩得兴致极浓的我们吓坏了，赶紧往各自的家里跑。紧接着，鸡飞狗吠，人声嘈杂，号哭声，吼叫声，乱成一团。折腾了几个时辰，村子安静下来了。听大人说，有好几家遭到了抢劫，有个大户人家的孙子被蒙上眼睛带走了。村子里议论纷纷，那户人家四处托人，忙着救被绑架的孙子。

显然，这儿不是安全地带，又听说日本鬼子要扫荡农村，父亲决定另谋生路。于是，再带着我们悄然返回镇江。家里除桌子、凳子，其他物品已荡然无存，照明电线被破坏，墙壁也被刀劈得乱七八糟。折腾了两年，我和大弟求学事无着落，父亲想方设法联系到居住在上海的一家亲戚，于是和母亲携带我们姐弟赴沪，租借亲戚家一间房子居住，插班读小学。

国家被侵略，遭灾难，普通老百姓家同样遭殃，受罪，童年快乐美好的生活被炮火打得烟消云散。社会现实的教育历历在目，难以忘怀。

求学的艰辛与欢乐

好不容易熬到初中毕业，父亲已一病不起，费了九牛二虎之力移返家乡，不久辞世。父亲临终把我们姐弟叫到床边，吃力地说了一句话——“学点本领，做个好人，孝顺妈妈”，就挥手叫我们走开，怕我们传染上肺病。

我在师范学校就读一年，抗日战争胜利，学校要调整。要继续求学，就须再考学校。回到家乡，私立学校读不起，正好省立淮安中学在镇江临时复校，我与大弟同去投考，尽管录取学生很少，还是考取了。学校在东门外山坡，校舍与设备极其简陋，几间破房子，课桌椅七高八低，总共才几个班级。我家住西门外，每天天不亮就要出门，横穿整个城市，要走十几里路。手里除了书包，还要拎一个饭缸子。所谓书包，就是一块方布包了几本书、几个本子。饭缸子装的是前一天晚上烧的饭，上面放点咸菜或萝卜干，天热吃冷饭，天冷到老虎灶泡一分钱开水，烫一烫。下雨下雪，一身水一身泥，刮大风时，走路像背纤，迈一步都得花相当力气，累极了。即使如此，我们也不缺一堂课，披星戴月出家门，摸着黑进家门，为的是求点知识，学点本领。晚上还要点盏油灯做功课，有时上下眼皮尽打架，睁不开，我曾幼稚地想：如果有根小棒撑在里面就好了，眼睛就闭不起来了。有时功课多，就用冷水朝脸上浇一浇，脑子就不是糨糊一盆，清醒了，做起来速度大大加快。早上当然是起不来，多睡一会儿都是好的。这就苦了母亲，她每天提心吊胆等天明，喊我们起床，烧火煮早饭。寒冬腊月，屋檐挂上尺长的冰凌，我们一起床，母亲就把热气腾腾的泡饭端到我们手上。慈母育儿女的深恩看似点点滴滴，实乃忘我奉献，我没齿难忘。

天天练腿劲，走读了一个学期，学校又搬迁。省立镇江中学在镇江郊区七里甸复校，我于是再投考镇江中学。学校离市里几十里路，不住校无法就读。当时，物质条件极其艰苦，无电灯照明，无自来水，住宿的地方是日本鬼子留下的军营中士兵住的一间间小房间。房间里无床，一个榻榻米（小房间里用木板搭出的高两尺的大方块），十名女同学一间，一人一张小席子，排成两排，铺在榻榻米上。空间很小，睡觉必须文雅，稍不留心，就会“侵占”别人的“床铺”。宿舍里没有一张桌子、一张板凳，面盆、漱口杯都放在泥地上。

因为一无所有，同学之间从不为生活上的事计较，相反，总是互帮互助。天寒地冻，汲水不易。清晨，井边放着一排漱口杯、脸盆，总有同学自告奋勇地为大家提井水。井深，一桶桶提上来，手酸且不说，有时会累得头上冒汗。个子高的不用招呼就一马当先，有时男同学还来助威助阵，有的更是把女同学推开，自己大显身手。欢声笑语驱赶着天空的彤云，驱赶着凛冽的寒气。饮食，谈不到营养，能填饱肚子就不错。饭厅里只有几张破桌子，一律站着吃饭。一周有一次青菜炒肉片或咸菜炒肉丝，就算是美味佳肴了。当然，肉片肉丝屈指可数，绝大部分同学克制与忍让的能力很强，不去抢先。伙食费很低，四周是农田，没有什么小店可买食品，更何况绝大多数同学都身无分文，有几个零钱可花的已被视为“富翁”了。因此，饭与粥就成为目光的聚焦点，尤其聚集了男同学的目光，成为被攫取的“猎物”。女同学一般都来不及添饭添菜，粥桶、饭桶就底朝天了，如果有事去得晚，定要请要好的同学盛上一碗粥或一碗饭。有的男同学把饭堆得高高的，犹如小山丘，上一碗，下一碗。有的男同学总结经验说：“第一碗少盛，两三口吃完，准能盛到第二碗，这时可以多盛。”这不是什么贪婪、狼吞虎咽，都是十七八岁长身体的“男子汉”，需要“养料”啊，因而谁都不会笑话谁。

榻榻米的床爬上蚂蚁是常事，天热少不了蟑螂光顾，逢黄梅季节，连绵下雨，就会出现如杜甫《秋述》文中所说的“多雨生鱼，青苔及榻”的状况。天酷热，蛇虫百脚也会显威。有一天下晚自修，我回宿舍脱鞋上榻榻米，一脚踩在蜈蚣上，被它狠狠咬了一下，脚立即肿起来，疼得难以忍受。同学马上去找管宿舍的老师，老师那儿也没有药。突然有人想到鸡和蜈蚣是对头，鸡是吃蜈蚣的，只要把鸡嘴里的涎滴到被咬的伤口上，就能消肿止疼。有同学说伙房里有个伙夫养了一只鸡。于是，几个同学就半抬半拖着我去到伙夫家敲门，把鸡从鸡窝里抓出来，伙夫把鸡的嘴硬掰开，用手指挖出鸡涎，涂在咬的地方。校园里没电灯，黑灯瞎火，人喊，鸡叫，折腾了半夜。一碰到不测之事，同学中总有好汉站出来帮，一个个讲义气，共患难，真是有情有义。

上课，老师一讲到底。理化课也是如此，没有实验室，老师做点演示已了不起，能激起同学无穷的兴趣。有些老师有学问，课教得十分精彩，师生沉浸在求知的浓郁气氛中，教者敞开心扉，学生学得认真，学得快乐。课堂上也会发生意想不到的事，调皮捣蛋的男同学总要制造点小事出来热闹热闹，我就碰到过一件。有一次上作文课，有个同学恶作剧，偷偷地把我的凳子搬走，我不去找，就站着写。那次是自由命题，于是我就针对这件事大发议论。其实，事属鸡虫得失，没什么了不起，而那时，我竟不知哪里来的那么多意气，也不知哪里来的那么多文思，笔端汩汩滔滔，写下了一篇类似檄文的东西。写好一看，觉得不妙，大概要被老师责怪了。出乎意料的是，老师大为欣赏，在文后批了一大段，至今还记得这样几句："……于生失座，成此佳什，遂使孟嘉落帽韵事不专美于前矣!"此后，偷藏凳子开玩笑的事少了，我很得意，因为其中有我的些微功劳。

晚自修是学校一景。教室里每张课桌上一盏煤油灯，两个同学合用，尽管油灯大大小小、高高低低有差别，但排列整齐，星星点点，远远望去，简直有纳兰性德《长相思》中"夜深千帐灯"的味道。尤为动人的是年轻学子伏案读书求知的情景。既要求知，就不怕艰苦，同学中无人言苦，而是苦中有乐，以苦为乐。知识大门打开，理解、掌握某一定理、某一定律，从某篇文章、某个问题悟到真谛时，自控能力好的会莞尔一笑，无所顾忌的就手舞足蹈，千姿百态，生气勃勃。教室里如果油灯换成白蜡烛，那准是有比较大的事了。期末大考最紧张的时候，教室里常有烛火摇曳；功课突然加码，烛火也随着明晃晃起来。记得毕业考时，英文书一本都须背诵，尽管不厚，但平时只要求背诵部分课文，大家急了眼，拼命开夜车，烛火陪伴。毕竟年纪轻，强记能力强，我居然也就背出来了。强记与熟读成诵不同，前者易忘，后者入心，效果大不一样。

大考结束是最快乐的时候，每个毛孔都放松了，骨头架子也似乎散了板。班班忙着排小节目，说的，唱的，吹奏的，表演的，自娱自乐。最引人注目的莫过于学校组织的学年结束时的文艺晚会。从编导、演出到搬桌子搭台，全由学生担当。夏天的晚上，天空月光倾泻，繁星闪烁，舞台的四角吊着四盏马灯，台下人头攒动，有时屏息谛听，有时笑得前俯后仰。说实在的，舞台上灯光昏暗，表演者的模样不清晰，不过是人影绰约而已，但有的节目迄今竟然还依稀在目。洞箫声音的幽咽，锯琴的冷月诗魂，似乎还在耳畔回响。

暮春三月，江南草长，杂花生树，群莺乱飞之时，三五同窗好友总要去踏青。周六下午不急于回家，总要在田野里撒腿跑一阵。菜花黄了，满眼都是，扑鼻清香，少不得信口悠悠吟诵几句“莫问早行奇绝处，四方八面野香来”“儿童急走追黄蝶，飞入菜花无处寻”，俨然宋人杨万里就在身边。与其说是走路，不如说是跑跳，小河流水潺潺，只要有一两块阶石，都要兴冲冲地站上去，这个弯下腰说“我照镜子啦，美啊”，那个展开臂膀说“看我能站在水上，有轻功”，彼此之间还要做做鬼脸。路旁的树枝有时也很倒霉，手痒时折它一根，甩甩它，装作马鞭子用。心里甜蜜蜜的，那种高兴的劲儿难以言表。这大概是大自然施与年轻人的恩泽，年轻人的旺盛生命力和大自然的蓬勃生机融为一体的缘故吧。

走一路，洒一路欢声笑语，连地上的尘土也羡慕，不时地飞扬。然而，有时我们也会严肃得像历经沧桑的老人。镇江北固山是寒暑假必去之处，老师教的辛弃疾的《永遇乐·京口北固亭怀古》的旋律常在脑中激荡。北固山就其高度而言，不过是一座小丘，由于有厚实的人文、传世的诗词，在我的心目中高大巍峨，有说不尽的滋味。登临山顶，回顾历史风云，遥望滚滚长江，不仅“千古江山，英雄无觅，孙仲谋处”“想当年，金戈铁马，气吞万里如虎”的诗句会脱口而出，而且会立刻联想到《菩萨蛮·书江西造口壁》：“郁孤台下清江水，中间多少行人泪！西北望长安，可怜无数山。”大家感慨系之，忧国忧民的思想充盈胸际。

每当此时，镇江中学校训“一切为民族”五个大字总凸显在眼前。“求学为什么？从愚昧走向文明，就要立志为解救苦难的民族于水深火热之中……”老师激昂的话语揭示了求学的目的，树立起做人的标杆，诠释了校训的内涵。为此，我们风华正茂的学生孜孜矻矻，努力进取，把物质生活的贫乏、艰难踩在脚下，追求精神生活的充实与欢乐。“一切为民族”这五个大字掷地铿锵，镌刻在我心中，成为我铸造师魂的基因。

永恒的怀念

年华似流水。几十年过去，不少事情已经模糊，有的虽搜索枯肠而不可得，有些却历历在眼前，形成永恒的怀念。

童年不识愁滋味，不断编织美丽的生活花环。编织时如痴如醉，犹如沉浸在梦幻之中。我住的小屋里挂着一幅山水画。这只是一幅极普通的画，清晨看到，晚上看到，一天少说看到三四次，竟百看不厌。有时凝神久了，自己也仿佛进入画中，“徜徉于山水之间”，甚得其乐。入了神，自然乐在其中。家里有一部破旧的有光纸的《评注图像水浒传》，一打开，就被一幅幅插图吸引住了。梁山雄伟险峻，水泊烟波浩渺，水面有无边无际的芦苇，山上有一排排大房子……这一切，在我幼小的心灵里好像就是家乡长江边焦山一带。那时读这本书，会不知不觉把焦山一带风景当作梁山泊背景，我似乎目睹何涛、黄安率领的官军在茫茫荡荡的焦山下，在芦苇水港中走投无路、狼狈逃窜的情景，犹如身历其境，真是津津有味。以后年龄增长，也曾重读《水浒传》，虽然理解比小时候深入，但形象却不如那时鲜明。后来才懂得，这就是形象思维的作用，生动的形象可以形成深刻的记忆。

学生时代的生活乐趣，多半来自读书。书，给我广阔的天地，而助我编织许多美丽的生活花环的，竟是一本让人看不上眼的石印本《千家诗》。

祖国的大地山川气象万千，家乡的山山水水也美丽非凡。一年之中，风光流转，阴晴雨晦，丽日蓝天，风云变幻，真是美不胜收。《千家诗》中很大一部分诗歌歌咏祖国风物，按春夏秋冬时序编排，打开书往下念，四季风光就活生生地展现在眼前：“万紫千红总是春”“春城无处不飞花”，“绿树阴浓夏日长”“五月榴花照眼明”，

“青女素娥俱耐冷，月中霜里斗婵娟”，“梅雪争春未肯降，骚人阁笔费评章”……吟诵这些诗句，春花秋月，夏云冬雪，一年四季都沉醉在诗的意境之中。诗句中丰富的颜色给生活涂上了绚丽的色彩：“红紫芳菲”“橙黄橘绿”“黄鹂鸣翠柳”“白鹭上青天”……令人眼花缭乱，心旷神怡。脑海里常常浮现五彩纷呈的世界，陶醉在美的享受中，生活情趣浓郁。写到这里，我忽然想到了董必武的一首咏竹诗：

竹叶青青不肯黄，
枝条楚楚耐严霜。
昭苏万物春风里，
更有笋尖出土忙。

董老此诗放在《千家诗》中也是上好的诗，明白清新，读来朗朗上口。最后的一个“忙”字，大好春光中现一片生机，生意盎然，境界全出。

一本本书如朗朗的明月、闪光的星辰，清辉普照，滋润心灵，令人难忘，而使我更为怀念的是一位位奉献心血与智慧、哺育我们成长的老师。

难忘初中教国文的黄老师。他是位刚大学毕业不久的青年教师，穿着很时髦，戴着一副金丝边眼镜，穿一件很飘逸的长衫，脚蹬皮鞋，西装裤脚管露在长衫外面，与《早春二月》里的萧涧秋很有几分相似。“深蓝色的天空，一轮金黄的圆月，一片一望无际的碧绿的瓜地，就在这月下瓜田的美景下，突然出现了一个少年英雄。这个少年英雄出场是动态的，他手握钢叉，向偷瓜的敌人——猹，奋力刺去……”绘声绘色的描述把我们这些十三四岁的孩子带入了月下瓜田的美景之中，与文中的少年闰土分享快乐。讲着讲着，黄老师的语调深沉起来，说到中年闰土时，他哽咽了：“那是怎样一个苦人儿的形象啊？泥塑木雕一般，生气全无，原本圆活红润的手而今像松树皮一样皴裂，我似乎看到他手的裂口在往外渗血……”我低着头不敢看老师，害怕老师流眼泪。然后，他又调整一下站立的姿势，剖析少年闰土和中年闰土为何判若两人，说得头头是道，我们很信服。我这个学生本不用功，上课常备两本书，上面一本教科书，下面一本小说，老师教得好，就认真听；教得无吸引力，就偷偷看小说。这位老师的课深深感动了我。每堂课他都那么全身心投入，与文中的人同悲同喜，那种眼神、那种手势、那种语调经常在眼前晃动，在耳边萦绕。他哪是教课？他是走进教材，身历其境，自己感动，然后再向我们放射文字波、情感波。不用老师管教，上语文课我自觉少了一本书，凝神谛听，专心阅读。

事物总是相互联系的，黄老师的课那么吸引我们，不仅在于课内的歌唱，还在于课外的乐章。他那么喜欢我们这些幼稚的不懂事的孩子，下课从不匆忙离开教室，总是和同学谈这谈那，今天这几个，明天那几个。如果下午最后一堂课是语文，谈的话资就更多了。谈得最多的不外乎是课外阅读，那里有斑斓的世界，迷人的风景，无穷的乐趣。讲到刘延陵的新诗《水手》，他会情不自禁地朗诵起来："……他怕见月儿眨眼，海儿掀浪，引他看水天接处的故乡。但他却想到了石榴花开得鲜明的井旁，那人儿正架竹子，晒她的青布衣裳。""你们看，多好，多好，远离故乡的水手对他心上人的怀念，至诚至情，鲜气扑人，火红的石榴花与青布衣裳色彩鲜明，像幅动人的画，意境朴素清新。"讲得忘形之时，又会朗诵起课上教的田汉的《南归》："模糊的村庄已在面前/礼拜堂的塔尖高耸昂然/依稀是十年前的园柳/屋顶上寂寞地飘着炊烟。"老师进入了角色，那深深感动的神情凝注在眼睛里。如今稍一回忆，那对深沉的眼睛还在放着异彩，它里面储藏着对文学的多少热情多少爱啊！

难忘教我们高中国文课的赵老师。他上课别说备课讲义没有，有时连课本都不带，学问全在他肚子里，上课时只要调动调动，就一套一套出来了。他教课不讲究方法，经常的情况不是眼睛看着天花板，就是朝窗外看。我们女同学少，总是靠边坐一排，他从不管我们。奇怪的是大家都全神贯注，生怕他说的话被遗漏。清晰地记得教李密的《陈情表》时，他一句不看，但逐句疏通，脑子里好像刻着文章。讲到“外无期功强近之亲，内无应门五尺之僮，茕茕孑立，形影相吊”，他右手食指摇晃着，大声说，“茕，茕，不能读错，也不能写错”，接着在黑板上写个大大的“茕”，“和‘贫穷’的‘穷’一个读音，字的下部是‘卂’，不能看走眼，看成‘凡’，不是撇，是竖，笔直的，笔直的。‘茕茕孑立’就是生活孤单无靠。”说着说着，还做个笔直的姿势，生动啊！我一下子就记住了。整篇文章读读讲讲，委婉恳切，李密与祖母相依为命的情意表述得感人至深，我们进入孝感动天的情境，深受感染。

赵老师教诗词更是一绝。不同风格的诗词到了他的嘴里都会风采别具，余音缭绕。曾经有人说过，人生最快意的事之一是用家乡音调引吭朗诵诗词。我的家乡话是很悦耳的，抑扬顿挫，富于音乐性，尤其是读诗词，颇具歌唱的韵味。赵老师吟诵李后主的《虞美人·春花秋月何时了》：“春花秋月何时了，往事知多少？小楼昨夜又东风，故国不堪回首月明中……”故国之思，凄楚之情，随着音调的传播，弥散在教室里，令人心酸心颤。有时，我们简直分不清他是亡国之君李煜，还是赵老师。用现在的词儿来说，大概就是进入作品、进入作者的境界了吧！教辛弃疾的《南乡子·登京口北固亭有怀》却是另一番景象。“何处望神州？满眼风光北固楼。千古兴亡多少事？悠悠。不尽长江滚滚流……”老师朗诵时头与肩膀左右摇摆着，真是悲歌慷慨。我们这些做学生的，爱国情怀油然而生。从此，我也就深深爱上了辛弃疾的词。此后我每次登上满眼风光的北固楼，望着滚滚长江水，回顾千古兴亡事，总是感慨万千。不用说，这首词我至今还能背得滚瓜烂熟。

难忘高中的数学老师毛老师。高二学范氏大代数，学原版的。开始，毛老师用汉语教，逐渐，教学用语全用英语。数学和语文、历史不一样，词汇量毕竟不多，一下子我们都能听懂。毛老师很严肃，不苟言笑，但课教得极好，同学们都崇拜他。他的课一清如水，思维之敏捷，思路之清晰，语言之简练，推理之严密，令人叹为观止。什么叫析薪破理，什么叫要言不烦，一语破的，听数学课的实践让我领悟到一二。非常奇怪，他的话语像钉子一般一颗颗敲到记忆里，解题的逻辑顺序犹如春夏秋冬季节的转换，有条不紊。我的逻辑思维能力的培养非常得益于毛老师的数学课。那时，课后练习题不过三至五道，但典型，能以一当十。这些题多能举一反三，与现在的学生常在题海中沉浮比，真是一种幸福。教解析几何的也是毛老师，坐标画起来笔直，无须用直尺；画几何图形时，可以不用圆规，不用三角尺。老师赤手空拳在黑板上一画，这种过硬的基本功就把我们学生给镇住了。

有一次毛老师把我喊到办公室教育了一番，我大哭一场。事情是这样的：期中考数学，同桌的女同学考前要我帮帮她，免得再不及格。同学之间总要讲点义气，考试时我就把有道题的解法写在纸条上。正把纸条递给她时，老师发现了，一把抓走纸条，我俩都吓坏了。试卷发下来，两个零分。同学觉得对不起我，我也只得自认倒霉。谁知毛老师还不罢休，把我找去说了一顿。有几句至今我还记得："你这是帮助同学吗？歪门邪道。她有困难，不懂，你可以跟她一起学，讲给她听，还可来问我。用这种投机取巧、不诚实的方法，不是帮她，是害她。你好好想想。"离开办公室时，他又加了一句："学习和做人一样，老老实实，懂吗？"这件事我记了一辈子，老师关心学生，不只关心学习，更关心做人，不让纤毫灰尘污染学生的心灵，告诫我们见微知著，千万不可大意。从此，我做任何事都要想一想：是否"老老实实"？是否想"投机取巧"？

难忘教我们大学一年级国文的方令孺教授。大一国文是必修的基础课、大课，有一二百人。我是 1947 年夏考进复旦大学的。那时，升国立大学很难，听说报考学生 1.2 万人，仅录取 500 人。至今我还记得国文考卷的命题。一张卷子没有几个字，内容是两个部分。第一部分考文学常识，要求考生按提供的"一、两、三、四、五、六、七、八、九、十"为字头，写出 10 个中国名文或名著的篇名或书名；第二部分是一篇作文，记叙之类，不难。当时只能填写出六七个，如《两都赋》、《三都赋》、四书、《五蠹》、六艺、《七发》、《九歌》等。四书，就写明《大学》《中庸》《论语》《孟子》；六艺，写明《易》《诗》《书》《礼》《乐》《春秋》。其他不知道，从未读过。后来听说能写对几个就算不错了。那时，报考的学生很少花心思猜题、押题，因为怎么猜也猜不到，题目年年变，无固定模式。再说，信息不灵通，前几年考什么，不清楚，主要靠自己打基础。

方令孺先生是教授，也是作家，专攻新文学。老太太头上总是盘着个辫子，说话慢条斯理，温文尔雅。大学上课和中学教课不同，有时是海阔天空，漫无边际，好像一张捕鱼的大网，一个个网眼处有许多亮晶晶的鱼儿在蹦跳，老师旁征博引，信手拈来，引导我们超越阅读的具体文章，认识世事，了解人情，视野一下子拓宽了。有时，她和章靳以教授一起来上课，我们感到十分新鲜。他们都是教授，都是作家，都善于写散文。一次，两人在课堂上对谈写作散文的技巧，幽默有趣，谈笑风生，课堂后排坐着的一些同学不请而站立起来，身体往前倾，那种专注的神情拍摄下来真是极美妙的艺术照。求知是辛苦的，但心不累，老师的教学不拘一格，快乐伴随在学习中。

我怎么也没有想到方教授在课上会大讲我的习作《老妪李氏》。修大一国文，还得写两三篇作文。我循规蹈矩，准时交给老师。心想不过是练练笔而已，那么多学生，老师哪有时间仔细批阅？没有想到方教授竟然一篇篇看。说实在的，文章是用心写的。李氏老妪确有其人，善良，宽厚，勤劳，朴实，胸中虽无点墨，但遇事不惊，遇难不避，我打心眼里尊敬她，佩服她。教授以此为据，大大讲述文学创作的要义，怎样结构情节，怎样描述人物、塑造性格，人物语言如何把握，最后聚焦到一个字：真。这仅是一篇普通的作文，从如此高度来分析，我受宠若惊。具体怎么剖析已记不清楚，但写作要求真，做人与写作相通，真心实意至为重要，我永记心间。这年国文课成绩得了80分，我喜出望外，熟悉的同学也很羡慕。那时的分数不廉价，老师笔下绝不轻易写个“8”字。

难忘教中国通史的周予同教授。周先生的课也是大课，一二百人，在复旦大学子彬院楼下的大教室里上。上他的课，许多同学都忙着抢位子，抢在前排坐。周先生一节课教下来，黑板上的字满满的，角角落落不留一点空隙，边讲边写，好像从心里流出来的一般，熟透了。如果坐在后面，有些板书就看不清楚，因此要抢占前排。中国通史既然是“通”，一般都要从远古教到清亡。周教授教通史与众不同，他用的是深入挖掘、精雕细刻的办法，先秦那段经学教得细致、周详。许多史实课本上是没有的，周教授脑子里好像有资料库，一一翻展出来，井然有序。毕竟与那个时代距离两千多年了，单是人名、地名就那么难记，那么拗口，周教授讲起来却极其顺溜，如数家珍。由此，我也悟到了什么叫作学问。读书不是浮在表面，要抓住某些问题，如采矿一样，须深入下去，寻根究底，弄个究竟。一学年下来，课课都内容丰满，见解精辟，但这通史的课只"通"到秦汉，秦汉以后的要我们自己学习，自己掌握。从中我懂得了：大学的课不仅要有广度，而且要有深度；课给学生提供严谨治学的榜样，真想读书，路就要自己走。至今，周教授一手漂亮的板书，板书的布局安排，仍深深印在我脑海里，它给我们学习、复习提供了很大帮助；他学识底蕴的厚重，记忆力的超群，常令我们钦佩不已。

难忘教我们世界教育史的曹孚教授。世界教育史是选修课，在小教室上。由于学生少，曹教授对我们很熟悉，课前课后与我们平等交谈，很和善，一点架子也没有。学生宿舍和曹教授家距离不远，常看到他提着篮子买菜或提着瓶子买酱油买酒，更觉得他和我们学生一样，是常人，因而思想感情上也很有亲近之感。天逢下雨，他总戴一顶铜盆帽，穿一件米色雨衣，脚蹬一双套鞋来上课。讲课时会习惯性地把左手叉在腰间，右手伸直指着黑板。于是，构成了一幅生动有趣的画面：帽子是茶壶盖，左手叉腰是茶壶把，伸直的右手是茶壶嘴。于是，学生亲昵地称他为"茶壶老师"（因"曹孚"与"茶壶"可谐音）。当然，大家只敢背后讲，当面是不敢吭声的。不过，路上若碰见，同学之间会轻轻说一声，"看，茶壶老师"，然后，相视一笑。其中绝无丝毫不尊重，而是感到亲切、亲近，师生十分友好。

曹教授教世界教育史时，手无片纸，口若悬河，各个国家教育的发生、发展，特点、利弊，讲得具体生动，有理有据，似乎他在那些国家办过教育一般。学生没有教科书，全靠记笔记，不仅听时要全神贯注，而且笔记要记得快，记得清楚。两节课下来，手的肌肉紧张得都会抽筋，臂膀也酸得够呛。一学期结束，两本厚厚的笔记。考试结束，曹教授向我索取笔记，没多久，就以此笔记为基础，出了一本

《世界教育简史》，书的扉页上写着“于漪女棣指正　曹孚”。我如获宝贝，珍藏起来。可恨“文化大革命”抄家，书都被抄走，从此踪迹全无。书被劫走，但老师传授给我的知识与智慧是永远不可能被劫走的，老师的博学多才永远是我学习的榜样。

中学求知，如驾轻舟徜徉在湖面上，湖水晶莹澄澈，令人心旷神怡，又如棹扁舟在清溪上荡漾，两岸风光旖旎，美不胜收，忽又溪回路转，柳暗花明，教人应接不暇。大学求知，则如临广阔无垠、烟波浩渺的知识海洋，时时令人望洋兴叹，但有时又有乘长风破万里浪的感受。在老师的教导下，自己成长起来，似乎心胸日日宽广，丰富的知识“给我狭窄的心，一个大的宇宙”（冯至《十四行集》）。此时此刻，怎能不深深怀念引领我们永远前进的可敬可亲的老师？师恩浩荡，刻骨铭心。

初遭疾病的磨难

1951年夏，面临中华人民共和国成立以后大学毕业生全国统一分配的大事。全市所有高等学校毕业生集中到上海交通大学学习，为期一个月。听首长报告，讨论形势与任务，对照自己，写思想小结，表决心。所有的活动最后聚焦在六个字上：“服从统一分配。”对有些学生来说，家在上海，家境又好，服从统一分配，到祖国最需要的地方去，是有相当难度的。对我而言，没什么困难，有工作就满意，能读完大学已极其不容易。

一批批名单公布，我怎么也没有想到自己竟然被分配在上海，更没有想到被分配到华东人民革命大学附属工农速成中学。学生有干部、战士、劳动能手，大部分学生比我年龄大。我不是中文、数学等专业毕业生，是学教育的，却要我教文化班。其实，文化班就是平行班中文化程度最低的，主要教识字。即使如此，上第一课我仍然十分紧张。学员有革命经历，尊师重教，有的站起来回答问题，先立正、敬礼，再述说自己的看法，我深受教育。

就在教坛上邯郸学步之时，病魔突然大举袭击。严重的溃疡病，吐血，便血，缠绕得我无法正常工作。那时，医生对消化道溃疡病的认识缺乏科学的依据，因而治疗也就东一榔头西一棒子，瞎折腾。我失血过多，须输血；输血，舌头麻，发高烧，说胡话。说必须用饮食疗法，才能让溃疡修复，于是吃4个月的流汁、菜汤、米汤，瘦得像人干，一丁点儿力气都没有。说溃疡与脑神经有关，是什么“应激状态”，于是采用封闭疗法，很长很粗的针从背下部扎进去，把胃封闭起来，隔断胃与脑神经的通道。又说溃疡本身难以治愈，难以消除，要靠外界力量帮助。当时流行“组织疗法”，从国外引进的，什么壁虎组织液、鸡血组织液，往身上注射，有什么效果，不得而知。

我首次尝到了病痛对人的折磨。“痛”伴随着日日夜夜，我简直已体会不出胃不痛是怎样的感觉，唯一期盼的就是病痛早日离我而去。

用现在的办法来治，根本就不可能这样折腾。1979 年，澳大利亚科学家巴里·马歇尔和沃伦发现消化道溃疡这类病是由幽门螺杆菌引起的，马歇尔在 1984 年不惜“以身试菌”，得到验证，这才彻底改变了人类对这一类疾病的认识，造福全世界数以亿计的患者，消化道溃疡也因此成为可治之症。当我看到报载 2005 年这位“幽菌之父”马歇尔获得诺贝尔生理学或医学奖的消息，心情分外激动。往事并不如烟，那些病痛的状况还埋在记忆里，想到那些，背上会冒凉气。我钦佩科学的发展造福人类，更钦佩马歇尔追求科学真理，为解除病人苦难，“以身试菌”的无私奉献精神。

祸不单行。溃疡病还未治愈，肝炎又来光顾。由于医疗方面缺乏常识，我总以为是胃病，难受，恶心，年三十晚上进医院，立刻被隔离起来，人平躺都气喘，黄疸扩散。一个人被关在一间小病房里，除了医生检查、护士打针外，什么人都见不着。有一天，我吓坏了，六位医生来，领头的是主任，说要把肝钩一点出来化验。病人无发言权，何况我是重症病人，经常有名护士陪伴在我床边。我只得听从医生安排。先在胸部消毒，然后用一把锃亮的钻子在两根肋骨之间钻洞，再后要我屏住气，不能呼吸。就那一刹那间，似乎心肺都被扯了出来，那种疼痛无法形容，只有自己知道。事前医生一再嘱咐，不能喊叫，不能动，否则易大出血。忍着，忍着，头上尽是冷汗。随后，肝区部分压上沙袋，身体下面垫块棋盘般的硬板，二十四小时一动不能动，当然更不用说翻身了。这就是肝脏穿刺，真是痛苦不堪。

严格按照医嘱办事，我竟然逐步好了起来，从一人住的小病房移到三人住的大病房。我简直没有想到工作后的第一课是疾病的磨炼。好一点，差一点，再好一点，更严重一点，好似拉锯战，生命在和疾病不断地搏斗。搏斗中锻炼了意志，锻炼了韧劲，锻炼了一种坦然的心情。生死就那么回事，无论遇到什么困难，什么挫折，既不能张皇失措，更不能精神崩溃，只要有一线希望，就要努力，一步一步往前走。

课当然无法继续教，较长时间只能半天工作。于是，我到图书馆管理图书，登记，分类，编目，出借，整理。开始比较生疏，但因祸得福，能与书为伴。

住医院最大的乐事是读书，读历史，读小说。列夫·托尔斯泰的《安娜·卡列尼娜》《战争与和平》《复活》，细细读、慢慢想，走入作品，安娜、列文、娜塔莎、库图索夫、马丝洛娃、聂赫留道夫等一个个鲜活的形象犹如站立在眼前。我由衷地佩服文学大师文字的功力，怎么会观察得如此精细，对人的内心世界了解得如此入木三分？俄国的、法国的、美国的、德国的，什么小说都看，域外风情、域外生活也就略知一二。有一个时候就专门读剧本，纸上看戏，也别有风味。郭沫若的历史剧一天读一本，精彩片段朗诵几句，俨然成为剧中人。有些问题脑子里一下子化不开，就存放在那儿。如曹禺的名剧，为何总宣传《日出》《雷雨》，为何不大宣传《原野》？深层次的原因是什么呢？抗日战争的小说、反德国法西斯的苏联卫国战争时期的小说，几乎是出一本读一本。我常为书中的故事激动不已，那种对祖国的忠诚、对革命事业的执着、置个人生死于度外的大无畏精神常萦绕在我脑际，有时难以入睡。正如俄罗斯小说家邦达列夫所说："一个人打开一本书，就是在仔细观察第二生活，就像在镜子深处，寻找着自己的主角，寻找着自己思想的答案，不由自主地把别人的命运、别人的勇敢精神与自己的个人性格特点相比较，感到遗憾、怀疑、懊恼，他会笑、会哭，会同情和参与，——这里就开始了书的影响。所有这些，按照托尔斯泰的说法就是'感情的传染'。"读书对人的影响力，对人的熏陶、感染、塑造有极其重要的作用。

可惜的是，我当时的身体太差，不能多用心思考；如果身体好一点，用功阅读，读些理论，读些文史哲经典，今日的文化底蕴就会厚实一点。人是没有后悔药好吃的，在人生征途中回顾过去的步履，总觉得稀里糊涂的时候不少，要是清醒一点该多好啊！

“放卫星”的闹剧

1957年下半年，工农速成中学停止招生，要向普通中学转轨。我因学教育专业，希望能调到师范学校教相关的专业。1958年初终于成行，调到上海市第二师范学校。这所学校十分美丽，占地近140亩，是上海市人民政府兴办的第一所中等师范学校。中轴线上是教学大楼、荷花池、有400米跑道的操场，房子是红砖红瓦，檐外翘，大屋顶，树木成行，绿草如茵，一看就令人喜欢。

接待我的是位副校长。他说，学校缺教师，但教育学、心理学、教材教法等专业课不缺，缺历史教师，课排好了，就等老师来上课。副校长要我教六个班级师范二年级的中国古代史，每班3节课，每周18节课。开始，我有点犹豫，身体刚好一点，承担得了吗？那时上课基本上是“满堂灌”，教师讲，学生听，学生记，一讲到底，每节课50分钟，3节课如果连排，就是近3个小时。再说，虽有教材，但上课可不能照本宣科，要补充，要用观点统率材料，进行分析。要分析得有理有据、娓娓动听，学生信服，课前须下相当功夫。更何况，我不是学历史这个专业的，教起来肯定是千疮百孔。继而一想，也好，教历史就要学历史，我本来就有兴趣。一个偶然的机会，一位出版社同志要我为少年儿童写点历史小故事。于是，我花时间读了一点书，写了两本历史小故事的书，一本是《春秋战国的故事》，另一本是《明清的故事》。前一本画插图的是当时有名的画家董天野，10个小故事，10幅插图，封面是彩色的，很好看。尽管书是薄薄的两本，但毕竟花过功夫，这也就是我改行教历史的微薄基础吧！反正可以边教边学，边学边教。

教了没多久，社会上就刮起了“大跃进”的风，风越吹越劲，越吹越猛，学校当然不能幸免。先是教育革命要革到学科，要踢开教材搞革命，每个学科教学要大胆“解放思想”，要学粮食“亩产万斤”一样“放卫星”。历史学科到底怎么放呢？人人要说想法，而且要用彩色海报画出来，表达“革命的想法”。中国古代史教材是以朝代的更迭为线索编写的，怎么“破”这个框框呢？我们讨论来讨论去，翻看报纸杂志上的消息。有文章说，历史书是帝王将相的历史，须翻个底朝天，历史是怎么进步的？主要是农民一次次起义推动。于是，我们想出个办法：把教科书上的一次次农民起义串联起来教。哪里有压迫，哪里就有反抗。反抗，造反，逼迫统治阶级退让，农民有了土地，生产就发展，社会就会有进步。所以，农民起义是社会发展的真正动力。至于经济、文化等，均不作讨论。

农民起义在社会发展中当然起相当作用，但封建社会的历史不能和农民起义简单地画等号，不能说“中国古代史（封建社会）= 农民起义”。讨论时，一位年长的历史教师总是不开口，显然，他有看法，但又不便说。问他，他总说：“我不懂，你们试吧。”历史极其丰富，历史现象十分复杂，要认识历史规律不是一件简单的事。我们既没有作任何潜心研究，又没有大量足以佐证的材料，就大胆地删减教学内容。想的只有一点，要改革，改革才能“放卫星”。报纸上天天登载的是粮食超量生产，照片上是小孩站在庄稼上；登载的是某某名校推倒旧教材，学生自编教材，质量大大提高。风越吹，胆越大，行动也“果断”起来。

于是，我们组织几名学生一起编农民起义的文字材料，并花大量功夫制作幻灯片。如陈胜、吴广起义的始末，赤眉、绿林起义的经过，黄巾起义的特点等等，都是在大家认真准备、情绪高涨的情况下绘制的。放幻灯时要讲解，先是教师充当讲解员，然后训练学生，让学生充当讲解员，讲解力求生动。历史课成了放幻灯课，名为用形象的教学手段。这样一来，从内容到表现形式都改革了，“卫星”放到天空。然而，这些内容连在一起教，出现了这样的情况：历史课就是冲冲，打打，杀杀，再冲冲，打打，杀杀。这就是一部文明史吗？忙得厉害，没功夫深究。尽管当时放幻灯的条件很差，与今日多媒体制作声、像、色俱全相比，简直是两个世界，但学生看起来还是觉得新鲜，有滋有味。学生毕竟是学生，关键在往哪里引。要不要讲点科学态度？要不要尊重历史？今日回想起来，确实是一场闹剧。什么叫“放卫星”？胡思乱想，信口开河！说幼稚还情有可原，实质是自己根本不能也不会独立思考，追风，跟着起哄，不尊重科学，热热闹闹犯错误。

其实，何尝只是学科教学领域的胡闹？紧接着，学校也要大炼钢铁。所有的课全部停下来，全校师生齐动手。学校里可以炼钢的东西，教室、宿舍楼、厕所里所有的铜把手、铁把手，包括门轴，只要是铜的、铁的，都被拆之一空，投入炉中，付之一炬。一时间，学校里炉火熊熊，一个个炼铁炉、炼钢炉登台亮相。相伴出现的，是门窗一个个洞，没有一扇门是可以关严实的，所幸那时没什么“贼”，否则，学校安全不堪设想。白天炼，晚上炼，确实炼出一团团黑黢黢的东西，是铁，是钢，还是渣？不得而知。但是，还是作为成果，送到展览会上展览了。

我被分派的任务是跟着班级学生拆墙，捡砖，运到学校砌炉子。不仅要拆学校里的，还要和学生一起拉着小板车到外面去找断墙残垣。那是很辛苦的，白天干了不算，晚上还要拉小板车在马路上奔跑。哪怕是残垣废墟，碰到是私人的，就得争执，就得大费口舌。身体吃不消且不说，脑子里也有想法：怎么可以去拆人家的东西？这炼的真是钢吗？但不敢说，因为谁都不说，都在热火朝天地干。况且，自己也认为我们国家太需要钢了，要不受人欺侮，就要加紧生产，钢铁产量必须大大增加。

还有不可思议的事是开垦校园，把大块大块草坪开垦为耕地种庄稼。要求“深耕”，掘地三尺种红薯。这一决策可说是工程浩大，先把草坪铲除，再人工一锄头一铁锹地挖土。肥料从何而来？挖沟泥。学校有条小沟，与学校外一条小河相连，把小沟里的水戽到校外小河里。工具是脸盆，每个住读生拿自己的脸盆，站成“一”字形舀水，传递，再戽出去，很壮观，简直是愚公移山的样子。水戽得见沟底，就把沟底泥挖出来，投到新开垦的土地上。别说一个个学生都像泥人儿，就连那舀水的脸盆也面目全非了。歪的，斜的，搪瓷也都脱落。

这么宏伟的场面，迄今为止，我也没弄清楚是上级指示这么办，还是学校领导的“创造”。原来花园般的学校已改变面貌，除了教学大楼、宿舍楼，如茵的绿草不见了，花坛不见了，代之而起的是形态各异的小火炉，大片大片的旱地上堆了不少黑泥。整个过程一呼百应，人人上阵，组织指挥的力量也真是了不起。

紧接着，各班学生又在教师的带领下到郊区农村战“三秋”，抢收，抢种。令人不能理解的是，村里办一个大食堂，村民吃饭不要钱，可敞开肚子吃。学生都是十八九岁的师范生，有的问：这钱是谁付啊？吃光了怎么办？没有人搭腔，也没有人解答。我们师生当然是付伙食费的，劳动锻炼了半个月，拉练步行回学校。返校后还要做大战“三秋”的总结，挑灯夜战写体会。

教师、学生在体力劳动方面着实锻炼了一番，但文化学习是丢在一边了。钢没有炼出来，深耕的地产的红薯只有胡萝卜那么大。大家似乎也不放在心上，视若无睹。

当时，每个做法我都是从绝对相信开始的，但在干的过程中又会产生种种困惑。解答的办法几乎千篇一律：自己水平低，慢慢就会懂了，只管做就行。真是盲从得可以，盲从得心安理得。

“门”在哪儿

党支部书记找我谈话，我又改行教语文了。

谈话十分简单，两分钟。我说我不是学中文的，教，有困难。他说：“你不大学毕业了吗？”我说：“隔行如隔山。”他说：“工作需要。‘在战争中学习战争’，这是最高指示。”一锤定音，我无话可说。我又央求：“让我参加进修好不好？”“工作这么忙，自己抓时间自修。”三言两语，我就进了语文教研组，教高中二年级。

“隔行如隔山”，这话一点不假。一捧教科书，难题就来了。文言文可串讲，过去老师就这么教我们的，现代文怎么教？学生基本能看懂，教什么？首先须认真备课，读懂教材，读通教材；其次是向高手求教，向高明的教师求教。对我而言，除了上述二者外，还得老老实实打中文的底子，补先天的不足。b、p、m、f 不认识，没学过，得从汉语拼音学起；只粗知英语语法，汉语语法没学过，不得不用双倍乃至数倍的功夫学习，从语音、语法、修辞、逻辑到中外文学史，到阅读一定数量的中外文学名著，以文学史为纵线，以各个时代重要的作家作品为横线，纵横交错，再旁及其他，力求在两三年内把中文系的主要课程捋一遍，增添一点教学的底气。为此，拼命挤时间学。那时，一周有两个晚上政治学习，回家总得九点半以后。每天晚上九点以前备课，改作文，九点以后学习，自修，咬着牙学，天天明灯陪我过半夜。不学，上课就没有发言权。

备课这一关不好过。有的老教师手握两支粉笔，挟本语文书，就去上课了，轻松得很。我却包袱沉重，总觉得丈二和尚摸不着头脑。清晰地记得第一次备鲁迅小说《药》的情景。小说第 1 段开头是这样写的：“秋天的后半夜，月亮下去了，太阳还没有出，只剩下一片乌蓝的天；除了夜游的东西，什么都睡着。华老栓忽然坐起身，擦着火柴，点上遍身油腻的灯盏，茶馆的两间屋子里，便弥满了青白的光。”读到“除了夜游的东西，什么都睡着”这句时，我就被卡住了。一个“着”字四个读音，在这儿该怎么读呢？读轻声 zhe，句子压不住；读 zháo，应该后面还有个“了”，读起来就更顺妥。那时没有教学参考书，翻阅了好些材料，抓不到准确的读音。做老师总不能蒙学生，碰到吃不准的地方就绕道走，含糊过去。想到这点起码的责任，我就继续翻检。最后，在鲁迅作品英译本中找到“all was asleep”，而不是“sleep”，才吃准了读 zháo。再说，二三十年代的白话与现在的有不少区别。查一个字的读音都那么难，更别说一篇篇文章的来龙去脉了。

备课，必须一丝不苟，把教材吃透。我给自己立了个规矩，要独立思考，刻苦钻研，力求自己真懂。要培养学生的阅读能力，就须先培养自己的阅读能力。每备一篇课文，总要查清时代背景，推敲词句，理清作者思路，脑子在课文里来来回回走。从语言文字到思想内容，再从思想内容到语言文字，追根寻源，弄清三个问题：这篇文章写什么？怎么写的？为什么这样写而不那样写？三言两语能够准确地拎出来，毫不含糊。哪怕是一个词语、一个句子，也要反复推敲、咀嚼，从不同角度思考，肯定，否定，再肯定，再否定，脑子里始终有思维的火花。比如被鲁迅誉为“西汉宏文”的贾谊的《过秦论》，文采斐然。这种政论散文洋溢着对国家前途的忧患意识，铺陈渲染，充满政治家的睿智。备课时就须弄清历史事实，弄清议论的锋芒所在。文章先竭力夸张秦国力量的强大，又述说一朝败亡的迅速，以强烈的反差突出“仁义不施”是必然败亡的原因。贾谊写《过秦论》的意图就是告诫汉初统治者吸取历史教训，鉴古知今，施行仁义，安抚百姓，巩固帝业。然而，仅仅抱住这一点还不够，文章的结论是：“仁义不施，而攻守之势异也。”可理解为秦因不施仁义，由强盛变为衰败，攻守的形势发生变化。这仅是粗知大意。读一读《过秦论》中篇，就可较为深入地理解。中篇中有：“夫并兼者，高诈力；安定者，贵顺权；此言取与守不同术也。”“异”为“不同”。攻取天下与守天下谋略应有所不同，秦不知，未能顺应时势。故而文中提出施行仁政的同时，就指出"攻守之势异也"，须改革时政，方能巩固帝业。因此，教，只是《过秦论》上篇，但要懂，还得把中篇、下篇读一读，领会作者的恢宏气度和良苦用心。

为了备好一堂课，我常常花十个小时、二十个小时，乃至更多的时间。经过上百篇教材课文的独立钻研，我开始尝到了庖丁解牛的滋味。何处是经络，何处是骨骼，脑子里比较清晰。拿到一篇文章，作者的思路，书写对象的来龙去脉，语言文字运用的匠心，就有了一点看清楚的穿透力与判断力，而不是茫茫然，无目的、无方向了。我总觉得别人分析教材写的资料，是别人潜心研究所得，对我来说，总隔了一层，只有经过自己独立钻研，所得体会才是真切的。犹如不知名的小花，虽不名贵，但植根于土壤，有活泼的生命力。拿自己的真切体会指导学生学习，就不会沉迷于空洞的概念、大话、套话，学生就能真正受益。

自己钻研的同时，还必须向高明的教师求教。当时我最大的愿望，也是最强烈的愿望，就是听老教研组长的课。这位组长徐老师琴棋书画都行，写得一手漂亮的字，棱是棱，角是角，很有骨力。可课堂是不能随便进的，不得到别人的许可，不能贸然走进别人课堂去听课。我多次向徐老师提出，他总摇摇头，不应允。于是，我采用了"感动上帝"的办法，把教研组的清洁卫生工作全部包下来。我年轻，扫地，擦桌子，拖地板，打开水，倒痰盂，对我来说轻而易举，不过早一点到学校，花点力气而已。给一二十个教师的办公室提供清洁舒适的环境也是我年轻教师应尽的义务。

然而，"上帝"未被感动，我仍然没有获得听课的许可，冷不防地徐老师倒突然来听我的课。我推开教室门，看到他坐在教室最后的一张椅子上，一脸严肃的神情。我因为毫无心理准备，腿不由自主地"弹起琵琶"。要知道，听课不怕外行，就怕内行。俗话说，外行看热闹，内行看门道，我这个初来乍到，语文门道一点也没掌握的人当然害怕别人听课。好不容易，我才定下神来开始讲课。我清晰地记得那天教王愿坚的小说《普通劳动者》，对作品中的"将军"和士兵"小李"进行人物分析。学生能认真阅读，静心听讲，我自认为讲得还是有条有理的。

课后，他找我谈，说了板书、条理、教学语言几个优点外，郑重其事地说："语文教学的大门在哪儿，你还不知道。人物形象分析是这样贴标签的吗？什么热爱劳动，平易近人？"我的头突然"嗡"的一声，炸开了，犹如五雷轰顶，我一下子就蒙了。定了定神，我向他请教该怎么教，他金口难开，又不吭声了。从此，再也不提课该怎么上的事。他寡言少语，大家都怕他。如果说话，不是傲然不驯，就是略带鄙夷的口吻。我当然再也不敢问了。

语文教学的大门究竟在何处？脑子里整天翻腾着这个问题，即使路漫漫其修远兮，我也要寻找。不仅要找到门，而且要登堂入室，深味其中的奥妙。老组长这句"金石之言"，成为我教学生涯中不懈追求的动力。我常常反躬自省："你入门了没有？'堂'在哪儿？'室'在何处？你清楚了多少？一名对学科教学不入门、不辨堂室的教师怎能称职？怎能对得起学生？"外力在教育历程中化为我内驱的动力，从此，我更是夙兴夜寐一灯明，寻寻觅觅。

一方面，我继续着力打基础，广为涉猎，吮吸其中琼浆，丰富自己的语文素养；另一方面，广泛地寻找借鉴，从中探索入门的途径。

到记忆中搜索。当年自己在中学求学时，语文老师是怎样教我们的，哪些课拨动我们的心弦，使我们激动、感奋，引领我们在优美的语言文字、精辟深邃的思想里遨游，使我们享受语文，享受文化，享受欢乐？有些课经久不忘，至今历历在目。声情并茂的朗读、讲解，旁征博引的议论、评析，眼神、手势、神往的表情，一幕幕在脑海中浮现，我常顿然有所悟：这就是语文！

从比较中学习。当时教的要求是落实字、词、句、篇、语法、修辞、逻辑、文学常识，流行的教法是介绍文章的时代背景、作者生平、字词解释、疏通文意、划分段落、归纳中心思想、说明写作特点。从报纸杂志上的有关文章，从教研组会议的讨论中，我对上述情况略有知晓。但究竟怎么教，脑中仍然充满问号。难道语文教学就是这样一种模式？它好在哪里？不足是什么？难道语文教学只有一扇门？我不信。我要占有，挑选，借鉴，走自己的路，绝不依样画葫芦。许多国家都有母语教育，怎样通过母语教育哺育后代成长，必有自己丰富的经验。可惜当时封闭，能看到的资料凤毛麟角，只能从外语教学中体悟一二。选文进行比较，语法进行比较，读写训练进行比较，利弊得失，朦朦胧胧，我有了点自己的看法。

到语文教育论述中寻觅。张志公先生的《传统语文教育初探》，朱自清、叶圣陶、吕叔湘诸位先生对语文教学的众多论述，从识字教育到工具书的使用，从阅读教学到作文训练，我认真阅读，逐一推敲，从中寻觅有效的途径。

探究教学原则、教学方法，不仅要知其然，而且要知其所以然。为了教好学生，我如饥似渴地读、想、实践，用志向和毅力寻找语文教学的大门。

和学生的心弦对准音调

一篇篇课文下功夫钻研，力求做到理解、熟悉，如出自己之口，如出自己之心，教起来就神不乱，心不慌，能够得心应手。然而，仅局限于此，是远远不够的。对语文教学，我要求自己脑子里必须有整体的框架结构，千万不能烂泥萝卜洗一段吃一段。培养学生的语文能力是大事，有很强的目的性，不能脚踏西瓜皮，滑到哪里算哪里。

于是，我反复推敲语文学科的目的任务。语文的目的任务，从来是摇来晃去，争论不休。我觉得作为一门独立的学科，应有自己的特定任务，不能把它降低到只是为学好数理化服务的这一点上，否则就会出现以局部代整体、以片面代全面的问题。语文是工具，这无可非议，但在引导学生理解和掌握工具的同时，也就传承了中华民族的优秀文化、人类进步的文化，对学生的思想、道德、精神层面进行了培养，因而，教文和育人必然紧密联系，不可分割。区别只不过是教者有意识和无意识罢了。我们说文章好，总不外乎是思想内容好，见解精辟，文字优美，思想内容和语言文字辩证地统一。如果只是某一个方面好，那怎么能成为一篇文质兼美的好文章呢？作为一名语文教师，对语文教学目的任务一定要非常明确，只有把文道两者辩证地统一起来进行教学，缘文释道，因道解文，才能使学生在弄懂语言文字的基础上，深刻地理解文章的思想内容，受到启发与感染。

对学科目的任务的认识关系到教学的全局，关系到一个个具体的教学行为。教文、育人一肩挑，我心胸开阔了，思考问题的立足点高了。与此同时，还要考虑中学阶段的“序”（此时，学校已从师范转为完全中学）。初中达到怎样的目的要求，高中达到怎样的目的要求，也就是各个学习阶段的要求须明确。一定的年龄完成一定的学习任务，含糊不得。每年、每个学期又根据阶段的要求制定年级与学期的分要求，每个学期的要求又分在教材的各个单元中体现。如果目的任务不明确的话，教学内容就会大杂烩，啰唆、重复、颠倒、缺漏，什么情况都会出现，就会事倍功半，教学实效性差。教学要有一盘棋的思想，总的教学目的要求通过阶段目的要求，每年、每个学期、每个单元、每篇课文的目的要求来实现。如果说一篇篇课文好像是一个个“点”，那就要把这些“点”穿在相关的线上。比如教学生学记叙文，就要把和记叙文有关的课文，有关的知识传授、能力培养纳入这条线上；教议论文，也是通过一篇篇议论文进行，把它们纳入议论文这条线上，先教什么，后教什么，如何循序渐进，作好安排。然后，把许多条线又汇成一个面，最终实现语文教学的目的要求。因此，既要有面，又要有点；既要有全局，又要有很细致的分析。把这些点、线、面穿起来，目的任务明确了，成竹在胸，就不会打无准备的仗。

胸中有书，有语文教学的总体框架，这是我备课的一个部分，另一个重要的部分就是了解学生，研究学生，真正做到目中有人。

目中有学生，说起来容易，真正做到极不简单。教学，当然是以教材为依据来教学生。然而，在教学过程中，手中的书和面对着的人——学生，常常不能正确地放在应有的位置上。记得自己初当教师时，眼睛只盯着教科书，以为钻研了教材，写好教案，把课文讲出一点名堂来，就完成了任务。至于对学生的研究却认为没什么关系，不研究照样教。其实，这种目中无人的观念是糊涂观念。这种观念的缺陷在于：没有清醒地认识到教学必须从学生的实际出发，没有清醒地认识到培育人才是教育教学的大目标，一切教学活动都必须服从这个大目标，为实现这个大目标服务。

教学，教学，“教”要在学生身上起作用。在教学工作中，学习者是第一因素，没有学习者就没有学习。美国教育家杜威对这个问题有一个精彩说法，他认为在教学过程中没有学生，正像没有买主就没有销售一样，谈不上什么教学。同样的道理，课堂里虽有学生，但教课时不研究和考虑他们的实际情况，只从教材出发，岂不和没有学生一样？教学是教师的教和学生的学双方面的活动，教师的本领就在于调动学生学习的自觉性和主动性，促使他们充分认识并发挥主体的作用。

我深深体会到：作为一名语文教师，手中必须牢牢把握两个实际，一是教材的实际，一是学生的实际。这正如“矢”和“的”一般，不看准靶子射箭，那是无的放矢，完全失去了“放矢”的意义。当然，“矢”的质量如何也很重要，如果质量差，掌握上不得要领，同样也不能“中鹄”。因此，教材和学生都很重要，教师既要吃透教材，又要对学生的情况了如指掌，而从根本上说，钻研教材、使用教材正是为了教学生，为了让学生学好学会。

基于这样的认识，我和学生交朋友，了解他们，研究他们。了解学生的方法多种多样，常用的是：望、问、听、阅和材料跟踪。望：目测，在课内课外与学生接触中察言观色；问：作口头和书面的询问、调查；听：谛听学生朗读、背诵、说话、讲演；阅：批阅学生各种语文作业及其他书写的有关材料。我根据平日了解所得建立每个学生的学习资料，定期填写有关项目，如学习进步的表现，知识上的薄弱环节，书面表达的难点，某一好的学习方法，或某一不良学习习惯等，进行材料跟踪，研究他们在语文学习上的发展变化。与此同时，了解他们的思想、性格、兴趣、爱好、学习心理、学习习惯等。

做班主任要进行家庭访问，个别谈心，了解学生。当任课老师也一样，要全面关心学生，和学生做朋友，和家长做朋友，从思想到生活到学习，无所不谈。有同事笑我：“你比班主任还班主任，管得真多。”其实，我深切体会到：要真正洞悉学生的个性不是件容易的事，须多思考，舍得花功夫，花精力，多侧面多角度地了解，观察要精细，分析要周到。早在两千多年前，孔子就说教学生要“视其所以”，即观察学生的日常言行；“观其所由”，即观察学生所走的道路；“察其所安”，即考察学生的意向；“听其言而观其行”，即考察学生的言行举止。现代教育对学生个性之间的差异更加重视研究。学生具有独特性、多样性，一人一个样。性格有开放的，有内向的；有喜欢发表意见，一吐为快的，有口拙，羞于言谈的；学习有努力的、细致的，有马虎的、粗疏的；有喜欢热闹的，朋友多的，有喜欢安静的，一二知己的，甚至孑然一人的……学生世界丰富多彩，如果不进入他们的世界，不认真探索他们的所作所为、所思所想，只凭一时一事所得为依据，常会对学生的情况判断错误，影响教育教学效果。

了解学生，是为了和他们的心弦对准音调，理解他们，研究他们的发展变化，促使他们健康成长。

苏联教育家苏霍姆林斯基曾说过这样一段精彩的话："在每个孩子心中最隐秘的一角，都有一根独特的琴弦，拨动它就会发出特有的音响，要使孩子的心同我讲的话发生共鸣，我自身就需要同孩子的心弦对准音调。"确实如此，我这个教师如果不和学生的心弦对准音调，那就是乱弹琴，我说的话、上的课就不可能符合他们的生理、心理需要，就不可能在他们心中引起共鸣。振幅极小或没有振幅，师生思想感情得不到很好的交流，教学语言的吸引力、感染力也就大大削弱。

为了和学生的心弦"对准音调"，我首先在"发现"上下功夫。教师要随时随地开放自己的感官，让学生思想、品德、知识、爱好、生理特征、心理特征、人际关系等各种信息进入自己的脑中，分别储存起来，千万不能闭锁自己的感官。尤其是要锻炼自己的眼力，要有敏锐的目光，要善于发现学生身上的优点、特点。哪怕是思想、言行偏差较多的学生，他们也有成长向上的闪光点，窥见他们心中的那"一角"，肯定，激励，引导，他们对我会报以灿烂的笑容，"笑"的音符也会在我心弦中弹奏。有眼力就要巨细不漏，越是细微之处，越不让它在眼皮底下溜走。撇一撇嘴，脸上掠过一丝笑意，目光中突然出现某种异彩，这些细微的表情、动作瞬息即消逝，如果能迅速捉住，和彼时彼地彼事联系起来思考分析，就可窥见学生心中的那"一角"，窥见他们对某些问题的真实想法，大至社会、人生，小到一句话语、一个动作，在这方面的例子真是举不胜举。

要"对准音调"，还须在理解上下功夫。教师要做到真正理解所教学生的心，那不仅要讲究科学，而且要讲点艺术。学生有学生自己的内心世界，他们有自己的想法与追求，有自己的快乐与苦恼。尽管他们的想法、做法在成年人看来是幼稚的、粗糙的、鲁莽的，甚至是可笑的，然而，他们毕竟是不成熟的青少年学生，如果他们都懂事，都有很强的自控能力，学习、做事都很自觉，还要我们教师干什么？我总是换位思考，设身处地为他们想想，不能以成人的想法、做法来框，要理解他们的心情、愿望、欢乐、忧愁，少下“禁止令”，少设“阻挡栏”，要正面引导，积极为他们“出谋划策”。例如有个学生是球迷，上课都会情不自禁地来个投篮动作，思想当然开小差，人在课堂，心在操场，作业潦草、马虎。责备无用，谈几点要求根本无济于事，关键在要弄清楚这名学生为什么这么着迷。深入了解才可能有良方。球类活动本身是健康的，对男学生的身心发展均有益。肯定，鼓励，支持，他参加比赛我助威，师生敞开思想论球、评球，他的心扉也就敞开，心的那“一角”是：“学习上我比不过别人，篮球上我是英雄，把他们踏平。”我肯定了他的勇敢，肯定了他的志气，再引导他逐步纠正认识上的偏颇。师生共识多了，学生成长就更为健康。

“音调”不是固定不变的。青少年学生在成长时期，知识日益增多，智力不断被开发，思想、性格、兴趣、爱好等都在变化之中。有的是顺着原来的方向发展，加深，逐渐成熟。有的变化比较大，不是在原来的线上移动，而是拐弯，形成了角度。如好动的变为好静的，马虎的认真起来，某知识缺陷弥补后出现了飞跃。因此，教师了解学生的工作不是静止的，不应停留在某一点或某一阶段，要有连贯性，经常作前后的比较分析。例如有个男学生学习数学勤奋、刻苦，成绩优异，学到语文，似乎换了一个人，没精打采，随随便便。症结究竟在哪儿？他不喜说话，不爱言谈，一问三摇头，正面接触难收效果。有次我教说明文，说到数学时，他眼睛突然发亮，耳朵竖起来听。课后，我与他谈论学数学的重要性，中外数学家的成就，打基础和做贡献的关系，谈着谈着，他进入了不自知的境界：“我爸爸说的，‘学好数理化，走遍天下都不怕’。我舅舅也这么说，将来要走遍天下，现在就要拼命学。”小小年纪，思想印记就如此之深。于是，我因势利导：数学是人生的工具，语文也是人生的工具，都是须臾不能离开的，陪伴人的终生。要获得良好的发展，切不可瘸了一条腿，一条腿走路多不方便，怎么飞奔呢？他点点头，恍然有所悟。渐渐地，学语文的兴致也浓了。上课时，听到兴奋处，他的身体会微微向前，手不自觉地推眼镜框，有时嘴还紧紧咬住笔杆。看到他如此全神贯注，我心里也乐开了花。只要“音调对准”，教育的有效性就大大提高。

把握驾驭课堂的主宰

备好课不等于就能上好课，更何况备课绝不只是课前作钻研教材、了解学生的具体准备，而是贯串教学生涯全过程的学习、积累、反思、改进。

功底厚实是上好课的前提与基础，但真正要上好课，要上好每一堂课，又受到众多因素的制约，主观也好，客观也好，须认真对待，积极创造条件。就教师主观而言，口头表达能力的锤炼，对教材的洞悉底里，见人之所未见，思路的有条不紊、严谨周密，板书的规范、美观，师生关系的和谐、亲密无间等，均为教好课的重要条件；就学校、就班级而言，学习的风气，学习的氛围，师生的追求，任课教师之间的关系，也是影响课堂教学不可忽视的因素。我作为一名教师，除自身努力外，还须取得外界环境的理解与支持。这一点暂且不说。

教课要一清如水，我追求这样的目标。清晰，学生学起来头脑就清楚，不仅能学得知识，锻炼语文能力，而且在逻辑思维方面可获得良好的熏陶。然而，“清”，谈何容易？教课时，总是有个思想在作怪：“多教一点，多教一点，让学生多学一点！”再加上备课钻研所得，更是舍不得丢开。于是，课常常是炒什锦、大杂烩、八宝粥，颜色很美，营养似乎也不错，但学生不受用。有学生问我：“一课那么多内容，我到底学什么？语文就是这样糊里糊涂的吗？数学，学一个公式就是一个公式，不含糊。”

学生的话启我深思。要上好一堂课，须有明确的教学目标。对语文课而言，这一点尤其重要。学生学习数理化，往往懂就是懂，没学过的、没见到的就是不懂，因而上课总有新鲜感、满足感、成就感。语文不一样，学生经常处于似懂非懂的状态，教什么，怎么教，确实须潜心思考，一定要让学生学有所得。每课有收获，对语文课就不会无所谓，就会感受到语文课上与不上不一样，乃至很不一样。学生如果有这点感觉，语文课的价值也就得到体现。

驾驭课堂的主宰应该是教学目标。这堂课要达到怎样的目的，心中须一清二楚。选用怎样的教学方法，师生之间的活动怎样开展、怎样组织，都要紧紧围绕教学目标进行，为实现教学目标服务。说起来容易，做起来没那么简单。我在以下几个方面用力：

一、坚决改变多目标导致无目标的情况，不被教材牵着鼻子走。一篇文质兼美的课文，可教的内容很多，碰到几种修辞手法，就讲几种修辞方法，碰到种种描写方法，就一一道来，碰到警句、名言，又拉住不放，有什么教什么，拉拉杂杂，课时永远紧张，永远不够用。好像什么都教了，又好像什么都未说明白，糊成一片。关键在未做教材的主人，而是做了教材的奴隶；不懂得教学是驾驭教材以实现教学目标，教材应为我所用，而不是让教材驾驭自己。语文学科综合性强，同一篇名作，可在中学教，也可作为大学教材，区别在教学目标不一样，目的要求有高低之分、繁简之别。这个年级、这个学期应该学什么，具体到某个单元、某篇课文应该掌握什么，应仔细考虑，十分明确，不能胡子眉毛一把抓。

二、制定教学目标须明确、具体、切实可行，不千篇一律，不笼而统之。教学目标虽两三行字，但是否具体，是否可行，有一个钻研教材的过程，研究学生的过程，根据教材特点、学生实际，筛选教学内容、选择教学方法的过程。制定教学目标，既检验课前准备的质量，又揭示思考能力的提炼。我制定教学目标通常包括两个方面的内容：一是语文知识、语文能力训练要达到的目标，二是德育与美育方面熏陶的要求。目标分别列开为的是心中有底，一目了然；而在教学过程中，二者应有机结合，不可分割。

目标能否具体、明确，相当程度上靠教师对教材个性的把握。教学目标的一般化往往建立在对教材的一般化理解的基础之上，从文字到内容比较浅层次的阅读。停留在这个层面的教学，学生难以受益，更难以感动。从教学的正反经验出发，我追求的是把握文章的个性。天公造物非常奇妙，人的脸部都是两只眼睛、两道眉毛、一只鼻子、一张嘴，上下左右的排列也是有定式的。可是，人与人极其酷似的凤毛麟角，即使是孪生兄弟、孪生姐妹，也有些微的差别。文章也是如此，凡是名文佳作，各有自己的个性，钻研文章如不能识得个性，很难说真正读懂。不管哪类文章，如果泛泛而谈，个性特征不鲜明，难以成佳作，难以吸引读者。即使是稀松平常的事，善文者也必有独到之处，文中必有其与众不同的特色。要把握住文章的个性，有多条途径，我常用的有：

第一，抓准文章的基调。文章佳作必真情铸成，爱憎、褒贬必寓其中。或昂扬，或低沉，或晓畅，或含蓄，构成文章的基调。对此有所感受，就能逐步把握它的个性。例如，朱自清的《背影》之所以脍炙人口，感人肺腑，关键就在于“真”，朴实无华，摒粉饰，去铺绘，有真情。如果只注重关于背影的描绘技巧，就凸显不出文章的基调，对学生心灵的触动力大为削弱。文章基调不是凭空臆断的，而是有根有据的。作者自己说：“我写《背影》，就因为文中所引的父亲的来信里那句话。当时读了父亲的信，真是泪如泉涌。我父亲待我的许多好处，特别是《背影》里所叙的那一回，想起来跟在眼前一般无二。我这篇文只是写实……”显然，《背影》是作者“泪如泉涌”的产物，是作者脑中镌刻的父亲爱抚自己的一幅幅图景再现的产物，是作者从心窝里流淌出来的真情实感。唯其真实，所以感人。父子之间真挚深厚的感情是文章的基调，而这种挚爱深沉的感情又笼罩在生活艰辛的氛围之中。文中作者流了四次泪，难过、感激、怅惘、辛酸，使读的人无不凄然。情必须有所依附，人物形象是抒情的依托，融情于形也最常见。这篇文章独辟蹊径，不是写人物正面，而是在特定的环境中从背后用饱含泪水的眼光来凝视父亲，刻画背影，用一系列表动作的词句打入读者眼帘，构成鲜明的印象。在把握文章个性基础上提炼出来的教学目标，不论是情感的还是写作技能的，都是这一篇独有的，特征鲜明，学生能具体触摸得到，能比较容易地内化为自己的感受乃至能力。

第二，抓最动人最精彩的笔墨。任何一篇佳作总有精彩笔墨，或启人深思，或感人肺腑，或使人愉悦，或令人悲哀。这些笔墨皆作者发自内心，注入真情，提炼思想，而后见之于文的。阅读钻研时，抓住最精彩的笔墨，最令人动心、令人震撼之处，往往能牵一发而动全身，认清文章的个性。例如，文天祥的《〈指南录〉后序》是《指南录》这本诗集的序。它扼要地叙述了作者这次出使元营、逃归永嘉的历程，也就是这本诗集中诗作产生的背景。回顾这段经历时，情不自禁地抒发了自己在九死一生情况下的爱国情怀。尽管这篇序有与其他的序共同的特点，如说明诗集编辑的体例、目的，作序的时间，编集子的缘由等等，但伴随着九死一生危险遭遇的叙述，吐露的是浩然正气，爱国情怀是这篇序所独有的。“诋大酋当死；骂逆贼当死；与贵酋处二十日，争曲直，屡当死；去京口，挟匕首以备不测，几自刎死；经北舰十余里，为巡船所物色，几从鱼腹死……”一连用 18 个“死”的句子，感情充沛，气势澎湃，精彩绝伦。句前以“呜呼！予之及于死者，不知其几矣”引领，句后又以“呜呼！死生，昼夜事也，死而死矣；而境界危恶，层见错出，非人世所堪。痛定思痛，痛何如哉”收煞，这种挽救国家于危亡，置个人生死于度外的爱国精神可昭日月。“臣心一片磁针石，不指南方不肯休”的忠贞不渝是文章的灵魂所在。抓住这个个性特征，教学目标具体、明确，读起来荡气回肠，感染力极强。

第三，通过比较，把握特色。有比较才有鉴别。同样的事物，在不同的作者笔下完全可以写成个性迥异的文章。钻研教材时，在阅读领悟的基础上进行比较，就能更为清晰地把握各自的特色。例如海燕，高尔基笔下的海燕是一个英勇无畏、搏击暴风雨的先驱者的形象；而郑振铎笔下的海燕则另是一番图景，另有一番风味。前者背景辽阔，变化急剧，风狂，雷鸣，电闪，浪吼，层层进逼，矛盾冲突紧张激烈。海燕在这样的环境中搏斗，英勇无畏的性格得到充分的表现。“斗”是这首散文诗的灵魂，以搏击风浪、勇敢善斗的海燕形象象征俄国革命先驱者的形象，给人心灵的震撼。而郑振铎的散文《海燕》的灵魂是“恋”。1927 年大革命失败后，年轻的郑振铎被迫于同年 5 月离开家乡，离开祖国，远游欧洲。游子思乡恋国，寄情于物。背景是晶天万里，海涛万顷，绝美的海天。把故乡的小燕子和海上的小燕子交织起来写，似分似合，似合似分，借助它们吐露思念家乡、思念祖国的真情。如果说高尔基的《海燕》是战鼓，是号角，高亢，昂扬，催人整装上阵，那郑振铎的《海燕》是低回，是浅唱，温情脉脉，情意绵绵，乡思乡愁缭绕不绝。

任何一篇佳作，都有其特定的背景，特定背景下产生思想感情，都有明确的写作意图，都有表达写作意图的种种写法，这就构成了文章的个性，区别于其他文章。洞悉文章的个性，制定教学目标就具体、鲜活，教课时就能避免千课一面的毛病。

三、教学内容不能与教学目标脱节。在教学实践中，教学目标不应随意改变、随意转移。常有这样的情况：备课笔记上教学目标制定得很明确，但课听下来完全不是这么回事。教学目标未能主宰教学内容，只停留在空洞的条文上，教学目标被教学内容所淹没。为改变这种情况，我紧扣教学目标，减头绪，削枝强干，使课眉目清秀。眉目清秀，学生才看得清楚，容易理解。

教学不是一次完成的，它有连续性、层次性、阶段性、反复性，要按教学大纲要求与学生的实际情况，循序渐进地分步走。不能有多少内容，就教多少内容，像用水浇菜一样，不管三七二十一，将整桶水浇菜，必然将菜连根带叶一起冲走。上课如果不加筛选，一股脑儿倒，其结果是弄得学生晕头转向，不知所从，这就违背了教学的客观规律。

教学中要有所为，有所不为。有些课文内容，有些语文知识暂时“不为”，放一放，是为了更有所“为”，千万不能敝帚自珍，面面俱到。我追求教学目标的单一、明确，重点突出，不拖泥带水。以目标为主宰，对教学内容进行详略取舍的处理，舍得割爱。暂时无须教的坚决不教，削枝强干；学生不知其所以然，与教学目标又紧密相连的，就要着力指导。比如《浣溪沙·和柳亚子先生》这一课中的“长夜难明赤县天”，对“难”，学生不以为难，一扫而过，教师就要敲一敲，让他们领悟其中的深刻含义。根据学生讨论，可归纳：“难”，此处蕴含三种意思——旧社会黑暗的漫长；处在水深火热之中的人民对光明的渴望；革命斗争的艰难，新中国的幸福来之不易。

首先在认识上提高。教师讲课所用的语言虽属日常用语，但又不同于“大白话”，应该是加了工的口头语言，与随想随说的日常交谈有区别。要注意语言的提炼，炼字炼句。教学用语里既要有经过锤炼的活泼的口语，又要有优美严密的书面语言，有文化含量，教课时让学生置身于语言美的环境之中，受到教育与感染。

其次在要求上明确。用清楚明白的语言传授知识、启发思维是教课的基本条件；含含糊糊，闪烁其词，杂乱无章，学生就会如坠云里雾中，得益甚微。于是我要求自己教学语言一定要做到清楚明白。为此，一是积极训练自己的思路，力求清晰通顺。语言是否清楚明白，很大程度决定于思路是否清晰，是否符合逻辑。心里清楚，说出来才明白。课前我对所要讲述的问题，要进行的种种能力训练，均认真构思，在“序”上下功夫。比如先说什么，后说什么；怎样开头，怎样过渡，怎样结尾；如何先总说后分说再总说，分说从哪些方面、哪些角度，又按怎样的顺序排列；如何运用归纳的方法由具体事实概括出一般原理，又如何采用演绎法由一般原理推出特殊情况下的结论，凡此种种，均再三琢磨，训练思维的条理化。思路井然有序，讲解就条分缕析。心明，言才明；锻炼“心明”，可以促进“言明”。二是有意识地清除自己语言中的杂质。我不是中文系科班出身，普通话不纯正，有时不自觉地就混杂了方言土语。这不仅影响学生听课的清晰度，而且影响他们运用规范化语言思考的能力，影响他们语言的发展。我不断地查字典，力求把字音读准。一个字一个字还可以，连起来说，特别是说得快，走音的毛病就来了，g、k 不分，n、l 不分，zh、ch、sh 不分，z、c、s 不分，怎么改，也难。幼功真是了不起，从小学习，掌握了，就绝不会如此。还有，就是清除口头禅。口头禅多，一定语言芜杂，拖泥带水，犹如良莠齐生，把该表达的思想感情淹没在莠草之中，大大降低表达效果。尽管我的口头禅不多，但要避免、清除，也十分不易。稍不留意，就会冒出来。如果教课时做到“丰而不余一言，约而不失一词”（韩愈语），学生听起来就会愉快。

语言在清楚明白的同时，还要做到通俗易懂。口头语言和书面语言有区别，前者作用于人的听觉，瞬息即逝；后者作用于人的视觉，读的人遇有艰深之处，可反复阅读，仔细咀嚼，思索理解。因此，口头语言较之书面语言来说，通俗易懂更为重要。教学时，教师经常用诠释性的语言，如何应用很有讲究。是搬现成的条文，从概念到概念，从抽象到抽象，还是用通俗易懂的话深入浅出地加以表达，关键在自己对所阐释的问题能否透彻理解，融会贯通。唯其深入，才能浅出。为此，我总在透彻理解上下功夫，力求深入浅出，讲到精要处，说到点子上。当然，教学用语是否通俗易懂，还有赖于遣词造句的能力。平时注意学习、积累，丰富自己的同义词、近义词、反义词，从中选用最恰当、最鲜明、最常见、最易听懂的有关词语表达情意，深者浅之，难者易之，生僻的、容易引起误解的少用或不用。组织教学用语时，注意长句化短，繁句化简，多用短句，少用复杂复句。意思比较复杂的，用几个短句剖开来说，不搞修饰语、限制语的堆砌，拗口的、不符合中国语言习惯的外来语句式尽量少用或不用。

在清楚明白、通俗易懂的基础上，还要力求做到语言优美生动，不枯燥干瘪。说话要节奏和谐，抑扬顿挫，高低起伏，教师要认真考虑，恰当处理。如教课要控制音量，过响会震耳，过轻听不清，以传送到课堂每个角落，每个学生都能清晰地听到为宜。还应注意音质、音色，频率过高，尖声刺耳；频率太低，沉闷欲睡。语言要抑扬起伏，有变化。视不同的教学目的，语言有时舒缓徐慢，有时高亢激奋，有时停顿间歇，有时一泻千里，创造课堂气氛，牵动学生思绪，叩击学生心弦。如果只在一个平面上移动，如果只等速度地流淌，容易对学生起催眠作用。

教学语言要做到优美生动，除了知识素养、语言技巧之外，还必须倾注充沛、真挚的感情。“情动于中”而言溢于表，只有对所教学科、所教对象倾注满腔热情，教学语言才能充分显示其生命力，熠熠放光彩，打动学生的心，使学生产生共鸣，受到强烈的感染。

再次，在行动上下苦功。苏联作家阿·托尔斯泰在一次讲话中曾这样说：“我们不仅能够把思想、概念，而且能够把最复杂的、色彩最细腻的图画用语言表达出来。可以这样说，在人的大脑里好像有着成千上万个，也许还是成百万个键子，一个正在说话的人，就好像是用无形的手指在大脑这个键盘上弹奏一样，而讲话人所奏出来的那支交响乐也就在知音者的头脑里回响起来。”这段话十分精要地道出了语言艺术对作家的重要。从中，我获得了深刻的启示：一名语文教师必须锤炼教学语言，研究语言艺术，使自己用语言所弹奏出来的交响乐能在知音者——学生的头脑里回响激荡，收到良好的教学效果。

我的目标是“出口成章，下笔成文”。我是语文教师，在语言的应用方面，应该成为学生的榜样，不能说的是一套，自己行的不一样。如何规范自己的语言，清除语言中的杂质，提高语言的质量？我用了以死求活的方法，用比较规范的书面语言改造自己不规范的口头语言。当时，年纪轻，有劲儿，追求完美。我把上课的每一句话都写下来，自己修改，把不必要的字、词、句删除，把不合逻辑的地方改掉，背下来，再口语化。这样一来，啰唆、重复、语病大大减少。每天到学校，我要走 20 分钟路才乘到公共汽车。这 20 分钟里，我就把上课的内容“过电影”，在脑子里放一遍：怎么开头，怎么展开，怎么发展，怎么掀起高潮，怎么结尾；这个问题下去，学生怎么回答，回答不出，怎么引导，怎么铺垫……乘上车，有时继续想，乘过站的情况经常发生。这样做的结果，不仅改造语言，而且一堂堂课心中很踏实，无丝毫飘浮感。课后，再记个“教后”，简要地记下学生学习的闪光点和自己教学的缺陷、不足乃至错误。一步一个脚印，打做一名合格教师的基础。

每学期两大本教案，红笔作修改，坚持了两年。这两年，我的口头表达能力有明显提高，教学用语文化含量加大，生动了，流畅了。功夫不负苦心人。写，也是如此，凡是学校要求写的计划、总结，包括班主任对学生的品德评语，我都认真写，一丝不苟。写，能否言之有物，言之有序，关键在做得怎样，思考得怎样。深入实践，确有体会，下笔就顺畅。学校主管学生工作的教务副主任对我们青年教师要求很严格，每个学生的品德评语得写练习簿的一页半纸，而且要一人一个样，各有特点。要能用语言表达，关键在深入了解。家庭访问一次又一次，个别谈心一次又一次，参加集体活动仔细观察，课内课外察言观色。内容有了，下笔也就会如行云流水。当时觉得很苦，现在想想，这种结合任务培养还真有效果。学生作文，我自己也常偷偷“下水”，试试笔；或半“下水”，体会甜酸苦辣。这样，作文讲评时就比较生动、活泼，有血有肉。

这些都是为做个名副其实的语文教师打基础，应该说付出不少心血。可惜的是，“文化大革命”一场灾难，抄家时把一本本教案撕得粉碎，说“知识越多越反动”“坑害学生”，点火烧了，还要在灰上踏上一只脚。我很伤心，但不能流泪，也不敢流泪，只能偷偷对天表白：为了用语言吸引学生学习，“粘”住学生注意力，我确实尽心尽力了。

飞来的“机遇”

1963年秋，一天下午，杨浦区红专学院召开中学语文教研组长座谈会，讨论如何进行改革以提高语文教学质量的问题。老组长徐老师年龄大，身体不好，不能参加，让我这个副组长去顶替。

会上，争论得很厉害。有的说，教文言文就是串讲，就是背诵，没什么好改的；有的说，语文水平提高不可能立竿见影，只能慢慢来，有朝一日，豁然贯通；有的说，慢、慢、慢，不豁然贯通怎么办……七嘴八舌，意见分歧很大。当时，校际的会很少，这些发言的老师我都不认识，所以就坐在一旁认真听。主持会议的人请没有发言的老师发表意见，我也在被请之列。我根据教学实践中的经验教训，大致谈了两个看法：一是课基本上是满堂灌，教师训练自己的思维和口头表达能力，显示自己对教材的理解，而学生是听众，主动性、积极性未发挥。教学是教师和学生的双边活动、多边活动，只有教的积极性，学生的学习质量提高会受影响。二是教学中有不少形式主义的做法，好看而不实用。如抄黑板上的词语解释，不过是字典搬家，指导学生查字典，根据语境选义项，对学生能力培养就有实效。又如写作文，临时出个作文题，缺乏有目的有计划地培养，缺乏深入研究，形式重于内涵。

会结束，大家站起来准备离开，一位女同志走到我的面前，操着四川腔的普通话对我说：“于漪同志，以后我来听听你的课。事先我不通知你，你无须准备，就像平时上课一样。”这位女同志个子不高，微胖，短发，眼睛大大的，看上去四十多岁，说话有点川腔，很好听。我事后才知道她是上海市语文教研员。

事情过后，整天忙于工作，没放在心上。一天上课，教室门推开，发现她坐在最后一排的凳子上。她真的来听课了！起初，我有点紧张，毕竟人家是内行，但马上就定了定神，随堂听，能指导指导我，是求之不得的事。听完课，没说什么，她就走了。以后每周总要来听两三次，听完课她常去校长室，与校长谈。接着又把我教的两个班级的作文簿拿去，翻阅我是怎么评改作文的。一个多月过去了，一天听完课，这位杨质彬老师找我谈话了。她肯定我工作态度认真，备课充分，作文不仅批改，而且能与学生书面交流，谈心谈得很深入。然后，她又问了我一些问题，要我思考。比如："你讲得很清楚，是不是所有学生都能接受？都能化为他们的能力？""《包身工》一文是不是每个部分都要详细分析？可不可以有的部分详一点，有的部分略一点？教师有没有一个处理教材的问题？""《我们的文艺是为什么人的》一文的观点当然重要，但能不能举点学生熟悉的例子？老师举可以，学生举更可以，联系实际学，可能较容易入耳入心。如果同意，不妨试试看。"……课后谈话，从没有居高临下的气势，总是和颜悦色，以商量的口吻，启发你思考，而不是就文论文，该怎么样怎么样，不该怎么样怎么样。我的总体感觉是：她不断启发我思考问题，引我走一条路，即改革语文教学，提高语文教学质量的路。

而后，她又请市教育局办公室主任来听课，前前后后，区里、市里的同志听课达半年之久。1964 年春，上海育才中学改进教学方法，减轻学生负担的经验发表，《人民日报》发表《培养生动活泼的主动的学习空气》的社论，各校组织教师学习、参观。我脑子里对培养目标、教学原则、教学方法等一下子清楚了许多，特别是对课堂教学中要重视人的因素，要充分发挥学生的主动作用等认识有所提高。

在全市教学改革气氛很浓的情况下，我也被推上了开公开课的行列，向全区公开，向全市公开。我一直处于思想紧张之中。

当时，教复杂记叙文的办法还比较多，取舍详略，记叙、描写、抒情、议论等多种写作方法融合与运用，力求坚持少而精的原则，抓重点，抓特点，化解难点。课不图好看、美观，而是让学生真正学到手。要明确目的，学用结合，从根本上调动学生学习的主动性。

教政论文是难点。当时高中教材中政论文比较多，教的时候常有两种倾向：一是脱离语言文字的咀嚼、推敲，凭空讲思想，讲观点，好像是政治课，而不是语文课；二是琐碎、肢解，往往抓某个段落、某两个句子进行结构分析或语法分析，只见树木，不见森林，文章的全貌模糊了，学生往往不得要领。至于究竟如何把观点与材料有机统一起来，如何上成语文课而不是政治课，又如何充分调动学生学习的主动性，做学习的主人，须实践，须研究。在这种情况下，杨老师叫我教一篇毛主席的文章《民族的科学的大众的文化》。备课时，我仔细琢磨，以辩证唯物主义观点拎起全文，引导学生理解经济基础与上层建筑之间的辩证关系，把握一些关键词句，体会遣词造句的准确、深刻。与此同时，放手让学生讨论，发表意见，领悟文章要义。第一部分“民族的”文化，师生共同学习，讨论，理解观点，梳理材料，明确阐述的思路；“科学的”“大众的”就逐步放手，学生独立分析，发表看法。课上下来，听课的老师认可了，反映比较好。于是，要求继续公开。

我自己教的班级都已教了，只能借同年级的其他班级，学校做了安排。同年级借了一个班级上，还要我再上一次公开课，学校安排了另一个年级的一个班级。借班上课，看似热闹，实际上埋下了教师之间不和睦的根。当时，我自己也有想法，一篇课文教多遍，味道都没了，那种新鲜感、创造感也随之消失。再说，教课一定要从学生的实际情况出发，自己教的班级，朝夕相处，十分熟悉，哪个学生可能提出怎样的问题，哪个学生对问题可以理解到什么程度，一般来说，自己心中是有底的。而今，借班上课，学生的名字都叫不出来，他们的思维、口头表达能力、语文知识基础如何几乎一无所知，这样的课，多了一点表演的成分，少了一些针对性，实效性也就可想而知。更何况，每次上课，总会碰到一些意想不到的问题，如何应对，脑子非常紧张。

但这确实是飞来的“机遇”。对我这个名不见经传的青年教师而言，参加区的教研组长关于语文教改的座谈会纯属偶然，会上认识了杨质彬老师也属偶然。没有这些偶然，就不可能有机会上那么多的公开课，当然也就更不可能有机会听到那么多语文同行和教育行政领导对语文教学发表的真知灼见。

难忘第一次向全市上公开课的情景。观摩教室六角形，可容三百多人听课。清晨，我一到学校，就去看观摩教室，看一看黑板、粉笔、黑板擦是否都准备好，看一看座位排得怎么样，合不合适。没想到我一进教室，长凳上突然跳起来一位同志，他连声说："我是崇明来的老师，我是崇明来的老师……早上听课来不及，昨晚就来了，睡在教室里……"看到这位五十多岁的老师对语文教学如此执着追求，我感动了。秋天，校园里树木多，草地多，蚊子晚间不时轰鸣，隔江乘船过来已很辛苦，晚上无处安睡，还要喂蚊子，对这位老师我很觉得内疚，这样听两节课值得吗？我向他表示歉意，并说自己很紧张，怕教不好。他一听，马上安慰起我来，鼓励我，一定能上好，并教我窍门："上课最忌自己吓唬自己，一定要信心十足。课起始的几句话最重要，要熟练，不能慌，不能结结巴巴，这是定心丸、稳定剂。开头稳住，上下去就没有问题了。"这简直是现场指导，我从心底感谢他。两节课结束，我根据要求，简单地谈了一些体会。结束时，他快步走到我面前小声说："我要赶回去上课，以后再说。课上得好，心可放下来了。"那种热情，那种亲切，那种对小辈的关爱，至今历历在目，难以忘怀。那高高的个子，微黑透红的脸，略带点崇明乡音的话语常在我脑中萦绕，常给我增添勇气与力量。

上公开课，会惊动市教育局那么多位领导，这也是始料未及的。一名普通的青年教师，教一篇课文，尝试着进行改革，发挥教材的育人功能，调动学生学习的主动性，应该说是教育实践中很普通的事。教育局几位局长眼睛向下，深入教室里听课，关心和指导青年教师成长。这种对教育质量的重视，对教学改革的关怀，对第一线教师成长的关心，使我受到深刻的教育。教育，要实打实地干，要一往情深，我开始有所领悟。

课后，杨老师和市教育局办公室主任曹老师指导我写教学体会，帮助我从众多材料中拎观点，谈经验教训。我写好以后，他们反复推敲，字斟句酌，让我脑子里对问题又清楚了许多。这篇文章和课堂教学的报道一起发表在《上海教育》杂志上，可惜"文革"中遭难，又荡然无存。

现在看来，课很平常，它的深刻性、开放性、生动性远不如现在的许多课。但对我而言，这确实是难得的机遇。因为有任务在身，因为有具体指导，因为有同行评价，我真正体会到语文教学必须改革，改革的方向重在贯彻教育方针，让学生生动活泼地、主动地得到发展，教师要启发引导，千万不能包办代替，越俎代庖。也正因为有了这样的机遇，我这名普通的青年教师也有机会参加高层次的教学业务座谈会。比如市教育局孙兰局长召开的语文教师座谈会，讨论语文学科特点，教学改革须如何深入，这给了我难以觅到的学习机会，很多问题让我顿开茅塞，大开眼界。与此同时，我也具体感受到像孙局长这样的老革命如此平易近人，“礼贤下士”，倾听第一线教师的呼声，令人感动。领导深入群众，深入实际，使我感到分外的温暖。

杨质彬老师和只有一面之交的崇明老师对我的真心实意和无私帮助，使我终生难忘。

灵魂洗礼

好景不长。专心致志进行教学改革实践不过两年，疾风骤雨式的“文化大革命”开始了。66届高中毕业班正忙于总复习，准备参加高等学校招生考试时，突然宣布高考停止，紧接着学校正常教学秩序遭破坏，课没法上了，紧接着什么造反组织、战斗小组纷纷成立，紧接着打、砸、抢开始，学校教室、办公室门窗、地板到处是被砸的洞，乃至地板被烧得千疮百孔，原本秩序井然、绿树成荫的校园已面目全非。

我在劫难逃，一下子就被打入劳改队。第一个“节目”是和校长、副校长等十多人一起游街。我的任务是拿着笤帚敲畚箕，被冠以“修正主义教育路线吹鼓手”。开始，总觉得自己犯了错误，觉悟低，脑子里没有什么路线不路线，只是埋头拉车。后来，越看越不懂。

我先是在劳改队散放，打扫校园，但每天还可以回家。回到家，今天来一些不认识的“学生”抄家，明天又换一批。家只有巴掌那么大，四壁萧条，除了换洗的衣服、几本书、备课笔记外，什么都没有，他们大骂大嚷一阵以后，失望而归，不用说金银财宝，连像样的“四旧”物品都没有。于是，我被突然关了起来，原来学生的宿舍楼里辟了间黑屋子，窗玻璃全用黑纸蒙上，把几个女教师关在里面。劳动，审讯，揭发，交代，批斗，白天黑夜轮流转。

校长是地下党员，被捕过，这当然是挨整的重点，她被关在哪里，我不知道。我第一个难过的关就是“揭发”。他们说我工作卖力，是校长的红人，一定知道她反党反社会主义的罪行。我确实揭发不出来。来这所学校以后，她起早摸黑，重视对青年教师的严格要求，着力培养，总是叫我们热爱学生，钻研业务，把课上好，从没叫我们做坏事。至于被捕之事，从没听说过，是搞人事的贴大字报才知道的。我什么也揭发不出来，除了教学工作有接触外，其他没有任何接触，她家朝南朝北也不知道。我最恨拍马屁的，没有脊梁骨，卑躬屈膝，只可能为私利。我认为做教师，靠本事吃饭，靠觉悟工作。因为我不揭发，他们说我立场反动，态度顽固，对我进行毒打。我不开口，因为我深知诬陷别人的丑恶。

第二个难过的关是交代。他们要我交代是怎样充当“修正主义教育路线吹鼓手”的，怎么以知识来毒害学生的，怎么腐蚀学生，使学生对我有好感的，我做过多少坏事，一一从实招来。夜晚，有时是半夜三更，我从床上被拎起来押到一间屋子里接受审讯。灯昏暗，放射着昏黄清冷的光，审讯者的脸辨认不清。被审讯时，我不仅没有凳子坐，而且不许站立，只能跪着，若不跪，左右两旁的人就用脚踢，把我硬摁着跪下去，真有点阎罗殿的气氛。我诉说教师的职责是教科学文化，辩解关心学生、帮助学生克服困难是教师分内的事。然而，不容解释，打断，叱责，咒骂，咆哮。我深切感到，即使有一千张嘴也无法说。这就是“专政”。每次提审不了了之，我实在想不通。天天无偿补课，把高一时只能写二三百字短文且错别字多、文句不通的学生，手把手地教到能写两三千字的文章，比较清楚地表达自己的意思，我何罪之有？我节衣缩食帮助学生，是出于作为一名教师的责任与良心。爱人参加革命是供给制，后来是包干制，再后来才是低薪制，他要养老母亲，资助堂弟读大学，我们经济十分拮据，平时真是精打细算，省吃俭用。但有学生患肺结核病，家庭十分困难，无钱治病，我省出钱来买特效药雷米封，让他服用，控制了病情；有学生骨折，家庭困难，无法解决，我付了医药费；有学生视力差，看不见，无钱配眼镜，影响学习，我为他配了眼镜；下乡劳动，有学生关节疼得夜不能寐，我把膝盖上自己手缝的护膝拿下来给她用……这样做图的是什么？我从未张扬过，也从未想过要得到什么，只不过人心都是肉做的，看到这些孩子那么困难，心里难过，故而想方设法帮助。其实，药也好，医药费也好，往往要占一个月工资的十分之一或几分之一，亏得爱人支持。总觉得人之所以为人，要做善事，尽力帮助别人，没想到落个“腐蚀学生”的罪名。有学生看不过去，把三年的作文本汇总起来，看我在作文评语中是怎样和学生交流、教育学生的，写成大字报贴出来。学生以为这样做会澄清事实，其实我更遭殃。头颈里挂大黑板，上写“反动学术权威”，罚跪，跪得倒下去。我腹部1965年开过刀，肠粘连厉害，经常腹痛不止，这么折腾，痛苦难熬。

更有甚者是侮辱。我在校园里扫地，突然被抓到一个恐怖小组，先是皮带抽打，然后几个人七手八脚把我摁到凳子上，两个女学生动手乱七八糟剪头发，说是要剪成阴阳头，边剪边说：“什么三八红旗手？你是黑旗手，就是要羞辱你，就是要羞辱你！”另外两位女老师也和我是一样的命运。我简直想不出什么地方得罪了他们，为什么对我们这么仇恨？高一时曾教过这班级半年，都是十六七岁的孩子，可爱得很，曾几何时，就变成这个模样？眼中冒凶光，皮带怎么抽得下去？一皮带下去，腿上留下一道痕迹，血就要冒出来。边剪头发，边逗乐，边大笑，把快乐建筑在别人的痛苦之上。这着的什么魔？人性到哪儿去了？我困惑，愤怒，欲哭无泪。善良应该是人的本性，为什么要扼杀？让兽性发作？难以理解。

更没有想到的是，不仅是侮辱，而且竟然逼杀。一天，在被关的楼上，来了一个斜戴军帽、手握皮带的学生，因曾经借这个班级上过课，算是有一面之交吧。他拉着我站到三楼的窗口，要我往下跳，说：“侮辱你，就是要你没面子，没面子，还活着干什么？往下跳！”我不开口，他还在说。我不知从哪里来的一股劲儿，对他说：“除非你把我推下去，我自己是不会跳的。我自问对得起学生，你把我推下去，杀人是要偿命的。”他看看我，扬了扬皮带，走了。良心还没有完全被污染，还没有泯灭。

就在这打、砸、抢横行之时，仍然可以感受到人间的温暖、师生的情谊，人毕竟是有区别的，做人的判断力、做人的准则并不因为社会动乱而付诸东流。在校园扫地时，语文组的一位老教师偷偷对我说：“于漪啊，你还年轻，一定要顶住，一定要想得开！自重，自重，是非自有公论。”至今，这危难中鼓励我的话语声还会在耳畔盘旋。扫教学大楼，有学生把我叫到教室里，名为××战斗组找我训话，实际上是叫我坐下休息，安慰我，叫我想开，千万要注意身体。有人整夜做一位学生工作，动员他写我的大字报。当然，动员的材料是历数我的罪状，这位学生告诉他们："我不知道，就算你们说的是真的，我感情上也扭不过来，她毕竟是我的老师啊。"知道以后，我十分感动。倒不是写不写大字报，而是人间自有真情在，人在逆境中能活下来，真情起着了不起的作用。受到乱七八糟的折磨，我又发病了，发高烧 39.6℃，造反派"开恩"放我回家。正好我妹妹来上海，她刚大学毕业，在整个乱了套的社会里，到哪儿工作茫茫然，看到我这副样子，抱了我痛哭流涕："早知道我早就来救你了，我要和他们论理，哪怕是飞檐走壁，也要把你救出来。"又说："不管怎么样，姐姐，你的孩子我一定尽力带好。"真是做梦也想不到，30 多岁的人就要"托孤"。高烧一退，我又被押解去学校，劳动，审讯，批斗，周而复始。

一次批斗会上，让我内心有所触动的并不是捏造的事实，上纲上线的狂言，而是一位老教师的讲话。他说："公开教学，你借别人的班上课，你知道带给别人怎样的伤害？一个人有一个人的教法，你教得好死了，到别的班级上课，别人怎么进课堂？……"我略有所知，这个班级对教师的要求高，教学中常有不愉快的事。我作为教研组长，还去"灭过火"。做任何事，都要为别人着想，设身处地，非常重要。公开课，自己总是多花点时间研究，对教材熟悉理解的程度总要深一点。再说，教师教学各有个性，你去教别人的班级，学生就会有新奇感，精神振奋，积极性容易调动，当然就会给别人教学制造困难。尽管借班上课不是我的本意，是领导下达的任务，但伤害同事，影响别人教学，自己有不可推卸的责任。虽然借班上课很紧张，但也夹杂着自我表现的念头，表明自己在语文教学上不完全是门外汉。当时就下定决心，如果日后还有可能上公开课，绝不借任何班级上课。其实，借班上课，对学生情况不了解，违背了教学原则，针对性比较差，更多的是表演性质，展示甚至推销授课教师的"才艺"，有沽名钓誉之嫌。

胡乱折腾了两三个月，总算被放回家住，每天去学校报到，劳动。境况略有好转，突然又雪上加霜，爱人以莫须有的罪名被办学习班关了起来，家里再被“抄”，一本一本书翻。当时，大学宿舍很多家都未逃脱此命运，听说来头很大。于是，儿子挨揍，比他大几岁的对他威胁，如果不把什么集邮本子交出来，就怎样怎样。于是，我又遭到传讯。灯下，一男一女，两只脚蹬在凳子上，斥责，恐吓，要我交代爱人和什么人来往。我被斗惯了，横下了一条心，告诉他们：“他是个正人君子，不说一句谎，连家里小事都如此。如果他有问题，我跟他一起坐牢。”我确实不知，能“榨”出什么呢？我“顽固”，此后再也没有人来找我。屋漏偏遇连夜雨，那天晚上回到家，屋里的天花板由于漏雨，坍塌下来，儿子吓得躲在墙角里哭个不停，看到我，当然是“救星”来了，放声号啕。“别哭，别怕，哪怕是爸爸坐牢，我也要把你养大。”不到10岁的孩子，怕挨打，宿舍大门都不敢走，只能从宿舍矮围墙上爬进爬出。我十分心酸，怕他从矮墙上摔下来，看到总说，叫他走大门，但又有什么用呢？怎样才能消除他害怕的心理呢？

“复课闹革命”了，学校开始恢复上课，而且叫我带一个班，做班主任。没想到还有个“关”那么难渡，那就是恢复党籍。有的人抓住不放，非整死你不可。批判者慷慨激昂，说我是彻头彻尾的修正主义分子：“中宣部阎王殿陆定一要调她去做秘书，市委文教书记全市表扬，就是因为修正主义一脉相承，学校校长大叛徒包庇，一条黑线贯到底，是头上生疮、脚底流脓的人。”于是，大教室里群情激奋，要我交代。会后，我找工宣队里的党组织诉说，大哭一场。再斗，再打，再委屈，我都牙齿咬咬，顶住了；明知实情的当时学校某一领导竟如此造谣，蛊惑群众，置人于死地，我是没想到的。60年代初期、中期，学校正培养青年教师。由于教学改革的开展，有次新华社记者来校访问，找我谈语文教学改革，打算写篇报道。大约一个月左右，“文化大革命”开始了，事情作罢。这件事竟然会移花接木，接到“阎王殿”身上，而且是“调任秘书”。这个发言真是爆炸性的，具有“轰动效应”。俗话说，“不知者不为罪”，不了解真实情况，说几句、批几句就算了，知真实情况而肆意造假，居心何在呢？此时此刻，我才真正懂得了“血口喷人”的含义。“文化大革命”的动乱年代，真是人人登台表演，整人的，被整的，灵魂的暴露一清二楚。为了自己脱身，自己“亮相”，可以栽赃，可以嫁祸于人。一件件具体的事让我不断地照镜子，洗涤自己的灵魂。人总要有人的样子，在任何情况下，要有颗善良的心，不能为自己为私利而加害别人。

拷问感情与责任

要把班级带好，不管是班主任，还是任课教师，都必须对学生满腔热情满腔爱，不是对少数，而是对所有学生。我自以为在这方面已有很大的长进。

初当教师时，对两类学生不由自主地十分喜爱：一是反应敏捷，非常聪明的，我讲上句，他下句已能回答，教起来十分省力；二是长得很可爱，像洋娃娃一样。后来才明白，天工造物十分奇妙，人都是两道眉毛、两只眼睛、一个鼻子、一张嘴，在脸上也都是那样排列的，但一个人一个样，即使是孪生兄弟姐妹，也会有点差异。每个学生有他自己的独特性，不要说是长相，他们的禀赋、性格、文化基础、兴趣爱好等均有所不同。因此，必须热爱每一个学生，每个学生的生命都值得尊重，都必须关心。在教育实践中，与学生长期相处，真切感受到他们生命的蓬勃和聪明智慧，自己的认识和感情都起了变化，懂得了教育事业是爱的事业，没有爱就没有教育。教育无选择性，只要是生长在这块热土上的孩子，都要真心实意、全心全意地爱他们，培养他们。

什么叫真正懂？说在嘴上，写在纸上，不算真正的懂，要身体力行，真正做到，才是真懂了。那已是40多年前的事。由于我体弱多病，我唯一的孩子从小就多病，有时一年要住多次医院，夫妻两人的工资常难以支付医药费。清晰地记得两件事。一是5岁的孩子突然得暴发性痢疾。下班回家，婆婆说孩子发高烧，一量40℃，还没来得及送医院，孩子已昏迷过去。当时不知道是痢疾，因为孩子未拉肚子。婆婆急得号啕大哭，我只想到要急救，那时交通不便，送医院要有一段时间，来不及啊！我问婆婆乡下人有什么土办法救，她突然想到，看到有人用手指把孩子的肛门扒开，只要哭出来就有救了。我急得赶紧试，孩子总算哭了出来，一条命缓了过来。飞奔去医院，折腾到天亮，孩子住了进去。第二天清晨，来不及回家，就径直去学校上课。那时，我的责任心极强，课是一节都不能脱的，因家里私事影响学生学习，心里不安，对不起学生。

还有一件事是儿子患败血症，天天高烧，嘴唇都发焦，头上用冰袋冰着。那时最好的药算是四环素、金霉素，但用了都无疗效。一天半夜，医生找我们谈话，说明病的严重性和药效甚微，说靠孩子自身已难以扳过来，须用健康男子的鲜血帮助。我哭了，谁没有亲子之爱？恳求医生救孩子的命。那时，我正好教高三毕业班，复习十分紧张。孩子多次病危，我陪下半夜，早晨走时，孩子总哭着不让我离开，有时一扶他坐起来，就吐得我一身。说老实话，当时思想斗争很厉害，儿子这边舍不得，要照顾，学生那边是关键时刻，耽误不起。咬咬牙，我还是去学校上课。我不是医生，不会治病，可我是教师，关键时刻不能离岗。此时此刻，我才真正体会到师爱超越亲子之爱，虽无血缘关系，但寄托着祖国的期望、人民的嘱托，教师要像爱自己的孩子一样，一个心眼爱学生，尽心尽力培养他们成长。从此，除了自己生病住院，为家里的私事，我没有脱过一节课、请过一次假。我觉得学生身上的事都是教师心上的事，学习上、生活上、身体健康上，为他们排忧解难，不仅是我的责任，而且是我的快乐。

认识还是比较容易，要真正做到，不那么简单，有些事自己想不到，更没有做过。那时，组织上要我带 69 届一个乱班，大概算是对我的惩罚吧，“文革”中专叫我带乱班、乱年级。那时，刚“复课闹革命”，学校的门窗、课桌椅残破不堪。叫我带的这个（4）班乱得不成样子，我是第九个班主任。进教室看到的第一个“节目”是黑板上抹着大便，教室里只有 4 个女学生扭着打架，拽着辫子不放，好不容易才拉开。真艰难啊！一边在整党，还在贴我的大字报，一边要我带这样的乱班。学生无罪，该学习的时候受“读书无用”、打砸抢的影响，逃课，旷课，乃至无法无天。我这当教师的，还是要竭尽全力帮助。于是，挨家挨户访问，一次、两次、三次、五次、八次、十次，苦口婆心做工作，和家长做朋友，和学生交心，总算把学生全部请到教室里，调皮、爱打架的学生也开始从教室门进出，不以窗（玻璃打光，只剩下大窗框）代门了。课上了不到两个月，按照什么“一号号令”，一个年级10个班级学生全部下乡“备战”。

我们这个班分到南汇龙桥大队好几个生产队，分6个住宿点，怎么管理？学生那么小，南汇水多，大河小河错综成网，每个住宿地都是用柴草烧饭，水啊，火啊，整天我都提心吊胆。不管是下雨还是下雪，我整天都要轮流在住宿地巡查，就怕出事情。当初带62届、66届学生下乡参加秋收劳动，一下船，男学生就会掮起你的行李往住地跑；劳动时，挑、抬的重活抢着干。学生干部能力强，管理得井井有条。而今，学生不是高中生，年龄小，什么都不会，要一样一样教。要说锻炼，也真是锻炼，学会独立生活。一天清晨，霜铺大地，我和体育老师范老师在河边走，哪知河边的土是冻酥的，我一脚滑到了河里，河水立刻齐胸，冷得彻骨。要不是范老师全力救助，后果不堪设想。也许是上天的旨意，每天我都是一个人巡察，偏偏那天团部范老师来，说一道去看看，真是天不亡我！真正受考验的还是那次半夜背学生到镇上求医。一天夜里，小蔡突然高烧，生产队缺医少药，又无交通工具，只得背着她到镇上。我和小尹同学两人轮流背，披星戴月，顶着寒风，沿着大河，走了十多里路，眼前直冒金星，棉毛衫、内衣跑得湿透，但总算把学生背到镇上，使她及时得到治疗。这件事让我懂得了：人不是一棵脆弱的苇草，而是有韧劲的，坚持，再坚持，咬着牙坚持，就能取得胜利。爱和责任是铸造韧劲的原动力。

我从小有洁癖，看到脏的东西就胃液翻腾，直想呕吐。多少年带班教学生，毛病不知不觉改掉了。学生突然生病，呕吐，我会立即把脏物打扫干净。有次在钢铁厂学工，半夜时分，一名女同学腹痛如绞，脸上直冒汗，嘴唇发紫，厂医院说要立即送市里医院，估计是急性阑尾炎，要穿孔。当时通信很差，来不及通知她家长，医院又很乱，“文革”当中，护士叫我给病人通大便，什么都料理好，送手术室。我像打仗一样，心里只有救学生，什么干净、脏，早忘到九霄云外了。爱能锤炼人的感情，能促使我改掉毛病。

要教好学生，带好班级，就要学会勉强自己，千万不能由着自己的性子。带 75 届一个班时，班级里好几个学生身体弱，早操、升旗，站立一会儿就会昏倒；扫烈士墓，还没走到墓地就昏倒了。中学阶段是学生长身体、长知识、长觉悟的时期，身体是一个人生存、生活、学习、工作的本钱，不可小视，不可怠慢。于是，我花气力抓学生的体质锻炼。早锻炼跑步，只要坚持，训练得当，必有效果。组织学生的难度且不说，就我自身来说，也够难的了。腹部刚开刀不久，肠粘连常折磨得我疼痛不已。如果只向学生发号施令，自己不动，好多事就不可能做好，学生不会领你的情。教师的事业就是榜样的事业，要带领学生前进，自己就得做出样子。清晨六点钟早锻炼，我五点五十分就恭候在操场上。学生一圈一圈跑，我跑不动，就跑跑走走，始终和学生在一起，鼓劲儿，加油，调节，休整。冬天，寒风凛冽，天不亮就得起床，乘车到学校，在操场上接受刺骨的寒风洗礼，身体好无所谓，若身体不好，又要走，又要跑，上气不接下气，确实不是滋味。学生两个月锻炼下来，体质明显增强了，还收获了集体观念、组织纪律性等“副产品”。如果当时不下决心勉强自己，能有这样的收获吗？人的一辈子哪有那么多舒舒服服的事，认准了的事，确实有利于学生的成长与发展，即使自己开始不适应，也要勉强自己去做。做，就是锻炼，就是适应，就是检验自己有无坚强的意志。

情感上的事来不得半点虚假，只要有一点杂质，总会不知不觉地流露。起初接 75 届一个班，学生不懂事，其中几个“挑衅者”精力十分旺盛，力气无处用，拳头扬威，惹惹弱小同学是常有的事。热闹的时候，男同学打，女同学打，更有甚者，男女混合“双打”，我真是疲于奔命。“说破了嘴，跑断了腿”，有老师给我如此写照。耐着性子一步一步抓，班级逐步稳定，学生是非观念加强。可有一位女同学变化不大，常惹是生非。我懂得，教师要有一副敏锐的目光，善于发现学生身上的优点。教师不可能代替学生成长，施教之功在于“长善救失”，发现、发挥学生的优点、长处，帮助他们克服存在的缺点与不足。这位女同学身上优点突出，比如学习上反应快，聪明；碰到事情敢说敢为，毫不含糊。然而，她总是不断闯祸。表扬她，她就目中无人，闹得学生中间难以安宁；批评她，不仅一跳三尺高，而且看到教师，就用眼梢瞟你一下，以表示对你的蔑视。访问家长，父亲冲着你说："你把她送派出所好了，我们管不了。"到居委会了解情况，想讨教有效的教育方法，工作人员说："这是胡蜂窝，一门三杰，和邻居吵架，母女三人会立即在地上打滚。"在学校办公室里，我对我的同事说："我是黔驴技穷。对这样的学生，如何才能以情激情，以心换心？我真是一筹莫展，太愚蠢了！"可不，开学请她缴学费，六元钱，她一状告到了报社，说我要学生缴费，是继续执行修正主义教育路线，没资格当老师。党支部书记笑着对我说："看来你还得反省反省。不过，学费还是要缴的。"

一天早晨早操时，她不仅不认真做，还打这个一拳，踢那个一脚，像旋转的陀螺一般一刻不停。我提醒了多次，她不理睬。那时，学校有 50 多个班级，两个操场在做操。班级男同学都整整齐齐做，就是她不肯停下来。我忍无可忍，对她说："你又不是'十三点'！"这句话真灵，她马上不乱动了。话一出口，我就很后悔。平时有些学生看她疯疯傻傻，叫她"十三点"（北方话的意思就是"二百五"），我一再劝说学生不可这样说，而今自己却脱口而出，出言不逊，言为心声。为什么会出言不逊？思想深处觉得这位学生麻烦。既然觉得麻烦，怎么可能全心全意体谅她、关爱她呢？自责还没来得及，学生周记上的批评就来了。一名患小儿麻痹症后遗症的女学生在周记中写道："今日早操时，你骂学生'十三点'。我们班级是没有'十三点'的，只有阶级姐妹。你骂学生'十三点'，你的阶级感情到哪里去了？你还像不像个教师，配不配做个教师？"太厉害了，上纲上线，我边读脸上边发热，"文革"挨斗，也没说我不配当老师。冷静下来扪心自问，确实有愧。感情问题来不得半点虚假，对学生丹心一片，情深似海，就不会言语不逊，伤学生的自尊。学生是有尊严的，岂能冷嘲热讽伤学生的心?！师生之间要真诚相待。我没有掩饰自己的错误，主动到班级读了学生写的周记，说明自己为何会出言不逊，心里是怎么想的，并向被嘲讽的学生道歉，请她原谅。这件事我记了一辈子，教训深刻，不断叩问自己的灵魂，要努力提升思想，净化感情。

我又接到一个任务，学校要把逃学两年的一个学生放到我带的班级。班级一片反对声，尤其是小干部。他们认为我们这个班级从乱到秩序井然，已经花了九牛二虎之力，再来这么个同学，岂不又要把水搅浑，乱成一团！这个学生确实不是一般的调皮捣蛋，而是身上沾染了很多坏习气，小偷小摸，打群架，贩卖粮票，烟瘾很大，手指头都熏黄了。好不容易找到他，他不愿来，说我们班管得太紧，受不了。我从几个方面做工作，先把小干部说通。如果班级经不起一点风浪，说明我们班还有问题，须继续努力；再说，我们对任何一名同学都不能放弃，尤其对缺点严重的，更要满腔热情帮。再做所有学生的工作，激励大家各尽其力，热情相待，让这位同学感到班级的温暖。当然，这个学生自身的工作难做的程度更是难以言表。我不断告诫自己：千万不能畏难，不能对他有丝毫的厌恶，坚信精诚所至，金石为开，一定要千方百计发掘他自身的积极因素，洗刷他身上沾染的污浊。

第一步，要把他请到学校来。他一起床，人就无踪影。为此，我组织了 6 名学生，分 3 个小组，每天轮流到他家等他起床，然后陪同他到学校。先是连拖带拉，后来他的犟劲逐步少了，愿意与接他上学的同学一块儿来校了。学习用品全无，书和簿本发下来就卖掉换香烟了，得一样一样给他买起来，包括笔、尺等。我第一次对他提要求只有 6 个字：不打人，不骂人。但要做到谈何容易？他开口就是脏话，须一而再，再而三地提醒。和这样的学生对话，心里总是一阵阵酸楚。站没有站相，九扭十八弯，一只脚总要抖啊抖；目光恍惚，不敢正视你。坏思想坏习气的侵蚀，无孔不入地糟蹋未成年人的肌体和灵魂。经过几个月的努力，谈心，鼓励，批评，指导，他上课总算能静下心来，作业也开始做，慢慢地和班级同学融合了。一天，他郑重其事地对我说："老师，我自己来学校，不要同学来陪。人家笑我，说我上学还有'勤务兵'……"确实如此，陪伴总不是个事，得逐渐培养他自觉。我同意了他的要求，分析了他的进步，鼓励他不断加强自我管束的能力。

事物的发展常常是曲曲折折，更何况思想行为有如此偏差的学生？好景不长，他又逃学了，我急得直冲着他家里跑。他老毛病复发，他母亲一把鼻涕一把泪，说只要回来，她什么都依。矛盾从小事一桩挑起。吃早饭时，发现三角尺丢了，父亲就破口大骂，他回嘴：“我们于老师说的，不能骂人。”父亲听不进，火冒三丈，抽了他几个耳光。这一下他拔腿就跑。这种家庭教育真没法说。为了这个孩子学好，我不知进行了多少次家庭访问，和家长交换意见：不能一会儿打骂，恨得要死；一会儿放任不管，恨不得他死掉；一会儿又对他无理的要求百依百顺，溺爱得要命。说起来是教育学生，实际上有的家长在教育子女方面如何正确引导比老师教学生难办得多。没有法子，只能四处找寻。几个同学分头出动，冒着蒙蒙细雨一条一条街搜寻，傍晚时分总算找到。当然，少不了一方逃一方追的紧张场景，最后有力气的几名男同学总算把他抓牢。怎么办？送他回家，只有两个可能性：一是再逃；一是旧毛病复燃，依然故我。带他回我家吧，他会偷，怎么办？爱人上班，小孩上学，家里没有人。一想到这儿，我立刻自责起来：对他有如此的戒心，缺少起码的信任，还谈什么教育、什么爱护？真心实意要他变好，就要千方百计创造条件，让他有个好环境。于是，我带他回我家。路上，他对我说：“老师为我好，我知道，但要我改，太难了！今天我就抽了许多根香烟，小兄弟给的。我这个人是枪毙坯子，改不好了。你吃力，我也吃力，算了！”他倒来做我的“工作”。我稳定他的情绪，告诉他我不会丧失信心，不怕吃力，鼓励他要树立信心，看到自己不好，就是有进步的表现。大伙儿用力气拉，你自己更要用力气。住在我家一段时候，我上班，他上学，放学跟我回家做作业，和我孩子一起玩耍，做朋友。对这样的学生进行教育，有时我简直觉得是拉锯战，一丁点儿事就会使他反反复复。但已经遭遇了，就得下功夫争夺，急于求成是全然不可能的，需要的是爱心、耐心、细心，点点滴滴，日积月累。学生对你教师一根根肠子都摸得清清楚楚，是真心实意、全心全意，还是半心半意、虚情假意？如果是前者，即使话语分量重一点，他们也能接受；如果是后者，那就会顶嘴，顶牛，不买账，效果适得其反。学生心中有杆秤，称你教师德才的分量，称你教师师爱的分量。蒙学生，以为学生不懂事、愚蠢，那教师自己就是最不明事理、最愚蠢的了。

到了教77届，又是另一番景象。支部书记要我到77届担当“重任”，这个年级11个班，有几个班级的“大王”全校奔窜、捣蛋，弄得其他年级不得安宁。这11个班的班主任辛苦不堪，单维持正常的教学秩序就十分不易。天天有事，打架、闹课是家常便饭，突发事情也不少。上体育课，一个学生把体育老师（一位男老师）的鼻梁骨打断。另一个学生带刀进教室威胁同学，班主任进行教育，他不仅不听劝告，反而吞下万金油盒威吓老师，家长来吵翻天，这边还要立即送往医院。办公室像半个派出所，每天要处理各个班级及班级之间发生的大大小小纠纷。除了上课，我这张嘴从早说到晚，这个班的，那个班的，配合班主任进行教育。“晓之以理，动之以情”，说说方便，做就不那么简单。一个学生一个样，班级不同，家庭不同，性格不同，类似的道理，说的角度、方式、语言、神态等都要有所区别，真是边干边学，边学边干，不能动肝火，不能使性子。这是一种磨炼，磨炼性格，磨炼脾气，磨炼感情。有的女教师受不了，气得话说不出，甚至晕倒。我整日惴惴不安，怕出事。为此，办公桌抽屉里总放着一包葡萄糖，哪位女教师头晕，气不顺，赶紧泡杯糖水，让她定定心。今日看来很可笑，可那时买不到什么有营养的东西，也只能以此表表对老师辛苦的谢意。

群策群力，一手抓纪律，稳定秩序，一手抓小干部培养，年级面貌起了变化。每周一个半天组织小干部学理论、学文化，一个半天开展多种多样的课外活动，让学生的兴趣、爱好有处使。一周不多，仅半天，周周坚持，讲、读、讨论，小干部成长了，认识提高，能力增强，协助班主任管理班级，不论是学习、劳动、纪律还是体育锻炼都有了办法。我们广泛地开展课外活动：体育类有球赛、棋赛、田径，文艺类有话剧、舞蹈、诗歌朗诵、国画、书法、篆刻、幻灯片制作，操作技能类有手工、航模、刻印等，学生有了发挥潜能的机会，精神面貌大不一样。这一届碰上了粉碎“四人帮”，恢复高考的大好时机。于是，我们年级组老师又把精力投入到抓学生的文化学习之中。

说老实话，当时心里是仍有后怕的。“知识越多越反动”的思潮鼓吹了近十年，要聚精会神抓学生的文化学习以备考，不能说没一点风险。每个班级里学生的文化基础、学习积极性差别极大，有的只有小学水平，爱学习的学生语文、数学、外语有一定的底子，有的文章写得洋洋洒洒，如此参差不齐的学生怎样抓备考？只剩一个多学期，怎么来得及？为了统一认识，年级组老师讨论了三天。按程度分班，给原有班级带来许多矛盾、许多问题；不分吧，程度好的学生受影响、受损害，阻碍了发展的前途。有好心的老师劝我：“‘文革’中你还没有被斗够？还要抓文化？”当时我执着地想：一个文盲、半文盲充斥的国家是不可能建成社会主义强国的。学生只有一次青春，不能耽误，希望他们早日成为国家的有用之才。历经折腾、历经苦难的祖国太需要她的儿女们立志刻苦学习，早日成才。老师们出于对学生的热爱与关怀，统一了看法，克服种种困难，重新分班，让学生的成长各得其所。功夫不负有心人，恢复高考后的首届考试，快班学生发愤图强，考出了好成绩，如愿以偿地考进高校学习，有的学科还考了满分。事后，我们年级组老师深有感触地说：“老师真是责任重大，有时简直影响学生的命运，影响他们一辈子的道路。”确实如此，作为一名负责任的教师，不仅要关心学生今日怎样健康成长，而且要关心他们明日的长足发展。教师的关爱和责任，为两个快班的学生添上了学习双翅，帮助他们登上了新的征程。否则，志向、才智受到压抑，失去了考高校的机会，就会和“文革”中毕业的一届一届学生一样，先要取得初中毕业文凭，再取得高中毕业文凭，才能考大学。这个耽误就大了。后来碰到当时考取高校的学生，他们都感叹自己的幸运。

回顾带乱班、乱年级的情况有恍如隔世之感，但那确实就是“文革”时期的真实写照。学生未成年，不谙世事，不懂进取，我这做教师的无论如何要尽到责任。虽然力量极其微薄，但也要竭尽全力，在他们心中点燃做人的亮灯，在人生的道路上一步步走好。

粉碎“四人帮”以后，学校出现了新气象。但“拷问感情与责任”仍然是我教育生涯中一个重要的主题。教学中我碰到多种多样性格迥异的学生，如何对待，如何倾心相交，仍然是我必须面对、必须认真解答的问题。别的暂且不说，就说个有趣的故事吧。

那是十多年前的事了。办公室里不断出现令人窒息的场景。一位年轻的班主任义愤填膺，高声数落着站在办公桌旁的一名女学生：

“班级够乱的了，你还添乱，把门框当单杠，拉在上面荡来荡去，引得哄堂大笑。你居然，居然……”

“你在教室门上贴‘霍府’，有的男同学已打闹得够厉害了，这一来，更是跌打滚爬……”

“你上课就是不好好听，乱涂乱画，自以为是，狂妄自大。你看你看，把书卷成什么样子……”

年轻的男教师讲得脸上青筋暴出，这位女学生却已在不知不觉中转着身子，背对教师，不仅充耳不闻，脸上还流露出几分鄙夷的神情。坐着批改作文的我，总要情不自禁地站起来排解，疏通，平息风波。

这个班级确实够乱的，几乎每天都有“突发”事件。如某某学生打闹，骨折了；某教师气得走出了教室，课无法上；教师自行车轮胎的气被放了，还被戳了两个洞……办公室里师生冲突的事不断发生。面对这样的班级，学校不得不采取措施。于是，打乱分插，把有的学生调到别的班级。

我这个教研组长当时已不做班主任，这位女学生被调到我教语文的班级。有教师告诫我：“她的调皮捣蛋独树一帜，点子多，破坏性大，谁的话都不听，男同学也远不如她。”倒是真的，我在参与平息风波时也领教过一二。“什么老师？讲都讲不清楚，还没我懂！”“错了，错了，去读读书吧！”一副瞧不起老师的腔调。我不是魔术师，不可能一教，学生就变样。首先要尊重她，对她与对其他学生一样，平等相待。

果真不出所料，她调入这个班后，与大家融合不起来。有的学生认为她是“另类”，避而远之；而她总是绷着脸，一声不吭，还不时用冰森森的眼光刺人，甚至带有几分敌意。下课铃一响，她就飞也似的蹿出教室。尽管如此，我觉得她身上仍有不少优点，如：上课铃响，她就走进教室，从不迟到；课上不与任何同学交谈，有相当的自控能力，与以往“胡闹”时的情况判若两人；上课时听到新奇的知识，眼睛会发亮。这名学生对学习是有兴趣的，我初步判断。于是，我努力把课上得情趣横溢，在宽松的气氛中，激发大家旺盛的求知欲，增添融洽的黏合剂。

时间是孵化器，一节节生动的语文课孵化出了感情。课上，她面部的肌肉放松了。和其他同学一样，有时情不自禁地举手质疑，乃至有板有眼地回答问题。冰雪开始消融，师生情、同窗情滋生，我心中暗自喜欢。

在课堂发言中，她从不人云亦云，总有自己独特的看法；与别人辩论，从不服输，哪怕是错了。怎么进一步接近她，才能拨动她心中隐秘的琴弦，产生共振呢？操之过急不行，空讲道理不行，要从寻觅不显眼的细节入手，拉近距离。真巧，一天下课时，她一如既往飞也似的蹿出教室，我紧随其后。“叭”，她揣在裤子口袋里的书掉到地上。我赶紧跑上去，捡起来，眼睛一扫，原来是一本介绍国画的书。“比男孩子还调皮捣蛋，怎么会看这类书？”我有点愕然，但立刻控制自己，没有表露。她看我捡起了书，有点紧张。我笑着对她说：“多好的书啊，把它卷成这个样子，太委屈它了。”我又说：“我家里有不少介绍画画的书，《芥子园画传》对初学国画的人很有帮助。还有些国画、油画、水彩画和连环画，如果你喜欢，休假日可来我家看，对它们发表意见。”我拍拍她的肩膀，她表情放松了，露出些微喜色，点点头，拿着书一溜烟地跑开。

她胆子够大。一般来说，女同学看到虫子就会惊吓得叫嚷起来，躲避还来不及，她却大大小小各种各样的虫子都敢抓，抓到了有时还要肢解，研究它们的结构。久而久之，她动手的能力强了。了解了这个特点，教课时我就注意发挥她的长处，让她的精力有地方使。有一天，我们学《花儿为什么这样红》。课的起始阶段，采用直观教学方法，让学生懂得花呈现各种颜色的物质基础。我请她用试管做实验，做出花的细胞液里的酸碱反应。她很高兴，全神贯注，先后把不同颜色的花瓣揉碎，再做出各自的酸碱反应。她边演示边说明，关键处还多解释几句，俨然一位小老师的架势。同学们在不知不觉中和她拉近了距离。课后她的旁边经常会有三三两两的女同学与她说说笑笑，一下课就蹿出教室的情况已十分少见。

她原本写作能力不强，文章有内容，但表达不清，如何织锦成文，尚未入门。我没有急于对她讲述写作技巧，而是等待机会，积极引导。她的好奇心远远超过同龄的女同学，对周围事物有程度不同的兴趣，一旦兴趣浓郁，就执着追求，欲罢不能。有一次，生物课上做解剖豚鼠的实验，听说她极为认真。正好我在教几篇说明文，就要求学生写一篇科学实验的短文。她写得真不错，我印发了写得比较好的几篇当堂讲评。我对她的作文评析得更为细致，表扬她观察精细，理解正确、深刻；剖析文章之所以写得具体生动，关键在实验做得十分认真仔细，观察、观察、再观察，没有好奇心驱使，没有科学的态度，不可能有如此良好的效果。文章不是无情物，写的人对它有多少情多少意，它就会忠实地表现出来。与此同时，我还就文章结构、语言表达作了指导，让大家懂得内容再好，也离不开语言表达，只有认真地推敲语言，积累语言，才能写出佳作。课上，她十分专心，脸都涨红了，有时还不自觉地点点头，嘴角咬着笔杆。此后，她不仅写作认真了，语言上下功夫了，其他方面马虎的情况也大有改进。

有个星期日，她果真来到我家，手里拿了把折扇。进门时还有点拘谨，纸折扇打开，也就打开了话题，无拘无束了。“扇面上的竹子是外祖父画的，字也是外祖父写的，写的是岳飞的《池州翠微亭》。外祖父说送给老师。”我向她道了谢，并询问外祖父有多大年纪，他老人家身体情况怎样。话匣子一打开，滔滔滚滚往外流。她告诉我，她外祖父年纪大了，喜爱画画。她经常给老人家磨墨、展纸，看他画竹子，画石头，画山水。“刷，刷，刷，几笔，竹子就出来了，叶是叶，竿是竿，像变魔术似的，好玩。有时，我也画，就是不像。外祖父如画一幅山水，就叫我欣赏。我看啊看，就走了进去。好在哪儿，我也说不出。我肯定说得不在点子上，外祖父常哈哈大笑……”没想到看中国画技法的谜底原来在这儿。我从画画谈到画画人的性格，谈到要学画就得静心，就得沉静。我们阅读画册，评点赏析，交谈得十分愉快，并相约下次谈论的话题是“书”。

没隔多久，她又来了，而且是有备而来。她迫不及待地诉说着她读过哪些书，中国的，外国的，文学的，科技的，连政治读物也涉猎不少。不仅阅读，而且摘抄，还写点读后感。我看了看她的阅读笔记本，称赞的语言脱口而出。一名初中学生的阅读面如此广，这是我始料未及的，难怪她对教师的教学有种种挑剔，难怪她桀骜不驯，难怪她对有些事、有些问题有自己独特的看法。我赞扬她读那么多书不简单，询问她如何会养成爱读书的好习惯。她一本正经地说："环境造成的嘛！爸爸妈妈在广西搞水电建设，终年忙碌，难得来上海一次。我寄居在外祖父家。外祖父、外祖母年纪大了，他们早早睡觉，我没有人说话，就跟书说话，说着说着，就成了伙伴。"原来如此，怪不得她的裤兜里总有一本书插着，卷着。她还用几分神秘的口气告诉我："我不是上海人。小学里有同学欺负我，我就和他拼。我才不怕呢！谁能狠过谁？"倔强的性格确非天生的，有个形成的过程，要掸去性格上的灰尘，当然非一日之功。

这样你来我往，课内课外，我们成了忘年交。在交往中，她长大了，性情改了许多，乱闹乱顶撞的事匿迹，优点显现，同学们刮目相看。有天晚上，她陪着她的母亲来我家看我，并腼腆地对我说："妈妈来谢谢您！"说实在的，有什么好谢呢？每个孩子都是家长的宝贝、国家的宝贝，当然也应该是教师的宝贝。千人千样，这样有个性、有潜能、资质优良的学生，教育起来同样有相当难度，没有水磨的功夫，没有爱心，就不可能拨动她的心弦，奏出悦耳的乐曲。

一个学生就是一本丰富的书，一个多彩的世界。学生是活泼泼的生命体，每个人的成长都是独一无二的。要培育他们成长、成人、成才，首先得尊重他们，从思想上、感情上尊重他们的人格，尊重他们的个性。教师要练就敏锐的目光，善于发现每个学生身上的长处与潜力，长善救失，把隐藏的种种潜力变为发展的现实。学生世界的事无须喋喋不休，动辄下禁止令，管头管脚。要深入了解他们的知识世界、生活世界、心灵世界，在关键处引导，坚持正面教育。几十年来，我教过各种类型的学生。面对这些丰富的"书"，我一本一本认真读，一点一点学习、领悟，逐步懂得师爱的真谛，也品尝到亦师亦友的无穷乐趣。

长相忆，我那些个性迥异、充满活力的学生！

我也是学生

把一个个乱班、乱年级带好，不是我有多大的本领，而是边学边干，边干边学，不少学生是我的老师，不少同行是我的老师。我从他们身上学到了优秀的品质、坚强的意志和灵活有效的工作方法。我本身也是学生。

50 年代末，记得刚做班主任时，一天清晨，学生食堂突然起火，火苗迅速穿破屋顶。我班的班长小郑发现火情，立刻从宿舍奔到事发地点，爬到屋顶，奋力救火，衣服烧坏，浑身上下湿淋淋而全然不顾。整治学校臭水沟，挖河里的淤泥，团支部书记小袁和小郑等班级干部都是带头赤脚跳下去，不怕苦、不怕脏。十七八岁的孩子那种纯真、纯正的品德给我深深的感动。他们没有什么豪言壮语，只要认识到自己应该做的、对大家有益的，就毫不犹豫地去完成，尽自己努力，不求任何报酬，说的和做的如此一致，如此和谐。

生活委员小肖生病了，发高烧，茶不思饭不想。我到宿舍看望她，她难受地对我说："有个面包吃，就好了。"面包，在 60 年代初那个自然灾害与人祸时期，岂不是奢侈品？我想办法用二两粮票买了一个极普通的面包，了了小肖病中的心愿。没想到这件小事她会记一辈子。当时粮食计划供应，必须有粮票才能买到食品（米、面制品）。不知哪位同学告诉她，老师饿了一顿省出了粮票。教师对学生的这点情意太有限了，没想到多年后，她还记得这件事。我患心脏病，病重，她从同学那儿知道了，从北京赶来看望我，和我说的第一件事就是这件事，而我脑中早已无影无踪。她郑重地对我说："这件事让我懂得了什么叫'爱'。我当老师，就一直想到要爱学生，不仅心里爱，行动上也要爱。"情意那么深厚，实践那么执着，我深受教育。这已是后事。其实，当时我对小肖就怀有敬意。学生全住读，她是生活委员，事情十分繁杂，吃、住、教室与寝室的卫生都安排得井井有条。她热忱地为每个同学服务，脾气很好，能忍让，能吃亏，和所有同学关系都那么亲密无间。若不是人品好，不是有委屈自己、牺牲自我的精神，不可能做到。有时工作累极了，我就会情不自禁地埋怨，与她一对照，愧疚之意油然而生，真有几分自惭形秽。

学生的好奇心、求知欲对我也是很大的冲击。一是课堂上经常打破砂锅问到底，为什么这样，为什么那样，原本是怎样的，换个说法行不行，等等。全是问题，逼得我思考、学习，备课翻三覆四，不敢有丝毫疏忽。课外读物更是丰富。新出版的小说，我还来不及翻阅，有的学生已经来和我探讨人物性格、情节安排，哪些是精彩笔墨，哪儿是败笔，一点也经不起推敲。《红旗谱》《三家巷》《香飘四季》，一本一本，说得还真有点道理，逼得我非广泛涉猎不可，不仅开夜车翻阅新出版的小说，而且各类杂志都得浏览一下，否则，就无法与学生交流。语文确实难教，古今中外无所不包；学生世界又五彩斑斓，各有各的爱好，各有各的兴趣。师生关系好，学生什么问题都来和老师探讨，文学、艺术、科学、技术，具体到对某位音乐家的评论，对某张油画的鉴赏，具体到兵器知识、运动技巧，真是教海无涯。要在教海中航行，非有“学”这条船不可，教海无涯学为舟啊！男同学喜欢足球，我得把足球运动员的名字一一记住，场上充当什么角色，站位如何，到什么水平，否则，就不可能和他们有共同语言，与他们知心交心。教学生，实际上也在教自己，培养自己的好奇心与求知欲。做教师真好，整天和学生打交道，追求，憧憬，幻想，似懂非懂，和他们在一起，心总是年轻的。学生对各种各样事物总是充满兴趣，充满好奇心，有时那种热情简直让你感动。《人民日报》上发表了赵朴初的《某公三哭》，我在课外讲析这首《金缕曲》的词，上百人的音乐教室里座无虚席，学生全神贯注，听得津津有味。学生要求再次讲析，于是听讲地点挪到大礼堂，不仅位子坐满，连礼堂台前边边角角都坐满了学生，从初一年级到高三年级的，一会儿鸦雀无声，一会儿笑声迸发。我这个讲的人也受到学生热情的感染。有些学生没有听到，引以为憾，要求补偿。于是，音乐教室里再补一次课外讲座。学生听讲全出于兴趣，出于好奇，出于自愿，无任何考试、分数的约束。课外文学作品讲座的红火场景，至今令人怀念！

乱班之所以走上轨道，有正常的教学秩序，学生得到培养，其间任课教师和班级小干部做了大量细致的工作。有的教师只做不说，常把几个学科爱好者吸引在自己的周围，亦师亦友，说说笑笑，这些学生又以自己的特点影响周围的同学，于是有些课的课堂安静下来。有了样子，逐步扩大好的做法，于是正气抬头了。有些小干部真不简单，主动和调皮捣蛋的坐在一起，带着玩，带着做功课，真心帮助。小干部得到了锻炼，我也悟出了不少道理，学到了不少教育方法。教育要讲究群体效应，要带好一个班级，当然要有一名热爱学生、称职的班主任。然而，独木不成林，良好的班风要靠任课教师群体的共同努力，相互支持，才可能有建树。班主任要有胸怀，善于团结各具个性的教师，善于发挥各具特长的教师的作用，带领学生共同进步。对小干部要充分信任，发挥他们的长处，但同样要坚持教育，明辨是非，千万不能偏爱、溺爱、放纵，千万不能让他们有高人一等的想法。有一名学习、能力、遵守纪律都很出众的小干部，从小就有骄傲的毛病，乃至看不起老师，看不惯进步迅速的同学，以致影响与同学的关系，影响他自己的成长。为此，我真是没少做工作，经常谈心，抓住具体发生的事深入剖析，促使他看到自己身上这种缺点的危害。尽管严格、严肃，学生开始难以理解，但久而久之体会到，千里之堤，溃于蚁穴，对缺点尤其是较大的缺点听之任之，轻则使自己裹足不前，重则在思想道德里埋下隐患。由此，我领悟到，管理乱班绝不是只把眼睛盯在学习差、行为偏差的学生身上，而是要面向全体学生，对表现好的学生同样要给予关心、培养、教育，响鼓还要重槌敲。对学生身上的缺点是如此态度，对自己身上的毛病当然更不能容忍。人最大的敌人就是自己，以学生为镜，以同事为镜，经常对照反思，会不断警惕，改掉不少毛病。

带好年级组，更是靠教师的合作精神。我最感动的是教育学生的共同目标消除了有些教师之间的恩恩怨怨，不仅工作上谈得拢，感情上的隔阂也逐渐消除了。原本接这个年级组时，有三名老师分别找我谈，谈话内容大同小异，即如果某某怎样，我是不会客气的。“文革”中造成的派性影响无处不在。我只能好言相劝，请求大家互谅互让。乱年级要带好，困难重重，出于对学生的负责和关爱，出于对做好工作的强烈愿望。遇到难题，遇到棘手情况，几乎每个班主任都挺身而出，出主意，想办法，不分你我，都把年级组的事当作自己的事。几年下来，彼此之间的疙疙瘩瘩熨平，成见消除。培育学生的目标是有魔力的，它能凝聚人心，消除不必要的沟沟坎坎。不仅工作上彼此支持，生活、健康、家庭，大家也都互相关心。一名男教师突发胃溃疡，吐血，急需输血，家属焦急万分，找不到血。年级组召开紧急会议，好几名教师自愿报名验血，只要血型对，就输血。其中一名教师血型对上，就被采用了。这种深情厚谊难以用语言表述。一名女教师被诊断患了肺癌，年级组教师心急如焚，去探望，去帮她安排好家务。我连儿媳妇都动员起来，每天烧好菜送到医院，解决她家里无人照顾之苦。年级组就像一个大家庭，家和万事兴，要做好工作，培养好学生，教师之间就要讲究宽容，讲究大度，讲究理解，讲究和谐。这一点我深有体会。至于我自己生病，年级组教师更是无微不至地关心。特别是年级组副组长陈老师，更是医院里里外外奔波，力求让我得到良好的治疗，早日康复。教育离不开一个“情”字，师生之间有情，有深厚的情意，工作必能有起色；同事之间有情有义，就能出方法，出智慧，形成合力，取得理想的效果。改革开放初期掀起学习英语的热潮，记得有一位名叫 Flower 的英国女教师在电视台教英语，我也常听听。她在教学任务完成，离开中国时说：“你们中国有许多好的东西，应该保留下去，如人与人之间的真情。”

带着虚心求教的愿望，处处都是学习的广阔天地。越学越知不足，越学越有内驱的动力。

意外的惊喜，清醒的定位

1978 年，我在报纸上看到北京评出小学特级教师的喜讯，深为教师工作受到尊重与鼓励而高兴。特级教师当时是在多少万教师中挑选出来的，少而又少，故而从未与自己联系起来，没有一点儿非分之想。

一天，突然接到区里通知，说杨浦区委高书记要到学校来，接我去市府大礼堂开会，说我被评上特级教师了，要举行仪式，颁发证书。首批评特级教师，没有自己本人申报的手续，我全然无知，上面保密工作做得真好。如此大的荣誉意外地落在自己的头上，我又惊又喜，兴奋不已。

当时大礼堂里颁证的仪式隆重、热烈，至今历历在目。兴奋的同时，我不得不冷静下来思考：凭什么天上掉下这么大的馅饼给我，对我特别青睐？上海首批被评上的中学特级教师各学科总共 8 名，7 名所在学校都是市级著名中学，唯独我所在学校是区重点中学。和中心城区比，我们区又是“第三世界”，很不相称。想来想去，相当程度是机遇，有很大的偶然性。间接原因可能是“文革”前公开课上得多，有一点小影响。就是在“文革”中，我任教语文，有时也要上一点公开的研究性的课。直接原因正好是带 77 届年级，遇上恢复高考，取得了优秀成绩，家长满意，学生高兴。年级组老师团结奋斗，被评上市先进教育集体。还有一个原因就是直播教《海燕》的课，产生了一定的影响。事情是这样的：

1977 年 10 月 19 日。

金色的秋天。

南京路上海医药商店七楼上海电视台教育演播分室第一次向全市直播中学教师向学生授语文课的实况。虽然我曾经历过几百人听课的大场面，可算是身经百战，但当时上电视直面镜头是极稀罕的事。与那么多观众见面，对我来说，还是破天荒第一遭，心中着实有些紧张。

这是一间很简陋的演播室，除了灯光装置，四壁几乎萧条，十几张课桌和三十来张椅子也十分破旧。布景是纸板制的墙壁，上面开了一扇窗，窗框上挂着五六条纸做的嫩绿色的柳丝，大概是为了增添几分生机与美感吧。通知我上课并负责演播现场的导演姓赵，看起来是个十分平实的人，话不多，一句是一句，没商量的余地，似乎开口之前经过深思熟虑似的。一天下午，他作为不速之客来找我，说明邀我上课的来意，并说明具体演播的时间，这一天中央台也首次开播上课实况，不能更改。我坦率地谈了自己的想法，希望能录下来再播，免得当堂出差错。他说："那怎么成？我们没有摄像头，一个摄像头要几万元！"我哑口了。我问他用什么教材，他爽快地说："你爱用什么教材就用什么教材，喜欢什么就教什么，随你的便。"我顿时有种获得解放的感觉。有如此大的自由度，我高兴得几乎想跳起来。谁知他突然补上一句："明天，或者后天，我来听一听你的课，也看看学生上课的情况。"这个人可不是马大哈，心细着呢。

教什么呢？晚上我辗转反侧，不能入睡，"文化大革命"对教育疾风骤雨的摧残，对我这个当时还属于青年教师的栽赃与侮辱，一桩桩一幕幕又活现在眼前。"什么三八红旗手？是修正主义教育路线黑旗手！""你为什么介绍学生读那么多杂志，那么多封、资、修的书？你为什么上那么多的公开课？这是放毒，腐蚀学生！""你为什么给某学生配眼镜？为什么给某学生护膝？为什么把面条送到学生宿舍？那是居心不良，讨好，腐蚀。"为什么，为什么，罗列了许多罪状。起初我愕然，想辩解，然而怎么能辩呢？我刚动手术不久出院，辩，非被打个半死不可。我只得默然。谁知这又成了罪状……当时，我脑中有两点很鲜明：一是在一个文盲、半文盲充斥的国家是不可能建设社会主义的，因此教学生文化绝对没有错；二是要像海燕搏击暴风雨，乌云遮不住太阳，遮不住的，我坚信不疑。想到这里，我决心教《海燕》。

教材呢？清晨到学校图书馆去寻觅。所谓封、资、修的作品都被捆绑起来不得外借，高尔基的作品当然也逃不出同样的命运。图书馆老师非常热情，与我一起到堆书的地方——教学大楼二楼尾部一间不用的小厕所去找，翻上翻下，在一捆捆布满灰尘还来不及开禁的书堆里终于找到了它。于是，刻印，发给学生；于是，我拿着刻印的讲义，挑灯备课。

也许是心灵沟通的缘故吧，这次读教材的感觉与往日读该作品时很不一样。过去读它，与读其他名著的心情几乎差不多，怀着敬佩的心情，惊叹艺术技巧的高超。这次钻研，刻画海燕的一个个词语、一个个句子都活起来，跳动起来。海燕就应该这样叫喊，应该这样飞翔，应该这样飞舞。用不了多少时间，我就记得烂熟，因为它活在我的心中。狂风、乌云、雷声、巨浪，自然界暴风雨在大海肆虐，愈演愈烈的情况与人间暴风雨骤起的情景竟然在脑中交织起来，难解难分，我只得理智地花气力把它们分开。课要教好，文中背景须铺垫得透，须层次分明地把握住发展的态势，怎能乱糟糟的？怎能感情用事？

学生那头也没少做工作，集中在两点：一是要求他们大胆，消除紧张情绪，该读就读，该讲就讲，努力做到“旁若无人”；二是认真预习，多读几遍，有什么问题做上记号课上问，有什么体会在讲义上记几个字，课上充分发表。

几天时间一眨眼过去。10月19日，我和学生一起吃了午饭，乘公共汽车到南京路演播室。学生端坐在临时布置的教室里，我拿着备课夹候在教室外，等导演的指令。灯陡然亮了，满屋通明，“开始！”我心紧缩了一下，立刻镇定下来，从容地走进教室。朗读，剖析，讨论，辅之以简明扼要的板书，学生十分投入，我也得心应手，进入忘我境地。“一会儿翅膀碰着波浪，一会儿箭一般地直冲向乌云……”“看吧，它飞舞着，像个精灵，——高傲的、黑色的暴风雨的精灵，——它在大笑，它又在号叫……它笑那些乌云，它因为欢乐而号叫！”师生一起把无声的文字变成有声的语言，展现一幅幅暴风雨来临前怒吼的大海上海燕搏击的惊心动魄的图像，齐读道：“这个敏感的精灵，——它从雷声的震怒里，早就听出了困乏，它深信，乌云遮不住太阳，——是的，遮不住的！”群情振奋，语调高昂，自信、豪迈、欢乐，洋溢其间，这似乎已不是高尔基笔下的诗句，而是师生发自肺腑的心声。课在朗读全文中收煞，有学生风趣地说：“我们刚从海边归来。”导演跷起大拇指对学生说：“太好了！”

我兴冲冲地返家，那种冲出暴风雨，精神上获得解放的喜悦似乎渗透到每个细胞，恨不能逢人便诉说。门是我爱人开的，他是个古板正宗的读书人，对我经常公开教学，忙这忙那，很不以为意，总是泼冷水，不断降温。这次却一反常态，笑盈盈地说：“我从未看你上过课，怕你上砸了。孩子不懂事，出去看戏了，我还有点紧张呢。看你进教室笑眯眯，镇定自若，我心也定了。几英寸黑白电视虽小，但还看得清楚。你哪里是上课？你是用生命在歌唱。”这倒是一语中的。三尺讲台无限爱，我爱学生，爱未来，爱蕴含着灿烂中华文化的语文。教课不是当旁观的评论员，只有用生命编织的、从心底里流出来的歌，才动听，才感人，才会如清澈明净的泉水叮叮咚咚流入学生的心田。

随后，我收到好些封从本市及江苏、浙江等地寄来的信，这些收看电视的老师和我虽素昧平生，但信中表露的是共同的心声：冲出暴风雨，课堂里春风拂面，教育的第二个春天来到了。其实，并不是我的课上得怎么有水平，而是教材选得好，把教师压抑的心情释放了出来，产生了共鸣，是时代给了我这样的好机遇。

说实在的，当时课上得好的教师很多，有学问的老教师也很多。既然我交上了好运，就不能让荣誉蒙上灰尘，一定要让偶然性为必然性开拓道路。

特级教师在德、才、识、能诸方面有很高的要求。要成为师德表率、教学专家、育人模范，对我来说，需要竭尽全力，努力登攀，才能逐步缩短差距。我下了这样的决心：一切从零开始，边干边学，边学边干，追求卓越，努力缩短“实”与“名”的距离，向名副其实的目标奋然前行，不辜负组织的培养，不辜负学生、家长、社会的期望。

用一句话来说，30 年的辛苦不寻常，夙兴夜寐，孜孜矻矻，走了一条老老实实学做特级教师的路。其中艰辛一言难尽，有些问题经常叩问我的灵魂，促使我深入思考，认真对待，并以实际行动毫不含糊地回答。

首先是压力问题。我还是我，可冠以特级教师以后，别人对我的要求一下子高了起来，一切教育行为、思想、语言都在众目睽睽之下，似乎什么都应该懂，什么都应做得十全十美，压力很大。怎么办？要么被压垮，要么变压力为动力，坚强地挺立，其他别无选择。至圣先贤的教导：三十而立，四十而不惑，自己应建立清晰的内心价值系统，把社会给予的压力变为一种生命张力，心灵勇敢，态度从容，以敞亮的胸怀、无限的热忱迎接挑战。

当时压力最大的有三个方面。一是公开课。评上特级教师以后，来自本区的、全市的以及全国各地的教师络绎不绝，几乎每堂课都有人听，少则一二十人，多则数百人，前后上了近两千节的公开课。不仅让听课，还要和听课老师说课，介绍体会，教案、作文批改等全部公开，压力很大。同行及专家们的指导与鞭策，促使我刻苦钻研，面向全体学生，力求月月有进步，年年有长进。二是要求总结教学经验，出一本书。当时教学任务及社会工作极忙，腾不出手自己写，于是每周六讲述半天，由《上海教育》杂志徐金海、金正扬两位同志录音、记录、整理。为总结经验，他们听了许多课，开了许多座谈会。正因为他们的辛勤劳动，1981 年终于由上海教育出版社出版了总结教学经验的专集——《中学语文教学探索》。每想到此，心中总怀着感激之情。三是语文报刊不断索稿，有时催稿甚急，不得不通宵达旦地干。这种逼迫，实际上也是一种培养，锻炼思维，锻炼文字的基本功。

面对种种压力，如何支撑？德国教育家第斯多惠说得好："教育者和教师必须在他自身和在自己的使命中找到真正的教育的最强烈的刺激，……把自我教育作为他终身的任务。"自己要在教育教学上做到日有长进，月有长进，年有长进，当然要着力那"最强烈的刺激"，那就是坚持自我教育。

我想，人的视觉有两种功能。向外，拓展世界；向内，发现内心。内心丰富、纯正，拓展世界就能认识正确，受益甚多。为此，我用两根支柱支撑自我教育，一是勤于学习，二是勇于实践，二者的聚焦点是反思。

语文教师要有拼命汲取知识的素质与本领，犹如树木，把根须伸展到泥土中，吸取氮、磷、钾和微量元素。只有自己知识富有，言传身教，才能不断激发学生求知的欲望。

要做到知识富有是极其不容易的，有人说这是一条“光荣的荆棘路”。这条路尽管像“环绕着地球的一条灿烂的光带”，然而它需要的是艰苦备尝的决心。对我而言，更是如此。工作量大，负担重，要想有整块时间学习是不可能的。为此，锲而不舍的精神尤为重要。把零星的宝贵的时间有计划地用上，天长日久也是可观的。

读书要会读，如果终日读书，学而不思，其实算不得读书，只是“对书”而已，面孔只对着书，学到的东西是有限的。冯至给茅盾的杂诗第十二首中有这么两句：“愧我半生劳倦眼，为人为己两蹉跎。”这是冯先生的谦辞，他是有成就的。然而，从这两句诗中可以得到启发，如果我们只是“对书”而不思，那就只是劳倦眼睛，收获不多。如果学而思，学一点，消化一点，即使时间零碎，日积月累，真才实学也必大有增进。我常这样要求自己：

1.
重要的理论反复学，力求正确理解，学能深入，用能浅出

理论上的模糊必然导致实践中的盲目。我深切体会到，自己在教育教学上出现的无效劳动，往往是由于理论上认识不清，理解上有偏颇。对于理论的深入浅出理解与阐述是颇不容易的。就拿历史唯物主义基本原理来说，《在马克思墓前的讲话》中已经讲得很通俗。然而，在教这一课时，教师要浅显地正确表达出来，使学生真正懂，就

着实不容易。文中有这样的语句：“……人们首先必须吃、喝、住、穿，然后才能从事政治、科学、艺术、宗教等等；所以，直接的物质的生活资料的生产，从而一个民族或一个时代的一定的经济发展阶段，便构成基础，人们的国家设施、法的观点、艺术以至宗教观念，就是从这个基础上发展起来的，因而，也必须由这个基础来解释，而不是像过去那样做得相反。”对如此长句单作语法分析是不够的，须深入而浅出。要花功夫深入，力求浅显地表达，使学生能懂。我后来读了刘心武的长篇小说《钟鼓楼》，发现其中有一处以艺术笔调阐发历史唯物主义基本原理，很有意思。作者写道：

> ……人们落生在这个世界上，最早意识到的是包围着自己的空间。这空间有着长度、宽度和高度，其中充满了各异的形态、色彩与音响……而后人们便意识到还有着一种与空间并存的东西，那便是摸不着、握不牢、拦不住的时间。在所存在的空间里度过着不断流逝的时间，这便构成了我们的生活，于是乎喜、怒、哀、乐，于是乎生、死、歌、哭……
>
> 但每一个人都不可能是单独地存在着。他必与许许多多的人共存于一个空间之中，这便构成了社会。而在同一个社会中，人们的阶级意识不同，政治方向不同，经济利益不同，人生态度不同，道德品质不同，文化教养不同，性格旨趣不同，生理机制不同，竞争能力不同，机遇遭际不同……于是乎便相争相斗，相激相荡，相斥相离，相轻相嫉……同时也必定伴随着相依相靠，相汇相融，相亲相慕，相尊相许……而这种人类社会的流动变化，从整体角度来说，便构成了历史；从个体角度来说，便构成了命运。

道理说得多么形象，多么生动！不是作者入得深，又如何能如此出得浅呢？

又如，对教育教学理论的学习也是如此。叶圣陶先生提出“教是为了不教”，开始不少人误解为“少教”乃至“不教”。但只要结合实际仔细想一想，就能体会到千万不能用“等于”代替“为了”。教师“教”是今日的任务，“不教”是明日的目标。今日的“教”要达到明日“不教”的目的——学生能自学，独立工作。自学能力的培养非一朝一夕之事，其中有个过程，“教”得得法，就能有效地达到“不教”的目的。

2.
紧扣一点深入学

要弄懂一点知识，必须深入学习，认真钻研。“一锹铲不出金銮殿”，一定要锲而不舍地步步前进，层层深入。深入学习，其乐无穷。比如诗歌，每学期都教，围绕它读点书，可以得到许多有趣的学问。诗中有方位、色彩、数字，在诗人笔下都有妙用。

《木兰诗》中有“东市买骏马，西市买鞍鞯，南市买辔头，北市买长鞭”。诗中以“东南西北”来写的屡见不鲜。《楚辞·招魂》中有“魂兮归来！东方不可以托些。……魂兮归来！南方不可以止些。……魂兮归来！西方之害，……魂兮归来！北方不可以止些”；曹植的《游仙诗》中有“东观扶桑曜，西临弱水流，北极玄天渚，南翔陟丹丘”的诗句。同是东西南北，有的是写到处奔波购买物品准备出征的繁忙；有的写四方不可留，希望死者灵魂归故土；有的写受到猜忌，郁郁寡欢。同是方位词，表达各有其趣。这种用法，楹联中、文章中也不少。《儒林外史》中所写杨执中屋里壁上的对联是“三间东倒西歪屋，一个南腔北调人”，十分有趣。至于《捕蛇者说》中刻画紧张气氛“叫嚣乎东西，隳突乎南北”，方位词连用，又是一种味道。

诗中用词谈色彩，方法多种多样。如有的诗句第一字就是表颜色的。杜甫的“红入桃花嫩，青归柳叶新”（《奉酬李都督表丈早春作》），“青惜峰峦过，黄知橘柚来”（《放船》），“碧知湖外草，红见海东云”（《晴》），这类诗句一下打入眼帘的是颜色，可以收到使读者眼前突然闪亮的妙用。有些诗句把多种颜色写在一起，鲜艳、缤纷。这类诗句以七言为多，如人们熟知的“两个黄鹂鸣翠柳，一行白鹭上青天”；又如苏轼的“红叶黄花秋正乱，白鱼紫蟹君须忆”（《台头寺雨中送李邦直》）；再如陆游《夏日》中的“白葛乌纱称时节，黄鸡绿酒聚比邻”。真是色彩缤纷，怡悦双目。诗中的颜色当然是真色多，但也有假色。钱锺书在《读〈拉奥孔〉》一文中说：“诗文里的颜色字也有‘虚’‘实’之分，用字就像用兵那样，要‘虚虚实实’。”苏轼咏牡丹名句“一朵妖红翠欲流”，明明说是“红”，哪能又说“翠”呢？写色彩“而虚实反映，制造两个颜色错综的幻象，这似乎是文学艺术的独家本领，造型艺术办不到”，说得就更精彩了。

诗里数字运用得妙，也能加深诗的意味情致。诗中数字用得较多的是“一”“三”“千”，而“三千”连用最常见。众所周知的李白的诗句，如“飞流直下三千尺，疑是银河落九天”，“白发三千丈，缘愁似个长”。又如白居易的《和微之春日》一诗中“江上三千里，城中十二衢”的句子。数字运用得很妙的如张祜的《宫词》：“故国三千里，深宫二十年。一声何满子，双泪落君前。”二十字中，用到“三千”“二十”“一”“双”等数字，读之不觉得是堆砌，而是感到宫女的哀怨是那么凄凉缠绵。

学知识如汲深泉之水，越学越能品尝到其中的甘甜。

3.
拓开视野广泛学

在某个意义上说，语文教师的知识仓库里的货物不能不“杂”，但要杂而有章。这就需要广泛地阅读，有选择地阅读，并且要善于在生活中学习，有条理地储存。

广泛涉猎，稍稍深入，每有会意，兴味无穷。比如我们常碰到“阳春白雪”“铁中铮铮”等成语，前者今天用来喻音乐则为高级音乐，喻文学则为高深文学，喻艺术则为高超艺术，后者用来比喻出色人物。其实，今天应用在程度上与原来有点出入。只要读一读宋玉的《对楚王问》《后汉书·刘盆子传》即可明白。今天约定俗成，大家都这样用了，不必弄聪明纠正，但我作为语文教师，心中要有数。

读画、评画也能积累知识。英国19世纪著名政论家、艺术评论家罗斯金说道：“伟大民族的自传都有三种稿本，一本是以其业绩写成，一本是以其言辞写成，一本是以其艺术写成。人们欲懂得其一，非同时懂得其他两本不可；但三本中唯独后一本才是真实可信的。”的确，一个国家的艺术很能反映这个国家、民族的生活、思想和情操。我常常喜欢把西洋画中可爱的小爱神丘比特与中国敦煌画中的飞天来比。胖胖的丘比特，背上有双翼，在天空中飞虽可爱，但总觉得一对那么小的翅膀不足以驾起胖身子翱翔。飞天就不同，画家用一条迎风飘扬的带子，就让你看到仙女们在天空中飞得多么自由自在。这里包蕴了我们民族的智慧。评画也能扩大自己的眼界。吴冠中在《美术》1984年第11期的一篇文章中说道：“出色的作品总印得不如原作，较次的作品印出来后往往倒比原作效果好。”为什么原作与印出来的画有如此差异呢？因为珍贵的色的变异及敏锐的手的波动感是不容易在印刷品中反映出来的，而作品中那些疙疙瘩瘩、黏黏糊糊的油彩之病，经印刷工序给抹得含糊不清后，倒起了遮丑的作用。知道了这些后，我觉得自己在教学中必须避免疙疙瘩瘩、黏黏糊糊；要是看不到这些，反以把课上得花里胡哨为美，那就是丑而不自知了。

我很爱读小说，年轻时读得入迷，往往欣然忘食。如狄更斯的小说都情节生动，引人入胜。据说《古玩店》当时连载时牵动人心，引起轰动。连载的杂志一期一期在英国出刊，以帆船运往美国。人们对故事情节越看越入迷，纽约码头上等着买杂志的人越来越多。当刊登小说最后一章的杂志运到纽约时，码头上人头攒动，竟有五六千人之多。船未靠岸，人们一眼看到甲板上的船长，就迫不及待地问那燃烧在心里的问题：“小奈尔究竟死了没有？”狄更斯的小说真正是以情节取胜。其实，引人入胜的何止是小说，其他文学样式中的佳品也如此。如英国文艺复兴时期的诗人斯宾塞有过一部未完成的长诗叫《仙女王》，据说当时手稿送到文艺庇护人索斯安普顿伯爵手里，伯爵读了几页，立即命人赏赐作者 20 英镑，再往下读，又兴冲冲地说："再赐 20 英镑。"读着读着不能自已，最后竟不得不说："快把那家伙赶出去，再念下去我非破产不可。"文学掌故虚虚实实，说多了就当真了。这一掌故妙在没说一个"好"字，但实际上把《仙女王》说得好得无以复加。

学习之乐，其乐无穷。我把平时学习所得写成笔记，完成了《学海探珠录》一部书稿。《后汉书·列女传》中说："一丝而累，以至于寸；累寸不已，遂成丈匹。"多少年来，我就是以这种累寸累匹的精神要求自己，一步一步艰辛地在教学道路上跋涉，不停步地前进。

勇于实践与勤于学习同等重要。教育事业是实践性很强的事业，只有亲身实践，才能真正触摸到育人的规律，才能有真切的体会。许多认识、不少教育观点乃至理论，拿到教育教学实践中检验，立刻能辨别真伪，区分利弊得失。实践出真知，是有相当道理的。

对我而言，实践有好几条线，而几条线之间又互融互合、互补互促，进行实实在在的锻炼。

课堂教学实践是我精力聚集的焦点。三尺讲台紧连着学生的青春，青春是无价宝，我要对得起他们。每堂课要有每堂课的收获，如果他们无所得，时间如流水般逝去，那无疑是谋害他们的青春，罪责难逃。学生在学校求知，绝大部分时间在课堂里度过。一天 7 节课、8 节课乃至 9 节课，日复一日，月复一月，年复一年，课的质量高低，直接影响他们的成长，因此须以高度负责的态度对待每一堂课。

熟读教材，力求对文本进行正确而深入的解读，使学生学有所得，这是我备课、教课的本分；熟悉学生，了解学生，走进他们的世界，倾听他们的心声，这也是我的本分。每堂课总有人来听，起初我很不习惯，总感到不自在，认为教课的自由受到限制，不能"挥洒自如"了。但事实又必须接受，听课的老师都是善意，是为了热心探讨语文教学的规律，提高语文教学的质量，让学生获得理解和应用祖国语言文字的能力。想到这儿，我调整了心态，拿出勇气，热忱地接待老师，由衷地欢迎老师莅临指导。教课，带领学生学习，本没有不可告人的事，谈什么自由不自由。说穿了，没有人听课，和学生讲课时，随意性大一点，认真、严谨的程度不那么严格而已。听课的同行多，自己的心思更要收紧一点，不敢有丝毫的马虎与疏忽。有关心我的教师问我："这样听课，没完没了，你害怕不害怕？你就不怕有闪失吗？""害怕也没有用。我不会主动邀请别人来听课，但已经来了，就得欢迎。有些老师连早读课都听，这种热情、这种执着，对我是教育。课不可能堂堂都教得精彩，都很周到，有闪失也是正常的。不考虑或少考虑个人的得失、短长，心就平了，气就和了，就会将对教学业务的钻研放在突出位置。以听促教，就其实质而言，是对我课堂教学的监督与教学能力的培养。"想通了，习惯了，压力变成了前进的动力。

回顾与反思是我必修的功课之一。课前孜孜不倦地钻研教材，虚心学习和借鉴别人创造的有益经验十分重要，而及时并持之以恒地总结自己教学实践中的经验教训也至为重要。

课有时上得很"顺"，学生或全神贯注，或神采飞扬，课堂气氛和谐活跃，我自己也心情舒畅；有时课上"毛"了，疙疙瘩瘩，学生或无精打采，或迷惑不解，课堂气氛呆滞，我自己也惘然若有所失。为何会出现迥然不同的情况？其中必有原因，那就需要坐下来认真地静思回味，寻求答案。对语文教学的正确认识，许多来自语文教学实践。于是，有了"教后"，课后不断地记录下教学实践的种种情况，积累资料，提炼上升到理性认识，再放到教学实践中去检验，坚持正确的，修正错误的，减少教学中的盲目性、片面性，增强自觉意识。

"教后"究竟记些什么呢？记"教"记"学"，记教学中的"得"与"失"，记学生学习中表现出来的种种情况。可以记对教材的理解与处理。根据课文特点与学生年龄特征，深文浅教，长文短教，或阅读课文改为讲读课文，或讲读课文改为阅读课文，等等。思考正确的，记下心得，如："抓住'梨花'这个未出场的主要人物，情节的起伏曲折、景物描写的诗情画意、主题的深刻意义皆能较充分地展现。牢记：理解教材要力求抓住关键，抓住牵一发而动全身的关键。"对教材理解的疏忽、失误，同样要作认真的记录。如"我不幸偶而看了一本外国的讲论儿童的书，才知道游戏是儿童最正当的行为，玩具是儿童的天使"，是《风筝》一文中的重要语句，备课时我忽略了"不幸"这个词在该句子中的含义与用法。课上学生提出这个问题，我才引导他们讨论，理解。课后，我记下了这个教训："教学是十分精细的工作，不允许有丝毫的马虎与失职，切记'不幸'的教训。"可以记对教法的选择与运用。教学方法是实现教学目的的手段，教必须遵循一定的法则，但又无定法，要因教材而异，因学生而异。上完一堂课，教完一篇课文，对所采用的教学方法作一推敲，有助于探求教学规律。教《沁园春·雪》这首词，注意启发学生开启想象，让学生初步体会到该词所表现的宏伟的气势和辽阔的意境。就在学生刚进入意境之时，我放了一张"江山如此多娇"的投影片，原想锦上添花，以画面来加深学生的理解，哪知效果适得其反，学生议论纷纷，认为一点也不宏伟。形象化的教学手段容易增强学生的耳目刺激，加强感性认识，但任何一种教学手段又有其局限性，何处该用，怎么使用，均应细加分析，倍加慎重。若一厢情愿、赶时髦，必事与愿违。开阔的意境下，应激励学生展开想象的翅膀尽情翱翔，用一张有边框的片子框住，不仅可笑，而且限制了学生的思维，太不应该。我懊丧地记下了自己的失误。可以记学生学习中的障碍和思想上的火花。我为谁教课？为学生。看来这是常识，然而授课的教师常常会只见教材而不见学生，只顾知识讲解而忽视学生实际接受的情况。故而，教师不仅要知教，对自己教学上走过的路要审视、剖析；而且要知学，不断了解学生的知识与能力、学习中的困难与长进，把握他们的发展与变化。教后，迅速地记几笔，可以清晰地看到他们成长的脚印，把准教授新课的起点。至于学习过程中学生闪现的思想火花，是他们主动学习、积极思维的结晶，我更是怀着喜悦的心情用心地记下。

教后作点记录不可能面面俱到，也不可能长篇大论，只是有所侧重地记有价值的材料，有话则长，无话则短，点点滴滴，日久天长，对教学中的是非得失就会逐步清楚。记“教”记“学”，举一例说明。教《雨中登泰山》后记：

> 1. 做了多年语文教师，越来越感到识字最难。文中“喑噁叱咤”出自《史记·淮阴侯列传》：“项王喑噁叱咤，千人皆废。”其读音、释义盖根据《汉书·韩彭英卢吴传》：“项王意乌猝嗟，千人皆废。”“叱咤”今人常用，“喑噁”则已不见。“喑噁”，司马贞索隐曰：“喑於鸩反，噁乌路反。”即“喑”读平声，音“阴”。《汉书》作“意乌”。晋灼曰：“意乌，恚怒声也。”汇而正读，“喑”乃於禁切，音“荫”。“喑噁”读作 yìn wù，其义则晋灼的“恚怒声”、司马贞的“怀怒气”皆是。又下文《史记》：“项王……言语呕呕。”《汉书》则为：“项王……言语姁姁。”后人都以“姁姁”释“呕呕”，认为以《汉书》读《史记》最为可靠。“噁”原写作“噁”，“噁”现已不用。
>
> 2. 该文是阅读课文。在前三篇《荷塘月色》《绿》《长江三峡》写景散文中，学生已初步掌握记叙复杂景物须抓住景物特点、正确处理写景的立足点以及边写景边抒情、情景交融等有关知识，教该文时放手让学生朗读、口述、剖析，效果较好。学生读懂文中的画面，用明白生动的语言讲出画面，进行再创造，口头表达能力、想象能力均得到了锻炼。
>
> 3. 学生口述时，注意始终抓住两个“趣”：“雨趣”和“苦趣”。点拨时，让学生理解：全文用了十二个“雨”字，作者处处着笔一个“雨”

字，创造了“人朝上走，水朝下流”的诗一般的意境。下笔点雨，“淅淅沥沥”，收笔点雨，“有雨趣而无淋漓之苦”，前注后顾，创造了雨中登泰山的特定环境。明写三幅水景，暗写花草松石，无不显示“雨趣”。登十八盘，更是把“雨趣”升华到“苦趣”，抒发顽强进取、以苦为乐的情怀。

4. 有的学生在口述时只是客观地介绍景物，对文中寓情于景、景中抒情的特点缺乏具体的感受。对此，进行评论，及时指导，使学生懂得“一切景语皆情语”，文章记雨中景，抒雨中情。结合景物的介绍，有的可倾吐对祖国壮丽山河的赞美，有的可表露对悠久历史文化的神往，有的可抒发自己积极奋发、百折不回的精神，力求取得情真意笃的效果。

教学工作犹如永不休止地登陟高山群峰，写“教后”则好似宋代诗人杨万里描写其登山的一句诗：“一登一陟一回顾。”“一登一陟”，站得高，眼前境界就开阔起来；“一回顾”，看到自己艰辛走过来的路就分外亲切，信心倍增，抖擞精神攀登更高的山峰。这里需要的是对事业的责任心、孜孜以求的进取精神和持之以恒的毅力。

带教青年语文教师也是我教学实践的重要内容。一花独放不是春，万紫千红春满园。特级教师应是有行动能力、有人格魅力的人，既有理想主义的天空，又有现实主义的土地，心中燃烧着热爱教育事业、热爱学生的圣火，这种炽热要辐射，带动周围的同志，带动队伍共同前进。

从事这种实践，当时有两种思想障碍。一是自己所知有限，怎么去带教别人，培养别人？虽没有胆战心惊，但确实忐忑不安。二是工作本已很忙，来不及做，书来不及读，哪来那么多的精力？然而，交给我的任务是必须完成的，只能硬着头皮，在干中学，在学中干。

青年教师中有脱产学习一年的，不仅每堂课，各种类型的课，包括作文指导、作文讲评、复习课等都听，而且作业批改、考试命题、试卷分析都参加讨论；不仅参加集体的语文课外活动，个别指导也参加，进行全方位的教学实践。

有点上的传、帮、带，有面上数十人的培训。我每周上午听两节课、说课，下午做语文教学系列报告。如：

识质与雕塑
——谈教学中的目中有人
在学生心田撒播做人的良种
——谈语文教学中的文道关系
兴趣是学习的推动力
——谈激发学习语文的兴趣
做学生脑力劳动的指导员
——谈语言和思维的训练
引导学生打开认识的窗户
——谈语文教学中的观察训练
启发学生神思飞越
——谈想象力与创造意识的培养
抓住记忆的支撑点
——谈发展记忆力
说清楚与写生动
——谈表达能力的训练
课堂教学节奏与容量
——谈提高课堂教学效率
课外渠道的开辟
——谈语文课外活动和兴趣小组
在口耳上下功夫
——谈“听”“说”能力的训练
须有阐发教材的基本功
——谈对教材的探幽发微

对教材进行再创造
——谈写作思路与教学思路
用语言“粘”住学生
——谈语文教师的教学语言
教师的智力生活
——谈语文教师的知识结构与职业敏感
……

每一次讲座都要认真做准备，既要有教学实例，又要提升到理论上认识。与其说对青年教师讲课，不如说是自己总结，反思，学习，提升。付出的是时间与精力，获得的是了解信息，增长见识，提高认识水平。有句话说得非常好：送人玫瑰，手有余香。我送青年教师的离香气袭人的玫瑰差得很远，但自己在实践中确实有所提高。当自己付出的劳动对同行有些微作用时，觉得有天地之气凝聚在心中，心灵得到安慰，深感无穷的快乐和幸福。

至于对学校教研组的青年教师，我更是全方位、全天候地服务。只要是为了学生的进步、成长，我就觉得忙得应该，忙得其所。我坚信：一名优秀教师，虽无煌煌业绩，但他用心血浇灌，就能泽被许多学生，乃至使他们受益终身。

定位在学做特级教师这一基点上，内驱的动力大了，无处不是学习的天地。

身上要有时代的年轮

作为一名教师，应该具有相当程度的职业敏感，要跟随着时代奋力前进。

人类社会已经跨越了19世纪的蒸汽机动力时代，又跨越了20世纪初期、中期的内燃机动力时代，20世纪末，科学技术已经发展到一个全新时代，电子计算机的运用进入了越来越多的领域，信息技术以空前的规模与速度应用于生产，社会生产的各个领域面貌一新。时代对教育提出新的要求、新的挑战，教师要学会认识时代的特征，关心国内外大事，善于接受来自各方面，尤其是教育、科学、技术方面的新信息，使自己思考问题、从事教学实践具有时代气息。

一、对培养目标的认识

教育说到底就是培养人，培养怎样的人是个大问题，校长要认真研究，学科教师同样须认真研究。

放眼看世界，发达国家的信息社会，也就是知识经济社会，是以知识的生产、交换、分配、使用和消费为特点的一种新的经济类型的社会。这种社会最重要的生产力不是原来工业社会的石油、机器。知识经济社会最重要的生产力是知识，理论形态的知识，怎么能够转化成现实的生产力呢？这就需要教育，需要人的培养与发展，要求教育为人的发展提供四个支柱。一是学会学习，就是具有理解力、分析力、知识系统化的能力、创新能力等。对中小学基础教育来讲，怎样让学生学会学习，学会求知，非常重要。因为任何一名好的教师不可能在课堂上把学生日后所需要的知识本领全部教给他们，教师教会他们学会学习，学会求知，教会他们怎么阅读，怎么分析，怎么辨别，他们就可以一辈子受用。二是学会做事，学会做事就要学会独立思考，有首创精神，不人云亦云。三是学会共同参与。现在不是那个小生产的时代，许多创造发明、许多科学研究都是跨学科乃至跨行业的成果，因而要从小培养学生的参与精神、合作精神，要有视野，要有胸怀。四是学会生存，学会发展。一个不会发展的人，生存的条件越来越窄。学生个人的潜能是怎样的，个性是怎样的，要开发，要教育培养。我们教育的很大问题是一个模式，一刀切，而人不是一个模式的，人有个性、特点。众所周知，钱锺书是学贯中西的大学者，用现在高考一刀切的办法，是考不取大学的。他参加大学选拔考试，数学才 28 分。可有人说，几百年才出这么一个大学者啊。显然，不能随意抹杀学生的个性。要发展学生健康的个性，发展他们的聪明才智，教育必须改革，课堂教学必须改革。

对我而言，最重要的就是要更新教育观念。我教了几十年，在课堂上站了几十年。长期以来，教学中有“三多三少”困扰我的思想。第一是眼前的学生看得多，将来建设者的要求考虑得少。第二是知识看得多，能力看得不够。实际上，成才的不一定是考 99 分、100 分的学生，而是综合能力很强、思维敏捷的学生。第三就是分数看得多，实际才干看得不够。学生各有特点，潜能、才华是多方面的，有时在萌芽的时候就被不经意地抑制掉了，这实在是一种罪过。

长期以来，这“三多三少”困扰了我们的思想，因此目光短浅。其结果是重术轻人，只看到学科知识、训练的技能技巧，而没有清醒地看到完整的要培养的人。21 世纪，我国要在世界上立于不败之地，实现中华民族伟大复兴，有关的因素很多，其中最最重要的是人。谁的国民素质高，专业人才多，卓越人才多，谁就能立于不败之地。人力资源的打拼关系到科技发展的水平、经济和社会发展的水平。以学生为本，以促进学生的发展为本，牢牢树立“目中有人”的观念，应是指导一切教育教学工作的指针。从 80 年代开始，我就破除脑子里的“三多三少”，在学科领域不断提出自己的看法。

1978 年在上海教育出版社召开的语文教学座谈会上，许多语文教师出于对“文革”期间“四人帮”摧残教育罪行的义愤，认为中学语文要提高质量，再也不能讲思想政治教育了，语文课就是讲授语言文字，不谈教育；有的认为，所谓教育，应是水到渠成，不必有意识去做。在这个大型座谈会上，上述看法几乎是一边倒。我反复思考，觉得在语文学科中进行做人的教育与“四人帮”的所谓政治思想教育完全是质的不同，须严格区别，不能混为一谈。我们在语文学科中进行育人的教育，正是一种拨乱反正，如果不从根本上认清问题，就会在培养目标上有失误。任何教学都离不开教育性，关键在进行什么教育，是否有目的有意识。于是，我发表了自己的意见，并写了《既教文，又教人》一文，刊发在《语文学习》杂志上。后来，全国中学语文教学研究会在北戴河召开会议，我作了长篇发言，摆事实，讲道理，重申自己的观点。当时，许多前辈、同行认为我的看法切中时弊，非常认同。

70 年代末 80 年代初，语文教学领域出现一个思潮叫“三年过关”，意思是学生学习语文初中三年就争取过关。当时有些地方的有些学校实验得火热。有的在初中阶段加大语文教学力度，有的把高中六册课文全部塞到初中，就算“过关”。我是极不赞成的。当时我尚无教初中的经验，长期教高中，深感有的学生高中毕业时语文能力、语文素养不理想，怎能说“过关”？再说，初中学生和高中学生完全是两码事。初中学生是孩子，是少年，他们对事物的认识、对问题的理解、生活的经历、思维的深度广度，跟十七八岁的高中生距离很大。学语文不只是读几本教科书的问题，和一个人的认识水平、阅读积累、生活阅历等紧密关联，急于求成、拔苗助长，效果适得其反。于是，在福州召开的第二届全国中语会上展开了一场大辩论，参加会议的有近千名大学教授与中学教师。我直言不讳地说，学语文，初中三年是过不了关的。这个“关”，我不知道是山海关还是嘉峪关。初中要加强语文教学，让学生打好功底，这没有错。高中放弃，后患无穷。母语教学影响人的一辈子，高中不继续打功底，没有一定的文化底气，不能文从字顺，一辈子工作中都会受累。会后，很多老师围着我，赞同我的意见，认为不管采取怎样的措施，都要对学生负责。看来只是学科的局部，实际上仍然是育人大目标的问题。

我没想到20世纪末21世纪初又会碰到类似的状况。上海“二期课改”酝酿阶段，又有人提出初中语文三年过关，高中语文只要开拓展性课程就行。尽管我当时心脏病发作，病情严重，经常住医院，但仍按捺不住激动的情绪。80年代初谈“三年过关”时，有的学校校长已公开扬言，高中不排语文课，只要排数学、外语、物理、化学等就行。无独有偶，今日有的校长在全校教工大会上直言：“语文有什么用？还加什么课时？加给外语、数学，学生考学校可能上几十分。加给语文，说不定还落两分。”“语文有什么用?”这些话出于高中校长之口，太可怕了。语文学科在中学基础教育中究竟占有怎样的地位，在培养学生成长、成人中究竟起怎样的作用，不得不令人深思，不得不做出正确的解答。此时的我不完全是从一名语文教师的角度来认识问题，更是从一名中国人的立场来考虑问题。

各国重视母语教育。法国推广法语的机构由总统办公室管理；普京推广俄语，对外语有所限制；美国前总统克林顿为了迎接21世纪信息社会，提高中小学生阅读能力，开展了大规模的“阅读挑战”，花约15亿美元，组织约100万教师指导，约10万大学生半工半读进行帮助。在经济全球化时代，语言斗争也十分厉害，六七千种语言中已有两千多种面临消亡。不重视母语教育的民族是愚蠢的民族，是可悲的民族。

母语教育在各国中学教育中的地位从课程中所占课时比重就可见一斑。美国占22%，英国占20%，法国占23.1%，俄国占27%，日本占18.5%。在我国，香港地区占22.2%，台湾地区占26.7%。相比较而言，全国略高于上海，上海仅占10.7%。母语是民族文化的根，它蕴含着民族情结，传承着民族精神，对学生成长、文化素养、人格完善起极为重要的作用。因此，语文教学的地位必须争，它不仅是语言文字技能技巧的问题，而且是培育中华文化根的育人大问题。由于应试教育下“育分”远远大于“育人”的弊病，高中语文课程如只作为拓展来处理，不少学校就会使语文名存实亡。人成长的规律是不可抗拒的，违背规律，必然在多少年后受到惩罚。无数教训，包括“文革”中摧残教育、摧残人才，形成人才的断裂层等历历在眼前。事实上，时至今日，没有哪个省、哪个市、哪所学校的学生初中语文三年过关。为了对学生负责，对国家负责，高中语文课程必须定位为基础性课程。我之所以敢直言，是因为深深体会到青少年时期德智体的基础如果打得不扎实、不牢固，一辈子立身处世就会摇摇晃晃，没有准星，对个人发展，对社会进步，都会产生或大或小的不良影响。

我强调母语学习在中学基础教育中的地位，无丝毫贬低外语学习重要性的意思。中国要走向世界，世界也在走向中国，我们当然要学外语，而且要学好外语。但任何事情都应该放在恰当的位置上，首先要认清民族语言是民族文化的根，从情感、精神到思维方式和我们血脉相通，承载着数千年的优秀传统文化的精粹，承载着至圣先贤的卓越智慧。忽视它，乃至随意丢弃，这是缺少文化自信的表现，弄得不好，就会导致青年学生数典忘祖。再说，汉语本身是非常优秀的语言，汉字是双脑文字，具象、灵动，要教育学生热爱祖国的语言文字，像爱护眼睛、爱护身体一样。从小有了这份感情，就会增强国家意识，增强文化认同，也会增强作为公民的责任感。

在现代社会从事教育，须逐步树立现代教育观念。现代教育观念是建立在对现代社会认识的基础上的，如果不认识现代社会，就不可能对培养目标有清醒的认识。我在教课的时候有八个字：“教在今天，想到明天。”教育事业是未来的事业，是为未来培养人的，因此要以对明日建设者的要求来指导和确定今日的教育教学。实际上，对这个问题的认识，世界各国都很清醒。日本就提出要培养21世纪世界通用的日本人。他们的口号是“世界通用的日本人”。美国为了培养21世纪的美国人，投入了大量的资金，90年代初期开始就进行了长达数年的调查研究，研究21世纪美国就业的人员需要怎样的本领，同时对美国教育的现状进行了调研。最后，美国劳工部对21世纪美国就业者提出必须具备五大能力、三大基础（能力基础、思维基础、素质基础）。能力基础就是要提高读、写、算、听、说的能力，思维基础强调判断力与创新思维，素质基础强调责任心、诚实、自律等。

它山之石，可以攻玉。作为学科教师，切不可局限于学科中的技能技巧，心中须有育人的大目标。这个培养目标不是概念化的，不是口号，而是具体的、丰富的，是放在特定的历史条件和特定的社会环境下来认识的，与学科教学的目的任务紧密相连。

二、对语文学科性质的认识

有人认为，进行语文课程、教材、教法的研究，无须探讨它的性质。我不同意这种看法。以往称学科建设，现在讲课程建设，如果离开对它的性质或者说对它的本质属性的深入探讨，又如何阐发它的目标、任务、功能？教学行为受教育观念支配，群体性的教学行为往往受到某种思潮的教育观念支配。语文教育观念是对语文教育诸问题的看法，从语文教育性质到目的任务，到教材教法，到师生作用，到质量评估，到考试方法，到课外教育等，构成体系。教育观念附着于教育者头脑中，形成心理定式，有意识地或不完全有意识地指挥教学行为。在语文教育观念体系中，最为核心的是性质观，由此而引发出目的观、功能观、传承观、教材观、教法观、质量观、测试观、体制观等一系列观念。

有人认为，纵观整个现代语文教育史，语文教学实际上是在不断地在不同层次上走回头路：一段时期走到工具性一极，走不通，又退回到思想性；思想性的一极还是走不通，于是又退回到工具性。如此反复，周而复始。这有一定道理，但不完全是。任何事物的发展都是曲折的，语文教学当然不可能一下子尽善尽美。对它走过的道路应本着历史的辩证的观点，不溢美，不隐恶，实事求是。对它本质属性的探讨可更实在更清醒一点，当然也可更接近真理一点。

早在20世纪60年代，语文教学就有文道之争，当时我很幼稚，说不出多少道理，总觉得各执一词，失之偏颇，二者并非完全对立，可融合起来。“文革”以后，逐步清除了“左”的思想路线对语文教学的干扰与破坏，把语文从“政文课”“革命文艺课”“跟着社论走”等乱七八糟的做法中解放出来，还语文学科以本来面目，明确了语文学科是中学课程建设中的“基础中的基础”，这就挽救了语文学科的生命。作为对“文革”期间语文课上成政治课的一种否定，70年代后期，语文教育十分强调工具性，甚至有些纯工具论的倾向。于是，产生了继60年代后新的文道之争。不过，这场争论未掀起大波澜，对思想教育不能外加，应渗透于语言文字的教学之中的看法较快地得到认同。多数论者认为，任何一篇课文都是思想内容和语言形式的统一体，思想性是语文的固有属性，它蕴含在语文教材里，贯串于语文训练中。语文学科的思想性与工具性一样，都得到了认可。《九年义务教育全日制初级中学语文教学大纲（试用）》从不同角度对这二者先后加以肯定，即“语文是学习和工作的基础工具。语文学科是学习其他各门学科的基础”。在“教学目的”中提出：“在教学过程中……培养健康高尚的审美情趣，培养社会主义思想品质和爱国主义精神。”我是认同这种看法的，不仅在多种场合具体阐发，而且身体力行，在教学实践中力求比较全面、比较完美地实施。

然而，有两种情况促使我深思，促使我对语文学科性质再认识。

语文学科具有工具性，我是赞同的。这得先从“语言是什么”谈起。有一个基本观点：语言的本质属性确实是工具性。所谓语言是文化的载体，载体者，就是工具的意思。对这个观点，马克思主义经典著作早就阐述清楚。“语言是人类最重要的交际工具”是列宁说的。（《论民族自决权》）“语言是思想的直接现实”与“语言和意识具有同样长久的历史；语言是一种实际的、既为别人存在因而也为我自身而存在的、现实的意识。语言也和意识一样，只是由于需要，由于和他人交往的迫切需要才产生的”是马克思和恩格斯说的。（《德意志意识形态》）我以为，语言又是具有物质基础的。意识（精神）注定要受物质的“纠缠”。物质在这里（在有关意识的关系上）表现为振动的空气、声音，简言之，就是语言。思想是通过语言表达的，因而“语言是思想的直接现实”。我多次讲过，语言是工具，然而又不是一般的工具，是一种与锄头、榔头等不一样的工具。语言和人（身体、大脑）是俱在的。语言不是独立于人而存在的一种工具，而是人类也只有人类自身才能拥有的工具。语言这一工具是和装载的文化、思想不可分割的。也就是说，语言不能凭空存在。我们常说“语言是思维的外壳”，这“外壳”其实是与“内核”不可分离的一个整体。

只有对语言的属性有了切实而准确的了解，才能谈语文教学。好比数学，离开了具体数字谈数学就失去了意义一样，离开了语言文字，怎么能谈语文学科或语文教学呢？语言文字装载着思想，因而对语文学科具有思想性似乎不应有多少争论。然而，在这个问题上，我就和自己大大地争论了一番。

80 年代开始没两年，出现了“反精神污染”这一来势较为迅猛的插曲，随即波及教育，波及文科教学。全国中语会第三次年会在北京召开，会上除换届选举外，少不了要谈到这个“主题”。在分组讨论会上，有的教师说到他们地区某某老师已被停止上课；四川有位老龄的语文特级教师十分紧张，害怕挨整的命运再现。这种状况促使我深入思考：一名教师上语文课重视不重视思想教育是认识问题；“精神污染”是特定情况下的政治概念，二者性质不一样，怎可混淆？我陈述了自己的观点。那位老教师一再问我：“不会再像反右那样了吧？”我一再安慰他，力求打消他的顾虑。但是，会上会下也有人抓住语文的“思想性”做文章，这迫使我对“思想性”进行推敲。我一贯主张教文育人，带领学生学习语言文字的同时，懂得做人的道理，懂得热爱祖国、报效社会的道理。然而，此时此刻，我感受到“思想性”的提法对语文教学而言有局限，“思想性”不能涵盖语文学科的丰富多彩。因为语文学科许多内容除了具有思想性，更具有道德的、情操的、审美的特征。过分强调语文教学的思想性，容易使极“左”思想有可乘之机。幸好“反精神污染”很快偃旗息鼓，但对语文学科的性质我仍然努力探求，希望能寻找到较为科学较为合理的阐释。

80 年代中期以后，我读了一些有关语言学、文化语言学和人文科学方面的书，磨磨脑子，活跃思维，深入思考，打开另一个视角，寻找新的天地。20 世纪世界人文科学最大的一次革新就是语言科学的突破：语言不再是单纯的载体，反之，语言是意识、思维、心灵、情感、人格的形成者。语言并非人的驯服工具，它是人类认知世界与自己的框架。语言包括逻辑，而不受逻辑的局限。回想自己教语文，和许多语文教师一样，受20世纪初叶索绪尔结构语言学的影响较大，因为这种语言学成为结构文学理论的基础，使文论蒙上了类科学的色彩，以适应20世纪崇尚科技工业的心态。以符号系统代替古典文论以及文艺复兴以来强调神学及人文主义的西方文学艺术理论，是一次惊人的现代主义突破。我们语文教师虽不专门研究结构语言学和西方文化，但因它们历时半个多世纪的兴盛，影响之大，传播之广，我们中学语文教学从指导思想到具体做法，都可寻觅到它们或浅或深的痕迹。

打开另一个视角，看到了语言文字是文化的地质层。事实上，世界上各民族的语言都是其本民族的文化地质层，在无声地记载着这个民族的物质和精神的历史。回顾历史，放眼看世界，就可知：异族的入侵和征服，往往在军事占领之外，第一个要做的事就是摧毁被征服者的母语，代之以征服者的语言。因此，语言绝不是没有感情的符号，它蕴含着民族文化感情。语文不能只理解为语言文字、语言文学，还应理解为语言文化。割裂语言和文化的教育倾向与当今世界语言教育的发展趋向背道而驰。此时，我的脑海里升起了“人文性”的想法，它的涵盖要比“思想性”丰厚得多，也更接近语文的本质。

另一个促使我深入思考的原因是语文教育的现状。教育质量不尽如人意，学生语文能力令人焦心。为了应试，工具性的砝码越来越重。许多文质兼美的文章，其文化内涵、思想意义形同虚设，只是寻词摘句摘段，用解剖刀肢解，作为训练语言的例子，学生在知、情、意方面有多少收获要打个问号。尽管一套套肢解的练习题汇成江，汇成海，学生在题海中浮沉，不堪其苦，但学生读写的质量仍然上不去。语文教学究竟是什么？语文教学究竟干什么？进行纯文字技巧训练，醉心于机械操练，质量无法保证，文章失去灵魂，“文”只剩了文字的排列组合。这种情况看似教学方法问题，实质上是错误的语文教育性质观在起作用。

人类文明发展史上，任何一门学科的成长，总是与“自身到底是什么”的争论相伴随。从80年代开始，张志公先生对汉语语法学、语法学乃至语言学的状况和性质所发表的见解，预示着学科内部孕育着深刻的变革。世纪之交，语文教育的社会文化背景变化迅猛，语言环境日趋复杂，语文教育现状不理想，对教学大纲的阐释有歧义，实施中区别就更有差异，师资队伍和教育对象出现许多新情况、新问题，现代教育技术日新月异……所有这些，都在要求语文教育须对自身性质进行新的探讨。矛盾回避不了，分化，综合，再分化，再综合，赢得螺旋式的上升。

语言是表达思想、进行交际的工具，是思维的物质外壳，是信息的载体。这种工具、外壳、载体，都是只有人类才拥有的符号。在符号的意义上把握语言的工具属性，才较为恰当。各民族的语言不仅是一个符号体系，而且是该民族认识世界、阐释世界的意义体系和价值体系。符号因意义而存在，离开意义，符号就不成为符号。这就是说，语言不但有自然代码的性质，而且有文化代码的性质；不但有鲜明的工具属性，而且有鲜明的人文属性。80年代后期关于中国文化语言学的理论探索与争鸣中，论争双方都为如何理解汉语的人文性提供了丰富的思想资料。汉语言文字不是单纯的符号系统，它有深厚的文化历史积淀和文化心理特征。汉语和其他民族语言的工具性和人文性一样，是一个统一体的不可割裂的两个侧面。没有人文，就没有语言这个工具；舍弃人文，就无法掌握语言这个工具。

弄清楚语言的特质，语文教育是什么，具有怎样的性质，也就迎刃而解。法国学者加斯东·米亚拉雷曾指出：“学校的语言首先是占统治地位的文化的传播工具。因此，所谓母语教学的问题从来就不是一个纯技术问题。……在母语教学中，社会学和政治方面的因素占举足轻重的地位。”（《世界教育史》）人们在给语文学科定位时，使用的“性”超过10个。我想“人文性”较之“思想性”“情意性”“科学性”“文学性”“社会性”“政治性”“民族性”等，似乎更为合适。语文学科作为一门人文应用学科，应该是工具性与人文性的统一，二者不是一增一减的问题，不可机械地割裂。

形成了这样的认识，我写了《弘扬人文　改革弊端——关于语文教育性质观的反思》《准确而完整地认识语文学科的性质》等一系列文章，表述自己的观点。那是 1995 年左右的事。开始，同行中有些人不理解，不赞同，特别是热衷于题海训练的老师。有的认为语文只有一个属性，就是工具。问题可以继续探讨，性质观的讨论，将来可能认识得更为准确，更为完善。然而，在今日，这样的认识——工具性与人文性的统一是语文学科（课程）的基本特征，与以往比，大大进了一步。新世纪中华人民共和国教育部制定的《普通高中语文课程标准（实验）》中表述："语文是最重要的交际工具，是人类文化的重要组成部分。工具性与人文性的统一，是语文课程的基本特点。"读到这个凝聚了广大语文教师智慧和教学实践经验，又用先进理念指导的课程标准，我感到无比亲切。当听到许多同行对语文教育中的人文性再无陌生感，而探究如何与工具性完美统一时，我感到仅仅十年有余，就多了那么多的知音，真是由衷高兴。想当年，80 年代末 90 年代初，为克服语文教学中的迷茫与缺失，寻找理论上的支撑，我不仅勤奋实践，努力阅读，而且与同行探讨，特别是与无锡教育学院副院长胡治华同志探讨，信件来往，当面讨论，他给了我许多启发与帮助。那个时候思想攀登的艰苦情景至今仍然在目，更上层楼，眼界豁然开朗。

三、对课堂教学结构与功能的认识

年轻时教课，十分迷信自己的讲解，以为只要讲清楚，学生就能掌握。再说，我们这辈学生也都是老师讲出来的。现在看来，这真是标准地把学生当容器，灌、灌、灌。事实给了我许多教育，我逐步深切地体会到"教"无法代替学生"学"，学生是学习语文的主人，他们的主动性积极性不充分发挥，教师总是在打"外围战"，没能入学生之心。学生内因是进步、发展的根据，教师是引领、启发、点拨，使学生开窍的指导者。学生成长、成人，不可能只靠外塑。学生有学习语文的内需，有学习经验，有一定的知识、能力基础，求知本身就可促进他们建构新知识，增长新能力。教学中有三个因素，这就是学生、学习过程和学习情境，最为重要的是学生，没有学生就没有学习，也就没有教学。

这里所说的学生，不是抽象的概念，而是一个个活生生的青少年，有血有肉，各具特点。他们具有独特性、多样性。他们各自的兴趣、爱好、长处、不足、潜力、发展趋向、语文能力、学习方法、学习习惯，教师都要了然于胸。所谓目中有人，就是教师心中要有学生谱，这个谱是活泼鲜跳的、多姿多彩的，一个人一个样。要理解他们，尊重他们，平等相待，带领他们在求知的海洋中遨游，使他们成为学习语文真正的主人。

基于这样的认识，在 70 年代末期我就改革课堂教学结构，在师生往复上下功夫，“教”作用于“学”，“学”又能反作用于“教”，师生之间在课堂教学过程中形成直线往复的格局。然而，在实践过程中发生的种种情况，又促使我深思，促使我修正与提升自己的看法。

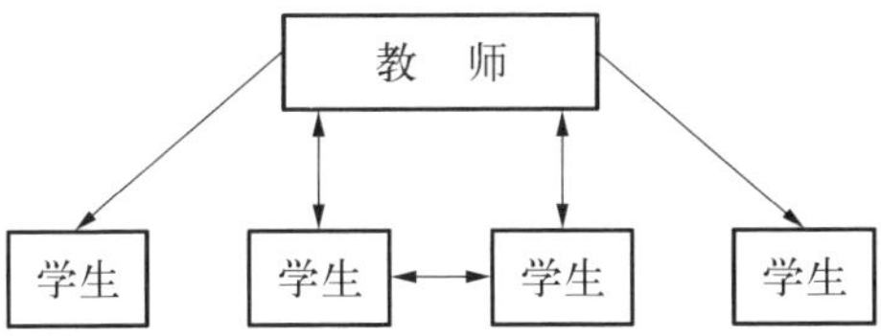

这张图说明教师的“教”作用于学生，部分学生与教师沟通、交流，还有部分学生依然充当“听”的角色，并不与教师交往。当然，沟通、交流主要靠语言，质疑、讲述、解答、评论等用语言，借助眼神、表情、手势等同样可沟通交流。漠然、木然、心不在焉、半睡眠状态是最可怕的，学生未进入学习状态是教师的悲哀。至于学生和学生之间的横向交流，更是凤毛麟角。

课堂教学要面向全体学生，使每名学生学得主动，学得积极，学有收获，在原有基础上有进步有发展。一个班教出数名、十数名优秀的学生不能算是完成任务，教学质量高，应该点燃每名学生学习语文的火焰。教育无选择性，须尽心尽力使每名学生得到培养。为此，课堂教学结构须合理安排，把课堂教学的构成从单向型的直线往复转换为网络式、辐射型的，让每名学生沉浸在浓厚的学习气氛中，学习，思考，讨论，发挥聪明才智。师生在课堂教学中的合理构成应是：

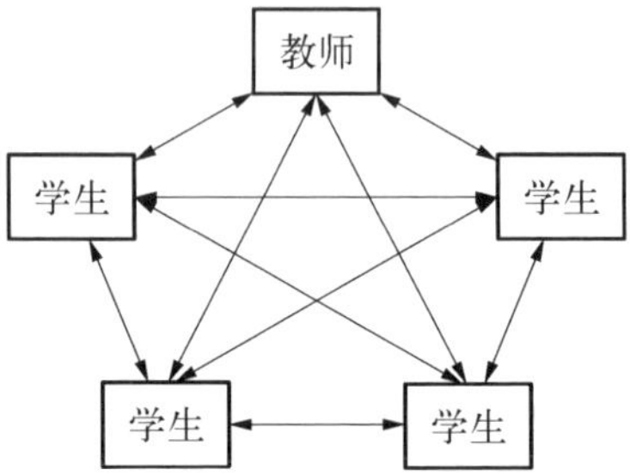

为什么这样的构成是合理的呢？(1) 教学过程这个脑力劳动过程中，师生共同参与，形成一个整体。(2) 教师的“教”作用于全班所有的学生，学生积极性被极大地调动，既向教师反馈，又与同窗交流。(3) 形成了思想、知识、情感、能力交流的网络，信息量大大增加，传递的渠道通畅。(4) 在特定的教学活动中，学生之间不仅可切磋琢磨，而且能充分发展个性和才能。学生学的是祖国的语言文字，学的是国家通用语言文字，平时接触广泛，由于学习和生活的储存，在钻研或讨论某些问题时，常会有“神来之笔”，放出异彩。广泛的知识信息交流常常是触媒剂，促使学生正常发挥乃至超水平地发挥。(5) 表现了“能者为师”的特点。教师和学生一起参与教学活动，既引导学生“学”，又从学生的“学”中得到启发，验证课前预设的正误，考验处理生成教学资源的机智，收教学相长的效果。(6) 发扬了班级教学的优点。在同一时间内教授很多学生，又可克服班级教学不重“区别”的缺陷。只要教学内容适度，教学环节安排得当，各层次的学生均可有所培养。(7) 课堂气氛活跃，教学情境优化。

课堂教学结构的改革不是认识到就能做到，需要做艰苦的工作。首先，课要有吸引力，学生学有兴趣，真正学有所得，上课与不上课不一样。其次，要不断激励，不断唤醒，以点带面，不断扩大自主学习的队伍，形成师生互动、生生互动的局面。与此同时，还要做个别学生的工作，鼓励，加温，到一定程度，求知的火焰旺盛起来，课堂上会出现妙思妙言，惊动四座，把讨论的话题推向高峰。

学生是课堂学习的主人，不等于教师是旁观者，不发挥作用。放手调动学生积极性，让学生发挥聪明才智，不等于放手不教，让学生随意讨论，脚踏西瓜皮，滑到哪里算哪里。学生“相观而摩”是好的，无目的，乱弹琴，就像断了线的风筝随风飘荡。教师放弃指导作用的“放羊式”的课堂教学，我是反对的，自己教学经常以此为戒。因为这种貌似尊重学生的做法，实际上贻误了学生的学习，浪费了他们的青春，沾染上言不及义的坏风气，是对课堂教学的一种亵渎。

课堂教学功能也是我在80年代初期、中期思考问题的重点之一。80年代初期，语文教学训练功能日益受到重视，大有甚嚣尘上的发展前景。当时在两个方面造势。一是强调传授知识是落后的，能力训练是先进的、改革的。能力是训练出来的，熟能生巧，语文就是要大运动量地进行训练。二是各种练习题应运而生。80年代中期，高考试卷出现了标准化试题后，一课一练、课课练、题海、题库如堤坝决口排山倒海地侵入语文教学阵地，加上经济利益的驱动，呼风唤雨，很多人无抵挡之力。早在1983年，我就写过一篇文章《要练在点子上》，阐明语言文字是工具，不练难以深刻理解，不练不能熟练掌握，练在语文教学中占有重要的位置。但练什么，怎么练，其中大有学问。练须有明确的目的，不能漫无边际；要讲究实效，不搞形式主义，不搞题海战术。要正确处理单项练习与综合训练的关系，分得恰当，综得合理，切实提高学生语文水平。

语文的实用功能极其重要，但不能以偏概全。语文学科是一门方面多、综合性强的学科。从知识来说，有字、词、句、篇、语法、修辞、逻辑、文学常识等；从能力来说，有读、写、听、说等。就语文本身来说，要考虑语文各类知识、各类能力之间的关系；就语文与其他学科的关系来说，又要注意配合、依存、渗透与促进。再者，语文教学中要结合语言文字的教学，十分注意智力的开发和思想情操的陶冶。认识这个特点，从综合性考虑出发，课就要树立“体”的观念，课堂教学要发挥多功能作用。

语文课当然要以语言文字智育为核心，但根据教材个性特点与学生成长的心理需求，应融合德育与美育。上课不应单打一，而应熔知识传授、能力培养、智力发展、思想情操陶冶于一炉。这样，课的容量丰厚，效率大大提高。这样的语文课堂教学，不仅发挥训练语言文字的实用功能，而且紧扣语言文字的使用、咀嚼、推敲，发挥教育功能、审美功能、认识功能。我这样思考绝非杜撰，除了上述对语文学科基本特点的认识外，当时的语文教学大纲阐明语文学科教学目的时是这样表述的："中学语文教学必须以马克思主义为指导，教学生学好课文和必要的语文基础知识，进行严格的语文基本训练，使学生热爱祖国语言，能正确理解和运用祖国的语言文字，具有现代语文的阅读能力、写作能力和听说能力，具有阅读浅易文言文的能力。在语文教学的过程中，要开拓学生的视野，发展学生的智力，培养学生的社会主义道德情操、健康高尚的审美观和爱国主义精神。"（1986 年《全日制中学语文教学大纲》）1992 年《九年义务教育全日制初级中学语文教学大纲（试用）》中也作了类似的表述："在小学语文教学的基础上，指导学生正确理解和运用祖国的语言文字，使他们具有基本的阅读、写作、听话、说话的能力，养成学习语文的良好习惯。在教学过程中，开拓学生的视野，发展学生的智力，激发学生热爱祖国语文的感情，培养健康高尚的审美情趣，培养社会主义思想品质和爱国主义精神。"很显然，由于语文工具论的影响，在教学实施中，教学目的的前半句大家记住了，对后半句"在教学过程中……"不了解、不重视，甚至不知道。

记得 80 年代中期在哈尔滨市召开中学语法教学会议，许多全国知名的语法专家参加会议，讨论研究中学语文教学究竟应教哪些语法，应形成怎样的体系。一天晚上，我应哈尔滨市教育部门的邀请作语文教学方面的报告，其中讲到课堂教学多功能的问题。报告将结束时，听讲的老师把几张纸条递上来问问题，其中有两张条子的内容都说到语文教学的功能，认为语文就是训练，问我："你说多功能是不是对叶老（叶圣陶先生）有看法？"这扯到哪儿去了呢？任何讲指导性的话总有特定的时间、地点、背景，何况我从未反对语文的实用功能。我举语文教师熟知的《捕蛇者说》《项链》《套中人》谈认识功能，举大家熟知的《岳阳楼记》《过零丁洋》谈教育功能，举《登泰山记》《荷塘月色》谈审美功能。其实，这些功能的发挥与对语言文字的理解和运用融合在一起，不能机械割裂。淡化或抽去文章的内涵，语言文字的表现力、生命力又何在呢？

说到底，教学生学语文是只停留在技能技巧的层面，还是着眼于育人、全面提高学生的语文素养？在同一单位教学时间内，是只学语文技能技巧，还是在学语文技能技巧的同时，智力获得发展，思想认识获得提高，情操获得陶冶，价值取向获得指引？我坚持后者，不仅认真实施，力求做到课立体化、多功能，让学生在语文课中获得智育、德育、美育的培养，提高课的整体质量，而且也在多种场合宣传，让语文教师既有扎实的语文功力，又有闪光的育人风采。

20 世纪末，由于时代的需要、建设人才培养的需要，我国开展了基础教育的课程改革。《全日制义务教育语文课程标准（实验稿）》中课程的基本理念时，首先提出要全面提高学生的语文素养，指出："九年义务教育阶段的语文课程，必须面向全体学生，使学生获得基本的语文素养。语文课程应培育学生热爱祖国语文的思想感情，指导学生正确地理解和运用祖国语文，丰富语言的积累，培养语感，发展思维，使他们具有适应实际需要的识字写字能力、阅读能力、写作能力、口语交际能力。语文课程还应重视提高学生的品德修养和审美情趣，使他们逐步形成良好的个性和健全的人格，促进德、智、体、美的和谐发展。"在"正确把握语文教育的特点"中，首先指出："语文课程丰富的人文内涵对学生精神领域的影响是深广的，学生对语文材料的反应又往往是多元的。因此，应该重视语文的熏陶感染作用，注意教学内容的价值取向，同时也应尊重学生在学习过程中的独特体验。"在"教学建议"要求"重视情感、态度、价值观的正确导向"中，指出："培养学生高尚的道德情操和健康的审美情趣，形成正确的价值观和积极的人生态度，是语文教学的重要内容，不应把它们当作外在的附加任务。应该注重熏陶感染，潜移默化，把这些内容贯穿于日常的教学过程之中。"读到这些文字，心中有说不出的兴奋，总觉得是旧友重逢，志同道合，十分知己。这些文字对语文学科肩负的育人重任表述得非常到位，不仅促使我把我的、从 70 年代末 80 年代初以来的语文教学思想与实践梳理、归整了一下，更重要的是让我的认识又获得了提高。为此，我作了不少报告，谈自己的学习所得，宣传新的课程改革的理念。

我对语文课堂教学功能的认识与实践自始至终牢牢把握住一点：语文课就是语文课。脱离文本，脱离语言文字，花里胡哨，就走了样，就背离了课程标准的基本精神。目前课改实施中出现这样那样的毛病，问题往往在于对语文课程的本质属性缺乏深入的探讨，对课程标准缺乏整体的把握，在于跟风追风，求得轰动效应。其实，教学最需要也最紧要的就是老老实实，一步一个脚印，绝不是一天到晚花样翻新，要杂耍。不管怎么教，最重要的就是让学生真正受益，使课堂学习时间不虚度。

教师身上要有时代的年轮，不只表现在上述几个问题的认识与实践上，而是全方位的，渗透到语文学科教学的方方面面，如在语言训练的同时必须大力发展学生思维的能力，如语文教学、语文研究切不可忽视中华民族文化背景，如课堂教学的节奏与容量，如语文教学与民族精神教育、生命教育等。立足于时代的高度、战略的高度、育人的高度，语文教学可研究与须研究的问题很多，教师与时俱进，才能准确而有效地把握语文教学的脉搏。

多彩活动催我长

20 世纪 70 年代末，教育事业经过十年摧残，迎来了复苏的春天。语文教育生机勃勃，欣欣向荣。许多语文方面的有识有志之士，都精神振奋，干劲十足，开展多种多样的语文活动，有学术性的，有展示型的，有高端的，有普及的，有地方的，有全国的，目的都在于拨乱反正，讨论研究中学语文教学，促进语文教学质量的提高。从 70 年代末开始，我有幸参加了不少语文方面的学术会议和多种类型的语文活动，开阔了视野，增长了见识，结识了不少师友，如果归结到一句话，那就是：多彩活动催我长。

80 年代初，在武汉成立中国语言学会。上海语文学会派 5 人参加，会长罗竹风同志带队，队员有复旦大学胡裕树、李振麟两位教授，学会秘书长，还有身为中学教师的我。这个会议真是全国语法大师云集，学术流派纷呈，哪有中学语文教师的份？现在想来，全是前辈罗老对后辈的提携。他很尊重中小学教师，多次对我说，一个人从小打不好扎实的基础，将来怎么能干出一番事业？罗老告诉我他当年做中学教师的情景，并跷起大拇指说："我是认真的，很认真的。"眼睛看着我，我明白他老人家的意思：要懂得自己所从事的工作的意义与价值，要尽心尽力。

会开幕了，一位位语法大专家步入会场，我目不转睛地看着他们，其中有些是我心仪已久的学者。如王力教授，读他的《古代汉语》我常会激动不已。会议使我大开眼界，不少专家对自己构建的语法体系说起来如数家珍，爱护备至，那种投入，那种沉浸，那种执着，那种神往，令人肃然起敬。有两个细节至今历历在目，一是关于初中暂拟语法体系的讨论。一天晚上，会议室的几张桌子上放置了好多本语法著作，其中也有一本汉语教材。大家翻看了一些书，有先生开腔了："暂拟，暂拟，一暂就一二十年，这叫什么'暂'？难道还一直'暂'下去？"听了我有点吃惊，心里嘀咕："十年动乱"，还教什么语法，语文课能把课文教下去就很不错了。谁知这是个热门话题，一下子大家说开了，这个说某些说法不科学，那个说哪些哪些地方前后矛盾，而评是说非的标准是以自己构建的或自己崇信的语法为依据，最后聚集到一点：中学语文中语法教学体系须大改或重建。这样的学术讨论使我大开眼界，语法体系争论的沸腾情况令我意识到今后语法进入中学语文教材，似乎就可以定为一尊。我使用教材教课时从未想到这么深奥的问题。张志公先生受委托负责暂拟语法构建，会上不仅跑过来走过去忙碌，而且虚心倾听大家的意见，特别是对吕叔湘先生，更是恭敬顺从。

二是讨论学会人选。哪些人是会长、副会长，又是一番争论。争来争去还是学术流派之争，大有"道不同，不相为谋"的味道。有些看法相持不下，语言锋利，难以统一。罗竹风先生拍案而起，大声地说："争什么？又不是争做部长？学会研究学术，要包容。学会多几个头有什么关系？"说真的，我吓了一跳。没想到大家竟然安静了下来，意气少了，火气小了，讨论也随之顺当了。

暂拟语法体系非改不可了，于是1981年7月在哈尔滨召开了全国语法和语法教学讨论会，研究中学教学语法的问题，语法界许多大专家莅临了会议。此次会议在松花江畔的宾馆召开。出席会议的除学者、专家外，中学教师多了几名，人民教育出版社中语室负责会议的组织工作。第一天报到就发生了不愉快的事，宾馆门卫不开大门，拒绝面包车入内，说不是首长，不是首长命令，一律不准开大门，必须下车自己走，可面包车上坐的是七老八十的老专家，如语法界泰斗王力老先生等，长途跋涉已十分劳累。站岗放哨的脑子里只有首长，不知"专家"为何物。几次三番打交道，才算开门放行。

我们这些乘火车远道而来的旅客错过了晚饭时间，馆里什么食物都没有，外出门走了好多路，见到一家小店，里面坐满了人，等吃面条。我们等了两个多小时，实在着急，跑到店后厨房里一看，再饿也吃不下了。一大锅面条用冷水冲，手指黑黑的，就往锅里抓，抓到碗里拖在灶上的，再用手抓到碗里，卫生全然不顾。那时食品的匮乏、饮食卫生意识的淡薄，与今日相比，真有天壤之别。

研讨教学语法的会上，少不得又是争论一番。我是来自教学第一线的，张志公先生嘱我紧扣第一线实际情况，谈一些看法与研究。语法要学，但须简明扼要，便于学生掌握规律，与学术研究讲究系统、精细要严格区别。当时有位专家说："'零'引进语法，是重大的突破。"我认为基础教育中语法教学有普及功能，它面向全体学生，覆盖发达地区、中部地区、西部地区，要说学生容易理解的话。有的名词术语看似先进，但普适性差，要传到小山村，无疑要经历二万五千里长征。中学课堂教学无深奥的学问，但必须用明确的语言把概念阐述清楚，含含糊糊、可这可那是不行的。专家编教材，教师用教材，如何衔接得天衣无缝，一直是教学语法实施过程中不断探讨的问题。

80 年代初，云南省中学语文教学研究会成立，邀我这名全国中学语文教学研究会的副会长参加。70 年代末，全国中语会在上海成立，原本说要来听我的课。由于我参加上海市的人民代表大会，那天正好选举人代会常务委员会委员，我不仅未能上公开课，中语会的选举也只好缺席，我是缺席被选上的。会长是吕叔湘，副会长是张志公、苏灵扬、刘国盈、陈哲文，都是语文方面、教育方面的专家，只有我是个中学教师。难怪在武汉开全国语法会议时，吕叔湘先生从电梯里走出来碰到站在电梯门口的我，诧异地问："你就是于漪？我还以为是个白发苍苍的老太太，没想到还这么年轻。"还年轻什么？已快半百的人。研究会秘书长陈金明来信说，云南邀我参加，是想请我谈谈如何提高中学语文教学质量的问题，不要辜负边疆教师的心愿。我欣然前往。那时交通不便，乘火车几天几夜，十分辛苦。还好是暑期，否则会耽误不少课。接待我的是一位年长的老太太，她陪我住在一所学校的大房间里，房间里支着两张床，蚊子多，挂了两顶蚊帐。晚上就寝前，我们常长谈，由于交通不便，信息阻塞，谈的有些事真有隔世之感。和广大教师交流也好，拜访云南的教育长辈、老作家也好，我有两点极深的印象：一是"十年动乱"，教育受害惨重，许多老师、作家受摧残，文化被糟蹋得不像样子；二是信心十足，满怀希望，要把教育失去的时间补回来，努力提高质量，让学生真正受益。他们对教育的一片至诚，令我感动。到昆明，一定要到滇池去看一看。路不太远，两只脚走走就到了。池滨有楼名“大观楼”，楼上的长联非常有名，能有机会目睹，欣喜非凡。上联开句是“五百里滇池，奔来眼底，披襟岸帻，喜茫茫空阔无边”，就是那个味道。那时滇池水真清，有些水面芙蓉叶绿花红，阳光照射，水波荡漾，美不胜收。难怪长联中写道：“莫辜负四围香稻，万顷晴沙，九夏芙蓉，三春杨柳。”而今滇池被污染得不成样子（湖水变成“绿油漆”），令人吃惊，令人心痛。大自然对人不薄，为何如此肆无忌惮地戕害？是愚昧，是掠夺，还是什么？好山好水无罪，要长个心眼，多为后代子孙想想。

四川也在筹备召开省中学语文教学研究会，要我们顺道从那儿弯一下。天黑，到了成都，一路艰辛。那天，成立大会已召开，晚上几百人在食堂吃饭，灯火昏暗。我饥不择食，端了碗面，就浇了一匙黑乎乎的调料，以为是芝麻，实际是花椒，麻得我话都说不出来，闹了个大笑话。第二天开大会，大礼堂台上放满了录音机，对外还拉了十几根线。四川老师那种第二次翻身获解放的欢乐，对中学语文教学情有独钟、全身心投入的情景，常在我脑中映现。那种人气，那种追求，那种精神，是教育中极其宝贵的财富。那时，大家不言一个“钱”字，真是情义为重。第一次见到这么多的录音机，把话录下来，四处传播，我有点紧张。但进入对语文教学的探讨后，不知不觉也就忘却了自己，一扫拘谨不安。会后，好些有学问的资深老师就许多教学中的具体问题展开讨论，我受益匪浅。

80 年代初，山西临汾创办了第一张供学生阅读的《语文报》，学生有了学科报纸阅读，我作为语文教师，十分欣喜。学生课外有这张报纸翻翻，培养阅读兴趣，语文水平会在有意无意间提高。《语文报》社面对全国中学生开展了一系列语文方面的活动。规模大的、印象很深的有两项：一是开展读书活动，向中学生广泛推荐好书，然后评选出 10 本优秀读物。范围之广，发动之深，前所未有。其意义与价值不完全在于评选出哪些优秀读物，而在于积极引导学生重视阅读，爱读书，爱读好书。这项活动不收学生半点费用，全由报社支出。这种有益于学生身心健康的社会活动，出自对青少年的爱护，出自对青少年教育的责任。选出的优秀读物有王蒙的《青春万岁》、李存葆的《高山下的花环》、理由的《扬眉剑出鞘》等。在山西太原，召开了中学生推荐优秀读物的颁奖大会。会上，中学生群情激昂，一下子看到那么多著名作家，兴奋不已。马烽是山西省文联领导，他写的短篇小说《三年早知道》、电影文学剧本《我们村里的年轻人》，很多学生都熟悉，写的是农村的故事。那时，山西的“山药蛋派”在文学界很有影响。会上，马烽以领导、嘉宾的身份参加，学生又是一番鼓掌。会后，大家到杏花村走一遭。汾酒是名酒，酒厂四周芳香扑鼻，我这个不沾酒的人，只要站在那儿时间久，大概也会被熏醉的。刚制出来的酒浓度高达 70 度，要放在地窖里好长时间才会降到 60 度、50 多度。酿酒的事，我过去全然不知，参观制造过程，增长了不少见识。王蒙会喝酒，喝了马上用毛笔写下“有酒就有意识流”几句诗（“意识流”是当时最前沿的新名词）。酒厂厂长太厉害了，笑对访问的客人一杯一杯喝，面不改色，我才真正体会到“海量”这个词的意味。

二是《语文报》社组织了 16 城市中学生语文邀请赛，在中央电视台直播。那可是件新鲜事，因为当时的智力竞赛还鲜为人知，再说电视台直播竞赛十分罕见。从命题到组织层层选拔，颇费周折，十分辛苦。参赛的学校都是省市数一数二质量上乘的中学，师生积极性均十分高涨。复赛决赛更为紧张，不仅测试知识，更测试语文应用能力。我被邀主持竞赛。虽是暑假，但手头工作很多，一再辞谢，最终盛情难却，只得应允。主持并不易，思想须高度集中。参赛队每队 5 位选手，每一位选手的发言都须点滴不漏、准确无误地听进去，然后立刻做出是与非的判断。尤其是选手的即席发言，现场采访、现场答对，要立即判断正误，区别高下，也非易事。决赛一场要分出 3 个参赛队高下水平时，有老师提出异议，说我某一道题判断有误。幸好中央电视台刚从国外进口了一台转播的大机器，设备先进，可以立即回放。我自己觉得听得十分仔细，没有判断错。凭感觉不行，总得以事实为依据，于是竞赛停下来，电视回放，大家看。信息储存是公正的，确实未误断。这件事看似小事，却引发我不少思考：为人处世，公平、公正第一，不能碍于情面，不能屈于压力，脊梁骨要站得直；发展先进的科学技术实在重要，如无先进的设备，连件小事都会说不清，更不要说一些大事了。

组织这样的活动，《语文报》社用售报所得为中学生提供展示语文才能的舞台，掀起了学生热爱母语、学习母语的热潮。这样的社会教育有益于中学生健康成长。而今，搞什么活动都要讲“钱”，与以往重责任、重情义相比，格调大大降低。

创业艰辛，我曾到过山西临汾师院，报社社长陶本一穿着一双长筒套鞋，跋涉在泥泞的路上。他凭着对语文教育的执着追求和对中学生的热爱，带着一批刚毕业的大学生奋斗，使他们在办报的业务实践中成长、成熟，组织多种多样全国性的语文活动，打开视野，不断开拓业务的新领域。陶老师看起来很严肃，对年轻的编辑很严格。交往多了，我发现他心肠很软，十分重信义、重情义。他将事业发展放在首位，在这个前提下，总是千方百计为别人着想，为年轻同志的发展着想，只要力所能及，总鼎力相助。

陶老师思维活跃，点子特别多。80 年代初在福州开第二届中语会时，他就与我讨论编教师备课手册的事。教师手头参考的书、读的书极少，农村教师有的甚至连一本字典都没有。那时编书出版说实话吸引人的不是稿费，稿费实在太微薄了，而是对教育的一片真心，对教师的一片真情。为了编写《中学语文备课手册》这套书，我与陶老师单就指导思想和编写体例讨论了好多次。总的目的是帮助教师理解和把握语文教材，开拓备课思路，从而能设计出较为理想的教学方案。既要“雪中送炭”，面对急需翻阅资料的中小城市及农村教师，使他们获得实实在在的帮助；又要“锦上添花”，从根本上提高教师的语文素养、业务水平。手册既供教师备课参考，又提供一定的资料，给教师进修指津。且不说单元教学建议，引导教师树立单元教学整体把握的意识，也不说训练内容、教法建议、课外活动建议，单是教材研究，就分为几个层面。第一是背景简介，让教师了解每篇课文的来龙去脉，便于教学时准确把握。第二是疑难词句的举要与辨析，这部分着力把字词句基础知识敲扎实，而不是大而化之。第三是重点难点讨论。不是教材分析的大文章，而是拎出文中的重点难点，设计一些问题，启发思考与讨论，问题与问题之间有一定的逻辑性。把握这些问题，把握问题之间的内在联系，文章就一清二楚，理解也就到位。第四是启迪思维，深究问题。质量高的学校、程度好的学生在一般掌握的基础上可对课文或对课文中某些问题进行深入探究，发挥自己的聪明才智，满足自己旺盛的求知欲。问题不配标准答案，只作提示。教师用这套手册，须自己备课，自己思考，没有现成的供抄袭。抄袭，抄不出合格的教师。这种内容有相当弹性的参考书，当时是极少见的。我们组织了不少位有业务水平的教师编写，修改、润饰，有的文章写得不理想，就推倒重写，花了大量精力。尽管非常艰巨，但我们从心底里高兴，因为书一出版，就得到教学一线语文教师的认可，纷纷购买。时隔 10 年、20 年，从未见过面的语文教师在某个会议上碰到后，还会激动地对我说："这套书真好，当时看到如获至宝，帮了我教学的大忙，我也逐步走上语文教学的正道。"每当我听到这样的话，心里总是甜滋滋的。一套书 12 册，撰写人用心血浇灌，给执教者小小的帮助，没有浪费他们的时间与精力，我们就心满意足了。第一线教师的评价、使用的频率就是最高的奖赏，再累也值。

由 80 年代备课手册的编写联想到《古今中外佳作精选》这套书的编写。80 年代末，语文出版社副总编辑来沪，找我主编一套中学生课外读物。当时，中学生语文课外读物确实不多，考虑到学生多读书、读好书，广为博览与开阔视野的需要，我应允了。随即起草编写计划，明确编写体例，组织志同道合的教师选编。按照年级高低决定选编难易的程度，注意适切性。每册分上下卷，每卷分若干主题，围绕主题选择文质兼美的名文数篇。每篇有注释，有阅读的价值和意义，指导学生阅读。第一次印刷就是一万册，很受欢迎。遗憾的是，我拿到书一看，印刷错误不少，甚至个别标题也张冠李戴。我十分着急，就在书上把错误之处一一标出，作了修改，再把改好的书邮寄给这套书的责任编辑李女士，可是长久无音信。再次印刷依然未改，我多次写信给出版社。有次那位副总编辑又来沪，听我的意见，向我致歉，说明出差错的原因是责任编辑突然失踪，至今音信全无。尽管情况特殊，但 5 本书约 150 万字一篇篇看过，修改润饰过，竟落得个错字、漏字等许多毛病，实在不是滋味。上海书展时，看到几本书高高挂在醒目的位置，真像吃了苍蝇一样的难受。书，白纸黑字，总要对得起读者。有的事看起来细小，要真正做好，必须有责任大如天的意识。现在这类书已汗牛充栋，触目皆是，不足为奇了。

使我受教育最多的要算参加审查语文教学大纲和语文教材的工作。长期在教学第一线，视野狭窄，看问题、思考问题，往往是一孔之见。对教学大纲与各套教材，与其说审查，不如说首先是学习。每次教学大纲的修改与更换，总是以调查研究为抓手，总结教学实践中的经验与教训，明确改革的方向。这就使我对语文教学的全局有所了解，从指导思想到实施操作，心中有了清晰的框架，不会犯强调一点、不顾其余的毛病。从语文教学大纲的修改到语文课程标准的制定，都可以看到时代前进的轨迹。由此我悟到对语文教学的认识，既要深入探讨并正确把握其本质属性，又要不断调整与修正对某些问题的某些认识，努力提升，与时俱进。教学中一成不变、一劳永逸的事是没有的。一纲多本的出现是令人振奋的。长期习惯于一种教材，不顾地域与学生文化程度的差异，一个标准，一刀切，已成为诸多语文教师的习惯思维，因而开始出现多种教材时，不仅有点惊诧，而且觉得有点别扭，“自找麻烦”。我参加各套教材的审查，仔细体会编写者用心良苦的意图，深深感到探索、追寻的步履的艰难。教材的试用与推广，不仅是学术问题，更是经费投入、使用与推广的渠道、人际关系等问题，是一整套“大学问”。从教材的编写、使用来看社会，才懂得原先自己就事论事的幼稚可笑。尽管审查教材时，审查委员之间就某套教材中的编写思想、编写体例、选文、练习、文字等方面有不同看法，乃至有争论，但我觉得有一点很好，那就是对各套教材都热心扶持，希望语文园地里能百花齐放，春色满园。开始审教材未进入正规程序时，个别同志认为某套教材某个体系不行，将之排斥在使用范围之外，我虽为之争辩，但无济于事。而今，回过头来看，不过是一插曲而已。遗憾的是，凡通过而予以试验的教材，基本上大同而小异，且越来越趋同。教材个性特质好，各套之间有明显差异，是好事，不仅反映教材的繁荣，而且能促进教材整体质量的提高。参加这项工作，我体会到，不仅要有学术水平，而且要有人品，公平、公正，还要大度，能够宽容。只要原则的关把好，允许多种教材试验，就能出经验，出人才。

回首往事，屈指算算，我参加的语文活动真不少。在一个个生动的场景中，感受到教学语文的快乐，也感受到教学语文沉甸甸的责任。

人民代表为人民

1979 年 12 月 29 日，上海市第七届人民代表大会第二次会议选举产生了上海市人民代表大会的常设机构——常务委员会，这是完善人民代表大会制度的重要措施，也是来之不易的政治体制改革的重大成果。我这名第七届市人民代表被选为常务委员会委员和教育科学文化卫生委员会委员。

参加上海市经济和社会发展大事的讨论，大大增长了见识，开阔了视野，尤其是一些老干部、老革命对有些问题，如大的建设项目、水质保护、社会治安等，从大局出发，慷慨直言，使我极受教育。我当了 5 届市人民代表，3 届市人大常委会委员，2 届教科文卫副主任委员。25 年的代表生涯，参加了众多的会议，参加了许多调研与监督工作，学到了很多书本上学不到的知识，对社会认识的广度和深度大大提升。有些在记忆中留下深刻痕迹，难以忘却。

20 世纪 80 年代初，炎热的夏季，我和毛蓓蕾老师（当时她也是市人大常委会委员）受市人大教科文卫委员会的委派到中小学调研儿童、青少年思想品德等状况。“十年动乱”虽结束，但社会上不良风气，包括打、砸、抢的余毒，对青少年及儿童仍有很大负面影响，因而，青少年犯罪率一直不断攀升，降不下来。为此，我们到一些学校调研，开师生座谈会，开家长座谈会，讨论研究如何保护青少年健康成长。一天下午，我们到了一所小学，尽管天气酷热，但区教育局有关部门已安排好几所学校的小学生代表参加座谈。学生十分可爱，兴奋异常，抢着发言。显然，事先作了准备，都说学校老师怎么怎么好，学校怎么认真，学雷锋做了哪些好事。这些应该说是基本面，难道就那么十全十美，一点问题都没有吗？于是，我们就把话题扯开，谈学生喜欢的游戏、崇拜的人。“你们最佩服什么人？最崇拜什么人?”我问。一名小男孩迫不及待地站起来叫:“佐罗!”“为什么崇拜他?”“他是大侠,本事大,杀富济贫,我也有这样的本事。”话一开了头,大家无拘束了,七嘴八舌,不仅有的说佩服什么人,而且谈到上课的吵闹,校门口的摊贩骗小孩的钱,谈到哪条路不敢走,有小流氓拦截,吓唬,敲诈,还要动手打人。说着说着,有名小男孩突然哭了起来,我们一面安慰他,一面询问他为什么哭。他伤心地说:“我完了,没有希望了。爸爸说我这种人还读什么书,只能考‘家里蹲大学’,回家爸爸总是骂。反正不行了,我就胡闹。”原来他小的时候调皮捣蛋,弄伤一只眼睛,这只眼睛失明了。怪可怜的,我们劝慰他好久,让他鼓起勇气,增强他好好学习、前途光明的信心。临别时依依不舍的形象至今还十分清晰。我们写了调研报告,分析家庭、学校、社会的责任,提出要思想重视,携手共同创造青少年成长的良好环境。一次次呼吁,一次次讨论,后来经长时间酝酿,《上海市青少年保护条例》得以制定,齐抓共管,青少年犯罪率得到控制,逐年下降。从一次次调研中,我体会到,要听到真话,了解到真情,实属不易。调研的目的本为掌握实情,解决问题,可被调查访问对象总是遮遮掩掩,外面包了一层层的“装饰纸”,是被调查访问对象本身的心怯,还是其他原因,值得深思。

第八届常委会期间,由于教育经费的短缺,中小学危房、简屋的问题十分突出。常委会上只要有教育的议题,我总要激昂慷慨陈言。教育事业必须有前瞻性,面向未来,为未来培养建设人才;但它又有滞后效应,几年之后,十几年之后,乃至更长时间之后才真正显现意义和价值。这个特点与人们急功近利、立竿见影的思想距离甚远,因而常常不被重视,放不到应有的位置上。特别是基础教育,是给人打基础的,要踏踏实实去做,更不能表面上花团锦簇,追求业绩辉煌。今日的教育质量就是明日的国民素质,不重视教育,实在是愚昧的表现。有好心的同志劝我话不要说得那么尖锐,无形中就伤了人。其实,我从没想到伤人,而是心里焦急,看到学校那么多危房、简屋,特别是郊县的,担心房子倒塌出事,压坏学生。教科文卫委员会两位副主任委员许言和孟波同志都是老革命,他们比我年长得多,也不辞劳累到郊县学校调研。一次去远郊，正好下雨，看了 16 所中小学，每所学校门口的路均是泥泞不堪，我们穿了长筒套鞋走进去才不湿脚。有的小学教室里是泥地，水汪汪，湿漉漉，上课时学生的脚就踩在水里。有的学校经费紧张到每节课只分配两支粉笔给教师。教室低矮破旧，光线昏暗。有些村校连电话也没有，信息不通。城市里许多中小学也是办学条件极差，多是弄堂小学、弄堂中学。有次常委会谈家桢副主任与我们一起调研，从很窄的楼梯往上走，吱吱嘎嘎的声音且不说，地板上左一个洞右一个洞，一不当心，脚就陷了下去。学生年幼无知，不知危险，有时还要在如此狭小破烂的地方奔跑、打闹。为了维持办学，进门的 4 个角、楼梯下面都撑着木头、竹子，以加固危房结构。设备就更不必说了，图书、仪器几乎没有，许多学校根本没有操场。有的小学厕所只有一个坑位，四五百名学生，下课后有些学生要穿过马路到家里去上厕所。马路上车来车往，险象环生。凡此种种，不胜枚举。当时，上海的经济由于结构调整等种种原因，一直往下跌，似乎还未见低谷，要拿出钱来还“文革”以来欠的教育账，确实难度极大。

市人大及其常委会是地方国家权力机关，市人大常委会要加强民主法治建设，促进上海的现代化建设。我们想到地方立法。要立法，保障上海的义务教育走出困境，健康发展。孟波同志要我起草建议义务教育立法的议案，以我们两人的名义提出。经过许多次调研、讨论，终于在 1985 年通过了《上海市普及义务教育条例》，从此义务教育有法可依。法的制定有广泛的基础，听取了来自各方面的意见，协商协调，统一认识，就是文字表述，也是反复推敲，反复斟酌。1986 年 4 月 12 日，第六届全国人民代表大会第四次会议通过《中华人民共和国义务教育法》。根据全国的这部法，上海的条例作了修改，后制定了实施意见。有法可依，经费增长，危房、简屋逐步得到改造，学生的学习环境大大改善。

80 年代初期、中期，教师队伍不稳定，尤其是外语、音乐、美术等学科的教师十分紧缺，有些学校的这些课常开“天窗”，无教师上课。为了稳定教师队伍，教育行政部门采取了种种措施，以防教师流失。那时，报纸上常登载招聘广告，招聘各类人才。但在那些广告里，总有这么一行字：“环卫工人及中小学教师不在其列。”看到这，真不是滋味。开市人民代表大会时，我正好与市委第一书记陈国栋同志一个小组。于是，我拿《解放日报》登载的有关广告给他看，并表述我的观点：稳定中小学教师队伍的苦心是可以理解的，但这种做法不可取，对教师心理是一种伤害。俗话说，斯文扫地，现在是斯文不如扫地。环卫工作与其他工作一样，只是分工不同，从事这项工作的人同样应受到尊重，我没有丝毫轻视的意思。但如此表述，令人想到“文革”中“臭老九”的味道依然存在。元代统治者把人分为若干“等”，“八娼，九儒，十丐”。“臭老九”也就是从那儿“沿袭”下来的。我要求以后招聘广告中不要再有这样的文字，“堵”总是不行的，要想方设法提高教师的地位和待遇。陈国栋书记是老革命，穿着十分朴素，平易近人。别人发言，他总是认真听，不时还讲几句。这次我向他说了一大堆话，他没有一点厌烦，说教师稳定是重要问题，须想办法。从那次人民代表大会以后，招聘人才的广告里再也没有这样的字句了。

由此，我联想到70年代末召开的中国工会第九次全国代表大会的事。深秋，组织上通知我当晚到北京参加大会。事情的前期准备我不清楚，只知会上选举了总工会执行委员和候补执行委员，我被选为候补执行委员，一年后又成为执行委员。一届5年，每年都要赴北京参加执委会。记得第一次开会时，大家兴奋不已，许多从事工会工作的老同志在“文革”中受尽折磨，终于活了下来，重见天日。会上有个内容是分组学习座谈，反映基层群众情况。我当仁不让，历数第一线教师待遇的菲薄与工作的艰难。那时，教师工资长期在四五十元左右徘徊，年轻女教师不得不用相当时间给孩子织毛衣、缝衣服、做鞋子，学校领导又规定上班时间一律不准做这些，家务与工作常有很多矛盾，工作也确实受影响。改善生存条件方能保证教师全身心投入工作的质量。其他行业也有反映职工生活艰难的状况。会上发了简报，有一期头条是“为一些行业的职工请命”，其中登载了我的发言。会后，新当选不久的上海市总工会主席王林鹤同志（经过三百几十次失败后获得成功的高压电桥的创造发明者）开玩笑地对我说："如果是1957年，你肯定是大右派。"我说的完全是实情，盼望教育事业早日恢复元气，获得长足发展。会议期间，全国妇联邀请我们女代表座谈，邓颖超同志参加。教育是必说的话题，我又讲述了教育的重要性以及当教师的切身体会，大家非常赞同，觉得建设要人才，人才要多出、快出；人才不会从天而降，要靠教育，要靠教师，教师值得尊重。

为了提高教师待遇，在经济仍然下滑的情况下，我们提出了发放教龄津贴，聊补教师的生活，也是给教师增添发展的自信。有一天下午，在市委办公厅会议室召开各部委办局领导的会议，讨论教师津贴之事，市常委会领导派我参加。会议由当时主管文教事业的市委副书记曾庆红同志主持。会上争论得很厉害，卫生部门说护士紧缺，队伍不稳，要护龄津贴；农业部门说农业是吃饭的大事，农业方面技术人员待遇低，留不住，也应发点津贴。各有一本难念的经，百废待举，实在没那个财力。牵一发而动全身，教龄津贴发放，其他行业摆不平。会开到很晚。最后，曾庆红同志说：大家不要争了，大家僵持在那儿，一个也加不到。教育重要，还是从教师加起，以后大家都有机会，都有希望。听了这番话，我真是心存感激。市里财政很紧张，能下这个决心不容易，教育是有希望了。一个月尽管只有10元津贴，那时就是大部分教师工资的四分之一、五分之一、六分之一，已经是一个不小的数目，安家可以派点用处，后顾之忧减少。

1988年市第九届人民代表大会第一次会议上，我们教师代表围绕教育经费的事大大议论了一番。这一年，政府预算报告中教育经费增长5.7个百分点，而事实上，由于大批知识青年返沪后成家立业，所生孩子正好到入学年龄，因而小学生骤增，有些区增幅高达百分之十几。学生增长与经费增长差距很大，而经费匮乏又必然导致小学要改成上下午两部制，即半天在学校求学，半天在家。两部制不行，小孩在家里无人照顾要出事，而且许多人居住条件差，一间斗室，孩子无法安排。由于弊端甚多，故而我们60多名人大代表联名提出增加教育经费的议案。提交议案的法律依据是1986年全国人大常委会颁布的《中华人民共和国义务教育法》和 1985 年市人大常委会制定的《上海市普及义务教育条例》，这些法律和法规中明确规定，教育经费要做到两个“增长”，即教育经费的增长比例“应当高于财政经常性收入的增长比例，并使按在校学生人数平均的教育费用逐步增长”。提议案的事实根据是我们访问了教育部门的领导，访问了不少学校的校长和教师，对学校设备、校舍以及生源增长情况有了进一步的了解，并核实了一些数据。那年上海财政收入增长 8 个百分点，高于教育经费增长，因而我们普教的、高教的许多人大代表写了要求增加教育经费的议案，谈家桢和李家镐等人大常委会副主任也签了名，表示支持。

在人民代表大会主席团会议上，大家就这个问题立不立议案展开了热烈的讨论。不立议案，就作为一般的意见处理；立为议案，是要办出结果的。那时，人们对教育在兴国中的战略地位的认识没有现在这样深刻；再说，上海要做的事太多，可说是百业待举，而教育经费增长的幅度已经高于卫生与科技行业。然而，“法”是准绳，立了法就必须依法行事。我是教师，对学生有特殊的感情。入学儿童基本上是老三届学生的孩子，老三届学生本身就受了许多苦，十年北大荒、云南，返沪以后往往只在街道小工厂、里弄生产组工作，生存条件差。好不容易成了家，有了孩子，孩子上学，又碰到高峰。如果孩子半天读书半天在家，安全有很大问题；孩子在家无人照管，家长上班绝对不放心。各行各业都碰到这个问题，社会的稳定就会受到影响。出于对事业的负责，我慷慨陈词，说清利弊，以求得不从事教育工作的同志对教育的了解与理解。会上，代表们各抒己见，气氛热烈。当时担任中共上海市委书记的江泽民同志在仔细听取大家意见的基础上，最后发表意见：立为议案，修改教育预算，增幅改为 8 个百分点。这一意见获得绝大多数与会同志的赞同。如果不是在开会，我一定会高兴得叫喊起来。依法行政，市政府做出了榜样。散会时，我从会议厅走出来，人大几位工作同志对我说：“了不起，开人民代表大会开得修改预算还是第一遭！”这就是“法”的力量！那年教育预算执行的结果是，增长幅度为 13 个百分点，所有小学生都在全日制学校就读，享受党的阳光雨露的哺育。从这件事以后，我更加感受到人大代表肩负的千钧重担，因为他们享有参与立法、依法监督的神圣权利。

当人民代表，我参加了许多次检查监督工作，既学习了社会，又不同程度地兴利除弊，促进了社会的发展。其中有些事难以忘却。有次检查卫生工作，走访了一所区的妇婴保健院。该院房屋破旧，设备简陋，院长讲述经费困难，难以维系时，眼眶都红了。他领我们去看产妇睡的床，真是令人心酸。那时正值生育孩子的高峰，两名产妇一张床，绝大部分床垫子都是破烂的、发霉的，直接影响产妇的健康。视察有市里教卫部门的领导参加，经过上下沟通，反反复复协商，这所保健院总算修缮、改进，造福这个区的妇女、婴儿。我们底子穷，要做的事实在太多，只有靠发展，才能解决问题，对这一点我深有体会。

全国人大要求地方人大常委会检查《中华人民共和国义务教育法》实施情况，我们市人大教科文卫委员会负责本市的检查。正值暑假期间，我们走访了一些区县。有个区汇报有关工作时，我们发现修校舍的专项经费有问题，于是追问，深入调查，核对发放专项经费的文件，找当事人了解。结论产生于调查研究之后，好些学校眼巴巴期待修校舍的经费已挪作他用，被少数几个人拿去购房了，这是违纪违法行为，当然不能放过。我们对此狠狠进行了批评，并责成纠正。我是带队的，在会上明确阐述观点："共产党为人民，任何人不能因手中有权为私谋利。有两项款子动都不能动：一是救灾款，那是人命关天的事；二是教育款，是为孩子的事，是牵涉到有没有良心的问题。对学生的事要讲良心，党员要讲党性。"依法办事，挪用教育款要受处罚。为此事我得罪了一些干部，但人民代表为人民，不为人民说话，不维护人民应有的权益，要你代表干什么？又不是摆设，花架子！事后，区领导对干部说：记住，教育经费是不能碰的，有"法"！80年代，人民对教育的重要性确实缺乏认识。我们到一个郊县，询问教育经费到位情况，特别是假期校舍修缮事，掌管财政的支支吾吾，说不清楚。再看看一些学校的操场、房屋，并无动工的迹象。检查反馈意见，我们请县里一把手到场，目的不过是促进依法行事，促进教育事业健康发展。散会时，县领导很不高兴，上汽车时对教育局局长说："有问题，内部谈！"市人大执法检查难道就不是"内部"吗？法治观念实在太薄弱了。

教师退休享受全额工资的待遇，是在90年代初经过反复呼吁，在一个教师节来临时定下来的，目的在于鼓励教师终身从教，为教育学生、教好学生尽心尽力。当然，经济待遇是买不了良心的，只能是提供生存与发展的条件，关键还在于提高对教育重要性与必要性的认识，教师提高自我教育的自觉性。

七八十年代那种争取教育经费、争取教师的地位与待遇，学校危房、简屋的改造，教学图书、仪器设备的添置等情景，今日回忆起来，真有隔世之感。那种求助，那种焦急，那种步履维艰，至今心犹戚戚。今昔对比，教育规模发展之快，学校面貌改变之迅速，令人吃惊，令人鼓舞。抚今思昔，怎能不由衷感谢党的改革开放的好政策？怎能不由衷感谢拯救国家民族于艰难困苦之中的邓小平同志？

校长应努力成为教育家

那还是1966年的事。“文化大革命”开始，红卫兵小将冲到办公室、档案室，抄到了一张学校培养干部的名单，我这名年轻教师是培养当副校长的人选。当时，少不得要乱七八糟地斗一阵。再看到校长那样被狠狠批斗，所以一提到“校长”二字，心里就害怕。粉碎“四人帮”以后，有次开市人大常委会，区委高华杰书记（他也是市人大常委会委员）对我说：“你们学校有些老师写信到区里，希望你做校长，你的意见呢？”我一听，连忙拒绝。我反复强调的理由是：我的长处只是爱学生，无行政能力。没有说出口的原因是：这所学校是“文革”重灾区，派性严重，关系复杂，我本身是挨批挨斗的，弄不清楚，如何治理？再说，有的人就是不想上课当教师，处心积虑要当干部，管人，我何必自讨苦吃？没有想到，80年代中期还是当了校长。一是由于逢小学生入学高峰，小学教师奇缺；二是由于学校折腾来折腾去，乱得不行。于是，在杨浦中学的基础上恢复第二师范学校，我当了二师学校的校长。

有教师说，于漪当校长，肯定是拼命抓业务。怎么可能呢？抓业务要有抓业务的条件，乱哄哄的，怎么抓？队伍因学校转轨，人心浮动，不稳定。一切要从实际出发，才会有实效。接手工作时，我未制定什么“施政纲领”，只在全校教职工大会上讲两点：一是恢复坐班制，每名教职工须准时上下班；二是学校工作没有不可告人的秘密，都可以拿到桌面上说清楚，背后的话我一句不听。提这两点要求，完全是针对实际情况。那时，中等专科学校无坐班制，因而上班时稀稀拉拉，迟到是常事。更有甚者，有的教师极不负责任，上课时间还在家睡大觉，学生很有意见，教学秩序不正常。这种状况不改变，谈什么教学质量？学校乱，主要乱的是人际关系，东一摊，西一摊，张家长李家短，当面不讲，背后乱讲，风不正。有的人工作上不下功夫，专攻拍马，打小报告，影响教师之间的团结。

要求全员坐班，那是冒天下之大不韪。果真有人来较量了。一名青工找我，威胁我说：“这么多年了，我高兴来就来，不高兴来就不来，你管不着。你要管我上班，告诉你，你从哪条路回家，我很清楚，当心刀子，不客气。”“人要吃饭，就要劳动，这是起码的道理，30 岁出头的人连这点道理都不懂，真为你着急。”一番话才把那邪气压下来。每个人准时上班，除了认识、习惯、责任心外，有无具体困难，作了一番调查研究之后，有针对性地做工作，教学秩序逐步正常起来。

一个单位最忌背后叽叽喳喳，无事生非。对这种庸俗风、歪风最好的办法就是公开、公正，不听背后的话，让背后的话没有市场。如果校长耳朵软，偏听偏信，感情用事，是非曲直就会混淆，学校风气就正不了。为此，我们以校风建设为突破口，切实加强师生员工的思想道德教育和专业思想教育，推动教学业务的进展，以求全面提高质量。

作为管理学校的一校之长，必须有明确的办学理念，追求高尚的教育境界。我不仅学习历史上名校建设的经验，也借鉴国外有效的做法。1978 年 12 月，我参加全国妇女代表团赴日本访问。那时出国访问是大事，由于长期封闭，对国外情况知之极少，因此先要组织学习。代表团里从事教育的仅我一人，我要求看看日本的中小学校。到了日本，参观了好几所学校，留下深刻印象：学校窗明几净，不管是教学大楼、实验室，还是操场，均一尘不染，地上无痰迹、纸屑、垃圾，文明习惯令人钦佩。管理细致、到位，每个部门、每个教室、每件事均职责分明，细致到某个班级学生到校，走哪几条马路，过哪几座桥，有几个红绿灯，都在班级交通安全图上标清楚，教育具体、实在，不说空话，不说不着边际的话，教育的实效性启人深思。寒冬腊月，天上飘着雪花，小学生在操场上踢球一律穿的是短裤；东京御成门中学的体育活动更是丰富多彩，游泳、剑术、球类等，学生可根据自己的喜好，选择锻炼项目；除了校内体育锻炼，每所学校、每个班级都有远足计划，走路、爬山，接触大自然，学生的体质体能锻炼令我吃惊。教学设备先进，上课当场电视录像，学生动作的正误（体育课排球训练）立刻播放出来，具体指导、纠正；数学课学生解题，每个学生完成解题的时间、有何疑问等，学生只要按一下在课桌上安装的不同键按钮，信息就反馈到教师的工作台上，教师就会立刻下讲台，到某个学生座前指导。我虽羡慕，但不稀罕。学生理解与否，我们靠察言观色，心灵沟通，有利于锻炼教师的眼力和专心致志；再说，学校发展了，教育经费充裕了，购买教学设备也就不在话下。

纵向思考，横向借鉴，我们确立了办学的制高点。在改革开放的条件下，要把学校办成社会主义师范学校的样子，必须站在相当的高度来思考问题，必须在宏观上有较为科学的总体设想。依据是国家教委制定的中等师范学校教学方案，师范学校的培养目标，学校的外部环境和内部条件，在实事求是分析的基础上，提出办学的三个制高点，即站在时代的制高点上、战略的制高点上以及与基础教育先进国家竞争的制高点上。一代小学教师的素质关系到亿万少年儿童心灵的塑造，每一个师范生的背后，都有着浩浩荡荡的可爱的少年儿童，绝不搞短期行为。日本和西欧一些国家的基础教育质量是上乘的，正因如此，他们劳动力的素质比较高，在经济、科技、教育等各方面均有竞争力。尽管我们与他们的社会条件不一样，但他们从严治校，科学管理好，教育效益高。他们能办到的事，我们为什么不能？因此，树立与基础教育先进国家竞争的意识，不是争一所学校的意气，而是争民族的志气、民族的自尊，争在学校基层显示精神文明的威力。具体地说，要做到三个瞄准：一是瞄准 21 世纪的小学教育，努力把 80 年代的师范生培养成为 21 世纪的小学教育骨干；二是瞄准国外基础教育先进国家的小学教育，从严治校，发愤图强，办出水平；三是瞄准国内、市内兄弟学校的办学经验，博采众长，力求少走弯路，办出特色。这样的办学思想在多种会议、多种场合宣传，深入到师生心里，调动大家的积极性，竭尽全力把学校办成师范学校的样子，能经受改革开放的考验，使学校真正成为培养合格小学教师的摇篮，建设社会主义精神文明的场所。

治理乱校，绝对不能纠缠于各种矛盾之中，做调解员，而是要抓住育人的工作为主导，抓紧抓实，牢牢不放，在工作中化解矛盾，促进团结。说起来容易，做起来实在难度大。要创建良好的校风、教风、学风，就要“敢”字当头，敢抓敢管。学校不是真空地带，金钱拜物、享乐思想侵蚀着部分师生的心灵，赌博、酗酒、浓妆艳抹进课堂的情况时有发生，纪律松散、工作懈怠屡见不鲜。针对这种情况，有些是毫不含糊地杜绝，有些是正面引导，更为重要的是树立学校的精神支柱，让师生有追求的目标，有思想言行的准绳。社会上允许的，学校不一定允许。学校是育人的场所，必须弘扬社会主义主旋律，弘扬健康的、积极的、向上的文化。青年教师宿舍床底下乱七八糟的啤酒瓶，我帮着去收拾，带领他们一起整治脏、乱、差，鼓励他们要为学生做榜样。上班打牌不允许，中午休息可与学生交流，也不允许打牌，赌博更是严禁，这些都有损教师形象。具体问题一个个解决。

最令人伤脑筋的有两件事：一是师生的穿着打扮；二是糟蹋粮食，食堂桌上一片狼藉。刚开放不久，时尚潮流对年轻人特别有诱惑力，有的女教师着时装上课，珠光宝气，女生觉得新奇，评头品足；有些女学生涂脂抹粉，花枝招展，发型翻新。我曾开玩笑地说，过去是从猿到人，现在似乎要从人返到猿，披头散发，眼睛都被遮住，看不见。要不就是数学题做到了头发上，今天左边高起来一块，明天右边高起来一块，好像是不等式在变化。人的精力是常数，学校不是时装表演的T形舞台，心思不用在教学上，不用在学习上，怎能保证教育质量？围绕这个问题，大家多角度开展讨论，花力气疏导。且不说请劳动模范、解放军同志、老校友等作报告，阐述青年学生应具有怎样的思想素质、文化素质和审美情趣，单就“师范生应追求什么”“当代师范生应具有怎样的形象”“什么是当代师范生真正的美”等专题，展开了若干次的讨论，在畅所欲言的基础上明确：社会上允许的，学校不能都允许；社会上流行的，学校也不一定都提倡；学校风气如果降低到社会的一般水平，那是教育的失败，师范学校提倡朴素美、庄重美、大方美，对低俗的、怪异的要学会辨别与抵制。与此同时，学生设计服装，设计发型，经民主评定，选出大家满意的式样，制作校服，推荐发型，把一味追求穿着打扮、追求时尚的所谓“美”转换到追求理想美、心灵美、行为美方面来。师生认识提高，措施实在，校风大为转变。

“谁知盘中餐，粒粒皆辛苦”，学生在孩童时代也许就会背诵、吟唱，但他们对粮食是怎么种出来的，确实没有体会，因而根本不懂得爱惜。没有受过饥饿折磨的人，不大体会粮食的珍贵与价值。尽管校会讲、班会说，浪费粮食的陋习仍然没有杜绝。泔脚缸里不仅有剩饭和剩菜，而且有整个馒头、包子，包子馅吃了，包子皮就扔了。泔脚缸装不下，溢得满地。有次，我气急了，到伙房里拿了个脸盆，用手把一张张包子皮、大块大块的饭捞起来，利用中午时间到一个个教室去讲：“学校不是培养大少爷、大小姐。吃饭人要体会种田人的辛苦，日晒雨淋。俗话说，一粒米要七斤四两力气才种得出来。从耕地、下种、插秧到除草、除虫、施肥等管理，到收割，要花多少力气？人心是肉做的，想想种田人的辛苦，就不会随手糟蹋。任何人都不能暴殄天物，这是素质问题、品德问题。吃不下可以少买，不要以为自己有钱，买了吃不下，或者不对胃口，就倒。我们国家这么大，离富裕还远着呢！西部还有那么多贫困的地方，有的连温饱还没解决，想想这些，你的手怎么倒得下去……”事后，有些学生在周记里写道：“我从来没见过于校长如此激动，我们不好，不懂事，浪费粮食的行为可耻，以后要注意节约。”

学生总是要教育的，道理要反反复复讲。良好的行为习惯的培养不可能一蹴而就，靠的是思想先行，说清道理；靠的是管理到位，坚持不懈地训练；靠的是自我教育，督促检查。根据师范生培养目标，针对学生实际，我们制定了一系列规章制度，学有学规，食有食规，宿有宿规，考有考规，会议有会规，实验有实验规则，劳动有劳动规则。规则简明扼要，切实可行，让学生懂得在集体生活中要健康成长，须有自我约束力，自觉遵守纪律。

良好的学校小气候绝非一两个人所能形成，需要全校师生员工统一认识，统一步调。教职工认识不一致，再严格的要求、再好的规章制度也是停在口头，变成一纸空文。用什么来统一认识，统一步调？

首先是树立育人的大目标。学校最大的事就是一个心眼为学生，为学生今日的健康成长，为明日成为合格的、优秀的小学教师。师范生的合格与否不是某个人的事，而是会影响一大批孩子的成长，因而一丝一毫也不能马虎。“合格”的“格”不是教师的主观意愿、感情好恶，育人的准绳、标尺只有一个，那就是党的教育方针，德、智、体、美全面发展。

其次是树立精神支柱。以“一身正气、为人师表”作为全校师生的座右铭。精神支柱看似无形，但能起灵魂作用，有强大的凝聚力。教师的思想、道德、言行不管是有意识还是无意识，都在对学生起潜移默化的作用。因此，反复宣传教师应加强自身修养，堂堂正正，光明正大，在学生心目中能形成高大的形象；宣传教师的德、才、识、能，尤其是事业心、责任感，应成为学生的榜样、表率。要把阳光撒播到别人心中，首先自己心里要有阳光。注意运用表扬与批评的方法，树正气，压邪气，对有损教师形象、有损师德的言行开展批评，防微杜渐。师范生是未来的教师，明日教师，今日做起，因此两代师表一起抓。

再次是聚焦于对学生的培养。把用文字表达的校风内化为认知、情感和自觉的行动。全校教职工各司其职，齐抓共管，严格区别自由与纪律、保守与开放、改革与放任，澄清糊涂思想，克服无能为力、无所作为的想法，反对教育的随意性，反对无原则地迎合社会低层次水平。聚焦于培养学生，努力做到教书育人，管理育人，服务育人，环境育人。比如上文说到的不浪费粮食，除了班主任教育外，食堂里每个工作人员都有责任教育学生，管理上也落实措施，安排桌子，分班就餐，桌子上的情况一目了然。学生购饭可一两、一两半、二两，按需购买，减少浪费。

学校教育不能有任何虚假情况，万事求其“真”。弄虚作假本身就是对学生实施负面教育，不仅削弱学校的可信度，更悲哀的是在学生心中留下阴影。办学求真是我们的追求。比如现在的学生比较娇，怕脏怕累，为了使学生意志、毅力、体力有所锻炼与提升，我们既抓早操的规范，又抓劳动锻炼的安排。早操集合，快、静、齐，培养学生的敏捷性和集体观念；动作必须整齐、认真，反映振奋的精神面貌。每个年级、每个班级、每个学生都具体落实。混，马马虎虎，就不必做，达不到锻炼意志、增强体质的目的。深入细致工作的结果是，早操犹如开运动会的水平，进场出场均精神抖擞，步伐整齐。宿舍管理也是如此，学生自己打扫，内务整洁，养成卫生好习惯。校园劳动也是统筹安排，不仅清扫、整理，而且参加植草、植树、栽花、施肥，绿化校园、美化校园的劳动。在治理校容、校貌过程中，规范品德行为，陶冶思想情操，真正落实环境育人。学校获得市文明单位、市花园单位、全国花园单位的荣誉，确实是全校教师、职工、学生共同努力、共同创造的结果，每个人都发挥了积极的作用。国家教委师范司领导带领几位处长到江南几所师范学校调研，住在我校一周，从清晨学生早锻炼一直看到晚自修结束返回宿舍。教室、宿舍、上课、自修、活动都细看细察，连钢琴上有无灰尘，是工人负责还是学生维护的，都要向学生问个明白。临行前反馈意见，孟司长问："这样的文明校风，这样的教学秩序，这样的师生面貌，你们为什么不向国家教委申报先进?"当时负责市师范教育的教育局副局长说："他们学校转到师范还不到三年，还差两三个月，所以未报。"领导关心是好事，按制度办事是规矩。之后，我校很快就受到表扬，被评为全国师范教育的先进单位。对我而言，这是一种激励，一种鞭策。我经历得多了，真正体会到光环虽炫目，但绝不是追求的目的，真正的目的是切实立足本岗位，全力以赴做好本职工作，让莘莘学子深受其益，成为报效祖国、报效社会的人。如果把各种各样的光环、荣誉作为追求的目标，准星偏了，功利会迷住眼睛，心术也会随之不正，对弄虚作假的事也就习以为常，不以为耻。

课堂教学质量是学校质量的生命线。学生日复一日、月复一月、年复一年在学校求学，绝大部分时间在教室里度过。一堂堂课是清晰的、充实的、兴味盎然的，学生就学有所得，基础扎实；如果是含含糊糊、花里胡哨、浮游无根，学生似乎学了，又未学到手，那必然是基础摇晃，影响今后的发展。各门课程要保证课堂教学一定的质量，最为重要的是抓教师队伍的建设。学校教育的质量说到底是教师的质量。教师的质量有多高，学校的教育教学质量就有多高。校长应该是培养教师，尤其是培养青年教师在教育实践中成长、发展的第一责任人。

师资来源和生源一样，学校没有多少实力可以挑选，必须面对现实，通过岗位锻炼，使师资队伍在原有基础上明显提高，最大限度地挖掘、发展每个教师的潜能。

“你这样培养不怕她跑吗？本领大了，跳出去就更方便了。”好心的同志提醒我。“跳就跳吧，跳来跳去都在中国。”我说。“跳到国外呢？”“那跳来跳去都在地球上。”我开玩笑地回答。只要有可能，我总是送年轻教师外出学习，有短期培训的，有读本科、研究生的。教师想学习，愿学习，肯花精力学习，我总是全力支持，必要时支付学费。校长须知，对教师的培养与使用，应培养重于使用，起码培养与使用并重。水涨船高，教师的文化素养、专业技能提高，学生就在无形中大受其益。不积极补充营养，无新鲜血液，课就越教越干瘪，无时代活水流淌。培养了，跳槽了，也没什么了不起，毕竟有了发展，有了提高，对新从事的工作有好处。学校不但是培养学生成长、成人的场所，也应是培养教师、职工成长、发展的基地。

“我一定要上课，我也有了本科学历。”一位年轻同志反复央求我。“课有多种多样，有偏理论的，有偏实践的。你动手能力强，知识面又比较广，搞科技活动绝对会出成果。”教职工一个人一个样，各有所长，各有所短，校长要有眼力，扬长避短，让长处充分展示，充分发挥。要知人善任，把每个人放在最合适的位置上。这位同志终于被说服，在课外科技活动中创造了不少成绩。知人善任不是静态的，应注意提示、指引，求得最佳发展。一位从外区调来的语文教师，专攻书法。师范学校中教毛笔字、书法好的教师不少，但师范学校主要不是培养书法家，而是要培养写一手规范、美观板书的小学教师。于是，我和这位教师商量，毛笔字当然要练，更重要的是要开辟硬笔书法的新途径，研究书写规律，在短短几年内，让师范生通过一定的训练，写一手规范的粉笔字。这位教师潜心研究，摸索规律，不仅在书写实践上下功夫，在书写理论上也形成独有的认识。他开辟了教学书法这条路，师范生习得一手好字，普遍受到称赞，工作后所教小学生从中得益。这位教师也被评为特级教师，在市里产生了广泛的影响。

“她怎么也排课？你真有办法。”有位老教师不解地问。一所学校总会有几个个性特强的教师与职工，他们所在的那个部门也往往是意见多、矛盾多的地方，如何张扬他们的优点与特长，化解种种矛盾，是队伍建设中的一道难题。如何处理？开发学校课程，促进教师特长的发挥。用当今的话说，就是研发校本课程，有必修，有拓展。师范生要全面发展，教学技能上要成为多面手。我偶然发现“她”——这位职工手工技巧很好，于是请她开手工课。她感到这是对自己的尊重、信任，高兴极了，不仅精心备课，钻研技巧，还创造出多种多样变废为宝的手工物品。短短一支粉笔，经她设计，可变为雕刻品，受到称赞。不仅学生锻炼了一双巧手，展览室里琳琅满目，而且这位职工人际关系也大为改善，不少矛盾烟消云散。任何教师的一技之长都值得珍惜，都要找机会让他们发挥。如一名物理教师教学一般，但有副好嗓子，对男高音的发声特别有研究。我请他上这方面的音乐课，学生欢迎，取得良好效果。

以任务团结教师、培养教师也是提高师资水平的一条重要途径。比如，80 年代中期稍后，我校与日本京都两洋高等学校交换短期留学生，围绕这项任务，要开设多种弘扬中华优秀文化的课程。且不说汉字、书法、古诗词，也不说国画与民族乐器使用，单是体育，就有拳术、剑术、武术中的一些行当。教留学生的同时，教师专业技能提高，上进心大大加强。有的任务要求比较高，更能锻炼人。90 年代初，我校有机会与美国密歇根州立大学国际教师学习研究中心以及英国牛津大学教育学院合作研究师带徒青年教师职业初级培训模式。该项科研项目有比较完整的计划，有目的、内容、方法、操作程序、过程记录、考评、检查、激励等制度保证，三国数方（每个国家以两所及两所以上学校为研究单位）有统一研究的时间，文字材料有统一的要求，如日程表、周记、访谈，选择哪些不同的学科，课的培训前后对比须有课堂实录。开展研究又要注意校内外的结合，请有经验的教师指导。经过一年多的实践研究，一批教师科研意识增强，视野得到开阔，分析问题能力明显提高，对学校原本职初培训的优点与不足有了清晰的认识，改进的方向也比较明确了。比如，中国师带徒的明显优势是教学在研究中占的比例相当大，为 43.4%，较英国高 21.6%，较美国高 28.1%。由于重视教学一般技能和特殊技能的探讨，新教师的进步明显，达到了培训预期的目的。美国研究人员说，如果师徒帮带，教学只停留在 15.3% 的比例上，那是不成功的。但是，我们也有明显的不足。从声像资料及周记、访谈的材料看，美国新教师思维特别活跃，他们对教学、对学生、对种种事物有自己的想法，不盲从。英、美师徒讨论教与学的问题，不仅仅局限于课堂纪律、组织管理、突发事件的处理，还涉及教师的兴趣爱好和家庭生活、学生的性格特长等，把“教”与“学”放到社会大背景下探讨，视野更开阔，时代气息更浓。它山之石，可以攻玉，结论是从研究第一手的材料中获得的，可信度高，较容易内化为自己的认识。这个国际合作研究项目的论文，在 1992 年 3 月旧金山召开的美国教育研究会年会上宣读，引起了重视。此后两个月内，研究会陆续收到美国伊利诺伊大学、阿巴拉契亚州立大学、加利福尼亚州立大学海沃德分校、加拿大多伦多大学、西班牙格拉纳达大学、澳大利亚昆士兰大学、以色列海法大学教授专家来信，索取此论文。可见，青年教师培养是各国教育界普遍重视的问题。遗憾的是，我们结题报科研成果时，整箱的文字资料与声像资料都遭遗失，其中有全美推广的小学数学课课堂实录，中、美、英三国好几个学科的教师课堂教学实录与师生访谈实录（均为声像资料）。理由是：单位搬家，找不到了。评科研奖项时，这些材料是否被看过，我不得而知。然而，国外主动来找我合作也是极不容易的。当年一位斯坦福大学的博士生根据她的学校密歇根州立大学几位专家教授的要求，搜集了我在报刊上陆续发表的培养青年教师的文章，寄给我，拟了 10 个有关问题，请我回答。我清晰地记得，10 个问题回答了 10 张纸，后来才有了这个合作项目。一年多实践研究的辛苦且不去说，去参加结题，出席在旧金山召开的美国教育研究会年会的第二天，合作项目组开小会，讨论教师培养，我几乎回答了几十个问题，包括一些细节。我们不是图虚名，而是根据师资提高需要实实在在做的，总应受到一些尊重。

青年教师培养是教师队伍建设的中心工作，对他们要真心实意地百倍爱护，感情上沟通，政治上关心，生活上帮助，充分肯定他们的长处，也真诚地指出他们的不足，严格要求。我们采取教育教学评优的办法，组织他们岗位练本领，组成三级网络：师傅带徒弟；教研组集体培养，组长负责；学校组成教育教学评优委员会。岗位练本领做到“五定”：定目标、定内容、定项目、定时间、定测评。我们充分发挥中老年教师的骨干作用，促进青年教师切实增强责任感，切实养成良好的工作作风和工作习惯。这种培养不是单向的，而是互动的，中老年骨干教师在培养青年教师的过程中也有所促进，自觉提升。

作为一名校长，我投入时间和精力最多的就是听教师的课。听前，我自己熟悉教材；听后，从理论和实践结合的高度，评析课的利弊得失。不是一张表格、一个等第定“乾坤”，而是要具体、实在。好在哪里，为什么好；不足在哪里，为何不足，怎样改进。要评出信心，评出干劲，评出努力的方向。有些青年教师对我说：“怕你听课，又希望你来听课，听一节课，评说一个多小时，参加的也可七嘴八舌，原来模糊的问题清楚了，原来好在哪里并不明白，现在也明白了，真有长进，很开心。”其实，听课评课绝不只是重知识传授、重某些教学技能技巧的传授，而是要滋养教师的心灵，将生命感、价值感、使命感唤醒，诱导他们发挥教育的创造力。

在改革开放的条件下办学是全新的事业，既要纵向继承，又要横向借鉴，自己又要有主心骨，以法办学，以德立校，咬定青山不放松，执着探索，寻求全方位育人的规律。面对这样的事业，校长须不懈追求，创造理想的教育境界，力争成为教育家。这种追求，实际上是一种人生的追求，把智慧和赤诚献给事业。

教育思想总绾学校工作的全局，如何具备正确的教育思想，深化自己的认识，是我反复思考、常学常新的课题。稍有疏忽，或急功近利，教育的价值观、功能观、质量观、学生观等就会偏离，故而要不断琢磨，提升认识，下大决心、花大功夫落实到工作的方方面面。

管理才能绝不能被误解为一个人说了算，包揽一切。要发扬民主，尊重别人。我总觉得一个人的脑袋比不上大家的脑袋，听取来自各方面的意见，博采众长，提高决策的正确性，是我作为校长必须锻炼的本领。管理要形成核心凝聚力，须发扬民主，带好一班人，充分调动每个成员的主动性和积极性。没有规矩，不成方圆。管理要上规格，就要定岗位，定任务，定职责，事事有人管，处处有人抓。任何职务都不能挂虚名，挂空名，有职有权，就会放开手脚干活，心情舒畅。我任职期间，大事集体讨论，各部门的事各司其职。这样做的好处是：我不会陷在事务堆里，能腾出时间多思考，下教研组，下教室，抓队伍，抓关键，抓典型，抓创造。更为重要的是，每个班子成员的主人翁意识大大加强，遇事通盘考虑，发挥创造性，提升了工作质量；部门之间分工协作，运转自动化，实现良性循环。

有人说，真正的学校应当是一个积极思考的王国。确实如此，校长要成为教育家，须有丰富的智力生活，须是文化人、文明人，身上有书卷气，思维十分活跃。所谓“活跃”，不是花样翻新、表面文章、形式主义，而是审时度势，因时辨势，遵循教育规律，独立思考，努力创新。校长既要有历史的眼光，又要有捕捉时代信息的能力，思想敏锐，脚踏实地。

一名校长，就是一所学校，反映学校的面貌，学校的内涵，学校的精神，学校的办学质量。因此，校长的思想、品德、气质、言行应为教师的楷模，学生的榜样。校长应是学校的脊梁，顶住学校一片天，以人格塑造人格，以精神激励精神，春风化雨，泽被师生。这是我在学当校长过程中的一点体会。

读书之乐乐无穷

我读书没有得到高人的系统指导，主要靠自己摸索。早年求学，不懂得读书的重要，无计划，无目的，随便翻阅，未能及时认真读应读的好书，以后吃亏不小。过后补，往往事倍功半，效果不佳。每想到此，总悔恨不已。《礼记·学记》上说："时过然后学，则勤苦而难成。"自身有此深刻教训，后来在语文教学工作中，我总力求在学生每一学习阶段，激励他们切切实实学好每一阶段应该学好的东西，认真多读点书。

进入大学后，一时面对知识汪洋大海，如行在山阴道上，风光无限，应接不暇，又觉得读书无从下手。走上工作岗位，深感学到的那点知识实在可怜，完全不够用，处处捉襟见肘，真所谓"学然后知不足，教然后知困。知不足，然后能自反也；知困，然后能自强也"。就在这种自反自强的心情下，我千方百计挤时间读书，力求做到"一丝而累，以至于寸；累寸不已，遂成丈匹"，用锲而不舍的精神走这条丰富自己智力生活的光荣的荆棘路。

怎样读书，读什么书，从来是值得深入探讨的问题，也从来是仁者见仁，智者见智。

"五四"以来，社会上似乎有那么一股风，说到读书都把旧时一套完整的学习方法说成是迂腐。当时，时髦的学者多强调自己懂得读书、做学问是从看《三国演义》《水浒传》《西游记》《红楼梦》而来的。这种说法很普遍，似乎很新鲜，不少人信以为真。自己去试试，完全不是这么回事。后来进一步查考一下，其中不少学者"旧学"的根底着实很深。他们不肯亮出自己的一套读书方法，只是怕人家说其是时代的落伍者。

进入大学后，发现有的教授几乎是无书不读，一提到某本书、某部书，都会信口悠悠，乃至滔滔不绝，实在令人佩服。听有的高年级学生介绍，某某老师曾熟读《四库提要》，懂得目录学，这就引起了我对这方面的关心。

中学、大学课外也曾读过不少所谓“闲书”，主要是中外小说。读的原因主要凭兴趣，主要凭能不能借到这些读物，谈不上打文化底子，更谈不上做学问。当时在我脑中外国作家形象最高大的是列夫·托尔斯泰，中国作家形象最高大的是鲁迅先生。我最爱读鲁迅的小说，觉得很朴实，乡土气息很浓，人性挖掘得很深，很感动人。母校镇江中学一位老校友告诉我，抗日战争前夕，有一位在镇江中学教高中二年级的国文老师，进清华大学中文系求学之前，曾请求鲁迅为他开列一张必读书单，鲁迅竟然应允了。这件事引起了我的兴趣。我想，鲁迅这样的大文人竟然为一名学生开书单，其中必有缘故。出于好奇，非把它弄明白不可。

我的母校江苏省立镇江中学的前身是江苏省立南京中学。那位老校友告诉我，一二·九运动发生，南京中学学生积极响应，连日纷纷上街游行，到国民政府、行政院门前静坐，到中山陵哭陵。南京宪兵司令部很头痛，下令学校提前放寒假，并勒令江苏省政府把学校迁离南京。学校在镇江境内的“黄山”兴建校舍，落成后恢复上课，学校改名为江苏省立镇江中学。

老校友说的那位国文老师是在抗战全面爆发前一年于清华大学中国文学系研究生班毕业的，名字叫许世瑛。身材矮胖，高度近视。他学问好，待人和气，学生很爱戴他。

许世瑛是著名学者许寿裳的长子，许寿裳是鲁迅的挚友。据说，民国三年（1914 年），许世瑛五岁，许寿裳买了一本《文字蒙求》，请鲁迅做许世瑛的开蒙先生。鲁迅只给许世瑛认识两个方块字，一个是“天”字，一个是“人”字，并在书的封面写下“许世瑛”名字。开蒙识“天”“人”二字，意义非凡，这两个字把天道、人事包容无遗，显示了中国人的精神和智慧。后来，许世瑛考入清华大学中国文学系，许寿裳请教鲁迅中国文学初读者应该读些什么书，鲁迅开了一张书单，一共十二种书。这十二种是：

《唐诗纪事》	（宋）计有功
《唐才子传》	（元）辛文房
《全上古三代秦汉三国六朝文》	（清）严可均
《全汉三国晋南北朝诗》	丁福保
《历代名人年谱》	（清）吴荣光
《少室山房笔丛》	（明）胡应麟
《四库全书简明目录》	（清）永瑢等
《世说新语》	（南朝宋）刘义庆
《唐摭言》	（五代）王定保
《抱朴子外篇》	（晋）葛洪
《论衡》	（东汉）王充
《今世说》	（清）王晫

这是一张很有见地很精到的书目单，教你读书要知门径，全局在胸，轻重得体，领会人物的精神风貌。这张书目单让我领会到读书与做人一样：要识大体，知先后，知人论世，知世论人。

这十二种书，我并未一一读，常读一读的是《世说新语》，常翻一翻的是《四库全书简明目录》。前者教我评价人物要风神俱全；后者教我读书要心中有个框架，不能茫然无绪。

近年来，我一直参与语文教材的审查工作，从小学教材、初中教材到高中教材，编一本文质兼优、适切性强的教材十分不易，编选者的甘苦颇能体会一二。由此，我常联想到《千家诗》《唐诗三百首》《古文观止》等通俗读本。通俗读本，往往有些“专家”“学者”看不上眼，殊不知它们在普及文化、培养大众心灵方面起着极大的作用。我在前面曾写到《千家诗》在我幼年时带给我无与伦比的生命喜悦。最近有人说到文化无比伟大的力量时，不无夸张地讲：“9·11”恐怖事件惊天动地，甚至在某种程度上改变人类历史方向，但谁能在中国人心中摧毁“床前明月光”的诗情？这种诗情流淌在血液之中。如果这话有点道理，不能不归功于《唐诗三百首》等类的通俗选本。

我学古诗文也是从读《唐诗三百首》《古文观止》等通俗选文开始的，它们把我带进了美好的诗文家园。后来进一步读了些各个朝代的诗文选本，并读了几种中国文学史，把它们贯串起来，这样多少有点系统的文学知识。然而，总觉得自己的那点知识可怜得很，寒碜得很，总是浮在水面上，十分肤浅。我深深体会到必须专心致志地研读几部大作家的著作，随着他们的人生足迹走一遍，才能真正领会他们的心路历程，领会他们生命的光辉，使自己真正增加见识，增添智慧，提升思想认识，不断完善人格。为此，我前后通读了辛弃疾、杜甫和陶渊明的著作，深深进入他们的精神世界。

走近辛弃疾

我国大诗人中第一个走进我幼小心灵的是辛弃疾，这是缘分。辛弃疾在国家民族危亡之际，在我故乡镇江写下了许多慷慨激昂的爱国主义诗篇。我少年时正值日本帝国主义加紧侵略我大好河山，人民颠沛流离，苦不堪言，国家处于危急存亡之秋，因此读了辛词无比感动。每当我登上北固山北固楼，他的“何处望神州？满眼风光北固楼。千古兴亡多少事？悠悠。不尽长江滚滚流”的词句就在我胸中激荡，爱国之情不仅油然而生，而且充盈胸际。从此，辛词伴我一生，我不断从中获得奋勇向前的力量。

辛弃疾的一生，丹心一片献祖国。早年参加农民抗金军，生擒叛徒张安国，向朝廷献《美芹十论》《九议》等，坚决主张抗金，但壮志未酬，遗恨终生。他是勤政爱民、奋发有为的地方长官，所到之处均关心民间疾苦，赈济灾荒，兴利除害，为老百姓做了不少好事。他一生留下的词感动了一代又一代人的心灵，教育着一代又一代人的成长，是我们中华文化中极其宝贵的精神财富。正如黄梨庄所说：“辛稼轩当弱宋末造，负管、乐之才，不能尽展其用，一腔忠愤，无处发泄。……故其悲歌慷慨、抑郁无聊之气，一寄之于词。今乃欲与搔头傅粉者比，是岂知稼轩者！”有管仲、乐毅之才，不能报效祖国，其忠愤可想而知。

辛弃疾的词展示了南宋屈辱时代的历史图卷，他的生命在其中活泼跳动。辛词是当时时代的最强音，关心祖国的命运，反映人民抗金的愿望，揭露批判投降苟安的行径。

他关心国家兴亡：

> "我来吊古，上危楼、赢得闲愁千斛。虎踞龙蟠何处是？只有兴亡满目。"（《念奴娇·登建康赏心亭，呈史留守致道》）

他关心河山破碎：

> "追亡事，今不见，但山川满目泪沾衣。落日胡尘未断，西风塞马空肥。"（《木兰花慢·席上送张仲固帅兴元》）

他关心国土沦丧，"南共北，正分裂"（《贺新郎·用前韵送杜叔高》），不知祖国统一在何年！

他还借历史上英雄人物抒发与激励自己抗金救亡的抱负。如在《八声甘州·故将军饮罢夜归来》中，对飞将军李广一生遭遇不胜感慨，希望也能"短衣匹马随李广"（杜甫诗句），看射猛虎，表达自己坚决抗金的意志。

辛弃疾常常怀着满腔悲愤，揭露、控诉、批判南宋小朝廷当权派苟安投降的罪恶行径。他采取曲折讽喻的手法，如他的词中常提到的晋朝的王衍，把不抵抗主义者比为可耻的王衍。王衍是晋国大臣，著名的清谈误国的人。《晋书·桓温传》中说到王衍，指出"遂使神州陆沉，百年丘墟，王夷甫（即王衍）诸人不得不任其责"。

值得一提的是，辛弃疾写的唱和、祝寿、赠别词，不像人们通常写的那样吹吹捧捧，庸俗无聊，而是鼓励抗金雪耻，词中常有"挽银河""洗胡沙""补天西北""整顿乾坤"等字眼，满腔热血感人肺腑。

他真恨不得把朝廷中的黑暗势力一扫而光。在《太常引・建康中秋夜为吕叔潜赋》中，他写道：

一轮秋影转金波，
飞镜又重磨。
把酒问姮娥：
被白发、欺人奈何！

乘风好去，
长空万里，
直下看山河。
斫去桂婆娑，
人道是，清光更多。

最后两句活用了杜甫《一百五日夜对月》诗中的“斫却月中桂，清光应更多。”他多么希望澄清朝廷中的黑暗势力，使政治清明起来。

前人说词，常分为“婉约”与“豪放”两派，并把辛弃疾和苏轼说成是“豪放派”。如果根据约定俗成的所谓豪放与婉约的含义，并根据词应有的特色来评论辛词风格的话，可以这样理解：一、稼轩词的基本风格是豪放；二、有一些词一直被人们认为是十分出色的婉约词；三、更进一步结合词应有的特色而言，稼轩词的艺术风格是写雄浑悲壮的内容而有曲折含蕴的美。正如南宋诗人刘克庄（号后村）在《后村诗话》中所说：“公（辛弃疾）所作，大声镗鞳，小声铿鍧，横绝六合，扫空万古，自有苍生以来所无。其秾纤绵密者，亦不在小晏、秦郎之下。余幼皆成诵。”尽管推崇备至，但也确实如此。

他写战争场面，惊心动魄；写英雄人物，气吞山河，不同凡响。同样，他写祖国壮丽山河，也是别开生面，气象万千。

写波浪，如“江头风怒，朝来波浪翻屋”（《念奴娇・登建康赏心亭，呈史留守致道》）。

写江潮，如“截江组练驱山去，鏖战未收貔虎”（《摸鱼儿·观潮上叶丞相》）。

写泉水，如“清泉奔快，不管青山碍”（《清平乐·题上卢桥》）。

写山势，如“叠嶂西驰，万马回旋，众山欲东”（《沁园春·灵山斋庵赋时筑偃湖未成》）。

辛弃疾写自然界，真是天风浪浪，海山苍苍，极风云变幻之能事；他的抚时感世之作，则慷慨激昂，磊落英发，笔势纵横挥洒，不可一世。这一切都显示了历来所说的豪放风格。

稼轩词中还有些“情致缠绵，词意婉约”的佳作，这也是历代评论家津津乐道的。

宋朝人最重元宵节，元宵节又称元夕。辛弃疾有一首词《青玉案·元夕》，描写元宵节夜晚的盛况，真是绘声绘色，惟妙惟肖。满天烟火，又好似春风吹落繁星，像雨珠一般纷纷飘洒到地面。街上车水马龙，凤箫悠悠扬扬，鱼龙百戏舞动，在灯月交辉下，通宵达旦欢乐。游女高髻云鬟，打扮得花枝招展，盈盈走去，留下阵阵幽香。可恨约会的她不知找了多少遍，好难找啊，哪知——

众里寻他千百度。
蓦然回首，那人却在，
灯火阑珊处。

这是何等的风光旖旎！那种意境，那种格调，那种情思，那种韵味，打入眼帘，印入脑海，镌刻心间，完全是一种非比寻常的艺术享受。

稼轩词中最为后世评论家激赏的作品之一是《祝英台近·晚春》：

宝钗分，桃叶渡，
烟柳暗南浦。
怕上层楼，十日九风雨。
断肠片片飞红，都无人管，
更谁劝啼莺声住？

鬓边觑。试把花卜归期，
才簪又重数。
罗帐灯昏，哽咽梦中语。
是他春带愁来，春归何处，
却不解带将愁去。

这首词一波三折，缠绵悱恻，细腻入微，把少女的一片痴情刻画得淋漓尽致。人们把它看成是稼轩词中婉约风格的代表作。

辛弃疾词里的广博用典也是颇有特色的。且举一首很有名的。他有一个族弟茂嘉因事贬官桂林，他写了一首《贺新郎·别茂嘉十二弟》送别。

绿树听鹈鴂，
更那堪、鹧鸪声住，
杜鹃声切。
啼到春归无寻处，
苦恨芳菲都歇。
算未抵、人间离别。
马上琵琶关塞黑，
更长门、翠辇辞金阙。
看燕燕，送归妾。

将军百战身名裂，
向河梁、回头万里，故人长绝。
易水萧萧西风冷，
满座衣冠似雪。
正壮士、悲歌未彻。
啼鸟还知如许恨，
料不啼清泪长啼血。
谁共我，醉明月？

这首词中用了众多的典故，涉及汉昭君出塞、汉武陈皇后幽居长门、春秋卫庄公妻庄姜送别戴妫、汉李陵与苏武河梁分别、战国荆轲易水离别赴秦等。然而，词的妙处还在于，如果我们不知道这些典故，基本上也能欣赏。试看：琵琶关塞、长门翠辇、燕燕归妾、河梁万里、故人长绝、萧萧西风、衣冠似雪等，把离别的气氛渲染得无限惆怅，无限悲凉。这种用典也是词中一绝。

辛弃疾还写下许多清新、活泼、富于农村生活风情的小词。他写农村姑娘偷空去外婆家看望，寒食节妇女回娘家，农村娶媳妇、嫁女儿，等等。生活中的琐细事均能入词，浪花飞舞，闪动跳跃，情趣绵绵。我最喜欢的是《清平乐·村居》：

茅檐低小，溪上青青草。
醉里吴音相媚好，
白发谁家翁媪？

大儿锄豆溪东，
中儿正织鸡笼。
最喜小儿亡赖，
溪头卧剥莲蓬。

这是一幅温馨而富有风趣的农村风情画。短短一首小词，把农村一家老小勤俭淳朴的生活刻画得栩栩如生。小儿娇憨的情态用“亡（无）赖”形容，把儿童顽皮可爱的形象活脱脱地呈现在读者眼前。

辛弃疾有两件事给我印象极深。一是他二十二岁时追擒起义军中叛变投金的义端和尚。后又与五十名起义军驰骑直奔济州，于五万人众中生擒叛徒张安国。这是何等雄姿英发的少年英雄！他这种少年英迈之气到老不衰。二是他老年在一首《贺新郎·甚矣吾衰矣》中说自己是“白发空垂三千丈，一笑人间万事”，“我见青山多妩媚，料青山，见我应如是”，“不恨古人吾不见，恨古人、不见吾狂耳”。

妩媚，豪雄，其为人如天马行万里长空，壮哉！

走近杜甫

儿时阅读古典文学作品，脑中浮起的生活环境不可能是古代的原型，而只是自己当下的生活环境。这样一来，难免造成一些对于作品的误解。

更有一个有趣的现象。如读古典小说，往往把故事中角色的年龄“一锅煮”，不去分大小。如读《三国演义》中赤壁之战，把主要人物曹操、刘备、孙权、鲁肃、周瑜、诸葛亮等“一锅煮”，认为反正都是大人，年龄大概差不多。再说，京戏《卧龙吊孝》中，诸葛亮一口一个“公瑾弟”，看来周瑜肯定比诸葛亮小，如此等等。

《资治通鉴·赤壁之战》选入课本，我教的时候就不能不经意，不能把人物年龄大小糊在一起教，须认真查考一番。赤壁之战发生于公元208年，以上人物的年龄是：

最大的是曹操，54岁；周瑜比他小20岁，是34岁。

其次是刘备，48岁；诸葛亮比他小20岁，是28岁。

最小是孙权，27岁；鲁肃比他大10岁，是37岁。

原来孙权的年龄只有曹操的一半。怪不得五年后孙权在安徽以七万人抵挡住曹操号称的四十万大军，曹操感慨地说，“生子当如孙仲谋”。以年龄论，曹操是可以做孙权的父辈的。“生子当如孙仲谋”这个典故，辛弃疾就在他的词里用过。

说这一段话是为了谈杜甫与李白。前人谈杜甫与李白的交谊，认为杜甫怀念李白的诗，既多，且情意殷殷；李白忆杜甫的诗，既少，又情意泛泛。据此，有人认为两人相互间的情谊有分别，更有甚者是以此而判二人之高下。再加上《旧唐书·杜甫传》有一段记载，说法就更多了。记载是：“天宝末诗人，甫与李白齐名，而白自负文格放达，讥甫龌龊，而有饭颗山之嘲诮。”这“嘲诮”的是一首什么诗呢？唐《本事诗》中云：

饭颗山头逢杜甫，
头戴笠子日卓午。
借问别来太瘦生，
总为从前作诗苦。

这首诗，《太白集》不载，后人多说是伪诗。但该故事流传甚广，产生了不小的负面影响。

说杜甫、李白的关系，首先得看一看两人的生卒年份。李白生于公元 701 年，卒于 762 年；杜甫生于 712 年，卒于 770 年，李白比杜甫大十一岁。两人共同经历“安史之乱”。“安史之乱”于 755 年发生，763 年结束。李白在“安史之乱”结束前一年离开人世，而杜甫在“安史之乱”后还活了七年。李白与杜甫几乎有一辈之差。他们二人结交时同游河南古吹台，李白已负盛名，杜甫还只是刚刚崭露头角的年轻诗人。李杜二人虽都罹“安史之乱”，但李白年长，有名之作以乱前为主，多盛唐气象。杜甫年次，名作多在“安史之乱”中与“安史之乱”后。杜甫的诗歌广阔而全面地反映了唐王朝由盛而衰的整个过程，故而博得了“诗史”的美名。在当时的历史背景下，如考虑两人年龄相差之大的因素，就不必去议论他们交往中的情深情浅了。

前人关于“诗史”方面的研究，花费的力气颇大，成就也多。我没有对杜甫作专门研究，只是欣赏、爱好，以求得精神上的营养，提高自己的思想情操。我读的书主要是清杨伦笺注的《杜诗镜铨》和明王嗣奭撰的《杜臆》。两本书都是上海古籍出版社版本。《杜臆》每篇有诗题而无原诗，但在诗题下注明《杜诗镜铨》卷几第几页，查起来很方便。两书参照而读，《杜诗镜铨》有原诗与注解，如觉得不够，可读《杜臆》，该书对杜诗有较详尽的解释，互相启发，往往引人入胜。

人们不仅盛赞杜诗是“诗史”，还称“杜陵诗卷是图经”（宋人林亦之语）。杜甫有两句诗“读书破万卷，下笔如有神”，几乎人人都知道。他书读得多，读得透，至于行路，一生何止万里。有的杜诗研究者仔细考查他的一生行踪，绘制了“杜甫行踪示意图”，大大方便了读者。

杜甫晚年流寓夔州时，写了一首题为《壮游》的自传体诗，诗中说到他二十岁以后十年间在吴越、齐赵的漫游。吴越之游，经扬州，渡长江，到江南，往南到姑苏、会稽，直到天姥山下。齐赵之游，他说“放荡齐赵间，裘马颇清狂”，如此“快意八九年，西归到咸阳”。

杜甫在长安困顿十年，“到处潜悲辛”。755 年，“安史之乱”起，他过着艰苦的颠沛流离生活。后来唐肃宗还京，杜甫一家也回到长安。他得到一个小官职，不久弃官携家西行，客秦州，寓同谷，最后入川，于 759 年岁末到成都，定居浣花溪。765 年，又携家东下，经嘉州、戎州、渝州、忠州，到夔州。在夔州留滞两年，写了许多好诗。又携家出三峡，在鄂、湘一带漂泊。770 年，自潭州赴岳州途中死于舟中。杜甫所到之处，都有描写祖国壮丽山河、风土人情的诗。

杜甫从长安到成都的旅途中写了几组诗。在秦州写下了《秦州杂诗二十首》。离开秦州，写了《发秦州》《万丈潭》一组纪行诗，共十二首；离开同谷，又写了《发同谷县》《成都府》一组纪行诗，也是十二首。这些诗写尽了山川险阻，道路崎岖，行旅艰辛。如《石龛》诗中写道：“熊罴咆我东，虎豹号我西。我后鬼长啸，我前狨又啼。天寒昏无日，山远道路迷。”旅途中艰险的程度令人惊心动魄。

前人说欣赏山水行旅图卷足以卧游，那么读杜甫的纪行诗足以壮游。

杜甫在夔州时写下的著名组诗，如《咏怀古迹五首》《诸将五首》《秋兴八首》等，都是极高明极成熟的好诗。“忆在潼关诗兴多”（《峡中览物》），在潼关，他写下了《新安吏》《潼关吏》《石壕吏》《新婚别》《垂老别》《无家别》等悲天悯人的著名诗篇，形成杜诗的一个高峰。在夔州，形成了杜诗的又一高峰。

杜甫有的组诗，分，则各首；合，则可作为一首看。如《秋兴八首》《陪郑广文游何将军山林十首》。《秋兴八首》的艺术境界极高。《杜臆》说得好："《秋兴八首》以第一首起兴，而后七首俱发中怀；或承上，或启下，或互相发，或遥相应，总是一篇文字，拆去一章不得，单选一章不得。"这是我最爱诵读的一组诗。秋景可悲，而诗人之情事，有许多可悲者，感秋景以生情，其中人生况味能给人以不尽的遐思。还有杜甫早年所写的《陪郑广文游何将军山林十首》。诗开头第一首说"平生为幽兴，未惜马蹄遥"；中间八首写山林景物，人情交融；最后一首写"幽意忽不惬，归期无奈何"，因不惬意而告归，然而"出门"还要"回首白云多"，依依惜别，情注其中。《杜臆》说："此十诗明是一篇游记，有首有尾。中间或赋景，或写情，经纬错综，曲折变幻，用正出奇，不可方物。"真是妙处难以言说。

《新唐书·杜甫传》说："赞曰：……甫又善陈时事，律切精深，至千言不少衰，世号'诗史'。"到了明清，有人推崇他的诗造诣极高，无与伦比，是"诗圣"。如清叶燮在《原诗》中说："诗圣推杜甫。"杜诗题材十分广泛，无所不有。作为历史图卷的诗《兵车行》《前出塞》《后出塞》，以及"三吏""三别"，前人论述甚多，这儿只说一点粗浅看法。

杜甫在同谷有一首组诗，题为《乾元中寓居同谷县作歌七首》。第三首："有弟有弟在远方，三人各瘦何人强？生别展转不相见，胡尘暗天道路长。东飞驾鹅后鹙鸧，安得送我置汝旁？呜呼！三歌兮歌三发，汝归何处收兄骨？"第四首："有妹有妹在钟离，良人早殁诸孤痴。长淮浪高蛟龙怒，十年不见来何时？扁舟欲往箭满眼，杳杳南国多旌旗。呜呼！四歌兮歌四奏，林猿为我啼清昼。"

一首首悲歌令人唏嘘，七首歌直哭得人声气俱尽，天地变色。

这种体裁，后人仿效的很多。如清郑板桥的《七歌》，思念生母、思念后母、思念叔父、思念儿女、思念老师，情真意切，读来令人泪下。

杜甫极重友情。他写了多首真挚感人的思念李白的诗。他思念他的诗友高适，与岑参交游唱和。他与比他年轻的严武唱和。严武去世，他不胜哀悼，几次写哀悼诗，并在有名的《八哀》诗中又写了严武。杜甫在《八哀》诗中还写了与他有深交的诗、书、画三绝的郑虔。郑虔遭贬天台，他不断思念。有一次在长安，他与郑虔一起饮酒，写了一首《醉时歌》，非常风趣。两人对饮，酒酣耳热，“但觉高歌有鬼神，焉知饿死填沟壑”，沉醉聊以自遣，放歌而破愁，乃是一首不平而鸣的诗。

杜甫同情苦难人民的诗比比皆是，“亲亲而仁民，仁民而爱物”。他写了大量的咏物诗，写鹰、马、猿、雁、燕、鸥、鹭、莺、鸳鸯、黄鹂、鸂鶒、鹅、花鸭以及花木草虫，不一而足，都写得生意盎然。如：

> 细雨鱼儿出，微风燕子斜。
>
> ——《水槛遣心·其一》
>
> 水深鱼极乐，林茂鸟知归。
>
> ——《秋野五首·其二》
>
> 杨柳枝枝弱，枇杷对对香。
>
> ——《田舍》
>
> 穿花蛱蝶深深见，点水蜻蜓款款飞。
>
> ——《曲江二首》
>
> 自去自来梁上燕，相亲相近水中鸥。
>
> ——《江村》
>
> 留连戏蝶时时舞，自在娇莺恰恰啼。
>
> ——《江畔独步寻花·其六》
>
> 两个黄鹂鸣翠柳，一行白鹭上青天。
>
> ——《绝句四首》
>
> 沙头宿鹭联拳静，船尾跳鱼拨剌鸣。
>
> ——《漫成一首》
>
> 即看燕子入山扉，岂有黄鹂历翠微。
>
> 短短桃花临水岸，轻轻柳絮点人衣。
>
> ——《十二月一日三首》

以上这些诗句不过是举例而已，但从中已可清晰地体悟到哪里仅是景物的描写，显然是自然界生命在活泼泼地跳动！

《杜诗镜铨》第十七卷在《鹦鹉》《孤雁》《鸥》《猿》《麂》《鸡》《黄鱼》《白小》一群诗以后，研究者黄白山说："前后咏物诸诗，合作一处读，始见杜公本领之大，体物之精，命意之远。说物理物情，即从人事世法勘入，故觉篇篇寓意，含蓄无限。"说得实在有道理。

杜甫《江上值水如海势聊短述》诗的开头四句："为人性僻耽佳句，语不惊人死不休。老去诗篇浑漫与，春来花鸟莫深愁。"他表述自己写诗力求高明，已达到即使随意付与，也可以写得惟妙惟肖，入木三分。这种笔力功夫连花鸟也愁怕。其实，花鸟又何必愁怕呢？花鸟啊，杜甫用生花之笔把你们的美好形象永远留在了天地之间。

杜甫的诗博大精深，元气淋漓，随物赋形，直探生命的存在！

走近陶渊明

辛弃疾一生也写过不少诗文，但似乎一直不被重视，一般的宋文、宋诗选本中，一首诗、一篇文章都未选。杜甫文章不多，一般选本也不选，偶尔选一篇《唐兴县客馆记》。我则喜欢他的题为《秋述》的短文。"秋，杜子卧病长安旅次，多雨生鱼，青苔及榻。常时车马之客，旧雨来，今雨不来……""旧雨""今雨"已成为人们喜用的典故了。杜甫还一再在诗中提到他在长安献上三篇《大礼赋》的事。在《莫相疑行》中，他写道"集贤学士如堵墙，观我落笔中书堂"，可算是盛况。可是他的这些赋，一般选本中也不选。

在这方面，陶渊明可比他们显赫得多。他的文章《五柳先生传》《桃花源记》《归去来兮辞》，文章选本几乎可说是无一不选，而且人人爱读，简直是家喻户晓。即使连他那篇被昭明太子说成是"白璧微瑕"（钱锺书说"劝多于讽，品评甚允；瑕抑为瑜，不妨异见"）的《闲情赋》，也常被赋的选本选到。须知，陶渊明写此赋时乃少壮闲居，才十九岁（袁行霈《陶渊明集笺注》），可见他才华横溢。又如他的四言诗，在我看来，《诗经》以外，除曹操，以他为最佳。我很喜欢他思念亲友的《停云》，诗实在好，“停云”也就成为后世诗文中“朋友”的代名词。

昭明太子在《陶渊明传》中记载：“岁终，会郡遣督邮至县，吏请曰：‘应束带见之。’渊明叹曰：‘我岂能为五斗米折腰向乡里小儿！’”不为五斗米折腰是何等高尚的气节，对后世影响很大。于是，后人纷纷考证“五斗米”，有人说是“官吏俸禄数”，有人说是“一人食量”，当然还有别的。更有人考证桃花源的有无。陈寅恪说西晋末天下大乱，有“纠合宗族乡党，屯聚堡坞，据险自守，以避戎狄寇盗之难”，桃花源就是传说中堡坞的写照。也有人说桃花源是古代“日出而作，日入而息，……帝力于我何有哉”的理想、堡坞屯聚的实际和陶渊明自身田园生活三者结合的乌托邦。

后世文人唱和陶渊明诗的极多，苏东坡竟全和陶诗。后世画家画陶渊明生活的也很多，《渊明采菊图》、《渊明抚松图》、《归去来辞图》长卷等，不一而足。由上可知，古代诗人中影响之大，陶渊明应是首屈一指。

陶渊明在当时社会状况下不被重视。他的诗在钟嵘的《诗品》中被列为中品，只说他是“古今隐逸诗人之宗”。沈约的《宋书》把他列入“隐逸传”。渐渐地，他在人们心目中成为隐士的代表，似乎高超得不食人间烟火，这是大大的误解。无独有偶，西方有一种“牧歌”体诗，是写农村田园生活情景的抒情短诗。诗中蓝天白云，碧水青山，绿草如茵，草地上一群群羊儿在吃草，牧羊女婀娜多姿，牧歌悠扬动人，真是人间天堂。于是，有人出来调侃了，说草原上来了一只狼，一声枪响划破长空，美妙生活破灭，真是大煞风景。

我以为这只“狼”就是饥饿。无论什么人活着，首先要有饭吃，有衣穿，否则“雪满山中高士卧”。这高士不管多么高超，没有饭吃，没有衣穿，总是要饿死冻死的。“狼”来了，陶渊明老老实实写下了一首题为《乞食》的诗：

饥来驱我去，不知竟何之！
行行至斯里，叩门拙言辞。
主人解余意，遗赠岂虚来？
谈谐终日夕，觞至辄倾杯。
情欣新知劝，言咏遂赋诗。
感子漂母惠，愧我非韩才。
衔戢知何谢，冥报以相贻。

诗写得情真意切，邻里和谐。陶渊明遭遇灾荒，备受饥馁之苦。这种乞食诗，那些自命清高的人是绝不会写的，陶渊明写了，可见他为人之真。这不禁使我联想到杜甫的几句诗，“厚禄故人书断绝，恒饥稚子色凄凉”（《狂夫》）；“百年已过半，秋至转饥寒。如问彭州牧，何时救急难”（《因崔五侍御寄高彭州》）。杜甫生活艰苦，有时也要“厚禄故人”来周济。两位大诗人都是性情直率的人！

较早真正欣赏陶渊明诗的是梁昭明太子萧统。他在《陶渊明集序》中写道：“有疑陶渊明之诗，篇篇有酒。吾观其意不在酒，亦寄酒为迹焉。其文章不群，词采精拔，跌荡昭彰，独超众类，抑扬爽朗，莫之与京。横素波而傍流，干青云而直上。语时事则指而可想，论怀抱则旷而且真。加以贞志不休，安道苦节，不以躬耕为耻，不以无财为病，自非大贤笃志，与道污隆，孰能如此者乎？”

那时，能有这样的全面评价，有这样的精辟见解，真是慧眼独具，着实不容易。“贞志不休，安道苦节，不以躬耕为耻”，要切实做到十分困难。所谓隐逸高士，多不躬耕，且以躬耕为耻。陶渊明躬耕，且不以为耻，这是何等心胸！陶渊明诗中写躬耕的为数不少：

人生归有道，衣食固其端。
孰是都不营，而以求自安。
开春理常业，岁功聊可观。
晨出肆微勤，日入负禾还。
——《庚戌岁九月中于西田获早稻》

衣食当须纪，力耕不吾欺。

——《移居二首》

贫居依稼穑，勠力东林隈。

——《丙辰岁八月中于下潠田舍获》

由于躬耕，他与劳动人民“时复墟曲中，披草共来往。相见无杂言，但道桑麻长。……常恐霜霰至，零落同草莽”（《归园田居五首》）。显然，在亲身耕种中，他与农民同甘苦，共命运。

在躬耕中，他的喜乐与自然交融。“有风自南，翼彼新苗。”（《时运》）“平畴交远风，良苗亦怀新。”（《癸卯岁始春怀古田舍二首》）这使我想起当年带领高中学生下乡劳动时的情景。天久旱不雨，人急，稻子更急。忽然来了一阵大雨，真是喜降甘霖，田边的老农笑得咧开了嘴，嚷着：“看，田里的稻谷笑了！”对庄稼对自然没有自己深切的体会与感情，是讲不出这种话的。当然，陶渊明如果没有切身的体验和深厚的感情，也就写不出那些清新动人的诗句。

关于陶渊明思想属儒家还是道家，说法不一。其实，他的生活准则是儒家的，对待生死又是道家的，结合在“贞志不休，安道苦节”的生活实践之中。

前人论诗，常有“压卷”之说，如杜甫的《洗兵马》，王安石选杜工部诗以此诗为压卷。如果说陶诗压卷，我认为《读山海经》最好：

孟夏草木长，绕屋树扶疏。
众鸟欣有托，吾亦爱吾庐。
既耕亦已种，时还读我书。
穷巷隔深辙，颇回故人车。
欢然酌春酒，摘我园中蔬。
微雨从东来，好风与之俱。
泛览周王传，流观山海图。
俯仰终宇宙，不乐复何如？

西哲海德格尔说："诗人的天职就是还乡，还乡使故土成为亲近本源之地。"

陶渊明是怎样亲近本源之地的呢？他归来"结庐在人境"，劳作在田野，在大地上安身立命。他十分热爱他的这个小居所。爱到什么程度呢？他在《与子俨等疏》中说："五六月中，北窗下卧，遇凉风暂至，自谓是羲皇上人。"这是何等的安适！他又是怎样扩大他的小居所到自然大居所的呢？"见树木交荫，时鸟变声，亦复欢然有喜"，鸟有依托，吾亦爱吾庐，人和自然和谐交融，欢快之情溢于纸上。他喜欢读书，"偶爱闲静，开卷有得，便欣然忘食"。人类社会有了书，百年之身就可以上通千古，跨越时间。读《山海经》，跨越空间，在广宇长宙中俯仰自如，亲近生命本源之地，岂能不无比欢乐！好一个诗意地安居！

陶渊明质性自然，深厚真淳，生命充实而又无比光辉！

为了提高自己的思想认识水平，我也读过一点思想哲学方面的书。如思考陶渊明诗的境界时，必然联系到冯友兰的人生境界说。冯友兰把人生境界分为自然境界、功利境界、道德境界、天地境界四种。陶渊明当之无愧是天地境界中人。

不少人为当今世界的人欲横流、道德沦丧而忧心忡忡，并大声呼吁加强道德教育。这使我较长时间考虑人类道德的底线应该在哪里。我不由得想起《论语·里仁》中的一段话：

> 子曰："参乎！吾道一以贯之。"曾子曰："唯。"子出，门人问曰："何谓也？"曾子曰："夫子之道，忠恕而已矣。"

这"一以贯之"的"忠恕"，广义而言，忠道即"己欲立而立人，己欲达而达人"，恕道即"己所不欲，勿施于人"。忠道不是人人都能做到，需要种种条件；恕道则人人可以做到，如果肯做的话。然而，当今能做到的也不多。其实，孔子自己对这个问题也早已点明，他在《论语·卫灵公》中说：

> 子贡问曰："有一言而可以终身行之者乎？"子曰："其恕乎！己所不欲，勿施于人。"

我认为，"己所不欲，勿施于人"也应该是当今建设和谐社会、和谐世界的道德底线。

当今人与自然的关系常摆错了位置，口口声声要征服自然，其结果是造成对人类生存家园的大破坏。若一味如此下去，人类只有毁灭。这个全局性的问题必须引起高度重视。人在天地间应该是什么位置呢？《中庸》中有一段话说得极好：

> 唯天下至诚，为能尽其性；能尽其性，则能尽人之性；能尽人之性，则能尽物之性；能尽物之性，则可以赞天地之化育；可以赞天地之化育，则可以与天地参矣。

人类若一味破坏自然界，必然自作孽不得活，但也不能无所作为。最正确的态度是"赞化"。天地生成万物，人类只可参与、顺应、帮助，使万物生生不息。

外国的哲学思想著作我也读了一些。由于改革开放前与世界隔绝二十几年，西方的哲学思想，尤其是20世纪的，我们竟茫然无知。如存在主义、阐释学等，西方知识分子几乎人人能道，而今天在我国则成为专家之学。我已无精力深入钻研，故知之甚少甚浅。但因为教语文要说文论人，所以多少要学一点西方的阐释学。传统的阐释学尽信书，总以为能一丝不变地领会作者的原意，忽视人的理解的历史性。历史记载只是人生道路上留下的"迹"，一定要超越时空距离，通过生命的表现才能获得对文本及其作者的真正理解。阐释学的目的就是要帮助读者把握文本及其作者的原意。作者创作时有其时代性的先入为主的"成见"，理解者对文本的理解也有其时代性的先入为主的"成见"，他们各有其"视界"。理解就是文本作者的过去视界与领会者主体的现在视界之融合。视界融合揭示了阐释学经验的基本特征。理解不是消极地复制文本，而是一种创造性活动。

懂得这种理论，有助于我们理解课文和课文的作者。但我对于西方学者思考问题的路子不习惯，难免有隔靴搔痒之感。相反，我比较习惯于我们自己一向思考问题的路子。上述的一套阐释学理论使我联想到我国以往经典中所说的“夫六经，先王之陈迹也”和“述而不作”的问题。

早先看鲁迅的《故事新编》之《出关》中老子和孔子的对话，虽说鲁迅已译成白话，但我还是不懂。材料出于《庄子·天运》。老子说：“夫六经，先王之陈迹也，岂其所以迹哉？今子之所言，犹迹也。夫迹，履之所出，而迹岂履哉？”鲁迅在《出关》中把这段话译成：“六经这玩艺儿，只是先王的陈迹呀。哪里是弄出迹来的东西呢？你的话，可是和迹一样的。迹是鞋子踏成的，但迹难道就是鞋子吗？”显然，历史记载的只是人生道路上留下的“迹”，“迹”是鞋子踏出来的，但怎能死心塌地把鞋子视为“迹”？应该通过从生命走出来的“道”去认识历史，才是真正的读懂，认识发展的规律。

现在阐释学讲理解的创造性，使我思考了孔子“述而不作”的真实意义。《论语·述而》：“子曰：‘述而不作，信而好古，窃比于我老彭。’”“述”，循循绍述之意，跟着后面学；“作”，创作之意。难道孔子竟无创作？对此，朱熹说得好：“孔子删《诗》《书》，定礼乐，赞《周易》，修《春秋》，皆传先王之旧，而未尝有所作也，……然当是时，作者略备，夫子盖集群圣之大成而折中之，其事虽述，而功则倍于作矣。”这也就是说，理解不是消极地复制文本，而是一种创造性活动。

当今儒学大师中，钱穆似乎只是循经典侃侃而谈，最给人以“述而不作”的味道，然而他的创辟实在不少。

读书犹如登高山看世界，上层楼阅人生，叩心扉观性灵，读书之乐乐无穷！

写到这里，我想起与张志公先生谈起背诵古书的事。他认为背诵很有用，也赞成背一点。他写过一本《传统语文教育初探》，是研究古时蒙学的，写得很好，对今天的语文教学很有参考价值。古时儿童入学后启蒙阶段以集中识字为中心，用一年上下时间认识大约两千字。集中识字的主要教材为“三、百、千”，即《三字经》《百家姓》《千字文》。教学方法很简单，先生略讲讲，就带着学生摇头晃脑地大声念唱。儿童信口悠悠念，对内容似懂非懂，一知半解，久而久之，竟也能脱口而出，牢记在心。随后进一步扩大知识面，读一点诗文、历史掌故的书，如《千家诗》《咏史诗》之类。儿童读来朗朗上口，也是信口悠悠念，心中似懂非懂，一知半解，久而久之，居然也能脱口而出，牢记在心，知道不少诗句、不少历史掌故。儿童记忆力强，趁此时期背诵一点东西大有好处。初则一知半解，随着读书增多，社会生活经历渐广，这些知识在心里就会化，就会通，运用起来就会左右逢源。如果书不熟，记忆仓库里无货，用时要查来查去，那就难以深入浅出，就会处处觉得捉襟见肘。

古时确有一些硕师大儒，无书不读，学问博大精深，著作等身，对祖国文化事业作出了巨大贡献。一般读书人读书可不多，当时书少，求书不易；一书到手，往往如获至宝，于是日夜读，反复读，用心读，烂熟于胸。这样少而精地读书，对品德修养、知识增长、做人处事大有用处。今天不是书少，而是书太多，泥沙俱下，鱼龙混杂，垃圾不少。要看书，一伸手就可得。如果今天我们读书不加选择，泛滥地读，不仅一无所得，浪费生命，有时甚至受其毒害。因此，今日读书必须善选择，少而精，才能切切实实读入心中，有点用处。

古时读书，“四书”必能背诵。至于“五经”，其中《诗经》《书经》多能背诵，此外还能背诵《礼记》中《学记》《乐记》等一些名篇。当然，一部《史记》也是读得烂熟的。他们熟读了这些书，就具备了基本的中华文化素养。今天，我们要初步具备中华文化修养，粗知义理，从小应背诵哪些书呢？我想应该是构成中华文化的不朽原典。它们应篇幅不大，字数少，无须花大段时间，可以随手翻翻，反复熟读，最后能信口背诵出来。与张志公先生谈及此事后，我思考多年，认为这几本书应该读：《论语》《中庸》《老子》，三本书一共只三万多字。三本书都分成短章，每次读几章，背出来容易，也不花多少时间。背熟了，心中有个底，以后结合读书多、经历深，理解会越来越深入，运用起来也能左右逢源，受益匪浅。写到这里，想起了著名科学家杨振宁早年读《孟子》的事。1934 年暑假，杨振宁的父亲请了清华大学历史系的教师给他讲《孟子》，加上第二年半个暑假，杨振宁就能把《孟子》从头到尾背出来，从中得到很深的中华文化素养。那时，他是名初中学生。后来，杨振宁在多个场合满怀深情地提起这件事。他说："《孟子》里有很多关于儒家的哲学，你可以了解整个中国的思想方式。现在想起来，这对于我这个人整个的思路，有着非常重大的影响。"

冯友兰先生在《中国哲学史新编》中说得很精辟："如果用传统所说的儒、释、道三教来区分，道教讲'长生'，佛教讲'无生'，儒教讲'乐生'。'长生''无生'和'乐生'这六个字可以分别概括儒、释、道三教的特点。"这就说明了三者对中国文化、中国人生活的重要影响。上面开列的三本书，前二者关系到儒，第三本书关系到道。如果要知道一点佛教，或可以背一背《心经》，它被认为是般若经中最简明的提要，全文只 260 字。这是从中华文化深处说。如果要对中华文化源头处有所认识，最好读读司马迁的千古绝唱《史记》，此书开宗明义，从黄帝写起。这样去学习，或可真正有点文化底蕴。

一辈子学做教师

人们说中国先贤最喜欢“照镜子”，勇于自我反省。相传春秋时期，孔子在卫国时曾住在卫国大夫蘧伯玉家，蘧伯玉年五十而知四十九年非，对一生的思想行为作了深刻的反省。也有人日日反省的，《论语》第一章中就讲道：“曾子曰：‘吾日三省吾身：为人谋而不忠乎？与朋友交而不信乎？传不习乎？’”曾子反省了自己的待人接物和学习。宋代大史学家司马光说：“吾无过人者，但平生所为，未尝有不可对人言者耳。”可见，他为人坚守诚信本色，能获得当时天下人敬信。

古人反思的内容以为人诚意与否最多。《大学》中讲到诚意时说：“所谓诚其意者，毋自欺也。”清代的曾国藩也很讲究修养，他说：“所谓诚意者，即其所知而力行之，是不欺也。”不是讲讲算数，而是要真正做到。人们常说“自欺欺人”，如果以认真的理学家所要求的，凡一言一行都得考虑到最初动机的话，人们就会发现往往“自欺”比“欺人”还要多。因此，古人又提出了要“慎独”，做人须人前人后、里里外外一样，“表里俱澄澈”，来不得半点虚假，这确实不容易。

刚出生的幼儿是不自欺欺人的，肚子饿了就哭，吃饱了不哭，要睡就睡，要玩就玩，真是一片天机。因此，人们说人生有“诚”的潜在倾向，“不诚”乃是后天的事。由此可见，诚意的修养又是何等重要。中国人一向重家教，教孩子好好做人。我因从事教育工作，故也喜欢看看家教之类的书。

早年，我很喜欢看《板桥家书》，这是郑板桥这位大画家教子弟的书。薄薄一本，很有意思。家书写得忠厚悱恻，言世故人情，体贴入微，读起来很感动人。郑板桥在外面做官，他的儿子在老家由他的弟弟教养，家书是写给他弟弟的，他在信中强调，教育子弟“第一要明理做个好人”。教育子弟要关怀劳动人民和穷苦亲友，时时周济帮助他们。他在《潍县寄舍弟墨第三书》中引了“二月卖新丝，五月粜新谷；医得眼前疮，剜却心头肉”“耘苗日正午，汗滴禾下土；谁知盘中餐，粒粒皆辛苦”等四首悯农诗，教他弟弟以诗教育他的儿子，说：“又有五言绝句四首，小儿顺口好读，令吾儿且读且唱，月下坐门槛上，唱与二太太、两母亲、叔叔、婶娘听，便好骗果子吃也。”教育子弟，用心良苦，然而在不经意中一个“骗”字让理学家看来似乎多少走了样。《曾国藩家书》是教育子弟的名作，曾国藩在家书里提到当时的一位名人倭仁。倭仁，字艮峰，理学大师。曾国藩与他讲求宋代儒家之学，很敬佩他。曾国藩在这封家书中说：“倭艮峰先生则诚意工夫极严，每日有日课册。一日之中，一念之差，一事之失，一言一默，皆笔之于书。”曾国藩后来也学他做了，“余自十月初一日起，亦照艮峰样，每日一念一事，皆写之于册，以便触目克治”。他的反思十分严谨，一言一行要求都很严格，不会如郑板桥那样不经意随便用一个“骗”字。

加强思想修养，检点自己的一言一行，努力做一个至诚至信、光明磊落的人，待人以心见心，处事开诚布公，对我做好教育教学工作、校长工作，是有很大帮助的。

当时学生中普遍存在重理轻文思想，认为“学好数理化，走遍天下都不怕”。这也有客观原因，学理工科出路好，工作容易找。这种顾虑无可厚非。至于文科，学生认为无用，甚至认为是些老古董，落后、陈腐，不屑一顾。这种思想对于学好语文是很大的障碍。我总得找出很有说服力的道理开导他们，使他们热爱我们光辉灿烂的优秀传统文化。于是，我作了比较深入认真的思考。

当今世界科技发展一日千里，转眼“轻舟已过万重山”，须加紧学，迎头赶上去。在学生眼里，文科总是老一套，语文教科书中文言文教来教去总是那些篇，没意思。要让学生有正确认识，就得先让他们懂得如何看待自然科学与人文科学成就的大不同。当今自然科学的成就与古时的成就可说有天壤之别。以数学为例，汉代的《九章算术》、唐代的《海岛》等书是了不起的著作，当时你若精通它们，就可称得上是数学名家。但在今天看来，这些书的内容非常浅，似乎都不用去学了，只能在中国科技史中挂上一笔。《墨子·公输》：“公输盘为楚造云梯之械，将以攻宋。”主张反战主义的墨子知道了，赶忙到楚国都城郢见公输盘，费尽口舌好不容易才说服他不发动战争。云梯，当时可算得上是高技术含量的武器装备，而现在看来，用它来影响战争胜败简直十分可笑。但我们不能用今天的科技水平看轻公输盘，在当时他可算得上是不折不扣的科技大师，后世泥木工匠还尊崇他为祖师爷。有人说，今天自然科学虽日新月异，一日千里，但对于宇宙的探索来说，可能九牛一毛都说不上。

下面一段名言是大哲学家康德的话，刻在他的墓碑上：

> 有两种东西我对它们的思考越是深沉和持久，它们在我心灵中唤起的惊奇和敬畏就会日新月异，不断增长，这就是我头上的星空与心中的道德定律。

这是对宇宙、人生作人文的、哲学的思考了。

人们说，“哲学就是哲学史”，从事哲学研究离不开哲学史。古往今来的哲学名著都得仔细认真地钻研，而自然科学研究的起点则是最新的科学成就，古时的著作可以置之不顾。这是研究科学与研究人文很大的不同。文史哲学习研究一刻也离不开记述以往的伟大成就的著作。中国思想的研究早在古代就转向人文。春秋战国时期，百家争鸣，百花齐放，取得辉煌的成就。孔子、老子的思想像明灯，至今仍照亮世人的心。人们说中国是诗的王国、史的王国，大史学家司马迁、司马光的史学名著至今彪炳于世，大诗人屈原、陶渊明、李白、杜甫的光辉诗篇千古传唱不衰。即使就文章技巧而言，在一次有关重理轻文现象的讨论会上，一位教授调侃说：“你今天学数学，可以不看《九章算术》。但写文章，你得跪在庄子面前求他指点一二。”古人思想精粹今日仍常学常新。

我一向认为我国古代教育思想、教育实践成就卓著，切不可妄自菲薄。就教育目的、教育本质而言，教育是教人做人，偏偏这个人人皆知的道理，人们常常会忘记。我小时候就有类似经历：房间里挂着一幅画，天天出出进进都看到。有一次，有人跟我谈起这幅画，我竟一时想不起来。后来我发现一个普遍现象，日日在眼前的东西反而熟视无睹，想当然的事反而不然，自以为已经做过的事反而未做。对教育目的应坚定不移地实现，不少人认识上往往置之脑后，有的醉心于技能技巧、功利、政绩。

我国古代讲究人有人品，物有物品。人们以玉、梅、兰、竹、菊比有德的君子。《论语》中讲君子的地方很多，往往将君子与小人相比。古时的教育旨在培养人成为君子，防范成为小人。在某个意义上说，防范小人反而显得更重要。小人自私自利，常常达到肆无忌惮的程度。老百姓也最怕小人做官，肆无忌惮地贪赃枉法。国民党迁都重庆时期，贪污横行，老百姓恨之入骨，当时有人以繁体字“黨”字形象，写了一首歌谣：“小人登台，两手张开；口说主义，黑心贪财。”他们嘴上说三民主义，暗地里财源滚滚来。

《易经》中讲君子也很多。它本来是一部卜筮之书，经过整理后成了君子以德行智慧祈求多福的儒家经典。以六十四卦“象辞”而言，谈到君子最多。特别是“乾卦”“坤卦”的“象辞”起了纲领作用。

> 乾卦·象辞：“天行健，君子以自强不息。”
> 坤卦·象辞：“地势坤，君子以厚德载物。”

张岱年先生说，这两句话“是中国文化的基本精神”。清华大学的校训是：“自强不息，厚德载物。”

对照古代的君子教育，今日我们应如何看待教育的基本目的？我认为应注意两点：一是培养有人品、有诚意、能合群，在社会上能与他人和谐相处的人；二是培养有能力，不仅能自持其身，且能对国家、对社会作出有益贡献的人。综合起来说，就是培养德才兼备的社会好公民。根据教育的根本目的，各级各类学校皆可定出自己的培养目标，各学科也应结合自身特点制定出教育教学要求。

就语文教育而言，我们过去也走过一些弯路：强调思想教育时，往往把语文课上成思想政治课；强调工具性，强调知识时，又重术轻人，忽视了对人的道德、情操、人格的培养。为此，我孜孜矻矻，上下求索，左右对照，不断敲打自己，不断反思、改进，力求有自己的独立见解，不追风，不沽名钓誉，不乱提口号，不拾别人牙慧以壮自己的声势，而是坚持教文育人的方向，在培养与提高学生理解与使用祖国语言文字能力的过程中，撒播做人的良种，熏陶感染，春风化雨。

岁月如歌，往事依依，留下的痕迹有浓有淡，有深有浅，有伤痕有欢乐，有失落有收获，但更多的是教育征程中自己的不足与遗憾，每想到此，总对学生心怀愧疚。自问当时确实尽了力，也尽了心，可悲在就那么点认识水平，那么点业务实力，那么点文化底蕴，用不出力气。教育事业真正是遗憾的事业，教师责任大如天，追求永无止境。

与其说我做了一辈子教师，不如说我一辈子学做教师。

附录
四方人士评于漪
（评论荟萃）

20 世纪 70 年代末至 80 年代初

20 世纪 80 年代至 90 年代初

20 世纪 90 年代至 21 世纪初

《中学语文教学探索——特级教师于漪的教学经验》前言

罗竹风

《中学语文教学探索》出版了。这是一件大好事，值得我们庆贺。

任何事物都有其内在规律，只有掌握了它的规律，才能从“自在王国”向“自由王国”飞跃。要想掌握某一事物的规律，主要的是依靠实践。为了了解、把握它发展的全过程，为我所用，就更应当努力不懈地去实践。从实践中一步一步总结经验，并上升到理论高度；然后再回到实践中去检验，不断充实和丰富。这样，才能形成一种比较完整的科学体系。

《中学语文教学探索》所探索的是中学语文教学的全过程，是为了总结上海市特级教师于漪同志的教学经验，从而寻找其自身的规律，提供全国各地中学语文教师借鉴参考。

于漪同志的为人，我是熟悉的，可以称得上典型的“师道”。温文尔雅，谦虚诚挚，音容笑貌以至于举止行动，都合乎一位中学教师所具有的规范。她毕业于复旦大学教育系，开始担任中学历史教师，后因工作需要，又改教语文。这样的一种转折，当然是难以应付的。教育系所学的课程，对教历史、教语文都有很大距离，不得不从头学起；特别是教语文，所学非所用，困难就更大。“世上无难事，只怕有心人”，于漪同志正是一个最认真的“有心人”。她不畏艰险，努力攀登，日积月累，终于开辟出语文教学的新途径。备课、授课、写作、阅读，从课内到课外，创造了一整套教学经验，真是“上天不负有心人”！

于漪同志也是一个忙人，除在学校教课以外，还担负着许多社会工作，经常在校外活动；有时还要参加全国性的会议或者到外地去讲学。但万变不离其宗，不管事情怎样纷繁，于漪同志总是坚守工作岗位，永不放松教学业务，一生甘愿当个名副其实的普通教师。她常说：如果脱离业务，我的教学生命就停滞了，作为一个教师，没有比这个更可悲的了。我以为这就是作为“人类灵魂工程师”的真正而又纯洁的“灵魂”。从平凡中见伟大，当一辈子中学语文教师，成绩卓著，难道比当什么“长”还卑下一些吗？

于漪同志以自己废寝忘食、刻苦钻研、锲而不舍、拼命向前的精神，赢得了教育界和社会上的称赞，被评为上海市的特级教师，这是理所当然的，也是当之无愧的。在荣誉面前，她不是陶醉，而是更加虚心了。“学然后知不足，教然后知困”这句名言在于漪同志的头脑中一定是扎根很深的，因而她经常勉励自己，要更加奋发图强，不断攀登科学文化高峰。她以有限的业余时间，在人类知识长河中涉猎面之广，简直是令人吃惊的；像海绵吸水，像磁石吸铁，如饥似渴地探索和开发知识的宝藏。于漪同志好学不倦的精神，也是值得所有教师认真学习的。

作为《中学语文教学探索》最早的读者之一，我以为从外行到内行并无捷径可循。第一，要热爱自己的工作，并下决心干它一辈子；第二，实践，实践，再实践，通过实践去发现和掌握这一门学科的内在规律；第三，不在困难面前低头，也不在胜利面前陶醉，而是兢兢业业，刻苦钻研，持之以恒。这样，自然就会水到渠成，金石为开，取得最高的成效。

仔细地读过《中学语文教学探索》之后，我还认为在六个大单元二十七个题目中，于漪同志教学的全貌可以概括为：因材施教，循循善诱；启发指点，切中要害；教学教人，全面开花；文以载道，道因文显。总的着眼点则是，全面地培养、提高学生的思想水平和业务能力，使他们毕业以后，能够更好地为人民服务，为社会主义服务。

党中央再三强调要坚持四项基本原则，有关单位又提倡开展“五讲”“四美”活动，这都是为了树立社会正气，发扬革命的优良传统和作风，从而最大限度地调动各方面的积极因素，使全国十亿人民群策群力，同心同德，为建设具有高度民主、高度精神文明、高度科学文化水平的现代化社会主义强国而奋斗。对于青年学生来说，要特别强调加强思想政治教育的重大意义。

一提到加强思想政治教育，人们往往容易单纯地理解为这仅是政治课的责任。加强政治课，当然是“责无旁贷”的；但也必须打破墨守成规、因循守旧的观念。如果用50年代的一套老办法来应付80年代青年学生的新情况，那只能是南辕北辙，背道而驰。只有善于根据对象的思想特点和变化，采用更加符合他们实际需要的教材和教法，理论联系实际，对症下药地解决所存在的问题，才能充分发挥政治课教学的威力。

但这还远远不够。除政治课以外，历史课和语文课可以起到重要的配合作用。在于漪同志的语文教学实践当中，我们完全可以这样论断。通过形象化的教学，不管是用人还是用事，都能够强有力地作用于学生的思想感情，起着潜移默化的作用。而这种潜移默化的作用，对青年学生人生观的形成，又往往是根深蒂固，弥久而愈坚的。从这种意义上设想，如果全国的中学语文教师都能做到“教学又教人”，为国家培育出思想健康、感情优美、语文本领高强的大批人才，当然就有力地配合了思想政治教育，从而发挥了语文教学的全面效能。于漪同志的教学是完全可以起到这种作用的。

经过“文化大革命”，中学语文水平普遍降低，对中学生来说，千方百计地提高他们的语文水平，是当前迫不及待的重要任务。不难设想，对祖国的语文无知和污染，将会对“四化”建设带来多么消极的影响！如果说数学是自然科学的基础，那么语文就应当是一切学科的基础，必须认真对待，把它放在特别重要的位置上加以考虑。于漪同志在这一方面已经做出了应有的成就，让人学有榜样，我以为这也是难能可贵的。

《中学语文教学探索》是由《上海教育》编辑部两位青年同志徐金海、金正扬编写的。他们深入现场，联系实际，多看，多听，多问，多观察，多体验，花费了很长的时间，几经反复，才全面地总结了于漪同志语文教学的成功经验。它具有结构严谨、层次分明、文笔生动、引人入胜的特点。当读者一接触到，就会手不释卷，非一气看完不可。我以为这也是值得特别表扬的，因为它替编辑开拓了一条新路，走下去必然会青山绿水看不尽，一枝红杏出墙来。

我是以极其兴奋而又喜悦的心情读完《中学语文教学探索》这部书稿的，现在也以同样兴奋而又喜悦的心情向广大读者，特别是向中学语文教师介绍这本新书。

最后，感谢上海教育出版社和于漪同志本人的信任，使我有机会谈了以上这些感想。是否有当，还请多加指正。

1981 年 5 月

（作者原系上海市哲学社会科学学会联合会主席）

她是人民教师的骄傲

谈家桢

于漪同志，60 挂零，在教育战线已辛勤耕耘了 40 个春秋。40 年来，她洒下的汗水、付出的心血、取得的成就、做出的贡献，无不使人敬佩。她堪称人民教师的骄傲。

作为教师，她深知教育的内涵、教师的分量，她酷爱教育，更爱学生。她的格言是“只有不会教的教师，而没有教不好的学生”。她业精于勤，用心育人，最痛恨的是对学生不负责任。她严于律己，做人在先，凡要求学生做到的自己必先做到。

作为校长，她彻悟身为一校之长尤其是师范学校校长责任之重大。无论走到哪里，也无论社会活动多忙，心中总是挂着学校。她常对人说，一个教师将影响一大群孩子，师范学校培养的是育人之人，出一个废品也是不允许的。于是乎，即使在思想政治工作比较困难的情况下，她也响亮地提出“两代师表一起抓”。这是何等可贵的责任感！就这样，一步一个脚印，一年一个进步，第二师范复校几年就成为经得起查、经得起考的响当当的全国先进，所输送出去的新师资也得到了社会的公认。这恐怕就是于校长最感欣慰的了。

作为市人大代表，于漪同志同样不负人民之重托，积极而努力地履行职责，主动并善于利用人民代表大会这个政治舞台为教育事业鼓与呼。从《上海市普及义务教育条例》立法议案的提出到条例的颁行，以及后来《上海市职业技术教育暂行条例》和《上海市职工教育条例》的制定与通过，都凝聚了于漪同志的心血与智慧。如今，她又为教育思想的转变、师范教育的加强、师资素质的提高而大声疾呼，竭诚建议。她真正做到了有一分热，发一分光，把自己的全部身心献给教育。但愿在我们的教师队伍中，出现更多的于漪式的优秀园丁。

（作者原系上海市人大常委会副主任、著名生物学家）

足为楷模

张志公

于漪同志从教 40 年，门墙桃李、私淑弟子，遍及国内外。对于漪老师的学术造诣、教学成效、待人之道，有口皆碑，无不称颂。我有幸识荆，于兹十数春秋，对以上诸端，也颇有所知。

于漪同志学教育出身，而多年从事语文教学，间任校政管理。在基础教育阶段（由幼教至高中），教育学、心理学，包括教学论、学习心理学等理论修养，至关重要。思想境界，语文素养，以及教育理论的掌握和灵活运用，三者不可或缺。于老师教学艺术之高超，教学之所以卓有成效，实得力于三者俱备。目前不少年轻教师，由于客观或主观原因，注意一端而不及其余者，颇不乏人，深望以于老师为榜样，努力以赴，教育、教学之发展进步，幸甚！

于漪同志乐于并善于培养、扶植后进，是其又一特点。不论学术观点是否相同，凡与之接触或有所请教者，于老师一概热情予以帮助。这种精神异常可贵，亦社会十分需要者，大大值得称道。

值此庆祝于漪同志从教40周年，可写者尚多，谨书此两大端，借表贺忱。

（作者原系全国政协常委、著名语言学家）

真诚
——记于漪

陶本一

可以用“经久不息的雷鸣般的掌声”来描绘于漪老师结束报告时礼堂内的情景，这些原来带着书籍报刊来准备度过这个“难熬”下午的高年级大学生，现在却不愿离开礼堂，他们围着于老师争先恐后地求她签名。这个场面对于我来说并不陌生。1981年于老师第一次应邀来我们学校作报告时，那种热烈的场景至今令人难忘。是什么吸引着这批很难动情的大学生？用一位学生的话来说：“是于老师的真诚深深地感动了我。”

真诚，是每个和于老师稍有接触的人都能感受得到的。

那年春节，我去于老师家中，还未打开房门，就听到满屋的欢声笑语。走进房内，两个房间坐满了中年、青年的男男女女，这些都是于老师以前的学生。年长的，他们的孩子都念大学了，而最年轻的则才跨入大学的校门。然而无论他们年龄相差有多大，有一点却是共同的，心中都保留着对老师的爱。尽管岁月流逝，但这种发自内心的爱却难以消失。所以，每年过节，于老师家里一连好几天都会涌来不少学生。在隆冬的季节，这间寓所里总洋溢着热烈的春天的气息。于老师最大的特点是对学生一片真诚，学生是她关注的整个天地。她有句话集中反映了她的教育观：“教书必须教心，教心必先知心。”“知心”不仅仅是了解学生，而且是要让学生了解自己，只有学生信任了你，才会对你袒露自己的内心世界。于老师用自己的真诚换取了学生的真诚，而只有建立在真诚基础上的师生情谊，才具有不息的生命力。

对学生是如此，对周围同志也以真诚相处。当过传忠同志第一次领我去见于漪老师时，说实话，我内心很有点紧张。那时《语文教学通讯》才创办不久，对于内地小城市的一份名不见经传的刊物编辑前去约稿，这位在“文革”前就已经知名于上海中语界的教师会是个什么样的态度呢？我正盘算着说些什么样的客套话来引入正题，于老师却先开了口，从刊物编辑的困难谈起（一下就抓住了我的心，那种拘谨感不知不觉中消失了），谈到刊物怎样才能有自己的特色，又谈到了她对当前语文教学的一些看法。她不时注意把我和老过吸引到谈话中，用真诚和平等的态度和我们一起讨论。虽然是初次见面，可等到我们告辞出来却仿佛是相识已久的老朋友。报社的年轻人初次去见于老师，以为她是权威，又是“官”，都战战兢兢，但没过一会儿竟然都“放开”了，立刻显露出一个个真实的“我”。在于老师面前，任何人都无法掩饰自己，因为面对着她的真诚，你感到必须坦诚。尤其令人感动的是她对年轻人的关心。要求是严格的，有时甚至管到细枝末节；然而，她是那么设身处地地为年轻人着想，又是那么想方设法地为年轻人解难，任何人都会感受到这种真诚的可贵。

最令人难忘的是于漪老师对事业的真诚。按理来说，语文教材于老师教了许多遍了，一些经典课文可以说是滚瓜烂熟，可每次上课前她总是要把课仔仔细细重新备一遍，琢磨着教学的每一个环节，考虑着教学中可能会出现的各种情况。她说，文章是旧的，但学生是新的，理解怎么可能一样呢？正因为她充分见到了“人”（可惜我们现在还有不少教师是见“文”不见人），充分重视学生的因素，所以每堂课都能紧紧抓住学生的心，使学生有所得。刘国正同志在听了于老师的课后说："我坐在学生中间，思想化到了讲课中去，忘记了自己是听课者。有人说，听于老师的课，是一种艺术享受，的确是的。"她把自己的全身心都投入了教学活动。曾经有人建议她离开讲坛，专职搞市人大常委会工作，她没同意。她舍不得学校，舍不得学生，舍不得关系到国家千秋大业的教育工作。她曾经说过一句非常感人的话：教师是燃烧自己，照亮别人，"一身洁白，通身光明"。唯有真诚，才能通身洁白、光明。

（作者原系山西师范大学校长、教授）

立体化施教　全方位育人
——于漪语文教育改革评介

戴前伦

一、
教文育人：鲜明的语文教学主张

多少年来，这样两个复杂而简单、模糊而清晰的问题反反复复地困扰着人们：教育是传授知识还是培养人？教师是满足于当一个教书匠，还是力争做一个教育家？全国著名语文特级教师于漪对此有一个响亮的回答："教育，就是培养人。教师，首先必须清醒地意识到自己应该努力争取做个教育家。"基于这种认识，于漪通过多年的教改探索，在语文教育中提出了"教文育人"的鲜明教学主张。于漪的教文育人观以学生为核心，包含三个层面，即研究学生、激励学生、雕塑学生，其育人的向度是全方位的。

（一）研究学生，一片爱心在玉壶

语文教学有着自身的内在客观规律。于漪认为，语文教师要教学生学“文”作“文”，理解和运用祖国的语言文字，培养听、说、读、写能力，但是更重要的是教学生学“做人”。她说：“离开了‘人’的培养去讲‘文’的教学，就失去了教师工作的制高点，也就失去了教学的真正价值。”她认为语文教师胸中要有教文育人的清晰蓝图，这张蓝图须由三个部分有机组成：(1) 培养目标，即明日建设者的总体形象，兼备思想素质、道德情操、科学文化素养；(2) 学生现状，即通过读、闻、问、阅和材料跟踪，了解、研究，摸准学生的思想、性格、学习心理、学习习惯、学习方法、语文基础、语文能力等方面的实际情况；(3) 实现培养目标所要攀登的阶梯，即教师心中要有强烈的阶段感，引导学生在一定的学习阶段完成一定的学习任务，循序渐进，拾级而上，重点突出，步步踩在实地。

为研究学生，于漪倾注了满腔的爱，给予了慈母般的温暖。她曾满含深情地说：“教育事业是爱的事业。师爱超越了亲子之爱、友人之爱，因为它包蕴了崇高的使命感和责任感”；“教师胸中要有一团火，在任何情况下都要朝气蓬勃，对学生有感染力、辐射力”。她播撒爱的种子，满怀对莘莘学子的无限期望，将学生置于特定的历史条件和社会环境中去研究，去认识。她教在今天，想到明天，以明日建设者所需要的素质与能力，促进今日语文教学的实践和语文教学改革的深入。于漪研究学生的眼光无时不在，热爱学生的感情无处不有。这种爱渗透于生活上无微不至的关心，思想上循循善诱的帮助，尤其是课堂上和蔼可亲的引导、举一反三的启发。有一次，于漪要初一学生做题为“四季景色图”的作文，许多学生寻章摘句，生吞活剥，抄袭相当严重。对此，于漪没有指责、训斥学生，也没有让学生重写，而是用自己对学生的爱，上了一次别开生面的作文讲评课。她首先面带微笑，感情真挚地说这是一次失败的写景尝试，然后启发大家思考失败的原因。学生七嘴八舌地议着，笑着，有的扮着鬼脸道出了原因之所在:“抄!”于漪颔首频频，把自己的笑汇入学生的笑的溪流。接着，她语重心长地告诉大家:抄袭人家的文章，像纸花一样，是假的，虽然很美且迷人，但没有生命力;苦学加巧学，写出来的文章像鲜花一样，是真的，它带着晨露，富有生命力。最后，于漪要求学生学着写一写《秋色老梧桐》，她依然微笑着，指导学生怎样从形、色、声、态等方面去写秋桐，从与春、夏的比较中去写秋桐。面对学生的抄袭，于漪没有简单指责学生“不应该这样”，而是用自己的一片爱心引导学生“应该怎样”，这是语文教学中一种非常高明的境界。于漪深有感触地说:“让课堂生活产生持久的魅力，首先在于教师对生活有执着的追求，在课堂中倾注自己的爱。”

（二）激励学生，天生我材必有用

于漪的全方位育人观，不仅包含站在时代的制高点上，根据学生的身心特征，从不同角度、不同层面培养教育学生，以教师满腔的爱感化学生，而且包含面向全体学生、全面和谐地教育学生，且因材施教，因人施教，审视学生之间的差异，激励和保护各类学生的积极性，使优、中、差各类学生都有进步，都能享受成功的喜悦，都能树立“天生我材必有用”的自信心。于漪所教的一届学生中，有四个学生口述能力很差，乍看似乎都有口吃的毛病，但她经调查发现，原因各不相同:第一个学生是舌头稍短，口齿不清;第二个是独子，父母娇惯，因此停顿多，语言不规范;第三个是幼时模仿口吃者讲话，自己逐渐口吃起来;第四个是思维迟钝，说话结巴。对这几个差生，于漪没有抛弃他们、歧视他们，而是热情地鼓励他们树立自信心，保护他们的自尊心，并且采取对症下药、因材施教的措施予以矫正:对第一个学生，先从生理上解决，到医院做手术治疗，然后耐心地进行说话训练，鼓励他建立说话的自信心，调动他说话的积极性;对第二个学生，是与家长联系，剖析家庭语言环境的重要意义，请家长说话时注意语句的完整性、规范性;对第三个学生，是首先鼓励他消除紧张心理、情绪，并相信他说得通，说得好，以树立必胜的信心；第四个学生，是着重训练其思维的灵敏度，并以鼓励手段指导他想清楚了就说。通过几个阶段的训练，这几个学生的口头表达能力有了显著提高，也消除了这类差生“我辈无能，羞于做人”的自卑心理，培育了他们“我辈有用，勇于做人”的自信人格。

（三）雕塑学生，唯人唯物两相生

教师是人类灵魂的工程师，教师的任务是塑造学生的灵魂，培养他们具备建设“四化”的才干、追求真理的精神、坚忍不拔的意志、良好持久的习惯和先人后己的情操。于漪认为，这种雕塑学生灵魂的艰苦细致的工作，不仅必须坚持辩证唯物主义的观点，而且必须坚持“目中有学生”的唯人是教的原则。这就需要了解学生，洞悉学生的内心世界，把握学生在成长过程中的发展变化，把自己的教学工作建立在科学的基础上，按照规律育人。怎样才能雕塑出一个个美丽的灵魂？于漪认为，应从三个方面着手。

第一，牢固树立“目中有学生”的观点。

“目中有学生”，看似容易，做则困难，教师在处理手中的书和台下的人——学生的关系时常常错位，不是将人放在首位，而是将书放在第一。于漪回顾自己的教学历程时曾说：自己初做教师时，眼睛只盯着教科书，以为钻研了教材，写好了教案，把课文讲出点名堂来，就算完成了任务。后来，她逐步认识到：教学、教学，“教”要在“学生”身上起作用，培育“人”才是教育、教学的大目标，一切教学活动都必须服从于这个大目标，为实现这个大目标服务。教师在课堂上的地位犹如导演一般。导演的胸中时时有观众，目的在于引导观众进入剧情，调动自己的感情，展开联想和想象，从而受到熏陶感染。语文教师的眼中也应时时有学生，教学的目的在于引导学生进入课文的情境，调动情感，展开联想，发挥想象，深入思索，从而升华思想，净化灵魂，陶冶情操，获得知识，形成能力，成为四化建设的有用之才。“教师的主导作用就在于调动学生学习的自觉性和主动性，促使学生充分发挥认识主体的作用。”

第二，要站在时代的高度认识学生的新情况、新起点。马克思说，人是社会关系的总和。社会在发展，时代在前进，作为时代一“海鸥”、社会一分子的学生，其思想、道德、情操、行为、兴趣、爱好无不渗透着时代的气息，打上时代的烙印。于漪说：“80年代青少年有80年代独有的特点，教师如眼光不换新，用老尺子衡量，老经验套，甚至用自己做学生时候的框框套，榫头当然对不上。”她认为，80年代中学生的新特点是有强烈的成才愿望，有振兴中华之志，这是时代赋予他们的特征。不管是优等生，还是中等生和后进生，都有这种愿望和志向，只要因势利导，他们均可成才。学生的兴趣十分广泛，对古今中外的人以猎奇的心理去了解，尤其津津乐道于现代科学技术。因此，只要教育得法，就会使一批批苗子脱颖而出。他们敢于思考，敢于提问，有时看问题的尖锐性和深刻性大大超过他们的年龄。这就告诉语文教育工作者，教育必须晓之以理，动之以情，导之以行，切忌用形而上学的观点去认识学生，要用辩证唯物主义观点去“观其所以，闻其所由，察其所安”，以增强教育效果，育出栋梁之材。

第三，要和学生的心弦对准音调，理解他们，促进他们健康成长。苏霍姆林斯基说：“在每个孩子心中最隐秘的一角，都有一根独特的琴弦，拨动它就会发出特有的音响。要使孩子的心同我讲的话发生共鸣，我自身就需要同孩子的心弦对准音调。”于漪深得苏氏这一理论的奥秘，在语文教育中特别注意与中学生“对准音调”。她注意从不同渠道获得学生各方面的信息，与学生谈心，与作文作业“会面”，与家长接触，全方位开放自己的感官，让学生的思想品德、知识、爱好、生理特征、性格特征等各种信息进入自己的大脑，分别储存起来。她从不以成人的想法、做法去框学生，而是千方百计设身处地为学生着想，理解他们的心情、愿望、欢乐、忧愁，从正面引导，积极为学生“出谋划策”。于漪说：“知心才能教心，师生之间共同语言多，那根‘独特的琴弦’就会发出特有的音响。”

正是这样的精雕细刻，于漪驰骋教坛40余年，她培育的一批批人才如雨后春笋，茁壮成长，挑起了建设祖国的大梁。

二、多功能，立体化：无恒的课堂教学模式

所谓“无恒”，即不固定。于漪的课堂教学结构的最大特点就是教无定法，学无定式，变化多姿，灵活多样，从来没有固定的一成不变的模式。因此，上海的张扬之先生称道于漪为“没有固定模式的特级教师”。于漪这独具特色的、没有固定模式的个人教学风格，可称为“无恒的课堂教学模式”。这种“模式”基于对语文教学多功能的认识，组成了一种立体化的课堂结构。

（一）多功能有机组合

语文课较之其他课，最显著的特点是多功能和综合性。于漪认为，语文学科是一门方面多、综合性强的学科。从知识方面来说，有字、词、句、段、篇、语法、修辞、逻辑、文学常识；从能力方面来说，有听、说、读、写；就语文本身来说，要考虑各类知识、各种能力之间的关系；就语文与其他学科的关系来说，又要注意配合、依存、渗透、促进；还有，语文教学还须十分注意学生智力的开发，尤其是思维力的发展。因此，语文课具有综合性。正因为语文课具有综合性这一大特点，所以教师设计课堂教学时必须考虑怎样才能充分发挥课堂教学的职能。影响语文课堂教学职能的因素是多方面的，就知识而言，既有教师传授知识的质与量，又有学生接受知识的质与量；就能力而言，既有教师训练学生能力的质与量问题（如程度的难易、分量的轻重、层次的高低、角度的大小），又有学生语文能力训练的质与量问题（如信度、速度、幅度、角度、程度等）；就发展智力而言，根据传授知识、培养能力的质与量，在观察力、思维力、记忆力等方面的开发有所选择，有所侧重。所以，教师在组织课堂教学时必

须综合考虑以上众多的因素，使教与学有机结合，使知识、能力、智力有机结合，协调发展。这样才能发挥语文课多功能的职能作用，课堂教学才会由平面而立体，知识覆盖面才广。能力训练多角度、多侧面，学生可获得多方面的培养，思想情操相应受到熏陶。这样，课的容量丰厚，效率会大大提高。

（二）立体化有序结构

较长时间以来，语文课无论是哪种类型，往往以平推的居多，以平面展开为最常见，也最顺手、最省力。于漪认为，这种课堂结构的效率较低。要改变这种状况，就要变平面型为立体化，要使思想、知识、能力、智力融为一体，发挥语文多功能的作用。基于这种认识，于漪在语文教育改革的实践中创立了著名的“点、线、面、体”教文育人立体教学体系。“点”即课文，每课必精心设计，知识传授、能力培养、智力发展必须落到实处，做出严谨而科学的安排；“线”即各种文体，教学中既成序列又彼此统筹兼顾，相得益彰；“面”即全局，对目的和任务、内容和训练做总的科学安排；“体”即文章的文与道、情与理、内容与形式、思想性与艺术性，彼此交融，熔于一炉。要实施这一立体化教学体系，于漪认为，教师在上课前就须精心设计，把教材的逻辑结构和教学过程的程序结合起来，探索最佳结合点，特别要注意处理好教师与学生在课堂上的关系。这种关系组合得好，就可使课堂形成陶冶思想、传播知识、训练能力、开发智力的立体通衢，大大提高课堂教学效率；反之则会阻塞信息通道，大大降低教学效率。

于漪认为，在语文课堂上，学生是学习的主人，“教”是为“学”服务的，“教”不是统治“学”，也不是代替学生“学”；教师的“教”是为了启发学生“学”，引导学生“学”。教师组织课堂教学不应从“教”出发，而必须从学生的“学”出发。基于这种认识，于漪认为，语文课堂上教师以教材为依据，和学生进行思想、知识、能力交往的最合理构成应该是：

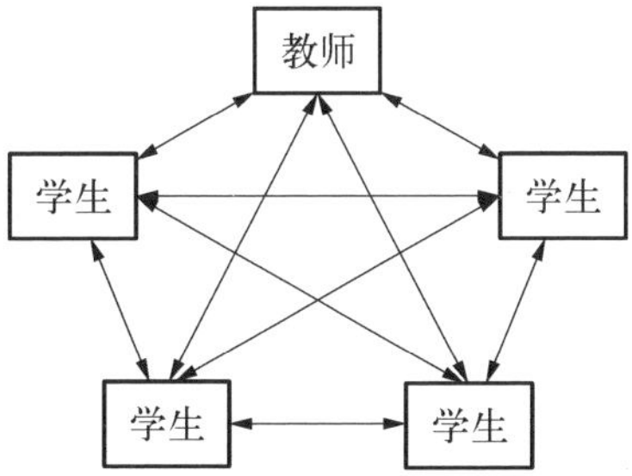

这种结构为什么说是最合理的？于漪认为，它有七大优点。其一，教学过程是个脑力劳动过程，师生共同参与，形成了一个整体。其二，教师的“教”作用于全班所有学生，学生积极性得到极大的调动，既向教师反馈，又与同窗交流。其三，形成了思想、情感、知识、能力、交流的立体网络，信息量大大增加，传递的渠道畅通无阻。其四，在特定的教学活动中，学生之间不仅可以切磋琢磨，而且能充分发挥个性与才能，广泛的知识信息交流常常是促酶剂，促使学生正常发挥乃至超水平发挥。其五，表现了“能者为师”的特点，教师和学生一起参与教学活动，既引导学生“学”，又从学生的“学”中得到启发，验证课前设计的正误，收到教学相长的效果。其六，发扬了班级教学的优点，在同一时间内教授很多学生，可克服班级教学不重“区别”的缺陷。这种“辐射式”教学网络，只要教学内容适度，教学环节安排得当，各层次的学生均可有所长进。其七，课堂气氛活跃，学习情境优化。正因为有这七大优点，所以这种立体化、网络式课堂教学结构是最合理的，它使空间充实，时间紧凑，发挥了语文多功能的作用，能大大提高教学效率。

（三）灵活性无恒模式

于漪的语文课堂教学执意追求的是一种教无定法、学无定式的变化美。不同的文体，她有不同的设计；相同的文体，她亦有不同的设计。她常将讲、思、答、议、评有机结合起来，常取启发式、学导式、自学式、三主式等有效模式之长而自成风格，独为一体。

于漪教记叙文，突破了传统教法的范围，做到线索以情牵，析文抓关键；依据“三路”（写的思路、教的思路、学的思路），确定导法；把握准契机，移情于学生。她教议论文则独辟蹊径，创造一种为学生喜闻乐见的形式，常常归类组合，分组教学；以比（比较）引趣，循文索旨。她教说明文则重在讲之以序，教之以趣，以图入课，强化直观。她设计文学课教学则不受流俗左右，在进行基本训练的同时，着力培养学生的审美情趣，通过文学熏陶和思想教育来强化教学效果。她设计文言文教学，不拘泥于疏通文字、分析内容与写法，而是大胆改革，不落窠臼。例如，她有时借助朗读，让学生感知和理解课文内容；有时结合课文补述一些历史资料，为学生通解全文雪中送炭；有时从实际出发，有针对性地设计讨论题，培养、提高学生对古代诗文的鉴别欣赏能力；有时则着眼于培养学生自学能力，采用课堂作业形式，让学生整理文中的重点实词、虚词及其用法。

如果说不同文体、不同类型课文的教学采用不同的课堂设计，使教学灵活多样，摇曳多姿，那么同一文体、同一类型的课文采用不同的课堂设计则不易把握，颇费斟酌。但是，于漪对此却驾轻就熟，左右逢源。仅以记叙文教学的课堂设计为例，即可见一斑。她教《记金华的两个岩洞》，以填空题“如（见）其（人） 如（闻）其（声） 如（临）其（境）”引入新课，一下子牢牢吸引住了学生，然后分层次设计了四个思考题，每一个层次重点突出，层次与层次又注意了有机的过渡，引导学生认真读书、思考、议论、答问。她设计《茶花赋》的课堂教学时，紧紧抓住“心都醉了”的“醉”这一传神的关键词，运用前呼后拥的方法，着力敲打，讲深讲透，然后引导学生联系全文琢磨“醉”字引出了怎样的一种优美的意境。她教《记一辆纺车》则从构思的巧妙角度挑起矛盾，让学生饶有兴趣地仔细思考、推敲；教《秋风萧瑟》则提出事关主题的问题让学生联想，引导学生驰骋于曹孟德的《观沧海》、毛泽东的《浪淘沙·北戴河》展现的宏阔意境之中。她设计《珍珠赋》教学时，估计学生不明白“芙蓉花开的日子”是什么季节，就让学生自学课文，自查工具书，自己去做文章。她在分析本课的思想内容和写作特色时则大胆采用“放”

的做法，让学生评论课文的得失。学生不仅在语言上咬文嚼字，析微辨毫，而且涉及内容、结构、文风的探讨。有的学生直言不讳地指出了写于1972年的这篇文章的“帮八股”流毒。

正是这种无恒的课堂教学模式，使于漪所教的学生具有思维敏捷、思想活跃、视野开阔、知识广泛、能力较强的特点，这正是于漪“教文育人”的教学观期望达到的目标。

三、重情趣，寓美育：独特的语文教学方法

如果将当代中国语文教育改革名家的语文教学方法作一比较，那么于漪区别于其他名家的最突出的风格便是三个字：情、趣、美。“情”即感情、情境，“趣”即兴趣、趣味，“美”即美感、美育。重情、尚趣、寓美，正是于漪集40年教学之精华而形成的独特方法。

（一）以趣激趣，粘住学生

苏联著名教育家苏霍姆林斯基说：“所谓把课上得有趣，就是学生带着一种高涨的、激动的情绪从事学习和思考，对面前展示的真理感到惊奇甚至震惊；学生在学习中意识和感觉到自己的智慧力量，体验到创造的欢乐，为人的智慧和意志的伟大而感到骄傲。”（《给教师的一百条建议》）的确，每一位教师都想把课上好，把学生牢牢地吸引住。于漪常说：语言不是蜜，但可以粘东西。这种“粘力”就是牢牢吸引学生的魅力。怎样才能使课堂产生吸住学生的巨大魅力？于漪认为，首要的问题是兴趣，是激起学生的兴趣。“兴趣往往是学习的先导，它是推动学生掌握知识和独特能力的一种强烈欲望。”教师能够以有趣的课堂设计、教学思路、教学语言激起学生的学习欲望，使之产生浓厚的兴趣，那么就能“粘”住学生的注意力，使课堂生动活泼，趣味盎然。于漪以趣激趣，粘住学生的主要方法是：

第一，新而生趣。中学生有好奇好胜的特点，新异的刺激物能引起他们的定向探究活动。这里所说的“新”，包括新的生活、新的内容、新的知识、新的能力、新的角度。于漪十分看重选取当今社会新生活的活水充盈课堂，让时代的春风轻轻拂动学生心田的绿水，再让生活的活水、心田的绿水汇入时代改革的大潮，卷起催人奋进的朵朵浪花。于漪教《少年中国说》正值中华人民共和国成立35周年大庆，阅兵、游行、礼花的场景仍历历在目，她让学生口述盛况，突出新生的少年共和国正阔步前进。新的内容、新的知识引入课堂，不仅能扩大课堂容量，而且可开阔学生视野。有一年3月5日，于漪从自编阅读课本中选取了何为的课文《春夜的沉思和回忆》以纪念周恩来总理的诞辰。上课伊始，于漪让学生背诵早晨读熟的泰戈尔的诗《某人》，接着板书了泰戈尔《飞鸟集》中的“让死者有那不朽的名，但让生者有那不朽的爱”这两句诗。课文学到悲愤处，她又和学生齐诵赵朴初的《金缕曲·周总理逝世周年感赋》。课文学到结尾处，她又让学生齐背杜甫七律《蜀相》。整个课堂充满了诗意和激情，学生产生了强烈的学习兴趣，诚如布鲁纳所说：“对学生的最好刺激，乃是对所学材料的兴趣。”选择新的角度也能激发学生的学习兴趣。于漪指导学生阅读同是描写景物的散文，常根据课文各自的特点选择不同的入口处：或以画面来展现一幅幅图景；或以时间为线索拾起变化中的景物；或抓住文章的“眼睛”、牵动全文的关键词，引出景物的特征；或先领略景中之人，再理解人物所依之境；或整体理解，打好轮廓，再由粗而细；或先细部，笔笔增添，再得完整图画。凡此种种，不胜枚举，角度新颖，学生兴趣倍增，会乐此不疲。

第二，疑而生趣。学习内容固然能激发学生学习兴趣，而学生的智力活动本身更能激发其浓厚的兴趣。因为学生能在思考解疑的过程中“意识和感觉到自己的智慧力量，体验到创造的欢乐”。于漪的语文教学，常以疑促思，以思生趣。她在语文教学大纲指导下，有目的、有步骤地启发学生生疑、质疑、解疑，再生疑、再质疑、再解疑；启发引导学生在学习过程中爱思、会思、多思、深思。于漪认为，“疑”是刺激学生积极思维的诱因、奋发学习的动力。她常在学生不易生疑处设疑，挑起矛盾，让学生进入疑惑状态。她教臧克家的《闻一多先生的说和做》，学生对闻一多“‘望闻问切’也还只是在‘望’的初级阶段”这一段话只是扫视一番，觉得并无疑难。于漪却设置了三个问题：“望闻问切”是怎么一回事？“目不窥园”只是一般的形容吗？杜甫晚年一个月不梳头又是怎么一回事呢？原来这三问涉及中医理论和诗文典故，经教师解疑，学生豁然开朗，求知的兴趣陡然增加。

第三，比而生趣。有比较才能有鉴别，人们认识事物往往是通过比较两事物之间的异同、特点而认识的。于漪的教学常对内容相同而文体不同的文章进行写法不同的比较，以激发学生学习兴趣，增长知识，培养能力。她教《晋祠》，先让学生听写《中国名胜词典》中关于晋祠的条目，再指导学生看“阅读手册”中吴伯箫写的有关晋祠的内容，然后引导学生仔细阅读课文，将课文与“条目”“手册”三者反复比较，使学生自己悟出不同文体对同一事物的不同写法，加深对散文、说明文各自特点的认识理解。她教《在马克思墓前的讲话》，抓住传神之句“停止思想”，并将其与“停止呼吸”“心脏停止跳动”进行比较，引发学生的兴趣，让学生从马克思与常人的比较、马克思与恩格斯的伟大友谊、马克思作为思想家与一般名人的显著区别几方面去比较，让学生体会恩格斯用“停止思想”来表达马克思的逝世的用意所在和准确地遣词造句的妙处所在。于漪运用比较法，使学生学得有趣、有味，觉得这种方法有益、有用，深感“知之者不如好之者，好之者不如乐之者”。学生被于漪的妙法牢牢“粘”住了。

（二）以情激情，感染学生

于漪教学，感情丰沛：或温情脉脉，如春日载阳；或热情饱满，如炎炎夏日；或激情澎湃，如沧海洪波。她以自己感情的汩汩泉水，激起学生心海的层层浪花。凡受教于她的学生，莫不为之激励感染；凡聆诲于她的老师，无不为之加额称善。于漪情感教学的宗旨是以文寻情，以情传道，以道育人。遵循这一宗旨，她教学的思路常为：寻情→激情→达情。

第一，寻情。刘勰在《文心雕龙》中指出："夫缀文者情动而辞发，观文者披文以入情。"于漪认为，自古及今，一篇篇名诗佳作之所以传诵不衰，常读常新，就是因为作家文人笔墨饱蘸着自己的思想感情，甚至凝聚着心血和生命。所以，她在备课时，"披文以入情"，常常饱含感情，去寻找自己感情与课文感情的契合点、律动点，让自己的感情随着课文的感情变化而变化，从而"进入角色"。她认为，如果教师备课时的心弦未被扣动，那么上课时很难以情感人，打动学生。她一旦寻找到了感情的突破口，便紧紧抓住这十分宝贵的"情感思维"线索，把它作为全篇课文教学的契合点和文眼。比如她教《荔枝蜜》时，抓住"蜜"；教《茶花赋》时，抓住"醉"；教《海滨仲夏夜》时，抓住"变"；教《卖油翁》时，则抓住"沥"。抓住了这些文眼，就找到了感情突破口。

第二，激情。以情激情，情可感人。于漪上课时常常沿着备课时寻找到的感人线索，紧扣感情的突破口（文眼、诗眼），满怀感情，分析课文。通过讲读的训练，把无声无情的文字变为有声有情的语言，生动地再现作者的思想感情，使文章如出我之口，如出我之心，让文中所写的景和物、人和事、情和意、理和义猛烈地叩击学生心扉，在学生心中引起共鸣。于漪教《茶花赋》就是以情激情的范例。她紧扣备课时抓住的作为感情契合点、突破口的一个"醉"字，运用前呼后拥的方法以情激情，在"醉"出现之前，先扣紧词句帮助学生理清作者在异国他乡思念祖国的感情线索，然后用感情上的"低谷"——"就搁下这桩心思"的"搁"，来呼唤感情上的高峰"醉"的出现；在剖析作者收藏起来的奔腾感情时，她饱含感情，引导学生，运用旧知识——背诵《题西林壁》《望庐山瀑布》《饮湖上初晴后雨》等诗，大力渲染铺垫，让祖国山河的无限风光在学生胸中激荡，水到渠成地呼出了"醉"字。这就是"前呼"。紧接着，她用重锤敲打"醉"在文中的含义，饱蘸感情地指出："醉"是全文传神之笔。二月的南疆，花红水绿，春意盎然，作者离开了畸形发展的资本主义国家，一踏上春光明媚的社会主义国土，就像喝了葡萄美酒一样，感到甜美、欣喜、兴奋和陶醉。“醉”是个平常的字眼，用在这里，却倾注了作者对祖国的满腔热情满腔爱。在异国他乡的思念、归国的喜悦、旅途的急切、踏上国土的激动等感情通通由此得以淋漓尽致地表现。继学生初步理解体会“醉”字的妙用之后，再用“后拥”的方法，要求他们领略“醉”字引出的优美意境。此时，学生热爱故土、热爱祖国的感情随着作者、教者一齐鼓荡，仿佛自己便是万里归国、十年还乡的海外游子，徜徉于茶花似海的优美意境，流连于可亲可爱的南国边关。学生的爱乡爱国的情操得到陶冶，育人的目的也就不显山不露水地达到了。

第三，达情。学生有了感情的积累，便会产生表达感情的欲望。教师就此因势利导，常可使学生神思飞越，感情激荡，“思接千载，视通万里”，写出情感真挚充沛、联想广泛、想象丰富、意境优美的文章。于漪情感教学的第三个环节便是如此，她的写作教学所追求的是：学生思风发于胸臆，言泉流于笔端，能写出情真意切、文从字顺的文章。学生的作文如何达情传意？于漪主要抓了“三思”，即思想、思维、思路。她认为，文章的光彩在于“思想的发光”，并通过高远深刻的立意，让学生在写作中受到自我教育，达到育人的目的。有了闪光的思想，还得有灵敏的思维。于漪十分重视思维中的“想象”，常常鼓励学生在作文时由此及彼、由纵而横地展开想象，“观古今，括四海”，天上人间，纵横驰骋，创造出种种新形象、新图景，甚至是神奇的图画。她还探索出了一整套在有限的课堂内开拓学生无限想象的有效方法：选准想象的触发点（如关键词语、精彩比喻、生动图像）；调动学生的知识储存和生活经验；采用充满情趣的方法，促使学生脑中展现立体图景（如作图法、手势法、比较法、续文法）。因为于漪指导得法，训练有素，所以学生的作文往往感情丰沛真挚，想象奇特瑰丽。比如写《八十年代畅想》，学生思想活跃，感情奔放，有的想到自己成为宇航员，从月球上观看美丽的蓝色地球的情境，并征引张孝祥《念奴娇·过洞庭》的诗句“尽挹西江，细斟北斗，万象为宾客”来描写20年后在月球上师生欢聚的情境，抒发了学好过硬本领，勇攀科技高峰的豪情壮志。这就实现了培养为国争光、为人类造福的人才的育人目的。

（三）以美塑美，陶冶学生

教育者在塑造青少年灵魂的过程中，重要任务之一就是把美感、把人类许多世纪创造的美变为每个学生的心灵财富，变为他们认识世界的审美素养，这便是美育。于漪的语文教育十分重视以美塑美，以美育人。即以课文中、社会上、自然界中美好的人物形象、事物景象和教师美好的语言表达塑造学生灵魂，陶冶学生情操，从而塑造出一代青年的美好形象，培育出德才兼备的“四化”建设人才。美育是于漪全方位育人的重要内容和高层次追求。

于漪根据语文课审美因素的特点，将审美教育分为三个层次：

一是发现美。著名艺术家罗丹曾说，生活中到处有美，对于我们的眼睛不是缺少美，而是缺少发现。于漪语文教学中的审美教育，首先是善于鼓励学生做美的发现者。她认为，教材是语文教学中审美的客体，它虽然没有跳动的音符、美丽的线条、丰富的色彩、绚烂的雕塑材料，但是它有结构规范、音韵铿锵、错落有致的优美的文字，有众多栩栩如生的美好的文学形象，有许多令人心旷神怡、神思飞越的美丽的自然风光，还有不少造福人类的科学知识、使人奋发的人生真理。于漪在教学中努力发掘，善于引导学生发现这些美好的东西，使学生幡然领悟到教材中处处皆有美，让学生在这美的世界里拾贝探宝，采矿炼金，含英咀华，寻美怡情。除了教材，于漪还把学生领出课堂，引入大自然，带进社会大千世界，引导学生以敏锐的眼光发现大自然里的名山大川、风花雪月的美丽景色，发现社会上见义勇为、助人为乐、高风亮节、勤勉奋斗的美好人物，从中受到美的陶冶，看到美的榜样，还可积累写作素材，为表现美、创造美奠定基础。

二是感受美、欣赏美。于漪在语文课堂教学中，着力再现课文的情境，引导学生进入作品的艺术境界。于漪认为，语文课中的审美教育主要靠形象感染来实现。因此，她剖析课文人物形象时都是有血有肉的分析。她分析《七根火柴》中无名战士的形象，抓住无名战士为革命献身，留给人间的最后一个动作“用尽所有的力气举起手来，直指着正北方向”，以悲壮的语调、富于美感的语言描述这一特写镜头，然后又以饱蘸感情、包寓美感的语言分析这“举”和“指”，那只手指向的北方，是中华儿女前进的方向，是中华民族的希望所在。这个动作，寄托着无名战士对战友的无限希望，表露了无名战士对革命事业的赤胆忠心和必胜信念。这时，无名战士高擎着的手在学生眼前不断地伸展，他的形象越来越高大，震撼着学生的心灵。通过这样的描述分析，学生感受和欣赏了无名战士形象的悲壮美、崇高美，心灵得到了净化，思想得到了升华，情操得到了陶冶。于漪善于引导学生感受、欣赏课文中的人物、景物形象的种种美：或激扬斗志的壮美，或悦情怡性的优美，或催人奋进的崇高美，或令人断肠的悲剧美，或发人深思的喜剧美。通过感受美、欣赏美，提高了学生辨别真伪、区别美丑、识别善恶、鉴别优劣的审美能力。

三是表现美、创造美。于漪善于在学生发现美，感受、欣赏美的基础上，利用学生已有的审美积淀，尽量让学生在听、说、读、写的训练过程中去表现美、创造美。在听、读训练和听课过程中，引导学生运用联想和想象创造出一幅幅美丽的自然画卷和人物画卷；在说话写作训练中，引导学生将所学课文的形象美、结构美，所见景物的意境美，所见人物的性格美、心灵美，以富有美感的语言表达出来，创造出新的形象、新的意境，让其余学生受到感染和陶冶。表现美、创造美，是美育的最高培养。这个过程，不仅是学生充分发挥主观能动性和聪明才智的最佳过程，也是学生自我教育、自我完善的最佳途径。

四、
缘文释道，因道解文；
文道统一，以道育人：
语文教改的理论基础

于漪语文教育改革的“立体化施教，全方位育人”的思想，有其

深厚的理论基础，既有古代文论的渊源，又有现代教育学的依据。总体来看，其理论基础是：缘文释道，因道解文；文道统一，以道育人。

（一）古代文论的渊源

“文”与“道”，本是中国古代文论中的术语，其原意一般是指文章的形式与内容。文道统一，本来也是古代文论中的重要命题。

早在南北朝的齐梁时代，刘勰就提出了“文以明道”的观点。他说：“原道心以敷章，研神理而设教”，“道沿圣以垂文，圣因文而明道”（《文心雕龙》）。不过，刘勰在这里所说的“道”是指日月垂丽天、山川铺地形的“自然之道”，“文”指文章（含辞、赋、歌、诗）。在他看来，“道”是文章的本原，“文”是明道的工具，人们既应该重视文章内容，也要重视文章的形式（声律、对偶、丽辞）。刘勰的意旨在于强调“文道并重”，反对当时崇尚骈偶（形式）而忽视内容的流弊。

此后，唐代古文运动的主将韩愈提出“文以原道”，“约六经之旨而成文”；柳宗元则与刘勰一脉相承，强调“文以明道”；著名诗人李贺则提出“文以贯道”。韩、柳、李所说的“道”是指“传六经之旨”的儒家道统，他们所说的“文”则指古文的文气、词达之类。他们也主张文道统一，但偏重于道。

到了北宋，大儒周敦颐鲜明地提出“文以载道也”（《通书·文辞》）的主张。“文以载道”这一观点影响极其深远。周敦颐认为，文章是载道的工具，并且只是载儒家一家之道的工具。这一观点显然是重道轻文，为后来的程朱理学把儒家推向极端开了先河。

时至元代，郝经对文道关系有较为精辟的论述，他说：“道非文不著，文非道不生。”郝经主张文道统一，揭示了文道之间相互依存、不可分割的整体关系。

中华人民共和国成立后的50年代，语文教育界借用古代文论的概念，曾对文道关系展开过热烈的讨论，有的主张“文以载道”，有的主张“文以寓道”，有的主张文道并重。80年代初，又展开了文道关系的大讨论，除承袭50年代的几种观点之外，有的还主张“道附于文”“教文舍道”，认为语文的任务就是“学文”，至于“传道”，则是政治课的任务，因而出现了重视语文双基而轻视或忽视思想教育、情操熏陶、道德培养的倾向。

针对80年代初的不良倾向，根据古代文论的可贵探讨，于漪的语文教育改革鲜明地提出了“教文育人”“文道统一”的主张。于漪的这一主张，既继承了古代文化的优良传统，吸收了古代文化的精华，有着古代文论深远的渊源，又融入了新时期教育工作者的责任感和使命感，吸收弘扬了语文教育改革中的新经验和新理论。于漪“文道统一”中的“道”，不再只是泛指文章的思想内容，它指的是文章思想内容的教育，包括道德情操的培养，健康感情的熏染，爱国主义精神的教育，社会主义、共产主义思想的渗透，高尚审美观的培养等。其中的“文”，不再只是泛指文章的语言形式，它指的是语言形式的教育，包括语文基础知识的传授、读写听说能力的培养、智力的开发、语文习惯的养成、语文兴趣的激发等。她在《渗透与滋润》（载《语文学习》1985年第2期）中说：“语言文字是表情达意的工具，……‘诗言志’，‘文载道’，这就决定了语文课的基本特点：工具性和思想性。教学中必须既授文又传道，二者要有机结合，辩证地统一起来。”“只有缘文释道，因道解文，二者结合，才能把语言文字教‘活’，才能充分发挥它的工具作用。”因此，语文教学中要“认真地坚持文道统一的原则”。于漪认为，各科教师都担负着教书育人的双重任务，而语文教师较之其他学科教师，在塑造学生心灵方面更负有特殊任务，因为语文教材本身优美的语言、生动的形象、鞭辟入里的道理、丰富高尚的感情能产生极大的感染力。因此，语文教师要自觉地担负起教文育人的双重任务。她在《素质·能力·智力：我的语文育人观》（载《语文学习》1988年第12期）中又强调指出，语文教学“要善于缘文释道，因道解文，既废除离开字词句篇的架空说教，又力戒置思想内容于一旁的支离破碎的词句诠释，力求把思想教育与语文训练有机地结合起来，水乳交融，使学生思想上受教育，感情上受熏陶，语文能力获得有效的提高”。由此可见，于漪多年的语文教学，既注重教文，又注重育人；既注重“道”的渗透，又注重“文”的传授。从而使教书与育人、传道与授文有机地结合起来，形成自己独特的“立体化施教，全方位育人”“文与道统一”的教学风格。

（二）现代教育学的依据

于漪的育人观不仅渊源于古代文论，植根于现代教改，而且依据教育学的理论，还与她个人的成长紧密相关。

作为语文特级教师、当代语文教育改革名家，于漪的成长经历与其他语文名家不同。她生于历史名城镇江，长江水哺育她成长，金焦二山秀丽的景色给她以良好的熏陶，满眼风光的北固楼在她心中播下了忧国忧民的种子。中学时代，语文老师声情并茂的讲解，使她对中外文学名著着迷；多位优秀老师的影响，使她立志做一位深受学生尊敬和欢迎的好老师。中学毕业报考大学时，她以为当教师就应该读教育系，研究教育，因此毅然填报了教育系，被录取入复旦大学教育系。大学四年，她扎扎实实地系统学习了教育学理论。1951 年她大学毕业后踏上工作岗位，教的却是历史。1959 年改行教语文。由此可见，于漪成长的经历，尤其是大学四年所学的教育学理论，对她的育人观的形成产生了极大影响。

教育学的主要理论包括教育的本质是教育与人的发展的关系，于漪就十分重视学生思想、能力、智力的发展。教育的目标是“培养有社会主义觉悟的有文化的劳动者”。于漪则注重全方位育人，以一片爱心研究学生，以正面教育激励学生，以培养目标吸引学生。她教在今天，想到明天，以明日建设者的德才要求指导今日的教育、教学工作。教育学的教学原则要求科学性和思想性统一，要求富有启发性、循序渐进、因材施教，于漪的多功能、立体化的无恒课堂教学模式正是遵循了这些原则。教育学中的德育内容包含爱国主义和国际主义教育、革命理想和革命传统教育、辩证唯物主义观点教育、社会公德教育等。于漪每篇课文的教学，都注意渗透上述某一方面的教育。

德育过程是知情意行的过程，于漪则注意在教育中培养学生对人的是非、善恶的认识评价，对事物的爱憎、好恶的正确态度，尤其是以高尚的道德情感激发学生、感染学生、滋润学生，注意以文寻情，以情传道，以道育人。教育学中美育的主要任务是“培养学生正确的审美观念，使他们具有感受美、理解美以及鉴赏美的知识和能力”。于漪则十分重视以美塑美，陶冶学生，引导学生发现美、欣赏美、感受美、表现美和创造美。

由此观之，于漪的“立体化施教，全方位育人”的语文教育改革，时时注意了贯彻教育学的原理，处处注意了遵循教育学的原则，深受自己早年所学教育学理论的影响。

五、
春风化雨，桃李芬芳：
语文教改的实践意义

于漪“立体化施教，全方位育人”的语文教育改革，不仅具有深厚的理论基础，而且具有重要的实践意义，诚如参加“于漪从教40周年教育教学思想研讨会”的全国300多位语文专家、学者的一致看法：“于漪的教学理论与实践是我国语文教学界丰富和宝贵的财富。于漪语文教学改革的思想与经验对当前中学语文教学的实践，具有重要的意义。”

于漪语文教育改革的实践意义主要表现在下列三个方面：

养德成才，学生人人可望可即。于漪教改的目的，是全面发展学生的能力、智力、思想和个性，培养德才兼备的“四化”建设的人才。这种培养和发展是全方位的，而不是某一个方面的；是面向全体学生的，而不是只抓“尖子”“优生”。在于漪的培养教育下，学生人人都可以得到训练培养，各方面都可以得到发展。即使是后进生，在她满怀爱心的细致关怀和因材施教之下，也可长足进步，迅速成长。她曾将许多“调皮大王”“捣蛋鬼”培育成才。其中有一位捣蛋鬼刚到她班时曾对她天真地说：“我妈妈说，我这个捣蛋鬼能考取你们学

校，是额头戳破天花板，说我是学不好的，要被老师赶出来的。”的确，这位学生文化基础很差，习惯也很差。可是于漪以敏锐的目光发现了他思维活跃、点子多的优点，长善救失，因势利导，循循善诱。终于，这位“捣蛋鬼”的思想、品德、习惯、学业成绩发生了飞跃，考取了大学。这类例子不胜枚举，如前所述的4个口述能力差的学生的进步成长也是富有说服力的范例。于漪教过的学生，语文水平的提高也是十分显著的。例如，80届初三（1）班升学考试合格率达100%，优秀率高达40%；仅1981年，她所教的学生就有19人先后在各种报纸杂志上发表了习作。可见，于漪育人的实践意义具有整体性和普遍性。

教文育人，教师人人可作可为。于漪的“立体化施教，全方位育人”绝不是象牙之塔的空洞玄妙的理论，也不是高不可攀的巨树危峰，而是每位教师都可以操作、可以尝试，且可望有所作为、有所成功的经验升华。铁岭中学的杨志芬老师说：“于漪老师文道结合的教学经验使我深受启发，我感到作文教学也可以贯彻文道结合的原则。”她在评讲《在烈士墓前》的作文时运用这一原则，收到了良好的效果。辽阳中学的俞曼菁老师说，以前她对文道结合的认识不足，认为语文教师的任务就是教“文”，“道”是无足轻重的。通过学习于漪老师的经验，认识到“文中寓道，讲清了道，文字就有了生命”。上川中学的杨秀娣老师学习于漪的经验后，在语文教学中有意识地把握了三点，取得了显著成效：一是深刻理解课文所寓之“道”，二是明确我们给学生什么“道”，三是设计“道”放在什么环节传授最合适。可见，于漪文道统一的育人观的实践意义具有指导性和可操作性。

实践效益，人人可闻可见。于漪语文教改的实践效益在社会上产生了广泛的影响，受到普遍赞誉和高度评价。陶小东在《情思横溢》一文中对于漪注重情感渗透，通过背诵名诗创造意境，让学生为情所动的教学评价甚高。陈汉昌对于漪运用比较法讲授说明文倍加赞赏，认为这种训练活动突出了语文多功能的特点，“这是教学艺术，也是高效率的保证”。陆一的《纸花与鲜花》对于漪如何正面教育、引导学生，发挥语文教学、育人功能推崇备至，认为这是教学过程中的一种很高明的境界。著名专家谈家桢、张志公、罗竹风、陈伯吹撰文赞扬于漪在学问、道德、教书育人三个方面的卓越成就。全国中学语文教研会理事长、教育专家刘国正在听了于漪讲课之后深有感慨，十分佩服地说："我坐在学生中间，思想化到了讲课中去，忘记了自己是听课者。有人说，听于老师的课，是一种艺术享受，的确是的。"（引自陶本一《真诚——记于漪》）综上所述，足以表明于漪语文教改的实践意义具有典型性和社会性。

于漪语文教育改革的思想、主张和方法博大深广，尺幅难竟；她勇于开拓创新，不断攀登进取的精神标风立范，催人奋进。谨以刘国正先生祝贺于漪从教 40 年的五律作为结语：

风雨崎岖路，书灯四十年。
文心传要妙，教理跻崇巅。
海阔鱼知乐，秋高霜逾丹。
已欣桃李遍，九畹更滋兰。

（原载《当代中国语文教育改革名家评介》，成都出版社 1993 年版）

于漪的学术境界

胡治华

于漪，中国特级教师群体的优秀代表，当代语文教育界具有鲜明学术个性和广泛影响的标志性人物之一。

整整半个世纪了，于漪一心着力于学生的发展，把语言教育和思维锻炼、情感熏陶、人格培育化为一体，实践和理论两手都硬朗，一步一步，蹚出了一条承前启后、沟通中外的宏富之路，站立在中国语文教育研究的前沿。

根系，
在教育热土中伸展不息

于漪有强烈的理论渴求，但她从来不是为研究而研究，而是为解决实践中的问题而研究，是一个始终不曾离开教育教学一线的研究者。

于漪是揣着教育系毕业证书跨出复旦大门的，先教心理学，又教中学历史。站在语文教育起跑线上的于漪是什么模样？

“非科班出身”的于漪一开始就认定语文教学的主要任务，是帮助学生打好理解和运用祖国语言文字的底子。自问虽然从小喜爱阅读与写作，但功夫还不到家。她迅即采取行动，实现“三年磨一剑”的目标。就是说，针对自己的软肋，集中三年时间，三管齐下，为终身从事语文教育而强化专业地基。(1) 自学高中语文教学涉及的各种汉语言文学专业知识，大量阅读古今中外经典作品，并以“出口成章、下笔成文”为标杆，迅速提高自己的语言表达能力；(2) 向实践、向同行和学生学习，用 10 个小时、20 个小时准备一堂课，《论“费厄泼赖”应该缓行》一备 30 多个小时，反复钻研数十篇、上百篇教材，用规范的语言写成教案，把课上要讲的每句话背下来，再脱开教案讲课，课后必写教学后记；(3) 结合自修语文的深切体验，关注当时语文教育思想的论争，留意教学改革的动向，初步形成自己的想法。

她下的功夫中，苦读苦练、天天“明灯伴我过午夜”的板凳功固然令人钦佩，但她的田野功特别是反思功更为可贵。同样是从教育田野上闯过来的顾泠沅，常说于漪第一年撇开任何“教参”逐字逐句写教案，第二年搜罗所有“教参”改教案，第三年整合新的体验再度重写教案，改行三年就成为语文骨干教师。这一概述也许偏简，但是由这类个案导出的“实践+反思=成功”的教师发展“公式”却很有哲理意味。

重要的在于反思，在实践中不断反思。就于漪而言，这是一个无休止地、自觉地向自我挑战的过程，同时也就是一个语文教育的行动研究过程。很快，她的关注重点开始转移到现实情境和自身教学中存在的某种形式主义的倾向。《把语文课上得实惠一些，朴实一些》是于漪1964年发表的教改心得，充满自我剖析、锐意创新的反思精神。

“文化大革命”对于漪的身心摧残严重。但是，有足够的材料表明，这段异样的历史从心灵深处推进了于漪对语文与人、教育与人、时代与人的独立思考，增强了她在哲学层面的反思——批判理性。她认为，长期以来，在我们这块土地上，复杂的事物简单化很容易被接受，语录式的、口号式的东西容易流行。但简单化绝对化的断语，概括不了“人”“教育”“语文学科”等极为复杂的精神文化现象。她进一步跳出自己看自己，跳出语文看语文，跳出教育看教育。这种有着一定广度和深度的反思——批判精神，是后续教育行动的内在动力，又是后续教育研究的人文火种。

于漪的课，堂堂都是师生互动的“公开课”。一位年轻教师从1976年开始，随堂跟踪听了于漪3000多节语文课。她最深切的感受是，于漪从来不重复自己，即使是同一篇课文教第二、第三遍，也绝对不重复，每节课都是一幕美丽动人的人文景观。真正的理论来自实践，从实践中发现理论需要批判的眼光。伴随着这种高难度、高水平的课堂教学和其他教育实践活动，伴随着“一丝而累，以至于寸；累寸不已，遂成丈匹”的刻苦自学，于漪想而行，行而思，思而说，说而写，提炼成以语文教育理论探索为轴心的各类著述，数量可观。于漪的语文教育理论，浸透了她从教与学两方面行动中汲取的智慧。

写于1987年的《语文教学观念的更新》，可以视作80年代于漪语文教育行动研究的一份大纲。在这篇论文中，于漪概括了语文教育研究的五个要点，它们是：了解社会，把语文教学改革建立在对现代社会科学分析的基础之上；研究人，把语文教学改革建立在对教育对象个体和群体深入研究的基础之上；研讨语文教学的任务，使学生具有获取新知识的能力和运用知识于实践的能力，通过语言文字的学习与训练，扩充对生活的认识能力，发展思考力，丰富感受力；研究课堂教学模式和研究语文知识、技能的“核”与“壳”的问题；下点功夫学现代哲学、现代教育学、语言学、心理学、社会学，关注文学艺术上的讨论和进展，使语文教育理论和实践有更多的参照系统，提高理论和文化素养。

正是由于具有这样的学术视野和思路，于漪的教育理论著述从不就范于国内外各种“本本”所编制的“科研程式”，执意舍弃种种“很专业、很学术”的话语。通常以广大语文教育工作者和研究者为交谈对象，针对特定时期、特定情境中的一个问题、一种倾向，从较小的角度着手，结合丰富的亲身体验，结合有特色的教例，朝垂直方向和水平方向宕开去，阐释富有创意的做法和相关的理念。

比如，探讨语文学科的性质任务。于漪说，我们可发现它的“家庭成员”众多，是个“大家族”；还可发现它的“社会关系”非常复杂，有那么多“亲戚”。如果不坚持辩证法的观点，往往单打一，就局部论局部，缺乏整体观念，弄得不好，把第二位的东西弄成第一位的，流连忘返，影响教学的健康发展。她还说，只在一条线上企求立竿见影，“见影”不“见影”很难说，即使见影，也只是瘦瘦的一条。

关于教与学的关系，于漪说，教师生涯中最大的事就是一个心眼为学生，就是为学生铺路，知心才能教心。学生是学习语文的主人，他们对学习的“内部态度”往往决定学习的质量。“教”不是统治“学”、代替“学”，而是启发学生“学”，引导学生“学”。教师的教是通过学生自身的学习积极性发挥作用的。人生最可悲的是脑子硬化，思想僵化，教学之道在于使学生的脑子“活化”，使学生开窍。

又如，讲教师修养。于漪说，语文教师在学生心中应该是既“师风可学”，又“学风可师”。教师要有丰富的智力生活。要紧的是功底、视野、驾驭力。要有拼命汲取知识营养的素质与本领，犹如树木，把根须伸展到泥土中，吸取氮、磷、钾和微量元素。在实践中学习，从书本里学习，都很重要。坚持把零星的宝贵时间有计划地用上，每天坚持半小时、一小时，一日不多，十日许多，天长日久是可观的。

于漪家小房间墙上挂有一个石膏像。有人偶然提及，于漪一时竟想不起来。日日在眼前的石膏像居然熟视无睹且忘怀了，这事如同警钟敲打着于漪。于漪自问：我在教学中是不是由于习以为常而对发生的问题熟视无睹？我会不会觉得教学勉强过得去，一切照“程式”办事而不思改进？我应该怎样探索语文教学中的新问题？她当即想到：眼下就须更多地掌握古今中外语文教学的经验，综合比较古人学语文、外国人学语文、中国人学外文、外国人学中文的情况……

针对语文学科性质的问题，于漪经历了艰苦的实践和反思。可以说，中小学母语教育的性质问题，是于漪语文教育研究的聚焦点。在这个方面，几度自我批判，几度自我超越，由此推进着她关于当代中国语文教育各主要问题的研究。时至今日，于漪仍然投入很多精力，密切关注着国内外关于这个问题研究的进展。她始终处在一种无间歇地自我挑战的状态之中。

立足于人学的平台发现价值

在语文教育领域，于漪内蕴着巨大的优势。她有一定的哲学基础，熟谙教育学和心理学，很快又熟悉了语言学、文艺学以及下位交叉学科文章学等讨论的主要问题，这就使她更多地不是从某一个专门的学科，不是从语文学科本位的立场，而是从多学科视角、从培养人的全局去认识作为基础教育一门课程的语文学科的性质和功能。

教育学并不像高校通用的教科书那样简单。不少学者越来越倾向于认为它是一种“复杂科学”，它的主题可说是研究“学习人”。于漪首先强调中小学是为学生明天做人、学习打底子的，语文学科是基础教育这个被她称为“地基工程”的一个重要“打桩阵地”，其独特的任务就是为学生能够正确理解和运用祖国语言文字打底子。她一贯重视“教育性教学”这个近代教学论研究的重要命题。从育人的高度、教师的崇高职责、语文学科的个性特点出发，语文教学应该也必须成为教育性教学，发挥教文育人的综合效应。于漪较早地形成了她的最关紧要的教育理念：教文要纳入育人这个大目标。她强调，离开了人的培养去讲文的教学，就失去了教师工作的制高点，也就失去了教学的真正价值。

为了从学理的层面，也就是从语文和语文学科的性质这个基点上说清楚“教文育人”这一观念的科学性、合理性，她不停地追问，学习，反思。整个80年代，于漪对语文学科性质的理论阐释有三次较大的进展。1981年上海教育出版社出版的《中学语文教学探索》是70年代末于漪语文教学实践与思想的首次综合评述。那时，进一步确认语言/语文是工具、语文学科具有工具性的观点，同时强调不能把语文课简单地归结为工具课，而应该注意这门课程的思想性。紧接着，80年代初期，强调语言/语文不仅是交际工具，而且是认知、思维的工具，全面思考语言和思维的关系，提出语文教学应以语言和思维训练为核心，同时继续强调语文学科的思想性。80年代中后期，开始思考语言/语文的文化内涵，阐释语文教育中综合培养学生的语言能力、思想素质、道德情操和文化素养的关系。

应该说，以90年代中期《弘扬人文　改革弊端——关于语文教育性质观的反思》和《语文教学要讲求综合效应》等论文的发表为标志，于漪实现了她学术道路上的一次重要跨越。她所提出的问题和阶段性研究成果，在语文教育界内外产生了广泛影响，推动了语文教育领域关于语言/语文、语文学科性质的新一轮深入的讨论。

于漪一直说，自己总是行色匆匆，对孩子来说，是个没有尽到责任的母亲。但有件事，她感到做得还可以。那是好些年前了，于漪要求孩子搜集有关我国历史的成语典故，指导他按照时代先后有系统地编一本书，使读者以成语典故来了解中国历史，又结合历史加深理解和记忆成语典故。孩子在编《历史·成语典故双读》的过程中，发现了中国成语典故的产生、发展、流传和历史文化条件有着密切关系。于漪联想到，语言教育要重视文化背景。

语文教育的“位”怎么定？于漪认为，首先得给语言定位，给汉语定位。人类用以认识自身的人文社会科学各学科，从不同的领域、层面、角度看语言，给出的定义各不相同。语言学各派发展的不同阶段，对语言的界定也不同。语文教育工作者完全可以结合母语教育的经验和思考，发表自己的意见。

20世纪90年代初、中期，于漪同美国密歇根州立大学教育学院和英国牛津大学教育学院的专家合作进行“师带徒职初培训模式”研究，并赴日访问，考察、了解外国母语教育的课程标准和教材教法。同时对中国传统语文教学的脉络重做一番梳理。经过一段时间酝酿，她陆续发表《要重视文化背景》《机械操练何时休》《阅读教学误区辨》等文。《弘扬人文　改革弊端——关于语文教育性质观的反思》是一气呵成的。她说，这是“投石问路”，看能不能引起讨论的兴趣。

从语文教育学的角度，怎么看语言？

于漪认为，语言不是人际交往的唯一工具，但是最重要的工具。在人类社会中，文化载体多种多样，但语文是最重要的载体。这种工具、载体，都是只有人类才拥有的符号，在符号的意义上掌握语言的工具属性，比较恰当。符号因意义而存在，离开意义，符号就不成其为符号。这就是说，语言不但有自然代码的性质，而且有文化代码的性质；不但有鲜明的工具属性，而且有鲜明的人文属性。各民族的语言不仅是一个符号体系，而且装载着人类创造的精神文明，装载着本民族的优秀文化，是认识世界、阐释世界的意义体系和价值体系。

怎么认识和处理语文教育的工具性与人文性的关系？

于漪认为，一个事物有两个或两个以上的本质属性，不能简单地称之为“二元论”或“多元论”。语文学科作为一门实用而多彩的人文学科，一门多功能的育人学科，应该是语言的工具训练与人文教育的综合。我们进行的是母语教学，语言和文化不是两个东西，而是一个整体。没有人文，就没有语言这个工具；舍弃人文，就无法掌握语言这个工具。说语文学科具有人文性，绝不是排斥它的科学精神；说语文学科具有工具性，也绝不是削弱它的人文精神，不存在限制这一个，张扬另一个的问题。语文学科的工具性和人文性是一个统一体的两个侧面，不可割裂，不可偏废。于漪强调，工具性和人文性两者不是一增一减，而应沟通交融，互渗互促。确立了正确的语文学科性质观，就会自觉地把语言教育同思维训练、情感熏陶、人格培育有机结合起来，教文育人，从根本上提高学生的语文素养，提高语文教学的效率。

语文学科不是还有其他一些属性吗？

于漪认为，语文学科有多种属性、多种功能。属性和功能是分层次的，看你是从什么层次、从什么角度去阐述。从我们的语文教育现状出发，经过反思，她以为语文学科的基本属性或者说特质，用工具性和人文性两者的综合进行概括，可能比较准确一点，可能有利于语文课程的改革和发展。语文学科的性质决定了教学中须发挥多功能的作用。

发现问题往往比解决问题更重要。可以说，于漪关于语文学科性质功能的阶段性研究成果，特别是她站立于人学的制高点发现语文教育价值、拓展课程开发空间的创造力，她的教育理想，将产生更为广泛的影响。

一身正气做学问，表里俱澄澈

1986 年 5 月，张志公病中阅读于漪《学海探珠》手稿，曾作文赞叹："于漪教书简直教得着魔了！"

1999 年，湖北教育出版社编了一套八本"中学语文素质教育名家丛书"。丛书主编邹贤敏为于漪写的手记中说，在酝酿八篇"手记"的标题时，最先印入我大脑屏幕的就是属于她的四个字：人格魅力。她独特的魅力从其人格中溢出，不浓不淡，不紧不慢，内蕴丰富，绵绵无绝。她的论著帮你解开教学之谜，更提升你的精、气、神。

从学术人品看，这样的口碑由何而来？

首先是不唯书，不唯上，不追风，不媚俗，实事求是，旗帜鲜明，敢于担当。于漪面对的学术文化环境并不理想。她的准则是，坚持从实际出发，独立思考。举个例子，当年"要走世界文字共同的拼音方向"似乎无可抵挡，于漪怎么说呢？方向毕竟是方向。现在我们教的、使用的还是方块字，我们使用的汉字是形、音、义的组合体，是反映几千年中华民族深厚文化的文字。不能把我们现在教学生的汉字与外国的拼音文字画等号。这段话今天读来并无独特之处，但是过来人掂得出个中的分量。

对于来自外国的东西，于漪始终持有一种寻根究底、以我为主的心态。她以为，学习外国科学的教育理论，借鉴教学方法，目的在于丰富自己。忘了自己语文教育的个性与特色，也就容易失掉自己。更何况由于语言的隔阂与障碍，翻译的文章有的已失去实效，有的已在实践中修改和扬弃，因此阅读时要注意鉴别，从我国语文教学实际出发，取其精华。众所周知，她出于自己对母语教育的深刻理解，对于移植到国内来的语文高考“标准化”，一开始就持保留态度。待到弊端初显，她公开表示异议，直到接连发表讲话、文章。最后从语文教育性质观上追根溯源，申说照抄照搬外国本已改弦易辙的东西的危害，积极提出对策建议。

说到语文教育性质观的反思，对已经功成名就的于漪来说绝不是一件小事。要构建一套有创见、有实践价值的理论话语体系，不但学术难度相当大，而且方方面面非学术的压力也特别大。一旦引发争论，不免卷入漩涡。但是，于漪还是毅然鲜明地亮出自己的旗帜。现在，她虚心倾听各种意见，不断学习思考，力求博采众长，为我所用。于漪 1995 年 4 月 3 日致同事函：“（语文教育性质观存在问题，亟待反思）不是主观臆想，而是客观存在。提出问题就会得罪一些人，四面都光滑圆润，对事情确实有百弊而无一利。我这个人由性格所决定，总是选择前者，而且从不反悔。如果错，我百分之一百认输，从不含糊。”又，1996 年 4 月 26 日致友人函：“语文教学质量何时能全面提高？有时深感伤心。倒霉的不是我们这一辈，倒霉的是孩子。”

于漪之所以赢得尊敬，还因为她淡泊名利，拒绝名人之累。“中学语文教师”是她唯一认同的终身头衔。她不愿谈自己的业绩、荣誉，远离繁文缛节，始终像一个普通老百姓那样生活，住着老式的公寓房，菜炒得很好吃。但是，她是知识富有者，追求着很高的精神文化生活质量。这二十来年，她太忙了。担任那么繁重的社会工作，依然不肯离开讲台。直到今天，除非病倒在床上，她还是不断地跑一线，不断地跟教师、学生对话，不断地讲课，为语文教育改革出点子、写文章、编书。重要的是，她带着一颗年轻的心，终日关注和思考着教育特别是语文教育的前沿课题。她特别重视学术对话，重视不同的意见，重视报刊上关于教育特别是语文教育的争论，听到有创意的声音就眼睛发亮。七十多岁的人，为了支持“园丁工程”，她有时竟然接连讲上两三个小时，还是那样笑容可掬，抑扬顿挫，简洁流畅，创见迭出。

于漪学术人品的最大魅力，是献身精神。这种精神总根于爱：对事业的热爱，对同志、对学生的挚爱，对语文教育实践和研究的酷爱和迷恋。当年张志公说，于漪教书，简直着魔了！现在应当再加上两句：于漪学习，简直着魔了！于漪思索，简直着魔了！奉献自己有限的生命，获取精神上无限的欢乐，这就是我们可以在她约400万字著述中读出的于漪的人生哲学。

1996年初，隆冬季节，于漪接待《人民教育》记者。记者问：您年事已高，身体不好，工作担子那么重，社会活动那么多，却还能写出那么多著作，靠什么法宝？于漪回答：“要说有什么‘法宝’的话，那就是一个‘快’字。”问题是，这样的“快功”从何而来？于漪曾为她的《语文教学谈艺录》一节拟过一个小标题，叫作“跑步前进”。如今，年过七十的于漪，办事作文仍然是出奇的快。“快”的背后，是生命的“跑步前进”。1997年以后的三年时间，于漪心脏病复发，一度十分严重。她曾经把《于漪：追求综合效应》称为“这是我答应编写的最后一本书”。奇迹出现，她又投入了新的劳作。

在本文结束的时候，笔者推荐于漪1997年发表的《自强不息，女教师们！》。这是于老师1996年11月给贵州偏远山区一位中学语文教研员的长篇复信，被认为也是一篇美文。信的结尾有这样一小节：“我当了一辈子教师，教了一辈子语文，上了一辈子深感遗憾的课。我深深地体会到‘永不满足’是必须遵循的信条。正如《浮士德》诗剧中主人翁浮士德所说：‘要是有那么一刹那，对我说：停住吧，你是多么美好！那时也就敲响了我的丧钟。’浮士德上天下地求索，经历了爱情的悲剧、事业的悲剧，什么都一场空，但是他没有灰心。最后，他在一块荒芜不毛的海滩上建立起人间的乐园，心里一片光明，情不自禁脱口而出：‘停住吧，你是多么美好！’这一刹那，浮士德倒地死去。满足意味着生命的结束。”于老师把她新出的一本教例选集定名为《可以做得更好》。她不满足。她的学术生命将永葆青春。

（作者原系无锡教育学院副院长）

在于漪从教50周年学术讨论会上的讲话

柳　斌

尊敬的于漪老师、老师们、同学们：

有机会参加今天于漪老师教育思想和从教50周年学术讨论会，感到非常荣幸。于漪老师从教50周年了。50年来，由于于漪老师人格的力量、智慧的力量、忠诚于祖国教育事业的理想的力量，她在人生道路上获得巨大成功，成就了一番光彩夺目的事业。在这里，让我以一个教育工作者的名义，向于漪老师表示深深敬意！

于漪老师长期从事语文教育工作，她的语文教育思想和语文教育实践在语文教育界产生重要影响。多年来，由于基础教育中存在“应试”倾向，语文教学陷入重重困境，费时多，效益低，引起教育工作者和有识之士的广泛关注和忧虑。一个人的语文能力是从哪里来的？是生而有之还是学而有之？事实证明，语文能力并非与生俱来，但也不是从语法、修辞、逻辑知识以及文章作法的考试或者讲解中转化而来的。一个人的语文能力只能从听、说、读、写的实践活动中得来，在优秀范文的阅读中感悟、品味、思考、理解，随着所感、所悟、所得的潜移默化而生成，并具有自己的认知、自己的情感、自己的品格以及具有自己个性的语文能力。因此，大量阅读是提高语文能力的基础，听、说、读、写等实践活动是提高语文能力的必由之路，潜移默化是语文能力生成的基本规律。应试教育的思维及其一整套做法则是与此背道而驰的。正如于漪老师在《“标准化试题”把语文教学引入了“死胡同”》一文中指出的，这种教育思想倾向，第一，对语文学科的性质认识不清楚。中学语文重在应用，重在培养人，不是搞什么语文的专门学问，讲授过多的知识和精深的理论，把语文教育工具性和人文性机械割裂开来，势必步入误区。第二，烦琐教学在语文教学中泛滥，这种教学将许多文字精美的文章肢解，在教学中把语言与内容严重割裂开，寻章摘句，把原本浑然天成、有血有肉的文章变成鸡零狗碎、毫无生气的东西。于漪老师强调教育就是培养人，她正是从这个角度去建立她的语文教育观念的。她强调语文要讲求综合效应，强调语文教师要树立鲜明的语文目标，教文要服务于育人目标。她认为，离开了人的培养去讲文的教学就失去了教师工作的制高点，也就失去了教学真正的价值。因此，语文教学应根据本学科特点，引导学生在素质、能力、智力等方面扎下深根。于漪老师讲过一段意义深刻的话：“学语文就是学做人，伴随语言文字读写听说训练渗透认知教育、情感教育和人格教育。语言文字不是单纯的符号系统，而是一个民族认识世界、阐释世界的意义体系和价值体系，她与深厚的民族文化是联系在一起的。”这里应当指出，于漪老师上述观念是她几十年教育教学经验的总结，也正是今天语文教学中素质教育新理念的内容。

50年来，于漪老师育人是一代师表，教改是一面旗帜。让我们大家都来学习她这种诲人不倦和永远进取的精神，为我国教育事业的进步作不懈的努力。

祝于漪老师幸福安康，祝大会圆满成功，谢谢。

（作者原系教育部副部长、国家总督学）

于漪教育活动年表

董少校　撰

1929 年　出生

2 月 7 日，出生于江苏镇江。家中姐弟五人，于漪系长女，大弟于渤，二弟于洸，三弟于渌，小妹于涟。

1937 年　8 岁

7 月 7 日，卢沟桥事变爆发。于漪所在薛家巷小学面临解散，于漪在父亲带领下，到乡下新洲逃难，后到上海插班读崇实小学。

1944 年　15 岁

于漪初中毕业，回老家。夏天，父亲因肺结核去世。于漪投考江苏省立教育学院附属师范学校，被录取，到苏州求学。

1945 年　16 岁

抗日战争胜利后，因师范学校调整，于漪结束在此处为期一年的学习。同年，省立淮安中学在镇江临时复校，于漪投考，被录取。该校半年后迁回淮安，于漪在此走读一个学期。

1946 年　17 岁

2 月，江苏省立镇江中学在镇江郊区七里甸复校，于漪投考，被录取，完成高二下学期和高三学业。

1947年 18岁

是年，毕业于镇江中学，考入复旦大学，就读教育系。

1951年 22岁

7月，毕业于复旦大学教育系，被分配到华东人民革命大学附设工农速成中学。

1953年 24岁

是年，于漪与黄世晔结婚。1955年生儿子黄肃。

1957年 28岁

2月，于漪编著《春秋战国的故事》由江苏人民出版社出版。次年8月，《明清的故事》出版。

1958年 29岁

2月，调入上海市第二师范学校工作，教历史。次年改行教语文。

1960年 31岁

6月，上海市第二师范学校转制更名为上海工农师范大学，于漪任附属预科语文教师。

下半年，因病住院。

1962年 33岁

6月，上海工农师范大学被撤销，成立上海市杨浦中学，于漪任教高中语文。

1963年 34岁

秋，到杨浦区红专学院参加中学语文教研组长座谈会，受到上海市语文教研员杨质彬关注。其后，杨质彬常去学校听于漪的课。

1964 年　35 岁

4 月 16 日，《文汇报》刊登于漪撰《胸中有书，目中有人》，系于漪在社会媒体发表的第一篇署名文章。

5 月，《上海教育》第 5 期登载于漪撰《把语文课上得实惠一些，朴素一些》。

1965 年　36 岁

5 月，《上海教育》第 5 期登载章如撰《富有思想性战斗性的语文课——记于漪老师教〈民族的科学的大众的文化〉》，系社会媒体对于漪教育活动的第一篇报道。

8 月 13 日，加入中国共产党。

是年，被评为上海市三八红旗手。

1966 年　37 岁

是年，“文化大革命”爆发。于漪受到批斗和冲击，接受劳动改造。

“文革”期间及前后，曾带 65 届、66 届、69 届、70 届、74 届、75 届、77 届中学生。

1974 年　45 岁

秋天，于漪母亲因患胰腺癌，在杭州去世。

1977 年　48 岁

7 月 26 日，《文汇报》刊登于漪撰《把心贴在党的教育事业上》。

10 月 17 日，《文汇报》刊登《为了对祖国下一代负责——记杨浦中学教师于漪》。

10 月 19 日，上海电视台向全市直播于漪主讲课文《海燕》。

12 月，当选上海市人大代表。自此起，共任 5 届。

是年，于漪所带 77 届年级组被评为上海市先进集体。高考恢复，

3 班、6 班同学全部考入高校。

1978 年 49 岁

8 月，获评上海市首届语文特级教师。

10 月 11 日至 21 日，中国工会第九次全国代表大会在北京召开，邓小平代表中央向大会致辞。于漪参会，被选为候补执行委员，次年成为执行委员。会议期间，在全国妇联组织下，邓颖超与女代表座谈并合影。

12 月，参加全国妇女代表团，赴日本访问。

是年，被评为上海市三八红旗手。

1979 年 50 岁

1 月，《语文学习》第 1 期（总第 1 期）刊登于漪撰《要重视外国文学作品的教学——从日本的国语教材想起的》。随后，第 3 期登载于漪撰《既教文，又教人》。

12 月 23 日至 29 日，上海市第七届人民代表大会第二次会议举行，设立市人民代表大会常务委员会，选举委员，于漪被选为常务委员会委员和教育科学文化卫生委员会委员。担任常务委员会委员至 1983 年 4 月 26 日。

12 月 25 日，全国中学语文教学研究会在上海成立，于漪因参加上海市人民代表大会，不能缺席人大常委选举，故未能参加研究会选举，依然被选为副会长，是教学第一线的唯一代表。

1980 年 51 岁

4 月，被评为 1979 年度上海市劳动模范。后又被评为 1981 年度、1985 年度、1987 年度、1991 年度上海市劳动模范。

8 月 2 日至 9 日，全国中学语文教学研究会在北戴河召开座谈会，于漪在会上作长篇发言。

10 月，中国语言学会在武汉成立，于漪参加，被选为理事。

12 月初，云南省中小学语文教学研究会成立大会，于漪参加，作《如何提高中学语文教学质量》发言。

12月11日，四川省中小学语文教学研究会成立大会暨首届年会召开，全国中学语文教学研究会副会长于漪作《怎样做一个中学语文教师》发言。

1981年　52岁

约1月，北京教育学会、全国中学语文教学研究会联合举办学术报告会，于漪作《怎样做语文教师》和《怎样调动学生学习语文的积极性》两场报告。

4月9日至16日，上海市七届人大三次会议举行，于漪参加，呼吁全社会都要重视中小学教育。

4月，《人民教育》第4期登载于漪撰《关于语文教学的启发性》，以及郑保生撰《关于语文教学的启发性——上海特级教师于漪同本刊记者的谈话》。

5月，《语文教学通讯》杂志举办首届全国中学生评书活动，于漪担任评选委员会副主任。马烽为主任。

7月2日至12日，全国汉语语法和语法教学讨论会在哈尔滨召开，于漪为讨论会领导小组成员，在会上作《目中有语法，胸中有中学师生——对建立新的语法体系的要求》发言。

8月，经于漪口述，徐金海和金正扬著《中学语文教学探索——特级教师于漪的教学经验》由上海教育出版社出版，系第一部有关特级教师的专著。

9月17日，《文汇报》推出《教育断想》栏目，至11月19日结束，共发表于漪文章8篇。

9月，教育部师范教育司编《全国特级教师经验选》（第一集）由人民教育出版社出版，收入于漪撰《在探索语文教学的道路上》。

10月28日至11月4日，全国中学语文教学研究会第二次年会在福州召开，副会长于漪参加，作《中国中学语文教学要走自己的道路》主题发言。

1982年 53岁

1月1日，学生看望于漪，赠送嵌名书法“于师教绩启后学，漪园桃李浴春风”。次日，《文汇报》登载图片新闻。

3月22日至24日，山西省中学语文教学研究会在太原召开理事会，全国中语会副会长于漪作报告。

4月，于漪在太原作《怎样调动中学生学习语文的积极性》报告。

7月，应呼和浩特教育局邀请，于漪到内蒙古讲学。

11月，沈蘅仲、于漪、卢元、高润华、钱梦龙著《教与写——特级教师作文教学经验片断》由上海教育出版社出版。

1983年 54岁

4月18日至27日，上海市八届人大一次会议举行，于漪当选为上海市第八届人民代表大会常务委员会委员，至1988年4月24日。

4月，赴北京参加全国“五讲四美”为人师表活动先进代表会议，被评为全国“五讲四美”为人师表优秀教师，在北京中山公园中山堂作《心中要有共产主义旗帜飘扬》发言。

《语文教学通讯》第4期登载于漪撰《学海探珠录》，附编者按。至1986年6月，《学海探珠录》专栏共刊登于漪文章21篇。

9月，于漪被评为上海市三八红旗手和全国三八红旗手，作为教育界的代表，第一次走进人民大会堂接受颁奖。

10月，《于漪、钱梦龙谈语文教学改革》印行，江苏扬州邗江县中学语文教研站等根据录音整理。

11月28日至12月4日，中国教育学会中学语文教学研究会第三次年会在北京举行，副会长于漪作闭幕总结。于漪当选为第二届理事会副理事长。

1984年 55岁

2月，陶本一主编《于漪文体教学教案选》由陕西人民出版社出版。

2 月起，于漪、陶本一主编《中学语文备课手册》由陕西人民出版社出版，初中、高中各 6 册，共 12 册，约持续出版至 1987 年。

6 月，上海市杨浦中学转制恢复为上海市第二师范学校。

7 月 16 日至 24 日，“16 城市中学生语文邀请赛”在中央电视台大演播厅开展现场竞赛，于漪主持竞赛，出席颁奖仪式。

8 月，于漪著《语文教苑耕耘录》由福建教育出版社出版，是她第一部署为“著”的个人作品。

8 月，上海教育学院中文系编《于漪教案选——特级教师教案选（一）》由上海教育出版社出版。

11 月 6 日，《语文学习》编辑部邀请魏书生到上海作《培养学生自学能力的一些做法》报告，于漪参加。

是年，被评为上海市三八红旗手。

1985 年　56 岁

4 月 16 日，《中国教育报》刊登陈亦冰、王厥轩撰《开拓者的风范——记上海市杨浦中学特级教师于漪》。

4 月起，于漪、陶本一主编“中学生升学作文辅导”丛书由陕西人民出版社陆续出版，含《记叙文一百题》《议论文一百题》《说明文一百题》。

5 月，于漪《作文讲评的实践和认识》获上海市首届普教教育科研成果奖二等奖。

7 月，于漪、潘益大、陈贤德、陈亦冰等著《教师的修养》由上海教育出版社出版，收入于漪撰《响鼓更须重槌敲》。

8 月起，于漪担任上海市第二师范学校校长，共 10 年。依法治校，以德兴校，坚持培养德智体美劳全面发展的人。提出“两代师表一起抓”“一身正气，为人师表”，既要求学生增强“为师”意识——明日教师，今日做起；又满腔热情培养青年教师，发挥中老年教师的骨干作用，为教师成长发展点火助力。学校影响不断扩大，成为师范教育“大气候”，被称为“二师现象”。提出必须立足“三个制高点”思考教育问题，疾声呼吁站在时代高度、战略高度和与发达国家教育竞争高度来思考办学的总体要求，坚持培养与弘扬社会主义精神文明；坚持“四全”育人，即教书育人，管理育人，服务育人，环境育人；坚持全员育人，认为学校最大的事是“一个心眼为学生”。国家教委师范教育司领导与工作人员6人住校一周，从早操看到晚自习后熄灯，课内课外调查、询问，给予肯定与赞扬。上海市副市长谢丽娟也作了批示。

9月7日，上海团市委与市教卫工作党委在上海展览中心宴会厅联合举办“庆祝首届教师节‘园丁与桃李’座谈会”，于漪和学生曹春参加。

9月，于漪、陶本一主编“中学语文读写借鉴小书库”丛书由光明日报出版社出版，含《哲理古诗小辞典》《微型议论文选读》《中学生杂文选读》3册。

是年，被评为上海市优秀教育工作者。后又于1987年获此荣誉称号。

被任命为全国中小学教材审定委员会中学语文学科审查委员会委员。后又于1991年任此职务。

是年起，担任上海市人大教科文卫委员会副主任委员。

1986年 57岁

2月，于漪著《语文园地拾穗集》由海南人民出版社出版。

4月1日，于漪发起创建上海市教师学研究会，经上海市委宣传部沪委宣（86）128号批复成立。研究会挂靠在上海市教育工会之下，于漪任首任会长。

5月，上海市教育工会组织教育系统劳动模范报告团，于漪、王一飞等7人参加，举办3场报告会，数千名教工听讲。

6月，荣获“上海市优秀共产党员”称号。

7月1日，《文汇报》介绍上海市委命名的10个“先进党支部”和13位“优秀共产党员”事迹，含“辛勤耕耘育新苗的于漪”。

9月10日，上海教育会堂举行奠基仪式。此前，于漪与毛蓓蕾、吴佩芳等多次在上海市人大提议案，要求建教育会堂。后来，教育会堂于 1987 年教师节开工建设，1990 年 4 月 27 日验收投入使用，当年 9 月 9 日举行落成典礼。

9 月 22 日至 28 日，国家教委在北京召开全国中小学教材审定委员会成立会议，于漪参加中学语文组活动，多次发言。

9 月，《人民教育》第 9 期登载于漪撰《做到日有长进》，系“教师节抒怀”。

10 月，于漪主编《同步作文》由河南教育出版社出版完毕，含初中语文第一册至第六册。

是年，被评为上海市三八红旗手。孙女黄音出生。

1987 年　58 岁

1 月，《语文教学通讯》第 1 期登载《关于成立农村中学语文教学改革基金会的倡议》，于漪为 13 名作者之一。

6 月，于漪、周至、冯正主编《名家行家作文训练设计》由宁夏人民出版社出版。

8 月，于漪著《作文讲评五十例》由山东教育出版社出版。

8 月 2 日至 9 日，《语文教学与研究》杂志社在宜昌市举办“中学语文教改研讨会”，于漪作《语文课堂教学琐谈》和《谈教师的自身建设》两个专题发言。

10 月，于漪、徐汉华、钱仲德、姚善同、崔同寅著《中学生作文失误例谈》由新世纪出版社出版。

是年，上海市第二师范学校被评为全国师范教育先进单位。

1988 年　59 岁

3 月，《语文学习》杂志举办上海市中学生快速作文比赛，于漪为评比委员会成员。

4 月 19 日至 30 日，上海市九届人大一次会议举行，于漪当选为上海市第九届人民代表大会常务委员会委员，至 1993 年 2 月 20 日。于漪等 60 多名人大代表联名提出增加教育预算的议案，得到采纳和落实。

6 月，受国家教育委员会中小学教材办公室委托，教师教学用书《高中语文教学指导书》（上教版）由上海教育出版社出版，于漪主编。

7 月中旬，应香港中文教育学会邀请，赴香港参加中文科课程教材教法研讨会。

8 月 5 日，人教社语文二室与辽宁教育学院在沈阳举办中学语文教师培训班，于漪作《改革课堂教学，提高教学效率》主题报告。

9 月，沈国平等编著《中外名家读写趣闻》由四川少年儿童出版社出版，于漪作序《写在前面》。

12 月起，《语文学习》连续登载“于漪语文教育观自述”，共 5 篇。

是年，上海市第二师范学校被评为上海市文明单位、上海市花园单位。

1989 年　60 岁

2 月 28 日，人教社语文二室在河南濮阳培训教师，于漪前往讲课。

4 月，上海市师范教研室编《上海市师范教育教学实用文写作指导》印行，于漪撰写序言。

8 月，乐其麟主编《中师文选和写作图示解析》由华中师范大学出版社出版，于漪作序。

9 月，《师范教育》第 9 期推出上海第二师范学校专题，含于漪文章。

秋天，受澳门“中国语文学会”邀请，到澳门访问交流。

11 月 30 日，上海市中学语文教学专业委员会第二届会员大会暨年会举行，会长于漪作工作报告。

是年，被评为全国先进工作者，到人民大会堂参加颁奖典礼。

1990 年　61 岁

1 月，于漪著《学海探珠》由人民教育出版社出版。

4 月，吴天锡、董兆杰、朱特雄、夏莲编著《教师口才修养》由中国城市经济社会出版社出版，于漪作序。

5 月，段海强、彭敏选评的《外国当代儿童文学作品选评》由江苏少年儿童出版社出版，于漪作序。

6 月，于漪主编《古今中外佳作精选》由语文出版社出版，共五辑，自编第三辑。

9 月，徐宗琏、杨振中、张玉英、柯益烈编著《初中作文训练技巧》由光明日报出版社出版，于漪作序。

10 月，邹孚庭、方仁工主编《十字路口——’89 上海市中学生新星作文大奖赛获奖作文评析》由上海三联书店出版，于漪作序《在“炼”字上下功夫》。

12 月 3 日至 4 日，由《学语文报》主办的于漪、陆继椿学术报告会在武汉举行。

12 月 6 日，上海纪念现行宪法颁布 8 周年座谈会在市人大常委会会议室举行，于漪参加并发言。

1991 年　62 岁

约年初，搬到新家，为四居室。

1 月，张俊秋、秦健、王卫国、吴红坚、黎革宁编著《缪斯的金钥匙》由广西人民出版社出版，于漪作序《在书前说几句》。

4 月，深圳市中学语文教学研究会等编《深圳・珠海・澳门中学生作文选》由山西人民出版社出版，于漪作序。

5 月，鲍志伸编《初中生 600 字作文》由学林出版社出版，于漪作序《写在前面》。

8 月 15 日上午，上海市人大常委会第 28 次会议在锦江小礼堂召开，审议社会治安综合治理报告，于漪参加并发言。

8 月，于漪、陶本一主编《文学形象辞典》由陕西人民教育出版社出版。

“上海市中小幼教师继续教育丛书”之《新时期中学教师修养》由上海教育出版社出版，于漪作序《一点感想》。

11月19日，上海市劳改局开设的“希望热线”5121890开通，于漪担任顾问，当天接听“希望热线”。

12月7日至8日，于漪从教四十周年教育教学思想研讨会在上海市第二师范学校举行。国家教委师范司致贺信。上海市政府教卫办主任王生洪在贺信中赞誉，“于漪老师是上海普教界、师范教育界的一位代表，一面旗帜”。张志公、罗竹风、陈伯吹、刘国正、陶本一等知名人士特地撰文题诗表示祝贺，300多人参加。于漪作《奉献——教师的天职》发言。

是年，上海市第二师范学校被评为全国中等师范学校办学成绩显著单位。

1992年　63岁

2月，茅一辉主编《中学生优秀演讲稿选评》由同济大学出版社出版，于漪撰写序言。

3月，美国教育研究会年会在旧金山召开，于漪宣读中、美、英三国关于师带徒青年教师职业初级培训模式的研究报告，题为《老教师指导下的青年教师培训——中国教师师徒帮带事例》，与马立平共同完成，系美国密歇根州立大学国际教师学习研究中心国际合作研究项目的论文成果。

6月，于漪主编“语文读写技巧丛书”由华东师范大学出版社出版，含《记叙文写作技巧》《说明文写作技巧》《议论文写作技巧》《实用文写作技巧》《诗歌阅读技巧》《文言文阅读技巧》《小说阅读技巧》《散文阅读技巧》，共8册。

金志浩编《高中生700字作文》由学林出版社出版，于漪作序《在限制中显本领》。

9月10日，《语文教学与研究》杂志社举办第五届“华夏杯”全国中学生作文大赛，于漪任顾问。

9月，青年报社编《华东六省一市中学生作文比赛十年佳作精选（1981—1990）》由上海教育出版社出版，于漪作序《十年辛苦不寻常》，时任比赛评委会主任委员。颁奖典礼在上海市第二师范学校举行，于漪参加。

11 月，朱耀成等编《少年作文精华词典》由上海辞书出版社出版，于漪作序《写在前面》。

是年，于漪著《教你写作文——中学生作文指引》由香港朗文出版（远东）有限公司出版，书中举例作文均为香港中学生作文。

1993 年　64 岁

6 月，刘桂松、申晓蔚编著《全国初中生作文大全》由上海人民出版社出版，于漪作序。

8 月，《语文学习》编辑部编《活的语文教育学》由上海教育出版社出版，收入于漪文章 6 篇，附于漪小传。

10 月，许联华、鲍志伸选编《在改革大潮中——华东六省一市中学生作文比赛（第 11—12 届）优秀作文》由上海青年报社印行，于漪作序。

11 月，赵福祺、刘冈编《当代中国语文教育改革名家评介》由成都出版社出版，首篇为戴前伦撰《立体化施教　全方位育人——于漪语文教育改革评介》。

1994 年　65 岁

1 月，卢方、柳泽泉、鲍志伸主编《“浦东之春”中学生优秀作文选》由学林出版社出版，于漪作序《倾注真情咏浦东》。

3 月，于漪著《教你学作文》由山东教育出版社出版。

4 月 18 日，《语文报》刊登“于漪信箱”预告，鼓励中学生给于漪写信。5 月 23 日，“于漪信箱”开通，至 1998 年 1 月 20 日，共发表 66 篇回信。

6 月，于漪、陶本一、徐汉华编著《中学生记叙文常见题目 60：审题·确定中心·写法提示·范文示例》《中学生说明文常见题目 60：审题·确定中心·写法提示·范文示例》《中学生议论文常见题目 60：审题·确定中心·写法提示·范文示例》由华夏出版社出版。

7 月，于漪主编《美的世界》由未来出版社出版。

9 月初，在上海教育电视台完成“教你学作文”系列讲座录制。

9 月，于漪被评为上海市中小学优秀校长（共 10 人）。参加上海市中小学优秀校长表彰大会，作《“给”永远比“拿”愉快》发言。

于漪著《妙笔生辉——于老师教记叙文》由复旦大学出版社出版，系“ETV 家庭教师辅导丛书”。

10 月 1 日，中华人民共和国成立 45 周年，于漪作为全国劳模赴北京观礼。

1995 年 66 岁

5 月 6 日，上海市普教系统义务讲学志愿者协会成立，挂靠上海市教育工会，于漪任理事长。暑假，于漪等赴湖南吉首支教。

5 月，卢方、柳泽泉、鲍志伸主编《第二届“浦东之春”中学生优秀作文选》由学林出版社出版，于漪作序。

6 月，于漪获国务院颁发的首批基础教育教师政府特殊津贴。

于漪任上海市第二师范学校名誉校长。

《语文学习》第 6 期登载于漪撰《弘扬人文 改革弊端——关于语文教育性质观的反思》，附编者按。

8 月 1 日上午，全国中学生文学社联合会第四届年会在温州景山宾馆召开，于漪参加，为 100 多名与会代表作《课堂教学艺术》报告。

8 月 15 日至 18 日，全国青年语文教师联谊会成立大会在泰安举行，436 名代表参加，于漪用一天时间作《让生命在教坛上闪光》报告。会上成立“于漪语文教育思想研究课题组”，陈军主持。

9 月，国家教委在天津召开全国中小学教材审定委员会第三届全体会议，审查高中各学科课程标准。于漪参加高中语文组，接受委托，根据议定意见改定课程标准送审稿。

11 月 8 日至 10 日，由中国教育学会语文教学法研究会主办的 21 世纪中国语文教育发展战略研讨会在上海师范大学举行，于漪作《关于语文教育性质观的反思》主题报告。

是年，于漪、李熹、沈莉合作完成的《中、英、美师带徒职初培训模式比较研究》获得上海市第五届教育科学研究成果二等奖。

1996 年　67 岁

1 月，苏步青、于漪主编“名师教你学习方法”丛书由上海社会科学院出版社出版，含《小学高年级数学》《小学高年级语文》《初中记叙文》《初中说明文》《初中文言文》《初中议论文》《初中代数（上）》《初中代数（下）》《初中几何》，共 9 册。

3 月，《人民教育》第 3 期登载续梅撰《桑榆霞满天——于漪速写》。

6 月，程红兵著《语文教学的人文思考与实践》由中国铁道出版社出版，于漪作序。

8 月，于漪主编《初中语文学习导引》系列图书由山东教育出版社出版，于漪撰写前言。

9 月 5 日，上海市教育工会在教育会堂举行“爱岗敬业——百名劳模、优秀教师结对拜师活动”，全国劳模于漪在会上向全市教师发出“教书育人，为人师表”的倡议。

11 月 4 日，罗竹风去世。于漪参加追悼会。

1997 年　68 岁

3 月，《语文世界》第 3 期公布“语文报杯全国中学生作文大赛”参赛题，于漪参与命题。

4 月 5 日至 7 日，全国中语会历史名城语文教学研究中心第九届年会在扬州举行，400 多人参加，于漪作报告。

6 月起，于漪参与主编的《中国学生作文年鉴》系列图书在山西教育出版社陆续出版，共 4 种 19 册，于漪作序。

7 月，上海市第二师范学校转制为上海市杨浦高级中学，于漪担任杨浦高级中学名誉校长。

于漪著《语文教学谈艺录》由上海教育出版社出版。

1998年 69岁

5月22日至26日，中国教育学会中学语文教学专业委员会教学实验研究中心成立暨教学实验经验交流会在广东省汕头市举行，于漪致贺信。

6月，《人民教育》第6期登载于漪撰《“标准化试题”把语文教学引入了“死胡同”》。

10月，于漪、陈军著《智慧的源泉——于老师谈现代文阅读》由山东教育出版社出版，列入“名师解惑丛书”。

是年，心脏病复发，住院，抢救后脱离危险。

1999年 70岁

1月，陈学法主编《语文素质教育新探》由大连出版社出版，分为小学卷和中学卷2册，于漪作序。

1月起，于漪、陶本一合作主编《中国高中生作文名师评点大全》《中国小学生作文名师评点大全》《中国初中生作文名师评点大全》系列图书，在山西教育出版社出版，至2006年累计出版不少于21册。

3月，全国中语会青年教师研究中心编《于漪语文教育艺术研究》由山东教育出版社出版，是第一部以于漪为研究对象的论文集。

7月28日至31日，全国中学语文阅读教学创新研讨会在贵阳召开，近400人与会，于漪致书面发言。

7月，《中学生阅读》（初中版）第7期登载于漪撰《往事依依》，封二介绍于漪，含2幅照片及寄语“多读使人聪慧”。2001年，此文被江苏教育出版社收入《语文》教材七年级上册。

8月1日至4日，全国中语会青年语文教师研究中心第三届年会在南京河海大学礼堂召开，于漪致贺信。

9月8日，上海市中学语文教学专业委员会工作会议举行，方仁工接替于漪担任会长，于漪任顾问。

9月，上海市教师学研究会编《现代教师学概论》由上海教育出版社出版。这是中国第一部研究现代教师的理论著作。

10 月 26 日至 30 日，中国教育学会中学语文教学研究会第七届年会在天津召开，于漪作《祝贺中语会第七届年会召开》书面讲话。

11 月，刘桂松主编《初中生阅读辞海》由上海人民出版社出版，于漪作序《阅读与素质教育》。

新世纪前后，于漪在《语文报》（中考版）发表读写训练系列文章，不下 8 篇。

2000 年　71 岁

3 月起，于漪主编“爬山虎丛书”由上海教育出版社出版，含《中学生审美抒怀录》《中学生读书启思录》《中学生生活感悟录》3 册。

8 月，在上海市区县普教系统和市示范性实验性高中校长学习班上作《树立精神风范，引领教育现代化》讲话。

10 月，在江苏无锡教育学院作《教师发展：教育振兴的希望——我为什么关注现代教师学研究》报告。

11 月 11 日上午，在华东师范大学为全国青年教师骨干培训班作语文教学报告。

11 月 25 日，上海市第八届教师学研究会年会在杨浦高级中学召开，会长于漪参加。

12 月 1 日，去常州参加全国高中语文阅读教学研讨会。

12 月 11 日，华东师范大学举行国家级骨干教师培训，于漪主讲“面向 21 世纪的园丁工程”。

12 月 21 日，在白玉兰远程教育网参加交流，主题为“今天我们怎样学习，怎样做老师”。

2001 年　72 岁

1 月，《中文自修》第 1 期开设《于漪笔记》专栏，登载于漪撰《青春无价》。该栏目共刊登 3 期。

3 月，于漪著《追求综合效应》由湖北教育出版社出版，本书为“中学语文素质教育名家”丛书之一，柳斌任顾问，邹贤敏任主编。

5月，“中学生阅读杯”读书征文大赛启动，于漪任活动总顾问。

6月，于漪著《中学作文教学导论》由山东教育出版社出版，经评审，作为全国中小学教师继续教育教材。

8月，于漪著《于漪文集》由山东教育出版社出版，包括《阅读教学的理论与实践》2册、《作文教学的理论与实践》2册以及《教育教学论》和《教师自我修养自我发展》，共6册。

9月初，“上海市教师书画篆刻作品展”举办，于漪撰写前言。

9月28日，“于漪教育思想暨从教50周年学术讨论会”在杨浦四平电影院举行。原国家教委副主任、国家教育部总督学柳斌在讲话中说，“50年来，于漪老师育人是一代师表，教改是一面旗帜”。市政府副秘书长王荣华、市人大科教文卫委主任夏秀蓉、国家督学吕型伟、市教委副主任张民生、杨浦区长岑富荣、区教育局局长姚家群出席，方仁工、张定远、欧阳代娜、钱梦龙、黄玉峰、程红兵、高万祥等600多人参加。于漪作《让生命与使命结伴同行》发言。次日，全国中语会青年语文教师研究中心召开“走近于漪”恳谈会。

9月，于漪主编《现代教师学概论》（第2版）由上海教育出版社出版，经教育部师范教育司组织评审，列入“全国中小学教师继续教育公共课教材”。

10月，于漪著《于漪教育文丛》由上海教育出版社出版，4卷分别为《给语文教学加点钙》《和中学生交朋友》《可以做得更好》《站在大写的人字上》。

于漪主编《走近经典——高中文化读本》系列图书由上海教育出版社出版，共6册，于漪作序。

是年，于漪、陶本一主编《全国高中生作文精品赏析》由上海科技教育出版社出版。

2002年 73岁

1月15日上午，《教师博览》编辑出版工作座谈会在上海新民大酒店召开，于漪参加。

1月，《语文世界》（初中版）第1期《名师信箱》栏目登载于漪信函。该栏目共出 4 期。

3 月，光荣退休。

冯恩洪著《探索明天的教育》由上海教育出版社出版，于漪作序。

3 月起，于漪、陶本一主编《中国学生高考优秀作文年选》和《中国初中生优秀作文年选》由山西教育出版社陆续出版，含多种同名图书。

4 月，高万祥著《语文的诗意》由苏州大学出版社出版，于漪作序《憧憬语文教育的理想境界》。

9 月，于漪主编《走近经典——高中语文读本》系列图书由上海教育出版社出版，含《纯真年代》《心灵家园》《窗外的风景》3 册，于漪作序。

10 月，于漪主编“现代教师自我发展丛书”由东北师范大学出版社出版，上海市教师学研究会组织编写，2 辑，共 18 册。

2003 年　74 岁

1 月 20 日，上海市教育工会举行 2003 年上海教育系统劳模迎新座谈会，于漪发言。

2 月，于漪、殷华立主编《首届上海市青少年作文竞赛精品集》由少年儿童出版社出版，含小学组和中学组 2 册，于漪为中学组作序。

5 月 1 日，河南师范大学刘安娜完成《于漪语文教育思想及教学模式研究》，广西师范大学赵丹完成《特级教师于漪语文教育思想研究》，是以于漪作为硕士学位论文研究对象的较早记录。

6 月 24 日，上海市教育工会举行市教育系统劳模联谊会第二届理事会成立暨劳模协会教育分会揭牌仪式，全国劳模李国豪、于漪任名誉会长。

6 月，于漪著《新世纪教师素养专题》由东北师范大学出版社出版。

7 月，步根海、张安民编《陈文高语文人生的四个乐章》由上海辞书出版社出版，于漪作序。

8月，于漪著《我和语文教学》由人民教育出版社出版，列入“中国特级教师文库”。

陈小英、于漪著《于漪与语文教育》由国际文化出版公司出版，列入“中国当代著名教学流派丛书”。

美国维基·卡露娜著《苹果与粉笔灰——献给老师的心灵咖啡》由上海人民出版社出版，于漪作序。

是月，在上海市教师学研究会学术讲座上作《教师素质与城市精神》报告。

9月4日，上海市教育工作党委书记李宣海、市教委主任张伟江看望慰问于漪。

9月12日，“与特级教师面对面”入师教育座谈会在教育会堂举行，于漪、洪雨露等6位特级教师、特级校长与100多名新教师交流。

9月，“全国中小学语文教学改革研讨会”在连云港市举行，于漪参加。

10月，“新理念、新课标、新语文”全国语文教学研讨会在上海召开，于漪作报告并参与评课。

同月，到深圳多所学校讲学。

11月18日至20日，中国教育学会中学语文教学专业委员会第八届年会在武汉举行，于漪作书面发言。

11月，《名家与你同行——范文与习作》由上海画报出版社出版，孙国强编著初中卷，沈惠乐、姚建庭编著高中卷，于漪作序。

12月26日，上海市教育工作党委书记李宣海、秘书长董金平等看望于漪。

12月，张民生、于漪总主编《教师人文读本》由上海辞书出版社出版，分为上、中、下3册。

是年，在无锡教育学院作《一身正气，为人师表——谈教师的精神支柱》报告。

2004年　75岁

2月，张斌、于漪等著《给城市洗把脸》由上海文化出版社出版。

郑桂华主编《新语文个性化写作》系列图书由广西教育出版社陆续出版，于漪作序。

赵明主编《我这样学写作》由开明出版社出版，初中卷和高中卷各上下两册，于漪撰写序言。

3月，李杏保、王必辉主编《成语新解创意作文词典》由上海人民出版社出版，于漪作序。

4月，李锋主编《上海市中学生年度最佳作文选（2004）》由华东师范大学出版社出版，于漪作序。

7月，于漪主编《走近经典——初中文化读本》系列图书由上海教育出版社出版，共6册。

陈军著《作文新视角》由上海辞书出版社出版，于漪作序。

8月29日，1 500多名中小学新班主任在上海市委党校培训，于漪授课。

8月，于漪主编《心灵的对话》系列图书由广西师范大学出版社出版，于漪作序，含小幼卷《我和我的小天使》、初中卷《爱的怀抱》和高中卷《情感的聚焦》3册。

陆梅著《文字的背后：33位中国作家敞开心扉》由少年儿童出版社出版，于漪作序。

9月3日至4日，上海市教育工会领导看望于漪等教育系统劳模。

约12月，上海市教育工会召开“上海市普教系统教师生存状况的调查与研究”开题会议，于漪参加。

2005年　76岁

1月，于漪当选《上海教育》年度人物。

3月，王镫令著《我的夜光杯》由文汇出版社出版，于漪作序。

5月，在青年教师阅读交流会上作《用优秀经典文化滋养心灵》

讲话。

12 月 2 日至 3 日，第六届苏浙沪皖“新语文圆桌论坛”在杨浦高级中学举办，于漪发言，谈如何坚守语文精神家园、语文学科性质等。

是年，担任上海市首届中学语文学科名师培养基地主持人。

2006 年 77 岁

1 月，《语文教学通讯》（初中刊）第 2 期登载于漪撰《生命的赞歌》，系《回放与反思》专栏。本年共刊登 9 期，次年刊登 9 期。

4 月 25 日，于漪语文名师培养基地在上海市教委教研室举行培训对象第一次见面会。

4 月，于漪著《于漪与教育教学求索》由北京师范大学出版社出版，教育部师范教育司组编，本书是“教育家成长丛书”之一，杨春茂主编。

5 月，于漪主编《教师民族精神读本》由远方出版社出版。

6 月，张民生、于漪总主编《教师人文读本（修订本）》由上海辞书出版社出版，含上下册。

7 月，朱晓民著《于漪语文教学知识发展研究》由山西教育出版社出版，是作者在上海师范大学博士学位论文的基础上撰写而成的。

9 月 8 日，上海市普教系统名校长名师培养工程“于漪基地暨于漪教育思想研究中心”揭牌，于漪作《做教师是一篇大文章》发言。

9 月 14 日，“于漪基地”在杨浦高级中学举办活动，王厥轩作报告《教师教学科研指导》，于漪参加。

9 月，乐芙编《高手作文 100 篇》由上海远东出版社出版，于漪作序《新苗破土，生意盎然》。

10 月 12 日，“于漪基地”在杨浦高级中学举办活动，张汝伦作报告《人文精神与语文教学》，于漪参加。

10 月 13 日至 15 日，中学语文研讨会在华东师范大学举行，400 多名代表参会，于漪作报告并评课。

10月15日，第一届上海市中青年语文教师论坛举行，于漪参加。

10月19日至20日，语文课堂教学艺术研讨会在浦东建平中学举行，于漪评课。

10月21日上午，上海市第十中学举行百年校庆活动，于漪作为校友参加。该校原为民立女子中学、上海市第十女子中学。

10月28日，上海市教师学研究会成立20周年庆祝活动在杨浦高级中学举行，于漪参加。

12月16日，“于漪基地”在杨浦高级中学开展活动，方仁工、方智范分别作指导，于漪参加。

12月，在上海市全体在职特级教师大会上作《师德·责任·与时俱进》报告，200多人参加。

是年，杨浦区教育局与杨浦高级中学联合建立“于漪展示厅”。

是年至2008年，上海市开展语文学科融合“两纲”探索，于漪参与。

2007年　78岁

1月11日，杨福家在杨浦高级中学作《科技发展与教育改革》报告，于漪参加并点评。

1月起，黄荣华编注，“上海著名中学师生推荐书系”之一的《朝花夕拾——鲁迅散文精读》由东方出版中心出版，于漪作序。

3月27日，“于漪基地”在华东师大三附中开展“带领学生走进文本”高中语文教学研讨活动，于漪参加。

4月6日，“于漪基地”赴杭州外国语学校开展教学交流活动。4月8日，赴绍兴现场考察，于漪参加。

4月12日，第二届上海市中青年语文教师论坛在复兴高级中学举行，于漪参加。

4月27日，杨浦区教育局在控江中学召开“树魂立根，于漪引领我践行”师德建设推进会，于漪作《教育人生》报告，600多人参加。

5 月 17 日，“于漪基地”在上海市育才中学开展高中语文教学研讨活动，于漪参加。

同日，卞毓麟在杨浦高级中学作科普讲座，于漪参加。

6 月 5 日，“于漪基地”与上海市名师培养基地管理组专家在杨浦高级中学座谈，于漪参加。

8 月 13 日至 17 日，“中语泰斗长白行暨首届全国基础教育语文高峰论坛会”在通化举行，于漪因参与新课标修订未能到会，致信祝贺。

8 月，于漪著《岁月如歌》由上海教育出版社出版，后重印二十多次。

于漪主编《教师人文实用全书》由古吴轩出版社出版。

8 月起，于漪、刘远主编“名师讲语文”丛书由语文出版社陆续出版。

9 月 6 日，“于漪《岁月如歌》首发式暨从《岁月如歌》谈教师成长主题论坛”在杨浦高级中学举行，尹后庆、王平等 400 多人参加，谭轶斌主持。

9 月 21 日，于漪在复旦中学“相辉”文化讲坛作《中国文化的基本精神》报告，300 多人参加。

12 月 1 日，上海市第二师范学校 60 届（3）班回杨浦高级中学聚会，于漪参加。

是年起，担任“上海市语文学科德育实训基地”主持人，培养中小学语文学科优秀骨干教师，每期 30 多人，共三期，至 2018 年 3 月。

2008 年　79 岁

1 月，上海市中小学教师培训基地成立，于漪为基地主持人。

3 月 21 日下午，2008 上海中学生写作现状研讨会在华东师范大学学术交流中心报告厅举行，于漪参加。

3 月 27 日，第三届“上海市中青年语文教师论坛”在南洋模范中学举行，于漪参加。

3 月，谭轶斌著《阅读教学田野研究》由上海教育出版社出版，于漪作序。

4 月 9 日，于漪到黄浦区教育学院为教师作《走进新课标》报告。

4 月 26 日，首届长三角中学语文教育论坛在杨浦高级中学举行，于漪作《建造母语教学的辉煌殿堂》报告。

4 月 29 日，“恒源祥文学之星”中国中学生作文大赛（2007—2008）颁奖典礼在上海友谊会堂举行，于漪参加并发言。

4 月，于漪主编《让生命飞扬——中学语文课堂教学与生命教育》和《传承·撒播·弘扬——中学语文课堂教学与民族精神教育》由上海教育出版社出版。

5 月起，陈刚、陆惠芳主编《读懂中国》丛书由上海远东出版社陆续出版，含小学卷、初中卷、高中卷各 3 册，于漪作序。

8 月，柳泽泉著《托起一抹绿色》由文汇出版社出版，于漪作序。

9 月 7 日，于漪在杨浦高级中学参加庆祝教师节会议。

9 月 17 日，上海市副市长沈晓明在教育会堂四楼园竹厅召集座谈会，于漪等 15 位中小学名誉校长参加。

9 月 25 日，“语文是美丽的——语文教师成长与发展论坛暨柳泽泉《托起一抹绿色》《流淌心灵的泉水》首发式”举行，于漪作发言。

11 月 18 日，上海桃浦地区基础教育协同发展联合体成立大会举行，于漪参加并发言。

11 月 25 日至 27 日，中国教育学会中学语文教学专业委员会第九届年会在杭州举行，于漪作《语文三十年岁月不寻常》报告。

11 月 29 日至 30 日，上海市写作学会在复旦附中举办“上海市首届写作教学峰会”，于漪参加。

12 月 23 日，上海市教卫系统纪念改革开放 30 周年座谈会举行，于漪提出：“培养师资要讲学历，但是不能迷信学历。”

12 月 31 日，“教育的生命力在于教师成长”——于漪教育思想研讨会暨《于漪新世纪教育论丛》首发式在上海市杨浦高级中学举行，殷一璀、沈晓明致贺信，王荣华、莫负春、李骏修、陈安杰、宗明等300多人参加，于漪发言。

12月，于漪著“于漪新世纪教育论丛”由广西教育出版社出版，包括《呐喊》《坚守》《超越》《凝望》《启智》《反思》共6卷，于漪作小引。

上海教育报刊总社主编《于漪的生活状态：平凡而富于情趣》由华东师范大学出版社出版，收入对于漪的6篇评论和“于漪茶座”文章21篇。

2009年 80岁

3月26日下午，第四届上海市中青年语文教师论坛在上海市建平实验中学举行，于漪参加并发言。

3月，翁铁慧主编《润物无声——党的十六大以来上海中小学思想道德建设探索与发展》由上海人民出版社出版，于漪作序《中小学思想道德教育的里程碑》。

张庆著《张庆文集》八卷由江苏教育出版社出版，于漪作序《传统经验与现代意识完美的结合》。

4月18日，上海青少年迎接新中国成立六十周年红色文学经典导读系列讲座举办，于漪作第一讲《红色文学经典阅读与人生》。

4月27日下午，在上海市敬业中学听郑仲仁、兰保民讲课，作点评。

4月，姚为洲编著《中华经典诗歌鉴赏与诵读》由上海教育出版社出版，于漪作序。

5月25日至6月3日，由中共上海市委宣传部主办的“城市魂·群英谱——纪念上海解放60周年主题展”在上海展览中心举办，展出60名个人和2个集体的事迹风采，“师道守望者——于漪”在第二部分展出。《大写的人——城市魂　群英谱》上海锦绣文章出版社8月出版，收入《师道守望者——于漪》。

6月，于漪主编《我爱你，中国——跨越百年爱国文学精品选》

由上海教育出版社出版，共 2 册。

于漪主编《走近经典——高中文化读本》由上海教育出版社出版第 2 版，共 6 册。

卢雷著《上海名师课堂——小学语文　卢雷卷》由上海教育出版社出版，于漪作序。

8 月，于漪著《于漪老师教作文》由华东师范大学出版社出版。

9 月 5 日，《光明日报》刊登李玉兰撰《师魂：岁月深处的烛光——记上海市杨浦高级中学语文特级教师于漪》。同日，《中国青年报》刊登龚瑜撰《生命与使命同行》。

9 月 8 日，在桃浦教育联合体为青年教师作演讲《教师真正成长和发展在于内心的深度觉醒》。

9 月 17 日，“教苑群星璀璨　校园玉兰芬芳——新中国 60 年上海百位杰出女教师表彰仪式暨风采展示活动”在复旦大学光华楼举行，于漪受表彰并发言。

9 月 20 日，“面向时代的语文学习——《语文学习》创刊三十周年座谈会”在上海戏剧学院附属高级中学举行，于漪参加。

9 月 27 日至 30 日，上海市教卫工作党委书记李宣海、副书记杜慧芳等看望于漪。

10 月，于漪主编《语文可以这样教——“于漪语文德育实训基地”教学案例》由东方出版中心出版，于漪作卷首寄语和代序《中小学思想道德教育的里程碑》。

11 月 6 日至 8 日，第四届“四方杯”全国优秀语文教师选拔大赛在上海市进才学校举行，于漪作《语文教师必须有教学自信力》讲话。

11 月 10 日，于漪在复旦大学“辅导员师德师风建设报告会”作报告。

11 月，《少先队活动》第 21 期登载于漪撰《可否有点偏爱?》。

12 月 10 日，2009 和谐校园文化建设上海高峰论坛暨全国《和谐校园文化的建设与策划》课题年会在华东师范大学举行，于漪作主题报告。

12月，徐利编《走过高中》由山东教育出版社出版，于漪作序。

2010年 81岁

1月，陈小英著《守望杏坛》由上海教育出版社出版，于漪作序。

2月2日，由中国教育报和中国教育电视台主办的“2009中国教育年度新闻人物”评选活动颁奖典礼在北京师范大学举行，于漪获评“2009中国教育年度新闻人物”，参加典礼。

4月12日至13日，“庆祝中国教育学会中学语文教学专业委员会成立30周年座谈会暨2010年工作会议”在首都师范大学召开，于漪获“中学语文教育终身成就奖”。

4月，黄荣华著《上海名师课堂——中学语文 黄荣华卷》由上海教育出版社出版，于漪作序。

5月27日，“继承 创新 发展——上海市教育工会建会六十周年座谈会”在上海展览中心举办，于漪等5位嘉宾发言。

5月，《人民教育》第9期回顾该刊创刊60年报道过的最有影响力的事件与人物（1950—2010），专题梳理于漪相关文章。

6月8日，携黄荣华参加“名师高徒同看世博”活动。

7月，于漪在世博会中国馆为学生及观众讲解《清明上河图》。

8月11日至12日，全国语文学习科学专业委员会2010年学术年会暨全国第二届“语文教坛新星杯”说课大赛在上海举行，于漪作报告。

9月9日，在第26个教师节即将到来之际，胡锦涛总书记在北京接见全国教书育人楷模和教育系统抗震救灾先进集体、先进个人代表，于漪受到接见。

9月10日，全国教书育人楷模颁奖大会在北京举行，中共中央政治局委员、国务委员刘延东出席，为获奖者颁奖。于漪被评为首届全国教书育人楷模。

同日，《人民日报》刊登倪光辉撰《站上讲台，就是生命在歌唱——记上海市杨浦高级中学名誉校长、语文特级教师于漪》。随后，《光明日报》《中国教育报》《中国青年报》相继刊登人物通讯。

9 月 26 日，“全国教书育人楷模”于漪老师报告会在上海科学会堂举行，于漪作《一辈子做教师，一辈子学做教师》报告，200 多人参加。

10 月 14 日，“于漪同志教育思想研讨会暨全国教书育人楷模‘每月一星’学习宣传活动”启动仪式在上海举行，于漪发言。现场还举行了于漪教育著作、《世博一课》赠阅仪式和于漪专题片的展播。

10 月 20 日，《中国教育报》整版刊登《一辈子做教师，一辈子学做教师——教育界人士谈于漪教育思想和师德风范》，含 6 篇署名文章。

12 月 1 日，于漪在上海体育学院作“一辈子做教师，一辈子学做教师”师德师风建设专题报告。

12 月，陈娟娟著《启迪言语智慧》由上海教育出版社出版，于漪作序。

范守纲著《范守纲作文评说》由华东师范大学出版社出版，于漪作序《真知灼见，启人深思》。

是年，上海市教师学研究会受上海市教委的委托，于漪带队对 28 所中小学进行教师专业发展暨师范生实习基地的调研和评审，开展“种子教师”培训工作，共培训农村骨干校长和教师 634 名。

2011 年　82 岁

1 月 1 日，2011 年上海市十八岁成人仪式暨本市首个成人节活动在东方绿舟举行，于漪和来自 18 个区县的 1 000 多名高三学生参加。

4 月，卞毓方原著，刘晓惠、毕伟玉编注《长歌当啸》由东方出版中心出版，于漪作序。

5 月 14 日，上海市教委党校举办高中入党积极分子学习班，于漪作报告《理想照耀生命》。

7 月，叶良骏编《陶行知箴言》由上海教育出版社出版，于漪作序。

8月，于漪主审《诵读诗文　奠基职场——中等职业学校诗文诵读读本》上下册由高等教育出版社出版，于漪撰写序言。2012年12月出版修订版。

9月15日，第八届复旦大学“校长奖”颁奖大会在光华楼举行，于漪荣获“杰出校友奖”，作《复旦精神谱就我生命的底色》发言。

9月20日，上海市教育系统劳模协会第三届理事会成立，王生洪、于漪任名誉会长，陈国强任会长。

9月24日，为上海市语文学科德育实训基地学员作《语文学科德育实施纵横谈》报告。

9月，朱保良主编《实践反思　同伴互助　专业引领——“三步实践课”校本研修模式的探索》由上海社会科学院出版社出版，于漪作序。

10月，于漪编著“于漪教育视点丛书”由山西人民出版社出版，包括《开启门扉的智慧》《倾诉如歌的岁月》《涌动生命的课堂》《滋润心灵的文化》4册。

11月5日下午，“薪火相传话师魂”论坛暨于漪老师从教六十周年庆祝活动在上海远程教育集团国际会议中心举行，“于漪教育视点丛书”首发。上海市教委主任薛明扬致辞，陈小英、陈寅、顾燕文、郑朝晖、程红兵、苏立康等分别发言，于漪致答谢辞。现场播放了复旦大学为授予于漪“杰出校友奖”而制作的《复旦精神谱就生命底色》专题片。本次活动由上海社会科学界联合会主办，上海市教师学研究会承办。

12月，肖复兴著《我教儿子学作文》（最新版）由广东教育出版社出版，于漪作序。

2012年　83岁

3月，于漪主编《语文教师如何成长》由东方出版中心出版。

4月13日，于漪在静安区教育系统专场活动上作《弘扬“包容”的维度》发言。

4月21日至24日，全国第三届班主任名家论坛在上海举行，于漪作报告。

4 月，陕西省校本研修高级研修班在上海远程教育集团举办，于漪讲课。

5 月，于漪著《语文教学谈艺录》（修订本）由上海教育出版社出版。

6 月，兰保民著《语文课堂教学评课智慧——于漪评课案例剖析》由上海教育出版社出版，分析于漪的 9 个评课案例。

7 月 4 日下午，“信仰的力量——德尚少年对话时代先锋”座谈会在上海教育报刊总社举办，于漪参加。

7 月 19 日，中国教育学会中学语文教学专业委员会阅读推广中心在安徽池州成立，于漪致贺信。

8 月 2 日，于漪在国歌纪念馆作《国歌，永远是我的生命之歌》演讲。

8 月，于漪、程红兵主编《人，活在价值体系中》由上海书店出版社出版，于漪作序。

为镇江中学 120 周年校庆题词：母校“一切为民族”校训，融入莘莘学子血液，成为立身处世之本。

在山西省来沪骨干教师研修班上作《高端教师的引领作用》发言。

9 月，陈美著《我的爱弥儿》由江苏教育出版社出版，于漪作序。

11 月 1 日，2012 年西安市中小学学科带头人培养对象高级研修班在上海开放大学举办，于漪作《教育的精神追求与骨干教师的当代使命》讲座。

同日下午，上海市第八届中青年语文教师论坛“读写关系与教学策略指导”分论坛在上海市实验学校举行，于漪作报告。

11 月 18 日，参加上海桃浦教育联合体第五届年会，作《中国教育工作者的精神、智慧和自信》发言。

11 月 28 日，“上海教师学习贯彻落实党的十八大精神座谈会”在上海教育报刊总社举行，于漪参加。

2013年　84岁

1月，金正扬著《岁月留痕——教育新闻的采访与写作》由上海社会科学院出版社出版，于漪作序。

3月，胡根林著《中小学文学课程导论》由语文出版社出版，于漪作序。

5月，杨斌著《发现语文之美》由东北师范大学出版社出版，于漪作序。

6月4日，于漪参加“我和中国梦·筑梦人的前行路”上海市学科德育实训基地论坛并发言。

6月，于漪主编《教育魅力——青年教师成长钥匙》由华东师范大学出版社出版。

7月，张民生、尹后庆、于漪总主编《教师人文读本（增订版）》由上海辞书出版社出版，含上下册。

9月9日下午，“点亮梦想，追求卓越——纪念上海市特级教师制度实施35周年”座谈会在华东师范大学举行，于漪与免费师范生交流。

9月21日，于漪在上海市第九届中青年语文教师论坛作《主人·情人·高人》发言。

9月26日，于漪在第九届上海“为了孩子”国际论坛开幕式上作《点亮青少年心中情商那盏灯》报告。

9月27日，“对话师德，铸就师魂——2013第一届紫竹论道”活动在闵行区教育学院举行，于漪作《“紫竹论道”的启示》报告。

9月，于漪语文学科德育实训基地编著《多元文化与语文育人》由上海教育出版社出版，于漪作代序《立德·立业·立人》。

10月18日至20日，中国教育学会中学语文教学专业委员会第十届年会暨学术研讨会在北京大兴宾馆召开，于漪受聘担任顾问。

10月28日至30日，中国教育学会中学语文教育专业委员会“校园文学与社团”课题组第十七届年会在市北中学举办，于漪参加。

11月18日，于漪参加上海桃浦教育联合体第六届年会暨第二轮发展启动仪式，作《希望普陀西北部崛起的标杆能够普照上海教育》发言。

11 月 21 日，上海市第二届青语会换届大会暨第三届青语会成立大会在杨浦高级中学召开，于漪参加并发言。

2014 年　85 岁

5 月 22 日下午，上海市第七届高中“语文大讲堂”在杨浦高级中学举行，于漪参加并作点评。

5 月 29 日，“语文名家进校园”首场活动在市北初级中学举行，于漪参加。

5 月，于漪家庭被推选获全国“最美家庭”提名奖。

5 月起，“文化主题轴综合课程系列教材”由复旦大学出版社陆续出版，系上海复旦中学校本教材，共 4 册，于漪作总序。

8 月，《上海市中小学幼儿园教师读书现状报告》由上海三联书店出版，于漪主编，上海市教师学研究会著。

黄麟生著《语文教学艺术新论》由广西师范大学出版社出版，于漪作序。

8 月起，于漪著“于漪基础教育论稿”丛书由山西教育出版社陆续出版，包括《语文的尊严》《教育的姿态》《于漪知行录》，于漪分别撰写前言。

9 月 9 日下午，上海市庆祝第 30 个教师节座谈会举行，于漪作《立德树人，做一个堂堂正正的教师》主题发言。市委书记韩正出席活动。

9 月 17 日，上海市教育系统举行座谈会，学习贯彻习近平总书记同北师大师生代表座谈时的重要讲话精神，于漪参加。

9 月 19 日，《人民日报》刊登于漪撰《以民族精神铸学生脊梁》，系学习习近平在北京师范大学讲话的体会。

9 月 27 日，于漪新著《教育的姿态》和《语文的尊严》首发式暨“优秀语文教师的精神成长”研讨会在上海市市北中学举行，于漪围绕“优秀语文教师的精神成长”作 80 分钟讲话。

9月，于漪主编《语文教育微思考》6册由复旦大学出版社出版。

10月16日下午，第十届“上海市中青年语文教师论坛”在上海市市北初级中学举行，于漪参加。

10月，孙宗良编著《提升精神与智慧力量——优秀教师的觉醒之路》由江苏凤凰科学技术出版社出版，于漪作序。

11月5日，于漪在上海交通大学医学院博雅讲坛作《学做人师》报告。

11月12日，教育部高校辅导员骨干培训班在复旦大学基地举办，于漪作《教师的职业精神和职业道德》讲话。

11月18日，于漪在桃浦教育联合体第七届年会作《以精神力量书写中国教育学的雄文》发言。

11月，小妹于涟著《笑迎人生》由浙江大学出版社出版，于漪作序。

11月起，余党绪编著“中学生思辨读本”丛书由上海教育出版社陆续出版，于漪作序。

2015年　86岁

1月，于漪著《卓越教师第一课——于漪谈教师素养》由东北师范大学出版社出版，该书列入“学思书系·教师素养系列”丛书。

4月28日，镇江市教育局召开于漪、李吉林、洪宗礼教育实践与教育家成长座谈会，于漪参加并发言。

5月1日上午，第二届“上海市中学生经典阅读演讲”活动在市北中学举行，于漪参加并发言。

5月，于漪主编《走近经典——语文阅读新视野》由上海教育出版社出版，共6册，于漪作前言。

8月22日，于漪著《〈岁月如歌〉手稿珍藏本》首发式在上海书展现场举行，于漪发言。该书8月由上海教育出版社出版。

8月，《角斗士——中国校园文学》由学林出版社出版，于漪任名誉主编并作《让孩子的心灵辉煌起来》序，余党绪任执行主编。

9月9日，上海市新教师宣誓仪式暨尊师重教纪念碑修缮揭幕活动在静安公园举行，于漪参加揭幕并领誓，作《凝聚社会力量，支持教育发展》发言。同日，昂立教师节大会之名师论坛在上海交通大学文治堂举行，于漪参加。

9月起，张秋玲、于漪主编“中学语文教师成长进阶丛书”由教育科学出版社陆续出版，共4册，于漪作序《拔节成长的佳音》。

10月27日下午，“全国教书育人楷模于漪老师专题报告会”在上海奉贤举行，于漪作《用精神成长创造青春的精彩》报告，600多人参加。奉贤区教育局局长施文龙向于漪颁发“奉贤区教育系统教师发展导师”聘书。

11月18日，上海桃浦地区基础教育协同发展联合体第八届年会暨普陀区学区化办学推进会举行，于漪作《教师顶顶重要的就是要有高尚的情怀》发言。

11月25日至12月23日，徐汇区教育系统第八届学术节举行，于漪作《自我修炼，塑造完美的人格》发言。

12月12日上午，陕西省省级教学能手工作站站长高级研修班在上海开放大学开班，于漪作首场专题讲座《用精神的成长创造使命的精彩》。

12月21日，在上海纽约大学“当代学生的政治观、价值观、道德观培养研讨会”上，于漪作《爱国主义教育中外谈》发言。

2016年　87岁

1月18日，“上海市中小幼教师读书交流现场推进会”在东华大学附属实验学校举行，于漪作《读书，塑造人的高尚灵魂》发言。

1月28日至2月2日，上海市教卫工作党委书记、市教育工会主席沈炜等看望慰问于漪等，送上新年问候。

2月28日，向母校苏州三中题赠《〈岁月如歌〉手稿珍藏本》。

3月24日，“经典爱情作品进课堂——高中生的爱情观与生命教育论坛”在上海师范大学附属中学举办，于漪参加并作点评。

4月22日下午，“全民阅读，终身学习——书香校园推广行动”

启动仪式在松江区东华大学附属实验学校举行，于漪参加。

5月，于漪主编"'青青子衿'传统文化书系"由山西教育出版社出版，含《法治之源》《汉字魅力》《家国情怀》《交往之道》《平等公正》《生生不息》《岁时节令》《天地化育》《修身养性》《怡情乐生》《域外传播》《忠孝仁义》，共12册，于漪撰写序言。

《光明与黑暗之书〈中国校园文学〉第二辑》由学林出版社出版，于漪任名誉主编。

6月，上海市教育学会小学语文教学专业委员会编《生命的价值在讲台——戴绍英教育文集》由上海社会科学院出版社出版，于漪作序。

9月，许书明、徐海梅编著《中国古代语文教育史》由科学出版社出版，于漪作序。

11月18日，于漪参加桃浦教育联合体第九届年会，作《桃浦教育把学生发展作为教育的第一立场》发言。

11月19日至20日，全国第九届"古代文人的情怀·文言文同课异教"初中语文精品课堂教学研讨会在市东中学举行，于漪参加。

11月，李德芹著《课堂，与美相遇的地方》由华东师范大学出版社出版，于漪作序。

12月3日，中国写作学会中小学文学社指导中心成立大会暨第19届文学社年会在复旦大学附属中学举行，于漪作《让孩子在文学的土壤中开出美丽的花朵》发言。

12月8日至9日，"语文之美　教育之责——第三届语文教育论坛"在华东师范大学举行，于漪在闭幕式上作《语文之美，教育之责》讲话。

12月21日下午，《于漪知行录》读书分享会在杨浦区教师进修学院举行，于漪作《21世纪如何做基础教育的教师》发言，并向青年教师赠书。

12月，徐林祥编"百年语文教育经典名著"丛书由上海教育出版社出版，整体收入于漪著《语文教学谈艺录》。

12月起，蒯峰梅主编"智慧育人探索丛书"由同济大学出版社陆续出版，于漪作序。

2017年　88岁

1月，《人民教育》第2期登载于漪撰《以教育自信创建自信的教育》。朱永新主编《扎根中国大地办教育——共和国70年教育70人文选》2019年10月由山西教育出版社出版，收入此文。

2月，“学思书系·教师素养系列”由东北师范大学出版社出版，于漪任总主编，含《教师管理能力的提升》《教师语言修养的涵育》《教师教学智慧的展现》《教师科研能力的养成》《教师人格魅力的打造》《教师审美情趣的陶冶》《教师心理问题的调适》《教师信息素养的提升》8册。于漪作序。

3月20日，上海市“中小学课程与教学彰显中华优秀传统文化研究与实践”项目成果发布会暨论坛活动在上海市第二师范学校附属小学举行，于漪作《培养有一颗中国心的现代文明人》讲话。

3月30日，在杨浦高级中学接受上海师范大学学生“于漪老师答青年准教师问”访谈。此系列访谈至5月10日结束，总计5个半天。

3月，上海市教委教研室组编“中小学课程与教学彰显中华优秀传统文化研究与实践”丛书由华东师范大学出版社出版，共5册，于漪作序。

4月8日，纪实文学《一生秉烛为教育》首发式在第十四届上海教育博览会上举行，于漪参加交流。此书3月由上海教育出版社出版，收入于漪、袁瑢、仇忠海、顾泠沅、何金娣等事迹，附6张光盘。

4月23日，上海教育出版社新知识教育书店开张及“于漪教师教育系列课程丛书”首发式举行，于漪发言。

4月27日至29日，全国中华优秀传统文化融入语文课程学术研讨会在江苏省新海高级中学召开，于漪致贺信。

4月，于漪主编“上海教师教育丛书·知困书系”之“于漪教师教育系列课程”由上海教育出版社出版，含《办学：追求理想境界》

《教育：直面时代的叩问》《语文：教文育人的沃土》《育德：滴灌生命之魂》《教师：让青春在讲台闪光》共 5 册，于漪撰写前言。

谈永康著《每月与语文教师书》由语文出版社出版，于漪作序。

《上海教育》第 10 期登载于漪撰《德智融合，相得益彰》，再次阐明 21 世纪初提出的学科“德智融合”思想。针对重术轻人、重智轻德、应试教育泛滥的问题，辨析教育应该是“育分”还是“育人”，思考要培养怎么样的人，提出德育不能在学科外游移，要进入课程，进入学科主渠道，进入课堂主阵地；所有学科都内含育人的资源，关键在慧眼发掘，教学时与智育融合。

5 月 18 日，浙江师范大学刘莉完成硕士论文《于漪个人教育哲学及其建构》。

5 月 31 日下午，上海师范大学教师教育创新发展推进会暨 2017 届“世承学子”毕业汇报会在徐汇校区举行，于漪参加现场访谈。

5 月，张贤臣著《触摸活着的鲁迅——一名初中语文教师的思与行》由上海教育出版社出版，于漪作序。

冯芸、窦忠霞主编《向上的力量——上海市杨浦区中小学生“社会主义核心价值观”读本》由复旦大学出版社出版，共 3 册，于漪作序。

6 月 23 日，徐汇区教育系统“杏坛春秋”师德讲坛暨庆祝建党 96 周年大会在南洋中学举行，于漪作《自我超越，奋力前行》讲话。

6 月，向玉青著《重温教育经典——一位校长的读书札记》由复旦大学出版社出版，于漪作序。

张超著《别开生面的阅读与写作》由中国人民大学出版社出版，于漪作序。

7 月，陈红波编著《语感教学：内容确定与实践案例》由华东师范大学出版社出版，于漪作序。

8 月 19 日，语文教师与经典阅读论坛暨“语文教师小丛书（第一辑）”新书发布会在上海书展举行，于漪参加交流。

8 月 21 日下午，秦文君校园幻想新作《变形学校》新书对谈活动在上海举行，于漪与秦文君展开对话。

9 月 26 日，于漪在杨浦区教师进修学院骨干教师培训班上作《核心价值观教育的思考》讲话。

9 月 29 日，于漪在宝山区教育学院全体教师大会上作《精神成长，责任担当》报告。

11 月 9 日，“语文核心素养培育与课堂教学”主题论坛在上海市建平实验中学建德堂举行，于漪发言。

11 月 18 日，于漪参加桃浦教育联合体第十届年会，作《用教育自信创造桃浦教育新的辉煌》发言。

11 月，兰保民著《上海名师课堂——中学语文　兰保民卷》由上海教育出版社出版，于漪作序。

12 月，刘洋著《刘洋老师教语文》由东北师范大学出版社出版，于漪作《在教育熔炉中熔炼生命的完美》序。

2018 年　89 岁

2 月 11 日上午，上海市委书记李强走访看望于漪。

3 月，赵群筠著《爱的语文——赵群筠课堂教学实录》由中国人民大学出版社出版，于漪作序。

5 月 3 日，“中华优秀传统文化基因现代传译课程”发布会在黄浦区卢湾一中心小学举行，于漪对授课作点评。

5 月 8 日，虹口区教育局举办全区校、园长学习班，于漪作《思想有高度，情怀满装家园》报告。

5 月 19 日，中国浦东干部学院、上海市社会科学界联合会共同主办“教育强国”学术茶座，于漪作《以教育自信办中国自信的教育》讲话。

5 月 24 日下午，上师初级中学开展课堂教学“百花奖”语文课堂教学交流活动，于漪作《今天我们的语文该教给孩子什么》报告。

6 月 5 日，上海市“书香校园”建设工作总结推进会在西南位育中学举办，于漪作《书，精神成长之源》讲话。

6 月，于漪著《谈为师之道——答青年准教师问》由上海教育出版社出版，附上海师范大学研究生整理的于漪发表文章、出版著作目录。

6月，白丽著《高中议论文难点突破——基于高阶思维培养的“问题解决型专题写作”微型课程》由华东师范大学出版社出版，于漪作序。

7月8日下午，上海教育出版社出版的《雪儿的自然笔记——孩子眼中的二十四节气》读书推介会在上海图书馆举行，于漪参加。

7月，张民生、尹后庆、于漪总主编《教师人文读本》（新一版）由上海辞书出版社出版，含上下2册。

8月20日，上海书展期间，8卷21册《于漪全集》在上海图书馆首发，分为基础教育、语文教育、课堂教学、阅读教学、写作教学、教师成长、序言书信、教育人生8卷。于漪在首发式上发言。

陆继椿著《特级教师的三十堂现代文 阅读课》由上海人民出版社出版，于漪作序。

9月7日，上海市政府授予于漪同志“教育事业杰出贡献奖”。文件指出：“于漪同志从事教育事业已近67年，是教育界一面旗帜。几十年来，她热爱祖国，热爱中国共产党，热爱教育事业，以高尚的师德修养、深厚的学术功底、精湛的育人技艺和无私的奉献精神，一直站在教育改革的最前沿，在本市语文课程教学改革中锐意创新、勇于实践，成为素质教育的实践者、新时代教师的领路人。”

9月8日上午，上海市庆祝第34个教师节座谈会举行，市委书记李强出席，于漪在座谈会上发言。

同日下午，“致敬最美教师——上海市庆祝第34个教师节主题活动”在上海大学举行，于漪荣获上海市人民政府首次颁发的“教育事业杰出贡献奖”，市委副书记尹弘为她颁奖。于漪带领新入职教师宣誓。以于漪为原型创作的情景大朗诵《生命与使命同行》上演。后来于漪将“教育事业杰出贡献奖”的20万元奖金捐给上海市中小学幼儿教师奖励基金会。

9月10日上午，杨浦区教育系统庆祝第34个教师节大会在杨浦区少年宫举行，于漪参加。会前，区委书记李跃旗接见于漪等杨浦教育领军人物。

9月19日下午，于漪为上海师范大学教育学院青年教师、小学教育文科专业师范生作《学做人师》专题报告。

9月，《修炼——百位特级谈教师专业成长》由上海教育出版社出版，上卷收入于漪撰《每个学生都是宝贝：情感世界的自我涤荡》。

10月26日，于漪为上海市金鼎学校的教师作《中国文化的基本精神》主题讲座。

同日，上海市中小学优秀教师“特色示范课堂”建设（语文专场）暨2018年“学科德育精品课程”征集展示活动总结表彰大会在上海外国语大学松江外国语学校举行，于漪参加。

10月，马玉文著《上海名师课堂——中学语文　马玉文卷》由上海教育出版社出版，于漪作序。

12月3日下午，上海市大中小政治课程一体化建设探索教学交流会在上海市实验学校举行，于漪参加并作点评。

12月7日至8日，“2018年高中教育发展论坛”在上海中学大礼堂举行，于漪在开幕式上讲话。

12月14日晚，庆祝改革开放40周年文艺晚会《我们的四十年》在北京举行，习近平、李克强、栗战书、汪洋、王沪宁、韩正、王岐山等党和国家领导人，与3 000多名观众一起观看演出，于漪参加。19时55分，习近平等领导同志步入大礼堂，与改革开放杰出贡献人员代表亲切握手，向他们致以崇高敬意。次日，《新闻联播》播出党和国家领导人同于漪握手画面。

12月18日，庆祝改革开放40周年大会在北京人民大会堂举行，党中央、国务院决定，授予100名同志“改革先锋”称号，颁授“改革先锋”奖章，习近平等颁奖。于漪获评“改革先锋”称号，是全国基础教育界的唯一代表。

12月28日，“人民教育家——于漪教育思想研讨会”在上海开放大学举行，于漪参加。王荣华主编《人文主义的教育理想——于漪教育思想研究论文集》10月由商务印书馆出版，在会上首发。

12月，储竞主编《小学语文古诗赏析》（上册）由华东师范大学出版社出版［《小学语文古诗词赏析》（中册、下册）于2021年6

月出版]，于漪作序。

2019年 90岁

1月3日下午，第十三届上海民进教育论坛在上海安曼纳卓悦酒店举行，于漪作《举旗定向，播种未来》主旨发言。

1月5日，由上海市委宣传部、上海市教卫工作党委、共青团上海市委共同主办的“改革先锋进校园”主题宣讲活动在复旦大学举行，于漪作报告。

1月，中央庆祝改革开放40周年表彰工作领导小组办公室编《改革先锋风采录》由党建读物出版社出版，收入于漪事迹。

3月21日，浦东名师培养基地联合活动举办，于漪作《新时代，我们怎样做教师》专题讲座。

3月30日，“教育，因你而不凡——2018上海教育年度新闻人物颁奖主题活动”在上海教育电视台举行，于漪被授予“2018上海教育年度新闻人物·年度特别致敬人物”称号。

4月17日下午，华东师范大学在思群堂举办“执着追求　学做人师”报告会，于漪为800多名师生作报告。

4月23日，于漪回母校苏州市第三中学，作讲座《谈新时代教师成长》。

4月30日上午，“讲台上的新思想——上海市大中小学思政课一体化建设教学观摩活动”在华东师范大学闵行校区举行，于漪作点评。

5月15日，第三届城市教育发展联盟大会在上海金山开幕，于漪作大会报告。访问金山区海棠小学，佩戴红领巾，与师生交流。

5月28日，《人民日报》副刊《名师谈艺》栏目刊登于漪文章《从小建立与中国语文的“骨肉亲情”》。

5月，中宣部宣教局组织编写《“改革先锋进校园”宣讲稿选编》由人民出版社出版，首篇为于漪撰《举旗定向　播种未来》。

6月6日下午，“攀登新高峰　奋斗新时代——2019我的电影党课”启动，于漪参加仪式并讲课。

6月13日下午，于漪受聘华东师范大学荣誉教授，校党委书记童世骏颁发华东师大荣誉教授聘书。

6月，于漪、黄音著《穿行于基础教育森林——教育实践沉思对话录》由华东师范大学出版社出版。

8月27日，“共和国勋章”和国家荣誉称号建议人选公示，于漪为国家荣誉称号建议人选。

9月3日，山西省吕梁市柳林县上海实验小学建成开学。于漪题写校名，并担任该校顾问。

9月8日，华东师范大学举办“大夏教育高端论坛”，主题为“生命永恒，教育永恒——于漪·成尚荣·李政涛共话基础教育改革70年”，于漪病房录制视频在现场播放。

9月17日，国家主席习近平签署主席令，授予42人国家勋章、国家荣誉称号，于漪被授予“人民教育家”国家荣誉称号。

9月25日，中宣部等部门联合组织开展的“最美奋斗者”学习宣传活动公布名单，于漪入选。

9月28日，从上海虹桥乘飞机前往北京，接受表彰。

9月29日上午10时，中华人民共和国国家勋章和国家荣誉称号颁授仪式在人民大会堂举行，中共中央总书记、国家主席、中央军委主席习近平向于漪授予“人民教育家”国家荣誉称号奖章。

《光明日报》《新民晚报》《中国妇女报》《解放日报》《文汇报》《人民日报》《中国青年报》《人民教育》《中国教育报》等先后作人物专题报道。

9月30日下午，从北京乘飞机回到上海。

10月2日下午，上海市委书记李强走访看望“人民教育家”国家荣誉称号获得者于漪，代表市委、市政府表示热烈祝贺，致以崇高敬意。

10月8日，《人民日报》《国家勋章和国家荣誉称号获得者》栏目刊登吴振东撰《“人民教育家”于漪：教文育人　德智融合》。

10月12日上午，“致敬先锋模范，培育时代新人”人民教育家于漪同志先进事迹首场报告会在杨浦区少年宫举行，5人作报告。同日，杨浦区举行“人民教育家”于漪同志先进事迹学习交流会，区委书记李跃旗主持。

10 月 18 日，“于漪教育思想与语文新课程实施”研讨会暨于漪自选集《点亮生命灯火》出版座谈会在北京举行。

10 月，于漪荣获“庆祝中华人民共和国成立 70 周年”纪念章。

景洪春著《语文课上的风景——我的 12 堂课》由广西师范大学出版社出版，于漪作序。

11 月 1 日，东华大学教师工作部发出通知，组织全体教师向“人民教育家”于漪同志学习。

11 月 7 日，通过上海教育报刊总社发表寄语，祝贺记者节。

11 月 13 日下午，人民教育家于漪同志先进事迹宣讲会在浦东新区青少年活动中心剧场举行。

11 月 19 日，上海市教育、科技传媒业学习“人民教育家”于漪事迹交流会在上海科学会堂举行。

11 月，《上海教育》第 31 期推出“人民教育家”于漪特刊。

12 月初，宝山教育工作党委下发《关于在全区教育系统广泛开展向“人民教育家”于漪学习活动的通知》，多所学校开展相关学习活动。

12 月 20 日，中国教育学会中语 40 年暨于漪教育思想学术研讨会在上海市育才初级中学举行。

是年下半年，生大病，住院 5 次。

2020 年　91 岁

1 月 8 日，上海市教师学研究会召开年会，于漪参加。

1 月 14 日下午，访问杨浦高级中学图书馆，查看“于漪教育著作专柜”。

1 月 15 日至 20 日，上海市第十五届人民代表大会第三次会议举行，孙慧受杨浦区人大委托，提交修建“于漪教育思想研究中心”的建议。

3 月 11 日，向山东高密柴沟初级中学“于漪书坊”捐赠图书 58

种，并题写寄语。

4 月 23 日，山东高密柴沟初级中学“于漪书坊”揭牌，于漪录制视频祝贺。

6 月 9 日，《解放日报》整版刊登郭泉真撰《于漪：美是不功利——美育访谈录（三）》。7 月 17 日和 23 日分别刊登《美是和谐——美育访谈录特别篇（上）》和《美是欣赏——美育访谈录特别篇（下）》，于漪谈教育焦虑与美育。

7 月 3 日下午，于漪教育思想诵读展示交流会在浦东新区香山中学举行。

7 月 28 日，致函上海师范大学陶本一治丧小组，对陶本一去世表示哀悼，高度评价其为人与成就。

7 月，“教师素养系列”丛书由东北师范大学出版社出版，于漪任总主编，共 11 册，含于漪著《卓越教师第一课——于漪谈教师素养》。

《国家勋章和国家荣誉称号获得者风采录》由人民出版社出版，收入于漪事迹。

8 月 13 日，“新时代奋斗者系列连环画”在上海书展首发，含《人民教育家、改革先锋、最美奋斗者——于漪》。该书 4 月由上海人民出版社、上海书店出版社出版，王轶美编文，张新国绘图。

8 月，《教育家》第 16 期登载于漪撰《培养学生的大视野、大情怀、大担当》。

9 月 3 日上午，山西吕梁柳林县委、县政府在柳林县上海实验小学成立于漪教育思想吕梁研究中心，于漪委托赠送图书、纪念瓷盘等。

9 月 5 日上午，于漪教育思想研究中心在杨浦高级中学揭牌，于漪参加活动，向见习教师赠书并讲话。虞丽娟、任友群、沈炜、谢坚钢为中心揭牌。于漪作《理想就在岗位上，信仰就在行动中》讲话。

9 月 10 日，复旦大学党委书记焦扬一行上门看望慰问。

9 月 14 日上午，“铸魂筑梦——我们一起走近于漪”人民教育家于漪教育思想诵写讲系列活动展示交流会暨上海市第 23 届全国推广普通话宣传周开幕式专题节目在上海教育电视台播出。

10 月 11 日，以于漪为原型的话剧《师者之路》在马兰花剧场试首演，中国福利会儿童艺术剧院创作演出。

10 月 13 日，于漪教育教学思想专题研讨会在杨浦高级中学举行，于漪参加。

10 月 22 日下午，上海市师资培训中心主办“优秀教师是怎样炼成的”主题研讨会，于漪录制视频参与。

10 月 28 日下午，为复旦大学录制“不忘立德树人初心，牢记为党育人为国育才使命”主题党课。

11 月，中央纪委国家监委宣传部编著《清风传家》由中国方正出版社出版，收入记者 8 月到于漪家采访后写成的文章《世代书香育桃李》。

12 月 3 日，《上海教师》集刊首发式举行，于漪担任名誉顾问，题写刊名，录制视频表示祝贺。第一辑刊登吴国平撰《师者于漪》。

12 月，教育部教师工作司组编《乡村筑梦人——2020 年全国优秀特岗教师事迹报告团成员事迹》印行，于漪题写书名，任友群作序。

2021 年　92 岁

1 月 5 日，教育部公布新成立的全国师德师风建设专家委员会名单，于漪担任总顾问。

2 月 2 日，上海市总工会党组书记、副主席黄红到于漪家慰问。

3 月 13 日，于漪向大连市图书馆捐赠《岁月如歌》等 5 种个人著作。

4 月 21 日，于漪到杨浦高级中学，与学生开展“青春对话”，并为《青年报》题词。

5 月 8 日，话剧《师者之路》在马兰花剧场首演。

5 月 18 日，于漪在上海市铁岭中学作《改进语文教学效果的实践探索——〈于漪语文教育论集〉荐读》讲座，中国教育学会中学语文教学专业委员会主办。5 月 20 日晚，播放视频。

5 月 26 日，上海市教育系统关心下一代工作委员会“于漪工作室”揭牌仪式在杨浦高级中学举行。

6月6日上午，上海学校依托课程思政育人体系深入推进党史学习教育现场活动在同济大学附属实验小学举行，于漪通过视频致辞。

6月18日下午，上海师范大学附属杨浦滨江实验小学揭牌，于漪致寄语并题写校名。

6月19日晚，“党的光辉照我心——上海市教卫工作党委系统庆祝中国共产党成立100周年主题活动”在上海音乐学院歌剧院举行，于漪致视频寄语。

7月1日上午，在家中观看庆祝中国共产党成立100周年大会直播。

7月5日，“用好红色资源　赓续精神血脉”上海大中小学思政课一体化建设党史学习教育主题教学观摩在华东师范大学举行，于漪致视频寄语。

7月8日，情景式品读课《点亮生命灯火——走近人民教育家于漪》在沪东工人文化宫首演，杨浦区总工会、区教育工作党委联合出品。

7月，于漪荣获“光荣在党50年”纪念章。

8月，李永智主编《风华正茂时——百名优秀青年教师成长案例》由上海教育出版社出版，于漪作序。

8月31日下午，上海市教师学研究会换届大会筹备会在市北中学举行，于漪参加并作40分钟总结发言。

9月4日至5日，名师名校长领航工程总结宣传活动在北京举行，于漪作视频发言，分享如何做新时代的“大先生”。央视新闻频道次日报道。

9月7日，人民教育家于漪教育教学思想高级研修班开班式在上海开放大学举行，于漪作视频讲座。此为于漪教育教学思想研究中心成立以来举办的首个培训班。

9月8日下午，“浦东杏坛”在竹园小学举行，于漪作45分钟报告。

9月9日，上海市委副书记于绍良看望慰问于漪。

同日，央视新闻频道作 4 分钟于漪专题报道。

9 月 10 日上午，上海市新教师入师入会仪式在中共一大纪念馆报告厅举行，于漪致视频寄语。

9 月 14 日，《光明日报》刊登于漪撰《成为新时代的大先生需要思想自信实践自觉》。

9 月 15 日，《人民日报》刊登张烁撰《上海市杨浦高级中学名誉校长于漪："让生命与使命同行"》。次年 3 月，任仲文编《我是共产党员：了不起的巾帼英雄》由人民日报出版社出版，收入此文。

9 月，《人民教育》第 18 期刊登黄音撰《教育点亮生命的灯火——奶奶于漪给我的启示》。

12 月 27 日，山东省高密市立新中学"于漪书坊"揭牌成立，于漪致贺信。

2022 年 93 岁

1 月 11 日，上海退役军人学院成立工作会议在上海举行，于漪受聘担任上海退役军人学院名誉院长，作视频讲话。

1 月 18 日下午，"五育并举 以劳树德"综合展示活动在闵行区浦汇小学举行，于漪致视频寄语。

1 月 21 日，接待上海市教育发展基金会理事长王荣华来访。

2 月 22 日下午，上海市教师学研究会第七届会员代表大会在上海科学会堂举行，于漪作为名誉会长发表视频致辞。陈军连任会长。

2 月 26 日，上海市总工会和上海第二工业大学合作共建的上海劳模学院开学，于漪致贺信并受聘担任特聘教授。

4 月 16 日，"中国家校社共育三十人论坛"在重庆两江新区华东师范大学附属中旭学校召开，于漪致贺信。

4 月 23 日，《中国教育报》登载于漪撰《上下内外齐发力，为落实强师计划作贡献》，谈强师计划。

4 月，于漪著《行进在课改的路上》由江苏凤凰教育出版社出版，分为 6 章，收入 40 篇文章。

7 月 20 日，为《中学语文教学参考》创刊 50 周年题贺辞："君子以文会友，以友辅仁。”

9月5日，《中国基础教育》首发暨加强新时代基础教育教师队伍建设座谈会在北京举行，创刊号登载董少校撰《人民教育家于漪：生命与使命同行》。于漪任编委会顾问，为新刊寄语。

9月8日，上海市委副书记、市长龚正看望于漪，向于漪老师、全市广大教师和教育工作者致以节日祝福和崇高敬意。

9月23日，李震“生命化语文”教育思想学术研讨会在江苏省新海高级中学举行，于漪致贺信。

9月，方有林著《阅读力晋级：“一周一书”启示录》由东方出版中心出版，于漪题写书名并作序。

10月1日，向山东省高密市柴沟中学、立新中学分别捐送图书32册、37册，支持两所学校“于漪书坊”建设。

10月12日下午，于漪赴上海市教育发展基金会参加会议。上海市教师学研究会向基金会报告研究工作，于漪作一小时讲话，王荣华等出席。

同日晚，《新闻联播》播出于漪受访画面，谈即将召开的二十大的意义。

10月15日晚，党和国家功勋荣誉表彰委员会办公室委托摄制的纪录片《大先生》在上海教育电视台开播。纪录片采用4K高清拍摄，分为“教文育人”“心怀家国”“红烛微光”“赓续师范”4集，每集25分钟，分别于10月15日、17日、18日、19日晚播出。

10月16日上午，党的二十大开幕，于漪在家观看电视直播。

同日晚，央视新闻频道《面对面》栏目播出《共和国功勋人物》专题片之五《于漪：培根铸魂》，出镜记者王宁。

10月18日，“上海学科德育17年探索”学术研讨活动在线上举行，于漪作视频致辞。

11月17日下午，第四届“浦东杏坛”暨全国新区（湾区）教育治理与高质量发展联动机制建设论坛举行，于漪作视频寄语。

11月26日，于漪向教育部中学校长培训中心第68期全国高中骨干校长高级研修班的校长们致信并致语音寄语。该研修班11月28

日在线上开班。

11 月 30 日，全国首个省级教师教育学院——上海市教师教育学院成立，于漪作视频发言。

11 月，于漪主编《我爱你，中国——跨越百年爱国诗文精选》由上海教育出版社出版。黄荣华、兰保民、陆宏亮任副主编。

12 月 7 日，上海市教师学研究会老领导老同志座谈会在市北中学举行，于漪作视频致辞。

12 月 9 日，第二届“优秀教师是怎样炼成的”研讨会暨《学做于漪式好老师》新书发布会在上海教育出版社举行，于漪致贺信和音频寄语。《学做于漪式好老师》由李永智主编，上海教育出版社 11 月出版。

12 月，《教师发展研究》第 4 期登载于漪、李瑾瑜撰《教师发展的若干现实问题及其破解之道——专访人民教育家于漪先生》。此访谈 11 月 14 日在线完成，历时 3 小时。

2023 年　94 岁

2 月 3 日，于漪著《行进在课改的路上》获得华东地区 2021 年度优秀教育图书二等奖。

上海教育电视台编著《大先生于漪》由中国言实出版社出版，朱之文、王荣华分别作序，沈鹏题写书名。

本月，上海市委副书记诸葛宇杰、上海市教卫工作党委书记沈炜、上海市教育委员会主任王平看望刚出院的于漪。

3 月 1 日，“中国基础教育卓越原创案例”展评颁奖典礼暨卓越育人论坛在华东师范大学举行，于漪作为活动顾问致贺信并录音。

3 月 9 日，2023 年全国普通高中“双新”实施示范区交流展示活动在杨浦区教育学院举行，于漪致视频寄语。

（感谢于漪老师 2020 年 1 月和 2022 年 8 月两次审阅年表，感谢史玲玲、黄音、陈军、兰保民、何勇、徐林祥等老师提供资料和指导，感谢杨一先生协助审校。）

图书在版编目（CIP）数据

于漪全集. 12, 教育人生/ 于漪著. —修订本. —上海：上海教育出版社，2023.8（2026.4重印）
ISBN 978-7-5720-2214-2

Ⅰ. ①于… Ⅱ. ①于… Ⅲ. ①教育工作－文集 Ⅳ. ①G4-53

中国国家版本馆CIP数据核字(2023)第149189号

上海教育出版社
官方微信平台

官方网站：
www.seph.com.cn

总 策 划　缪宏才
执行策划　何　勇
统　　筹　易英华
责任编辑　李家人　何　勇
书籍设计　张国樑　董　伟

YUYI QUANJI
于漪全集　12　教育人生（修订版）
于　漪　著

出版发行　上海教育出版社有限公司
官　　网　www.seph.com.cn
地　　址　上海市闵行区号景路159弄C座
邮　　编　201101
印　　刷　上海雅昌艺术印刷有限公司
开　　本　640×965　1/16　印张 41.25　插页 4
字　　数　594 千字
版　　次　2023年8月第1版
印　　次　2026年4月第2次印刷
书　　号　ISBN 978-7-5720-2214-2/G·1973
定　　价　220.00 元

如发现质量问题，读者可向本社调换　电话：021-64373213